edition suhrkamp 2194

Im April 1999 erschien in der Türkei *Mehmets Buch*. Es enthält 42 Protokolle türkischer Wehrpflichtiger (»Mehmets«), die ihren Militärdienst in der Südosttürkei ableisteten und in dem seit 16 Jahren andauernden Kampf gegen die PKK eingesetzt wurden. Die jungen Veteranen sprechen im Schutze der Anonymität mit bestürzender Offenheit über ihre persönlichen Erfahrungen vor, während und nach ihrem Einsatz in diesem »Low-intensity war«, wie dieser bewaffnete Konflikt im Militärjargon heißt. Sie erzählen von der Brutalität ihrer Mitstreiter, von den grausamen Methoden der Sonderkommandos, von den Misshandlungen der kurdischen Zivilbevölkerung, von den Schwierigkeiten, mit ihren Traumata umzugehen, und davon, wie der Krieg aus ihnen andere Menschen gemacht hat.

»Die Gefallenen nennen wir ›Märtyrer‹ und die Verkrüppelten ›verdiente Frontkämpfer‹, aber wie sollen wir unsere seelisch und geistig verwirrten Söhne nennen?«, fragt im Buch der Vater eines der Kriegsteilnehmer dieser *lost generation*.

Mehmets Buch avancierte in der Türkei innerhalb weniger Wochen zu einem Bestseller. Im Juni 1999 wurde es verboten und die Autorin, die 51-jährige Istanbuler Journalistin Nadire Mater, wegen Beleidigung der Armee angeklagt. Inzwischen wurde sie jedoch freigesprochen.

Nadire Mater, 1949 in Söke in der Gegend von Aydın/Türkei geboren, absolvierte ein Studium an einer Fachhochschule für Sozialarbeit, war Beamtin, verabschiedete sich 1981 vom Staatsdienst und fing an, als Journalistin zu arbeiten. Sie ist Korrespondentin der Dritte-Welt-Agentur Inter Press Services (IPS), Vertreterin der türkischen Sektion »Reporter ohne Grenzen« und Mitarbeiterin des Istanbuler Büros der internationalen Menschenrechtsorganisation zur Verteidigung der Pressefreiheit.

Nadire Mater
Mehmets Buch

Türkische Soldaten berichten über ihren Kampf gegen kurdische Guerillas

Aus dem Türkischen von
Johannes Cassar

Suhrkamp

Die Originalausgabe erschien 1999 unter dem Titel
Mehmedin Kitabı – Güneydoğu'da Savaşmış Askerler Anlatıyor
bei Metis Yayınları, Istanbul.

edition suhrkamp 2194
Erste Auflage 2001

Deutsche Erstausgabe

Satz: Jung Crossmedia, Lahnau
Druck: Nomos Verlagsgesellschaft, Baden-Baden
Umschlag gestaltet nach einem Konzept
von Willy Fleckhaus: Rolf Staudt
Printed in Germany

1 2 3 4 5 6 – 06 05 04 03 02 01

Inhalt

Dank 9

Vorwort 11

Ein Mehmet nach dem anderen erzählt

1. Bevor ich den Feind auch nur sah, kehrte ich zurück . . 27
2. Im Alter von 20 Jahren geht eine Blüte auf 32
3. Ein Soldat mit Bart 37
4. Wenn der Soldat die Chance hätte, würde er fliehen – und er wird fliehen! 44
5. Lass das Brot stehen, wenn du vor dem Militär fliehen willst! 49
6. Der Esel guckt mich an ... »Mensch«, sagte ich, »soll ich den hier vielleicht erschießen?« 53
7. Die Armen müssen das Vaterland schützen, die Reichen wissen, was sie zu tun haben 63
8. »Wo liegt Muş?«, fragt meine Mutter 73
9. Ich ohrfeigte ihn zweimal, und er hat noch nicht mal kapiert, warum er Prügel bezog 89
10. Auch meine Wut muss ich bezwingen! 98
11. Die Zeit vergeht wie Blei 110
12. Der größte Vorteil des Staats: Er schickt junge Leute von 20 Jahren an die Front 117
13. Belohnt wird der Frontkämpfer damit, dass man ihm kein Mädchen zum Heiraten gibt! 127
14. Es kommt mir so vor, als hätte ich mich wenigstens selbst gerettet 134
15. Einerseits Respekt und Liebe, andererseits Grausamkeit 144
16. 1313, das war die Nummer, die man mir auf den Arm ritzte 149

17. Ich liebe alle Menschen, sogar die Terroristen, die wir gefangen nahmen 159
18. Wir nahmen das Pulver aus den Kugeln und schrieben damit: *Şafak*! 167
19. Auch ich habe diesen Festtag erlebt 179
20. Dem Militär kann man nicht entgehen, aber man kann einfach seine Zeit absitzen 187
21. Die Waage der Türkei ist nicht im Gleichgewicht 194
22. Wenn es eine Alternative zum Militär gäbe, um nicht zum Militär zu gehen, würde ich sie den jungen Leuten empfehlen 200
23. Wenn ich einen Sohn hätte, würde ich ihn bestimmt nicht zum Militär schicken 207
24. Ich befahl dem Soldaten, den Hund zu erschlagen – einen anderen Weg gab es nicht 217
25. Woher solltest du die Stimme der Frau hören, das wird von der Einsamkeit kommen 228
26. Ich wurde Terrorist, wirklich Terrorist, wie man so sagt 241
27. Die Terroristen nannten uns das »Bataillon der Hurenbastarde« 249
28. Ich wurde der Uniform, die ich trug, nicht gerecht 264
29. Man spricht von dem »unsichtbaren Feind«; meine einzige Furcht war die Mine. Ich trat darauf 272
30. Ich hatte Angst. Sofort kam mir der Tod in den Sinn, sterben 283
31. »Warum ausgerechnet wir«, klagten wir oft. Wir sahen, dass sich nichts dagegen tun ließ 291
32. Der eigentliche Wehrdienst fängt hier an 306
33. Wir müssen Menschen werden, die das Leben heiligen 316
34. Wer das alles durchmachen muss, das sind nur die einfachen Soldaten 325

35. Auch heute sind wir nicht gestorben, Mutter. 334
36. Es gab Momente, in denen wir uns nach dem Tod sehnten 343
37. Bin ich etwa Kanonenfutter? Sind die Leute, die dort hingehen, Kanonenfutter? 354
38. Die Leute sonnen sich, rösten Kebab, und wir brechen zur Operation auf! 363
39. Man nannte mich den alten Soldaten. 371
40. Nicht Auge um Auge, Zahn um Zahn! 379
41. Ich habe noch nicht einmal ein Stück Land so groß wie ein Aschenbecher – Welches Land soll ich denn verteidigen? 386
42. Statt der Leute, die nicht reden können 400
Zahlen 411
Glossar 426

Dank

Dieses Buch haben eigentlich die jungen Leute geschrieben, die wir »Soldaten« nennen. Wenn »Ahmet« nicht gewesen wäre, hätte ich gar nicht erst angefangen, darüber nachzudenken. Hätte mein Freund James Ron, der mit den Soldaten der israelischen Armee etwas Vergleichbares (*Licensed to Kill*) verfasst hat, mich nicht dazu ermutigt, wäre das Gespräch mit »Ahmet« nicht zu *Mehmets Buch* geworden. Wäre Ertuğrul (Kürkçü) nicht jederzeit bei mir gewesen – von dem Tag an, als wir Ahmet trafen, bis zu dem Moment, in dem dieses Buch in Ihre Hände gelangt –, wäre es nicht zu dieser Arbeit gekommen. Wäre nicht die Unterstützung durch das Forschungsprogramm zur globalen Sicherheit der John D. and Catherine T. MacArthur Foundation gewesen, hätte ich nicht ein Jahr lang alles andere stehen und liegen lassen und diese Arbeit realisieren können. Tayfun, mein Mann, hat alles an mich weitergegeben, was er wusste, las und sah, und darüber hinaus hat er ununterbrochen weiter geforscht. Meine Tochter Çiğdem hat es nicht nur geduldig ertragen, weniger denn je mit ihrer Mutter zusammen zu sein, sondern auch – vom Transkribieren an – alles zu meiner Arbeit beigetragen, was ihr möglich war. Hacer (Yıldırım) und Erol (Önderoğlu) transkribierten die Gesprächsaufzeichnungen von Hunderten von Stunden, und daher haben sie, gleich nach mir, die 42 jungen Leute am besten verstanden. Mehmet (Taş) sammelte alles, was in den Zeitungen erschien, und sah zu, dass er mich erreichte, auch wenn ich mich an den entlegensten Orten aufhielt. Meine Kollegen, meine Freunde und die Freunde meiner Freunde aus allen vier Himmelsrichtungen der Türkei und meine Schwester Latife (Özgörgülü) kümmerten sich intensiv darum, dass ich mit den 42 jungen Leuten sprechen konnte. Meine Freundinnen, mit denen ich in den letzten Jahren immer dort zusammen war, haben mich in jeder Situation, die uns überwältigte, bedrückte oder auch fröhlich stimmte, geduldig ertragen. Indem die 42 einfachen, aufrichtigen, durchschnittlichen jungen Männer, deren Aussagen Sie auf den folgenden Seiten lesen werden, ihr Schweigen beendeten, bewiesen sie den Mut, die Abrechnung mit all dem, was sie durchgemacht haben, mit Ihnen, den Leserinnen und Lesern, zu teilen. Nur dadurch konnte dieses Buch zu Stande kommen.

Es ist gut, dass sie da waren, und ihnen allen danke ich herzlich.

Istanbul, 26. Januar 1999

Vorwort

»›Der Tod war nur zwei Zentimeter weiter oben‹, sagt Ahmet bitter. ›Hätten Sie den Kopf zwei Zentimeter aus dem Schützengraben gehoben, wäre die Kugel mitten auf Ihrer Stirn gelandet.‹

Das sagt ein Reserveoffizier, der seinen Militärdienst im Südosten abgeleistet hat. Der junge Mann von 25 Jahren, der sein Diplom an der Volkswirtschaftlichen Fakultät der Universität von Istanbul erworben hat, spricht in einer poetischen Sprache vom Krieg: ›Während das Knattern der Kalaschnikows in der Ferne das Todeslied sang, brachen eure Waffenkameraden in eurem Schoß zusammen, und ihr Hirn wurde zersprengt.‹ Ahmet hat seine berufliche Laufbahn im gehobenen Finanzsektor unterbrochen, als er eingezogen wurde.

›Vor all diesen Dingen ekle ich mich‹, sagt Ahmet und erinnert sich an seine erste Begegnung mit den Einheimischen, die dem Krieg, der die Landschaft um *Kars* ausdörrte, den Rücken zuwandten. ›Gerade damals starben die Soldaten im Gebirge um ihretwillen, aber im Tal kümmerte sich niemand darum‹, sagt er, und das war seine erste Lektion, wie junge Soldaten es nun einmal in jedem Krieg lernen. ›Soldaten und Zivilisten kommen aus zwei verschiedenen Welten, die einander völlig fremd sind.‹ Weit weg, in einer anderen Welt, in Istanbul, wurde sein Neffe geboren. Bei seiner ›Rückkehr in die Welt‹ – ein Ausdruck der amerikanischen Soldaten, die in Vietnam kämpften – musste er seinen Freunden in Istanbul mit kühlem Kopf Rede und Antwort stehen. ›Sie begreifen nicht, dass man das alles machen musste‹, erklärt er wütend. ›Wenn du in diesem Land lebst, musst du zum Militär. Verweigerung oder Flucht kommen nicht in Frage.‹

Ahmet hat einen Stapel Fotos in der Hand. Er zieht eines heraus, das im Gebirge aufgenommen wurde; man hat den Eindruck, es handle sich um ein harmloses Picknick im Freien. Nach der dreimonatigen Rekrutenausbildung in Ankara wurde er zuerst nach Kars an der Grenze zu Armenien und dann in die Berge geschickt. ›Hier wurde ein Kamerad von mir, ein Reserveoffizier, getötet.‹ Er zeigt auf ein anderes Bild, auf dem ein Felsenriff zu sehen ist. ›Gerade als ich ihn retten wollte, hätte es mich fast selbst getroffen.‹ Der Arzt der Einheit bekam es mit der Angst zu tun und versteckte sich in einer Höhle, und Ahmet war allein mit dem Reserveoffizier, der im Sterben lag. Da es fünf Stunden dauerte, bis der Rettungshubschrauber eintraf, konnten sie nur noch den Leichnam des Reserveoffiziers bergen. Ein anderes Foto: Eine Gruppe von Soldaten ruht sich im Zelt aus. Ahmet liest einen Band mit Gedichten. ›Pablo Neruda, vielleicht auch Majakowski‹; er erinnert sich nur noch mit Mühe daran.

Ahmet ist jetzt Kommandant einer Artillerieeinheit von 36 Mann. In ihrer Freizeit lesen sie die Schriften und Bücher, die an den Zufluchtsorten der *PKK* beschlagnahmt wurden. Er hört aber lieber die Volkslieder, die das Radio über die Berge sendet. Sein Lieblingslied ist ›Dağların arkasındaki yar‹ (»Die Geliebte hinter den Bergen‹). Seine Mutter und seine Braut leben in Istanbul, sein Vater als Arbeiter in Deutschland.

Ein anderes Bild: Ein toter PKK-Guerillakämpfer, dem man die Kleider ausgezogen hat. ›Wir müssen sie ausziehen. Unter der Kleidung könnten Geheimpapiere sein, oder auch Sprengladungen unter den Leichen.‹ Ahmet versucht immer noch, sich zu verteidigen. ›Ob Frauen oder Männer, da gibt es keinen Unterschied‹, sagt er, aber er kann nicht erklären, weshalb er die Aufnahme gemacht hat, weder, weshalb er sie so lange aufbewahrt hat, noch, weshalb er sie zeigt. Er gibt sich große Mühe, eine Erklärung dafür zu finden, weshalb die militärischen Einheiten die Kriegsbestimmungen verletzt haben. ›Das hängt mit der psychologischen Situation der Soldaten an der Front zusammen; da läuft alles anders.‹

Ein anderes Bild: Die poetische Annäherung eines jungen Mannes an den Krieg, eine Anemone im Gewehrlauf. Ein Hinweis auf den Frieden, vielleicht auch ein Zeichen des Ungehorsams.

Ahmet erinnert sich an Leyla von der Gegenseite. Man befahl, das Feuer auf eine Guerillaeinheit zu eröffnen, die eine Frau mit dem Decknamen Leyla kommandierte. Aber Ahmet und Leyla unterhielten sich fünf Monate lang über Funk. Jedes Mal, wenn die Funktechniker Leylas Stimme hörten, riefen sie Ahmet zu: ›Da ist doch deine in der Leitung!‹ Ahmet fürchtete sich davor, dass er Leyla eines Tages töten könnte. Was würde geschehen, wenn Ahmet entlassen würde und aus den Bergen zurückkehrte? Was er sagt, erinnert an Vietnam, an die Resignation eines Kämpfers: ›Sie können sich das Leben in den Bergen nicht vorstellen: Eine Natur ohnegleichen, und der Alkohol fließt in Strömen. Es gibt sogar Rauschgift. Die Ärzte geben den Drogenabhängigen sogar selbst Opium in kleinen Dosen. Die Leute von der PKK nehmen kaum Rauschgift. Bei ihrer Verhaftung werden einige aber mit Kokain erwischt.‹

Die PKK behauptet, die Bezirke im Südosten der Türkei gehörten dem unabhängigen Kurdistan. Der PKK und ihren Kämpfern Einhalt zu gebieten, das ist die Aufgabe Ahmets und seiner Armee, gemeinsam mit den von der NATO ausgebildeten ›Spezialtruppen‹ und den ›Dorfbeschützern‹, die mit vorsintflutlichen Gewehren ausgerüstet sind. Als John Dryden, ein englischer Dichter des 17. Jahrhunderts, vom Krieg sprach, schrieb er: ›Im Gelände wimmelt es von unerfahrenen Dorfbeschützern, und es herrscht ein rauer Ton. Ihnen fehlt das Nötigste zum Leben, sie kommen mit leeren Händen, aber die Kosten sind hoch. Im Frieden dauernd Steuern, im Krieg ein Heer von Partisanen.‹

Das ist die letzte Lektion für die jungen Männer; durch das Militär, die Verantwortung und die Macht, die der Krieg ihnen gibt, fühlen sie sich stolz und empfinden zugleich eine Beschämung, deren Grund sie noch nicht herausfinden können. Ahmet erinnert sich an den Preis der Kanonenkugeln, die man bei nur einem Befehl auf den Feind niedergehen ließ: ›Jede einzelne Kugel hat 700 US-$ gekostet.‹

Es sind noch drei Monate, bis sein Einsatz in den Bergen zu Ende ist. ›Das Leben‹, sagt Ahmet, ›bekommt jetzt mehr Sinn. Jetzt weiß ich endlich, wer wen in den Tod schickt und wer mit einem Mal 20 Kugeln unnütz verschießt, damit andere Leute glauben, dass der Krieg weitergeht. Aber diese Kugeln kehren als steigende Inflationsrate und mehr und mehr Verluste zurück‹, fügt der junge Reserveoffizier hinzu, der sein Studium der Volkswirtschaft an der Istanbuler Universität nicht vergessen hat.«

Diese Meldung des Nachrichtendienstes der Agentur für Nachrichten aus der Dritten Welt (*IPS*) stammt vom 20. November 1994. Im Programm der entsprechenden Woche wurde sie nicht gebracht. Wir haben Ahmets Bekanntschaft (so haben wir ihn genannt) gemacht, aber seinen richtigen Namen erfuhren wir erst später. Als wir ihn an seinem früheren Arbeitsplatz trafen, wo er während des Urlaubs vorbeigekommen war, zeigte er uns inmitten der Menge von Leuten dort ein Foto nach dem anderen und fing an, Ertuğrul und mir ganz aufgeregt von den Ereignissen zu berichten. Jeden, der in diesem Land lebt, betraf alles, was er erzählte, ganz direkt; es musste einfach jeden betreffen. Wir luden Ahmet in unser Büro ein. Er kam gleich am nächsten Tag und nahm vor meinem Schreibtisch Platz. Vier Stunden lang redete er, fast ohne abzuwarten, ob man ihm Fragen stellte; eigentlich waren auch gar keine Fragen nötig, denn er erzählte und erzählte. Dann ging er. Kaum war er zur Tür hinaus, gaben wir alles, was wir im Gedächtnis behalten hatten, auf der Stelle in den Computer ein. So entstand die Nachricht. Ahmets Geschichte, die eigentlich nicht als Nachricht geplant war, inzwischen aber zur Nachricht geworden ist, hat zu *Mehmets Buch* geführt, das Sie nun in den Händen halten.

In den Flugzeugen, die nach *Diyarbakır* und *Batman* flogen oder von dort zurückkehrten, führten wir unsere kurzen, abgehackten Gespräche mit den jungen Männern; sie waren ganz verwirrt durch die erste Flugangst, die auch noch von der Aufregung überlagert wurde, dass sie mit unbekanntem Ziel unterwegs waren; außerdem war da die Panik, ob sie richtig angeschnallt waren – und eine gewisse »Scham«. Im Flugzeug nach Batman verstand der junge Mann, der auf dem Weg zu seiner Haupteinheit in Diyarbakır war, einen anderen Soldaten überhaupt nicht, der dorthin zurückkehrte, um seinen Entlassungsschein zu holen, nachdem sein Attest, das er in letzter Minute aufgetrieben hatte, abgelaufen war.

»Ich geb' dir einen guten Rat: Spiel dich dort bloß nicht so auf«, sagte der junge Mann, der seinen Entlassungsschein holen wollte, zu dem anderen. »Nur so kommst du irgendwohin, wo's locker zugeht, und das ist ungefährlich. Pass nur auf, dass du am Leben bleibst!«

Als der aufgeregte junge Rekrut antwortete: »Warum sollte ich denn so tun, als ob ich ungeschickt wäre«, regte sich sein Widerspruchsgeist.

Hilflos meinte der andere: »Neben dem komme ich mir vor wie ein Großvater. Vor zwei Jahren ging es mir auch so; wenn man hingeht, ist es etwas ganz anderes, als wenn man sich auf dem Rückweg befindet.«

Der Soldat musterte den um zwei Jahre Jüngeren kritisch und setzte einen Schlusspunkt: »Wir tun alles, was uns möglich ist. Mit jeder Spanne Land gehört das Vaterland uns, und wir schützen es, ob wir fallen oder ob man uns als Veteranen ehrt.«

Jahrelang versuchte ich jedes Mal, wenn ich in die *OHAL*-Region fuhr – in die Zone, in der man den Ausnahmezustand ausgerufen hatte –, mit Soldaten und Polizisten zu sprechen. Natürlich, sie durften nicht darüber reden – oder schwiegen. Anekdotisches wurde auch aufgenommen, damit man sich einen Begriff von der seelischen Verfassung der Soldaten machen kann. Bei jedem meiner Gespräche mit den jungen Männern, die kurz vor ihrem 20. Geburtstag standen, ertappte ich mich dabei, dass ich es nicht wagte, ihnen ins Gesicht zu sehen. Es ging mir nicht um ihre Gesichter. Bedeutet es nicht einen viel tieferen Schmerz, das Gesicht zu erkennen, wenn man später von ihrem Tod hört? Das war mein Selbstschutz.

Die Frau schaut sich in ihrem Badeanzug am Strand um, die andere Frau, im Bikini, fängt an, jammernd und stöhnend jedermann am Strand für die Nachrichten in den Zeitungen verantwortlich zu machen: »Was für eine Gefühllosigkeit! Die Leute machen Urlaub ... « Die »sensible« Frau schaut sich die Fotos der sterbenden jungen Männer und der weinenden Mütter in den Zeitungen an, vertieft sich in die Gesichter der Menschen, die von der Polizei verhaftet und sofort beschuldigt wurden, liest und gibt sich ihrem Kummer hin.

Die Frau, die sich umschaut, will ein Gespräch anfangen: »Heute haben wir den ersten Jahrestag des Terrors, wir sind aus Ankara gekommen, man lässt unseren Sohn nicht frei, mal seh'n, was passiert, sein Vater bemüht sich darum, und ich warte auch sehnsüchtig auf ihn!«

Die Frau wartet hier auf ihren Sohn, der seinen Militärdienst in *Foça* leistet. »Aus dem Südosten ist er zurückgekehrt – von den Operationen.«

Eine Weile später ruft sie: »Mein Junge.« Er kommt und ist völlig abgemagert. Die flehentlichen Bitten des Vaters haben offensichtlich etwas bewirkt. Erregt steht die Mutter auf und umarmt ihn. Der Junge schweigt, und die Mutter reibt ihn mit Sonnenöl ein wie in seiner Kindheit: Sein Gesicht ist sonnenverbrannt, sein Körper schneeweiß. Am Strand weiß niemand, dass da ein »Held« unter ihnen weilt. Wollte es denn jemand wissen? Die »sensible« Frau, die Zeitung liest und ihren Zorn auf das Meer und den Sandstrand loslässt, schämt sich nur.

»Schau dir diese Straßen an, die Gendarmerie habe ich nicht erwartet, aber da ist noch nicht mal ein Polizist, wie seltsam...« Sie ist Lehrerin und lebt mit ihrem Mann, einem Piloten, der in Diyarbakır eingesetzt war, in İzmir.

»Wie kann das nur sein – so eine Ruhe? Keine Angst, kein Erschrecken, man zieht sich an, wie man will, und geht spazieren, wie man gerade Lust hat, und ich fürchte, dass sie noch nicht einmal merken, dass sie ihre Ausweise zu Hause vergessen haben.«

Warum beschäftigt diese Frau das alles nur so? »In den ersten Tagen, als ich hierher kam, war ich auf jeden wütend, der hier lebte, auf meine Mutter und meinen Vater. Dort in Diyarbakır kann man sowieso nicht jederzeit rausgehen, man hat keinen Militärpass, man hat andere Pässe bei sich, du hast Angst, wenn du durch die Straßen gehst: ›Wenn mich nun jemand erkennt und mit der Maschinenpistole auf mich schießt, weil ich die Frau eines Offiziers bin?‹« Auf die Beschuldigung folgt ein Geständnis: »Es ist schon seltsam. Wenn ich zwei Wochen hier bin, vergesse ich den Südosten. Ich stamme aus dieser Gegend. Wenn ich im September zurückkehre, bin ich bestimmt wieder zu mir gekommen, auch die Leute hier im Westen, wenn ihre Söhne einberufen werden.«

Im alltäglichen Leben hat jeder von uns mehr oder weniger bewusst oder unbewusst ähnliche Einschnitte erlebt, und wir erleben sie noch immer. Da es keine offiziellen Daten gibt, sind es einer groben Schätzung nach annähernd zweieinhalb Millionen junge Männer, die ihren Militärdienst von 1984 bis heute in dieser Gegend abgeleistet haben und noch leisten. Rechnet man ihre Familien hinzu, sind es 15 Mio.; zieht man überdies ihr näheres Umfeld in Betracht, so betrifft dies mehr als die Hälfte der Bevölkerung der Türkei. Wenn wir uns aber – ohne die Zahlen zu Rate zu ziehen – in unserer nächsten Umgebung auch nur ein wenig umschauen, wissen wir, dass die Herzen von Verwandten, Freunden oder Nachbarn – wenn nicht unsere eigenen – für Brüder oder Söhne schlagen, die jeden Moment in Kämpfe verwickelt sein könnten.

Dennoch wissen wir, dass Politiker, Soldaten, Organisationen zur Verteidigung der Menschenrechte, die Vereinigten Staaten von Amerika, die Europäische Union, Journalisten, Schriftsteller, Experten, einfach alle, die sich als Gegner oder Befürworter mit diesem »Zustand« befassen, seit 15 Jahren darüber reden, wie auch immer wir es nennen wollen – »Krieg«, »Kampfhandlungen mit verminderter Intensität« oder »Kampf gegen den Terror« u. Ä. Die jungen Leute aber, die ihren Militärdienst in *Şırnak*, Diyarbakır, *Hakkari*, *Siirt*, *Mardin* und ähnlichen Orten leisten müssen, sprechen und liegen dabei »an der Kette der Befehlsgewalt«.

So sagt z. B. ein junger Mann im Fernsehen: »Mit der Parole Sieg oder Tod sind wir hierher gekommen, um mit dem verdammten Terror Schluss zu machen! Ich rate allen, freiwillig zu kommen; es ist wirklich ein schönes Gefühl, durchs Gebirge zu wandern und die Terroristen zu bekämpfen. Wir sind ein Volk, das in seiner Geschichte Tote zu beklagen hatte, und bei den Sommeroperationen werden wir wieder mit Gefallenen rechnen müssen.«

Ein junger Mann von der Kommandoeinheit *Eruh* ruft seiner Freundin zu: »Warte auf mich, vergiss mich nicht.« Die jungen Männer vom 116. Gendarmenausbildungsregiment sind noch Rekruten, und nur den Familien werden Grüße übermittelt:

»Am meisten habe ich mich nach meiner Familie gesehnt.«

»Derya, meine Verlobte, wird bestimmt auf mich warten, und ich warte auf sie.«

»Meine Eltern erwarten mich.«

»Vater und Mutter, alle, die ihr mich lieb habt, mir geht es gut, macht euch keine Sorgen.«

Der Moderator von *TGRT* sagt voller Enthusiasmus: »Nicht jedem Jungen, der fast noch an Mutters Schürzenzipfel hängt, wird das Los zuteil, auf solchem Boden seiner Pflicht nachzugehen.«

Bevor ich Ahmet kennen gelernt hatte, hatte ich nicht gedacht, dass die jungen Männer, die von 1984 bis heute ihren Militärdienst geleistet hatten, sich aussprechen würden, wenn sie ins Zivilleben zurückgekehrt waren. Bei den ersten Unterredungen war ich nervös. Da einer meiner ersten Gesprächspartner sagte: »Ein paar werden vielleicht kommen, das habe ich erwartet«, hoffte ich, die jungen Männer würden sich freuen, dass sich endlich jemand um sie kümmerte – auch wenn es fast schon zu spät war – und mit ihnen redete, aber ich war mir nicht sicher.

Wo waren sie? Mehmet saß in dem Bus, mit dem wir fuhren, Mehmet war Taxichauffeur oder servierte als Kellner in der Gastwirtschaft, in der wir aßen, war Lehrling in dem Lebensmittelladen, in dem wir einkauften, war Sicherheitsbeamter in der Bank eines Einkaufszentrums, war der Maler, der in unserem Haus die Wände strich, oder der Tischler, der unsere Sessel reparierte;

Mehmet leistete Schwerstarbeit auf Feldern, die irgendwo in der Ferne lagen, oder die Mehmets waren Arbeitslose auf den Straßen. Wenn sie sich auf eine Unterredung einließen, sprachen sie meist nicht davon, wo und wie sie ihren Militärdienst abgeleistet hatten, und sie erzählten auch keine Anekdoten vom Militär, wie wir es von unseren Vätern und Großvätern gewohnt waren. Wir kannten einander nicht, und wir konnten uns auch nicht kennen lernen. Mit wem von den zweieinhalb Millionen jungen Männern sollte ich reden?

Als ich mit dieser Untersuchung begann, hatte ich nicht vor, den Leserinnen und Lesern soziologische oder auch politische Lösungen zu vermitteln. Das ist gewiss nötig, aber nicht meine Aufgabe. Ich wollte die Gesellschaft die Stimme der Menschen hören lassen, die freiwillig oder auch gegen ihren Willen Subjekte des Krieges wurden, und ich wollte sicherstellen, dass man das Geschehen aus ihrer Sicht betrachtete. Die Gespräche, die ich mit ihnen führte, sollten nicht nur sie selbst widerspiegeln, sondern auch ein wenig die Gefühle und die Mentalität sowie die Normen und Werte des Milieus, dem sie entstammen.

Daher musste ich mich mit jungen Männern aus allen Regionen unterhalten. Ethnische, religiöse bzw. konfessionelle und kulturelle Unterschiede spielten ebenfalls eine Rolle. Am wichtigsten aber war, dass bei den Gesprächen die Unterschiede und die ganze »Bandbreite« der Gesellschaft vertreten war: Rechte und Linke, Nationalisten und Religiöse, Befürworter und Gegner des Krieges. Gewiss war es nicht minder wichtig, den »Intensiven Kampf auf niedrigem Niveau«, der am 15. August 1984 mit dem Überfall der PKK auf Eruh und *Şemdinli* begonnen hatte, Jahr für Jahr aus der Sprache der Artilleristen, Panzerfahrer, Gendarmen, Infanteristen und der Kommandotruppen zu übertragen. Auf diese Weise würde ein »Foto« aus der »Innensicht« entstehen, das abbilden sollte, wie »Mehmet«, wie die einzelnen »Mehmets« lebten und wie sie alles, was sie erlebten, wahrnahmen.

Haben Soldaten in anderen Ländern je den Mund aufgemacht? Haben sie erzählt, was sie fühlten, haben sie von ihren Ängsten, Schmerzen und Freuden, von ihrer Kritik und ihrer Revolte berichtet? Als wir uns in die Bücher vertieften, waren wir mit der Tatsache konfrontiert, dass es nicht allzu viele Beispiele gibt, jedenfalls nicht, soweit sie uns bekannt sind. In einem der Bücher heißt es: »Wir kennen einen Krieg, aber am Kriegsschauplatz gibt es mindestens so viele Kriege wie Soldaten, die an diesem Krieg beteiligt sind.« Jedes Gespräch mit den jungen Männern war wieder und wieder ein Beweis dafür, was der Begriff »mindestens« in diesem Satz bedeutet und wie viel Krieg eigentlich ein Krieg in sich schließt.

Ich unterhielt mich mit 42 jungen Männern aus Istanbul, *Trakya*, *Denizli*, İzmir, *Aydın*, *Alanya*, *Serik*, *Adana*, *Çorum*, *Rize*, *Samsun*, *Tonya*, *Trabzon* und Umgebung, die ihren Militärdienst in den Jahren 1984 bis 1998 in der OHAL-Region – im Gebiet des Ausnahmezustands – geleistet hatten. Ihre Namen notierte ich mir nicht. Abgesehen davon, dass einige meinten, das sei ihnen egal, wollten die Soldaten mir auch nicht ihre Namen nennen. Wie richtig die Entscheidung war, die Gespräche »anonym« zu führen, bestätigte sich bei jeder Begegnung aufs Neue. Obwohl die Gespräche, die vom Kassettenrekorder aufgezeichnet wurden und durchschnittlich drei Stunden dauerten, anonym geführt wurden – ohne Papier und ohne Notizen –, kam es danach oft noch zu einer persönlichen Unterhaltung von ein paar Stunden. Sie hatten Angst, vor allem und vor jedermann. Ein junger Mann, der seiner Nervosität mit dem Satz »Ich kann nicht alles erzählen« Ausdruck verlieh, beruhigte sich, als ich ihm antwortete: »Ich weiß nicht, was du erlebt hast, und du solltest nur das berichten, was du willst.«

Ich wählte Städte und Kleinstädte so aus, dass jede Region vertreten war, und berücksichtigte dabei auch die Orte – wie durch das Fernsehen zu erfahren war –, wo die jungen Männer in Särgen in ihre Heimat zurückgekehrt waren. 41 Gespräche kamen durch die Vermittlung von Freunden oder Bekannten zu Stande. Die einzige Person, die ich auf eine ganz andere Art und Weise kennen lernte, war ein Istanbuler Taxifahrer. Eines Tages fuhr ich mit einem Freund im Taxi, wir fingen ein Gespräch an, in dem es um einen Dokumentarfilm über den Ersten Weltkrieg ging, und als wir auf den Koreakrieg zu sprechen kamen, merkte ich, dass der Taxifahrer uns durch den Rückspiegel beobachtete. Ich fragte ihn, wo er seinen Militärdienst geleistet habe. Die Antwort lautete: »In Şırnak.« Einen Moment lang zögerte ich, erklärte ihm dann aber kurz, was für eine Untersuchung ich machte, sagte ihm, wenn er wolle, könne er mich anrufen, und gab ihm meine Visitenkarte. Zwei Tage später rief er mich an. Als wir uns trafen, erzählte er mir, dass er lange darüber nachgedacht habe, ob man ihn »reinlegen« wolle, dann aber den Entschluss gefasst habe, dass es ganz in Ordnung sei, mit mir zu sprechen. Er hatte beschlossen zu reden, denn sein Verantwortungsbewusstsein hatte ihn dazu gebracht: »Wer es erlebt hat, soll darüber berichten, das muss jeder wissen.«

Auch wenn ich fast alle durch die Vermittlung von Bekannten erreichte, kannte ich bei den Zusammenkünften niemanden, abgesehen von einigen wenigen. Obwohl ich es vorzog, bei den Treffen mit meinen Interviewpartnern allein zu sein, v. a. um der Konzentration willen, war dies in manchen Fällen leider nicht möglich. Ja, ein paar Mal musste ich sie sogar in Konditoreien, in Kebab-Stuben oder Cafés treffen. Alle Gespräche zeichnete ich auf Kassetten auf. Nur bei der ersten Reportage machte ich mir auf den Wunsch des jungen Mannes hin Notizen.

Jedem meiner Gesprächspartner erzählte ich, was ich vorhatte. In diesem Land erlebt man seit etwa 14, 15 Jahren einen »Zustand«. Jedermann, außer den Männern, die ihren Militärdienst »dort« – nach anderer Lesart in der »OHAL-Region«, im Gebiet des Ausnahmezustands – leisten, sprach je nach sozialer Schicht, Milieu und politischer Einstellung »dafür«, »dagegen« oder »aus neutraler Perspektive« darüber. Es war aber wichtig, diesen »Zustand« auch aus der Perspektive derjenigen zu sehen, die es erlebt haben. Nachdem ich meine Absicht klar gemacht hatte, achtete ich sorgsam darauf, jede Terminologie zu vermeiden, die meine subjektive Einstellung zu dem Thema »Zustand« auch nur andeuten könnte, sei es bei den Fragen, sei es in den Gesprächen. Ich wollte auf keinen Fall, dass sich die jungen Männer während der Unterredung in irgendeiner Weise bedrängt fühlten, wenn sie ihren Gefühlen Ausdruck gaben, oder dass sie den Eindruck hätten, dass sie manipuliert würden.

Es gab drei Kategorien von Fragen: Das Militär, die Zeit davor und danach. Entgegen meiner Absicht verliefen die Gespräche meist nicht so systematisch. Wenn man nach den ersten einleitenden Sätzen auf den Knopf des Kassettenrekorders drückte, entwickelte sich oft eine so lebhafte Unterhaltung, dass Fragen überflüssig waren. Manchmal jedoch war ich so beunruhigt, dass die Erinnerung an vergangene Erlebnisse wieder aufleben und meine Gesprächspartner in seelische Nöte stürzen könnte, dass ich auf einige Fragen verzichtete. Ein paar junge Männer sagten an einer bestimmten Stelle des Gesprächs: »Bis dahin und nicht weiter«, ließen die Aufzeichnung stoppen, redeten aber unter der Bedingung weiter, dass »nichts aufgeschrieben würde«. Es war nur natürlich, dass sich die Gespräche um die Zeit beim Militär drehten, und selbst wenn es um die Zeit vor und nach dem Militärdienst ging, war es unumgänglich, dass man sich wieder mit der Zeit beim Militär auseinandersetzte, verbunden mit dem Wunsch, dass Geschehenes geschehen sein sollte, d. h. Vergangenheit war.

Den 42 jungen Leuten wurden natürlich auch generelle Fragen gestellt, wie etwa nach dem Geburtsdatum, dem Ort, in dem sie aufgewachsen waren und gelebt hatten, nach ihrer Schullaufbahn,[1] danach, wo und wann sie als Militärpflichtige ihre Rekrutenausbildung absolvierten und wie sie ihre Zeit in der regulären Einheit verbrachten; sie wurden nach ihrer Familie gefragt und nach den Berufen der Eltern. Einige hielten es für sinnvoller, nicht alle Fragen zu beantworten. Alles, was sie vor der Militärzeit interessierte, ihre berufliche Situation, ihre Beziehungen zu Freunden, Bekannten und der Familie – das waren die Fragen der ersten Kategorie.

In der Kategorie, die das Militär betraf, ging es meist um die Rekrutenausbildung, den Tagesrhythmus, die erste Wache, das erste Gefecht, um ihre Beziehung zu den Kameraden, um Schmerz, Ärger und Rache, um Sehnsucht und Liebe. Wir sprachen auch über Begriffe wie Feind und Held, Vaterlandsliebe, Märtyrer- und Frontkämpfertum.

Hinsichtlich der Phase der Rückkehr vom Militär drehten sich die Fragen um ihre berufliche Situation, um ihre Beziehungen zur Familie wie zu Freunden und Bekannten, um einen Vergleich zwischen den Jahren vor und nach der Militärzeit, um ihre Einschätzung des »Zustands«; manchmal aber war es gar nicht nötig, ihnen Fragen zu stellen, da sie ganz spontan berichteten.

Ab und zu war es gar nicht so einfach, die Distanz zu wahren, die am Anfang der Gespräche noch bestand. Mir war das Dilemma bewusst, ob ich den Berichten der jungen Männer aus einem gewissen Abstand zuhören oder mich mit Zusatzfragen auf Einzelheiten einlassen sollte. Ich versuchte, nicht zu einer gefühllosen Fragestellerin zu werden, aber auch nicht in die Falle der gespielten »Neugier« zu tappen, die bei Journalisten bisweilen Stra-

1 Grundschule (ilk okul): fünf Jahre; im Anschluss an den Besuch der Grundschule: Mittelschule (orta okul): drei Jahre; im Anschluss daran: Gymnasium (lise): drei Jahre. Allgemeine Schulpflicht: fünf Jahre; 1998 wurde die Schulpflicht auf acht Jahre erhöht. [Anm. d. Übers.]

tegie ist. In dem Moment, als ich zum ersten Mal mit einem Verwundeten sprach, verschlug es mir die Sprache. Der junge Mann hatte den Angriff der PKK im Mai 1993 auf der Straße von *Bingöl* überlebt; 33 Soldaten waren dabei umgekommen, und sieben Kugeln hatten ihn getroffen. Ich besuchte ihn an seinem Krankenbett im Haus seiner Familie in dem ärmlichen Dorf Karakova im Regierungsbezirk Denizli. Ein blutjunger Mensch von 25 Jahren war ans Bett gefesselt. Er war dankbar dafür, dass er einen Rollstuhl hatte. Das Mädchen, das er nahezu seit seiner Kindheit liebte, konnte er nicht heiraten. »Das ist der Preis des Frontkämpfertums«, sagte er. Was hätte ich ihn fragen können?

Als ich einen jungen Mann traf, der mit seiner Familie in einem Sommercamp im Zelt Urlaub machte, fiel plötzlich der Strom aus. Fünf Minuten zuvor hatte der junge Mann erzählt, wie er während seines Militärdiensts neun Monate lang ohne jede Elektrizität verbracht und dabei in ständiger Furcht und Angst gelebt hatte. Aus diesem Grund entwickelte ich Aggressionen gegen die Leute, die sich zwei Zelte weiter vorn zu einem Abendessen am Tisch niedergelassen und keine Ahnung von den Gefühlen des jungen Mannes hatten. Hier war ich ungerecht. Man konnte nicht erwarten, dass die Leute ihn verstanden, da sie nicht wussten, was er durchgemacht hatte. Die jungen Männer erzählten nicht, wie es war, und wir fragten sie auch nicht danach.

Nachdem ich mit dem Sohn gesprochen hatte, sagte seine Mutter. »Was hätte ich darum gegeben, zu hören, was er Ihnen erzählt hat!« In diesem Augenblick schämte ich mich dafür, dass ich die Möglichkeit hatte, etwas zu erfahren, was er ihr nie berichtet hätte. Diese jungen Männer, die im Moment der Gefahr immer zuerst an ihre Mütter denken, können denjenigen, die sie am meisten lieben und die sich immer nach ihnen sehnen, nicht offenbaren, was sie erlebt haben. Aber das ist nur zu verständlich, da ihre Mütter sich während *Şafak 550* genug gegrämt haben, und sie sollten nun nicht mehr so unglücklich sein.

Wenn man alle Aufzeichnungen der Kassetten transkribieren würde, ergäbe dies ein Buch von annähernd 1500 Seiten. Meine Absicht war, dass die jungen Männer ihre Geschichten nicht mir, sondern Ihnen erzählen, sie sollten mit Ihnen reden. Daher habe ich zunächst einmal die Fragen weggelassen. Als nächsten Schritt habe ich Wiederholungen und diejenigen Textstellen gestrichen, die zwar die Sicht der jeweiligen Gesprächspartner wiedergeben, denen aber jede individuelle Note fehlt. Um all das Berichtete verständlicher werden zu lassen, habe ich jedes Gespräch – in manchen Situationen wurde ganz spontan erzählt – noch einmal neu gestaltet, indem ich den umgangssprachlichen Satzbau, der durch die Fragen bedingt war, änderte. Natürlich sollte jeder Gesprächspartner mit seinen eigenen Worten zur Sprache kommen, andererseits sollte es aber auch nachvollziehbar und lesbar sein.

Da nun einmal alles am 15. August 1984 in Şemdinli begann, haben die jungen Männer auch damit angefangen, von Şemdinli zu sprechen, und sie haben ohne Unterbrechung bis zum Jahr 1998 berichtet.

In *Mehmets Buch* folgen auf dieses Vorwort die einzelnen Protokolle der »Mehmets«. Im letzten Bericht, »Statt der Leute, die nicht reden können« – da sie bereits gefallen sind –, sprechen zwei Familien: Angehörige und Verwandte des Flugzeugentführers Ihsan Akyüz sowie von Orhan Kara aus *Kastamonu*, der beschuldigt wird, seine Mutter und seine Geschwister ermordet zu haben. Als ich während der Untersuchung anfing, die Zeitungsnachrichten aufmerksamer als bisher zu verfolgen, und mir alles, was mit dem »Militär« im Zusammenhang stand, anzuschauen, sah ich, dass sich die Gewalt mit wachsender Geschwindigkeit in der ganzen Gesellschaft ausbreitet – die Gewalt, die von den jungen Leuten, die in der OHAL-Region kämpften, so beschrieben wurde, als sei es etwas, das »locker zu lösen sei«.

Sollten die jungen Männer, die dauernd in sich den Zwang zur Selbstüberwachung verspüren, einmal die Kontrolle über sich verlieren, könnte es passieren, dass sie Selbstmord begehen oder Verwandte umbringen oder auch, wie Ihsan Akyüz, ein Flugzeug entführen. Die »Zahlen« am Ende des Buches sind amtliche Ergebnisse, die aus einer Volkszählung der Regierung zwischen 1984 und 1998 hervorgegangen sind, Zahlen des Staates, internationaler Institutionen und Experten. Aber hinter diesen Zahlen stehen Lebensgeschichten – Erlebnisse von Menschen, deren Leben, deren Fantasien und Hoffnungen seit 15 Jahren nacheinander verschwanden und verschwinden mussten, von Menschen, die einander hetzten und voreinander flohen. Diejenigen, die diesen Kampf aus dem Blickwinkel der militärischen, politischen und ökonomischen Zentren der westlichen Welt und der Öffentlickeit betrachten, können Zahlen sammeln, weglassen, verbergen, übertreiben oder geringer ansetzen. Die Zahlen, die offizielle

Quellen angeben, widersprechen einander oft. Auch wenn es drei weniger oder fünf mehr wären, spiegeln diese Zahlen immer Leben und Lebensbedingungen der Menschen wider, aber die Perspektive auf das Leben und Sterben dieser Menschen und die Werte derjenigen, die diese Zahlen registrieren, aufzählen und berechnen, halten davon ab, darüber nachzudenken und mitzufühlen, dass es hier wirklich um das Leben von Menschen und ihre Schicksale geht, die berechnet, übertrieben oder zu gering angesetzt werden.

Kann man etwa den Wert des Lebens eines einzigen Menschen zählen und messen? Die »Zahlen«, die andere 15 Jahre später über die jungen Männer, über ihr Schicksal und ihr Leben berechnet und beurteilt haben, erheben sich und sprechen... Ihr Leben findet in keiner Rechnung Platz, und nichts kann es wieder in Ordnung bringen. In einer Tragödie, die sich hinter den Zahlen verbirgt, rechnen Menschen mit der Rolle ab, die sie übernommen haben, und sie werden mit sich selbst wie mit den Leuten konfrontiert, die ihnen Befehle erteilt haben.

Das letzte Gespräch hätte ich gern mit Ahmet geführt und es diesmal aufgeschrieben. Er lehnte es ab, weil er diese Zeit nicht noch einmal erleben wollte, und fügte hinzu: »Wenn ich mich in meiner Notlage wohlgefühlt hätte, hätte ich mich nicht daraus befreit, und jetzt interessiere ich mich für die Lösung der Kurdenfrage nur noch auf der Makroebene.«

Die Abenteuer der 42 jungen Männer, die ich 1998 kennen lernte, hatten mit dem Befehl »Reiht euch ein!« angefangen, eine Aufforderung, die ihnen in den Ohren dröhnte, sobald sie die ersten Schritte durch das Kasernentor hinter sich hatten. Weil sie jetzt ohne jeden Befehl aufgereiht sind – (42 Berichte hintereinander) –, stehen sie aus eigener Initiative »in der Reihe«, damit Sie, die Leserinnen und Leser, an ihren Erlebnissen Anteil nehmen können.

Viele haben mir zum Abschied gesagt: »Eigentlich hätte ich Ihnen lieber etwas Schönes erzählt.«

Ich auch...

Ein Mehmet nach dem anderen erzählt

1. Bevor ich den Feind auch nur sah, kehrte ich zurück

Wenn man den Gerüchten glaubt, soll ein Kommandant der Gendarmerie in Şemdinli mit der Bevölkerung auf sehr gutem Fuß gestanden haben. Irgendwie kam es später aber dazu, dass er sich mit den Einwohnern überwarf. Daraufhin leisteten die Leute Widerstand, und das war der Grund für den Überfall auf Şemdinli.

Wir waren eine Feldeinheit, und unser Stützpunkt war *Nevşehir*. Man hatte uns zur Unterstützung nach *Tokat* geschickt, und dort hielten wir uns eine Zeit lang auf. Wir töteten ein paar Leute, die die Gendarmerie von Tokat nicht töten konnte. D. h., wir machten bei Scharmützeln mit, nichts weiter. Wir wussten auch nicht, was das für Leichen waren, die wir erbeutet hatten, besser gesagt, wer die Leute waren, gegen die wir da gekämpft hatten. Man sagte es uns nicht, und wir fragten auch nicht danach. »Das waren Terroristen«, hieß es, mehr nicht.

Von Tokat aus kehrten wir nach Nevşehir zurück. Wir kamen zurück, aber es gab keine Rast, sondern man ließ uns in Busse steigen, na gut, auf nach *Kayseri*, von dort aus mit dem Flugzeug weiter... Wir wissen nicht, wohin wir fliegen, wir können nicht fragen, und man sagt es uns nicht. Wir fanden uns in der *Van*-Brigade wieder. Wir warten... Die Soldaten sagten: »Şemdinli soll überfallen worden sein.« Wer soll den Ort überfallen haben, warum, was ist in Şemdinli los? Niemand weiß es. Man ist neugierig und gespannt. Damals, mit anderen Worten, etwa Ende August 1984.

Nach knapp zehn Tagen in der Van-Brigade brachte man uns unter Geleitschutz nach Şemdinli; wir wussten, dass man den Ort überfallen hatte. Wir bauten die Zelte auf, warteten, wussten aber nicht, was wir tun sollten oder warum wir dort waren. Genauer gesagt, da wir eine Einheit zur Unterstützung waren, stand fest, dass etwas Problematisches bevorstand... Wir hörten auch, dass man Şemdinli überfallen hatte. Wir trainierten und schoben Wache. Man teilte unser Bataillon in Kompanien auf. Ich war in der 3. Kompanie. Man schickte uns in die Gegend von Konur, und die 2. Kompanie fuhr in die Region von Derecik. Eine total öde Gegend; da war nichts, noch nicht mal ein Telefon. Wir konnten unsere Familien nicht anrufen, und die wussten nicht, wo sie uns erreichen könnten.

Dort, in Konur, blieben wir anderthalb Monate. Zu Angriffen oder so was Ähnlichem kam es nicht. Wir schieben Wache und trainieren. Wenn das hier so ruhig weitergeht, meinten wir, wenn wir unter uns waren: »Die halten uns hier nicht fest und schicken uns irgendwo anders hin.« Was wir vermutet hatten, traf ein, und wir waren wieder unterwegs.

Wir zogen nicht weit, nur in die Gegend von Derecik, dorthin, wo die 2. Kompanie war. Die Wege dort sind Serpentinen, d. h., wenn du auf dem Hügel Stellung beziehst, während der Wagen sich hinauf- oder hinabschlängelt, siehst du alles, was sich im Gelände bewegt, einfach jeden. Genauso machten es die Terroristen auf den Bergen. Unser Kompaniechef fuhr mit einem Unteroffizier im Jeep die Serpentinen hinauf. Die Terroristen eröffnen das Feuer von oben, der Kommandant ist auf der Stelle tot, der Unteroffizier rollt mit zwei Soldaten ins Tal, und dort sind sie eingeklemmt. Ein Lastwagenfahrer sieht sie und kann nichts tun, aber er kommt zu uns und gibt uns Bescheid. Wir waren eh in Alarmbereitschaft, stiegen sofort auf die Wagen und fuhren zum Ort des Geschehens. Danach starb auch der Wachposten des Kommandanten. Leider konnten wir die Terroristen nicht fassen... Wir schossen bis zum Morgen, aber wir konnten nichts erreichen.

Dann hörte man, sie hätten vor, in den Irak hinüberzugehen. Man setzte uns mit Hubschraubern an der Grenze ab, um ihnen die Grenzübergänge abzuschneiden. Wir schossen. Dann erfuhren wir, dass wir das Feuer auf die Maulesel der Schmuggler eröffnet hatten. Zum Glück war niemand tot. Fast zehn Stunden lang marschierten wir, bis wir zur Gendarmeriewache kamen, und dort übernachteten wir. Wir blieben ungefähr eine Woche dort, mit anderen Worten, bis uns der Proviant ausging, und danach brachte uns der Hubschrauber wieder nach Şemdinli. Dort hatte man ein neues Internat gebaut, aber noch nicht eröffnet. Das Internat gehörte uns, und wir kamen dort unter. Das wichtigste Thema war wieder der berüchtigte Überfall auf Şemdinli; jeder redete davon.

Wenn man den Gerüchten glaubt, soll ein Kommandant der Gendarmerie in Şemdinli mit der Bevölkerung auf sehr gutem Fuß gestanden haben. Später überwarf er sich aus irgendeinem

Grund mit den Einwohnern. Daraufhin leisteten die Leute Widerstand, und das war der Grund für den Überfall auf Şemdinli...

Wir wussten damals nichts von der PKK und alldem und sagten einfach: »Das sind Terroristen und Anarchisten.«...

Einen Monat lang blieben wir an einem Ort namens Çatulga. Eines Nachts wachten wir gegen drei Uhr auf, und es hieß, dass die Terroristen kämen. Wir fingen sofort an zu schießen. In der Morgendämmerung gingen wir los, um zu sehen, wie viele Terroristen tot waren. Wir hatten die Maulesel erschossen...

Die Rekruteneinheit war gut. Woher sollten wir wissen, dass es Krieg geben würde? Wir sahen sowieso das, was passierte, nicht als Krieg an. Wir dachten nicht so über den Militärdienst, aber es war halt so, als würde man ihn eben irgendwie hinter sich bringen, da man doch nichts dagegen tun konnte. Alles, was ich erlebte, hinterließ deutlich seine Spuren.

Fast 15 Jahre sind seitdem vergangen, und ich erinnere mich an jede Nacht. Ich denke auch oft an die Leute dort. Da ist nichts, was ihr Auskommen sichern könnte, kein soziales Leben, keine Schule; d. h., eigentlich ist noch nicht einmal eine richtige Bevölkerung da. Die Männer verdienen sich ihren Lebensunterhalt mit Schmuggel. Tagsüber sieht man keinen einzigen Mann auf der Straße, nur Frauen. Wenn du sie fragst, wo denn ihr Mann ist, antworten sie: »Weit weg. Der ist nach Istanbul gegangen.« Die Leute dort stehen dem Militär feindselig gegenüber; ich weiß nicht, warum. Wenn man etwas für die Leute dort getan hätte, wäre das alles nicht passiert, denke ich.

Der Militärdienst war zu Ende. Ich komme wieder nach *Antalya*! Endlich stieg ich in den Bus. Ich habe Angst. Natürlich steht niemandem auf der Stirn geschrieben, dass er Terrorist ist, aber obwohl ich den Entlassungsschein schon in der Tasche hatte, sah man mir an, dass ich Soldat war. Einer, der neben mir saß, fragte mich, ob ich Soldat sei, und ich verneinte es sofort. Dabei war es eigentlich klar. Außerdem war der Mann, der mich fragte, selbst Soldat, und er sagte es ganz ruhig.

Als ich wieder zu Hause war, fühlte ich mich nicht wohl. Da mein Vater auch so gar nicht mit mir zufrieden war, schickte er mich erst mal nach Istanbul, damit ich mir dort den Wind um die Nase wehen ließ. Ich war von einer inneren Unruhe gepackt. Bei meiner Heimkehr vom Militärdienst merkte ich erst, was für eine starke Beziehung ich zu meiner Familie, zu Verwandten und

Freunden hatte. Nachdem ich wieder eine Weile bei ihnen gelebt hatte, wuchs meine Liebe zur Heimat und zu meiner Umgebung.

Meiner Meinung nach ist ein Ende dieser ganzen Geschichte von der wirtschaftlichen Lage abhängig. Der Schmuggel ist die Geldquelle der Leute dort an der Grenze. D. h., wenn der Handel mit Syrien, dem Irak und dem Iran freigegeben wäre, hätte das einfach seine Wirkung. Bevor ich zum Militär ging, hatte ich einen kurdischen Freund. Ich treffe mich sogar immer noch mit den Kurden, die vor Jahren meine Kollegen waren. Wir mögen uns. Sie kommen aus der Gegend von Batman. Unter meinen Kameraden beim Militär sind auch Kurden, mit denen ich immer noch Kontakt habe. Das sind keine Feinde für mich. Bevor ich Soldat wurde, hatte ich ein Feindbild im Kopf; diesen Feind stellte ich mir immer wie den Teufel vor, den man überall und jederzeit töten müsste. Ich nahm meinen Abschied vom Militärdienst, ohne den Feind gesehen zu haben. Der Feind, das war vielleicht irgendwer, den ich auch tagsüber in Şemdinli gesehen hatte. Vielleicht hatte ich keine Chance, ihn kennen zu lernen, weil ihm nicht das Wort »Feind« auf die Stirn geschrieben stand, wer weiß!

Solange ich Soldat war, habe ich nicht ein einziges Mal Urlaub gemacht. Ich wollte alles an einem Stück hinter mich bringen. Meine Familie und ich, wir hatten fast keine Möglichkeit, Nachrichten auszutauschen, es gab ja kein Telefon, und Briefe konnten wir auch nicht schreiben ... Z. B. hörte ich erst bei meiner Rückkehr, dass der Bruder meines Vaters gestorben war.

Wenn man aber sieht, was heute geschieht, ist es für mich das höchste Glück, dass keiner meiner Kameraden gefallen ist. Nach meinem Abschied vom Militär bin ich reifer geworden. Ob mein Blutdruck jetzt niedriger ist, weiß ich nicht. Ich bin eher still, denke viel nach und versuche, so freundlich wie möglich zu den Leuten zu sein.

Zurzeit schaue ich mir das *Mehmetçik*-Programm im TGRT an, und ich erlebe die Zeit von damals noch einmal. Die Gesellschaft interessiert sich nicht so sehr für den Südosten. Außenstehende haben nicht viel Interesse daran, nur die Leute, deren Kinder dort sind, oder wenn ihre Söhne ins wehrpflichtige Alter kommen.

Wo das Feuer hinfällt, da brennt's. Die Medien zeigen das Militär von seiner besten Seite. Heldentaten oder so, dazu kommt es doch erst gar nicht; niemand verschwendet doch auch nur einen

Gedanken an diese Gegend, bevor er seine Söhne dorthin schickt. Ich hätte auch keine Ahnung, wo Şemdinli liegt, wenn ich nicht dort gewesen wäre. Man interessiert sich doch nur für das, was man sieht.

(November 1998. Serik, Antalya)

1964 in Serik geboren; Abitur. Sein Vater betreibt einen Kleinhandel, und er führt das Geschäft des Vaters fort. Seine Eltern haben acht Kinder; er ist der Vierte von sieben Söhnen und einer Tochter. Den Militärdienst hat er 1983-84 an Orten wie Tokat und Şemdinli geleistet, vom Zentrum Nevşehir aus.

2. Im Alter von 20 Jahren geht eine Blüte auf...

Wäre da nicht die Liebe zum Vaterland, würdest du das nicht machen. Deine Liebe hat natürlich was mit Geld zu tun; je mehr Geld du kriegst, desto geringer wird die Liebe. Man kommt doch gar nicht auf die Idee, einfach nicht hinzugehen...

In meinem ganzen Leben hatte ich noch nichts von einem Ort namens *Tunceli* gehört. »Das ist ein ganz kleiner Ort, irgendwo im Tal«, sagte man. Wenn du an einen Ort kommst, den du nicht kennst, hast du natürlich Reisefieber. Es heißt, die Kommandanten hätten gesagt: »Die Landschaft, in die ihr fahrt, ist sehr schön.« Der Chef des Regiments hatte uns 40 Mann – unter 5000 Soldaten – als Vorbild hingestellt und uns gratuliert. Da wir bei den Rekruten sehr erfolgreich waren, wählte man uns aus, ohne auch nur im Computer nachzuschauen. Daher die Glückwünsche. Der Dienst in der Rekruteneinheit war unheimlich schwer. Bei der Rekrutenausbildung hat man uns hart rangenommen, um uns an alles Weitere zu gewöhnen. Das war nicht die übliche Soldatenschulung, sondern die Guerillaausbildung. Was zu unserer Zeit passierte, war eh schon heftig. Wir hatten auch keine Ahnung. Eigentlich wollte ich in den Westen.[1]

Wir gingen in die Brigade. Das waren unsere Landsleute, und wir fühlten uns nicht fremd. Wir hatten keine Wache und aßen, tranken und schlenderten durch die Gegend, als wären wir Gäste. Da wir das Gelände nicht kannten, gingen wir einen Monat lang nirgendwohin. Eines Tages fingen wir gegen Morgen an zu kämpfen. Das zog sich neun Stunden lang hin. Zuerst kreiste eine Truppe die Gegner ein, und dann gingen wir in das Dorf, wo die Terroristen waren. Schon beim ersten Schusswechsel fiel einer unserer Kameraden. Wir forderten sie über Lautsprecher auf, sich zu ergeben. Sie antworteten mit Schüssen. Als der Kommandant der Brigade hörte, dass ein Soldat gefallen war, ordnete er an: »Setzt die schweren Waffen ein!« Der gefallene Kamerad hatte eine Weile vor uns angefangen; bis zu seinem Abschied vom Militär wären es nur noch sechs oder sieben Tage gewesen. Er wird nach

1 Gemeint ist der Westen der Türkei. [Anm. d. Übers.]

Çorum zum Begräbnis gebracht. Sein Vater sagt: »Statt der Entlassung vom Militär wird er begraben«, dann schüttelt ihn eine Krise, und er fällt tot um. In einem solchen Moment steht man einfach unter Schock.

Wir waren eh hungrig, machten bis zum Morgen weiter, und das Gefecht dauerte bis zum nächsten Abend. In solchen Momenten merkt man noch nicht einmal den Hunger. Drei von zwölf Leuten konnten fliehen, und neun haben wir getötet. Den gefallenen Kameraden brachten wir zur Einheit. Die übrigen Terroristen übergaben wir der Bezirksgendarmerie von *Ovacık*.

Dieser Kampf nahm uns ein paar Monate in Anspruch. Es ist wirklich hart, wenn man dauernd in ein Gefecht verwickelt ist. Du vergisst alles und kämpfst ums Überleben. Ein paar Monate lang machten wir bei ein paar Scharmützeln mit. Bei einem Kampf in *Mazgirt* töteten wir neun Leute; zwei Frauen und einen Mann erwischten wir lebend, und sie ergaben sich. Eine der beiden Frauen war schwanger. Soll man etwa nicht wütend werden, wenn man auf Terroristen stößt?

Wir ließen sie auf die Lastwagen steigen und übergaben sie der Bezirksgendarmerie; dort war das Verhör. Du darfst einen Terroristen nicht anfassen. Das ist verboten. Wenn ihr aber mit ihnen sprecht, zeigen sie dir als Antwort das Zeichen der Freiheit. Die Gendarmerie bekam die normale Anzeige, aber wir die endgültige. Wir gingen hin und machten alles dem Erdboden gleich. Wenn es z. B. hieß »Hier sind neun Terroristen aufgetaucht«, dann war das natürlich eindeutig.

Wir sind sehr viel durch die Gegend marschiert; die Leute auf dem Land halten dich für einen Terroristen, sie wissen nicht, dass du Soldat bist. Wenn die Nachricht kommt, gehst du als Terrorist verkleidet ins Dorf. »Wir wollten uns mit unseren Freunden treffen, wisst ihr, wo die sind?«, fragst du die Leute.

Du weißt nicht, was passiert, und wir fingen erst mal an, uns zu waschen, so, wie man sich wäscht, bevor man die Moschee betritt. Einen Monat lang kamen wir nicht dazu, die Stiefel auszuziehen. Wenn die Funkbatterie auf den Bergen manchmal aussetzt, ist die Verbindung abgebrochen, kein Wagen kommt, und es gab Zeiten, in denen wir nichts zu essen hatten. Normalerweise gab es sehr gutes Essen. Auf den Bergen aßen wir aus Konserven, Fleisch und Fisch. Wir aßen Kräuter. Wer aus Anatolien stammt, kennt die Kräuter; die meisten Kameraden kamen aus Anatolien.

Wir fanden Trost in den Gesprächen, es gibt ja vor dem Dienst für das Vaterland kein Entkommen. Die Kameradschaft war super. Mit den Kameraden, die wir mochten, waren wir ein Herz und eine Seele, und wir aßen und tranken miteinander. Mit denen treffe ich mich heute noch.

Mit der Polizeitruppe machten wir uns an die Operation. Die Kommandanten waren meist Leutnants. Wenn es um eine Operation ging, war der Kommandant Hauptmann oder Major, in seltenen Fällen Oberfähnrich. Tunceli ist ein unterentwickeltes Gebiet. Ich weiß nicht, ob es sich wegen des Terrors nicht entwickeln kann. Die Leute dort verhielten sich uns gegenüber sehr gut; sie leben ja auch zwischen zwei Feuern, sie reden mal so, mal so, je nachdem, ob Terroristen oder Soldaten kommen. Da muss man ihnen auch Recht geben. Die Einheimischen sind sehr arm. Wir unterhielten uns mit ihnen und sagten: »Warum bleibt ihr hier, was habt ihr hier denn schon für ein Einkommen?«

»Was sollen wir machen«, antworteten sie, »wir müssen doch irgendwie leben.«

In Bingöl halte ich am Tor Wache. Ich schaue mich um und glaube, ich würde sie erkennen. »Das darf doch nicht wahr sein!«, sage ich mir. Ich lief ein paar Schritte auf sie zu, und wir umarmten uns, na klar, das waren mein Vater und mein Onkel. Wie sehr ich mich doch freute! Eigentlich durften wir uns gar nicht treffen; aber wir hatten einen großzügigen Hauptmann, und der sagte nichts. Wir schliefen im Internat, und da blieben mein Vater und mein Onkel eine Nacht lang bei uns. Da ging es nicht um den Dienstgrad, du verhältst dich wie ein Kamerad. Du sagst nicht »Herr Kommandant«, sondern redest sie mit dem Vornamen an. Da gibt's auch keine Prügel.

Wer sagt, er habe als Rekrut keine Prügel bezogen, lügt; einer macht was falsch, und drei Leute werden dafür verprügelt. Dort geht es nicht so zu wie im Zivilleben. Auch wenn du dagegen rebellierst, was kannst du schon machen? »Dann kriege ich eben Prügel, das wird schon vorübergehen«, denkst du dir. Wäre es nicht ein einziges Tohuwabohu, wenn es keine Prügelstrafe gäbe? Das könnte sein. Wenn du die Befehle nicht befolgst, darfst du nicht an die schweren Waffen. Ich weiß nicht, warum man einen dann nicht dranlässt, das kapiere ich einfach nicht. Wenn wir die schweren Waffen früher eingesetzt hätten, wäre unser Kamerad aus Çorum bestimmt nicht gefallen, das nur als Beispiel.

In dem Dorf, das wir stürmten, war eh nur eine Person. Wir machten Meldung und forderten sie auf, das Dorf zu verlassen. Wenn man gewollt hätte, hätte man das Dorf mit den schweren Waffen dem Erdboden gleichmachen können. Das war eh nur ein Ort mit ein paar Höfen. Erst nach dem Gefecht von neun Stunden setzten wir die schweren Waffen ein.

Als ich vom Militär zurückkehrte, schlachtete man ein Opfertier für mich, wie für einen Helden. Meine Familie saß beim Frühstück, natürlich lagen wir einander sofort in den Armen. Mit 17 habe ich geheiratet, und ich hatte schon ein Kind, als ich Soldat wurde. Na klar, das ist hart, diese Sehnsucht nach dem Kind. Hat mein Kind es nun bis zu seinem ersten Geburtstag geschafft oder nicht? Dass das zweite da war, das erfuhr ich erst drei Monate später. Als ich mitten in der Operation steckte. Du meine Güte, ich kriegte ja nur alle paar Monate einen Brief von meiner Familie.

Im Kampf gewöhnt man sich an die Schüsse... Ich stehe immer noch unter der Wirkung der Kämpfe. In den ersten paar Monaten nach meiner Rückkehr sagten meine Freunde zu mir: »Du bist nicht mehr derselbe wie früher.« Das hieß, dass ich mich verändert hatte, das war die Wirkung der Kämpfe und das ganze Drum und Dran. Ich träumte noch ein paar Monate lang davon. Die Kugel war in die Stirn des Kameraden eingedrungen und hatte seinen Hinterkopf in Stücke gerissen. Das war auch einer, der zu den ganz Armen gehörte. Der Tod seines Vaters hatte auch seine Wirkung auf uns. Ich träume immer noch davon.

Wäre da nicht die Liebe zum Vaterland, würdest du das nicht machen. Deine Liebe hat natürlich was mit Geld zu tun; je mehr Geld du kriegst, desto geringer wird die Liebe. Man kommt doch gar nicht auf die Idee, einfach nicht hinzugehen.

Das Problem des Südostens, das Kurdenproblem, kommt doch eigentlich daher, dass einer das Klima versaut. So was wie Kurden oder Türken gibt's doch eigentlich gar nicht. Wenn *Öcalan* nicht wäre, würde das Problem überhaupt nicht existieren; er hat starke Mächte hinter sich, die ihn schützen. Der verstorbene *Türkeş* z. B., Gott hab' ihn selig, sagte: »Wenn man es mir erlaubte, hätte ich seinen Kopf in drei Monaten.« Ich weiß nicht, warum man Türkeş das nicht erlaubt hat.

Ich gucke mir immer die Nachrichten an. An denselben Orten, wo wir unsere Operationen durchgeführt haben, kämpfen sie weiter, aber nichts ändert sich. Eigentlich ist es auch gar nicht möglich, damit zurande zu kommen, wenn du an die Armee und an die Lage des Militärs denkst. Damals hätte ich nie vermutet, dass es sich so lange hinziehen würde. Wenn man sich die Lage des Militärs anguckt, hält der Gegner das alles genauso gut wie eine Armee aus. Die besten Leute des Militärs sind doch die Soldaten dort im Osten. Ich weiß nicht, warum sich das so lange hinzieht.

Jemand war z. B. bis zum Abend normal, und nachts soll er als Terrorist aufgetreten sein. Dann sagt man: »So ist das hier nun mal, und das hört nicht auf, bevor nicht alles mit Stumpf und Stiel ausgerottet ist.«

»Man wird den Osten vernichten«, sagt man.

Ich nehme an der Beerdigung der Gefallenen teil. Das ist sehr traurig. Man kann natürlich gar nicht anders als denken: »War es das wert?« Im Alter von 20 Jahren geht eine Blüte auf. Ich bin verzweifelt, das geht immer so weiter, dieser Krieg im Osten hört nicht auf. Die jungen Leute werden weiter sterben. Wer tritt endlich auf und sagt »Stopp«? Nur ein Mann wie *Atatürk* könnte da kommen. Nur er könnte »Halt!« sagen. Eine andere Möglichkeit gibt es nicht.

(August 1998, Çankırı)

1966 in Çankırı geboren, Besuch der Grundschule. Im März 1986 ist er nach Kırkağaç im Regierungsbezirk Manisa zur Ausbildung in der Rekruteneinheit gegangen. In Tunceli war er in der regulären Einheit. Er hat einen kleinen Laden.

3. Ein Soldat mit Bart

»Wer kein Muslim ist, bleibt immer ein einfacher Soldat«, sagt man. Man ist davon abhängig, dass man sich beliebt macht, ganz wie es gerade passt. Du stammst aus Istanbul; im Südosten, bei der Armee, ist es ein Problem, einen anständigen Menschen zu finden, so einen kannst du noch nicht mal zum Marschieren bringen. Wenn du ihm sagst: »Nach rechts!«, wendet er sich nach links.

»Warum hast du so einen Namen?«, fragte er. Solche Fragen werden gar nicht mal in böser Absicht gestellt. Wir waren fünf Leute aus Tokat. Ich war Grieche, die anderen Armenier. Später landeten alle in getrennten Kompanien. Als ich in die erste Kompanie kam, sagte ich: »Man hat uns angeschmiert.« Im Speisesaal oder dort, wo wir gerade waren, saßen wir immer eine Weile beisammen. Ich sage ja nicht »Niemand hat uns akzeptiert«, aber man ist schüchtern, weil du ja nicht weißt, was du tun sollst. V. a. kennst du ja auch niemanden. Weil man sagte »Den Leuten, die keine Muslime sind, gibt man keine Waffen«, dachte ich: »Waffen gibt man uns wahrscheinlich nicht, dann steckt man uns in die Küche oder so. « Gerade weil ich kein Muslim war, war ich einer der Aktivsten.

»Wer kein Muslim ist, bleibt immer ein einfacher Soldat«, sagt man. Man ist davon abhängig, dass man sich beliebt macht, ganz wie es gerade passt. Du stammst aus Istanbul; im Südosten, bei der Armee, ist es ein Problem, einen anständigen Menschen zu finden, so einen kannst du noch nicht mal zum Marschieren bringen. Wenn du ihm sagst: »Nach rechts!«, wendet er sich nach links.

Obwohl ich keine richtige Ausbildung hatte, wurde ich sogar Gefreiter. Wer im Osten Abitur hatte, das ist hier im Westen so, als habe er gerade mal die Grundschule hinter sich. Deshalb machte man die Leute, die Prüfungen hinter sich hatten, zu Gefreiten, und zu denen gehörte ich.

Wir waren immer in *Bitlis*, abgesehen vom Manöver. V. a. der 15. August, das war doch der Jahrestag der Gründung der PKK, das war echt ein gefährlicher Tag. Da waren wir in Alarmbereitschaft. Normalerweise schoben die Wachposten an den Garagen keine Kugel in den Gewehrlauf, aber am 15. August muss man da wie ein Schießhund – mit der Hand am Abzug – aufpassen. Es passierte zwar nichts, aber so war das nun mal. Man brachte uns in die Gegend vom Van-See, nach *Tatvan* und an andere Orte, zu den Fußballspielen. An erster Stelle steht die Ausbildung, du darfst auf keinen Fall zuerst schießen. Das Gewehr ist gesichert, und du stehst da, mit aufgerichtetem Bajonett, aber wenn es ernst wird, greifst du mit dem Gewehrkolben ein. Die Leute von Van, Tatvan und Bitlis, die haben doch alle Angst vor dem Militär. Nichts passierte.

Dort, wo die Panzerwagen und die Funkgeräte stehen, hältst du in voller Montur die ganze Nacht am Fuß der Berge Wache, das Gewehr auf dem Rücken, und hast Angst. Man plauderte, um die Angst zu überwinden. Dann fingen die Scharmützel an. Mit dem nächtlichen Schießen und den Nachtübungen ging es im Juli oder so los, mitten im Wehrdienst. Bei den Nachtübungen darfst du keine Zigarette rauchen. Wenn du rauchst, musst du die Zigarette mit der Hand verdecken, weil man das Flimmern aus fünf Kilometern Entfernung sieht. Wenn du mit dem Glimmstängel im Mund eine Zielscheibe abgibst, kann es dir passieren, dass dir mitten durch die Stirn geschossen wird. Beim Marschieren leuchten deine Wangenknochen und deine Stirn, und wir reiben sie nachts mit Ruß ein. Du bindest irgendwas an den Teil des Gewehrs, der Töne von sich geben könnte. Jetzt merke ich, dass es genau zu dieser Zeit angefangen hat, heftiger zu werden.

Das Wintermanöver fand meist im Schnee statt, und das war echt hart. Im Schnee wirst du doppelt so schwer. Die Schneeausrüstung und dein weißer Leibgurt, das ist natürlich eine schwere Last, und du ziehst dem Gewehr das Futteral über, damit es nicht leuchtet. Bei den Manövern hatte man Konserven bei sich, aber viele Lebensmittel waren verdorben. Morgens gab es Mehlsuppe. Wir, die Kameraden und ich, kauften ein paar Sachen in der Stadt ein und verstauten sie im Depot. Wenn es dieses verdorbene Zeug gab, holten wir die Lebensmittel aus dem Depot und aßen sie, gemeinsam mit den Soldaten, die kein Geld hatten.

Ich lernte gut, mit der Waffe umzugehen. Den Scharfschützen heftete man so was wie eine Rosette an; ich hatte natürlich auch eine. Klar, du bist mit allen befreundet, aber du hast natürlich auch deine Clique. Dort hatte ich wirklich ein paar sehr gute Freunde. Hochkarätige Leute waren nicht dabei, aber schon ein paar Jungs aus reichem Haus. Die gaben sich natürlich nicht viel mit uns ab. Wenn man am Wochenende in die Stadt geht, was macht man da? Da gibt's nur eine Straße, du gehst ins Café, man steckt Abenteuerfilme ins Video, du guckst dir die an und redest mit ein paar Leuten. Ich ging auch in den Billardsalon und machte alles mit – was es halt so gab.

Das war Şafak 550, meine 550 Tage beim Militär. Schon als Rekrut hatte ich angefangen, die Tage im Kalender durchzustreichen, in Bitlis machte ich das dann regelmäßig, jeden Morgen. Ich schrieb nicht gern Briefe, ich rief meine Familie nicht an und schrieb auch nicht nach Hause. Meine Mutter machte sich Sorgen und wandte sich an den Wehrbezirk von *Beşiktaş*.

Ein paar Wochen bevor mein Dienst zu Ende war, kriegte ich eine Gesichtslähmung. Fünf Jahre bevor ich zum Militär ging, hatte ich das schon mal. Im Lazarett schaut der Arzt sich das an, versteht es nicht und müsste doch eigentlich wissen, woher das kommt. Ich sagte ihm, dass ich das schon mal hatte. Ich kenne die Symptome. Zuerst kann ich nichts mehr schmecken, und dann geht ein Augenlid nicht mehr zu. Der Arzt schrieb mich 20 Tage krank und verbot mir, mir das Gesicht zu waschen. Das war in der kalten Jahreszeit, ich setzte eine Schneekappe auf und sah aus wie ein Pope. Der trägt ja auch einen Bart. Der Arzt sagte: »Rasier dich nicht, dein Gesicht darf nicht mit Wasser in Berührung kommen.«

Du rasierst dir nicht den Bart, das hält das Gesicht warm. Du meine Güte – ein Soldat mit Bart! Ach, du lieber Gott! Es kommt ja kein Fotograf; soll man mich doch fotografieren, dann würde ich später zu meinen Freunden sagen: »Dort hatte ich einen Vollbart.«

Im Schlafsaal ruhte ich mich aus, las und schlenkerte mit den Beinen. Wir kriegten einen neuen Kommandanten. So ein Kleiner, der kam in den Schlafsaal und gab mir einen Fußtritt.

»Mensch, was liegst du denn da rum? Stillgestanden!«, sagte er, und ich stand stramm. Ich dachte, er macht Spaß.

»Ich habe eine Gesichtslähmung und bin 20 Tage krank geschrieben«, antwortete ich.

»Lass mal gucken«, sagte er, »nimm die Maske ab.« Er meinte wohl den Verband, und ich nahm ihn ab.

»Das will ich morgen nicht mehr sehen«, war seine Reaktion.

»Zu Befehl!«

Der Typ sagte: »Rasier dir den Bart«, aber der Arzt hatte gesagt: »Rasier dich nicht.«

Ich nahm den Bart natürlich nicht ab. Am nächsten Tag kam er wieder und fragte: »Na, wird's bald?«

»Herr Kommandant«, antwortete ich und stotterte ein bisschen rum.

»Deinen Arzt werde ich mir mal vorknöpfen«, meinte er und fluchte.

Ich kriegte einen Fußtritt, er schlug zweimal zu, und ich lag am Boden. »Du gehst sofort los und rasierst dir den Bart ab«, befahl er.

Was sollte ich machen? Es waren nur noch ein paar Tage. Ich nahm Cortison, und die Dosis wurde jeden Tag ein bisschen runtergesetzt. Ich merkte, dass die letzten paar Tage ganz gut verlaufen waren. Wenn ich Suppe aß, tropfte es mir immer wieder von den Lippen. Meine Muskeln waren nicht in Ordnung. Ich fand die Rasierklinge. Ich zerschnitt mir das Gesicht und war über und über mit Blut besudelt.

Als Soldat wirst du sagen: »Ich habe mir den Bart geschoren.« Ich habe es gesagt.

»In Ordnung«, meinte der Kommandant, »geh jetzt runter und mach das Klo sauber!« Das ist also die Strafe? Als ich mit dem Kloputzen fertig war, blieb ich dort stehen. Der Offizier unserer Kompanie, der mich sehr mochte, kam vorbei und fragte, was ich denn da machte. »Unser Kommandant hat es befohlen, und ich habe das Klo geputzt, jetzt warte ich hier.«

Daraufhin gab der Offizier mir eine Aufgabe in der Schreibstube. Den Bart habe ich nicht wieder wachsen lassen. Ich ging noch mal zum Arzt, und er gab mir ein Attest für die nächsten zehn Tage. Ich übernahm die Innenwache im Schlafsaal und blieb also drinnen, aber da konnte ich mich wenigstens nützlich machen.

Eines Nachts schrien alle: »Feuer!« »Der Dachstuhl hat Feuer gefangen«, hieß es. Es waren aber die Schlafsäcke, die man beim Manöver benutzte und die mit Daunen gefüllt waren. Auf jeden Fall wurde alles gefilzt, zuerst die Gewehre. Jeder musste sein Gewehr in die Hand nehmen. Es kam zum Appell, und die Leute wurden durchgezählt.

Einer aus Adana blieb im Bett, und du sagst zu ihm: »Steh auf, die Decke brennt.« Der Mann antwortet: »Na und? Auch wenn's brennt, ich bin krank geschrieben.« Alle stellten sich in Reih und Glied auf. Der Kommandant der Kompanie kam und zählte uns oberflächlich durch.

»Sind die Gewehre in Ordnung?«, fragte er. Er fragte nicht, ob die Männer in Ordnung waren. Warum nicht? Weil er die Verantwortung für die Waffen hat. Ein paar schoben Wache, andere waren krank, d. h., eine Menge Leute waren nicht zur Stelle. Als er sagte: »Schultert die Gewehre«, wollte man, dass gesagt wird: »Schultert die Gewehre, so weit ihr das könnt.« In Sachen Leben und Eigentum ist da kein Unterschied zum Zivilleben.

Als wir in die erste Kompanie eintraten, war dort ein Kommandant, den man den »Löwenleutnant« nannte. Das war ein ganz scharfer Typ, und er brach den Griff der Spitzhacke auf dem Rücken der Leute entzwei. Er schlug nicht grundlos; wenn er einen aber verprügelte, dann hattest du dein Fett weg. Ging der Griff der Spitzhacke kaputt? Er schlug einfach auf die Leute ein, als wollte er sie umbringen. Das war schrecklich! Ich hatte Glück. Mich hat er nie verprügelt.

Das war der andere, der Kleine, der mir zwei Fußtritte versetzte. Da gab es das Schießen, in ganz kurzen Abständen. Das waren die ersten Schüsse, du bist unerfahren und kennst die G 3 noch nicht. Er schlägt dir auf die empfindlichsten Körperteile, dorthin, wo du es nicht erwartest, mit der Hand oder sonst was. Er fällt über dich her, brüllt rum vor Wut, und du glaubst, gleich sind die Fäuste dran. Das war der Typ, der so schlug, als wäre er außer Rand und Band. Natürlich mochte man die Vorgesetzten, die wenig prügelten; es gab sogar solche, die einen überhaupt nicht schlugen.

Jemand hat z. B. den ersten Schuss getan und verfehlt das Ziel. Dort geht eine Staubwolke hoch, und es ist klar, dass die Kugel im Boden eingeschlagen ist. Der Kommandant sagt: »Jetzt sehen wir uns mal deinen Schuss an.« Ich hatte irgendwie von außen dreimal das Ziel getroffen, und zweimal traf ich die Zielscheibe des Kameraden. Der Typ schaut ganz verblüfft drein, als zwei Kugeln dort auftauchen. Er fing an, sich vor den Kopf zu schlagen: »Mensch, das darf doch nicht wahr sein«, sagte er. »Wer hat denn gefeuert?« Er sah doch, dass drei Kugeln in den Boden eingeschlagen waren. Wenigstens kam der Junge noch ohne Prügel davon. Sobald sich die Gelegenheit ergab, schoss ich statt des anderen.

Als ich 1988 zum Militär ging, war ich unruhig, aber wenn das jetzt passieren würde, wäre ich viel nervöser. Damals war es in Bingöl am schlimmsten. Die Leute, die in Bingöl landeten, sagten nur »Oje!« Als ich Bitlis verließ, stieß ich einen Seufzer der Erleichterung aus. Als wir gerade dort angekommen waren, fielen schon die ersten Soldaten. Wir hielten uns ständig auf dem Laufenden und kannten die letzten Nachrichten; es gab ein paar Scharmützel, aber die nahm man nicht ernst. Wenn du am Drahtzaun Wache hattest, wurdest du ein bisschen nervös. Ich stand nur kurze Zeit dort. Bevor ich Gefreiter wurde, schob ich eine Zeit lang Wache.

Nach dem Wehrdienst hatte ich natürlich andere Freunde, aber auch noch ein paar aus der Armeezeit. Wir luden einander zu unseren Hochzeiten ein. Eines Tages trafen wir uns alle in Ankara; wir kamen aus *Mersin*, Istanbul und *Düzce*. Beim Frisör unterhielten wir uns. Der Frisör wunderte sich: »Wie kommt es denn, dass man wegen einer Hochzeit so eine weite Reise antritt?« Die Kameradschaft unter Soldaten ist was ganz anderes, man lässt sich viel stärker aufeinander ein. Selbst wenn man nur eine knappe halbe Stunde zusammen ist, ist das intensiver.

Ich liebe kurze Vierzeiler, und auf die Rückseite von Fotos schrieb ich immer so eine Art Gedicht. Z. B.: »Am 30. November ging ich zur Armee / Eines Tages sage ich Ade / wie ich euch schon schrieb, / nehmt – statt meiner – mit dem Foto im Kuvert vorlieb!« Reim dich oder ich fress' dich, aber meinen Freunden gefiel so was. In der Freizeit hörten wir Musik. Irgendwo hatten wir eine Kassette aufgetrieben, aber dann wurden wir erwischt. Denn so was ist verboten. »Wir sind doch nicht bei den Amis, das kommt überhaupt nicht in Frage«, sagte man und nahm sie uns weg. Eine Bibliothek gab es nicht. Ich las Romane, alles, was ich finden konnte, Krimis und Ähnliches. Ich suchte so was wie die Antiquariate von Beyazıt in Istanbul, aber die konnte ich natürlich nicht finden. Oft hörten wir das Lied der Sängerin Sezen Aksu: »Spuren wie Blei / die letzten Augenblicke«. Wir hatten dort auch kein Lokal mit Livemusik; manchmal fühlten wir uns wie in der Verbannung.

Jeder junge Mann sollte den Militärdienst machen. Die Gewalt beginnt eh in der Kindheit; Mädchen spielen mit Puppen und Jungen mit Pistolen. Die Gewalt beim Militär ist akzeptierte Gewalt. Du weißt, was dir alles zustoßen kann. Du wirst z. B. versohlt, wenn du dich gegen deinen Vorgesetzten wendest, außerdem ist klar, dass dir auch noch eine Strafe aufgebrummt wird. Mein Verhältnis zur Gewalt ändert sich dadurch nicht. Ich greife niemanden an, damit keiner auf mich losgeht.

Als der Mann im Bus mich z. B. anguckte, schaute ich ihn auch an; und damit war es vorbei. Er guckt mich an, als ob ich gerade vom Militär käme, und so schaue ich ihn an, d. h., er senkt die Augen. Nun ja, da war schon irgendwas anders, aber das war doch keine übermäßige Gewalt.

Ich denke, man muss halt zum Militär, aber ich weiß nicht recht, warum. Das ist eine Zeit, da musst du durch, meiner Meinung nach kapierst du da ja auch was. Bei meiner Heimkehr versuchte ich wieder auf die Beine zu kommen. Es ist nun mal nötig, zum Militär zu gehen, das macht einen zu einem anständigen Menschen. Wenigstens begreifst du auch was vom Wert des Zivillebens, wenn der Abstand sehr groß war. Du bist dann also zum ersten Mal von deiner Familie getrennt. Wenn ich es nicht gemacht hätte, hätte ich das Gefühl, dass mir was fehlt. Außerdem habe ich dort auch eine Menge gelernt.

(13. Juni 1998, Istanbul)

1968 in Istanbul geboren. War in der griechischen Grundschule und hat gleichzeitig gearbeitet; nach verschiedenen Tätigkeiten fertigt er seit 1983 Gürtel an und verkauft sie. Im November 1988 ging er zum Militär. Seine Rekrutenausbildung absolvierte er in Tokat als einfacher Infanterist, danach war er in Bitlis. Von vier Kindern, zwei Söhnen und zwei Töchtern, ist er der Zweite. Im April 1990 kehrte er zurück.

4. Wenn der Soldat die Chance hätte, würde er fliehen – und er wird fliehen!

Wie kann man mich nur als Held ansehen? Ich habe gegen mein eigenes Volk gekämpft. Ich will nicht sagen, wo ich den Wehrdienst verbracht habe, ich weiß, dass es nichts Gutes war. Wenn mich jemand fragt, sage ich einfach: »Ich war in Kayseri beim Militär.«

Ich liebte das Fallschirmspringen, und daher nahm ich im Gymnasium an den Lehrgängen teil, die der Türkische Luftflottenverein anbot. Das war natürlich sehr sportlich. Als ich keinen Platz an der Universität bekam, entschied ich mich für das Militär. Ich wusste nicht, dass man mein Zeugnis, das ich als Fallschirmspringer erworben hatte, an den Wehrdienstbezirk geschickt hatte. Daher kam ich zum Stützpunkt der Lufttruppen in Kayseri, und dort machte ich meine Ausbildung bei der Kommandotruppe. Ich konnte zwischen zwei Möglichkeiten wählen, Fallschirmspringen und Alpinismus, und ich entschied mich für das Bergsteigen. In Kaiseri hatten wir keine Zeit zum Ausruhen, das war eine dauernde Schinderei. Als die Ausbildung von drei Monaten dort zu Ende war, hieß es: »Ihr geht jetzt ins Gelände.«

Unsere Basis war *Çorlu*, aber die Einheit lag für ein Jahr im Südosten; es war ja Noteinsatz. Zuerst wurden wir zum Heereszentrum nach Diyarbakır geschickt, und von dort aus zu unseren Einheiten. Dort lag eine Gendarmeneinheit. Ich landete in einem Dorf namens Kısmetli im Distrikt Dargeçit, der zum Regierungsbezirk Mardin gehört, auf Kurdisch hieß es, glaube ich, Kezboran. Das Dorf war auf einem vorspringenden Hügel gebaut, und es hatte auch eine Schule. Weil man uns sonst nirgendwo unterbringen konnte, übernachteten wir eine Zeit lang in der Schule, d. h., wir hatten ständig mit der Schule zu tun. Wenn wir die Truppen zu je 20 zählten, waren wir eine Kompanie von 100 Mann. In der Schule waren vorher keine Kinder. Später war das Gebäude zum einen Quartier, zum anderen Schule für die Kinder. Wir hatten viel mit dem Lehrer zu tun. Später räumten wir die Gegend dort und gingen woandershin. Das war so eine Stelle, wie soll ich es nennen, eher eine Weide für Schafe und Ziegen; immerhin reparierte man die Einzäunung.

Wenn ein Befehl kam, standen wir auch nachts um drei auf und marschierten los. Wenn wir ein paar Stunden marschiert waren, gelangten wir an weit entfernte Orte. Wenn die Orte sehr weit entfernt waren, brachte man uns auf Lastwagen dorthin, und von dort aus zogen wir dann wieder zu Fuß weiter. Im Allgemeinen hörte man Neues von einem Spitzel. Diese Nachrichten gelangten natürlich zum Kommandanten des Bataillons. Dann sagte der Kommandant: »Beobachtungsposten hierhin und dorthin, legt einen Hinterhalt, und dann wird's Zeit für die Operation!« und schickte uns an eine bestimmte Stelle. Wenn es nach dem Bataillonschef gegangen wäre, wären wir dauernd in Operationen verwickelt gewesen, aber wir taten nichts auf die Initiative des Kommandanten der Kompanie hin, einem Oberfähnrich.

Die Operationen betrafen im Allgemeinen Dörfer, bestimmte Stellen, an denen die PKK durchzog, und strategisch wichtiges Gelände. Nach dem System der Operation sicherte man die Gegend weiträumig ab, damit die Gendarmen mindestens 500 m weiter hinten das Dorf durchsuchen konnten. Da ich Kommandant der Basiseinheit war, stand ich bei den Hausdurchsuchungen meist als Sicherheitsposten auf dem Dach. Die Durchsuchung selbst führte unser Vortrupp durch. Während der Hausdurchsuchungen waren die Bewohner des Dorfes in ihren Häusern.

Eigentlich wollte ich's nicht, aber nachdem ich die Uniform angezogen hatte, tat ich auch meine Pflicht. Der Soldat steht dort über allem, und die Leute haben ja solche Angst. Das Militär tut schließlich auch alles, um die Leute in Angst und Schrecken zu versetzen. Sagen wir mal, es ist verboten, das Haus nach 22 Uhr zu verlassen. Du hast das Recht, alles, was sich nach zehn Uhr abends noch draußen bewegt, zu erschießen.

Sie können sich kaum vorstellen, wie viele Esel es getroffen hat. Ein paar meiner Kameraden starben an Erfrierungen. In Mardin, das war eine der großen Operationen. Einer aus der anderen Kompanie trug ein Funkgerät auf dem Rücken, und der Blitz schlug in die Antenne ein.

An einem Nahkampf habe ich nicht teilgenommen. Ein paar Mal, als wir in strategisch wichtige Gebiete kamen, merkten wir, dass wir in einen Hinterhalt geraten würden und kehrten um. Nachts z. B. hört man Metallgeräusche, das klingt wie Waffenlärm, und wir kehrten zurück, um nicht zwangsläufig in die Falle zu tappen. Außerdem gingen wir während des *Nevruz*-Festes in andere Gebiete.

Es gab Momente, in denen ich mich dem Tod sehr nahe fühlte. Weil man dich unter der grünen Tarnkleidung nun mal nicht erkennen konnte, verhielt ich mich auch so, wie man sich verhalten muss. Die Leute bedingen sich das sowieso aus; z. B. hämmerte der Kommandant des Bataillons uns immer mal wieder so was ein wie: »Wer mir einen Kopf bringt, dem lasse ich den Militärdienst verkürzen!« Wir waren wenige Kurden, und es gab viel mehr Türken. Die kurdischen Soldaten wurden eh dauernd durchsucht.

Wegen ein paar Soldaten wurde so eine Durchsuchung durchgeführt, weil sie beschuldigt wurden, dass sie vor dem Militärdienst Sympathisanten der PKK gewesen seien. Einen von ihnen schob man in eine andere Gegend ab. Ein Türke z. B. desertierte, aus Angst, und weil er es nicht mehr aushielt.

Als unsere Einheit ihr Dienstjahr abgeschlossen hatte, war ich seit sieben Monaten als Soldat in Mardin. Unsere Einheit kehrte in Bussen nach Çorlu zurück. Wir kamen uns vor, als wären wir endlich befreit. Was dort passiert, ist unmenschlich, und ich glaube nicht, dass dies alles mit Krieg gelöst werden kann. Wenn man es doch mit demokratischen Mitteln lösen könnte. Die Menschen dort sind anständig und schuldlos. Ich habe ihnen nie schlechte Absichten unterstellt; arme Kerle sind das, jeder auf seine Weise. Ich habe gemerkt, dass es Leute gibt, die gar nicht wollen, dass der Krieg dort zu Ende geht. Es gibt Soldaten, die besser ausgebildet und besser bezahlt sind als die Soldaten hier, nämlich die Söldner. Söldnertruppen aber wollen unbedingt Krieg führen. Eigentlich kämpfen sie auch nicht, und sie wollen die Fortsetzung des Krieges. Sie sind mit Leib und Seele bei der Sache, gleichzeitig aber kriegen sie einen unheimlich hohen Sold. Wer will denn, dass dieser Lohn gekappt wird? Dort hat man eh viel investiert, entweder für die Dorfbeschützer oder die Berufssoldaten, das sind Leute, die damit ihren Lebensunterhalt verdienen.

Unser Dorf hat keine Dorfbeschützer. Als wir im Dorf waren, kamen die Leute uns nicht besonders freundlich entgegen, weil sie Angst hatten. Manchmal habe ich ein paar Dorfjungen gebeten, mir Eier zu holen. Wenn sie es taten, habe ich den Kindern Geld gegeben. Das war auch eine Art Umgang mit den Leuten dort. Ich persönlich habe versucht, mit ihnen zu reden, aber sie können eh nicht richtig Türkisch, und ich habe mich halb auf Kurdisch mit ihnen unterhalten.

Wir Soldaten hatten unsere Gespräche miteinander. Die Kameraden, die aus dem Westen kommen, kennen die Kurden nicht richtig, und weil sie die Leute nicht kennen, deuten sie ihre Verhaltensweise auch oft falsch. Was soll man dazu sagen? Sie kennen sie nicht, und weil sie die Kurden nicht kennen, verhalten sie sich ihnen gegenüber im Sinne der Staatsmacht. So sind sie nun mal ausgebildet worden. Ist nicht jeder ein Produkt seiner Erziehung? Sie haben sich dem angepasst, was sie gehört und gelesen haben. Ich erklärte den Kameraden, dass auf der Gegenseite auch Menschen waren und die Staatspolitik falsch sei. Sie wussten nicht, dass ich Kurde bin, sie schienen anzunehmen, dass es eine assimilierte Generation gäbe. Ich sagte natürlich: »Nein, ich bin Kurde.« Das leugnete ich nicht.

In Mardin waren die Beziehungen sehr freundschaftlich, und man musste nicht salutieren. Selbst wenn einer mit dem höchsten militärischen Rang gekommen wäre, spielte es keine Rolle, ob du vor ihm salutierst. Sie wussten sowieso, dass die Soldaten angespannt waren, deshalb verhielten sie sich eher zurückhaltend.

Meine Familie, meine Freunde und die Leute in meiner nächsten Umgebung wussten, dass ich eigentlich nur der Not gehorchte, als ich zum Militär ging. Deshalb verurteilten sie mich auch nicht weiter. Ihnen war bekannt, dass man mich dorthin berufen hatte, weil ich zu den Fallschirmspringern gehörte.

Wie kann man mich nur als Held ansehen? Ich habe gegen mein eigenes Volk gekämpft.

Jetzt ist so viel Zeit vergangen, fünf Jahre, und es wirkt immer noch nach. Das Militär bedeutet für mich eine sehr schlimme Erinnerung. Dauernd denke ich, was für ein schlechter Mensch ich doch bin. Auch wenn mir gar nichts anderes übrig blieb, als mitzumachen. Wir mussten das machen, weil der Militärdienst Pflicht ist.

Ich möchte nicht sagen, wo ich den Militärdienst verbracht habe, denn ich weiß, dass es nichts Gutes war. Wenn mich jemand fragt, sage ich einfach: »Ich war in Kayseri beim Militär.«

Du wirst nervös und gehst seelisch drauf. Du kannst dir einfach nicht mehr selbst treu bleiben, dauernd gibt es Operationen, oder du liegst im Hinterhalt. Ich glaube nicht, dass ich jemanden getötet habe. Nein, sagen wir mal, es war ein einseitiger Kampf, d. h., man vermutete, dass irgendwas auftauchte, und dann schoss man, und ich habe absichtlich danebengeschossen oder in die Luft gefeuert, weil ich überhaupt nichts sah. Ich tat nur so, als ob ich schießen würde. Ich hatte z. B. immer wenig Munition übrig, damit man sah, dass ich überhaupt geschossen habe.

Ich glaube nicht, dass dieser Krieg zu Ende gehen wird, denn er muss sein; die Kabinettsumbildung, die jetzt gerade wieder passiert, lässt auch darauf schließen. Die Tatsache, dass man Mehmet Ağar zum Justizminister gemacht hat, zeigt, dass dieses System wieder funktionieren wird. Im Fernsehen heißt es ja auch: »Unsere Söhne opfern sich für das Vaterland, und wir wollen nicht zulassen, dass unser Vaterland sich spaltet!« Ich glaube nicht, dass man solche Leute findet, so was können nur Soldaten, die für Geld arbeiten. Keine normalen Soldaten. D. h., wenn der Soldat die Chance hätte, würde er fliehen, und er wird fliehen!

(Juli 1996, Istanbul)

1969 in Malatya geboren, Gymnasialabschluss. Von November 1989 bis Mai 1991 war er beim Militär. Seine Basiseinheit lag in Çorlu, aber den größten Teil seines Dienstes hat er beim Bergkommando von Mardin verbracht. Im Gymnasium hat er Fallschirmspringen in Kursen gelernt. Bringt sich mit Gelegenheitsarbeiten durch.

5. Lass das Brot stehen, wenn du vor dem Militär fliehen willst!

Das war natürlich nicht leicht. Ich rührte kein Brot an, kein Pilav, keine Nudeln, kein Gebäck, einfach nichts. Ich aß nur Obst und löffelte die Brühe des Essens, das man mir gab.

»Ich kriege ein Attest, dass ich nicht tauglich bin, und dann muss ich nicht zum Militär«, setzte ich mir in den Kopf. Der Militärdienst war ein Beruf, auf den ich mich nicht einlassen wollte. Ja, für mich ist das Militär ein Beruf wie jeder andere. Anderthalb oder zwei Jahre schlägt man sich damit rum. Die Armee macht einen doch zum Pazifisten. Zu Hause steht man unter dem Druck der Eltern, in der Schule ist es der Lehrer und am Arbeitsplatz der Chef. Du gehst zum Militär und kommst unter die Knute des Kommandanten. Ich bin eher links – und radikal gegen das Militär; ich bin auch Humanist. Ich sehne mich nach einer Welt, in der die Grenzen verschwinden, aber wohin du auch blickst, überall Krieg und Konflikte.

Wie konnte ich das nur anstellen? Ich fand die ganzen Gesetze und Regelungen, die mit dem Militärdienst zusammenhängen, und ich fing an, sie Zeile für Zeile durchzugehen. Vor dem Gesetz musste ich irgendeinen Makel haben, damit ich nicht hin musste. Da war nichts, was zu mir passte. Das machte mich ganz ratlos. Das Beste ist, ganz schnell abzumagern und das Gleichgewicht zwischen Größe und Gewicht durcheinander zu bringen. Die einzige Alternative war ein Hungerstreik. Weil ich eh schlank bin, dachte ich, dass mir das nicht so schwer fallen würde. Dann wurde ich in Batıkışla krank. Nicht weil ich abgemagert war, sondern weil ich eine Lungenentzündung bekommen hatte, wurde ich 45 Tage zur Kur geschickt. Genauer gesagt, weil ich vor kurzem erst durch das Militär interniert worden war, war die Lungenentzündung ein Geschenk der Internierung. Natürlich, je mehr du abnimmst, desto schwächer wirst du. Ich redete mit dem Arzt ganz offen darüber. »Auch wenn Sie mir kein Attest geben würden, würde ich schon einen Weg finden, um den Militärdienst zu umgehen«, sagte ich. Ich ließ mir sogar meine Kleidung bringen und hatte vor, von dort aus, wo ich war, ins Krankenhaus zu flüchten.

»Du bist krank«, meinte der Arzt, »und du brauchst Luftveränderung.« Nach der Kur kehrte ich nach Batıkışla zurück; es waren eh nur noch zehn Tage bis zum Ende meiner Rekrutenausbildung, das würde ich schon irgendwie überstehen. Ich mache natürlich weiter Diät. Das ist auch nicht so einfach, man sehnt sich nach dem Essen, und der Duft nach Brot steigt dir verheißungsvoll in die Nase. Du hast keine andere Chance, als von der Stelle wegzulaufen, woher der Duft kommt. D. h., lass das Brot stehen, wenn du vor dem Militär fliehen willst! Ich tröstete mich immer wieder damit, dass ich später viel essen könnte, und gab der Versuchung nicht nach.

Die Haupteinheit zog nach Ankara – ein miserabler Ort –, und nach 13 Tagen ging ich wieder ins Militärhospital. Dieser Gang ins Krankenhaus wurde mir ein wenig durch einflussreiche Freunde ermöglicht. In *Gülhane* stammte ein Assistent des Chefarztes aus unserem Dorf. Ich nannte dem Arzt seinen Namen und ließ mir eine Überweisung für dieses Krankenhaus geben. Ich blieb 17 Tage oder so dort. Dann kam ich drei Monate zur Kur.

Als ich das Attest erhielt und zu meiner Einheit kam, traf auch meine persönliche Akte ein. Der Kommandant rief mich und sagte: »Du gehst jetzt los. Wie und wann du auch zurückkehrst, wir rechnen mit dir ab.«

»Herr Kommandant«, antwortete ich, »wenn ich gesund wäre, würde ich meinen Dienst richtig versehen. Weil ich aber nicht gesund bin, hat man mir ein Attest gegeben.«

»Red nicht so viel«, antwortete der Kommandant und scheuchte mich aus dem Raum.

Noch in derselben Nacht kam ich in meine Heimat. Von meinem Heimatort aus kriegte ich meine Überweisung. Das fiel genau auf einen Feiertag, und der Arzt wollte einen am Feiertag nicht im Krankenhaus aufnehmen.

»Weil ich ein kranker Mann bin, hat man mich 45 Tage krank geschrieben. Die Verantwortung liegt bei Ihnen«, sagte ich.

Zum Schluss meinte ich zum Arzt: »Entweder Sie nehmen mich hier auf oder überweisen mich nach Gülhane.«

Er nahm mich dort auf. Natürlich sah ich auch nicht so gut aus, und der Arzt hatte Angst, weil er ganz klar Schwierigkeiten kriegen könnte. Später überwies man mich nach Gülhane, und dort blieb ich 17 Tage lang. Mein ganzer Körper, auch die Knochen, wurden untersucht. Zum Schluss sah man, dass ich keine Probleme mit der Gesundheit hatte. Nur Gewicht und Körpergröße passten nicht zueinander. Bei einer Größe von 1,72 m und einem Gewicht von 45 kg konnte man ja ein Attest kriegen, dass man untauglich sei. Meine 47 bis 48 kg waren genau die Grenze, und du musst noch weiter runter gehen. Ich biss die Zähne noch etwas mehr zusammen und aß und trank nichts. Auf diese Weise war ich nicht so ganz erschöpft.

Das war natürlich nicht leicht. Ich rührte kein Brot an, kein *Pilav*, keine Nudeln, kein Gebäck, einfach nichts. Ich aß nur Obst und löffelte die Brühe des Essens, das man mir gab.

Ohne Brot und ohne Pilav sank mein Gewicht auf 46 kg. Nachdem ich ganz offen mit dem Arzt geredet hatte, sagte ich ihm: »Verschreiben Sie mir keine Kur oder so was.«

Schließlich schrieb der Arzt »45«, obwohl es 46 kg waren. In Gülhane gab man mir ein Attest, dass ich nicht tauglich sei. Ich überlegte, ob ich überhaupt noch zu meiner Einheit gehen sollte, und beschloss, nicht mehr hinzugehen. Ich hatte meine Schuhe und meine Kleidung dort. Ich schrieb sie ab, ging nicht mehr zur Einheit und schickte das Attest per Post hin. So nahm ich meinen Abschied vom Militär.

Damals wusste ich nichts von Osman Murat Ülke, der wie Vedat Zencir »Nein zum erzwungenen Militärdienst« sagte, weil es so was noch nicht gab. Jetzt lese ich das in der Presse; es gab sogar ein Programm im Fernsehen gegen den Militärdienst, aber der Redakteur wurde bestraft. D. h., weil es so was damals noch nicht gab, war das meine einzige Lösung: Abmagern. Wenn es damals so was wie eine Möglichkeit zur Verweigerung des Militärdienstes gegeben hätte, hätte ich mitgemacht.

In der Gesellschaft ist das »Nein zum erzwungenen Militärdienst« nicht weit verbreitet, aber es gibt ein paar Beispiele, mal hier und mal da. Warum sind es so wenige? In unserem Land gibt man den Männern kein Mädchen zum Heiraten, wenn sie nicht zum Militär gehen. Wer nicht als Soldat dient, wird verachtet. Wenn ich kein Attest gekriegt hätte, das mir meine Untauglichkeit bescheinigte – und das hatte ich mir in den Kopf gesetzt –, wäre ich desertiert, auf jeden Fall wäre ich desertiert. Jetzt kann ich alles essen, und ich halte nicht mehr Diät. Später habe ich ein paar Kilo zugenommen, aber, na ja, wie Sie sehen, bin ich zurzeit sehr schlank, ich habe aber nicht mehr so einen Heißhunger wie früher.

(April 1998, Ägäische Küste)

Jahrgang 1967, Universitätsabschluss, Buchhändler in einer Kleinstadt an der Ägäischen Küste.

6. Der Esel guckt mich an ... »Mensch«, sagte ich, »soll ich den hier vielleicht erschießen?«

Wenn ich einen Terroristen auf dem Berg sehe, feure ich eine Kugel auf ihn ab und sage dann: »Herr Terrorist, ich nehme Sie erst mal ins Visier, und ob ich dann noch eine Kugel auf Sie abschieße?« Das ist doch nicht logisch.

Ich dachte daran, dass ich den Militärdienst ganz in der Nähe leisten könnte, solche Fantasien hatte ich. Bis zum Jahrgang 1970 machten wir vom Schwarzen Meer unseren Wehrdienst bei der Kriegsmarine; dann wurde das in eine Kommandotruppe umgewandelt. Wir gingen dorthin, Verzeihung, aber wir unterschieden uns nicht von Hammeln. Für die Kommandotruppe muss man eine spezielle Ausbildung haben. Alles brachte man uns bis ins Detail bei, den Nahkampf, das Robben, das Klettern, aber das war nicht genug. Man erklärte uns nicht viel über den Südosten.

»Wenn man hingeht, ist es schwierig, wieder zurückzukommen«, sagte man. Die Ausbildung in *Isparta* war einfach hart. Morgens, auf nüchternen Magen, läufst du fünf Kilometer. Wir gehen zum Frühstück. Auf einem Tisch für zwölf Mann stehen drei Glas Honig und ein Viertel Brot. Das Brot verputzt der Erste, der sich an den Tisch setzt. Die Leute, die später kommen, essen den Honig mit den Fingern. Das Mittagessen war super. Für jeden gab es ein Stück Brot von mittlerer Größe. Das Abendessen darfst du dir nicht für den nächsten Morgen mit in den Schlafsaal nehmen, das ist verboten. Als ich zum Militär ging, wog ich 100 kg, und mit 80 kg kam ich zurück.

Die einmonatige Ausbildung im Regiment von Siirt war sehr gut, aber hart. Die hat noch nicht mal was mit dem Gebirge zu tun. Wir schießen auf eine hölzerne Zielscheibe. Du zielst, machst einen halben Atemzug und schießt. Ich nahm mein Ziel ins Visier, tack, tack, tack. Drei Schuss trafen das Ziel. Es gefiel dem Unteroffizier, wenn die Kugeln auf der Zielscheibe ein Dreieck abgaben. Ich schoss zwei Kugeln auf dieselbe Stelle, und die dritte Kugel saß etwas weiter unten.

Der Unteroffizier fing an zu brüllen: »Mensch, wer hat denn da geschossen?« Ich hatte natürlich Angst. Es war schmutzig dort, er trat mich am Boden mit Füßen und verfluchte mich. Ich hatte Erfolg. Jedes Mal, wenn ich zielte, wurde er neugierig.

»Jedes Mal, wenn du gezielt hast, hast du doch die dritte mit der zweiten Kugel abgeschossen!«, brüllte er.

Nach seinen Richtlinien bin ich im Unrecht. Denn du musst beim Zielen den Atem regulieren und eine Kugel abschießen, noch einmal zielen und noch eine abschießen. Ich aber feuerte mit einem einzigen Zielen drei Kugeln ab. Die Prügel des Unteroffiziers waren die ersten Schläge, die ich in meinem ganzen Leben einstecken musste. Na, wie ich mich dabei gefühlt habe? Unter all den Leuten traf ich am besten, die Kugel saß mitten im Ziel, und der Typ macht mich auch noch zum Schuldigen.

Später waren wir im Gebirge. Ich war gerade aus dem Urlaub zurück und kam mir ungeschickt vor. Kaum war ich dort, wurde es ernst. Ich, ein Mann, der einen Marsch von 30 km locker hinter sich brachte, konnte mich an diesem Tag nicht auf den Beinen halten und kroch am Boden entlang zu unserem Stützpunkt.

Der Oberst sagte: »Gleich komme ich zur Kontrolle!« Meine Waffe war natürlich aus der Übung. Wir sollten auf der Stelle mit dem Schießen anfangen. Wir rannten 100 m weit und legten uns sofort auf den Boden. Der Oberst rief: »Schuss!« Die Waffe ließ sich nicht abfeuern.

»Herr Kommandant, ich war in Urlaub, darf ich es noch mal probieren, weil meine Waffe noch nicht ganz fit ist?«, fragte ich. Er gab mir zwei Sekunden. Ich legte mich hin, nahm die Zielscheibe ins Visier, feuerte drei Kugeln ab und hatte drei im Ziel. »Bravo«, rief der Oberst. Der hochrangige Oberst sagt »Bravo«, der Unteroffizier meint, ich hätte falsch gezielt und verprügelt mich.

Wenn ich einen Terroristen auf dem Berg sehe, feure ich eine Kugel auf ihn ab und sage dann: »Herr Terrorist, ich nehme Sie erst mal ins Visier, und ob ich dann eine Kugel auf Sie abschieße?« Das ist doch nicht logisch...

Nach einem Monat Ausbildung gingen wir nach Ormanardı, in ein Dorf im Distrikt Eruh im Regierungsbezirk Siirt. Wir waren auf einem Hügel, das war unser Stützpunkt von Ormanardı, und unten lag das Dorf mit seinen rund 500 Häusern. Auf der Landkarte heißt es *Bağgöze*. Die Oberfähnriche machen ihre Späße mit den einfachen Soldaten und lachen mit ihnen, das kommt mir komisch vor. Im Osten war die Kameradschaft echt super. Der Kommandant der Kompanie erklärte: »Hier nennt ihr mich nicht Kommandant, und ihr müsst auch nicht vor mir salutieren.«

Jeden Abend kamen Terroristen ins Dorf. Wir hatten einen goldigen Oberleutnant, der sagte: »Wenn wir unter dem Dorf einen Hinterhalt legen würden, würden wir wenigstens ein paar Terroristen töten.« Von uns würde es aber auch ein paar treffen, das steht fest.

Der Oberleutnant meinte: »Ich weiß, dass jeden Abend Terroristen ins Dorf kommen. Die Hunde schlagen an. Geht abends nicht ins Dorf runter!«

Der Oberleutnant hat vor, in einem Jahr in den Westen zu gehen. »In meinem letzten Jahr will ich es nicht dazu kommen lassen, dass auch nur einer fällt«, sagte er.

Auch wenn der Oberleutnant sagte: »Geht abends nicht ins Dorf runter«, hält sich keiner daran. Ich bin noch unerfahren und halte Wache. Dann sagt einer, der schon länger dabei ist: »Ich gehe mal runter; du hast mich weder gesehen noch gehört.«

Ich weiß, was er da unten machen will. Einer hat mal ein Mädchen aus dem Dorf geheiratet, als er seinen Abschied nahm. Er war Kurde wie sie, aber er kam aus Adana.

In den fünf Monaten, in denen wir dort waren, konnten die Terroristen nicht angreifen, weil wir in der Überzahl waren. Als wir das erste Mal nach Ormanardı gingen, stiegen die Sondereinheiten auf den Berg, und es kam zum Kampf, aber ich war nicht dabei.

Angenommen, die Stelle, die man dir zugewiesen hat, ist das Haus da drüben, und du bist in dem Haus da unten geblieben und nicht rausgegangen. Die Sondereinheiten, die von dort kamen, fanden das Nest der Terroristen, und die hatten da alles Mögliche an Proviant. Natürlich, als die von dort aus auf diese Seite flohen, blieb unser Oberfähnrich unten. Die Terroristen flohen und waren verschwunden. Aber drei Terroristen wurden trotzdem getötet.

Es war 1991, und während der Golfkrise hätte man uns an die Grenze versetzt. Wir waren eh an der Grenze. Wir sind nahe am Tigris, und am anderen Ufer ist fremdes Terrain; gehörte das nun zu Syrien? Wir ließen uns dadurch nicht beeindrucken, und die Flugzeuge bombardierten die Berge gegenüber. Mit den Leuten im Dorf verstanden wir uns prima. Wir gaben ihnen Proviant und kauften bei ihnen ein. Unsere Sanitäter pflegten die Kranken der Dorfbewohner. Abends hatten wir nichts mit den Leuten aus dem Dorf zu tun. Wir bekamen z. B. geröstete Haselnüsse von den Dorfbewohnern, aber wir aßen sie nicht. Weil wir aus Trabzon stammten, mochten wir keine Nüsse mehr, und wir schenkten sie den Kindern.

Im Februar oder März 1991 zogen wir von Siirt fort und ließen die Gendarmen, die an unserer Stelle kamen, dort patrouillieren. Der Gendarm nahm mir die Haselnüsse aus der Hand, die ich den Kindern geben wollte.

»Was machst du denn da?«, fragte ich ihn.

»Wie kannst du denen nur Nüsse geben, das sind doch Terroristen«, antwortete er.

»Kümmere dich um deine eigene Angelegenheiten«, erwiderte ich, »das geht dich einen feuchten Schmutz an.« Und er hat die kleinen Kerlchen auch noch kräftig durchgeprügelt.

»Bruder«, sagte ich zu dem Gendarmen, »uns ist es hier sehr gut gegangen. Allah möge euch helfen!«

Wir waren jetzt seit anderthalb Monaten in Mardin und hörten über Funk, dass Ormanardı überfallen worden war, ein paar Oberfähnriche, zehn bis 15 Gefallene. Wer hatte sie getötet? Die Terroristen. Warum? Die Gendarmen brachten das Dorf in ihre Gewalt und führten ein hartes Regiment. Als wir weggingen, weinten die Dorfbewohner so heftig, wie man noch nicht mal weint, wenn man sich von seiner Mutter trennt. D. h., sie wussten, was auf sie zukommt.

Unsere Kompanie wurde geteilt, weil man uns die Flagge entrissen hatte, und daher schickte man uns weg. Beim Militär steht die Flagge in einem geheimen Raum, und man stellt eine Wache davor. Wenn ein Soldat diese Flagge holt und sie dem Kompaniechef bringt, kriegt er seinen Entlassungsschein, wenn er will, selbst wenn er erst seit einem Tag beim Militär ist. Wenn derjenige, der die Flagge bewacht, ihn aber erwischt, muss er ihn töten. So ist das mit der Flagge.

Da man unserem Regiment die Flagge entrissen hatte, führte die Verbannung über Zypern, *Bozcaada* und Siirt schließlich nach Mardin. In Mardin blieben wir bis zu unserer Entlassung, und dort gingen wir dann auseinander. Unser Regiment war in *Kızıltepe* im Bezirk Mardin stationiert. Natürlich kamen wir von

Siirt nach *Ömerli* im Bezirk Mardin, und von dort aus zogen wir in die Berge.

Das Volk tut mir Leid, es hat eine Art Ausgangssperre. Nachts darfst du nirgendwo hingehen, sonst kommt der Soldat, schlägt zu und bringt dich um. D. h., da ist überhaupt nichts los, einfach nichts. Wenn es dunkel wird, geht man ins Bett, und man steht auf, wenn der Morgen dämmert. Weder Fernsehen noch sonst was. Wie in der Zone, wo der Ausnahmezustand herrscht. Da hat ein Typ vielleicht zehn bis 15 Kinder, und er kümmert sich eh nicht richtig um sie. Der Typ macht gemeinsame Sache mit den Terroristen.

Ein paar Kameraden von uns konnten gut Kurdisch. Man lehnt sich an die Tür des Gemeindevorstehers, sagt »Da sind wir« und tut so, als ob man Terrorist wäre. Er weiß, dass du Soldat bist. Die Dorfbewohner und die Terroristen verstehen sich ganz gut, und man hat natürlich einen eigenen Code. Auch wenn du sagen würdest »Ich bin Terrorist«, würde man dich für einen Soldaten halten.

Der Soldat sagt auf Kurdisch: »Ich komme aus den Bergen und habe Hunger, gebt mir was zu essen.« Der Gemeindevorsteher antwortet: »Kommt nicht an unsere Tür. Es ist mir egal, woher ihr was kriegt!«

In so ein Dorf bin ich gegangen, irgendwo in der Gegend von Mardin; den Namen habe ich vergessen. Mein Gott, man hat das Dorf von der Landkarte getilgt. Es gibt ein paar junge Mädchen im Dorf. Da drüben steht ein schönes Mädchen. Wir gehen zu ihr, und sie wendet uns ihr Gesicht zu: Ihr Mund und ein Teil des Gesichts sind ganz verzerrt; ich kriegte einen Schock. Vor drei Jahren waren dort auch Dorfmilizen, die Terroristen kamen, schossen ihre Kugeln vom Gipfel des Berges ab, und die Dorfmilizen von unten. Die Milizen hatten keine Munition mehr, die Terroristen schlenderten ins Dorf und töteten die Männer, einen nach dem anderen. Und dieses Mädchen wird im Hühnerstall überfallen, genau sechs Kugeln dringen ihr in den Mund, aber sie stirbt nicht daran. An diesem Tag wird das Dorf von der Landkarte getilgt.

Die Verwandten der Toten arbeiten alle in İzmir, und die Leute in İzmir setzen sie unter Druck. Die Regierung gibt den Leuten, die außerhalb ihrer Heimat arbeiten, aber Geld, damit sie aufs Land zurückkehren. Die Leute haben eine bestimmte Aufgabe; man weiß nicht, wie viel der Staat ihnen zahlt, jedenfalls kehren zehn Familien ins Dorf zurück, und dadurch verhindert die Regierung, dass das Dorf von der Landkarte getilgt wird.

Abends gehen wir in den Hinterhalt. Wir liegen im Gebirge auf dem Schnee oder auf Steinen. Auf einen Stein hat jemand geschrieben: »Der Infanterist ist ein Säugling, auch der Kommandotrupp, und der Gendarm ein Hurenbastard.« Sie haben Angst vor der Kommandotruppe, aber sie finden sie eigentlich ganz angenehm. Damals waren es die Gendarmen, die haben die Kurden umgebracht; sie mögen sie nicht und sind darauf aus, sie umzubringen. Ich habe an keinem Gefecht teilgenommen.

Wir gingen zu einer langwierigen Operation. Unsere Sondereinheit schlug sie nicht, aber sie brachten drei Terroristen an, die dabei getötet wurden, junge Kerle von 16 oder 17 Jahren.

Als unser Oberleutnant in den Westen ging, stand der Oberleutnant, der an seiner Stelle gekommen war, jede Nacht auf: Los, auf zur Operation! Eines Tages kam eine Meldung: »In dem Dorf da drüben findet eine Versammlung statt, und Leute aus der Umgebung kommen dazu.«

Wir umzingelten das Dorf. Wenn du dabei bist, das Dorf zu umzingeln, schlenderst du einfach so hinein, und dann wird gebrüllt: »Ergebt euch!«

Wir wissen, in welchem Haus sie sind. Wir fanden 15 Leute in dem Haus. Als wir über das Dorf herfielen, lag einer im Bett der Frau eines anderen. »Wer bist du?«, fragten wir. »Ich bin hier nur zu Besuch«, antwortete er.

Abends um elf Uhr erwischten wir sie, wir hatten einen großen Platz für uns, und dort stand auch eine Fahnenstange. Mit verbundenen Augen brachten wir die 15 Leute im Alter von 30 bis 35 Jahren zu der Fahnenstange. Der Oberleutnant saß auf dem Stuhl, und sie knieten nieder.

»Was habt ihr gemacht?«

»Nichts weiter; es ging nur um den Rinderhandel.«

Er gibt dem Mann, den er vor sich knien ließ, einen Tritt gegen den Kopf, und der Mann sinkt zu Boden.

»Stellt ihn auf die Füße«, befiehlt der Oberleutnant, und wir richten ihn wieder auf. Der Mann wird gefesselt, und man verbindet ihm die Augen. Bei jeder Frage kriegt er einen Fußtritt. Man sagt es aber nicht, selbst wenn du ihn totschlagen solltest. Der Oberleutnant befiehlt ihm, mit den Füßen nach oben und den Händen am Boden auf die Fahnenstange zu klettern. Er schafft es natürlich nicht, schlägt mit dem Kopf auf den Boden. Unser früherer Oberleutnant hätte so was nicht getan.

Wenn Terroristen unter ihrem Befehl getötet werden, werden sie befördert – so einer war dieser Oberleutnant. Das ging bis zum Morgen so weiter. D. h., wenn die Gendarmerie zuschlüge, würde ich ihr das nicht übel nehmen, aber würde die Kommandotruppe das tun? Der Oberleutnant will erreichen, dass der Mann sagt: »Wir haben Geld für die Terroristen gesammelt.« Drei Tage lang hat der Oberleutnant die Dorfbewohner geschlagen. Es kam nicht zu einer Internierung oder so, man ließ sie einfach laufen – dort im Gebirge haben wir eh das Sagen. Wir Soldaten richteten die Männer doch nur wieder auf. Ich hatte eh Mitleid mit ihnen, beim Militär habe ich noch nicht einmal einer Ameise etwas zu Leide getan.

Wir übernachteten in der Schule, der Lehrer war auch einer von uns. Er sollte auf Türkisch unterrichten, aber die Dorfleute schickten ihre Kinder natürlich nicht hin. Wir kriegten die Kinder nur mit Gewalt in die Schule. Schließlich wurde die Schule geschlossen. Wir zogen dauernd los, um Dörfer zu durchsuchen, ja, das sollte ich sagen, die Terroristen wissen immer Bescheid, in welches Dorf wir gehen. Ich würde sagen, die Terroristen in den Bergen wissen doch alles, was die Soldaten machen. Aber die Soldaten wissen nicht, was die Terroristen tun. Dörfer zu durchsuchen, das war mir peinlich. Es war mir unangenehm, die Ordnung der Leute durcheinander zu bringen, aber du musst es einfach machen. Schlag zu und zerbrich die Sachen, nimm das Bett, dreh das Unterste zuoberst, du durchkämmst das Haus, aber da ist doch eigentlich nichts.

Auf jeden Fall gibt es ein paar versteckte Zufluchtsorte. Das Volk unterstützte die Kommandotruppe und natürlich auch die PKK. Wenn ich heute im Osten wäre, würde ich sie sogar unterstützen. Denn was das Militär so alles macht... Man war zwischen zwei Feuern. Keiner einzigen Frau haben wir etwas zu Leide getan, aber ein paar von uns haben sich trauen lassen. Einer hat ein Mädchen aus dem Nachbardorf entführt und in unser Dorf, zu unserem Stützpunkt gebracht. Auf einmal flohen die Leute in alle Richtungen. »Bestimmt greifen die Terroristen an«, sagten wir. Auf einmal rüsteten wir uns mit solchen Waffen aus, dass sogar der Oberleutnant verblüfft war, und fielen über das Dorf her. Als wir hingingen, kapierten wir es. Wir holten Männer, die von beiden Seiten respektiert wurden, und brachten den Jungen und das Mädchen zu unserem Stützpunkt. Unser Oberfähnrich war nebenbei Hoca, und er traute die beiden.

Natürlich war die Rekruteneinheit schlimmer. D. h., wenn man mich heute einziehen würde, würde ich unter den gleichen Bedingungen wie damals hingehen. Kein Kamerad ist z. B. in meiner Nähe gestorben. Zu unserer Zeit haben die Gendarmen die meisten Überfälle gemacht; d. h., wenn es 100 Gefallene gegeben hätte, dann wären 95 von ihnen Gendarmen gewesen.

Das ist es, woran ich mich v. a. erinnere. Eines Nachts gehen wir zum Hinterhalt, unter Leitung des Oberleutnants zogen alle Sondereinheiten gesammelt in das Dorf und gaben sich den Dorfbewohnern gegenüber als Terroristen aus. An diesem Abend halte ich an der scheußlichsten Stelle Wache, von 17 bis 19 Uhr. Natürlich hatte der Oberleutnant alle Sondereinheiten im Dorf zusammengezogen, und ich ging von 23 bis ein Uhr nachts noch einmal Wache schieben. Über Funk hörte man Gespräche wie »Die Terroristen sind ins Dorf eingefallen, na, es kommt bestimmt zum Kampf.«

Es war Vollmond, und der Himmel hellte sich mal auf, und mal bezog er sich wieder. Über Funk kam die Nachricht: »Wir haben die Terroristen verpasst, sie kommen jetzt direkt auf den Stützpunkt zu.« Die Wache dauerte zwei Stunden, dann noch eine Stunde, aber kein Wachoffizier kam. Eigentlich sind diejenigen, die man Terroristen nennt, unsere Soldaten, aber die Wachposten haben keine Ahnung davon. Als ich einmal aufschaute, hörte ich merkwürdige Schritte, und mir brach der Schweiß aus. Das Gewehr war schussbereit, man konnte die Waffe nicht entsichern, das hätte Krach gemacht. Ich ging also in Deckung und legte mich auf den Boden. Die Geräusche flauten nicht ab. Mein Herz schlug, als wollte es mir aus dem Leib springen. Die Schritte kamen näher und näher.

Und dann steht er vor mir, aber ich sehe ihn nicht. Von oben bis unten schaut er mich an, der Esel. »Mensch«, sagte ich, »soll ich den hier vielleicht erschießen?« Die Terroristen könnten den Esel geschickt haben und kommen hinterdrein. Ich warf jedenfalls einen Stein nach ihm, und er verschwand. In dieser Nacht wäre ich fast gestorben.

Den schrecklichsten Augenblick erlebte ich in Siirt. Ich war erst seit zwei Monaten Soldat. Es hieß, man würde unseren Stützpunkt überfallen, und mir überließ man die Wache bei den Sondereinheiten. Ich stand an dem scheußlichsten Platz, den man sich vorstellen kann. Neulich war ein Soldat an derselben Stelle im Wachdienst eingeschlafen, jemand war gekommen und hatte ihm den Kopf abgeschnitten. Dorthin ging ich; bei der Wache von ein bis drei Uhr nachts ist es so dunkel, dass man die Hand nicht vor Augen sieht, und ich bin ganz allein. Man sagte wieder dasselbe: »Die Terroristen sind abgehauen.« Bis zum Ende der Wache schwitzte ich Blut und Wasser, selbst wenn der Kerl direkt auf dich zukäme, könntest du ihn nicht sehen. Die Terroristen stehen im Gebirge mit einem Fuß im Grab.

In Fünf-Sterne-Hotels hob man Spielhöllen aus. Heutzutage wirst du Fünf-Sterne-Hotels für die Reichen auf das Ödland im Südosten setzen. Spielhöllen wie in Las Vegas wirst du im Hotel einrichten. Steigen die Reichen etwa nicht ins Flugzeug, um zu Pokerspielen zu fliegen? Genau das tun sie. Zu jedem, der ein Hotel baut, wird man sagen: »Jetzt baust du auch noch eine Fabrik.« So wird die Region sich entwickeln.

Als ich zurückkehrte, fühlte ich mich ganz aktiv. Bei der Truppe trug ich einen 60er-Mörser, das war eine Last von 30 kg; den Schmerz spüre ich heute noch auf dem Rücken. Der Arzt sagt dauernd, dass die Gefahr der Verkalkung besteht. Ein paar Monate lang fiel mir alles sehr schwer, nachts hatte ich Albträume, vieles wirkte noch nach. Eigentlich würde bei mir noch sehr viel mehr zurückbleiben, aber wir drei Kameraden aus Trabzon versuchten unsere Zeit dort so vergnügt wie möglich zu verbringen, wir dachten an nichts mehr. Sonst verliert man ja den Verstand. Jetzt fühle ich mich so, als gäbe es keine Nachwirkungen mehr. Ich verhalte mich anders, seit ich zurück bin. Das Militär bringt einen irgendwie zur Vernunft. Ich war zum ersten Mal von meinen Eltern getrennt.

Ich bin eigentlich ganz sorglos, und ich ärgere mich nicht weiter. D. h., ich ärgere mich über irgendwas, werde wütend, brülle rum, und kurz danach beruhige ich mich wieder. Als ich zum Militär ging, war ich verlobt. Von der Rekruteneinheit aus telefonierte ich regelmäßig mit meiner Verlobten. Als ich dann in der Haupteinheit war, hatten wir kein Telefon; es gab nur eines im Haus des Gemeindevorstehers. Wenn unsere Angehörigen dort anriefen, sagte der Gemeindevorsteher: »Sie haben sich verwählt«, aber wenn du sagtest, du wolltest telefonieren, sagte er nichts. Drei Monate lang hörten unsere Familien nichts von uns.

Wenn es in Siirt zu einem Kampf kommt, schaue ich mir das im Fernsehen an, und wenn ich die Öde dort sehe, durch die ich marschiert bin, und die Orte, an denen ich war, frage ich mich, ob es dieselben waren. Im Allgemeinen schaue ich mir die Fernsehprogramme an – *Anadolu'dan Görünüm* (*Das Bild Anatoliens*) und *Mehmetçik*, die Soldaten dort reden ganz munter daher. Die Söhne der Reichen habe ich jetzt nicht dort gesehen, sie schicken immer nur die Kinder armer Leute hin. Zu unserer Zeit haben viele rebelliert, weil sie die Söhne der Reichen dort nicht sehen, und ich muss den Leuten Recht geben.

(Juli 1998, Trabzon)

1970 in Trabzon geboren, Abschluss der Grundschule. Zwei Schwestern; die Familie erntet und verkauft Haselnüsse. Rekrutenausbildung in der Ausbildungsstätte des Gebirgskommandos von Isparta. »Es hieß aber nicht Kommando, sondern Infanterist stand auf dem Papier«, sagt er. Januar 1992 Ende des Militärdienstes in Mardin.

7. Die Armen müssen das Vaterland schützen, die Reichen wissen, was sie zu tun haben

Eines Nachts kam der Kommandant des Bataillons zur Gendarmeriewache, und in diesem Augenblick hörte man Schüsse aus dem Dorf. Er sagte zu mir: »Geh zu der und der Staffel, nur los, feuert auf das Dorf da!« »Wie kann ich denn auf unser eigenes Dorf feuern? Gibst du mir den Befehl schriftlich?«, fragte ich.

Als wir *Tuzla* verließen, schärfte man uns ein: »Die Leute von der PKK schneiden bestimmten Busunternehmen die Wege ab, fahrt nicht mit denen, sonst kommt was Schlimmes auf euch zu.« Als ich mich etwas zu spät daran erinnerte, kaufte ich die Fahrkarte nicht bei dem Unternehmen, bei dem ich mir einen Platz ausgesucht hatte, sondern bei einem anderen, sodass die Leute von dem ersten Unternehmen das merkten. »Du hast dir einen Platz bei uns reservieren lassen, warum kaufst du die Fahrkarte nicht bei uns«, sagten sie und prügelten mich kräftig durch – noch bevor ich zum Militär ging. Weil man uns eingeschärft hatte, dass wir ab *Urfa* bei Tageslicht reisen sollten, hielten wir uns daran, und so kamen wir nach *Viranşehir*. Das war ein völlig anderes Milieu, eine Woche oder länger unterwarf man uns der strengen Schulung der Grenzorientierung. Zum Grenzplan gehörten Fährtengebiete, Stacheldrahtsperren, Minenfelder und Ähnliches. Morgens und abends kontrollierst du die Spuren, und alles, was du über die Fährten auskundschaftest, gibst du sofort an die Abteilung für dringende Angelegenheiten des Generalstabs weiter. Eine Woche später gingen wir nach *Ceylanpınar* hinunter.

In Tuzla hatten wir die normale Mannschaftsschulung und die Ausbildung in geschlossener Ordnung. Dreimal hatten wir Schießübungen. Mit den Soldaten, die – per Losentscheid – in den Südosten sollten, wurde eine neue Einheit gebildet, und zwei Wochen lang wurden wir in innerer Sicherheit geschult. Weil ich das Los der Soldaten gezogen hatte, die an die Grenze gingen, gehörte auch Grenzschulung zum Programm. Die Ausbildung in innerer Sicherheit war eher theoretisch. Die Waffe in der Hand trugen wir 25 kg Gepäck auf dem Rücken auf ein Ziel zu, das durch den Hubschrauber bestimmt wurde. Dort sind Terroristen, und sie fliehen vor euch. Im Dunkel der Nacht schießen die Terroristen, und wir verfolgen sie. In Tuzla hat man ein Dorf gebaut, das genauso aussieht wie im Südosten; die Terroristen verstecken sich dort in einem Haus, und man treibt sie in die Enge. Zum Schluss schießt man mit Feuerwaffen und schleudert echte Handgranaten, man schießt mit echten Kugeln, und die Terroristen geraten in eine ausweglose Lage. Auf dem Transport fingen die Lastwagen Feuer, und weil wir auf Lastwagen fuhren, sprangen wir ab. In diesen beiden Wochen lernten wir schnell, mit der Waffe umzugehen.

Man stachelte unseren Ehrgeiz an und brachte es dazu, dass wir wütend wurden. Man zeigte uns Videofilme von vielen militärischen Einheiten. An verschiedenen Stellen fanden Kämpfe statt. Das da war z. B. der Fehler des Kommandanten, deshalb hat es solche Verluste gegeben. Auf den höchsten Gipfel musst du einen Spion schicken, und dann musst du die Einheit dort durchziehen lassen. Man verbreitete auch Nachrichten wie die, dass 15 oder 16 unserer Soldaten gefallen waren, weil der Kommandant keinen Spion dort hingeschickt hatte. Die Offiziere geben uns sogar Kurse, damit wir noch wütender auf die PKK werden. Uns wurde erzählt, dass es gar keine Kurden gibt und diese Leute sich nur Kurden nennen, denn wenn sie durch das verschneite Gebirge gehen, hören sie das Knirschen von Schritten auf dem Schnee, das sich wie »kart-kurt« anhört; eigentlich sind es keine Kurden, sondern Türken wie wir. Es gibt so viel Propaganda, die das Mitleid verschwinden lässt, und die wird dauernd so verbreitet, dass man eine Gänsehaut bekommt. Wohl oder übel macht das Eindruck. Als ich zum Militär ging, war ich 28, und das hat mich sogar beeindruckt; denken Sie nur, wie Jungs von 20 Jahren auf so was reagieren.

Wir kamen in die Kompanie, und man gab uns keine Waffen oder so was. »Setzt euch in die Laube«, sagte man. Es wurde Abend, wir aßen, dann gingen wir wieder in die Laube und blickten uns ganz verwirrt um. Zwei Staffeln, die zur Zentrale der Kompanie gehörten, drehten ihre Runden an der Grenze. Als es dunkel wurde, trat der Kompaniechef aus seinem Raum und rief: »Na, wo sind denn eure Waffen?«

Wir rannten sofort los, zogen uns an, holten unsere kugelsicheren Westen und die Waffen. Die Länge der Grenze, die wir bei Ceylanpınar schützen sollten, betrug 21 km. Die Staffeln marschieren dicht nebeneinander, und der Kompaniechef erklärt:

»Das Dorf da gehört zu Syrien, diese Seite hier gehört der Türkei, und wie der Nachrichtendienst meldet, leben in diesem Dorf da Leute, die zu uns gehören. In dem anderen Dorf leben Terroristen, passt auf!«

Aus Syrien dringen Schüsse herüber. So marschierten wir bis zur Gendarmeriewache. Als wir zurückkehrten, sah ich das Licht. Ich fragte den Kompaniechef: »Ist das hier nicht die Türkei?«

»Was für ein Trottel du bist«, antwortete er, »das hier ist Syrien.«

Drei Tage lang ging das so weiter. Dann ging ich zur Gendarmeriewache von Aksoy, und ein Kamerad von mir, der aus *Sivas* stammte, ging zur Wache von Karadağ. Der Kompaniechef kommt und erklärt: »Oberfähnrich, du kontrollierst die Wachen und machst deine Runden zu Fuß!« Die Länge des Distrikts der Gendarmeriewache betrug vier Kilometer, überall hatten wir einen Hinterhalt, und vor jedem Hinterhalt standen zwei Soldaten. Dann stellte man je drei Soldaten dorthin.

Der Kommandant befiehlt mir: »Damit die Soldaten nicht einschlafen, gehst du zu jedem einzelnen Hinterhalt, dreimal gehst du jede Nacht dort vorbei.« Eines Tages ging ich raus und nahm den *Çavuş* als Geleitschutz mit. Um 24 Uhr teilt man den Soldaten die Nachtration aus. Um 23 Uhr gingen wir raus, man muss die Soldaten kennen lernen und sich mit ihnen anfreunden. Der erste Hinterhalt, der zweite, der dritte, der vierte, sieben oder mehr hatten wir. Beim letzten Hinterhalt sagte ich dem Chauffeur, er solle den Proviant vom ersten bis zum letzten Hinterhalt verteilen und dann zurückkommen. Der Wagen fuhr tadellos, die Lichter der Gendarmeriewache brannten, aber auf einmal begriff ich nicht, was los war, wir waren vier Kilometer von der Gendarmeriewache entfernt. Von allen Seiten gellten Schüsse. »Die haben unsere Wache überfallen!«

Damals waren die Überfälle auf die Gendarmeriewachen wirklich heftig. Im Nu gleiten die Leuchtkugeln wie Sterne dahin, und es herrscht ein wüstes Durcheinander. Ich befahl dem Chauffeur: »Mein Junge, ob mit oder ohne Licht, schnell zur Gendarmeriewache!« Ringsum war es in der Tat pechschwarz; wenn sie kämpften, zogen sie dieses Wetter vor. Wir meldeten der Kompaniezentrale über Funk: »Der Kampf ist ausgebrochen.« Die Zentrale der Kompanie war 17 km oder mehr von uns entfernt. Wenn man 40 km/h fahren würde, würde man sie in 15 bis 20 Minuten erreichen. Bis dahin ist alles zu Ende. Ich kam zur Gendarmeriewache, wir schossen noch eine Zeit lang mit der MG 3, und dann hörte das Schießen auf.

Du schießt nach Gehör. Man sieht nichts, und jeder schießt. Ich fragte den Çavuş auf der Gendarmeriewache, was passiert war. »Da war ein Hund, der bellte und rannte weg, und dann passierte, was passieren musste«, antwortete er. Der Hund wird es gespürt haben, und als er bellte, sollen die Gegner geschossen haben.

Ich hatte zum Kompaniechef gesagt: »Hier sollten wir einen Hinterhalt legen, das hier ist totes Gebiet, hier könnten sie durchkommen.«

Und genau durch diesen Hinterhalt sind sie gekommen, sie sind früher schon dort durchgezogen. Ich ging zu den drei Soldaten dort. Ihre Munition war alle, und ich gab ihnen neue.

»Zwei sind dorthin und zwei in die andere Richtung gegangen«, sagten sie. Keiner von unseren Leuten war tot, es gab Blutspuren am Stacheldraht, bestimmt war einer von ihnen verwundet. In diesem Augenblick kamen die Staffeln von der Kompaniezentrale. Früher schickten die Soldaten die Unerfahrenen auch zum Kampf, um sie zu verarschen. Einfach aus Spaß. Sie finden einen Esel, schießen auf ihn und sagen dann: »Herr Kommandant, wir wussten nicht, dass es ein Esel war. Der ist da plötzlich aufgetaucht.«

Der Kompaniechef dachte, es wäre wieder so was, und brüllte die Soldaten an. Da war aber wirklich eine Spur von zwei Leuten, die weggegangen, und von zweien, die gekommen waren. Auf der Fährte lag ein Parka, das Magazin einer Kalaschnikow und eine Kalaschnikow.

Da der Kompaniechef nicht so erfahren war, befahl er: »Die Lage ist ernst, steigt auf die Lastwagen!«, als er die Spur sah.

Eine Staubwolke hüllte alle Staffeln ein. Nur der Çavuş, den ich als Geleitschutz mitgenommen hatte, und ich blieben zurück. »Mein Junge, lauf zum Hinterhalt«, sagte ich zu ihm, »wir sind verraten und verkauft.« Die höheren Offiziere setzen uns ständig unter Druck, und wir Oberfähnriche müssen uns beweisen. Wir stellen uns bewusst der Gefahr. Z. B. sagte der Hauptmann: »Was sollte der Hauptmann machen, wenn 15 Terroristen kämen, was sollte mein Leutnant tun – und was mein dussliger Oberfähnrich?«

Weil die Staffeln in der Kompaniezentrale sind, als der Kampf losgeht, rufen wir sie an. Als ob sie nicht kommen wollten. Wie auch immer, einen von der Staffel schickte man zur Gendarmeriewache von Aksoy, und den anderen zur Wache von Karadağ, dorthin, wo der Kampf ausgebrochen war. Ich blieb anderthalb Monate in Aksoy und danach drei oder vier Monate in Yeşiltepe. Als ich nach Aksoy zurückkehrte, blieb ich noch sieben Monate dort.

In der Morgendämmerung legten wir uns schlafen und standen mittags zwischen zwölf und 13 Uhr auf. Nach dem Essen wurden wir nach den Regeln der Ausbildung geschult. Auch wenn der Wachdienst beim Militär nicht mehr als drei Stunden beträgt, hielt man das nicht ein, weil man in der Sonderzone war. Statt der Schulung von zwei bis drei Stunden, die einem ja auch noch aufgehalst wurde, wollte man auch den Kontakt zur Welt nicht verlieren und sah sich den Schrott im Schwarzweiß-Fernseher an. Einige schrieben Briefe oder Gedichte, putzten ihre Schuhe oder spielten Fußball. Im Allgemeinen ließ ich ihnen diese Freiheit. »Ich zwinge sie nicht zum Training«, sagte ich zum Kompaniechef, »komm! Versuch du's!«

Niemand sollte in das Gelände von vier Kilometern eindringen. Es war uns genug, das abzusichern. Der Kommandant sagt: »Wenn ein Soldat nichts zu tun hat, kann dies oder jenes passieren.« Aber ich antworte: »Denen wird schon nichts passieren.«

Als Kommandanten der Gendarmeriewache gingen wir samstags und sonntags eh in die Stadt und erledigten die wöchentlichen Einkäufe. Der Kompaniechef sagte: »Kauft nichts in diesem oder jenem Laden, der Inhaber soll mit der PKK sympathisieren.«

Der Strom an der Grenze kam aus dem Dorf hinter der Gendarmeriewache, und es gab oft Stromausfall. Wenn das elektrische Licht ausfiel, war das Grenzgebiet pechschwarz, sodass man die Hand nicht vor Augen sehen konnte, die Elektrizität war auch sonst nicht in Ordnung, und der Motor des Kühlschranks brannte.

Eines Tages gingen wir ins Dorf und fragten: »Was ist denn nur mit dem Strom los?«

Unser Elektriker fand die Ursache für den Defekt und reparierte den Schaden. Wir drohten dem Dorfvorsteher ein wenig: »Warum bricht denn nur dauernd das Stromnetz zusammen?«

Und die Leute erklärten uns: »Wir haben dem Landrat schon

50-mal gesagt, dass unser Stromnetz dauernd kaputtgeht. Die Leute, die beim *TEK* arbeiten, sind Sympathisanten der PKK und kommen absichtlich nicht, um es zu reparieren. Der Landrat hat keine Gewalt über sie, aber ihr, ihr seid doch Soldaten. Seht zu, dass die Leute das reparieren.« So ging es tatsächlich zu. Dann trat eine Panne auf, die wir nicht reparieren konnten, die Leute vom TEK kamen sofort, und das Stromnetz brach nicht mehr zusammen.

Mit dem Essen hatten wir eigentlich keine Probleme. Einer unserer Soldaten, der Arabisch konnte, bedrohte die Dorfbewohner in Syrien, holte einen Hammel, schlachtete und briet ihn, und wir hatten was zu essen. Auf der syrischen Seite stand kein Soldat, der die Grenze bewachte. Die Bauern bestellten die Felder bis zum Stacheldraht, dort waren Äcker mit Wassermelonen. Wir fuhren einen Militärwagen dorthin und ließen ihn mit Melonen füllen. Einmal in der Woche ließ ich uns z. B. einen Hammel holen, ich ließ ihn einfach stehlen. Daher wurden die Soldaten gut ernährt.

Als ich dann von Yeşiltepe nach Aksoy zurückkehrte, kamen neue Soldaten. Sie wussten nicht, was ein Gewehr ist und wie man schießt. Meine erste Aufgabe bestand darin, dass ich ihnen sagte: »Mein Junge, das da ist die Kugel, das die Waffe, da ist das Ziel, und nun nimm es ins Visier!« Natürlich konnte er weder das Magazin in die Waffe legen noch schießen. Der Junge hatte Angst vor dem Gewehr, weil er bei den Rekruten kaum Schießübungen gemacht hatte. Wie sollten wir ihnen denn unser Leben anvertrauen? Damals wurden die Soldaten meist in geschlossener Ordnung geschult, sie lernten das Salutieren und vernünftig zu marschieren, aber das nützte doch nicht viel. Wenn die neuen Soldaten kamen, sagten wir ihnen: »Ihr dürft niemanden dieses Gebiet passieren lassen.« Wir erklärten den jungen Soldaten das Prinzip der Grenze und sagten ihnen, dass das Vaterland allen gehöre und es ein Verstoß gegen die Ehre sei, wenn man zulasse, dass die Grenze mit Füßen getreten werde.

Einmal kamen wieder Schüsse von überallher, und ich war wieder draußen. Ich drehte eine Runde mit der Staffel, und wir schossen. Der Çavuş rief: »Herr Kommandant, Ismael ist nicht da.« Ich rief: »Ismael, Ismael!«, aber er tauchte nicht auf. Ich nahm das Nachtfernrohr zu Hilfe; es war stockdunkel, und ich schaute mir jeden Hinterhalt einzeln an. Ich sah nach, und im Hinterhalt stand eine dunkle Gestalt.

»Ismael«, rief ich, und er kam auf die Beine und richtete sich auf.

»Was machst du denn da«, fragte ich. »Volle Deckung, Herr Kommandant«, antwortete er.

»Was für ein Blödsinn«, sagte ich. Das Gefecht geht zu Ende, und der Junge liegt immer noch dort. Vor Wut habe ich ihn windelweich geprügelt, was für ein Trottel das doch war. Als ich am nächsten Tag nachschaute, versuchten die Gegner fast genau von der Stelle aus, wo Ismael seine Waffe nicht abschießen konnte, zur Gendarmeriewache vorzudringen. Woher wir das wissen? Sie haben wohl eine Pistole fallen lassen und sind weitergezogen. Die Stellen, über die sie gerobbt sind, sind klar zu erkennen. »Das sind nun 50 Soldaten«, sagte ich mir, »und du wärst fast für ihren Tod verantwortlich geworden.«

Warum bin ich eigentlich hier? Ich hatte das Foto von unserem Baby bei mir. Es war einen Monat alt, als die Aufnahme gemacht wurde. Ob ich morgens die Augen öffne oder mich abends schlafen lege, ich sehe es mir jedes Mal an.

Diesen Kampf muss man professioneller führen, nicht mit den Söhnen des Volkes. Dann machte sich allmählich der schlechte Ruf der Söldnertruppe bemerkbar. Das ist ein Korps von Freiwilligen, um nicht zu sagen Partisanen, d. h., sie sind nicht gekommen, um zu kämpfen, sondern um eine Bande von Freischärlern zu bilden. Sie handeln mit Haschisch, Heroin und Waffen. Ihre Anführer haben im Allgemeinen was mit der Regierung zu tun. Von wo aus kommen die Terroristen eigentlich ins Land? Wie kommen sie denn vom Norden des Irak herein? Wir hören nie, dass es an der Grenze zu einem Kampf gekommen wäre. Vielleicht lässt man sie absichtlich ins Land.

Unter den Soldaten gibt es auch Kurden, und dann hat man sie alle zusammengetrommelt. »Wie schießen die Leute nur, sie haben ja die Mauern durchlöchert«, sagten wir. Nachdem die kurdischen Soldaten abgezogen waren, sagte ein Soldat: »Der Typ aus Diyarbakır hat bei dem Gefecht auf die Gendarmeriewache geschossen, aber ich konnte nichts sagen.« Einer unserer eigenen Soldaten schießt auf die Gendarmeriewache, ich weiß nicht, ob das der Wahrheit entspricht.

Wenn wir von sechs bis zwölf Uhr schlafen, halten zwei Soldaten Wache. Ein kurdischer Junge, vielleicht stammt er aus Kızıltepe, bedroht seinen Kameraden und geht hinüber nach

Syrien. Der andere kann es nicht melden, weil er seinen Posten nicht verlassen darf, und Funk gibt es auch nicht. Erst nach diesem Vorfall hat man angefangen, ihnen Funkgeräte zu geben. Er hätte ihn auf der Stelle umbringen können, er tat es aber nicht und ließ ihn am Leben.

Wir meldeten den Vorfall dem Leutnant, der den Kommandanten vertrat, und er sagte: »Nimm einen Mann, dem du vertrauen kannst, und dann gehen wir mal rüber nach Syrien.«

Ich nahm zwei Soldaten mit, und er drei. Wir gingen rüber und fingen mit der Suche nach dem Soldaten an. Solche Operationen machen wir auf eigene Faust auf der anderen Seite der Grenze. Das ist wirklich abenteuerlich, uns könnte ja was zustoßen, und die syrischen Soldaten könnten uns erwischen.

Dann forderte man den Jungen offiziell zurück, wer weiß wie, wahrscheinlich über das Außenministerium. Der Junge rief: »Liefert mich nicht aus!« und warf sich zu Boden. Nach diesem Vorfall erging ein Befehl, die Soldaten, die aus dem Osten stammten, in Gebiete im Innern des Landes zu verlegen.

Wenn ich jetzt darüber nachdenke, ist die Suche nach einem Soldaten in Syrien natürlich sehr abenteuerlich, du begibst dich in Gefahr, und das hat was mit Jähzorn zu tun. Das steht auch im Zusammenhang mit der wechselseitigen Abhängigkeit der Offiziere in der Armee; dein Kamerad ist Leutnant, und du bist es auch. »Na komm, wir ziehen los«, sagt er, und du antwortest: »Na klar«, weil du nicht hinter ihm zurückstehen willst. Wenn die Offiziere etwas vernünftiger handeln würden, würde sich manches ändern.

Eines Tages kam z. B. der Kompaniechef. Meist trank er nachts Alkohol. »Na los, drehen wir mal 'ne Runde mit der Staffel«, sagte er. Wir gingen zu den Staffeln, und da merkte ich, dass er Handgranaten und Gewehrgranaten für die Staffeln holte, wir zogen mit einem Scheinwerfer los.

»Hier ist was«, sagt er und wirft die Granate in die Löcher, an den Stellen, die vom Scheinwerfer nicht beleuchtet waren. »Herr Kommandant, wenn die nicht explodieren, ist das gefährlich, lassen Sie das lieber bleiben«, sage ich.

Er macht weiter. Schließlich explodierte eine der Bomben nicht. Als ich ihn bei der Rückkehr daran erinnerte, sagte er: »Wer wird schon dorthin kommen!«

Das ist verantwortungslos, eigentlich müsstest du am nächsten

Tag hingehen und die Bombe entschärfen. Zehn Tage oder zwei Wochen später kam die Nachricht: »Eines der Kinder, die mit der Handgranate gespielt haben, ist gestorben, und einem anderen wurde der Arm abgerissen.« Wahrscheinlich wurde sogar eine Untersuchung angeordnet, aber ich weiß es nicht mehr genau. Wenn man vorsichtig vorgegangen wäre, wäre nicht eines der beiden Kinder verkrüppelt und das andere gestorben. Wir hielten uns an die Bedingung, die Waffen einzusetzen, damit niemand herumlungerte. Die Soldaten nehmen das auf die leichte Schulter; wer will denn schon Krieg? Das ist Zwang. Und sie sagten: »Wenn der Feind käme, würde ich in die Luft feuern.« So denkt der Soldat, der Kompaniechef, wir alle. Was sollen wir machen, uns ins Kampfgetümmel stürzen und Menschen töten?

Ich kehrte vom Militär zurück und war daran gewöhnt, Befehle zu geben. Ich brülle auf der Straße rum, sodass die Leute stehen bleiben und sich darüber wundern. Fast wäre es zu einer Prügelei gekommen. D. h., man wird unheimlich nervös. Z. B. sprang ich nach dem Überfall auf die Gendarmeriewache eine Woche lang immer wieder vom Bett auf. Das hielt hier sogar noch an. Ich bin zu Hause und komme nicht mehr klar. Wenn ich mich eine Weile hingelegt habe, öffne ich irgendwann mal die Augen und fange an, meine Frau anzubrüllen: »Wo ist dein Hut, warum sind deine Haare nur so lang geworden?«

Meine Frau hält das zuerst für einen Scherz. Fast wäre ich ihr an die Kehle gefahren, hätte sie weiter angebrüllt, sie nach ihrem Hut gefragt und sie verprügelt. Wir sind wirklich zu Bestien geworden. Ich habe niemanden getötet, und es gab auch keine Toten. Das war natürlich Glück. Wenn ich jetzt daran denke, ist das doch etwas anderes.

Sechs Jahre lang war ich in Diyarbakır, und die Leute dort kamen mir gar nicht so fremd vor. Als ich als Student dort war, haben sie mich gemocht. Wenn man Soldat wird, fängt man an, mehr Hass zu spüren, z. B. wenn die Schüsse aus unseren eigenen Dörfern kommen. Warum sind wir hier, wozu schützen wir diese Grenze? Das hat nichts mit Wirtschaftlichkeit zu tun, es ist schwierig, das alles zu beenden, dahinter steht ein bewusster kurdischer Nationalismus. Heute wirst du ihn schwächen, und morgen wird er wieder auf die Beine kommen. Gegenüber der Regierung gibt es auch niemanden, der als Gesprächpartner – von kurdischer Seite – in Frage käme. Jetzt gibt es auch eine Menge

Kurden, die nichts von der PKK halten. Was wollt ihr denn, wenn man sich mit ihnen auf eine Verständigung einlässt? Man könnte ihnen doch die Möglichkeit geben, Lesen und Schreiben zu lernen – und das Fernsehen. Keiner kann aufstehen und sagen: »Dies und das wollen wir, wenn man uns das alles gibt, machen wir mit dem Terror Schluss.«

Will die Armee den Krieg beenden?

Eines Nachts kam der Kommandant des Bataillons zur Gendarmeriewache, und in diesem Augenblick hörte man Schüsse aus dem Dorf. Er sagte zu mir: »Geh zu der und der Staffel, nur los, feuert auf das Dorf da!« »Wie kann ich denn auf unser eigenes Dorf feuern? Gibst du mir den Befehl schriftlich?«, fragte ich.

»Schieß auf das Dorf«, sagt er, aber er geht nicht selbst. Wenn ich nun in Wut geraten und es beschießen würde. Wie man es deutet, das hängt von Ihnen ab; will er es nun oder nicht?

Ob man in den Südosten gehen will? Was haben wir dort zu suchen? Wir sind Dorfjungen. Haben Dorfjungen etwa Protektion? Die Armen müssen das Vaterland schützen, die Reichen wissen, was sie zu tun haben. Die Gesellschaft interessiert sich nicht dafür, bis es sie selbst trifft. Wenn wir sterben würden, wären wir Märtyrer, wenn wir am Leben blieben, wären wir Frontkämpfer oder Krüppel...

(Mai 1998, Denizli)

1962 in Denizli geboren. Er hat sein Examen an der Juristischen Fakultät von Diyarbakır gemacht, dort hat er seine Frau kennen gelernt und geheiratet. Sofort nach dem Referendariat ist er zum Militär gegangen. Er hat zwei Kinder. Im April 1991 hat er mit dem Militärdienst in der Infanterie-Schule von Tuzla begonnen, danach war er bei der Haupteinheit in Viranşehir. Im Juli 1992 wurde er entlassen.

8. »Wo liegt Muş?«, fragt meine Mutter

Eine Angst, die acht Stunden lang dauert. Die Angst vertreibt den Schlaf. »Ob sie mich töten könnten, wenn sie von irgendwoher schießen würden?«, fragst du dich. Um zur Ruhe zu kommen, denke ich an Aydın und an den Sandstrand. Ich werde zurückkehren, ich muss doch zurück!

Von überallher ist es zu hören, man gibt Ratschläge, etwa: Drängle dich nicht vor, misch dich in nichts ein. Ich gehe zum ersten Mal von zu Hause weg. Ganz ohne Zeremonien; als ich wegging, habe ich in meiner Verwirrung sogar meinem Freund Levent die Hand geküsst. Du kommst dir vor, als seist du gerade erst zur Welt gekommen. »Komm!«, sagt man, und du gehst los. Wenn du aufstehen willst, wartest du darauf, dass man zu dir sagt: »Steh auf!« Das Essen bleibt dir im Hals stecken. Wir sind 40 Leute, die mit dem Militärdienst spät dran sind und die den Dienst für das ganze Bataillon versehen. Trag das Mehl, hol den Proviant, zähl die Vorräte im Depot, das ist wirklich eine Plackerei. Etwa 40 Tage später wurden wir verteilt. Drei Tage lang wurden wir an der Waffe ausgebildet. Normalerweise gab es pro Tag ein Fach, wir hatten aber fünf Fächer pro Tag, sogar noch einschließlich der Technik. Man zeigte uns am grünen Tisch, wie man das Ziel trifft. Alles innerhalb einer Stunde; dort sah ich zum ersten Mal eine Waffe und nahm sie in die Hand. Am zweiten Tag gingen wir zum Schießen über. Schweigen. Jeder wartet darauf, dass der andere zuerst die Hand am Abzug hat. Du siehst, wie ein Geschoss an dir vorbeifliegt, es dröhnt dir im Ohr, aber du hörst nichts. Du schreckst davor zurück, und deine Hand greift zum Abzug. Du gibst drei Schuss ab, mit der *G3*. Mit dem ersten Schuss konnte ich einfach keinen Erfolg haben. Am nächsten Tag wiederholten wir, was man uns bei der Vereidigungszeremonie sagte; jetzt waren wir vereidigte Soldaten. Bei der Ausbildung schoss ich insgesamt elf Kugeln ab. Man verteilte die 40 Leute in Gruppen zu je zehn Personen auf Bingöl, *Muş*, Bitlis und *Kahramanmaraş*. »Muş«, hieß es, und das betraf mich. Bingöl und Bitlis waren am schlimmsten, Muş bedeutete noch Glück im Unglück. Ich rief zu Hause an, und meine Mutter fragt »Wo liegt Muş?« Meine Familie war traurig, und dann musst du sie auch noch trösten. Als ich von den Rekruten wegging, sagten die *Çavuşlar*: »Meldet euch, wenn ihr lebend zurückkehrt!«

Der Urlaub von zehn Tagen war ganz schnell zu Ende, und am Abend des achten Tages musst du dich schon auf den Weg machen. Jeder war etwas unruhiger als sonst, ich auch. Unterwegs dachte ich daran, dass man mich ja töten könnte. Egal, wie wir uns verhalten, man sieht doch immer, dass wir Soldaten sind.

Ich fahre zum ersten Mal von Ankara aus nach Osten. Du steigst noch nicht mal aus, wenn es unterwegs einen Aufenthalt gibt. In Muş stiegen wir aus. Wir wurden der Regimentskommandantur der Gendarmen übergeben; niemand interessierte sich für uns, und noch nicht mal unsere Namen wurden aufgenommen. Als wir darauf warteten, dass man uns Schlafplätze anwies, sagte einer: »Für euch gibt es keinen Platz.« Zum Schlafen lehnten wir uns über die Tische im Speisesaal.

Wir gehen zum Essen, und man sagt: »Für euch sind keine Rationen vorgesehen. Ihr kriegt, was übrig bleibt.« Es gab einen *Pide*-Bäcker im Regiment, und wer Geld hatte, konnte sich Pide kaufen, wer keins hatte, ging leer aus. Eine Woche verging ohne Schlafplätze und mit dem Streit ums Essen.

»Herr Kommandant, warum lassen Sie uns warten?«, fragen wir.

»Wir warten auf die, die noch kommen werden«, sagt man.

Als man uns etwa eine Woche später versammelte, freuten wir uns richtig. »Egal, wohin man uns als Soldaten stellt, wir ziehen jetzt los«, sagten wir.

Unser Kommandant sagte: »Wer freiwillig nach Hasköy will, soll die Hand heben!« Niemand hebt die Hand. Auch für *Malazgirt* meldet sich niemand freiwillig.

Als mein Freund aus *Kırklareli* sich eintrug, entschied ich mich dafür, mit ihm zu gehen. Wir kennen uns seit der Rekrutenausbildung. An diesem Abend brachte man uns in Uniformen mit einem Zivilbus nach Malazgirt. Wir wissen nicht, wo die Gendarmen sind. Du willst aber auch niemanden fragen. Wir fragten einen Jungen, und er zeigte es uns. Wir freuten uns, dass wir endlich einen Schlafplatz hatten. Man stellte zwei Kojen nebeneinander, und dadurch gab es Platz für vier Leute, die quer auf den Matratzen lagen, wie die Heringe.

Wir hatten auch keine Waffen, ungefähr zwei Monate lang gab man uns keine. Wir suchten uns Beschäftigungen im Speisesaal, putzten den Schlafsaal, kümmerten uns um den Tee und die Heizung. Ich war für den Speisesaal verantwortlich. Aber seit ich nach Muş gekommen war, konnte ich keinen Kontakt mit meiner Familie aufnehmen. Außerdem hatte ich mir in Muş ein Bankkonto eingerichtet. Ohne Geld abzuheben, war ich nach Malazgirt gekommen. In Malazgirt gab es nur die *Ziraat Bankası*. Das Geld blieb dort. Du kannst nur auf Telefonate antworten, die von draußen kommen, aber du kannst niemanden anrufen; außerdem lässt man uns nicht raus. Meine Familie schaltete einen Staatsanwalt ein, den sie kannte. Ich erschrak, als der mich zu sich beorderte. »Warum rufst du deine Familie nicht an?«, fragte er mich. Er gab mir etwas Geld. Der Staatsanwalt machte einen enormen Eindruck, und dadurch stieg mein Ansehen in der Kompanie.

»Ich gehe nicht zum Militär«, sagte ich. Ich dachte, die Armee sollte ein Berufsheer werden, das wäre besser. Ich glaube nicht, dass man so was wie das Marschieren lernen muss. Vor der Militärzeit interessierte ich mich für Politik und diskutierte oft mit meinen Freunden. Ich sagte aber, dass die Soldaten, die eigenen Leute wie die Feinde, umsonst gestorben sind, und meinte: »So ein Kampf ist unmöglich.«

In den Nachrichten hörst du, dass das Dorf oder einer aus dem Dorf für die Terroristen ist, oder das ganze Dorf sollte ein Hehlernest der Terroristen oder der PKK sein. »Warum nur?«, fragst du. Du überlegst, wie man sie nur dazu überreden konnte, und ob es unter Drohungen dazu gekommen ist. Die Leute sind sehr distanziert. Sie sind unwirsch zu den Soldaten und tun alles, um ihnen das Leben schwer zu machen. Später sah ich, was der Grund war: Das Militär behandelte die Leute wirklich schlecht. Wenn der Dorfvorsteher sich z. B. beschwert, dass sein Hammel in eine andere Herde soll, wird der Hammel einfach geopfert. Du siehst auch, dass viel geprügelt wird. Wegen eines Hammels wird man unheimlich erniedrigt. Man diskutiert gar nicht erst, ob einer wirklich schuld ist.

Zwei Monate später kamen 30 G1-Waffen. Nur vier davon waren in Ordnung. Wenn man schoss, sprang bei einigen der Lauf ab, und ein paar funktionierten überhaupt nicht. 20 bis 25 Leute warteten auf Waffen. Wem würde man sie geben? Eine davon gab man einem Soldaten, der viel Erfahrung hatte. Weil der Mann sich nicht richtig hinlegte, wurde er vom Kompaniechef kräftig durchgeprügelt. Der Kompaniechef, der gerade Hauptmann geworden war, sagte ihm nach den Prügeln, bis zum Ende der Schießübungen sollte er im Laufschritt eine Runde über den Platz drehen. Der Kommandant sagte: »Komm, schieß!«

Nachdem der Typ verprügelt worden war, gab ich mir viel Mühe, als ich mich hinlegte, und ich hatte großen Erfolg damit. »Prima«, sagte der Kommandant, »du kriegst das Gewehr.«

Beim Appell wurden die Gewehrläufe in einer Linie ausgerichtet. Alle Gewehre waren gleich lang, aber meins war länger. Das waren alles G3-Waffen, nur ich hatte eine G1. Der Feldwebel sagte: »Mein Sohn, halt doch endlich dein Gewehr nach unten!«

»Die G1 ist nun mal lang, wie soll ich sie denn noch weiter nach unten halten?«, fragte ich.

Als ich die erste G1 bekam, war etwa Mitternacht, und man sagte, ich sollte mich an die Tür der Gendarmeriewache stellen. Es war meine erste Wache. Es war finstere Nacht, auf der einen Seite stand das Krankenhaus, gegenüber die Schule. Die Schäferhunde der Kompanie bellten laut. Du wirst unruhig, und ich habe Wache bis zum nächsten Morgen um acht. Normalerweise wird man nach zwei Stunden abgelöst, aber sie ließen mich allein und meinten: »Wir haben keine Wachleute.«

Das Gewehr quer über der Brust, hielt ich Wache, und meine Arme wurden lahm. Acht Stunden lang hatte ich Angst. Dauernd fragte ich den wachhabenden Çavuş: »Wann schickst du eine Ablösung für mich?«

Es war etwa Oktober oder November, tagsüber war es warm – und kalt in den Nächten. Da die Angst den Schlaf vertrieb, war es nicht möglich, einzuschlafen. »Ob sie mich töten könnten, wenn sie von irgendwoher schießen würden?«, fragst du dich. Von allen Seiten erwartest du einen Angriff. Um zur Ruhe zu kommen, denke ich an Aydın; ich denke an das Meer, an den Sandstrand – an den enormen Unterschied zwischen Muş und Aydın, und ich fühle mich wohler. »Ich kehre zurück, ich muss einfach zurück«, sagst du dir. Das ist eine Art Suggestion.

Etwa vier Monate lang schoss ich mit der G1. Dann gab man mir eine der Waffen von den Entlassenen. Die erfahrenen Soldaten erzählten voller Stolz davon, wie man bei den Kämpfen zurückwich, und du wirst unruhig.

»Da ist eine Sternschnuppe«, sagst du, und der Soldat antwortet: »Das ist keine Sternschnuppe, sondern Leuchtmunition. Das sind Störfeuer.« Störfeuer – was ist das? Niemand erklärt es mir.

In dieser Zeit hat man die Neuankömmlinge auf die Dörfer verteilt. Einen Jungen aus *Antep*, der gerade angekommen ist, schickte man in ein Dorf. Von weitem kommen die Störfeuer mit Leuchtmunition. Die Kommandanten ließen die Leute beim ersten Schuss in Deckung gehen. Dann wurde noch einmal geschossen, und sie gingen wieder in Deckung. Als sie zum dritten Mal aufstanden, wurde der Junge aus *Gaziantep* mit einer einzigen Kugel getötet, ein zarter, liebenswerter Junge. Wir waren traurig und wütend zugleich. Du denkst dir Grausamkeiten gegen die PKK und gegen diese Leute aus. Du fängst sogar an, gegen die Dorfbewohner und die Leute dort Front zu machen. Jeder sagt: »Wenn wir den Mörder finden würden, würden wir ihn töten, und wenn wir dabei sind, ihn umzubringen, lassen wir ihn spüren, was echte Gewalt ist.«

Wir brachten den toten Jungen nach Gaziantep. Unsere Kommandanten kamen. Er war ein Einzelkind; seine Mutter war da; er hatte keinen Vater mehr. Noch bevor sein erster Brief zu Hause eintraf, kam sein Leichnam an. Für die Familie war es eine Katastrophe, und seine Verwandten sahen uns an, als ob wir daran schuld wären.

Es kam zu Kämpfen in den Bergdörfern. Zwei Stämme von Kurden stießen aufeinander, und wir wollen am nächsten Morgen hin. Am Abend geht man nirgendwohin. Die Kommandanten sagten: »Sollen sie einander doch umbringen.« Wir gingen hin, fanden aber noch nicht mal eine einzige Kugel. Sie kämpfen, und wenn es Tote gibt, trägt man sie fort. Die Frauen drücken die Kugeln in die Magazine und sammeln die leeren Patronenhülsen ein.

Wir halten Wache vor dem Gefängnis, anderthalb Kilometer von der Kompanie entfernt. Unheimlicher Nebel. Da sind drei Türme, nebenan der Stacheldraht vom Gefängnis und ganz oben noch ein Hügel. Wir sind zu sechst; jeweils zu zweit stehen wir an drei Stellen vor dem Gefängnis. Der Strom fiel aus. In dem Augenblick, als er ausfiel, hörte man Schüsse. Von allen Seiten schwirren Kugeln. Die neuen Wachleute kommen, wir sind sechs, und sie sind sechs Leute. Wir verließen unsere Wachposten und trafen uns vor dem Gefängnis. Wir standen genau in der Mitte, wir zwölf Leute. Noch bevor einer abgelöst worden war, ging der Kampf los. Ein paar Leute warfen sich zu Boden, andere gingen auf den Turm. Zu dritt stiegen wir auf den ersten Turm. Wir sahen, dass zwei am Boden lagen; sie waren getroffen worden. Die Verwundeten robbten am Boden entlang, an offener Stelle, und du durftest dich ihnen nicht nähern. Von allen Seiten schwirren die Kugeln, wir haben kein einziges Mal mehr geschossen. Du siehst nichts, du erkennst nur eine *Bixi* mit langem Lauf auf dem Hügel. Aus den Häusern mit den Gärten gegenüber schießen sie mit Jagdgewehren. Mit den Jagdgewehren gehen sie in die Gärten und schießen mit Schrotkugeln.

Wir haben eine Telefonleitung zur Kompanie, wir wählen, aber am anderen Ende der Leitung hört man nichts. Aber sie hören die Schüsse. Endlich meldete sich jemand. Schluchzend meldeten meine Freunde: »Schickt schnell Hilfe, von allen Seiten wird geschossen.«

Zwei Leute stemmten sich gegen das Gefängnistor. Der Gefängnisaufseher sagt: »Ich darf nicht aufmachen.« Die Vorschriften verbieten es, Soldaten einzulassen. In diesem Augenblick bekam der Gehilfe eine Schrotkugel ab, an der Augenbraue. Er wurde verletzt, die anderen Kameraden auch, die beiden blieben liegen und konnten nicht mehr aufstehen. Der Kampf dauerte fast eine Stunde. Keine Hilfe kam.

»Wir sind dabei, uns vorzubereiten, dann kommen wir«, sagten sie. Wenn sie sich beeilt hätten, wären sie schon da.

»Warum kommen die bloß nicht«, brüllst du dauernd ins Telefon, du schreist sie an, rufst, dass es Tote gibt. Es ist wirklich bitter, dass man nicht zu seinen Kameraden gehen kann. Du hast Angst und kriegst Panik. Du siehst nicht, von wo aus geschossen wird, und dann fängst du an, nach rechts und links zu schießen.

Endlich war der Strom wieder da, das Schießen hörte auf, und Hilfe kam auch. In zwei Gruppen machte man sich auf den Weg, zu Fuß und mit dem Jeep. Man untersuchte den Hinterhalt, und sie wurden gründlich abgeschossen, es gab keine Verwundeten. Wir konnten niemanden von der gegnerischen Seite finden, man wusste nicht, wohin sie gegangen waren und was sie machten.

In derselben Nacht kam der Regimentskommandant mit dem Hubschrauber, auch wenn sie sonst nachts nicht auszogen. Er brüllte den Kompaniechef an und fluchte: »Warum lässt du zu, dass meine Soldaten getötet werden, warum warst du nicht pünktlich zur Stelle?« Der Kompaniechef nannte ihm die Gründe für sein Vorgehen. Der Regimentskommandant blieb an diesem Tag in Malazgirt und nahm die Einladung des Kompaniechefs, in seinem Haus zu übernachten, nicht an. Er verbrachte die Nacht bei den dienstälteren Offizieren im Schlafsaal.

Die beiden gefallenen Kameraden wurden in ihre Heimatorte gebracht. Einer stammte aus *Yozgat*, der andere aus Edirne. Den verwundeten Kameraden brachte man nach Diyarbakır ins Krankenhaus. Zwei Monate später kehrte er zurück, man hatte die Schrotkugel nicht entfernen können, und er musste damit leben. Dieses erste Gefecht, das ich erlebte, war eigentlich kein Kampf, sondern eher so was wie die Tatsache, dass man in eine Falle gelockt worden war. Dadurch lernte man, dass bei der Wachablösung nicht jeder gleichzeitig rausgehen durfte. Man lernt halt aus Fehlern.

Kurz darauf lief die Wachablösung wie im Film ab. Du rennst mit zwei Kameraden zusammen los, der eine hält das Gewehr zum Schutz, der andere schlägt einen Purzelbaum, ganz wie ein Artist. Das dauerte zwei Wochen oder so, dann war alles wieder wie früher. Später sagst du: »Diese Fehler müssen wir kritisieren.« Niemand kümmert sich darum. V. a. darf den Soldaten, die mehr Erfahrung haben, so was nicht passieren. Einer der Gefallenen stand kurz vor seiner Entlassung.

Da die richtige Militärzeit noch vor uns lag, diskutierten wir, d. h., die Leute, die zur gleichen Zeit angefangen hatten, darüber, dass wir vorsichtiger sein müssten und viel aus unseren Fehlern lernen könnten. So was wie »Wenn wir sterben, werden wir zu Märtyrern, und für unser Vaterland geben wir alles gern hin« kam bei uns nicht vor. So was sagte niemand; wenn allerdings die Presse danach fragte, sagte man es. Wenn du danach gefragt wirst, sagst du es, d. h., du siehst ein, dass man es sagen muss.

Man informiert uns nicht darüber, wohin wir gehen. Du überfällst die Häuser und durchsuchst sie. Was suchst du, Waffen oder Dokumente? Klar ist auch, dass wir irgendwas Illegales suchen, aber wir wissen nicht, was. Entweder wird das ganze Dorf durchsucht oder nur ein paar Häuser, auf eine Anzeige hin. Eines vergesse ich nie, denn es machte mich ein wenig traurig: Am Tag vor *Kurban Bayram* wurde das ganze Dorf durchsucht. Die Leute hatten geputzt und sich auf den Feiertag vorbereitet. Du gehst in die Häuser und denkst gar nicht daran, die Schuhe auszuziehen. Selbst an den intimsten Stellen wird das Haus durchsucht, die Betten, die Steppdecken, die Schubladen, einfach alles. Die Frau dort sagt was auf Kurdisch, sie beschwert sich zu Recht und schlägt vor Verzweiflung um sich. Ein paar von uns verstanden Kurdisch, und wir fragten die anderen, was die Frau sagte. »Sie flucht«, antworteten sie. Ich meinte auch, dass sie Recht hatte. Einige durchsuchten das Haus ganz vorsichtig, andere wühlten alles durch. Das hatte etwas mit dem psychischen Zustand der Soldaten zu tun. Das seelische Gleichgewicht der Leute war durcheinander, und sie hatten Freunde, die gefallen waren. Innerlich waren die Soldaten völlig aufgelöst. Bei den Durchsuchungen machte ich notgedrungen mit, aber außer den Jagdgewehren haben wir nichts Wichtiges erbeutet.

Den Jahreswechsel 1992 haben wir in einem weit entfernten Hinterhalt verbracht. Im Westen und im Osten von Malazgirt hältst du Wache. Eine geschlagene Stunde bleibst du im Westen. Dann fährst du mit dem Wagen wieder nach Osten. Du steigst aus und stellst dich irgendwohin. Du achtest auf die Sicherung der Straßen und kontrollierst die Durchgangsmöglichkeiten und so was alles. Gegen drei oder vier Uhr nachts kehrten wir zurück. Alle Soldaten, die nicht schliefen und keinen Dienst hatten, saßen vor dem Fernseher. Wir führten Ausweiskontrollen durch und durchsuchten verdächtige Autos von oben bis unten. Was mir am lächerlichsten vorkam, war, dass ein paar Kommandanten eine Liste in der Hand hatten und die Namen unserer Feldwebel auswendig lernten.

Wenn man jemanden anschaute, fragte man ihn: »Bist du mit dem und dem verwandt?« oder »Kennst du den und den?« Du schaust ihn an, du hörst den Namen, erfährst, woher der Typ stammt, und bedankst dich. Du wirfst ihm einen unfreundlichen Blick zu, mit dem du zeigst, dass du Verdacht schöpfst. Diese Art zu gucken lernst du mit der Zeit, und dann sagst du dir: »Was für ein Blödsinn, wenn ich mir den Ausweis anschaue. Was würde denn passieren, wenn ich es nicht täte?«

Ich weiß eh nicht, wen ich suche. Du hältst den Bus an und nimmst allen die Ausweise ab. Du hältst die Minibusse aus den Dörfern an, ein Haufen Leute sitzt darin, und sogar ein Hammel. »Herr Gendarm, *Abi*, lass uns drinbleiben, wir haben uns mit Mühe in den Wagen gezwängt«, sagen sie. »Alle müssen raus«, sagst du, sammelst die Ausweise der Männer ein und gibst sie dem Kommandanten. Wir durchsuchen die Frauen nicht, und du überlegst dir, dass man sie auch durchsuchen müsste. Aber du weißt nicht, wie. Du lässt die Männer einsteigen. Wir sehr sie auch hinter dir herfluchen, du schickst sie weg. Wenn ein Fremder dabei ist, interessiert der Kommandant sich besonders für ihn. Fremde erkennt man sofort.

Zur Zeit des Nevruz-Festes schliefen wir drei Tage lang nicht, genauer gesagt, man ließ uns nicht schlafen. Wenn es nach uns gegangen wäre, hätten wir geschlafen. Ich habe kein Problem mit diesem Fest der Einheimischen, und ich will sie bei ihren Feiern auch nicht stören. Den Soldaten wird nur gesagt, dass es zu Unruhen kommen könnte. Wir schnitten die Zufahrtswege ab und stellten Barrikaden auf. Wir sollten damit verhindern, dass die Leute sich versammelten. Die Leute, die im Urlaub aus dem Dorf kamen, sah man als mögliche Schuldige an, es gab da noch mehr Vorfälle. Man sagte, dass die Anführer der Gruppe dort herauskämen. Du siehst die Menschenmenge, sie kommen auf dich zu und rufen im Chor kurdische Slogans. Du forderst sie auf, stehen zu bleiben. Der Kommandant, der verhindern wollte, dass es zu einem Zusammenstoß käme, ermahnte uns: »Es soll auf keinen Fall zu Provokationen kommen, auf keinen Fall wird geschossen, und solange keine Reaktionen von den Leuten kommen, bleibt alles unter Kontrolle.«

Die Gruppe näherte sich, und wir standen einander gegenüber. Wir warteten, die Waffe quer über der Brust, und es herrschte eine ziemliche Aufregung. Ob sie über uns herfallen würden? Wir sind mitten in einer aufgewühlten Menschenmenge; würde man die Waffen einsetzen, die alle am meisten fürchteten? Wenn sie kommen würden, denkt man daran, mit dem Gewehrkolben zuzuschlagen. Männer und Frauen, fanatische Anhänger ihrer Partei. Sie kamen bis zu uns heran und blieben auf eine Warnung hin stehen. Einer von ihnen sagte: »Ich will hier durch!«

»Soll er doch«, sagte der Kommandant. In diesem Moment sagte einer der Soldaten: »Warum willst du hier durch?«

Er erwidert: »Weil mein Haus dort drüben steht.«

Der Soldat fing an, ihn zu schlagen. Die Kommandanten griffen ein, zogen unseren Mann weg und sagten zu dem, der durch wollte: »Geh nur weiter.«

Ein rasantes Tempo, von der Morgendämmerung bis zum Abend. Das war ein schlafloses, ermüdendes und anstrengendes Nevruz-Fest.

In Muş kam es in jenem Jahr zu keinen Aktionen, aber das war ja auch eine Gegend, die von der PKK als Durchgang benutzt wurde. In dieser Zeit fing es an, dass man lobend über diejenigen sprach, die zugaben, dass sie etwas mit der PKK zu tun hatten, und anfingen, für die Regierung zu arbeiten. Ich bediente in dem Extrazimmer des Kompaniechefs, das man »Laube« nannte, und beobachtete die Leute, die zu ihm kamen. Ein großer Mann mit Bart kam in einem Privatwagen. Er trug den verschlüsselten Namen »Yeşil – Grün«, aber den kannten wir. Eine ziemlich hübsche Frau war bei ihm. Wir wissen zwar, dass er »Yeşil« ist, aber wir wissen nicht, dass er so berühmt ist. Sie saßen etwa eine Stunde da, und ich bediente sie. Sie sprachen darüber, wie und wie viele Leute sie vom Regiment Muş getötet haben. Man sprach mit lobenden Worten über den Mann. Wir wissen jedoch, wie die Terroristen die Soldaten, die sie erwischen, foltern und töten. Später hat man fünf Leute, die Soldaten umgebracht haben, gefasst und beim Regiment von Muş verhört. Man erzählt, dass »Yeşil« sie nach dem Verhör vor die Stadt brachte, ihnen Handgranaten in den Mund steckte, dass er von weitem auf sie schoss, sie tötete und man die Leichen dann einsammelte und fortbrachte. Man sagt, dass er auch zu ein paar Kämpfen gekommen war. Man erzählt sich dauernd, dass er sehr aktiv ist, er gilt schon als Legende, und es heißt, dass er das Magazin wechselt, während er einen Salto macht und sich direkt den Kugeln des Gegners stellt, ihm aber nichts passiert. Man fühlt sich insgeheim zu dem Menschen hingezogen.

Wir gehen in die Berge von Kater. Man hatte die Information aus sicherer Quelle, dass dort über 100 Soldaten waren. Das war mein erster Kampf in den Bergen. Später erfahren wir, dass es Verantwortliche für diese Region gibt. Zwischen zwei Bergen war ein Balken, und später erkannte man, dass drei Leute in dem Felsenriff steckten. Die Spezialeinheiten und die Kommandotruppen trafen ein. Wir waren es, die den ersten Schuss abgaben. Zwischen den Felsen steckten nur drei Leute. In einer halben Stunde hatte jeder Soldat fünf Magazine – das sind 100 Kugeln – geleert. Der Regimentskommandant kam mit dem Hubschrauber. In diesem Moment denkst du, dass die Leute, die wir gefangen nehmen werden, sehr wichtig sind. Ich sehe das Ziel nicht und schieße einfach drauflos, weil es den Schießbefehl gab. Du willst die Feinde töten; was du durchgemacht hast und der Tod deiner Kameraden – das hat sich alles auf dich ausgewirkt. Daher denkst du an die Verantwortung, die du dort hast.

Warum bin ich hier? Du bist dafür verantwortlich, und du

schießt. Eine Weile später hören sie mit dem Schießen auf. Die schweren Waffen und die letzte Flugabwehrrakete wurden gebracht. Man muss sie auf einen vorspringenden Gipfel stellen. Der Regimentskommandant rief: »Ich warte auf zwei freiwillige Soldaten und einen Unteroffizier, der sie bedienen kann.« Drei Freiwillige traten vor und stellten die Waffe auf den Hügel. Man sieht die andere Seite ganz scharf, auch die Feinde. Man zieht den gespannten Griff der Waffe, schießt die erste Kugel ab, und dann kommt es zu einer Störung. Der Unteroffizier richtet sich auf, um den Griff zu ziehen, man sieht einen Teil seines Körpers. Sie töten den Unteroffizier mit einem punktgenauen Schuss.

Keiner von uns ging noch einmal auf den Hügel. Sofort verbreitete sich die Nachricht, dass der Unteroffizier tot war. Wir blieben die ganze Nacht dort. Wir schossen die ganze Nacht lang. Man brachte die Verwundeten mit dem Hubschrauber nach Diyarbakır, und der Kampf ging weiter. Du denkst daran, dass du jeden Moment sterben kannst, und du siehst Sterbende. Du weißt, dass die PKK-Leute tolle Scharfschützen sind, und du siehst, dass sie sehr gut ausgebildet waren. »Warum haben wir keine Ausbildung?«, fragst du, und wenn die Spezialtruppe schon da ist, dann soll sie sich doch auch an die speziellen Operationen machen.

Warum sind wir hierher gekommen? Man hat keinen Vorteil davon, wenn man zur Menge gehört, nur Nachteile. Nachts weht ein scharfer Wind, und es ist unheimlich kalt. Man sucht beieinander Schutz, und du frierst. Das Schießen hat aufgehört. Eine Leere von ein paar Stunden. Es wurde Morgen, es gab nichts zu essen, wir hatten überhaupt nichts, du bist im Kampf, und so manchem sind die Zigaretten ausgegangen. Beim ersten Tageslicht wurden alle Mittel der Regimentskommandantur eingesetzt, und wieder explodierten Raketen und Bomben. Die Felsen zerspringen in tausend Stücke. Wie kommt es denn, dass man noch am Leben ist? Ab und zu ist da eine Leere, ein einziger Schuss kommt, es macht »Tack«, eine Kugel schlägt auf und prallt ab. Nach dem letzten Bombardement hörten die Schüsse auf. »Dieses Mal müssen wir die Stücke aufsammeln«, sage ich. Wir konnten nicht alle töten, das ist eine Enttäuschung. Die Kommandanten und v. a. die Männer von der Spezialtruppe sind ziemlich nervös.

Eine einzige Leiche wurde mit einem Maschinengewehr erschossen. Als der Staatsanwalt kam, sagte man ihm in dem Bericht, den man vorbereitet hatte: »Als die Soldaten der Sache ihren

Lauf lassen mussten, haben sie ihn aus Wut aus unmittelbarer Nähe abgeschossen.« Wie konnten sie davonlaufen? Meine Kameraden und ich meinten: »Ob es nötig war, hinzugehen?« Die Spezialtruppe konnte das erledigen. Zwei geschulte Gruppen würden einander gegenüberstehen. Wir, die wir ohne Ausbildung waren, retteten uns zufällig aus den Kämpfen.

Noch im gleichen Monat kam es zu einem weiteren Kampf. Ein Terrorist versteckte sich im Haus des Dorfvorstehers. Dieses Mal gingen zwei Truppen hin, das waren 50 Leute, außerdem die Kommandanten. Wir umzingelten das Haus und befahlen ihm, rauszukommen. Niemand kam raus, und es war unmöglich, das Haus zu betreten. Nach dem Befehl fing man an, auf das Haus zu schießen. Als die Rakete einschlug, fiel die Tür ein. Der Dorfvorsteher nahm an, dass der Terrorist im Haus war. Der Mann fand eine Gelegenheit und schoss eine einzige Kugel ab. Der Feldwebel – ein *Uzman çavuş* – war schon im Pensionärsalter, aber er hatte noch nicht seinen Abschied genommen, er war es, der eine Handgranate reinwarf, aber nicht an der Zündschnur zog, und daher explodierte sie auch nicht. Ein paar Minuten später schnellte sie zurück und fiel zufällig auf eine leere Stelle. Wenn sie uns getroffen hätte, dann hätte das mindestens 20 Leuten gegolten. Das Geschütz, das eine Stunde später von der Artilleriebrigade herbeigeholt wurde, traf eine Ecke des Hauses. Der Mann ergab sich. Er wurde verwundet. Man brachte ihn sofort zum Regiment nach Muş. Wir konnten überhaupt nicht mit ihm reden.

Einer wurde beim Störfeuer auf die Gendarmeriewache des Dorfes erwischt; als er floh, wurde er am Fuß getroffen, und man brachte ihn in das Krankenhaus, das neben unserer Einheit lag. Jeder besuchte ihn. Ich ging auch zu ihm und wünschte ihm gute Besserung. »Was hast du gemacht?«, fragte ich ihn. »Ich bin Schäfer«, antwortete er. »Wie bitte, ein Schäfer mit 'ner Kalaschnikow!«, sagte ich. Die Kameraden haben mich kritisiert, weil ich ihm »Gute Besserung« wünschte. »Er wurde getroffen, aber schließlich ist er doch ein Mensch«, sagte ich.

Zwei Stunden von Malazgirt entfernt sollte auf den Hügeln eines Bergdorfes eine Gendarmeriewache errichtet werden. Wir stellten die Zelte auf und schaufelten zwölf Gräben für unsere Stellungen. Wir arbeiteten bis zum Abend, füllten die Erde mit Säcken und sperrten die Umgebung der Zelte auch damit ab. Wir waren ziemlich müde. Noch in derselben Nacht schickte man uns in den Hinterhalt. Später erfuhren wir, dass man das machte, um nicht vom Schlaf übermannt zu werden. Trotz der Ermahnungen waren wir so müde, dass wir einschliefen. Wie einen Damm bauten wir Steine vor uns auf. Ich schlafe sozusagen mit dienstlicher Genehmigung, weil neben mir der Gehilfe ist, der vorher im Kampf Schrotkugeln abgekriegt hat.

Ein Soldat, die rechte Hand des Truppenkommandanten, kommt und befiehlt mir: »Steh auf, warum schläfst du denn?« Du fragst dich: »Warum darf ich bloß nicht schlafen?« Am Morgen erkannten wir, dass wir anscheinend ein ganz klares Ziel abgaben, und Mondschein gab es auch. Alles war möglich, aber danach fragte man natürlich nicht. Der Offizier kam am ersten Tag und kehrte dann wieder um. Der Truppenkommandant war Unteroffizier.

Im Mai und Juni war es übermäßig heiß, und du schliefst nur in der morgendlichen Kühle. Solange wir im Gebirge waren, kam es nicht zum Kampf. Vier Monate lang blieben wir dort. Wir hatten ein Küchenzelt, aber man schickte uns keinen Koch. Jeder leistete seinen Beitrag zur Vorbereitung des Essens, so weit er das konnte. Ich habe sogar Linsensuppe gekocht, etwas gebraten und so was alles. Im Laden des Dorfs an den Ausläufern des Gebirges mit seinen 30 bis 35 Höfen kauften wir ein. Wir fuhren zur Post in *Erzurum* und telefonierten von dort aus.

Obwohl der Truppenkommandant noch recht jung war, hielt er sich strikt ans Beten. Ein paar Soldaten hat er geohrfeigt. Aber das war so ein Typ, der am nächsten Tag um Entschuldigung bat. Wir sind 32 Soldaten, mit den Kommandanten 34 bis 35, und wir denken dauernd daran, was wir tun können, wenn der Kampf beginnt. Der Kompaniechef hatte gesagt, wenn der Kampf losginge, sollten wir auf keinen Fall Hilfe erwarten. Mit den 120 Kugeln, die verteilt wurden, musst du bis zum Morgen auskommen, gut ausgebildete Soldaten können auch mit zwei Magazinen umgehen, aber wenn wir eine Stunde lang ohne irgendeinen Waffendefekt schießen konnten, leerten wir alle Magazine. Es gibt Störfeuer, und du sagst: »Sie probieren vermutlich die neuen Waffen aus.« Tagsüber haben wir frei. Wir stellten unser Team zusammen und spielten ein paar Runden Fußball mit den Dorfbewohnern. Einmal wurde ich dabei verletzt. Als der Ball meinen Kopf traf, stieß ich mit einem anderen Kameraden zusammen, und unsere Augenbrauen wurden beide an derselben Stelle getroffen.

Irgendwann einmal versuchte der Truppenkommandant eine Versammlung abzuhalten; dabei sollte es um die Kontrolle der Fingernägel gehen, und ob die Stiefel geputzt wären. Endlich reden wir ganz ruhig mit unserem Kommandanten. Wir kamen vom Dienst zurück, vormittags gegen zehn oder so, und der Kommandant sagte zum Çavuş: »Ruf mal die Soldaten zum Appell!«

Der Çavuş antwortete: »Das geht jetzt nicht. Sie sind gerade vom Dienst zurück und schlafen. Jetzt – ein Appell? Das darf doch nicht wahr sein!«

Der Kommandant gab dem Çavuş zwei Ohrfeigen. Wir meinten auch, dass ein Appell im Gebirge sinnlos sei. Der Kommandant erwiderte: »Ich weiß, was ich tun werde« und ging weg, aber er konnte natürlich nichts tun.

Eines Tages kam der Regimentskommandant. Wir sind im Zelt. Für die Aufforderung: »Zieht euch alle an und kommt raus!« blieb einfach keine Zeit, denn da landete schon der Hubschrauber. Als der Regimentskommandant bei uns im Zelt stand, waren einige gerade dabei, ihre Hosen anzuziehen. »Ich habe euch absichtlich nicht benachrichtigt«, sagte er, »ich störe euch, man hat sogar alles reinigen lassen.«

Er brachte *Baklava* und anderes Gebäck mit und fragte, ob wir Beschwerden vorzubringen hätten. Es blieb mucksmäuschenstill. »Herr Kommandant«, sagte ich, »im Zelt ist es sehr heiß.« Er antwortete, dass man das Problem des Wassermangels lösen würde.

Das Wichtigste von all dem, was er sagte, aber war: »Wenn ihr nicht wollt oder wenn ihr Zweifel habt, geht nicht hin, man kann euch nicht zu Aufgaben schicken, die ihr nicht übernehmen wollt.«

Als einer der Soldaten mit seiner Waffe gespielt hatte, hatte er einen Kameraden am Fuß getroffen, man hatte den Fuß bandagiert, einen Wagen gefunden und ihn hergebracht. Der Kommandant kam und sagte: »Das Blut eures Kameraden muss gerächt werden. Dieses Blut erstickt euch.«

Der Kommandant zog seine Pistole und richtete sie gegen den Jungen. Er stieß Drohungen gegen ihn aus, meinte so was wie »Ich bringe dich um« und versetzte ihm einen Faustschlag. Nachdem er ihn auf eine ganz gemeine Art und Weise durchgeprügelt hatte, ließ er ihm Handschellen anlegen und ihn auf den Rücksitz seines Wagens werfen. Der Junge blieb die ganze Nacht dort.

Zwischen den Soldaten, den Unteroffizieren und den Uzman

çavuşlar herrscht Vertrauen. Mit den Offizieren kannst du nur reden, wenn man dich etwas fragt. Der Offizier sagt: »Ich lasse meine Soldaten nicht verprügeln, ich verprügle sie selbst.«

Das muss etwa am 20. August gewesen sein: Als wir gerade zum Dienst gehen wollten, da hörte ich über Funk meinen Namen; am nächsten Tag sollte ich entlassen werden. Kurz gesagt, nach 13 Monaten hatte ich es hinter mir. Ganz überrascht hielt ich meinen Entlassungsschein in der Hand und konnte es noch gar nicht fassen. Ich hatte immer noch Angst davor, dass ich wieder hin müsste.

Die Eskorte kam bis Ankara. Auf der Straße nach Diyarbakır wurden gleichzeitig zwei Busse in Brand gesteckt. Wir wurden nervös, und wenn du auf die Straße gucktest, sagtest du: »Was wäre, wenn sie nun aus dem Wäldchen dort Raketen werfen und uns angreifen würden?«

In Ankara stieg ich in den Wagen nach Aydın, aber ich konnte nicht einschlafen. Trotz der Hitze trug ich einen Pullover. Als meine Mutter mir die Tür öffnete, hielt sie mich für einen fliegenden Händler. Früher fühlte ich mich in Aydın nicht wohl, aber als ich zurückkehrte, hätte ich den Boden küssen mögen. Ich hoffte, dass ich nicht noch einmal in den Südosten müsste. Es ist nicht richtig, das zu erwähnen, aber du sagst es. Wenn du das Leben hier mit dem im Südosten vergleichst, kommt es dir so vor, als wären das zwei verschiedene Länder. Vor der Militärzeit war ich viel sorgloser. Ich sah allmählich, dass den Menschen dort Unrecht getan wurde. Nach der Militärzeit kannst du viel klarer sehen. Nachdem ich diese entsetzlichen Momente erlebt hatte, und wenn ich sehe, unter welchen Bedingungen die Menschen dort leben, glaubte ich, dass man alles ganz anders machen müsste. Ich dachte, dass man etwas radikal Anderes machen müsste – statt der Kämpfe. Wenn ich früher über die Ungerechtigkeiten sprach, war ich nicht so hitzig. Meine Freunde fragen mich auch: »Warum bist du nur so aggressiv geworden?«

»Ich zeige meine Reaktion, und das ist besser, als wenn ihr eure Reaktionen nicht zeigt«, sage ich dann. Es tut mir weh, wenn man einfach so darüber redete, obwohl man von der Lage überhaupt nichts wusste. Die Leute dort dürfen nach sechs Uhr abends nicht mehr rausgehen, es gibt kein Nachtleben. Im Krieg kämpfst du zuerst mit dir selbst, und du überlegst dir, warum du dort bist, und warum du schießt. Dann fängst du an, den Krieg deines Gegners zu erleben. Dann den Kampf des Milieus, in dem du dort bist. Am härtesten ist der Krieg in deinem Innern.

(April 1998, Aydın)

1970 in Erzurum geboren, von August 1991 bis September 1992 in der Rekruteneinheit von Devrek im Bezirk Zonguldak, danach in Muş. Sohn eines Beamten, der seit seiner Kindheit in Aydın lebt. Von sechs Kindern, drei Schwestern und drei Brüdern, ist er der Zweitälteste, sein kleiner Bruder ist auf Zypern beim Militär. Beim Militär hätte er am liebsten »Soldier Forth« von Deep Purple gehört, aber er musste sich mit dem »Lied der Morgendämmerung« von Ahmet Kaya zufrieden geben. Er hat einen Kurs besucht und will Schiffsteward werden. Er liest sehr viel und mag Yaşar Kemal, Nâzım Hikmet und Orhan Veli besonders gern.

9. Ich ohrfeigte ihn zweimal, und er hat noch nicht mal kapiert, warum er Prügel bezog

Die Menschen leben in einer solchen Armut und in einem solchen Elend; wenn jemand käme und ihnen was erzählen würde, würden sie in die Berge gehen, wenn sie eine Hoffnung sehen würden. Denn dort müssen sie sowieso immer dieselben Mühseligkeiten durchmachen, sodass es kein Morgen gibt. Es fällt einem leicht, dabei mitzumachen.

Mich traf das Los, so was wie Truppenkommandant in der Kommandoeinheit in Arıcak im Bezirk *Elazığ* zu werden. Bei uns zu Hause war ich der einzige Sohn, und der Jüngste. Für meine Familie war das sehr schlimm. Bei uns zu Hause sahen wir uns drei Stunden lang die Nachrichten auf allen Kanälen an und versuchten herauszubekommen, ob es schlechte Nachrichten gab. Das Telefon war ein Vorteil. Ich gehöre zu den Leuten, die das Leben mit Humor nehmen. Als der Militärdienst z. B. verlängert wurde, waren diejenigen, die eigentlich gerade entlassen werden sollten, einfach schlecht dran.

Ich zog los, um die Soldaten, die zu uns gehörten und entlassen werden sollten, aus dem Distrikt zu holen und zu unserer Einheit zu bringen. Können Sie sich vorstellen, dass sie schon ihre Zivilkleidung angezogen hatten, sich mit ihren Kommandanten fotografieren ließen und sich voneinander verabschiedeten? Da erging der Befehl, sie müssten noch vier Monate beim Militär bleiben. Die Jungs waren am Boden zerstört.

Ich kehrte zur Einheit zurück. Der Hauptmann wünschte mir »Gute Besserung«.

»Warum, Herr Kommandant?«, fragte ich.

»Deine Militärzeit ist verlängert worden«, antwortete er.

»Für die einfachen Soldaten ist er verlängert worden«, erwiderte ich.

Ich glaube es nicht. Als der Kommandant uns den Befehl überbringen ließ, waren wir starr vor Staunen. Ich passte mich sofort an und versuchte es mit Humor zu nehmen. Wir müssten das noch fünf Monate länger mitmachen; hatten wir uns nicht eh nach der Gegend hier gesehnt? Ich schaute mich um, um meine Umgebung richtig zu genießen. Das machte mir weder Angst noch Sorgen.

Die Nachwirkungen erlebte ich erst, nachdem ich entlassen worden war und vier oder fünf Monate wieder hier im Westen lebte. Da man entweder im Hinterhalt saß oder an einer Operation beteiligt war, bedeutete das Leben dort, nachts wach zu sein und tagsüber zu schlafen. Als ich wieder hierher kam, schlief ich auch tagsüber und stand gegen Abend auf. Ich ging ins Café und kehrte nachts gegen halb zwei heim. Zu Hause blieb ich dann wieder bis zum Morgen wach. Morgens schlief ich gegen vier oder fünf ein. Nachts um vier Uhr warf ein Hund draußen den Mülleimer um, und ich sprang aus dem Bett. Ich rebellierte gegen die Kanone, die den *Ramadan* verkündete. Ich wusste noch nicht mal, dass Ramadan war. Das Geschütz knattert los, und ich werfe mich zu Boden. Wenn ich Leute sah, sagte ich mir: »Bleib ganz ruhig, du bist hier in Denizli, das ist keine Rakete, sondern die Kanone, die den Ramadan ankündigt.« Das dauerte drei oder vier Monate lang. Sechs oder sieben Monate später traf ich mich mit einem Kameraden, der Oberfähnrich war, und wir unterhielten uns natürlich darüber.

»Ich reagiere allergisch auf Lärm«, sagte ich. Ihm ging es noch schlechter, er hatte Albträume. Eigentlich hatte er gar nicht so oft an Kämpfen teilgenommen.

Mir macht es Vergnügen, bei strömendem Regen Wein zu trinken – und Cognac bei Schneegestöber. Aber jetzt bin ich vorsichtig. Nicht das Militär, sondern das Studium hat mich zur Vernunft gebracht. Mit 16 Jahren ging ich zur Universität. Als ich 14 war, fing ich an zu arbeiten und war von meiner Familie getrennt. Bei den Bauarbeiten kämpfte ich gegen das Heimweh an. Auf der Universität fiel es mir wirklich schwer. Bei den einfachen Soldaten ist das was anderes; als Junge ist man nie aus seinem Dorf herausgekommen, hat das Geld des Vaters mit vollen Händen ausgegeben; man hat gebummelt oder gearbeitet und war mit der Landwirtschaft beschäftigt. Man kommt zum Militär. Man lernt »Herr Kommandant« zu sagen und das Gewehr zu präsentieren, man führt Befehle aus, deren Sinn man nicht versteht; es bleibt einem nichts anderes übrig, denn man ist dazu verurteilt. Das lässt einen immer stiller und ruhiger werden; an die Stelle des Rebellischen, das in uns schlummert, tritt das Duckmäusertum. Eigentlich ist das Militär ein Hindernis. Du kannst dir kein Geschäft aufbauen, und heiraten darfst du auch nicht. Der Militärdienst führt dazu, dass alle Lebensziele auf die lange Bank geschoben werden.

Kommandant für die Truppe von uns 16 bis 17 Leuten war der Oberfähnrich, und der Unteroffizier war sein Stellvertreter. Der Unteroffizier ist überfordert, und oft kommt es zu Differenzen. Das haben wir nicht erlebt; bei der Kommandotruppe gab es keine Rangfolge der Befehle, ihr verkehrt ganz freundschaftlich miteinander. Außerdem bist du in einer Region, wo Terroristen sind. Du ziehst mit den anderen zusammen ins Gefecht, teilst dir das Essen mit ihnen, die Beziehung zwischen Kommandanten und Soldaten ist eher so wie in einer großen Familie.

Ich hatte Probleme mit dem Kompaniechef, der früher Unteroffizier war und jetzt Leutnant geworden ist. Was der Kompaniechef sagte, muss man machen. Man sollte den oder jenen Gipfel einnehmen, das war der Regimentsbefehl. Ihr habt keine Chance zu sagen: »Wir nehmen einfach mal einen anderen Berggipfel ein.« Da bricht z. B. ein Kampf aus, und der Kommandant muss die ganze Kompanie in Reih und Glied aufstellen oder Befehle geben. Ihm fehlte aber das Zeug dazu.

Auf der anderen Seite konnte der Hauptmann nicht zu der dreitägigen Operation kommen, aber in schwierigen Situationen kam unser Hauptmann. Mit ihm hatten wir überhaupt keine Probleme. Über den Oberfähnrichen stand ein Kompaniechef, sodass du allein bist, wenn man sich im Gelände verteilt, und du hast die Verantwortung für 16 Leute. Du übernimmst seine Aufgaben, und das spürst du. Bei uns in Elazığ kam nicht viel Terror vor. Wenn man aber von Arıcak hinüberblickte, sah man Bingöl auf dem gegenüberliegenden Hügel, das gehörte zu *Genç*, und dazwischen lag der Fluss, der die Grenze zwischen den Distrikten bildete. Da in unserem Distrikt die Durchgangsstraßen der Terroristen lagen, gab es in unserer Gegend schon ein paar terroristische Aktivitäten.

In der ersten Zeit ist dein Körper sehr steif, aber später wirst du widerstandsfähiger. Ich war beim Militär z. B. nicht ein einziges Mal krank, obwohl wir hin und wieder bei Regen unterwegs waren, in einen Sturm gerieten oder völlig verschwitzt im Schnee übernachteten. Jetzt falle ich schon bei den geringsten Anzeichen einer Erkältung ins Bett. Dort gewöhnt sich der Körper an die harten Bedingungen, das läuft ganz automatisch. Wenn man um fünf aufstehen muss, tue ich das.

Als Rekrut bekommt man eine gute Grundausbildung, theoretisch und praktisch. Man lernt Kartografie, das Marschieren im Gelände, Strategien und etwas über die PKK. Kommandanten unterrichten, die ihren Dienst in Ostgebieten wie Hakkâri und Şırnak geleistet haben und Theorie und Praxis miteinander verknüpfen. Die Kommandanten verstehen auch etwas von Psychologie. Mit der Ausbildung in *Eğridir* war ich sehr zufrieden. Die Manöver und die Nachtmärsche machen es dir leicht, dich anzupassen. Unser Nachteil war, dass wir als Infanteristen ausgebildet wurden und uns die Aufgaben von Gendarmen übertragen wurden. Die Truppe war dort anders, die bei den Gendarmen war wieder anders, und auch die Waffen. Ich war gespannt auf die Waffe. Ich ging zur Jagd. Ich liebe Waffen, aber ich trage keine, weil ich das für zu gefährlich halte. Wir hatten eine G3, eine Zeit lang trug ich zum Spaß eine Kalaschnikow. Die Kalaschnikow ist leicht, aber die G3 ist schöner, sie hat auch eine größere Wirkung. Am liebsten war mir die G3. Eigentlich gibt es keine Waffe, die ich nicht mag. An allen kannst du deine Freude haben, eine Waffe ist nun mal eine Waffe, wenn du damit schießt, töten alle Waffen – oder verletzen den Gegner. Die Chance, das Ziel zu treffen, hängt von der Zeit ab – und von den Bedingungen. Wenn es vor euch steht, könnt ihr schießen und das Ziel ohne weiteres treffen, oder ihr schießt auf eine verborgene Stelle. Im Gelände seid ihr Suchende, und die Gegner sehen euch auf dem Hügel oder anderswo kommen. Man fällt im Allgemeinen in dem Moment, in dem man der Wirkung des ersten Schusses ausgesetzt ist, danach fällt das Sterben schwer. D. h., wenn du beim ersten Schuss gefallen bist, dann ist es passiert.

Ihr seid z. B. zur Operation aufgebrochen, und die Terroristen erwarten euch auf dem Gipfel des Berges. Ihr seid sehr vorsichtig, aber dann marschiert ihr los, sie sehen euch und eröffnen das Feuer. Ihr gebt ein klares Ziel ab. Wenn wir beim ersten Schuss Zuflucht hinter einem Felsen gefunden haben, schaffen wir es, dass wir ihnen überlegen sind. Ihr könnt Verstärkung holen und Hubschrauber herbeirufen. An Mörsern, Waffen und Menschen seid ihr überlegen. Danach versuchen sie zu flüchten; wenn sie nicht fliehen, werden sie radikal vernichtet, doch meistens fliehen sie. Bei dem ersten Kampf, an dem ich teilnahm, spürte ich den Tod direkt neben mir.

Ein Minibus aus einem Dorf fuhr auf eine Mine, und vier Menschen starben. Gemeinsam mit den Dorfmilizen rannten wir hinter ihnen her, folgten ihren Spuren und kamen an einen Engpass. Das war ein Gebiet, in dem man gefährdet war, und wir waren eine ganze Menge Leute. Ich ging raus, um den Engpass abzusichern; als das Feuer auf die Gruppe unten eröffnet wurde, waren wir ohne Deckung. Trotzdem eroberten wir einen Gipfel. Nachdem wir uns in Sicherheit gebracht hatten, ging ich zu Fuß über den Gipfel und bot ein offenes Ziel, ohne es zu wissen. Meine Soldaten warnten mich. Ich kenne das Geräusch einer Kugel, die von weitem heranschwirrt, aber aus der Nähe kommt es einem ganz anders vor. War das vielleicht eine andere Waffe? Die Soldaten sagten, eine Kugel, die ganz aus der Nähe kommt, habe ein bestimmtes Geräusch. Im Nu kommt euch der Tod in den Sinn, wenn aber der Gegner den Lauf des Gewehrs auch nur ganz leicht bewegte, würde der Tod zu dir kommen. Du wirfst dich dort zu Boden, wo es sicherer ist – oder du schießt zurück. Das ist die ganze Psychologie im Kampf mit den Terroristen, und ihr habt keine Zeit, an den Tod zu denken.

Später, nachts im Bett, denkst du daran, was du tagsüber alles erlebt hast. Und dann sagst du: »Wie einfach das doch war.« Ein komisches Gefühl. An diesem Tag hätte ich sterben können. Später wird es ein Thema für sich, zynisch darüber zu reden.

Man fragt mich: »Wie war's denn im Südosten? Wie hast du das erlebt?«

»Sehr schön«, antworte ich, »es war gut, dass wir das erlebt haben. Du erlebst den Geschmack von Freiheit und Abenteuer.«

D. h., mit ein bisschen Humor ist es ganz nett, allerdings unter der Bedingung, dass man nicht umkommt. Du machst deine Erfahrungen mit der Verantwortung. Das ist sehr schwer, schließlich geht es um das Leben, 16 Soldaten sind von dir abhängig, du redest mit ihren Eltern, und sie sagen: »Passen Sie gut auf unseren Sohn auf!«

Wenn ihr einen Fehler macht, passiert ihnen was. Daher ging ich selbst voran, wenn etwas passieren sollte. Sie glaubten, ich sei besser ausgebildet und wisse mehr. Die Soldaten erwarten das auch. Wenn sie merken würden, dass ihr Angst habt, wenn man denken würde »Er schickt uns an seiner Stelle«, dann wäre es aus und vorbei mit der Kameradschaft.

Zu unserer Zeit gab es keine Gefallenen; es kam vor, aber nicht in unserer Kompanie. Ob ich jemanden getötet habe? Zu meiner

Zeit erwischte man in einem anderen Kampfabschnitt zehn bis elf Terroristen, zwei von ihnen lebendig. Diejenigen, die wir lebend erwischen, lassen wir vor die höchste Instanz bringen. Dabei steht ihr ihnen Auge in Auge gegenüber. Als Angehöriger des Militärs muss man sie natürlich verhören. So was wie: »Woher kommst du?« oder »Was macht ihr?« Ich wollte wissen, warum sie überhaupt mitgemacht hatten. Einer von ihnen hatte das Gymnasium abgeschlossen und sagte: »Für die Freiheit und das Volk!«

»Hast du gefunden, was du gesucht hast?«, fragte ich.

»Nein«, antwortete er, »ich bin nicht so frei geworden, wie ich erwartet hatte.«

»Mensch, was willst du denn noch mehr«, sagte ich. »Du warst so frei, dass du in jedes Dorf gehen konntest, wohin du wolltest, und auf den Bergen hattest du alles, was du zum Leben brauchst.«

Natürlich sagten viele, die wir gefangen nahmen: »Ich bin dazu gezwungen worden, man hat mich bedroht.« Diejenigen, die logen, versuchten es mit Selbstmitleid. Die Leute dort haben eine andere Kultur, ihnen fehlen Bildung und Wissen. Einen brachten sie z. B. dazu, zu den Terroristen zu gehen, weil er Pilot werden wollte, einem anderen hatte man das Amt des Landrats angeboten. Viele machten auch deshalb mit, weil sie arbeitslos waren, oder man hatte sie dazu gezwungen.

Was für Leute das waren? Sie lassen ihre Familie im Stich, wandern durchs Gebirge, leiden Hunger und Durst und werden krank. Was bringt sie eigentlich dazu? Wenn du studiert hast, sagst du: »Wegen der Revolution«, auf der anderen Seite siehst du, dass sie diejenigen, die sich loseisen wollen, nicht gehen lassen. Sie haben es satt und wissen, dass nichts dabei rauskommt. Diejenigen, die kapitulieren, werden auch durch den Tod daran gehindert. Die Leute, die kapituliert haben, berichten das alles. Meiner Meinung nach befassen sich Hungernde mit Politik, ein Mensch, der satt ist und genug Geld in der Tasche hat, hat kein Interesse an Recht und Gerechtigkeit. Warum soll man sich von der Polizei verprügeln, warum soll man sich foltern lassen? Man kann in die Berge gehen.

Die Menschen leben in einer solchen Armut und in einem solchen Elend; wenn jemand käme und ihnen was erzählen würde, würden sie in die Berge gehen, wenn sie eine Hoffnung sehen würden. Denn dort müssen sie sowieso immer dieselben Mühseligkeiten durchmachen, sodass es kein Morgen gibt. Es fällt einem leicht, dabei mitzumachen.

Ich erinnere mich, als z. B. der Terror anfing und als es Tote gab, war das etwas anderes, wenn man im Südosten seinen Militärdienst leistete. Man war neugierig auf die Ersten, die entlassen wurden und von dort zurückkehrten. Aber nun sind es mehr geworden. Aus meinem Dorf sind z. B. jetzt gerade 30 junge Leute zum Militär gegangen, 15 von ihnen bestimmt in den Osten, d. h. ungefähr die Hälfte. Meine Familie weiß, was eine Familie durchmacht, deren Sohn im Osten ist; ihretwegen bedauert sie es vielleicht, aber man hat sich daran gewöhnt. Dabei gibt es auch eine gewisse Unruhe: Warum leisten die Söhne der Reichen ihren Militärdienst nicht im Osten? Man findet Protektion und erhält ein Attest, das einem bescheinigt, dass man untauglich ist. Die Armen kämpfen. Nehmen wir einmal an, der Sohn reicher Eltern ist nach Hakkâri gegangen, dann ist wenigstens garantiert, dass er in der Zentrale bleibt, oder man setzt ihn statt bei der Kommandotruppe in der Zentrale ein. Die Soldaten wissen das, haben aber keine Zeit, darüber zu reden. Man kümmert sich nur um sich selbst.

Ich bin nicht der Typ, der die Soldaten verprügelt. Einer, der unter Protektion steht, will nicht Wache halten, dann gehört er auch nicht zu meinen Soldaten, sondern das ist ein Gendarm. Er leistet Widerstand und sagt zum Unteroffizier: »Ich kenne jemanden, der viel Einfluss hat, daher will ich auch nicht Wache schieben.« Wenn man ihn fragte, sagte er, er habe plötzlich Zahnschmerzen bekommen. Vor einem Kommandanten darf man einen Soldaten nicht tadeln. Aber ich behalte so was im Kopf.

Eines Tages ging einer wieder mal nicht zur Wache, setzte sich – mit der Armbinde des Wachpostens – mit einer Zigarette im Mund in den Speisesaal und trank Tee. Ich ging hin und knallte ihm ein paar. Er hat noch nicht mal kapiert, warum er Prügel bezog.

»Du bist Wachposten, weißt du etwa nicht, dass man hier nicht rauchen darf?«, fragte ich ihn und fuhr fort: »Du rauchst, obwohl du die Leute hier nicht rauchen lässt. Deine Kameraden sind in den Bergen. Hast du als Wachposten nicht die Pflicht, die Stellungen zu kontrollieren und dich um die Soldaten zu kümmern?« Das war alles ein Vorwand, eigentlich lag es daran, dass er nicht Wache schieben wollte.

Man hatte z. B. vor meiner Zeit unter den Soldaten Geld gesammelt, um eine Schüsselantenne zu kaufen, für die beiden Kanäle *TRT* 1 und Show TV. Fünf Tage lang schuften wir und kommen völlig kaputt von der Operation zurück. Mit viel Gejohle vergnügen sich die Leute in der Glotze. Ich bin ihretwegen hier, und schau sie dir an! Du beschuldigst die Leute, dass sie gefühllos wären, so eine Psychologie ist das. Wir haben für den Staat alles Mögliche getan, aber was hat der Staat für uns getan? Ihr habt kein einziges Privileg, und die Gesellschaft gesteht euch das auch nicht zu, du machst deinen Militärdienst dort; vielleicht erwartest du irgendwas Gutes als Gegenleistung, aber damit kannst du auch nicht rechnen. Und was die Arbeitssuche angeht, da hast du auch keinen Vorteil.

Gegenüber den Leuten im Südosten hat man auf jeden Fall Vorurteile, aber je besser du die Leute kennen lernst, desto eher siehst du sie als Menschen. Aber zuerst hältst du sie für potenzielle Straftäter. Wir haben uns mit den Einheimischen in den Cafés unterhalten. Natürlich macht das jeder Kommandant anders. Unser Hauptmann war sehr gebildet, das war ein guter Mann. Wir haben uns nicht auf Reibereien mit den Einheimischen eingelassen. Zu unserer Zeit sind Leute aus drei oder vier Dörfern und Kleinstädten zu Dorfbeschützern geworden, sie arbeiteten mit uns zusammen, das war kein Problem. Auch wenn Probleme hätten auftauchen müssen, gab es keine.

»Kommen die Terroristen?«, fragst du.

»Weiß Gott, Herr Kommandant, sie sind noch nicht da«, antwortet der Dorfvorsteher.

Ich gehe es psychologisch an: »Auch wenn sie nicht zu dir gekommen sind, mein Guter, ich bin auch ein Dorfjunge, das spricht sich schnell rum, wenn man an einem kleinen Ort lebt.«

»Weiß Gott, selbst wenn sie gekommen wären, du meine Güte, dann muss ich sie wohl übersehen haben«, antwortet er.

Nach einem Gefecht findet ihr das Dokument, und ihr lest die Notizen: »Man ist in dieses Dorf gegangen und hat Propaganda gemacht.«

Zu dem Dorfvorsteher, der die Terroristen nicht gesehen hat, soll vor einem Monat ein Terrorist gekommen sein und das abgegeben haben. Natürlich sagt ihr das nicht, was sollt ihr denn machen; solltet ihr den Dorfvorsteher vielleicht töten? Er ist ja auch dazu gezwungen worden. Wenn ihr wollt, macht ihr ihm Druck, aber so was haben wir nicht erlebt.

Wie ist es dazu gekommen? Ich gehöre zu den Demokraten. Wir haben an der Universität gehört, dass man eine Organisation, die PKK, gebildet hat. Ich interessiere mich für Politik, v. a. interessiert mich Zeitgeschichte sehr; die Rechte werden nicht anerkannt, die man ihnen zugestehen muss. Ich erkenne die demokratischen Rechte an. Aber im Hinblick auf die PKK ... Ich bin nicht damit einverstanden, dass sie Gewalt anwenden und zur Gewalt aufrufen. Ein Kommilitone aus dem Studentenwohnheim sagte: »Ich mache mit« und ging hin. Ein Jahr später sah ich eine Anzeige mit Gedichten und so in *Cumhuriyet*. Er war also tot.

(Mai 1998, Denizli)

1969 in Denizili geboren. Rechtsanwalt. Er leistete seinen Militärdienst von Mai 1992 bis September 1993; in Eğridir wurde er als Infanterist ausgebildet, er wurde Oberfähnrich in der Kommandotruppe der Gendarmen und war in der Einheit von Arıcak im Bezirk Elazığ.

10. Auch meine Wut muss ich bezwingen!

Um im Hinterhalt gegen die Angst anzugehen, fängst du mit Albernheiten an und singst Lieder. Wir haben Illustrierte wie Playboy oder Penthouse mitgenommen, und die haben wir gelesen, bevor es dunkel wurde. Ich weiß, dass ich eine Zeitschrift zehn Mal gelesen habe. Ich wollte an nichts mehr denken, und ich wollte nicht schlafen. Wenn du schläfst, stirbst du.

Wir mussten doch zum Militär gehen. Ich wollte nach Şırnak, und dorthin ging ich auch. Ich bin an einem Ort von mittlerer Größe aufgewachsen. Die Schule, alles was ich las, und die Filme, die ich sah, hatten mich stark beeinflusst. Nationalismus spielte eine Rolle: »Wir lieben unser Vaterland und sind Kinder der Türkei.« Wenn man aber in die Kaserne kommt, ändert sich alles im Nu. Das hat mit allem, was einem über das Militär erzählt wird, nichts mehr zu tun. Die Art und Weise, wie die Leute miteinander umgehen, hat mich irritiert. Du brichst psychisch zusammen. Bist du erst mal dort, dann kannst du nicht mehr zurück. Ein Soldat, der drei Monate vor dir gekommen ist, kann dich anbrüllen und schlagen. Wenn einer das wollte, könnte er 400 Leute verprügeln, da konnte niemand was machen. Man sollte es eigentlich nicht sagen, aber wenn Vergewaltigung nicht zu verhindern ist, sollte man wenigstens seinen Spaß dran haben. Das haben wir gemacht. In den drei Monaten der Ausbildung haben wir uns ziemlich daran gewöhnt. »Endlich hat die Militärzeit angefangen«, sagten wir.

Wir sind in *Beytüşşebap*. Als wir ankamen, lagen dort ein paar Meter Schnee, in den Bergen. Das war anders als bei den Rekruten. Keiner kümmert sich um den anderen. Da herrscht totale Depression. Ein paar Tage später fing der Wachdienst an. Wenn du die Realität akzeptierst, wirst du damit fertig, wenn du sie nicht akzeptieren kannst, wirkt sich das bei der Rückkehr aus. Viele meiner Kameraden sind immer noch in therapeutischer Behandlung. Dort sollst du dich als Bestandteil der Armee sehen. Sich hilflos zu fühlen – das heißt Tod. Man ist wie benommen und bringt sich um.

Der Vater eines Kameraden belästigt dessen junge Frau. Sie schreibt ihrem Mann, also dem Kameraden: »Dein Vater macht sich an mich ran – ich gehe zu meinen Eltern zurück.« Der Junge war wie betäubt und brachte sich um.

Ich bin ein durch und durch kaltblütiger Mensch, und auch etwas herzlos. Wenn ich von einem Ereignis überrascht werde, gebe ich mich nicht geschlagen, sondern schaue mich nach einem Ausweg um. Viele schrieben vor einer Operation Briefe und steckten sie in die Hosentasche. Wenn sie fallen würden, hätten sie Unmengen von Briefen in der Tasche. Im Sinne von: »Wenn ihr diesen Brief kriegt, bin ich wahrscheinlich tot.«

Wegen der Leute, die solche Syndrome hatten, wurden auch viele Fehler gemacht. Das erste Gefecht war ein Schock für mich. Es war Juni, ich schlief, mein Kamerad zog mich am Ärmel. »Steh auf«, sagte er, »auf zum Kampf!«

Mir zittern Hände und Füße, und ich habe Angst. Vorher hatten wir Schüsse gehört, aber das war nun die Realität. Flucht ist unmöglich, und wenn wir sterben müssen, sind wir tot. Zuerst versuchte ich mich an das Geräusch der Schüsse zu gewöhnen. Ich lausche, aber gleichzeitig liege ich auf der Lauer. Nichts passierte. Das eigentliche Gefecht, bei dem ich meine Waffe abfeuerte, war heftig. Wir lagen im Hinterhalt. Die Schüsse kamen näher. Dann wurde von unserer Flugabwehrstellung aus geschossen. Danach herrschte totales Chaos, das Geräusch von Schüssen. Es war zum Verrücktwerden, und ungefähr fünf Minuten lang konnte ich keinen Schuss abgeben. Ich versuche den Kopf zu heben, kriege es mit der Angst zu tun und ziehe ihn wieder ein. Wer hat mich nur hierher geschickt? In mir ist alles Aufruhr! Wer bin ich? Filme, die ich gesehen habe, mein Zuhause, alles Mögliche fällt mir ein. Es gibt keinen Ausweg; ich gab einen Schuss ab. Einen Schuss, noch einen, und dann hob ich den Kopf. Nachdem ich den Kopf gehoben hatte, ging es weiter.

Ich habe Angst, auf der Gegenseite steht auch einer, und der hat noch viel mehr Angst als ich. Ich habe eine Waffe in der Hand, und er auch. Es gibt doch niemanden, der keine Angst hat. Das ist das Leben – nur eine Sekunde, und kaum hast du eine Kugel abgekriegt, bist du weg. Das Gefecht dauerte zwei Stunden, und ich schoss ungefähr 160 Kugeln ab. Ob ich jemanden getötet habe, weiß ich nicht. Nach dem Kampf warteten wir dort, wo wir waren, den Morgen ab. Ein paar unserer Kameraden waren verwundet, aber es gab keine Gefallenen. Wir berichteten einander, was wir alles getan hatten. Weil es zum ersten Mal war, redeten wir noch ganz offen über den Kampf. Bei den späteren Gefechten war man zu erschöpft, um noch mit irgendwem darüber zu reden. Als ob es ein ganz normaler Tag gewesen wäre, legten wir uns schlafen. Dann ging eine Schneelawine herunter, und sieben Soldaten wurden darunter begraben – tot. Eine Kompanie nach der anderen wurde vom Gebirge ins Tal geschickt; das war eine große Operation. Hinter dem Gipfel gegenüber startete der Hubschrauber, und eine Rakete wurde abgeworfen. Dann ging eh die Schneelawine nieder. War das nun Ende '93 oder '94?

Mit der Zeit geht die Wärme und Herzlichkeit unter den Kameraden verloren. Kälte und Distanz stellen sich ein. Wenn von Kälte die Rede ist, heißt das, niemand will irgendwas erzählen. Niemand will seine Angst zeigen. Oder wir plauderten ganz entspannt, wenn es um das Thema Frauen und Mädchen ging. Am Abend überfiel uns dann die Angst im Hinterhalt. Die Angst führt auch zu Bauchschmerzen, sogar zu unerträglichen Schmerzen. Bei mir hielten diese Schmerzen noch ein Jahr nach der Militärzeit an. Wenn es dunkel wurde, fing das Bauchweh an.

Um im Hinterhalt gegen die Angst anzugehen, fängst du mit Albernheiten an und singst Lieder. Wir haben Illustrierte wie *Playboy* oder *Penthouse* mitgenommen, und die haben wir gelesen, bevor es dunkel wurde. Ich weiß, dass ich eine Zeitschrift zehn Mal gelesen habe. Ich wollte an nichts mehr denken, und ich wollte nicht schlafen. Wenn du schläfst, stirbst du.

Man holt irgendeinen Neuling und sagt zu ihm: »Du hältst Wache, und wir schlafen mal eine Weile.« Der junge Typ hat seinen Walkman im Ohr und hört Musik. Er kann natürlich nicht hören, was passiert. Ihm hat man als Erstem den Kopf abgeschnitten. Es wurde Morgen, und niemand kommt runter. Wir gingen hin und schauten nach; vier von unseren Leuten waren tot. Man hatte ihnen die Kehlen durchgeschnitten. Ich war froh, dass ich nicht an ihrer Stelle war. An so was denkst du zuerst, das ist zwar nicht normal, aber dann wird es normal. Dann kritisierte man uns, weil es zu Gefallenen gekommen war. Man wollte, dass wir uns schuldig fühlten, aber ich zerbreche mir darüber nicht den Kopf. Wenn ein Kamerad neben einem fällt, wird man wütend. Gleichgültig, wer einem in diesem Moment über den Weg liefe, ob Mensch oder Tier, du würdest keine Sekunde zögern und ihn umbringen. Solchen Gedanken sinnst du ein paar Stunden lang nach, dann musst du aber zur Normalität zurückkehren; wenn du das nicht schaffst, ist das umso schlimmer. Einer meiner Kameraden starb. Ein einziger Schuss hatte ihn niedergestreckt.

Wenn wir eine Zigarette rauchten, zogen wir uns eine Wolldecke über den Kopf. Als einer sich streckte, blieb er im Schützengraben, und während er an seiner Zigarette zog, traf die Kugel seinen Mund. Es gab viele Scharfschützen. Tagelang konnte ich nicht in diese Stellung gehen, und ich wechselte den Schützengraben. Das war der Gehilfe; wenn es einen Menschen gab, von dem du dich nicht trennen wolltest, dann war er es. Er hatte mich sehr beeinflusst. Mit der Begründung, ich wolle nicht in den Hinterhalt gehen, bat ich um drei Tage Urlaub. Als ich drei Tage unten im Tal beim Bataillon blieb, fühlte ich mich wie bei mir zu Hause. Ich bat um drei weitere Tage. Dem Kommandanten sei Dank; er gewährte sie mir.

Die Angst rettet einem manchmal das Leben, manchmal nimmt sie es einem aber auch. Ich hatte Angst vor dem Sterben, aber das hielt mich nicht davon zurück, weiter meine Aufgaben zu erfüllen. Was man Krieg nennt, das geschieht nicht mit einer einzigen Waffe, du kämpfst mit dir, manchmal mit deinen Kameraden. Du musst dich selbst so bezwingen können, dass du auf alles vorbereitet bist. Du solltest nicht allein sein, und wenn du allein bist, wirst du an deine Geliebte denken – wenn du eine hast –, und wenn deiner Geliebten etwas zustoßen würde, setzt du dir Urlaub in den Kopf. Wenn du dir einmal Urlaub in den Kopf gesetzt hast, kannst du nicht mehr davon loskommen. Wenn du dir sagst, dass du dich beruhigen willst, wird dein Zustand noch schlimmer. Du willst Urlaub und bekommst ihn – oder auch nicht. Außerdem denkst du, wenn es mit dem Urlaub klappt, wirst du 25 Tage früher gehen – statt 45. Das wird auch zu einer seelischen Zerreißprobe. Diesmal sagst du: »Herr Kommandant, ich habe darauf verzichtet.« Am nächsten Tag willst du trotzdem wieder Urlaub. Das ist wie eine Katze, die sich in den Schwanz beißt. Um den Militärdienst so schnell wie möglich hinter mich zu bringen, habe ich nicht mehr an den Urlaub gedacht.

Mir ging es miserabel. Es fing mit kleineren Verhaltensstörungen an, und man brachte mich in die Psychiatrie. Ob Leutnant oder einfacher Soldat, ich schlug zu. Da mein Kopf verwirrt war, hörte ich auf nichts mehr. Wenn ich nervös wurde, ließ ich Teller und Essgeschirr, Tisch und Stuhl in totaler Unordnung zurück. Man schaute mich an, konnte damit nicht viel anfangen und schickte mich weg. »Er soll 20 Tage zu Hause verbringen«, hieß es, und ich wurde krank geschrieben.

»Das ist psychosomatisch«, sagte man; wenn ich mich ein paar Tage ausruhen würde, würde ich wieder zu mir kommen. Als ich im Urlaub nach Istanbul kam, ging es mir ganz schlecht. Ich steige aus dem Bus und kann mich nicht orientieren. Jedermann schaut mich komisch an. Oder kommt mir das nur so vor? Ich nahm mir ein Taxi. Ich schaute genauer hin, und der Taxifahrer mustert mich durch den Rückspiegel.

»Was guckst du so?«, fragte ich. Fast hätte ich mich mit ihm geprügelt, und er fuhr mich zur Polizeiwache. Ich schämte mich vor mir selbst. Wie auch immer, er brachte mich nach Hause. Ich sagte ja nicht, dass ich Soldat war, niemandem sagte ich das. Aus Gründen der Sicherheit. Als man mich zu Hause dazu aufforderte, zu erzählen, – was sollte ich denn berichten? »Fragt mich nicht, ich kann nichts erzählen«, antwortete ich, »lasst mich in Ruhe.«

Ich ging mit Freunden bummeln und machte jeden Blödsinn mit, alles, was uns gerade einfiel. Trotzdem sah ich mir aber auch im Fernsehen an, was so vorging. Ich würde ja wieder in den Südosten fahren, und ich konnte mich nicht ganz davon absetzen. Der Urlaub tat mir gut.

Der Kompaniechef mochte mich sehr. Wer mich aber zur Weißglut brachte, das war ein Leutnant. Er reizte mich, und wenn er mich was fragte, wollte er, dass ich verwirrt war und es mit der Angst zu tun kriegte. Dann fing er an, ganz und gar aus der Haut zu fahren. Ich beschwerte mich beim Kompaniechef. »Wenn der mich so behandelt, haue ich einfach ab«, drohte ich. Und das sagte ich ihm auch. Dann ließ der Kompaniechef offiziell verlautbaren, dass der Leutnant die Untergebenen in Ruhe lassen müsse. Als der Leutnant mir eines Tages drohte: »Ich bringe dich vor Gericht!«, antwortete ich: »Nur zu!« Der Kommandant des Bataillons, der Major, rief mich eines Tages, knallte mir ein paar und brüllte auch den Leutnant an. Dann nahm der Leutnant seine Beschwerde zurück.

Viele ranghohe Offiziere haben keine richtige Ausbildung, d. h., sie haben nicht die Fähigkeit, selbstständig Entscheidungen zu treffen. Wer dort entscheidet, das bist du, und du bist es auch, der das Leben vieler Menschen in Gefahr bringt, aber auch Leben retten kann. Das kann man nicht entscheiden, und manche treffen trotzdem Entscheidungen. Viele können das erst mit dem Tod begreifen. Das ist doch nicht die Dorfgendarmerie, sondern du schickst sie in den Krieg. Das Krieg zu nennen, kommt einem etwas übertrieben vor. Man weiß nicht, warum man kämpft. Wir haben mit den Leuten geredet, die wir gefangen genommen haben. Viele nehmen Rauschgift. Das Volk dort im Südosten, viele Einheimische haben was damit zu tun. Man findet ein winziges Stück Land und sät Hanf und Flachs. Man nimmt es nicht, sondern verkauft es, und die PKK kauft es und verarbeitet es. Bei den Soldaten gibt es auch Leute, die Rauschgift nehmen, meistens Haschisch. Sie sind vom Zivilleben her daran gewöhnt. Beim Militär gibt es keine Gewöhnung. Wir haben auch Alkohol getrunken. Die Offiziere haben ihn nicht finden können, aber wir.

Ich war bei ungefähr 20 größeren oder kleineren Gefechten dabei. Das längste Gefecht fand in Beytüşşebap statt, als das Bataillon angegriffen wurde. »800 Leute werden kommen, sie rechnen mit dem Verlust von 400 Leuten, und man wird die Flagge aufstellen«, hörte man. Um aber die Flagge aufzustellen, muss man alle töten. Das Bataillon wurde in dieser Nacht angegriffen. Alle waren gespannt. Wenn man die G3 einsetzte, wer weiß, was für eine Katastrophe das gäbe. Im Bataillon setzt man Mörser, Kanonen und schwere Waffen ein.

Die Jungs an der G3 fingen eine halbe Stunde später an. Der Truppenkommandant war wirklich clever, das war ein Oberleutnant aus echtem Schrot und Korn. Er war es, der uns rettete; an erster Stelle aber Allah. Der Oberleutnant ließ nicht von einer einzigen Stelle aus schießen, wo die Feinde eindringen könnten. Das dort war unsere kritischste Zone, denn man könnte das ganze Bataillon umzingeln, weil es eine Talsenke war. Es dauerte anderthalb oder zwei Tage. Wir taten kein Auge zu, im Bataillon hatten wir keine einzige Kugel mehr, und fünf oder sechs von uns sind gefallen. Alles schwamm in Blut, der Mörser fiel über die Leute her, und auf dem Boden lagen abgerissene Körperteile. Dem Vernehmen nach hatte die Gegenseite auch Verluste von 20 bis 25 Leuten. Bei uns gab es viele Verwundete. Wie der Kommandant erklärte, sollen es 15 Mrd. *Lira* gewesen sein, die in dieser Nacht für wichtiges Kriegsmaterial draufgingen, nach dem Stand der Währung dieser Jahre, und das war Anfang 1994.

Es war so schlimm, dass ich keine einzige Kugel mehr hatte. Außerdem hatte ich Angst, und ich hörte noch nicht mal den Schuss, den ich abfeuerte. Von zehn Stellen aus wird geschossen.

Wenn rechts und links die Maschinenpistolen rattern, bist du verloren, und du kannst noch nicht mal den Kopf heben. Mein Gewehr knattert, und ich ballere ständig drauflos. Irgendwas klatschte mir an den Kopf. Das Gewehr rutschte mir aus der Hand, und ich fiel in Ohnmacht. Ich dachte weder an Vater noch Mutter, da war eine absolute Leere. Mir stockte der Atem, ich kann nicht sprechen, und ich war eingesperrt. Dann kam ich wohl wieder zu mir und merkte, dass ich noch lebte. Ich hielt Schweiß für Blut. Ich hatte kein Loch im Kopf, aber vor Angst stand ich zehn Minuten lang nicht auf. Wahrscheinlich hielt man mich für tot. Ich machte weiter, aber ich hatte schreckliche Angst. Mein Haar ist mir sehr wichtig, wie auch immer, ich fahre mir durch die Haare. Als ich mit der Hand so über den Hinterkopf strich, waren keine Haare mehr da. Mir war miserabel zu Mute. So geht es vielen Soldaten; die Haare fallen ihnen an verschiedenen Stellen aus. Bei dieser Operation waren wir 400 bis 500 Mann. Am Morgen war der Kampf zu Ende, und als Gruppe zogen wir bis zur Grenze des Distrikts, kamen aber wieder zurück, weil die PKK das Gelände schon verlassen hatte. Ich wusch mir Hände und Gesicht, zündete mir eine Zigarette an, redete ein bisschen mit den Jungs, und der Himmel hellte sich auf. Ich schlenderte an den Stellen vorbei, wo die Wachposten standen, trank Tee, legte mich hin und sagte mir: »Mal seh'n was passiert, wenn ich aufstehe.« Ich ließ sogar mein Gewehr liegen.

Du hast ständig mit den Einheimischen zu tun. Wir gingen zum Einkaufen ins Tal runter. Dort gab es einen Billardsalon, der war zwar winzig, aber das war doch wenigstens was, dorthin gingen wir, um zu spielen. Die Einheimischen dort sind auf der Suche nach sich selbst. Das sind clevere Leute, zwar ungebildet, aber das, was sie wollen, können sie ganz gut zum Ausdruck bringen. Diese Leute haben akzeptiert, dass sie Bürger der Türkischen Republik sind. Es kommt nicht in Frage, dass die Kurden einen eigenen Staat bekommen. Sie können eh nichts machen. Man sagt: »Ich will dies oder das«, das ist ganz normal. Manche halten sie für Terroristen. Wenn ich in diesem Land lebe und Steuern zahle, kann ich auch ein paar Forderungen stellen. Man sollte die Kurden nicht für Terroristen halten. Die Organisation hat ihre Familien ausgelöscht, wie kann man denn da behaupten, dass sie Anhänger der PKK seien? Damit unsere Leute das verstehen können, muss eine Institution aktiv werden. Wenn wir in diesem

Land leben, gibt es doch Kurden, Armenier, *Aleviten* und *Sunniten*. Wir müssen zusammenleben. Die Leute dort haben keine Schuld, dazu sollte man die Soldaten von Anfang an erziehen. Bevor ich in den Südosten ging, konnte ich nicht so denken. Da hat einer z. B. 10 000 Bewaffnete, die Dorfmilizen. Der Staat beschafft das Kriegsgerät, alles, was man so braucht, und sorgt für den Lebensunterhalt. Wenn dir alle Chancen, Geld zu verdienen, versperrt sind, gehst du in die Berge. Man schließt sich nicht der PKK an, sondern bleibt unabhängig. Man macht 16- bis 17-Jährige dort zu Dorfmilizen, das ist ein Ding der Unmöglichkeit.

Es sieht nicht so aus, als würde dieser Krieg zu Ende gehen; wenn er aufhört, fängt ein anderer Krieg an. Da sind keine Freunde, aber viele Feinde. Griechenland, Syrien, der Irak und der Iran, Armenien und Russland unterstützen sie. Wenn man politisch vorgeht, muss man Gesprächspartner haben, in dem Sinne, dass man sie auch anerkennt.

Es ist schon etwas Seltsames, aber ich habe keine Ahnung, welche Instanz dafür zuständig ist, um solche Konflikte zu lösen. Das Einzige, was man dort machen könnte, ist Bildung. Die Leute dort sind so ungebildet, dass sie außer ihrer Ehre nichts kennen. Viele können nicht Türkisch.

Ich gehöre zu keiner Partei. Ich glaube nur, dass wir unser Land verteidigen müssen. Die Soldaten, die dorthin gehen, kommen aus den untersten sozialen Schichten. Wenn mein Vater Abgeordneter oder Fabrikant wäre, hätte ich mehr Unterstützung und hätte meinen Militärdienst bestimmt nicht in Şırnak verbracht. Das Land zu verteidigen, das überlässt man uns – nicht den Reichen. Auf Hunderten von Lastwagen wird dem Militär Proviant gebracht, und es gibt viele, die davon profitieren. Der überlebensgroße Hauptmann fährt einen *Murat 124*, der Unteroffizier einen BMW oder Tempra. So ein Blödsinn, und außerdem sterben wir. Wer stirbt für wen? Dort herrscht ein Krieg um Geld, ein Krieg, um die Taschen zu füllen.

Ich fühle mich nicht als Held. Heldentum ist kein einfaches Wort. Wenn mich jemand für einen Helden halten würde, würde ich mich freuen. Unsere toten Kameraden waren echte Helden. Für eine Menge Leute sprangen die Jungs in die Bresche, und sie wussten ganz genau, dass sie nicht zurückkehren würden. Sie hatten ihren Glauben – und sie fielen. Es ist sehr wichtig, dass der Sarg in die Flagge gehüllt wird. Uns hat unsere Angst gerettet.

Außerdem gibt es billige Helden. Jemand ist verwundet worden, er ist Terrorist, geht hin und schießt sich eine Kugel durch den Kopf.

Man braucht den Glauben. Nicht jeder muss fallen. Mustafa Kemal Atatürk war z. B. ein Held. Der einzige Held, den ich persönlich kenne, war Mete Sayar, unser Kommandant der Brigade von Şırnak. Das war ein guter Mann, der war wirklich hervorragend. Ich konnte ihm nicht in die Augen schauen, weil die Wirkung zu stark war.

Mein Soldbuch habe ich zerrissen und nichts mitgenommen. Meine Uniform habe ich verbrannt. Ich fürchtete, dass etwas zurückbleiben würde. Und trotzdem blieb da etwas zurück, denn ich kriegte eine entsetzliche Allergie gegen Geräusche, gegen die Geräusche der Waffen. Wenn ich die hörte, wurde mir ganz schlecht, und ich brauchte ein paar Tage, bis ich wieder auf die Beine kam. Als ich meinen Entlassungsschein in der Tasche hatte, wurde die Wehrdienstzeit auf 19 Monate verlängert.

Die ersten Tage hauten uns um. Wir amüsieren uns, der Wehrdienst war zu Ende, und wir können gehen. Wir machten den Fernseher an und hörten, dass die Wehrdienstzeit verlängert worden ist. Ich heulte, denn ich war völlig fertig mit den Nerven. Als ich meinen Entlassungsschein im Mai erhielt und dem Feldwebel das Gewehr übergab, meinte ich: »Wir kommen ja nicht wieder, oder?«

Er konnte sich noch nicht vom Militär zurückziehen, und das tat ihm weh. »Wir kommen nicht wieder, mein Junge«, antwortete er. Den Schein in der Hand, machen wir uns auf den Weg zum Verbindungsoffizier. Wir sind die ersten drei oder vier Leute, die entlassen werden. Einer packte mich am Kragen. »Scht, mein Junge«, sagte er. Er war wohl erst seit drei Tagen dort, und er stellte sich das so vor, als könne man die Leute sonst wo anfassen. Ich stieß ihn weg: »Fass mich bloß nicht an!« Bist du derjenige, der einen anderen wegstößt? Er wollte mich schlagen. Wir waren sieben oder acht Leute, und wer dazu kam, der schlug ihn. Ob er das getan hätte, wenn er gewusst hätte, dass ich gerade meinen Entlassungsschein bekommen hatte? Er kriegte ein Attest für 20 Tage.

»Ich bringe dich vor Gericht«, meinte er.

»Na, denn man los!«, antwortete ich.

An diesem Tag wurde in Istanbul der Busbahnhof eröffnet. Mir schien es so, als sei das gar nicht Istanbul. Ich erinnere mich nicht, mich in meinem Leben je so gefreut zu haben. Ich brauchte ein ganzes Jahr, um wieder zu mir zu kommen.

Meine Militärzeit war zu Ende, und ich hatte nach allem Sehnsucht. Drei Tage nachdem ich zurückgekehrt war, trank ich auf einer Bank in Ortaköy ein Bier und schaute mir das Meer an. Die Polizei kam, wollte meinen Personalausweis sehen und sagte: »Steh auf und lehn dich an den Baum!«

»Was habe ich denn getan, Abi?«, fragte ich. Einer von ihnen richtete seine Waffe auf mich. Ich lehnte mich gegen den Baum, aber vor lauter Nervosität hätte ich fast angefangen zu heulen. Das, was der Polizist mit mir machte, hätte ich tun können. Er versucht meine Kleider zu durchsuchen und schlägt mir gegen die Beine. Ich drehte mich um, stieß ihm meinen Ellenbogen ins Gesicht und nahm ihm die Waffe ab. Wenn er auf mich schießen konnte, dann konnte ich das auch. An die 50 Polizisten fielen über mich her.

Ich warf die Waffe zu Boden und fing an zu heulen. Ich brüllte: »Ruf doch die Militärpolizei!« Da fehlten ja noch 60 Tage, ich gelte doch als beurlaubt. Sie brachten mich auf die Polizeiwache. »Ich bin Soldat«, sagte ich und legte ihnen meine Papiere vor. Zwei Militärpolizisten und ein Feldwebel kamen.

»Ich wollte nur ganz gemütlich ein Bier trinken«, sagte ich.

Sie wollten uns versöhnen. »Wenn ich dafür ins Gefängnis muss, gehe ich, oder ich lasse mir ein psychiatrisches Gutachten ausstellen«, sagte ich. Töten ist einfach. Ich halte nicht viel von Gewalt. Meine Jugend ging rasch vorbei, aber ich versuchte es nicht mit der Waffe, ich trug noch nicht mal ein Messer bei mir. Als ich vom Militär zurückkehrte, hatte ich lange Zeit eine Waffe bei mir. Dann verkaufte ich sie.

Nach der Militärzeit fing das Nachtleben an, und der Alkohol floss in Strömen. Fast fing ich an, gewalttätig zu werden, und ich sah nicht ein, dass ich im Unrecht war. Heute bin ich in der Lage, mich zu beherrschen, es ist nicht mehr so wie früher.

Als ich zurückkehrte, verstand ich besser, dass es nichts Schöneres als das Leben gibt. Ich will niemanden schlagen oder quälen, aber manchmal überfällt es mich einfach. Im Umgang mit Freunden wurde ich nach und nach wählerischer.

Vor drei Jahren habe ich geheiratet, und ich habe mich von meiner Frau wegen eines einzigen Wortes scheiden lassen. Im Moment sind wir wieder zusammen, aber unsere Beziehung ist nicht mehr viel wert. Wir haben aus Liebe geheiratet. In meinem Verhältnis zu meinen Eltern fing ich an, autoritärer zu werden. Meine Frau weiß einen Teil von dem, was ich beim Militär erlebt habe, denn ich rede mit ihr darüber. Ich schaue mir die Nachrichten an, aber Zeitung lese ich nicht. Ich lese Populärwissenschaftliches, z. B. die Zeitschrift *Sızıntı*. Die Interessen der Menschen ändern sich, je nachdem, in welchem Milieu sie leben. In Tarlabaşı, mitten in *Beyoğlu*, wird man gegen alles unempfindlich; man verdient sein Geld wie im Schlaf, da sind Gaunereien und Diebereien an der Tagesordnung. Die feinfühligen Leute, die aus Anatolien kommen, hören dir zu.

Einmal nahm ich zwei Damen aus *Bebek* mit, und im Radio hieß es: »Das war der Kampf.«

»Wie traurig, es ist Sünde, Menschen sterben da«, sagte ich. Keine Reaktion. Sie dachten nur daran, in welche Bar sie am Abend gehen würden. Sie tun das, wozu sie gerade Lust haben. Ich ärgere mich über die Gefühllosigkeit der Leute, und dann sage ich mir, dass einfach nicht jedermann Mitleid haben muss. Das heißt, dass ich auch meine Wut bezwingen muss. Ich weiß nicht, ob ich nicht eines Tages explodiere. Man kann seinen Kopf ganz rasch aus der Schlinge ziehen, aber man gerät auch ganz schnell ins Unglück. Bis zum Abend stecke ich im Straßenverkehr. Die Leute stehen vor mir, brüllen und fluchen. Wenn einer flucht, steige ich aus meinem Taxi aus. Einmal habe ich mich z. B. an einem Tag mit fünf bis sechs Leuten gestritten, und einem habe ich ein paar geknallt, als er drin saß. Einmal stiegen drei oder vier Leute aus. Ich kann doch nicht mit denen allen fertig werden, und die Polizei kam. Es ist nicht klar, wer in dem Privatwagen sitzt, das kann ein Polizist, ein Mörder oder ein Minister sein.

»Entschuldigung, schon gut, Abi«, sage ich. Seit einer Woche bin ich nicht mehr aus dem Wagen gestiegen. Wenn ich sagen würde: »Geh's nur langsam an, Mensch«, würde der antworten: »Was'n los, Mann?« In dem Moment, wenn der Typ »Mann« sagt, würde ich aussteigen.

Ich träume manchmal, ich wäre Soldat. »Jeder hat seinen Militärdienst beendet, und ich bin immer noch Soldat«, sage ich. Auch wenn es ein Traum war, kam mir das ganz realistisch vor. Am Morgen stehe ich mit Kopfweh auf, nehme ein Aspirin und setze mich hin.

Ich habe das alles erzählt, weil ich mich verantwortlich fühle. Ich habe gedacht, dass die Leute erfahren sollten, was ich erlebt habe. Wenn ich alles, was ich erzählt habe, einem normalen Menschen erzählen würde, würde mir das keinen Spaß machen. Jetzt habe ich das vielleicht Tausenden von Leuten erzählt. Viele Menschen werden das nun wissen, aber es ist die Frage, ob sie das akzeptieren. Niemand kann mich verurteilen. Denn ich habe meine Pflicht getan. Es ist dazu gekommen, dass ich es mit der Angst zu tun gekriegt habe, und ich habe mich zurückgezogen.

(September 1998, Istanbul)

Jahrgang 1972, stammt aus Istanbul. Er ist von der Mittelschule abgegangen. Drei Geschwister, zwei Jungen und ein Mädchen. Sein Vater ist Taxifahrer. Im November 1992 wurde er in Doğukışla bei Manisa in einer Kommandotruppe ausgebildet und war in Beytüşşebap bei Şırnak in der regulären Einheit. Im Mai 1994 ist er nach Istanbul zurückgekehrt und arbeitet zurzeit als Taxifahrer im Istanbuler Straßenverkehr.

11. Die Zeit vergeht wie Blei

90 Tage lang wird man von morgens bis abends so geschunden, dass euch die Tränen übers Gesicht laufen. Man schlägt dich, wenn du nicht schießt, und man schlägt dich, wenn du nicht aufstehen kannst.

Meine Rückkehr war fantastisch. Natürlich im Flieger. Die Reise in den Südosten war auf dem Landweg völlig ausgeschlossen. Nach dem Vorfall »33 Soldaten« auf der Straße nach Bingöl wurde man im Konvoi oder in Privatwagen zum Flughafen gebracht. Ich fuhr in die Heimat, nach *Artvin*, und für meine Mutter war das natürlich ein Schock. Sie wusste, dass meine Zeit beim Militär zu Ende war, aber es war für sie eine Überraschung, dass ich nach Hause kam.

Bis ich die Schule abgeschlossen hatte, war ich zurückgestellt. Ich dachte, ich müsste zum Militär gehen, wenn ich heiraten wollte. Das heißt, ich hatte nicht die Absicht, ein Held zu werden und Menschen zu töten, zu hängen oder abzuschlachten. Als ich bei den Rekruten war, bereitete man uns psychologisch ganz geschickt darauf vor. Etwa in dem Sinne, dass man sagte: »Das ist nur zu eurem Nutzen, wenn ihr eine bessere Ausbildung kriegt.« Dabei lernte man, wie man mit der Waffe umgeht, wie man Terroristen tötet, wie man sich schützt, sich hinlegt, aufsteht und am Boden entlang robbt.

90 Tage lang wird man von morgens bis abends so geschunden, dass euch die Tränen übers Gesicht laufen. Man schlägt dich, wenn du nicht schießt, und man schlägt dich, wenn du nicht aufstehen kannst.

Bei dieser Ausbildung fängst du an, das Gute bei all dem Schlechten zu suchen, mit anderen Worten: Ist das nun *Lice* oder *Kulp*? Im Urlaub nannte ich meinen Vater: »Mein Kommandant«. Du kannst dich noch nicht mal von der psychologischen Kriegsführung lösen, mit der die dort vorgehen.

Vor der Militärzeit habe ich mich nicht weiter für die Kurden interessiert. Ich glaubte, dass die Einheimischen dort unterdrückt würden, aber als ich dorthin ging, änderte sich meine Meinung. Das Volk dort steht eindeutig unter Druck, aber das ist nicht der Druck, den das Militär ausübt, sondern das Volk wird instrumentalisiert. Ihre Söhne und Töchter sind im Gebirge, sie haben Angst und betreiben Hehlerei. Und damit sind sie auch Gegner der Soldaten. Zwischen der Bevölkerung selbst und den Soldaten gibt es keine Probleme.

Als ich nach Diyarbakır ging, war ich nicht weiter traurig, ich freute mich, dass ich nicht nach Şırnak musste. Als es nach Diyarbakır ging, war ich sehr erleichtert, dass ein Unteroffizier, den ich ganz gut kannte, auch dorthin ging. Am ersten Abend übernachtete ich in seinem Haus. Ich hatte mich gerade hingelegt, als er seine Pistole holte. Das hat mir im ersten Moment einen Schrecken eingejagt. Gab es hier denn jeden Abend einen Kampf? Würden etwa schon in meiner ersten Nacht hier Bomben abgeworfen und Raketen der Flugabwehr niederprasseln?

Ich übernahm Sekretariatsaufgaben in der Buchhaltung. Da mein Militärdienst um vier Monate verlängert worden war, waren die Stellen, an die ich kam, 16 Monate lang fast immer dieselben. Du stehst morgens um sechs Uhr auf, dann kommt der Appell, dann die Vorbereitung der Soldlisten im Büro, die amtliche Korrespondenz, das Bearbeiten von Anträgen und so weiter. Um zwölf Uhr ist Mittagspause, und wieder Arbeit bis 17^{30} Uhr. Danach hast du frei und ruhst dich im Schlafsaal oder im Kasino aus. Wie im öffentlichen Dienst. Nach der Arbeit geht der Unteroffizier nach Hause, und ich verziehe mich in den Schlafsaal; am Monatsende bekommt er sein Gehalt, und ich kriege meinen Lohn. Was das Geld angeht, so ist das wirklich sehr gut. Die Soldaten waren natürlich neidisch. Du bist mit den Unteroffizieren befreundet, und sie beschützen dich. Wenn du Wache hast, verschiebt der Unteroffizier deinen Wachdienst.

Beim Nevruz-Fest von 1993 war ich dort. Man traf spezielle Vorsichtsmaßnahmen. Die schweren Waffen standen bereit, da es jeden Moment zu einer Intervention kommen könnte. Ich hatte dabei keine besondere Rolle. Aber in der Nevruz-Nacht war ich bis zum Morgen auf den Beinen. »Wir müssen mit einem Angriff rechnen«, hieß es. Jeder griff zu den Waffen und ging raus. In dieser Nacht war irgendwas im Gefängnis los. Es kann sein, dass es ein Unteroffizier war, der am Fuß verletzt wurde. Ich hätte nie gedacht, dass so was so ruhig abgehen würde. Du erlebst natürlich Momente, in denen du Angst hast. Z. B. sprach in der Nevruz-Nacht keiner vom Neujahrsfest, das kam mir wirklich komisch vor. Auch wenn jeder im Kopf hatte, wie er Leib und Leben retten könnte, und auch daran dachte, ein paar zu töten, redete niemand davon. Man tat so, als wäre es was ganz Alltägliches und als wäre man daran gewöhnt, und du bist vielleicht ein bisschen unruhig. Da liegt natürlich eine Spannung in der Luft, und du bist nervös. Die Leute scheinen sich daran gewöhnt zu haben, seit Jahren erlebt man das Nevruz-Fest, Menschen sterben, und auch das geht vorbei. Am Neujahrstag selbst waren wir ein wenig unruhig, genauer gesagt, ich war es, der ziemlich nervös wurde.

Ich stand Wache, und Zivilpolizisten kamen auf eine Anzeige hin, um ein nahe gelegenes Gebäude in dem Wohngebiet nebenan zu inspizieren. Wir schieben Wache. Zwischen uns und dem Nachbargrundstück war ein Zaun. Das war natürlich ein ziviles Gebäude. An der Ecke hielt ein Taxi an, ein Renault, zwei bärtige Zivilisten stiegen aus und kamen im Laufschritt herbei. Ihnen stand nicht auf die Stirn geschrieben, ob das Polizisten oder Terroristen waren. Man hat nur die Waffe in der Hand. Meine Nerven waren bis zum Äußersten gespannt. Wir waren vier Mann. Sie kamen direkt auf mich zu, und ich entsicherte die Waffe, um mein Leben zu retten. Ich wollte mein Leben retten und dachte nicht: »Das sind Terroristen, ich töte sie und werde ein Held!«

Einer von ihnen kam auf mich zu. Wenn sie auch nur die geringste Bewegung machten, würde ich Feuer geben. »Mensch«, sagte er, »wir sind Zivilpolizisten und wegen einer Anzeige hier. Wir haben vor, das Haus nebenan zu durchsuchen.« Als ich sah, dass er ein Funkgerät in der Hand hatte, war ich etwas erleichtert. Über Funk kriegt die Polizei die Anzeigen. Ich musste es ihm einfach glauben. Du lässt dir dann natürlich nicht den Ausweis zeigen, du denkst noch nicht mal daran. Ich hatte einfach Angst.

»Wenn es zum Kampf kommt, mischt euch nicht ein«, sagten sie, »ihr kennt uns nicht.« Sie konnten nichts finden und fuhren weg.

Wenn du von der Wache heimkehrst, gehst du durch die Stadt. An der Straßenecke steht einer mit Bart, in Zivil, und in der Hand eine G3. Ob das ein Polizist ist? Wenn ich nun schießen würde? Du kannst nicht schießen, denn dir hat ja keiner den Befehl dazu gegeben. Du wartest ab; wenn er schießt, dich aber nicht trifft, dann wirst du ihn erschießen. Das musste ein Polizist sein. Du bist Wachmann, und ein Wagen fährt ein paar Mal an dir vorbei. Ist das nun die Polizei, sind das Zivilisten oder Terroristen? Ob sie eine Bombe schmeißen? Das lässt dich vor Angst zittern!

Vor unserer Unterkunft stand ein Maulbeerbaum, und eines

Nachts warfen irgendwelche Leute Steine in die Baumkrone. Da kriegte ich es auch mit einer unheimlichen Angst zu tun.

Beim nächsten Vorfall werden die Sicherheitsmaßnahmen verstärkt; statt einer Person werden zwei Leute geschickt, und statt 100 Kugeln hast du 150. Du ziehst die kugelsichere Weste an, und man gibt dir ein Funkgerät. Man legt Rechenschaft über die Kugeln ab, aber das ist wirklich komisch: Alles ist mit Kugeln übersät, und du rechnest nach, wie viele fehlen. Eigentlich könntest du sogar Handel damit treiben.

Die Leute von der PKK traf ich als Gruppe. Ein paar Mal wurden sie auf Lastwagen zum Verhör gebracht. Auf den Ladeflächen der Lastwagen hat man Hängematten gespannt. Da hocken sie auf den Knien, den Kopf vorgeneigt, die Augen verbunden wie Schafe, dicht aneinander gedrängt. Sie sind schmutzig und stinken. Es ist klar, dass sie in den Bergen gelebt haben.

Eines Nachts traten die Kameraden sie auf dem Flur mit Füßen und sagten: »Wegen euch wird unser Wehrdienst verlängert, wegen euch sind wir hier.« Aber sonst beschimpft niemand sie. In Diyarbakır beobachtete ich genau, dass das Militär nicht angriff, sondern nur den Angriff der PKK erwiderte. Bei den Kämpfen sterben auch Angehörige der Zivilbevölkerung. Der Staat sorgt für Schulen, und die Leute von der PKK brennen sie nieder, weil sie das für reine Provokation halten. Sie verbrennen die Bulldozer.

»Hier kann man nicht investieren«, sagt man, aber das glaube ich nicht. Auf dem Mazda karrt man Zement heran. So reich sind sie also. Sie betreiben Schmuggel. Ganz sicher sind die Leute in den Dörfern trotzdem arm. Die Leute aber, die in der Stadt auf den Geschmack gekommen sind, sollen sehr reich sein.

Wir trafen mit der Söldnertruppe zusammen. An sich schließe ich rasch Freundschaften, aber mit diesen Leuten wollte ich nichts weiter zu tun haben. Allem Anschein nach hielten sie sich für sehr wichtig für die Gegend dort, als ob sie Allah oder sein Prophet wären. Die hatten sowieso eine besondere Ausbildung, das waren Leute, die den Toten Ohren und Nasen abschnitten und an die Wände nagelten. Unter diesem Aspekt waren die wirklich ganz anders. Ich glaube auch nicht, dass das Soldaten waren; das waren Männer, die hatte die *MHP* für spezielle Aufgaben geschickt. Wenn man sie sah, kriegte man es mit der Angst zu tun; das waren hünenhafte Männer, die keine Gefühle kannten, Männer, die glaubten, dass man sie zu Helden erklärte, wenn sie sterben würden, weil sie im Sinne des Heils kämpften, Männer, die aus diesem Grund so angriffslustig waren.

Die Soldaten sind anders, sie handeln auf Befehl des Kommandanten, die Söldner aber agieren aus einer bestimmten Anschauung heraus. Man sagt zum Soldaten: »Töte nicht!«, und er lässt es. Ein paar Leute gibt es wirklich, die sagen: »Ich bin bereit, fürs Vaterland zu sterben«, wie es in den Zeitungen steht, aber jeder versucht die eigene Haut zu retten. Aber die Männer von der Söldnertruppe handeln, weil sie Nationalisten sind.

In der Freizeit sitzt du im Kasino und siehst fern. Dann schiebst du zwei Stunden Wache, deshalb gehst du früh ins Bett, du hast Putzdienst und hast gar nicht mal so viel freie Zeit. Samstags und sonntags hörte ich Radio oder telefonierte mit meiner Freundin, meiner Familie oder mit Freunden. Es war problematisch, in die Stadt zu gehen; an irgendeinem Tag ziehst du Zivil an und gehst mit ein paar Leuten zusammen los. Du setzt dich in einen Teegarten und lässt Fotos machen. Manchmal kommt der Befehl, dass Radios und andere Apparate eingesammelt werden sollen. Wenn man dir die weggenommen hat, kriegst du die eh nicht wieder, bis deine Militärzeit vorbei ist.

Die Soldaten dort – vom Offizier bis zum Infanteristen – leiden keinen Hunger, bis hin zu einem Teil des Volkes. Für den Proviant eines Gendarmenregiments gab man nach dem Stand der Währung in jenen Jahren monatlich ein bis zwei Milliarden Lira aus. Jeden Tag gibt es Bananen. Woher kommt das Geld, und wohin fließt es? Da gibt es eine Menge Intrigen. Manche Leute sind käuflich und erzielen Gewinne. Wenn man wollte, könnte man mit dem Krieg ganz einfach Schluss machen. Vielleicht geht es am Verhandlungstisch zu Ende. Oder wenn die Türkei heute darüber herfiele, könnte sie den Südosten von der Landkarte streichen; sie hätte die Kapazität dazu. Aber sie tut es nicht, kann oder will das auch nicht. Die Soldaten reden nicht darüber, im Allgemeinen wissen sie sehr wenig davon. Sie scheuen vor solchen Diskussionen zurück, denn es gibt auch Nationalisten oder ganz Fromme. In dieser Frage hatte ich keine gleich gesinnten Kameraden. Meiner Meinung nach sind die Anhänger der PKK nicht nur Kurden, darunter sind auch Armenier und Griechen. »Die Kurden sind ein Volk«, sagt man. Das denke ich auch, aber in der Türkei gibt es viele Völker, z. B. *Lasen* und *Tscherkessen*. Mein Vater sagt: »Die richtigen Türken sind die Leute, die von den *Ahıska* abstammen«, aber ich habe da nicht weiter nachgeforscht. In den offiziellen Verlautbarungen habe ich gelesen, dass Abdullah Öcalan nicht Kurde, sondern Armenier ist, und daher weiß ich, dass er einen armenischen Staat gründen will. Die Zeitungen bringen immer ihren Kommentar dazu und verfälschen damit die Informationen, aber die offiziellen Verlautbarungen sind objektiv.

Einige sagen: »Wir sollten ihnen einfach den Südosten überlassen.« Da bin ich ganz anderer Meinung, denn dann müssten wir den Lasen ja auch die Schwarzmeer-Region überlassen. Die stellen zwar nicht solche Forderungen, wenn es aber passieren sollte und man den Kurden den Südosten überlassen hat, fordern die Lasen das auch. Ich bin kein Nationalist, aber alle sollen dieselbe Sprache sprechen. Aber das darf man nicht mit Druck erreichen, man soll nicht sagen: »Du bist Kurde, Lase oder Tscherkesse, und deshalb darfst du diese oder jene Rechte nicht in Anspruch nehmen.« Aber auch wenn du Kurde bist, sprich Türkisch, und dann profitierst du von allen Rechten. Früher durften sie nicht fürs Parlament kandidieren, aber jetzt. Einer, der jetzt sagt: »Ich bin Kurde«, geht nicht rein, aber auch ein Lase geht nicht als Lase ins Parlament. Meine Schwiegermutter ist Lasin und spricht wie die Leute vom Pontus. Trabzon war eine Zeit lang von den Griechen besetzt, und ihre Muttersprache ist Pontus-Griechisch. Ich habe noch niemanden gehört, der gesagt hätte: »Wir wollen Pontus-Griechisch zur offiziellen Sprache erklären.«

In der Türkei können die Frauen nach Mitternacht nicht in Ruhe durch die Stadt gehen. Menschen werden belästigt, weil sie weder fasten noch beten. Die Demokratie wird oft verletzt, man vergeht sich gegen das Gesetz, kommt aber nicht in den Knast.

Mein Leben hat sich sehr verändert, und nun bin ich verheiratet. Du bist reifer, aber ich hatte vor der Militärzeit auch nicht allzu viel Verantwortung. Nach der Militärzeit habe ich das Vertrauen zu den Menschen verloren. Jetzt gehe ich in allem sorgfältiger vor, und die Menschen kommen mir wertvoller vor. Ich bin der Meinung, dass ein Sohn des türkischen Volkes den Wehrdienst leisten muss, und ich meine das immer noch. Es ist verkehrt, dass die Söhne der Großen des Landes nicht in den Südosten gehen. Die einfachen Soldaten fluchen darüber. So was wie heldenhaftes Verhalten habe ich nicht erlebt. Meinen Vater nannte ich natürlich auch nicht mehr »Mein Kommandant«. Nach der Zeit von Diyarbakır sind meine Nerven ständig aufs Äußerste gespannt, und ich habe mich zu einem verschlossenen Typ entwickelt. Eine Zeit lang habe ich mit niemandem geredet, und wenn man mich nichts fragte, habe ich auch nichts gesagt. Du hast die Uniform getragen, du hast deine Tage und Nächte mit den Soldaten verbracht, d. h., du warst dauernd in der Umgebung von Männern. Du verwischst die Spuren von 19 Monaten. Das ist keine geringe Zeitspanne. Dort – im Südosten – vergeht die Zeit wie Blei; es kommt einem so vor, als wäre sie eingefroren und als würde man dich einfrieren oder in die Fremde schicken, z. B. in den Weltraum.

(Mai 1996, Istanbul)

1969 in Artvin geboren, Universitätsabschluss. Arbeitet als Buchhalter. Im November 1992 ging er zur Rekruteneinheit nach Bornova bei İzmir und wurde als Gendarm ausgebildet. Im Mai 1994 wurde er entlassen.

12. Der größte Vorteil des Staates: Er schickt junge Leute von 20 Jahren an die Front

Wenn einer erschossen worden ist, wird er schwarz, und Blutgeruch vermischt sich mit dem Geruch nach Gewehrkugeln. V. a. wenn er aus geringer Entfernung erschossen wurde, breitet sich der Geruch aus, sogar noch fünf Tage lang. Du kannst nichts dafür, aber deine Nerven liegen blank, und du wirst schwach, und eine Zeit lang isst und trinkst du nichts.

Es war wie März, und verdammt kalt. Das Leben dort ist natürlich was anderes, nicht so wie hier. Die Einheimischen sind gegen das Militär. Wenn wir abends zu Fuß aufbrachen, kamen wir erst am nächsten Morgen an unserem Ziel an. Die Bedingungen waren auch ziemlich mies. Wenn du in die Stadt gingst, sagten die Leute zu dir, egal, was du haben wolltest: »Nein. Haben wir nicht«, und das in einer Art, die zeigt, dass sie dich ausgrenzen. Wenn du Soldat bist, geben sie dir nichts. Das war kein Grund, sich bedroht zu fühlen. Als wir am Abend auf eine Meldung hin in den Hinterhalt gingen, fragte ein fünfjähriges Kind: »Geht ihr auf den Selam-Berg oder auf den Munzur?« D. h., es wusste über uns Bescheid. Eines Nachts schmissen sie eine Sprengbombe. Die Wachleute erwischten den Bombenwerfer, und es stellte sich heraus, dass es der Handwerker war, der eine Woche vorher unseren Fernseher repariert hatte.

Mit Traktoren belagern sie eines Tages eine Stelle in der Nähe der Gendarmeriewache von *Yeşilyazı*. Als der wachhabende Soldat sieht, dass Fremde mit Waffen in der Hand aussteigen, eröffnet er das Feuer. In diesem Augenblick sollen sie auch schon die Gendarmeriewache blockiert haben, und es hieß, der Kampf habe angefangen. Wir erfahren es über Funk, und die Entfernung beträgt ungefähr 14 bis 15 km. Unser Kompaniechef war gerade dabei, die Totenmesse für einen gefallenen Kameraden vorzubereiten. Er war mit der rituellen Reinigung fertig, da kam die Nachricht: »Die Gendarmeriewache ist überfallen worden.« Wir schalteten das Funkgerät ein und hörten den Kommandanten der Gendarmeriewache schluchzen. Sofort stiegen wir auf die Wagen, unser Hauptmann war auch gerade erst gekommen. Der Kompaniechef sagte: »Diese Straße schneiden sie uns ab, wir gehen vom gegenüberliegenden Ufer des Flusses Munzur aus hin.«

Der Hauptmann hörte nicht zu und sagte: »Wir müssen so schnell wie möglich los, denn sie schreien um Hilfe.« Vier oder fünf Kilometer weiter vorn sollen sie zivile Fahrzeuge angehalten und die Straße gesperrt haben, genau bis zur Kurve, und wenn du in die Kurve einbiegst, stehst du unter dem Hügel. Der Panzerwagen des Hauptmanns fuhr voran, in der Mitte war der Oberleutnant, und wir saßen im dritten Wagen. Bis einer auch nur merkte, was los war, wurden wir beschossen, unser Hauptmann wurde getroffen und starb.

Ein Junge aus *Sinop* auf dem Panzerwagen, der die *MG3* bediente, wurde auch getroffen und starb. Die Leute mit der MG3 stehen auf dem Panzerwagen, und als der Junge aus Sinop getroffen wurde, fiel er auf den Fahrer. Sie sollen drei Kugeln auf dieselbe Stelle abgefeuert und damit die Frontscheibe auf der Fahrerseite durchlöchert haben. Die Ausbildung der PKK sollte man nicht unterschätzen. Die PKK-Leute wissen, dass der Wagen gepanzert ist und die Scheibe eigentlich nicht zu durchlöchern ist. Unsere Jungs kriegten einen Schock. Der Kompaniechef schärfte dem Fahrer über Funk so was ein wie: »Wenden und wegfahren!«

Er antwortete: »Mein Hauptmann liegt am Boden, ich kann ihn nicht mitnehmen, ich kann nicht aussteigen.«

Der Kommandant erwiderte: »Dann lass den Hauptmann liegen.«

Und das letzte Wort des Hauptmanns war: »Mein Junge, lass die Waffe und das Funkgerät nicht im Stich, ich kann nicht mehr ... «

Der Chauffeur fuhr den Wagen dort weg und konnte zu uns kommen. Wir konnten nicht aufstehen. Schließlich krochen wir in einen Graben am Straßenrand. Wir konnten die Waffen natürlich nicht einsetzen, d. h., wir hatten keine Möglichkeit, sie überhaupt in die Hand zu nehmen. Erst als unsere Soldaten auf den zurückgebliebenen Fahrzeugen die Stelle blockiert und damit abgesichert hatten, konnten wir aufstehen. Einer unserer Offiziere wurde am Fuß getroffen. Etwa eine halbe Stunde später robbten wir am Boden entlang bis zu der Stelle, wo die Zivilfahrzeuge standen. Wir robbten 500 oder 1000 m weit, aber bis zur Gendarmeriewache war es noch ziemlich weit. Wir wateten durch den

Fluss. Man musste nicht schwimmen, das Wasser reichte uns bis zur Hüfte, und so kamen wir zu Fuß durch.

Die Gegner sollen den Traktorfahrer mit Waffengewalt dazu gezwungen haben, dass er ihnen half, ihre Toten durch das Flussbett zu bringen. Man fand den Traktor verlassen vor, und der Fahrer stand daneben. Der Mann sagte: »Es wäre dasselbe gewesen, wenn ihr das von mir verlangt hättet; ich hätte euch auch durch das Flussbett gebracht. Weil sie aber die Ersten waren, die das von mir verlangten, habe ich sie rübergebracht.«

Die Fahrzeuge, die wir am Ort des Geschehens zurückgelassen hatten, haben die Chauffeure weggefahren. Dort bekam man nur drei Terroristen als Leichen in die Hände. Schließlich kamen wir an der Gendarmeriewache an, die angegriffen worden war, aber mit den unbedeutenden Waffen konnten wir nichts ausrichten. Die Gegner waren sehr nah an die Gendarmeriewache herangekommen. Unter den Soldaten gab es keine Toten, aber da waren Kameraden, denen man die Ohren abgeschnitten hatte und solche, die an Händen und Füßen verletzt waren.

Die Munition war alle. Vielleicht hatten die Jungs gerade Volleyball gespielt, es hatte sie wirklich kalt erwischt. Viele konnten noch nicht mal die Waffe einsetzen.

Der Hubschrauber, der nach Tunceli fliegen sollte, kam nicht, und es hatte schon angefangen zu dämmern. Selbst wenn die Nachthubschrauber unterwegs gewesen wären, hätten die Soldaten sie nicht zum Landen bringen können. Man sagt, dass es damals drei Hubschrauber gab, wenn einer in Diyarbakır war, war der Zweite in Tunceli, und der Dritte noch irgendwo. D. h., es dauerte drei bis vier Stunden, bis der Hubschrauber im Zentrum von Tunceli war. Drei bis vier Stunden waren genug, um zu tun, was nötig war. Wir brachten die Leichen des Hauptmanns und des Soldaten aus Sinop zur Einheit. Der Hauptmann war gerade erst eingetroffen, daher konnte ich seinen Namen nicht wissen. Er hatte vor, seine Familie nachkommen zu lassen, aber das war ihm nicht mehr vergönnt.

Wir kehrten zur Einheit zurück und holten auch die Leichen der Terroristen. Wir legten die Toten auf den Fußballplatz. Die Einheimischen empörten sich darüber, dass wir die Toten holten und dorthin legten, und protestierten. Viele kannten die Toten, aber sie machten keine Ansprüche geltend, sondern stimmten nur die Totenklagen an. Von 300 Leuten weinten mindestens 200. Sie verfluchten uns. Wir blieben zwei Tage in Yeşilyazı, und nachts konnten wir nicht schlafen. Wir waren völlig erschöpft, und uns war schwindlig vor Schlaflosigkeit. Der Oberleutnant gab sich große Mühe, die Einheimischen zu beruhigen. Sie fingen an, schreiend und jammernd durch Ovacık zu laufen, und wenn man sie warnte, gingen sie auseinander. Niemand holte die Leichen.

Das Klima beim Militärdienst war kameradschaftlich. Wenn du z. B. Wache hältst, musst du ganz zuverlässig sein. Man hat dir das Leben von 20, vielleicht von 30 Leuten anvertraut, und sie schlafen. Es gab Kameraden, die bis zum Morgen Wache standen, auch wenn sie überhaupt nicht geschlafen hatten. Nachdem der Hauptmann getötet worden war, hielt man in der Nacht, als wir zur Einheit zurückgekehrt waren, wieder bis zum Morgen Wache. Was wäre passiert, wenn die Feinde gekommen wären und uns in dieser Verfassung überrascht hätten? Die Stadt wäre in Schutt und Asche gelegt worden. Wenn es in dieser Nacht zu einem Angriff gekommen wäre, hätten sie von 200 Leuten mindestens 50 bis 60 ohne weiteres töten können. Ich war nicht in der Lage, die Wache zu übernehmen. Wenn ich weiß, dass ich sterben könnte, bin ich einfach nicht dazu in der Lage. Zwei Nächte sind nicht wenig, und du verbringst den Tag, der darauf folgt, genauso. Wir waren mit unseren Kräften am Ende und nur mit Mühe zur Einheit zurückgekommen. Als wir die Leichen am Morgen nach draußen brachten, konnten viele Soldaten nicht aufstehen.

Es geht nicht um Rache. Es ist verboten, eine weitere Kugel auf einen Toten abzuschießen, denn du darfst keine Munition vergeuden. Manche Soldaten haben der Leiche noch einen Fußtritt gegeben oder den Toten verflucht. Ihr Tod ist so sinnlos. Man sagt zwar: »Wir kämpfen für Gerechtigkeit«, aber in was für einer Zeit leben wir jetzt? Wie willst du die Konflikte in den Bergen lösen? Wessen Sohn ist der Soldat, der getötet wird? Der Soldat ist sein Bruder, und wenn er nicht sein Bruder ist, ist er der Sohn des Nachbarn; wohin auch immer man den Soldaten als Befehlsempfänger schickt, er muss hin. Man befiehlt ihm, auf ein Ziel zu schießen, und das muss er tun. Sollen sie doch auf die Straßen strömen und ihr Recht dort suchen. Der Staat kann die Gefängnisse nicht mit allen Leuten füllen, die auf der Straße sind. Wenn sie Recht hätten, würden sie es kriegen. Hinter Abdullah Öcalan steht eine bestimmte Gruppe, und es ist schade um diese Leute.

Wenn dort einer sterben würde, würde er nicht ohne Wissen

des Militärs ins Grab gelegt. Wenn da z. B. 80 Gräber sind, wenn es aber 85 bis 90 Tote sein müssten, lassen wir die Gräber ausheben. Ist die Leiche mit einer Kugel getötet worden, oder war es eine andere Ursache? Wenn wir es uns nicht erklären konnten, schickten wir den Leichnam nach Ankara.

Von den Einheimischen kriegt der Soldat garantiert noch nicht mal Wasser. Wir waren ihretwegen da, und sie blieben völlig ungerührt. Manchmal ließen sie es zu einem solchen Aufstand kommen, dass man noch nicht mal Lust hatte, hinzugehen, wenn die Nachricht kam, dass ein Dorf überfallen wurde. Wenn die Einheimischen die Möglichkeit hätten, würden sie uns erschießen. Wenn die PKK wollte, könnte sie die Einheimischen dazu bringen, dass sie ihre Befehle ausführen. Es heißt, das Volk dort verteidigt das Recht der Kurden, damit es – in wirtschaftlicher Hinsicht – wieder auf die Beine kommt. Ich glaube nicht, dass die PKK ein Gewissen hat, denn manchmal schießen sie auf fünfjährige Kinder; ich habe nie gehört, dass ein Soldat ein fünfjähriges Kind getötet hätte, und ich habe es auch nicht gesehen. Man hat dort so ein Bild hinterlassen, dass die Einheimischen, von Anfang an oder auch seit jeher, das Militär nicht wollen. Ihre Blicke, die sagen: »Hau bloß ab oder stirb«, provozieren einen. Freitags gingen wir ein paar Mal zum Gebet, und niemand kam in die Moschee. Höchstens ein paar alte Leute. Soldaten müssen in der Nähe der Moschee Wache halten, damit du in Ruhe beten und wieder hinausgehen kannst. Wenn sie auch nur die geringste Chance sähen, würden sie die Soldaten dort umbringen.

Einmal fuhren zehn bis 15 Leute mit einem Sarg in einem Minibus. Wir ließen den Wagen anhalten und fingen an, ihn zu durchsuchen. »Steigt aus«, forderten wir sie auf.

»Nein«, antworteten sie. Wir fragen: »Woher kommt ihr?« Und sie antworten: »Von der Bergweide.«

»Ihr habt da einen Sarg, immerhin müsst ihr eine Leiche bei euch haben. Können wir mal reingucken?«, fragen wir. Kommt nicht in Frage.

»Dann steigt wenigstens aus und lasst zu, dass wir eure Männer durchsuchen«, sagen wir, aber das akzeptieren sie nicht. Gezwungenermaßen brachten wir den Minibus zur Einheit. Als wir den Sarg öffneten, tauchten Waffen, Proviant und alles Mögliche auf, aber kein Toter. Viele hatten keinen Ausweis. Wir übergaben sie der Gendarmerie.

Ein gerade erst getrautes Lehrerehepaar – beide stammten aus *Erzincan* – war in einen Ort namens Hanuşa versetzt worden, der zu unserem Gebiet gehörte. Ohne dem Militär oder der Polizei Bescheid zu sagen, stiegen sie in den Minibus und fuhren los. Da der Abstand zwischen den beiden militärischen Einheiten 15 km betrug, konnte die PKK den Wagen durchsuchen. Die PKK ließ sie aussteigen, und als die Leute von der PKK erfuhren, dass es sich um Lehrer handelte, töteten sie beide. Durch Zufall fanden wir die Leichen auf der Straße. Wie schade um die beiden! Sie waren doch so gebildet und hatten ihr Lehrerexamen bestanden. Der Staat ist schuld daran, aber sie sind auch nicht ganz schuldlos. Wahrscheinlich verließen sie sich darauf, dass sie aus Erzincan waren.

Dort sieht ein Toter nicht so aus wie hier im Westen. Bei uns wird ein Leichnam quittegelb oder schneeweiß.

Wenn einer erschossen worden ist, wird er schwarz, und Blutgeruch vermischt sich mit dem Geruch nach Gewehrkugeln. V. a. wenn er aus geringer Entfernung erschossen wurde, breitet sich der Geruch aus, selbst noch fünf Tage lang. Du kannst nichts dafür, aber deine Nerven liegen blank, und du wirst schwach, und eine Zeit lang isst und trinkst du nichts. Da ist ein einziger Gedanke, mit dem man sich beschäftigt.

Wenn ich zwei oder drei Stunden Wache schob, guckte ich auf eine bestimmte Stelle und war in Gedanken versunken. Meine Familie ging mir durch den Kopf. Was würden sie machen, wenn ich als Toter zu ihnen käme? V. a. dachte ich an meine Mutter. Woran ich dachte, das beschäftigte alle Soldaten. Bei den Operationen, zu denen wir aufbrachen, und auf die Anzeigen hin, denen wir nachgingen, konnten wir die Mörder der beiden Lehrer nicht finden. Sieben Höhlen durchsuchten wir und fanden immer Proviant, aber wir stießen nicht auf sie. Wir fanden alles Mögliche, von der Kleidung bis hin zu Lebensmitteln, und weil auch Frauen in den Höhlen lebten, fanden wir auch Frauensachen. Das Durchsuchen der Höhlen war auch nicht so leicht. Auch wenn du keine Angst hast, bist du schließlich doch ein Mensch. Als wir dort waren, sagte man, dass man die Dörfer räumen würde.

Wir gingen zu der Stelle, wo die Dorfbewohner bei dem Vorfall von *Kemah* ermordet worden waren. Man sagte, dass die PKK über den Gipfel des Berges Munzur oder an seinen Ausläufern vorbeiziehen werde. Wir warteten ungefähr eine Woche, die Lebensmittel gingen uns aus, und wir konnten von der Gendarmeriewache in der Nähe nichts zu essen holen. Wir waren 200 Leute. Wenn wir Proviant von der Gendarmeriewache holen würden, der für 25 bis 30 Leute gedacht war, hätten wir das in drei Tagen verbraucht, und diejenigen, die auf der Gendarmeriewache stationiert waren, würden auch einen Monat lang hungern müssen. Zwei Tage lang warteten wir, halb verhungert und verdurstet. Wir forderten Proviant. Die Hubschrauber kamen nicht mit Lebensmitteln, weil sie bei der Operation eingesetzt waren. Es war verboten, Feuer zu machen oder zu rauchen. In der reinen Gebirgsluft zieht der Zigarettenrauch weit hinaus, und man kann den Zigarettendunst drei Kilometer weit riechen. Das duftet so herrlich, und nicht nur der Soldat braucht die Zigarette, weil er nikotinsüchtig ist, sondern die Feinde sind auch davon abhängig.

Wir waren auf dem Gipfel, und die Kommandotruppe von Erzincan wartete im Talbecken. Dann erfuhren wir, dass es zum Kampf gekommen war. Es war losgegangen, nachdem eine Vorhut von drei PKK-Leuten sich eine Woche lang versteckt gehalten hatte. Wir erfuhren, dass die Hauptgruppe, 30 bis 40 Leute, die Toten geholt und an derselben Stelle einen Durchgang gemacht hatte – nachdem wir das Feld verlassen hatten. Es sind nicht genug Soldaten da, du kannst nicht überall Soldaten aufstellen; es sind eh nur 25 bis 30 Mann vorhanden, und in den Bergen kannst du dich mit einem solchen Aufgebot nicht gegen zehn Terroristen durchsetzen. Denn die Terroristen wechseln dauernd – Tag und Nacht – ihre Stellung. Wir werden schneller müde. Der Soldat hängt nicht so an seiner Aufgabe wie sie. Der Soldat ist einer, der sucht, und wer sucht, ist leicht zu jagen. Mit anderen Worten, er will nicht sein Leben opfern. Die Feinde kennen die Gegend wie ihre Hosentaschen. Selbst wenn sie irgendwo unter einem Baum sitzen, wissen sie, wie sie sich retten, aber du kannst es nicht wissen. Wie kann ich ihn denn verfolgen? Du kannst ihm nicht nachjagen, wenn er auf der Flucht ist.

Ich habe 40 bis 50 Tote gesehen. Als der Hauptmann starb, war ich in Gefahr. Das war eine lange Nacht. Die Jagd auf die Gegner an den Tagen danach, das Jammern der Verwundeten auf der Gendarmeriewache und vieles mehr, das hat tiefe Spuren hinterlassen. An den großen Operationen sind sowieso 1000 bis 2000 Soldaten beteiligt. Wenn ein Kampf stattfindet, wer weiß, wie viel Mann da auf einmal ihre Waffen abfeuern. Ich werde wohl auf jemanden geschossen haben, aber ob ich ihn getroffen habe oder ein anderer, das weiß ich nicht. Wir waren 150 bis 200 Mann, und wenn 17 Soldaten auf einmal auf einen Menschen schießen, kannst du nicht sagen: »Ich habe ihn getroffen.« Aber zum Schluss wird er getötet. Wie sich das auf einen auswirkt, das kann man eigentlich nicht erzählen. Seinem Gegenüber dabei zuzuhören, das macht einen einen Moment lang unglücklich. Aber es ist nicht möglich, das mit Worten zu sagen. Wenn man Männer kämpfen ließe, die 40 oder älter sind – nicht, wenn sie 20 sind –, würden sie wie Blätter im Herbstwind fallen und moralisch zusammenbrechen.

Der größte Vorteil des Staates liegt darin, dass er junge Leute von 20 Jahren an die Front schickt. Junge Leute begreifen doch noch gar nicht, was da eigentlich vorgeht. Das Einzige, woran sie denken, ist doch: »Wenn ich nur den Wehrdienst hinter mich bringe und am Leben bleibe!« Du kannst dir nicht alles erklären, und du kannst nicht darüber nachdenken.

In Tunceli ist es sehr kalt. Du musst nur eine Viertelstunde Wache halten. Wenn du 20 bis 25 Minuten draußen bliebest, würdest du erfrieren. Meistens erfrieren einem die Füße. Einen haben wir nach Ankara geschickt. Sein Fuß war sehr schlimm, der war pechschwarz geworden. Als wäre er erfroren. Wir haben einen Terroristen – der war ungefähr 40 bis 45 Jahre alt – lebend zu fassen gekriegt, als er am Erfrieren war. Die Kälte lässt sich durch Kälte vertreiben, das habe ich dort erlebt. Man wusch den Mann mit kaltem Wasser, und was auch immer man danach mit ihm gemacht hat, jedenfalls kam er wieder zu sich.

Nach meiner Rückkehr passierte es mir oft, wenn ich, verzeihen Sie, nachts aufstand, um zu pinkeln, dass ich die Tür aufmachte und nachguckte, ob eine Wache vor der Tür stand. Oft ging ich dann zurück und legte mich wieder ins Bett. Dann erst fiel mir ein, dass ich zu Hause war. D. h., so stark hat sich das auf mich ausgewirkt.

Jeder hat Kinder, ich habe auch eins, und es ist ein Jahr alt. Viele verlieren den Verstand, viele werden verrückt, und manche kommen zurück, als wäre nichts passiert. Bei meinen Kameraden gibt es welche, deren Verstand immer noch nicht wiederhergestellt ist. Dafür haben die Eltern ihre Söhne nicht auf die Welt gebracht; viele kommen in die Flagge gehüllt – auf der Totenbahre – nach Hause. Man revoltiert, wohl oder übel revoltiert man. Aber auf jeden Fall fehlt dem Soldaten Wissen. Ein 20-Jähriger kann nicht denken wie ein 30- bis 35-Jähriger. Wenn sie um die 20 sind, das ist das Alter, in dem sie ein bisschen verrückt spielen und unüberlegt handeln; manche sind sogar ganz wild darauf.

»Das war das Abenteuer, das ich gesucht habe, aber nicht finden konnte«, sagen sie, aber das war kein Abenteuer. Schließlich tötest du, oder du wirst getötet. Auch wenn wir sagen würden: »Hier sind wir alle arm dran«, würden wir dennoch denken: »Wir bringen es hinter uns und gehen irgendwann wieder nach Hause.« Wir waren keine hochrangigen Offiziere, schließlich waren wir einfache Soldaten. Es kam uns darauf an, dass wir unsere Tage beim Militär hinter uns brachten. Manchmal hat man es nicht geschafft, und auch das haben wir als Gottes Ratschluss angesehen. Wir hatten keine andere Chance. Was willst du dir aussuchen? Du überlegst dir, ob du abhaust, aber wohin? Desertieren ist keine Lösung. Bei meiner Rückkehr fand ich drei oder vier Monate lang absolut keine Arbeit.

Während ich darüber rede, fällt mir alles wieder ein, als wäre es gestern passiert. Mit der Zeit vergisst du, wie es hier mit dem Kampf angefangen hat. Das ist noch nicht verschwunden. Du plauderst mit den Kameraden und merkst, wenn das Gespräch auf das Thema »Militär« kommt, dass du dasitzt und dich damit zufrieden gibst, darüber nachzudenken. Scheinbar hatten sie es nicht so schwer und können ganz entspannt davon erzählen. Sie würden dich auch nicht verstehen, wenn du deine Erlebnisse berichten würdest. Es war doch nicht so, als hätte man ein Abenteuer erlebt oder einen Film gedreht.

Das alles sollte wirklich niemand erleben. Es geht schließlich weiter. Wie dämlich das doch alles ist! Ein vernünftiger Mensch nimmt nicht die Waffe in die Hand und geht in die Berge oder tötet jemanden wegen einem Stück Land; das ist keine Lösung. An einer Stelle war es gut, die Dörfer zu räumen.

D. h., sie sollten eine vernünftige Ausbildung haben, dann lernen sie was, gehen zur Hochschule, und dann wäre es ein junger Mann mit Universitätsabschluss, der getroffen wird. Ich kann einfach nicht verstehen, warum sie kämpfen.

Vielleicht denken wir ja auch falsch, vielleicht sind sie ja ganz im Recht. Schließlich ist es nicht gut, dass sie gegen das Militär kämpfen. Wenn sie mit der Regierung zu einer Einigung kommen könnten, sollten sie es auf diese Weise lösen.

(August 1998, Samsun)

1972 in Samsun geboren, Abschluss der Grundschule. 1992 bis 1994 war er – zum Beginn seines Wehrdienstes – in Hatay, diente dann in einer Kommandotruppe von Gendarmen in Tunceli und hat seine Militärzeit in Ovacık beendet. Er verkauft Wasser.

13. Belohnt wird der Frontkämpfer damit, dass man ihm kein Mädchen zum Heiraten gibt!

Die Ellenbogen sind in Ordnung, und wenn ich mich aufstütze, kann ich Sie sehen. Ich kann den Löffel nicht halten, nur belegte Brote kann ich selbst halten. Sieben Kugeln, vier in die Beine, eine in den Nacken und eine in die Handgelenke. Die Kugel im Handgelenk zog ich gleich an Ort und Stelle mit dem Mund raus und warf sie weg.

Meine Einheit war die Gendarmerie in Bingöl; zehn Kilometer vor Bingöl war es zu Ende. Es passierte an einem Montagabend. Als ich die Augen wieder aufmachte, war Freitag, und ich lag in Diyarbakır. Am gleichen Tag noch wurde ich nach Ankara überwiesen. Man hat mich wohl zuerst ins Krankenhaus von Bingöl gebracht, aber ich erinnere mich nicht daran.

Die Ausbildung bei den Rekruten war zu Ende, und wir waren auf dem Weg zur Haupteinheit. Wir fuhren in zwei Bussen; in einem saßen 20, in dem anderen 23 Mann. Bis zum Mittag war unser Begleitschutz dabei. Doğan Güreş war damals unser Kommandant, und am Nachmittag zog er den Begleitschutz ab. Um sechs Uhr abends fielen wir der PKK in die Hände. Ungefähr zehn Kilometer vor Bingöl fuhren wir eine steile Straße runter. Hinter den Felsen tauchte die PKK auf und gab dem Busfahrer ein Zeichen: »An den Straßenrand fahren!«

Sie forderten uns auf, auszusteigen. Im ersten Moment hielten wir sie für Dorfmilizen. Sie kontrollierten unsere Ausweise. Außer zwei Leuten sahen wir alle wie Zivilisten aus. Unser Bus war ein Zivilbus, auch der Fahrer. Wir hatten Militärausweise. Sie nahmen uns mit und brachten uns ins Dorf.

Zuerst drängten sie uns alle in die Dornenbüsche. »Warum geht ihr zum Militär?«, fragten sie.

»Die Regierung lässt nichts anderes zu; jeder junge Türke muss seinen Wehrdienst leisten«, antworteten wir.

»Kommt zu uns!«, forderten sie uns auf.

»Wir denken gar nicht daran«, erwiderten wir und meinten noch: »Das ist nicht unsere Schuld. Was gehen uns eure Probleme an?«

Alle Leute im Dorf, Frauen mit Kind und Kegel, sahen uns und lachten uns aus. Ein fünfjähriges Kind brachte uns Brot und Käse. Wir tranken Wasser, aßen das Brot aber nicht. Vor lauter Angst konnte keiner was essen. Wir waren auch nicht hungrig, denn wir hatten in der Fünf-Uhr-Pause was gegessen. Außerdem hatten wir was zu essen im Tornister.

Es waren 40 oder 50 Leute. Dann ließen sie uns in die Berge steigen. In den Bergen nahmen sie uns das Geld ab, einfach alles, was wir bei uns hatten. Die Tornister wurden irgendwo abgestellt. Dann brachten sie uns in ein anderes Dorf. Von dort aus wurden wir wieder in die Berge gebracht. Ich kenne die Namen der Dörfer nicht. Über Funk verabredeten sie sich miteinander. Wie sie sagten, würden sie uns freilassen, wenn man ihre Freunde aus dem Gefängnis lassen würde. Wahrscheinlich haben sie sich an den Ministerpräsidenten gewandt. Damals war, glaube ich, Erdal İnönü Ministerpräsident. Da die Regierung ihre Freunde nicht aus der Haft entließ, trieben sie uns in die Berge.

Sie stellten uns in einer Reihe auf, und dann fingen sie an zu schießen. Ich warf mich zu Boden und kriegte keine Kugel ab. Einer von ihnen sagte: »Verwundete soll es nicht geben!« Beim zweiten Schießen haben mich sieben Kugeln getroffen.

Abends um sechs waren wir der PKK in die Hände gefallen. Etwa morgens um drei haben sie uns füsiliert. D. h., bis morgens um drei redeten sie und ließen uns durch die Berge marschieren. Ich hatte keinerlei Hoffnung auf Rettung, aber auch keine Angst vor dem Tod. Ich habe niemanden getötet und bin nicht gestorben. Meine Kameraden sind gestorben.

Wie unseren Wagenkonvoi ließen sie uns einzeln hintereinander marschieren. Uns war verboten, miteinander zu reden. Da die Hilfe zu spät eintraf, rangen viele meiner Kameraden mit dem Tod und sind gegen Morgen gestorben. Einer meiner Kameraden, Ahmet, lag auf mir – tot. Als er erschossen wurde, war er auf mich gefallen.

Zu einem der Kameraden, der nicht verwundet war, sagte ich: »Heb doch mal Ahmet von mir weg.« Das tat er aber nicht. »Wir gehen mal los, um unseren Leuten Bescheid zu sagen«, antwortete er.

Die Kameraden, die nicht verletzt waren, streiften durch die Berge zur nächsten Gendarmeriewache. Die Gendarmeriewache hatte wohl nicht genug Leute, denn es nahte keine Hilfe. Sie sollen die Nachricht morgens gegen sechs oder halb sieben bekommen haben. Zwei Stunden später landete der Hubschrauber. Mir kam die Idee, so zu tun, als ob ich bereit wäre, gemeinsame Sache mit ihnen zu machen. Aber dann würden sie die Kameraden, die nicht dazu bereit waren, in einer Reihe vor uns aufstellen, uns die Waffe in die Hand drücken und uns befehlen: »Erschießt sie!« So stellte ich mir das vor. Wie könntest du einen Schuss auf deinen Kameraden abfeuern? So oder so ist es der Tod. Menschenwürdig zu sterben ist anders, aber etwas ganz anderes ist es – Verzeihung! –, wie ein Tier zu verenden.

Als ich die Augen in Diyarbakır wieder aufmachte, war alles vorbei. Mein Vater hatte in der Zeitung von meinem Tod gelesen, und meine Familie war nach Diyarbakır gekommen, um meinen Leichnam zu holen. Mein Chef, für den ich arbeitete, bevor ich zum Militär ging, hatte das ausfindig gemacht und meiner Familie Bescheid gesagt. Da lag ich auf der Intensivstation. Ich sagte zu meinen Eltern: »Kommt lieber nicht.« Ich wusste nicht, dass ich nicht mehr laufen konnte. Ich wusste von der Wunde an der Schulter und außerdem sah ich den Finger. »Ich habe eine leichte Verletzung«, sagte ich.

Am Freitag kam mein großer Bruder, und wir flogen zusammen nach Gülhane. Sieben Monate lang blieb ich im *GATA*. Dann wurde ich zur Luftveränderung nach Denizli geschickt. Wieder ein Monat im GATA, danach in Denizli und dann wieder vier Monate in Gülhane. Anschließend war ich noch im Militärhospital von Denizli und ging wieder nach Gülhane. Jetzt fahre ich einmal im Jahr nach Gülhane.

Im Militärhospital von Denizli sah ich einen Soldaten. Meiner Meinung nach sah er dem Typ von der PKK ähnlich, der auf mich geschossen hatte. Ich erkundigte mich danach, woher er kam. Es stellte sich heraus, dass er aus Bingöl war. Er war es ganz bestimmt. Ich zeigte ihn bei der Gendarmerie an und sagte dort, dass ich einen bestimmten Verdacht hätte. Als ich ihn identifizierte, wurde er verhaftet. Sie brachten mich in den Speisesaal der Brigade, und während ich mich hinter einer Trennwand befand, damit er mich nicht erkennen konnte, habe ich ihn identifiziert. Aber später schrieben die Zeitungen, dass ich ihn identifiziert hätte. Eigentlich musste man das geheim halten. Wie auch immer, die Journalisten hatten das vom Staatsanwalt. Der Mann wurde in die Psychiatrie eingewiesen. Damals, als es geschah, war er 16 oder 17. Seitdem sind vier Jahre vergangen, es passt also genau.

Ich bin gern zum Militär gegangen und habe nicht geweint. Alle jammerten, wenn sie zum Militär mussten, aber ich ging ganz locker dorthin. Wir hatten unseren Spaß auf dem Busbahnhof von Denizli und haben einen Videofilm gedreht. Ich wollte in den Osten, denn ich war neugierig. Der Militärdienst war auf 15 Monate gesenkt worden. Den einen Monat Urlaub, der mir eigentlich zustand, würde ich nicht nehmen, das würde angerechnet, und dann würde ich einen Monat früher als erwartet entlassen, d. h., dass ich in zehn Monaten zurück wäre.

Jeder beschwerte sich über die Schulung bei den Rekruten, aber ich war ganz zufrieden damit. Unser Kommandant sagte: »Ihr geht in den Osten, passt also gut auf!« Die Übungen dauerten bis Mitternacht. Freitags standen wir morgens um sieben auf und kehrten erst am nächsten Morgen um sieben zum Regiment zurück. Ich spürte keinerlei Müdigkeit, nachts ruhten wir uns ungefähr eine Stunde lang aus. Als wir fünf Tage dort waren, gab man uns eine G3, und eine Woche lang lernten wir, wie man die Waffe auseinander nimmt und wieder zusammensetzt. Ein paar Leute simulierten die PKK, und wir, die Soldaten, schossen mit Platzpatronen auf sie.

Bevor ich zum Militär ging, habe ich mir immer die Nachrichten im Fernsehen angeguckt. Mein Ziel war die PKK. Denn manche Soldaten kriegten die Gegner zu fassen, aber erschossen sie nicht, weil sie auf ihre Vorgesetzten hörten. Ich würde nicht auf sie hören und sie töten. Wenn ich den Gegner nicht töten würde, würde er mich umbringen, falls er die Chance dazu hätte. Nachdem ich ihn erwischt hätte, würde ich ihn verhören und ihn dann töten. Wenn er in den Knast ginge, käme er nach ein paar Jahren wieder raus und würde genau dasselbe machen. Die Kurden würden sich mit der PKK verbünden und ihren eigenen Staat gründen. 50% der Leute im Osten helfen der PKK, und die Dorfbewohner dort gehören ihr eh an. Ich hatte bei den Rekruten einen Freund, der zu den Roma gehörte und so dachte wie ich. Man verhielt sich jedem gegenüber gleich. Die Kurden tanzten den *Halay*. Der Dienst habende Kommandeur wurde wütend auf die Kurden, weil sie so aktiv waren; daher war das verboten worden, genauso wie alle möglichen Aktivitäten, Halay tanzen, Lieder und Volkslieder. Wir aber tranken nur Tee und plauderten miteinander.

All meine Operationen hatte ich in Diyarbakır. Im GATA war ich auf den Stationen für Hirnchirurgie und Physiotherapie. Ich hatte mich wund gelegen, und auch das wurde behandelt. Als ich zu Hause lag, öffnete sich die Wunde wieder, und ich wurde noch mal operiert. Jetzt liege ich ja auch nicht mehr auf einer Luftmatratze, und ich drehe mich immer wieder mal auf die eine, mal auf die andere Seite; wenn ich mich umdrehe, öffnet sich die Wunde nicht.

Die Ellenbogen sind in Ordnung, und wenn ich mich aufstütze, kann ich Sie sehen. Ich kann den Löffel nicht halten, nur belegte Brote kann ich selbst halten. Sieben Kugeln, vier in die Beine, eine in den Nacken und eine in die Handgelenke. Die Kugel im Handgelenk zog ich gleich an Ort und Stelle mit dem Mund raus und warf sie weg.

Immer wieder sagte ich mir, dass ich sterben werde. Ich fiel von einer Ohnmacht in die andere. Der Hubschrauber kam und warf Steine ab. Die achte Wunde – an meinem Knie – stammt von dem Stein, den der Hubschrauber abwarf.

»Ich gehe nicht mehr zum Militär«, sagte ich, »wenn ich gerettet werde, kehre ich in mein Dorf zurück.«

Seit 1994 bin ich zu Hause und liege nun hier im Bett. Reisen ist teuer, und der Staat zahlt mir nicht das Flugticket. Wenn ich irgendwohin fahren muss, geht es nur mit dem Taxi. Den Rollstuhl hat mir der Generalkommandant der Gendarmerie geschenkt. 1994 hat der über zwei Milliarden Lira gekostet. Viele verletzte Frontkämpfer haben noch nicht mal einen Rollstuhl. Nur die Gendarmerie hat welche gespendet. Das Leben ist sehr teuer. In drei Monaten kriege ich 160 Mio. Lira oder so, und jedes Vierteljahr 60 Mio. von der Mehmetçik-Stiftung. Um zur Behandlung nach Ankara zu fahren, kostet allein schon eine Tankfüllung für die Hin- und Rückfahrt mindestens 30 bis 40 Mio.

Solche Frontkämpfer gibt es und Gefallene, aber die Gesellschaft interessiert sich nicht weiter dafür. Wenn ich mir etwas aufbauen könnte, eine selbstständige Arbeit z. B., würde der Staat von mir dieselben Steuern verlangen wie von allen anderen. Demnach ist das leeres Gerede, man versucht das Volk für dumm zu verkaufen, um Wählerstimmen zu sammeln. Unsere Regierung zahlt uns jetzt wenigstens die Versicherung und sorgt für eine Rente. Es gibt so viele verletzte Frontkämpfer, dass die Betten in Gülhane manchmal nicht ausreichen. Der Staat tut eigentlich genug. Aber das Interesse, das man dem Soldaten oder dem Frontkämpfer entgegenbringen sollte, fehlt. D. h., Heldentum, Frontkämpfertum, Märtyrertum – das ist doch alles Quatsch! Ich ging ins staatliche Krankenhaus, und wir mussten die Kosten für die Medikamente übernehmen. Zwei Stunden lang suchten wir vergeblich danach. Dort winde ich mich vor Schmerzen und schreie. Der Arzt verabreicht einem nicht die Medikamente, die im Krankenhaus sind. Wir geben dem Vaterland alles, was wir haben, wir werden zu Märtyrern, aber man gibt uns keine Medizin.

Mit den Ärzten in Gülhane war ich sehr zufrieden. Damals war ich noch ganz benommen. Wir haben viel geschrien und gebrüllt, und trotzdem haben sie uns ertragen.

Ich schlafe nachts ganz gut und wache von allein auf. Dann wecke ich meinen Bruder, und wenn er mich umgebettet hat, schlafe ich bis zum Morgen. Wenn das Wetter morgens gut ist, fahre ich mit meinem Rollstuhl morgens zwischen sieben und halb acht raus. Zwischen neun und zehn komme ich wieder nach Hause.

Seit acht Jahren bin ich mit einem Mädchen zusammen, und das hält immer noch an. Ich liebe sie, seit ich 13 bin. Aber ihre Familie gibt sie mir nicht. Na bitte, das ist also der Lohn dafür, dass wir an der Front waren. Wenn sie von zu Hause weggehen würde, würde ich sie heiraten. Sie arbeitet in der Textilfabrik. Ich habe ihr vorgeschlagen, dass wir uns trennen, aber das wollte sie nicht. »Ich warte, bis du wieder gesund bist«, sagt sie. Jetzt ist sie Anfang 20. Sie darf mich nicht besuchen. Wir treffen uns manchmal in Denizli. Wenn man uns zusammen sieht, hinterbringt man das ihrer Familie. Das heißt, weil ich behindert bin; aber das hat meine Freundin nicht beeinflusst. So hebt sich das Bein von selbst und verkrampft sich.

Mein Bruder kann mich nicht allein lassen und nirgendwo hingehen; er kann auch nicht arbeiten. D. h., meine Rente muss eigentlich für fünf Personen reichen. Das ist der Lohn dafür, dass wir Frontkämpfer waren. Der Staat sorgt noch nicht mal für den Krankenwagen. »Wir geben euch einen Orden«, hat man gesagt, aber das hat man auch nicht wahr gemacht, und wir haben die Hoffnung aufgegeben.

Solange es die PKK gibt, hört das alles nicht auf. Wenn es nicht aufhört, gibt es verletzte Frontkämpfer wie mich und Gefallene, und wie viele Mütter, Frauen und Kinder werden zu Witwen und

Waisen. Nach *Mesut Yılmaz'* Worten ist das alles zu Ende. Aber je mehr Hilfe von den Abgeordneten kommt, desto weniger hört es auf. Wie kommt denn der Proviant zur PKK, und wie kommen die Waffen dorthin?

Ich telefoniere mit meinen Kameraden. In diesem Sommer wollen wir vielleicht Urlaub im Haus eines Frontkameraden in *Didim* machen. Die Wärme des Meeres hilft. Mit einem Gummireifen – von einem Wagenrad – kann ich hinausschwimmen, dann gleite ich wie ein Kanu dahin. Manchmal fragt man mich dann also: »Wo und wie ist das denn passiert?«, und ich antworte: »Beim Militär.«

»Wie traurig«, antwortet man dann.

(Mai 1998, Karakova, ein Dorf bei Denizli)

1973 in Denizli geboren, Abschluss der Grundschule. Von acht Geschwistern, vier Mädchen und vier Jungen, ist er der Fünfte; sein kleiner Bruder ist laut Militärgesetz von der Wehrpflicht befreit und pflegt ihn. Wie sein Vater war er Landarbeiter. Im Februar 1993 ging er zur Rekrutenausbildung nach Hatay; er hätte Gendarm werden sollen. Als er im Mai 1993 zur Haupteinheit fuhr, wurde er auf der Straße von Bingöl bei dem Vorfall »33 Soldaten« verletzt. Er kann nicht laufen und nur mit Mühe das Teeglas in der Hand halten. Wenn er hätte studieren können, wäre er gern Arzt geworden.

14. Es kommt mir so vor, als hätte ich mich wenigstens selbst gerettet

Der 28. Juli, als Tansu Çiller die Wehrpflicht verlängerte, wäre der Entlassungstag gewesen – stattdessen wurde es Mustafas Todestag und der Tag unseres Kampfes. D. h., normalerweise hätten wir an diesem Tag im Flugzeug gesessen und wären nach Ankara zurückgekehrt.

Ich habe vielleicht 100, vielleicht 150 Fotos, kann mir aber keins angucken, denn wenn ich sie mir angucke, werde ich unheimlich nervös, und ich erzähle auch nicht besonders gern davon. Ich wollte nach Şemdinli, *Yüksekova* oder Hakkâri. Ich habe es bedauert, dass ich nach Van kam. Ich wollte das Leben dort sehen und erleben. Wenigstens war es ein Feldbataillon, und wir sagten: »Das ist nicht schlecht.«

Wir fuhren in fünf Fahrzeugen, und hinter uns kam ein ziviler Lastwagen. Die beiden vorderen Wagen nahmen die Kurve, und drei Wagen blieben zurück. Am Straßenrand fließt direkt unter uns ein Bach. Da auf unserer Seite ein Hügel war, kam es zu keinem weiteren Feuergefecht. Deshalb wurde unser Wagen gerettet, und es gab nur zwei Gefallene und sieben Verwundete. Auf dem Wagen vor uns waren es 16 Gefallene, und zwei Personen wurden völlig unverletzt gerettet. In diesem Moment waren wir auf dem Rückweg von der Operation in den Mor-Bergen in der Nähe von *Başkale* zu unserer Kompanie. Da wir uns in der Kompanie fertig machen und wieder zu einer Operation zum Camp von Mezi aufbrechen sollten, war die Stimmung auf dem Nullpunkt; ein Gefecht war zu Ende, und jetzt stand uns noch eins bevor. Es erwischte uns auf dem falschen Fuß, da wir nicht darauf vorbereitet waren.

Der 28. Juli, als *Tansu Çiller* die Wehrpflicht verlängerte, wäre der Entlassungstag gewesen – stattdessen wurde es Mustafas Todestag und der Tag unseres Kampfes. D. h., normalerweise hätten wir an diesem Tag im Flugzeug gesessen und wären nach Ankara zurückgekehrt.

Ich bin nicht mit so einer lauten Feier zum Militär gegangen. Mein Onkel hat mich nach Eğridir gebracht, und wir haben uns umarmt und geweint. Ich hatte sogar daran gedacht, mein Alter heraufsetzen zu lassen, um es so schnell wie möglich hinter mich zu bringen. Ich wollte hin, weil ich mein Leben in Ordnung bringen wollte, aber auch weil ich die Soldaten mochte. Weil ich mir alles, was dort passierte, im Fernsehen anguckte und in den Zeitungen las, hatte ich Lust, in den Osten zu gehen. Ich habe keine reichen Eltern, und weil die Leute dort auch arm sind, stellte ich mich mit ihnen auf dieselbe Stufe und sagte: »Ich muss bei ihnen sein«. Ich könnte vielleicht nicht der Kommandotruppe angehören, aber ich habe mir viel Mühe gegeben, um dabei zu sein.

Vom Essen bis hin zur Sauberkeit der Toiletten und der Schlafsäle war in Eğridir alles prima. Man sorgte gut für die Soldaten. Die Ausbildung war hart, aber in der Haupteinheit haben wir uns auch sehr angestrengt. Ich war bei der Panzerabwehr. Bevor ich zum Militär ging, hatte ich höchstens mal ein Jagdgewehr in der Hand. Jetzt aber lauteten die Kommandos »Hinlegen!« und »Aufstehen!« Man versuchte uns ein Gefühl dafür einzuimpfen und bereitete uns damit auf den Osten vor. Trotzdem gab es unter uns kein Zittern und Zagen, genauer gesagt, es war so wenig, dass es gleich null war. Das Ziel der Ausbildung war, dass es uns gelang, die Angst zu überwinden. Im Allgemeinen war das ein Krafttraining.

Ich hatte Van vorher noch nicht kennen gelernt. Gleich zwei oder drei Wochen nachdem wir eine Geländeübung zur Orientierung gemacht hatten, die Wiederholung einer Übung aus der Rekrutenzeit, mussten wir ins Feld, denn es gab Bedarf, auch wenn wir noch nicht darauf vorbereitet waren. Weil wir als Feldtruppe operierten, richtete unsere Marschroute sich danach, wie die Gruppen (die PKK) sich bewegten. Zuerst zogen wir in die Gegend von Şemdinli. Bei der ersten Operation wurde unser Oberleutnant verwundet. Da erfuhr ich zum ersten Mal, wie es ist, wenn einem die Kugeln um den Kopf schwirren.

Drei Nahkämpfe habe ich erlebt, d. h., insgesamt war ich an zwölf Gefechten beteiligt, bei denen wir einander so nah waren, dass wir uns gegenseitig mit Handgranaten hätten bombardieren können. Es war der erste Nahkampf, bei dem Mustafa fiel. Da wir zu diesem Zeitpunkt schon reguläre Soldaten waren, sprangen wir sofort von den Lastwagen und suchten im Schutz der Bergwand Deckung. Die Rekruten schickten wir hinter den Lastwagen und ließen sie nicht am Kampf teilnehmen. Man musste die Handgranate hinter den Felsen werfen, hinter dem einer der

Feinde saß und schoss; wenn wir ihn nicht töten würden, würde er uns alle erschießen.

Ich zog mit dem Çavuş aus *Tekirdağ* zusammen los. Sie riefen mir zu: »Pass auf! Hinter dem Felsen! In deinem Rücken!« Wir fingen an, ununterbrochen Handgranaten in Richtung dieses Felsens zu werfen. Als ich wegen der Handgranate wieder nach unten kletterte, riefen sie: »Du schmeißt sie auf die falsche Stelle.«

»Kann denn dort hinter dem Felsen ein PKK-Mann sein?«, fragte ich, und als ich mich umdrehte, fand ich das Magazin; er muss dort gewesen sein, und anscheinend haben wir ihn in die Flucht getrieben. Wenn ich die Handgranate geworfen hätte, wäre er gestorben. Er hätte uns auch umbringen können, aber er hat es nicht getan. Nach der Sache mit dem Magazin schien es mir, als wäre ich durchgeknallt, und als ich Mustafa vergeblich suchte, war ich wie von Sinnen. Sogar der Major kam zu mir.

Als er sagte: »Benimm dich anständig, du bist Çavuş, und als Vorgesetzter solltest du mit gutem Beispiel vorangehen«, riss ich mir die Rangabzeichen ab und sagte: »Von jetzt an bin ich ein normaler Soldat.«

Bis zum Ende der Militärzeit habe ich mir die Rangabzeichen auch nicht wieder angesteckt. Das Abreißen der Rangabzeichen steht unter Strafe, aber die konnte man nicht verhängen, denn sie hatten Angst davor, dass ich dann total ausrasten würde. Man schickte mich zur Luftveränderung, normalerweise ist das verboten.

»Ich will die Familie meines toten Freundes besuchen«, sagte ich, »wenn ihr mir nicht mindestens zehn Tage Urlaub gebt, geht es mir noch schlechter.«

Der Oberleutnant glaubte wohl, ich würde nicht zurückkommen. Als ich zurück war, sagte er: »Wenn du nicht gekommen wärst, hätte ich noch nicht mal was unternommen.« Er hätte den Bericht dann so verfasst, als ob ich den Militärdienst ordnungsgemäß beendet hätte.

Im Urlaub saß ich nur zu Hause. Als ich bei der Rückkehr ins Flugzeug stieg, sagte ich zu meiner Mutter: »Warte nicht auf mich, denn ich komme nicht zurück. Verzeih mir!« Es war eine Frage von Mustafas Mutter bei meiner Ankunft, die mich am meisten quälte: »Warum hast du meinen Sohn nicht mitgebracht?«

Eigentlich brach ich auf, um zu sterben. Man würde Bomben werfen und Abwehrstellungen aufbauen! Sofort sagte ich: »Das übernehme ich.« Das heißt nicht beim ersten Mal, als ich zum Militär aufbrach, sondern beim zweiten Mal ging ich hin, um auf dem Feld der Ehre zu fallen. Hinter einem Felsen könnt ihr nicht sagen: »Ich habe vor, zu fallen, tötet mich nur«, aber ich ließ mir alle Möglichkeiten, die für mich in Frage kamen, durch den Kopf gehen.

In dem Moment, als alle matt und abgekämpft waren, trug ich z. B. vier Verwundete zum Hubschrauber, und da hagelte es Kugeln, einfach unvorstellbar. Die Kugeln streiften mich nur leicht, meine Mutter fiel mir ein, und ich dachte: »Vielleicht betet sie wieder für mich, und die Kugeln können mir nichts anhaben.«

Weil nie klar war, wann ein Gefecht bevorstand, hatten wir in der Regel nachts, wenn wir uns zum Schlafen hinlegten, die Munition, die für die Operation nötig war, und den Proviantsack, einfach alles im Tornister und auch die Stiefel griffbereit neben uns.

Wenn es heißt: »Auf zur Operation!«, hat man nur ein paar Minuten Zeit, um sich vorzubereiten. Ich weiß, dass ich Lasten zwischen 15 und 40 kg getragen habe. Normalerweise sind es 25 kg. Selbst wenn ich jetzt ohne Traglast mitmarschieren sollte, könnte ich das nicht.

Weil alles, was Mustafa und den anderen passiert war, für uns eine deutliche Lektion bedeutete, waren wir von nun an jederzeit in Alarmbereitschaft. Wenn man auf Lastwagen unterwegs war, fuhren wir mit einem Abstand von jeweils 100 m. In dem Fall könnten nicht drei, sondern dann könnte höchstens ein Lastwagen in einen Hinterhalt geraten. Bei diesem Gefecht waren wir etwas aufgelöst, alles passierte gleichzeitig überall. Nach diesem Kampf hatten wir zwei Gefallene und vier Verwundete zu beklagen, aber auf der Gegenseite waren es viel mehr.

Ob ich jemanden getötet habe? Mustafa war ein außerordentlich enger Freund. Als ich vom Urlaub zurückkehrte, sagte ich: »Herr Kommandant, könnten Sie was für mich tun? Ich will Rache nehmen.« Daraufhin haben wir den Ersten, den wir festnahmen, verhört, und weil er uns keine weiteren Informationen gab, und weil auch die 18 Gefallenen Stress bedeuteten, haben wir ihn und drei oder vier andere standrechtlich erschossen. Man hat keine Ruhe. Das habe ich auch bereut.

»Wenn einer gerade das Glaubensbekenntnis ablegt, werde ich keine Kugel auf ihn abfeuern«, hatte ich mir gesagt. Als alle anfingen, Kugeln abzufeuern, schoss ich auch. Er war ganz nah, nur vier oder fünf Meter von mir entfernt, und wenn er das Glaubensbekenntnis gesprochen hätte, hätte ich es gehört. Weil das Fernsehen Aufnahmen macht, tragen wir die Leichen gemeinsam. Es waren eh 20 Tote, und der einundzwanzigste stürzte zu Boden. Es schien so, als hätten wir ihn zur einundzwanzigsten Leiche gemacht.

Jetzt bin ich in derselben Verfassung wie vor der Militärzeit. Ich habe mir große Mühe gegeben, mich zusammenzureißen. Wir hatten einen Leutnant, der mich sehr tröstete: »Versuch doch einfach, so auszusehen, als ob du gut gelaunt wärst, auch wenn es dir schlecht geht.«

Bei meiner Rückkehr war ich total verschlossen. Es kam mir so vor, als würde ich nur noch dahinvegetieren. Normalerweise redete ich überhaupt nicht mit meinen Kameraden. Als der Kampf, in dem Mustafa fiel, zu Ende war und wir zur Kompanie zurückkehrten, warf ich mich auf Mustafas Schlafkoje und fing an zu schluchzen. Meine Kameraden hatten Mühe, mich von seinem Bett wegzuziehen. Jetzt wurde mir alles egal. Ich sagte zum Leutnant: »Erlauben Sie mir, dass ich heute Nacht auf Yüksekova schieße.«

»Na gut«, antwortete der Oberleutnant, »willst du etwa unschuldige Menschen töten?«

Und ich sagte: »Waren die Soldaten etwa nicht unschuldig? Dann sollen nicht nur die Unschuldigen unter ihnen sterben, sondern auch die Unschuldigen unter uns.«

Und ich fuhr fort: »Eine Mutter bringt ihr Kind nicht zur Welt, damit es zur Zielscheibe von Todeskugeln wird, wenn es 20 ist. Sie hatte doch auch Erwartungen an ihren Sohn, wir sind doch keine Opferlämmer.«

Ich sagte ihm, dass meine Mutter Witwe sei und zu Hause auf mich warte. Für wen würde ich denn hier fallen? Eigentlich nicht für den Staat, aber ich will nicht weiter darüber reden. Wenn ich meinen Militärdienst leiste, richtig, dann tue ich es für meine Eltern, für meine Geschwister und für die Muslime, denn ich bin zwar nicht übermäßig fromm, aber doch etwas. Wenn ich den Militärdienst nur für mich leisten würde, dann soll es doch jeder nur für sich tun. Wenn man uns befiehlt, in die Berge zu steigen, können wir nicht antworten: »Wir boykottieren den Befehl, alle miteinander.« Wenn der Befehl gegeben wird, ziehen wir los, ohne zu wissen wohin – und welche Pflicht uns erwartet. Ganz gewiss sind wir zu allem bereit, wenn es zum Gefecht geht.

Manchmal kehren wir zurück, ohne dass ein Kampf stattgefunden hätte, manchmal aber auch haben wir Tausende von Kugeln verschossen. Als ich beim Militär war, wurde erklärt: »Man hat die PKK in die Zange genommen, das ist nun total erledigt.« Solche Erklärungen werden auch jetzt abgegeben. So was wird man nicht nur in fünf, sondern auch noch in zehn Jahren bekannt geben. Eigentlich ist Abdullah Öcalan nur ein Mittel zum Zweck, wenn er nicht da wäre, wäre es garantiert jemand anderes.

Ich hatte keinen einzigen kurdischen Freund. In dem kurdischen Lebensmittelladen in unserem Viertel kaufte ich aus Prinzip nicht ein. Ich habe nichts gegen die Kurden, aber ich will auch nichts mit ihnen zu tun haben. Da wir sie ausschließen, fühlen sie sich auch ausgeschlossen. Eigentlich schließen wir sie aus, weil sie eine andere Kultur haben und sich uns nicht anpassen. Ich weiß nicht, ob die Leute im Südosten die PKK wollen oder nicht. Ich habe viele Dörfer gesehen, die der PKK helfen, aber auch Dörfer, deren Bewohner die PKK hassen. Weil das Dorf, in dem Mustafa fiel, der PKK geholfen hatte, wurde es komplett geräumt. Da mir in diesem Moment einfach miserabel zu Mute war, durfte ich nicht daran teilnehmen. Man gab mir dauernd Spritzen und Pillen zur Beruhigung.

Ein PKK-Mann, den wir festnahmen, war ein hochrangiger Kommandant. »Sobald wir als PKK anfingen, uns Kämpfe mit dem Militär zu liefern«, sagt er, »fing der Staat an, Hilfe zu schicken. Strom, Wasser und Staudämme.« Und er fuhr fort: »Wenn wir der PKK jetzt Einhalt gebieten würden, würde der Staat uns als Kurden die Hilfe versagen. Deshalb müssen wir kämpfen.«

Damit bin ich nicht einverstanden, aber wir haben über alles, was er sagte, nachgedacht, denn tatsächlich gab es früher dort überhaupt nichts. Sobald aber Kriegszustand herrschte, wurde der Osten nach und nach mit Strom versorgt. Trotzdem hat die PKK meiner Meinung nach nichts damit zu tun. Wenn der Osten nicht so ausgeschlossen wäre, und wenn er sich – z. B. industriell – besser entwickeln könnte, wäre die PKK sowieso nicht dort. Sie sagen: »Wir wollen nicht in den Westen ziehen.« In Yüksekova gibt es eine Tiefebene, die zu nichts nütze ist, wenn man dort weder sät noch erntet.

Wir nahmen einen PKK-Mann fest, einen Absolventen der Çukurova-Universität. Er war sehr gebildet und hatte auch keinen kurdischen Akzent. Bei unseren Gesprächen mit ihm argumentierte er so geschickt, dass er unseren klugen Köpfen – wie dem Kommandanten – überlegen war; d. h., er konnte immer beweisen, dass er im Recht war.

»Was macht ihr? Habt ihr Frauen bei euch? Woher kriegt ihr euer Essen?«, fragten wir. Wenn es vor Mustafas Tod zu diesem Gespräch gekommen wäre, hätte ich nichts Besonderes gefühlt. Dann aber wollte ich bei dem PKK-Mann, den wir festgenommen hatten, Wache halten, aber man ließ es nicht zu. Wenn man mich als Wache dorthin gestellt hätte, wäre er am nächsten Morgen vielleicht nicht mehr am Leben gewesen. Man ließ es nicht zu, weil man das wusste. Wenn es nach mir ginge, dann sollte man – wie wir beim Militär sagen –, doch komplett die Gegend jenseits von Malatya und Sivas ... D. h., gib ihnen doch das Land, lass sie frei sein. Statt so zu kämpfen. Wenn es das Vaterland ist, was sie wollen, sollen sie unser Vaterland in Ruhe lassen, und dann hätten wir auch unsere Ruhe.

Über das alles habe ich mit den Kameraden geredet, und das ist die Lösung: »Lieb sie, oder gib sie auf!« Wenn du schon versuchst, das Land zu spalten, dann hau ab und such dir woanders eine Heimat. Schließlich kamen wir alle zu dem folgenden Schluss: »Wenn wir nicht hier wären, wäre es mit diesen Gefechten zu Ende.« Solche Gespräche haben wir natürlich nicht mit den Kommandanten geführt.

Im Sommer blieben wir sechs Monate lang ununterbrochen im Gelände und schliefen in Zelten. Man kehrte erst zur Kompanie zurück, als der Schnee auf die Zelte fiel. Als wir nach Van zurückkehrten, ruhten wir uns aus. Also hinlegen, aufstehen, Sport. Am Abend sehen wir fern, und wenn Wachdienst ist, drehst du deine Runden, weil du Çavuş bist. Zwölf Mann wurden unter einer Schneelawine verschüttet, und wir mussten sie als Tote wegtragen. Ja, ich habe viele Tote getragen. Gott sei Dank, dass ich nicht draufging! Man hat bei mir einen Leistenbruch festgestellt; den habe ich mir beim Militär geholt. Wenn ich mich nicht überanstrengt hätte, wäre meine Leistengegend topfit, aber jetzt nehme ich Medikamente und lebe halt damit. Ich denke zwar an eine Operation, aber nur im Notfall. Tote zu tragen, das ist wirklich Schwerstarbeit! Nach so einer Erschöpfung auch noch Tote zu tragen, das haut einen um.

Der Moment, in dem ich einen Wutausbruch kriegte. Es hieß, die Liste der Gefallenen sei gekommen, aber man zeigte sie mir nicht. Ich ging zu einem, der nichts von meiner seelischen Verfassung wusste, und er hatte den Zettel.

»Ist Mustafa dabei?«, fragte ich. Er guckte auf die Liste und antwortete: »Ja.«

Da warf ich mich zu Boden und fing an, fürchterlich zu jammern und zu klagen. Drei Soldaten versuchten mich zu halten, aber sie schafften es nicht. Einer der Offiziere kam und fragte: »Mein Junge, wie war noch mal dein Name?« Ich schleuderte den Tisch gegen den Mann, und er haute ab. Das war das erste Mal, dass ich sehr wütend wurde.

»Man fällt für Allah«, sage ich. Ich halte auch diejenigen für Gefallene, die für die Einheit und Geschlossenheit der Türkei gekämpft haben und gestorben sind. Ihr könnt nicht wissen, ob der Tote zur PKK gehört oder einer von uns ist. Wenn einer von der PKK stirbt, wird er ganz seltsam dunkel und läuft so komisch blau an, aber unsere Gefallenen sind schneeweiß, wenn sie tot sind. Wenn ihr 100 hinlegen würdet, könnte man unterscheiden, ob ein Gefallener von uns dabei ist.

Einer, der aus Bingöl stammte, wurde festgenommen. Zu einem Soldaten aus Bingöl sagte man: »Du kannst Kurdisch, erklär mal, was er alles sagt.« Wir versammelten uns bei ihm. Der Leutnant lässt ihn fragen: »Was unternehmt ihr, was habt ihr vor – und wo? Gibt es woanders noch Gruppen?« Aber der Mann will nicht antworten. Der Leutnant sagte: »Tu, was du für nötig hältst«.

Der Soldat aus Bingöl fing an, den PKK-Mann so zu verprügeln, dass man die Knochen knacken hörte. Wir mussten die beiden trennen, sonst hätte er ihn umgebracht. Als wir beim Militär anfingen, ging die Angst um, ob kurdische Soldaten der PKK angehören könnten; später merkte man nicht, ob einer zur PKK gehörte oder nicht. Das war nicht wichtig. Man kommt gar nicht dazu, darüber nachzudenken. Es waren auch nicht viele Kurden. Die Sunniten befreunden sich sowieso eher miteinander, und die Aleviten mit ihren Glaubensgenossen. Es kam auch zu Streitigkeiten zwischen Rechten und Linken. Weil auch Kommunisten bei uns waren, haben wir – als Konservative – uns heftig mit ihnen gefetzt.

Im Radio hörten wir von unseren Kämpfen und unseren Operationen. Wir hörten sogar davon, wenn wir gerade eine Operation machten. Aber das wurde ganz falsch berichtet. Wir waren z. B. zu einer Feldoperation losgezogen. Wir hatten höchstens 15 bis 20 Leute erschossen, aber im Fernsehen hörte man, dass es 90 gewesen sein sollen.

Am zweiten Tag nach meiner Rückkehr vom Militär geriet ich ins Grübeln. Was hast du getan? Du hast gekämpft, den Staat und das Volk befreit und bist zurückgekommen. Eigentlich konnte ich das nicht. Das ist nicht der Staat oder das Volk, das wir befreit haben. Ich will das nicht erklären. Es kommt mir so vor, als hätte ich mich wenigstens selbst gerettet. Jetzt sind meine Nerven aufs Äußerste gespannt. Vor der Militärzeit war das nicht so. Wenn es mich überfällt, kann es mir wieder miserabel gehen. Das ist eine Art Zitteranfall.

Alle Eltern interessieren sich für den Südosten, wenn ihre Söhne zum Wehrdienst dorthin gehen. In der Gesellschaft heißt es höchstens: »O weh, ojemine, dort unten soll wieder einer gefallen sein«. Das ist alles, was man sagt. Einem meiner Kameraden passierte es, dass ihm die Wangen durchgeschossen wurden, zur einen Backe rein und zur anderen raus. Im Unterkiefer hat er überhaupt keine Zähne mehr. Er hatte noch 20 Tage bis zum Ende seiner Militärzeit. Und nachdem er 20 Tage im GATA gelegen hatte, entließ man ihn mit den Worten: »Dein Wehrdienst ist vorbei.« Daraufhin schrieb er einen Brief, in dem ungefähr stand: »Man hat mir das und das angetan.« Wir sammelten Geld und schickten es dem Jungen. Das war ein ganz armer Kerl. Niemand fühlt sich verantwortlich. Was sind wir denn? Sind wir etwa Versuchskaninchen oder Opferlämmer? Für das Fernsehprogramm *Anadolu'dan Görünüm* (*Das Bild Anatoliens*) wurde jedem ein Zettel in die Hand gedrückt, oder der Unteroffizier hat vorgelesen, was auf dem Zettel stand. Es war verboten, auch nur ein Wort darüber hinaus zu sagen. Die Leute, die im Fernsehen auftreten, sagen: »Wir werden diesen Sumpf mit Stumpf und Stiel austrocknen, meine Eltern sollen sich keine Sorgen um mich machen.«

Man sagt nicht: »Ich will nicht reden«, ihr werdet in eine Reihe gestellt, man wählt einen aus, und dann sagt man: »Ich komme von da und da, ich bin der und der, wir werden mit der PKK auf jeden Fall Schluss machen, meine Eltern sollen sich keine Sorgen um mich machen, uns geht es gut.«

Es gibt auch Worte wie »*Apocu*«, die man nicht in den Mund nehmen darf. Das ist verboten. Im Fernsehen sagt der General zu dem Jungen: »Soldat, was wünschst du dir?« Einen Kredit, um heiraten zu können, was weiß ich. Da er nun mal nicht sagen darf: »Gib mir meine Gesundheit wieder.« Aber wenn du – als General – so viele junge Männer in den Kampf schickst und tötest, solltest du sie nicht zum Kampf mitnehmen, wenn du dich wirklich um sie kümmern könntest. Man müsste ihnen nicht nur Rollstühle verschaffen, sondern auch für ihre Therapie sorgen. Niemand geht mit der Hoffnung auf Milliarden zum Militär. Das Ziel der Soldaten ist, für das Vaterland zu kämpfen und sich zu bewaffnen, um die Einheit des Vaterlands zu schützen.

Ich würde sagen, dass es fast kein Ereignis gibt, durch das ich mich geehrt gefühlt hätte. Wenn ihr doch sowieso auch befürchten würdet, dass es Unsinn wäre, Angst vor dem Tod zu haben, nachdem wir unsere Pflicht als Menschen getan haben. Wir kämpfen mit der PKK, mit der Natur und den Kommandanten. Weil es sehr diszipliniert zugeht, ist das auch ein Aufstand gegen sie. Natürlich, nicht alle Kommandanten gleichen einander. Bis Mustafa fiel, habe ich nicht gedacht: »Der Wehrdienst sollte so schnell wie möglich zu Ende sein, und dann ist meine Zeit endlich rum.« Nach Mustafas Tod fing die Zeit an still zu stehen. Sieben Tage lang schneite es, und ich konnte nicht kommen. Solche sieben Tage machen einen so unruhig, als ob es 7000 Tage wären. Als ich zum Militär ging, war ich verlobt, und als ich zurückkehrte, haben wir uns getrennt. Um es kurz zu sagen: weil wir nicht mehr zueinander passten. Alles, was ich erlebt hatte, hatte auch einen starken Einfluss auf mich, und meine Verlobte konnte nun mal nicht daran Anteil nehmen. Für meine nächste Station lautet der Befehl bei der Mobilmachung: »Hasdal/Istanbul«; jetzt bin ich auf diese Gegend gespannt. Wie wird wohl der Militärdienst im Westen sein? Ich kann eigentlich nicht sagen, dass ich nicht mehr zum Militär will. Wenn es sein muss. Ich will es in Hasdal/Istanbul machen. Wenn ich nicht das Problem mit dem Leistenbruch hätte, würde ich auch in den Osten gehen, das ist doch egal.

1973 geboren, Abschluss einer Berufsfachoberschule. Von April 1993 bis November 1995 war er zuerst in der Gebirgskommandoschule von Eğridir zur Rekrutenausbildung, die Zeit danach hat er in Yüksekova bei Van verbracht. Seine Mutter ist verwitwet, und er ist ihr einziger Sohn. Er arbeitet als Eisendreher, und ihm gefallen Leute wie Fatih Altaylı und Emin Çölaşan.

15. Einerseits Respekt und Liebe, andererseits Grausamkeit

Die Gendarmerie von Nazımiye zündete das Gebiet an. Ich musste den Bericht unterschreiben, in dem es hieß: »Terroristen haben es auf der Flucht verbrannt.« Kamer Genç fragt General Hasan Kundakçı, den Kommandanten, der für die Sicherheit dieser Region verantwortlich ist: »Was war denn nun eigentlich los?« Der General antwortet: »Terroristen haben das Gelände auf der Flucht in Brand gesteckt.« Du gehst hin und fragst einen einzigen Menschen.

Du musst hingehen, dir bleibt keine andere Möglichkeit. Und als Reserveoffizier habe ich 53 Jungs unter meinem Befehl. Ich trage die Uniform und werde meine Soldaten beschützen. Jeder wird sich selbst retten. Wenn die Gegenseite nicht das Feuer eröffnet, schießt du nicht, aber du stirbst, wenn du das Feuer der Gegenseite nicht erwiderst. Ich glaube, dass die Mehrheit der Leute in den Bergen nicht weiß, was sie tut. Wir kennen das Feuer. Wenn in der Ferne, unter dem Vorwand, dass kein Schaden entsteht, Störfeuer gemacht werden, dann nicht, um Soldaten zu töten, sondern nur zum Schein, um zu fliehen – dann sind es die Männer von der *TİKKO*. Wenn aber jemand eindringt, um Soldaten umzubringen, sogar wenn sie dabei selbst draufgehen, dann sind es die Leute von der PKK. Gegen Morgen tauchte mitten im Wald ein Junge auf. Wir nahmen ihn fest. Er hatte die Broschüre der TİKKO in der Hosentasche. Der Kommandant des Bataillons fragt ihn und meint, der Generalstab will wissen, woher er kommt.

»Ich gehe zu meinen Freunden da oben, um ihnen Brot zu bringen«, antwortet er.

»Zu welcher Partei gehörst du?«

Der Junge antwortet: »Zur TİKKO.«

»Was macht die TİKKO?«

Der Junge sagt: »Sie kümmert sich um die Rechte der Arbeiter und Beamten, mehr weiß ich nicht.« Seine Kleidung war ziemlich heruntergekommen. Wir gaben ihm Militärzeug zum Anziehen, Fruchtsaft und Tunfisch der Marke »Dardanel«. Der Junge kam mit uns. Zum Schluss setzten wir ihn in einem Dorf ab. Normalerweise lässt man so einen natürlich nicht laufen. Der Junge weiß nichts. Wenn sie durch eines der Dörfer ziehen, sagen sie: »Bring uns Brot!« Natürlich gibt es auch noch ganz andere Situationen.

Weil wir ständig im Gebirge waren, hatten wir recht wenig mit den Einheimischen zu tun. Was hier passiert, wälzt sich wie eine Schneemasse zu Tal und wird zur Lawine. D. h., das Band zwischen den Einheimischen und dem Militär war dabei, zu reißen.

Neulich habe ich ferngesehen und fand viel Blödsinn in der Glotze. Das Militär hat in Diyarbakır allgemeine Untersuchungen zur Gesundheit der Bevölkerung durchgeführt. Du machst das, um für ein gutes Klima zu sorgen, aber auf der anderen Seite gibst du dir eine Blöße. Du kannst die Gesundheitsfürsorge nicht dorthin bringen, du beutest ihre Gefühle aus, damit die Einheimischen das Militär mögen, und das ist falsch.

Wir flogen vom Gebirge aus mit dem Hubschrauber nach Tunceli, um in Urlaub zu gehen. Ich würde mir bei der Ziraat Bankası in Tunceli meinen Sold holen. Wir waren in Zivil. Du marschierst im Gebirge dauernd durch raues Gelände, und wenn du in die Stadt runtergehst, erkennt die Polizei, dass du aus den Bergen kommst. Man hat einen nervösen Gang. Jemand hielt mich plötzlich am Bauch fest. Der Militärdienst war gerade um fünf Monate verlängert worden, und ich war Leutnant. »Zeig mir mal deinen Ausweis«, sagte er.

»Wer bist du denn?«, fragte ich.

»Ich bin der Hauptkommissar«, antwortete er. Und ich bin Leutnant.

Er entschuldigt sich. »Pass mal auf«, sagte ich, »in der Stadt macht ihr das so, und in den Bergen schlagen wir uns mit denen rum. Wenn ich Zivilist wäre und du mich so gefragt hättest, wer ich bin, würdest du mich nicht noch mal hier antreffen.«

Es war in der Zeit, als Ovacık lichterloh brannte, und ich war dort. Vom Marschieren bei Tag und Nacht wird der Soldat nervös, seine Füße sind geschwollen und die Stiefel kaputt. Manchmal kann der Hubschrauber nicht in den Kampfabschnitt kommen, und ab und zu geht die Angst vor dem Hunger um. Auch wenn es falsch sein mag, man wird doch ein wenig zum Tier. Ob Offizier oder einfacher Soldat, letzterem ist das natürlich eher erlaubt.

Du gehst durchs Unterholz und über Wiesen und Weiden mit Dornengestrüpp, und der Soldat nimmt ein Streichholz und zündet es an. Es war eine Operation mit 800 Mann. Die kleinste Einheit bestand aus 13 Mann. Die 13 Leute hatten einen Anführer, aber du kannst die Soldaten nicht immer unter Kontrolle halten. Ein Mann von 20 Jahren ist wie benommen. Tagelang, monatelang kann man sich weder waschen noch gegen Läuse und Flöhe wehren, außerdem die raue Gegend; einer zündet ein Streichholz an und wirft seine Zigarette zu Boden. So kam es zu den Bränden. Ich persönlich habe nicht gesehen, dass jemand das absichtlich tat; ein Offizier hat absichtlich gezündelt, aber zwei Terroristen waren dort. Da war ein Bett, alles war da, es wurde gemeldet, und als wir auf das Terrain kamen, flohen sie. Sie werden wieder hinkommen, um einen Unterschlupf zu suchen.

Die Gendarmerie von *Nazımiye* zündete das Gebiet an. Ich ging selbst hin und bekam dann den Bericht, in dem stand: »Terroristen haben das Gelände auf der Flucht in Brand gesteckt«, und das musste ich unterschreiben. Ich weiß nicht, warum Ovacık brennt. Kamer Genç kommt und fragt General Hasan Kundakçı, den Kommandanten, der für die Sicherheit dieser Region verantwortlich ist, was passiert ist. Der General antwortete: »Terroristen haben das Gelände auf der Flucht in Brand gesteckt.«

Plötzlich fliegt ein Hubschrauber dorthin. Das ist alles. Am Abend hören wir Nachrichten im BBC, im Radio: »Kamer Genç ist zu Untersuchungen im Kampfabschnitt gewesen.« Das ist gelogen. Du bist auf Staatskosten nach Malatya geflogen. Um dich zu schützen, hast du so viele Soldaten gestört. Dir wird ein Hubschrauber zur Verfügung gestellt. Und du fragst nur eine einzige Person.

Du gibst einem 20-Jährigen eine Waffe, eine MG3 in die Hand, und die Soldaten haben so und so viele Patronen und Nachtfernrohre. Wenn du dir das Nachtfernrohr länger als 20 Sekunden vor Augen gehalten hast, siehst du was ganz Anderes. Der Soldat guckt durch das Nachtfernrohr und hält es sich natürlich lange vor Augen. Dann wirkt ein Glühwürmchen so groß wie ein Mensch, und die Soldaten geraten in Panik. Sie nehmen die MG3 zur Hand, setzen dann den schweren Mörser und die schwere Kanone ein, die nach hinten losgeht, und alles, was sie gesehen haben, ist kein Mensch, sondern ein Glühwürmchen. In einem solchen Moment wird ein Vermögen verschwendet, das ist die wirtschaftliche Dimension. Um elf Uhr nachts zogen wir in Nazımiye auf den höchsten Gipfel des Berges Düzgünbaba. Man hatte mir den Posten eines Kompaniechefs anvertraut; 53 Mann stellte ich auf. Die Jungs fingen an zu frühstücken. Keine fünf Minuten waren vorbei, da kamen schon Schüsse, wir kennen die Geräusche der Waffen, das sind Kalaschnikows. Der Kampf dort dauerte zweieinhalb Stunden. Sie schaufelten Gräben, mit deutlichem Abstand voneinander. In jeder Stellung schlafen zwei Mann abwechselnd; einer von ihnen hält Wache. Gegen Morgen sollen sie alle eingeschlafen sein. Wir gingen über sie hinweg und schlossen auch um sie einen Ring. Ich zog mich nach hinten zurück. Dahinter war ein Abgrund, und von dort konnte kein Schuss kommen.

Unsere Leute sehen uns vom Gipfel aus, aber sie können uns nicht helfen. Sie rufen uns über Funk zu: »Sie sind bei euch eingedrungen. Wenn wir euch von hier aus unterstützen würden, kämt ihr auch dabei um. Rettet euch, so weit ihr könnt.« Dann kapieren wir, dass die Terroristen vor uns Angst haben, weil sie eingekesselt sind. Die Terroristen sehen die Soldaten auf dem Gipfel, aber die Stelle, an der wir sind, können sie nicht genau ausmachen. Was machen sie diesmal? Eine Gruppe schießt, und eine andere flieht. Zum Schluss haben sie einen Mann dort gelassen, und der schießt. Das hörte schließlich auf, und ich stand auf. Der Offizier befiehlt mir über Funk: »Such das Gelände ab!«

Und ich antwortete: »Such du es doch ab, ich gehe weg.« Nach einem Gefecht von zweieinhalb Stunden werde ich das Terrain auch noch absuchen! Weiter vorn, auf dem Weg, lag ein Toter. Einer unserer Soldaten, der aus Adana kam, fragte: »Herr Kommandant, darf ich seine Schuhe holen?«, holte sie und freute sich auch noch darüber. Notgedrungen veränderst du dich in so einer Atmosphäre. Natürlich bist du ein Mensch, einerseits tut dir die Gegenseite Leid, andererseits hast du Mitleid mit den eigenen Soldaten.

Wieder fiel ein Soldat in dem Gefecht bei Ovacık. Dort wurde der Junge in eine Wolldecke gehüllt. Sie zogen Stangen durch die beiden Enden der Wolldecke und trugen ihn auf den Schultern. Eine Einheit übergibt ihn der anderen.

In der Höhle fanden wir Zwieback, Rosinen, Schilf, Laternen und Ähnliches, außerdem Konservendosen mit Fleisch. Der Hubschrauber kommt nicht. Wir haben keinen Proviant. Als die Soldaten die Rosinen und den Zwieback sahen, warfen sie die Leiche zu Boden. Jeder tritt die Leiche mit Füßen. Dort brüllte ich, das vergesse ich nie, es war neblig, und es regnete. Ich brüllte: »Dort ist euer Kamerad gestorben, vielleicht geht es uns in einer

Stunde genauso, wegen zwei Stück Zwieback tretet ihr den Toten mit Füßen, ihr ungezogenen Lümmel!«

In diesem Moment waren sie sehr hungrig. Psychologisch gesehen änderst du dich total. Der Unteroffizier sagt: »Wir können die Leiche nicht auf dem Rücken tragen, wir sollten sie – wie in den Cowboy-Filmen – auf einen Pferderücken legen.«

»Du wirst ihn zum Regimentskommandanten bringen, es gibt eine offizielle Zeremonie, man wird ihn in die Flagge hüllen, und du willst ihn – wie im Western – auf einen Pferderücken legen.« Das akzeptierte ich nicht. »Ich verpflichte dich und 15 Mann dazu, und du wirst mir über Funk Bescheid geben, ob du den Leichnam ordnungsgemäß übergeben hast – und kehrst zurück«, sagte ich. Einerseits Respekt und Liebe, andererseits Grausamkeit; und man verliert seine Fähigkeit, mitzuleiden.

Ich habe keinem einzigen PKK-Mann direkt gegenübergestanden. Natürlich gab es unter denjenigen, die wir festnahmen, welche, die uns den Weg zeigten. Das sind Leute, die sich reumütig von der PKK abgewandt haben. Du gibst ihnen keine Waffe. Sie kommen mit uns, erklären und zeigen uns, wo sie durchgegangen sind und wie sie die Minen versteckt haben. Sie geben uns sogar Unterricht, wie und wo man die Minen legt. Davon abgesehen habe ich PKK-Leute nur tot gesehen. Bei den Kämpfen geht es doch nie ohne Leichen ab. Da kommt es z. B. zum Kampf, und es ist doch klar, weil wir in der Mehrheit sind, wie lange das Gefecht auch dauert, zum Schluss eroberst du den Kampfabschnitt.

Auch wenn du Verluste in der Armee hast, bist du trotzdem überlegen. Aber wenn die Terroristen die Soldaten so wegbringen, wie sie ihre eigenen Leute wegbringen, ist das natürlich schwer. Wenn sie den Soldaten die Waffen wegnehmen konnten, dann machten die Terroristen das. Meiner Ansicht nach muss man eine radikale Lösung finden.

(Juli 1998, Tonya)

1965 in Tonya geboren, 17 Monate Militärdienst in Tunceli, von Juli 1993 bis Dezember 1994. Er hat ein Fernstudium abgeschlossen.

16. 1313, das war die Nummer, die man mir auf den Arm ritzte

Früher war ich begeisterungsfähig und verliebte mich sofort; nachts weinte ich manchmal, und wenn ich Filme oder so gesehen hatte, hat mich das enorm beeinflusst. Jetzt kann ich mich nicht mehr verlieben. Sexualität, einfach alles, erlebte ich viel stärker. Jetzt lebe ich zwar, aber das ist nicht mehr so wie früher, ich hatte früher einfach mehr Lust. Ich führe ein totes Leben.

Dreck, Disziplin, Fluchen und Prügel. Ich habe eine Menge Prügel eingesteckt. Mit 70 kg fing ich bei der Haupteinheit an, mit 49 kg kam ich zurück, das sind genau 21 kg. In knapp einem halben Jahr habe ich mich wieder aufgerappelt. 45 km von meinem Heimatort entfernt machte ich den Militärdienst. Das hat mir auch wehgetan. Warum sind das alles Leute aus dem Osten? Die Staatspolitik bringt es dazu, dass die Leute aus dem Osten sich gegenseitig umbringen. Vor dem Krieg ging einer, der aus dem Osten stammt, in den Westen, und einer aus dem Westen in den Osten, jetzt ist es umgekehrt. In der Kompanie sind wir 350 Mann, noch nicht mal 50 davon kommen aus dem Westen. Einer aus *Patnos* leistet in *Erciş* seinen Militärdienst, eine halbe Stunde weit entfernt.

1313, das war die Nummer, die man mir auf den Arm ritzte. Bis nachts um drei Uhr wartete ich darauf, dass man mich rasierte, mein Kopf war blutüberströmt, der Apparat funktionierte nicht. Einer der Männer spritzte ganz schlecht, ohne die Spritze zu wechseln. Ich habe gesehen, wie man den Tieren solche großen Spritzen gegeben hat. Die Spritze wurde erst gewechselt, nachdem ein paar Leute dran waren.

Ich hatte zu Hause gefrühstückt und mich auf den Weg gemacht. Es wurde drei Uhr nachts, und seitdem hatte ich nichts gegessen. Man brachte uns Brot, das teilten wir uns mit den Kameraden, legten uns um fünf Uhr hin, und um sechs mussten wir wieder aufstehen. Eine Schulung von 58 Tagen, als ob man uns im Gefängnis eingesperrt hätte. Den ganzen Tag lang: »Präsentiert das Gewehr! Gewehr über! Gewehr ab! Setzen! Aufstehen!« und den Tee servieren. Bei den Rekruten habe ich sechs Kugeln abgeschossen, alle daneben. »Wenn ihr keine gute Schulung kriegt, kommt ihr um«, sagte man, aber die Schulung war nicht gut. »Wenn dich die PKK im Kampf gefangen nimmt oder wenn du fällst, dann schneiden sie dir die Ohren ab«, mit solchen Sprüchen stachelte man unseren Ehrgeiz an.

Am schlimmsten geht es dem Infanteristen, ja, man nennt ihn sogar den »verlausten Infanteristen«. Es ging nach *Ağrı*! Meine Eltern konnten es nicht glauben und machten sich große Sorgen um mich. Als ich die Gefallenen sah, quälte mich das sehr, und weil ich es mehr oder weniger wusste, dachte ich nicht ein einziges Mal: »Warum ist das nur so?«

Mein Onkel hatte mich zur Einheit in Muş gebracht, und ich weinte, als er winkte. In der Haupteinheit war alles mies; keine Sauberkeit, kein Essen und Wanzen in den Betten. Als ich zum ersten Mal hinkam, schliefen fünf Leute in zwei Kojen. Als ich am ersten Morgen aufstand, war ich am ganzen Körper zerkratzt. Ich zog meine Unterwäsche aus, und alles war voller Wanzen. Eine Woche lang hatte ich eine Allergie am ganzen Körper. Ich gewöhnte mich auch an die Wanzen. Niemand aß das Zeug, das man uns vorsetzte, noch nicht mal die Leute, die kein Geld hatten. Wir aßen trockenes Brot und tranken Tee dazu. Man brachte uns in den Bataillonen unter. G3, Flugabwehr, Handgranaten. Wir hatten zwar eine gute Schulung, aber nicht hundertprozentig. 15 Monate sollte ich hin, aber es wurden 18 Monate; man nennt uns die »Çiller-Soldaten«.

In den ersten beiden Monaten habe ich nicht ein einziges Mal gebadet. Ich kümmerte mich um das schmutzige Geschirr. Zehn Minuten lang gibt es heißes Wasser, zuerst baden die Männer, die ein paar Monate vor uns zum Militär gegangen sind, und wenn sie zu uns sagen: »Jetzt könnt ihr baden«, wissen sie, dass das Wasser alle ist. Ja, noch schlimmer, vom Geschirrspülen waren meine Finger dauernd fettig. Das roch ekelhaft. Eines Tages sah ich einen Freund von mir, der ein paar Monate früher zum Militär gegangen war; er arbeitete im Kesselraum, ich freute mich sehr und weinte. Sie hatten gesonderte Bäder. In aller Ruhe nahm ich eine Stunde lang ein Bad, ich hatte auch nichts Vernünftiges zum Anziehen, das war dort kein Problem, und er holte mir ein paar neue Kleidungsstücke.

Es war Winter, und wir zogen los, um ein Dorf zu durchsuchen, das war die erste Operation. Wir durchsuchten die Häuser. Wir suchen nur Personalausweise, in einigen Häusern tauchen

Ausweise von Männern auf, Männer waren aber nicht da. Das melden wir unseren Vorgesetzten. Schließlich kann die Frau nicht sagen: »Mein Mann ist in die Berge gegangen.« Natürlich bin ich Soldat, und auf der anderen Seite steht der Feind. Wenn ich sie nicht als Feinde ansehen würde, würde ich nicht hingehen. Ich beteilige mich auch daran. Das tut mir weh, und ich überlegte, warum das so ist. Es wird sehr viel Druck auf das Volk ausgeübt.

Wir gingen zu einem Kampf auf dem Berg *Tendürek*. Die Leute von der PKK hatten uns wahrscheinlich gesehen und versteckten sich in den Schluchten. Wir gehen hin, sehen sie nicht, und der letzte Mann der Truppe, die am Ende marschierte, hat sie vermutlich gesehen. Wir umzingelten sie, und 16 Mann von der PKK wurden getötet. 14 Kalaschnikows und ein Sturmgewehr, eine Kanas, tauchten auf. Wir sammelten die Leichen ein. Als wir am Morgen aufstanden, hatten sie den Leichen die Ohren abgeschnitten; das hatten wohl die rechtsgerichteten Kameraden getan, als sie zur Nachtwache aufbrachen. Mir war miserabel zu Mute, ich hatte in meinem ganzen Leben noch keine verstümmelte Leiche gesehen. Der Kommandant des Bataillons stieß einen entsetzlichen Fluch aus und fragte: »Ist einer von euch Hoca?«

Ein paar Männer meldeten sich, und er sagte zu ihnen: »Kommt mal her; ist das etwa in Ordnung, was die Leute da gemacht haben? Selbst wenn es der Feind ist, das sind Tote, und im Islam ist es eine Sünde, Leichen etwas anzutun.«

Ich fühlte mich mies, und das tat mir sehr Leid. Ich streckte mich in der Koje aus, am Ende jeder Aktion gab es etwa zehn Tage Ruhe, denn unsere Füße waren aufgesprungen. Ich sah, dass einer im Schlafsaal ein Ohr in einen Briefumschlag steckte. Wer den Leichen Ohren abgeschnitten hatte, schickte sie an seine Familie.

Wenn ich was gesagt hätte, hätte ich zu hören gekriegt: »Du unterstützt die kurdische Bewegung. Du steckst mit der PKK unter einer Decke«, so was würden sie sagen und mich »Terörle Mücadele«, der Kampfeinheit gegen den Terror, ausliefern. Nachdem ich zum Militär gegangen war, dachte ich daran, dass ich Kurde war. Ich sah alle Menschen als gleich an, das sehe ich auch heute so, aber zuerst habe ich die PKK als fremd empfunden.

Nach meiner Rückkehr ins Zivilleben wurde mir viel deutlicher klar, dass ich Kurde war. Bei einer Industriefirma suchte man jemanden für den Sicherheitsdienst, der seine Wehrpflicht im Südosten geleistet hatte. Wir waren zwei, die sich bewarben, einer für die Zentrale und einer für den Sicherheitsdienst. Zu dem anderen sagte man: »Du kannst den Sicherheitsdienst machen.« Der Junge antwortete, er habe sich für die Zentrale beworben, aber sie nahmen ihn für den Sicherheitsdienst. Vor meiner Militärzeit hätte ich das nicht kapiert.

Anfang der neunziger Jahre nahm mein Vater an der Fahrprüfung bei der Stadtverwaltung teil, er kriegte 90 Punkte, aber man nahm einen Mann aus *Konya*, der nur 60 Punkte gekriegt hatte. Damals dachte ich: »Was bedeutet es denn nur, Kurde zu sein?«

Bei dem Kampf auf dem Tendürek wurde ein Oberleutnant am Fuß getroffen, dieser Oberleutnant soll früher mal einen Soldaten mit dem Stock zu Tode geprügelt haben. Er soll verurteilt worden sein und auch ein paar Jahre im Knast gesessen haben. Nachts trank er Alkohol, kam in unseren Schlafsaal und verprügelte uns. Er war Anfang 40, er hätte Oberstleutnant oder so was werden müssen, jedenfalls war das ein Oberleutnant, der schon lange gedient hatte. Einmal liege ich da, er ließ mich aufstehen und fragte: »Was machst du?« Er versucht mich zum Lachen zu bringen. Ich habe nicht gelacht. Dann fing er an, mich zu kitzeln. Ich lachte sogar, und dann verprügelte er mich.

Wenn es zum Gefecht ging, sagte einer meiner Kameraden: »Ich bringe ihn um«, und der andere sagte dasselbe. Wenn wir zu unseren Aktionen gingen, zwang er mich z. B. dazu, fünf Bier zu tragen, und einen anderen zwang er auch dazu. Der Mann war einfach Alkoholiker. Die Last ist schwer, außerdem fünf Bier, manchmal warf ich meinen Proviant ab, weil mir die Bürde zu schwer wurde.

In der Pause brüllt er, und wir geben ihm sein Bier. Jeder wusste, dass er trank, auch die Kompaniechefs. Bei dem Gefecht auf dem Tendürek soll dieser Oberleutnant fuchsteufelswild geworden sein; er stand auf und fluchte. Es ist verboten, aufzustehen. Sein Bein hatte eine Kugel abgekriegt. Bei dem Kampf tauchten 16 Kalaschnikows und eine Kanas auf.

Was ihn getroffen hatte, kam von einer G3, d. h., es war ein Soldat. Auch die höheren Offiziere sagten: »Ein Soldat hat ihn getroffen.«

»Das ist aus Versehen passiert« – so deutete man das, aber jeder wusste, dass der Soldat ihn absichtlich getroffen hatte. Er kehrte nicht zurück. Alle Soldaten beteten für denjenigen, der das getan hatte.

Auf dem Tendürek nahmen wir auch drei Mann gefangen. Als einer von denen seine toten Kameraden sah, fing er an zu weinen und erklärte: »Das war unser Kommandant.« Und der andere fragte: »Wie viele von euch haben wir getötet?« Der Hauptmann stellte die drei Mann nebeneinander auf. Und uns befahl er: »Setzt denen mal eure Schneekappen auf!« Wir wollten das nicht. Sie mussten sich ausziehen, der Hauptmann ließ Leute von der Truppe rufen und befahl ihnen, die Männer zu erschießen. Das war derselbe Kommandant, der gesagt hatte, dass es eine Sünde sei, den Gegnern die Ohren abzuschneiden. Wenn du jemanden gefangen genommen hast, dann bestraf ihn, aber musst du ihn denn töten?

Mein Kamerad aus Diyarbakır sagte: »Mir stehen die Tränen in den Augen. Am liebsten würde ich den Hauptmann umbringen.«

Unterwegs sahen wir die Leichen von einem Mann und einer Frau. Man hatte ihnen die Köpfe mit Steinen zerquetscht, damit sie nicht zu erkennen waren, aber man merkte an den Haaren, dass es eine Frau war. Wir hatten keine Gefallenen zu beklagen, aber einer der Kameraden kriegte eine Krise und schoss sich selbst in den Fuß, damit er nicht länger mitmachen musste. Von nun an war er behindert, und er musste auch ein oder zwei Jahre in den Knast. Die Kommandotruppen standen mitten im Kampf; als wir zu Hilfe kamen, waren fünf Mann vom Kommando gefallen.

Als wir sie auf den Wagen luden, verschob sich die Decke über einer der Leichen. Ich sah sein Gesicht, er sah nicht wie tot aus, das kam mir ganz schlimm vor. Das quält dich, du spürst Hass und Ekel, und du hast das Gefühl, als wolltest du jemanden umbringen.

Etwa drei Tage lang hatten wir nichts zu essen; den Durst löschten wir mit Schnee, und wir wollten Proviant. Man sagte: »Ein Hubschrauberflug kostet 80 Mio. Lira, haltet noch ein paar Tage durch.« Zum Schluss gab es Leute, die in Ohnmacht fielen, und dann musste man uns wohl oder übel Proviant schicken.

Die Versorgung für eine Woche kommt an: Konserven, Bohnen – es war noch nicht mal klar, welche Marke das war – und einmal in der Woche Tunfisch der Marke »Dardanel«. Einmal trennte ich zwei Kameraden, die sich stritten; als mein Kamerad, der die Prügel eingesteckt hatte, sagte, dass ich auch geschlagen hätte, prügelte ein Unteroffizier mich krankenhausreif. Ich falle hin, ich bin ziemlich schmal, und als ich aufstand, prügelte er mich weiter. Ich muss aufstehen, ich werde vor ihm salutieren, und er wird mich weiter schlagen.

Wir waren auf dem *Ararat*. Es regnete in Strömen, und ich bekam Malaria. Wir hörten Radio, die Station *Doğu Beyazıt*. Der Moderator fragt die Hörer, die sich per Telefon an der Sendung beteiligen: »Was macht ihr denn gerade?« Und jemand antwortet: »Wir trinken Tee« oder so was. Am liebsten wäre ich dabei gewesen. Irgendwo, wo es gemütlich ist, mit der Familie oder Freunden Tee zu trinken, das wäre schön.

Als ich Malaria hatte, bekam ich einen Fieberanfall und war total weggetreten. Ich versuchte in mein Zelt zu gehen. Mein Kamerad fragte: »Wohin gehst du?« Er sagte mir, ich ginge in die falsche Richtung. Er hat mir das Leben gerettet. Schließlich waren auch Leute von der PKK in den Bergen, und die hätten mich töten können.

Unser Kommandant war Hauptmann. Das war ein sehr guter Mensch. »Mein Ziel ist, dass keiner meiner Soldaten umkommt«, sagte er. Je mehr Erfolge ein Offizier aufweisen kann, desto früher steigt er im Rang, aber unser Kompaniechef sagte: »Wenn ich mich zwischen einem meiner Soldaten und 100 PKK-Leuten auf der Gegenseite entscheiden müsste, würde ich mich für meinen Soldaten entscheiden.« Er brachte uns nicht in Gefahr, um Karriere zu machen. »Ich habe drei Kinder«, sagte er, »und da mache ich keinen Unterschied. Ihr seid wie meine Söhne.«

Er war sehr beliebt. Er ging nach Ankara und rief uns sogar von dort aus an. Der Kommandant der Brigade gab uns von Doğu Beyazıt aus über Funk Befehle und kam in die Berge, um uns alles Gute zu den Feiertagen zu wünschen. Mit den Experten hatten wir jeden Tag Streit, d. h., das waren die Berufssoldaten. Unser Kompaniechef sagte auch: »Die habe ich satt.« Und zu ihnen meinte er: »Ihr dürft meine Soldaten nicht schlagen!«

Wir waren 300 Mann in der Einheit. Der Typ, der den Tee ausschenkte, und der Mann, der für den Speisesaal verantwortlich war – beide waren Kurden. Die meisten waren Kurden. Die türkischen Kameraden hielten das nicht aus. Einmal gab es einen großen Streit über das Thema Kurden und Türken. Die Kurden waren die Mehrheit, aber drei Kurden wurden erstochen. Einer sagte: »Der Typ, der den Tee ausschenkt, ist Kurde, ist hier vielleicht die kurdische Bewegung zu Hause?« Als er fluchte, ging der Streit los. Um sich zu verteidigen, warf er das Messer auf einen, der auf ihn zukam. Wer in den Osten geht, denkt nicht an Schuld oder so was.

Der *İmam* musste zum Militär, er betete viermal am Tag, und als er sich von der Armee verabschiedete, wurde er so was wie ein Atheist. Dort ist die Religion so gut wie verschwunden, denn du bist jeden Tag bei der Schulung, ob man es will oder nicht, man entfernt sich von der Religion.

Eigentlich war Alkohol verboten. Man will aber trinken, man will immer mehr trinken, aber dann wird dein Militärdienst verlängert, und das ist riskant. Beim Militär wird Alkohol verkauft, und die Offiziere trinken. Ein paar Kameraden nahmen enorm viel Haschisch. Der Kommandant des Bataillons wusste das auch. Natürlich, das kam wohl aus dem Zivilleben. Er beorderte uns zum Appell. »Es scheint so, dass hier eine Menge Haschisch die Runde macht. Das dulde ich nicht.« Einige Soldaten waren drogenabhängig.

Ich habe bestimmt jemanden getötet, du schießt aus großer Entfernung, und es ist nicht klar, wen du getroffen hast. Die Gegner waren 16 Mann, und wir waren 300 bis 400, d. h., Millionen von Kugeln werden abgeschossen.

Mein erster Gedanke war, das, was ich die Vaterlandspflicht nenne, werden meine Kinder später einmal auch erleben, eine Art Verteidigung des Volkes. Wogegen? Gegen etwas, das unser Volk bedrohen könnte, das könnte die PKK oder Griechenland sein. Von den Feinden werden auch welche getötet, und das ist auch nicht gut. »Die PKK ist schlimm«, habe ich gesagt. Im Verhältnis zum Westen wird die Bevölkerung im Osten auch sehr unterdrückt. Gegenüber der PKK hatte ich auch mehr Vorurteile. Heute würde ich nicht mehr zum Militär gehen, irgendwie bereue ich das jetzt.

Mein Cousin hat sich bei der Polizei beworben und eine Zusage gekriegt, und 20 Tage bevor er mit der Schule fertig war, hat man ihn rausgeschmissen, weil er Kurde war. Warum sollte ich denn dann für diesen Staat zum Militär gehen? Es fällt mir schwer, denn wenn ich an guten Tagen nicht für den Staat existiere, muss ich doch an schlechten Tagen für ihn da sein. Ich werde von der Regierung irgendwie benutzt. Ich könnte im Osten sterben. Ich habe viel über den Tod nachgedacht. Entweder komme ich nicht lebend davon, oder ich werde innerlich nicht damit fertig.

Selbst die Leute, die unheimlich wütend auf die PKK sind, machen den Militärdienst nicht, denn die Bedingungen sind miserabel. In meiner Fantasie – so wird der Militärdienst auf Reklametafeln und in Videoclips dargestellt – sind die Soldaten alle glücklich und lachen. Die Wirklichkeit ist total anders und ganz ekelhaft. Als ich hörte, dass der Dienst verlängert wurde, habe ich geheult; ich war furchtbar traurig, konnte nichts mehr essen und habe angefangen, überhaupt nicht mehr zu essen. »Ich werde nicht mehr zurückkehren«, sagte ich.

Als mein Militärdienst zu Ende war, wollte ich so schnell wie möglich vom Ararat weg. Wir stiegen in den Wagen, und ich konnte es kaum fassen. Bei meiner Rückkehr blieb ich ein paar Stunden im Wasser – in Patnos hatten wir einen Badeofen –, um den ganzen Dreck wegzuspülen. Ich zog mich an und legte mich nicht schlafen, denn wenn ich geschlafen hätte, wären die Wanzen wieder in meine Sachen eingedrungen. Ich blieb bis zum Morgen an der Heizung sitzen.

Als ich nach Hause kam, stand mein Vater mit einem Nachbarn auf der Straße, aber er erkannte mich nicht. Ich rief »Vater«. Da drehte er sich um, umarmte mich und weinte. Es war ihm peinlich, dass er mich nicht gleich erkannt hatte. Am Abend kam die Familie meines Onkels, sie kriegten alle einen Schock und trösteten mich damit, dass ich bald wieder bei Kräften wäre. In meinem ganzen Verhalten hatte ich mich etwas verändert; sie machten sich bestimmt große Sorgen um mich und dachten wahrscheinlich: »Ob es mit dem Jungen aus und vorbei ist?«

Bei dem guten Essen meiner Mutter rappelte ich mich in ein paar Monaten wieder auf. Als ich heimkam, hatte meine Freundin einen anderen geheiratet. Danach hatte ich keine richtige Beziehung mehr und habe das Interesse an Frauen verloren. Die Liebe, die ich suchte, war ganz anders.

Früher war ich begeisterungsfähig und verliebte mich sofort; nachts weinte ich manchmal, und wenn ich Filme oder so gesehen hatte, hat mich das enorm beeinflusst. Jetzt kann ich mich nicht mehr verlieben. Sexualität, einfach alles, erlebte ich viel stärker. Jetzt lebe ich zwar, aber das ist nicht mehr so wie früher, ich hatte früher einfach mehr Lust. Ich führe ein totes Leben.

Manchmal kommt es auch zu Gewalttätigkeiten. Wenn mich etwas ein paar Mal auf die Palme bringt, halte ich es nicht aus und wehre mich sofort. Ich ärgere mich über alles; egal, was man sagt, ich werde patzig. Bis drei oder vier Uhr nachts liege ich wach, ich weiß nicht, worüber ich da nachgrüble, das ist doch sinnlos. Auch wenn ich so aussehe, als würde es mir gut gehen, fühle ich mich eigentlich doch schlecht. Ich rede mit jemandem, tue so, als würde ich zuhören, und kann mich nicht konzentrieren. Ich habe irgendein Problem mit dem Herzen, aber ich weiß nicht genau, was es ist. Ab und zu habe ich auch entsetzliche Kopfschmerzen. Zum Arzt oder zum Psychologen bin ich nicht gegangen.

Jetzt habe ich mich ausgesprochen, Sie haben mich in die Vergangenheit zurückgebracht, und ich sehe den Unterschied zwischen damals und heute. Ich habe z. B. jemanden kennen gelernt und frage ihn ein paar Mal nach seinem Namen. Ich mag kein Menschengewimmel, ich will mich von den Menschen fern halten. Ich wünschte, ich hätte ein Haus in den Bergen.

Mein jüngster Bruder ist in der zweiten Klasse der Mittelschule, er will auf keinen Fall zum Militär, ab und zu rede ich mit ihm, und ihm vergeht die Lust, Soldat zu werden. Er sieht die Kämpfe im Fernseher und ist geschockt. Ich bin dagegen, dass Menschen sterben und dass man miteinander kämpft. Warum sollte ich mich für einen Helden halten? Soldaten gehen zum Kampf, und sie nehmen das Gebiet ein, ohne zu fallen – das sind Helden; Märtyrer sind sowieso die Toten und die Frontkämpfer. Wenn die PKK-Leute umzingelt werden, eröffnen sie das Feuer und versuchen zu fliehen. Wenn sie uns in eine Falle locken, haben sie nicht vor, die Soldaten zu töten, sondern schießen gezielt auf die Offiziere. Deshalb reißen sich die Kommandanten ihre Rangabzeichen ab, aber die PKK-Leute erkennen die Offiziere daran, dass sie keine Lasten tragen. Der Mann, der hinter ihnen geht oder steht, trägt eine enorme Last. Ihre Stiefel sind auch ganz anders. Wenn es nötig ist, töten die PKK-Leute natürlich auch einen Soldaten.

Das, was ich Ihnen jetzt alles erzählt habe, habe ich noch niemandem gesagt, ich habe ja auch keine Freunde mehr. Als ich vom Militärdienst zurückkam, konnte niemand mein früheres Ich wiederfinden. Meine alten Freunde sind nicht mehr da. Ich habe keine Feinde, aber ich fühle mich miserabel, und ich habe den Eindruck, dass man mir Unrecht getan hat. Der Monatslohn eines Arbeiters, das sind 23 Mio., und wenn man ein Haus oder eine Wohnung mieten will, muss man 25 Mio. Lira hinblättern. Wenn ich könnte, würde ich nicht in der Türkei leben. Materiell gesehen hatte ich auch keine glückliche Kindheit, ich wurde zwar nicht verprügelt, aber ich habe mich nie wohlgefühlt. Ich hatte keinen Ball, kriegte kein Fahrrad und habe nie im Park gespielt. Meine schönsten Zeiten habe ich als Schuhputzer verbracht, oder ich verkaufte irgendwas auf dem Markt, wie sollte ich da glücklich sein?

Ich gehöre nicht zu den Rechten, und mir gefallen weder die Leute von der PKK noch die von der MHP. Wenn man heute wählen würde, würde ich meine Stimme der *ÖDP* geben. Die Leute von der ÖDP haben meiner Meinung nach das richtige politische Bewusstsein, die können mir was klar machen, und die sagen auch nicht gleich: »Komm, tritt bei uns ein!« Also, was die sagen, das gefällt mir, echt. Seit sechs Monaten bin ich arbeitslos, jetzt mache ich jeden Job, den ich kriegen kann. Zum Mindestlohn.

(April 1998, İzmir)

1973 in Varto bei Muş geboren, Besuch der Mittelschule, ohne Abschluss. Fünf Geschwister, sein Vater ist Chauffeur. Von August 1993 bis Februar 1995 verbrachte er seine Militärzeit als Infanterist; seine Rekruteneinheit lag in Manisa, die Haupteinheit in Patnos am Ararat. Seit seinem zwölften Lebensjahr wohnt er in İzmir. Er hatte verschiedene Tätigkeiten, als Verkäufer auf dem Markt, als Schuhputzer, Bauarbeiter und Kellner. Jetzt sucht er Arbeit. Beim Militär mochte er Kenan Doğulus Lied »Yakarım Romayı da yakarım« (»Ich zünde dich an, Rom, ja, ich stecke dich in Brand«) am liebsten, aber jetzt will er es nicht mehr hören. Er ist von Yılmaz Güney begeistert und mag die Schauspielerin Türkan Şoray. Er hört die Sänger Ahmet Kaya und Yavuz Bingöl.

17. Ich liebe alle Menschen, sogar die Terroristen, die wir gefangen nahmen

Wenn einer ins Dorf kommt, dann knallt's, und es wird gemordet. Das kann ein Zivilist oder ein Terrorist sein. Das ist das Problem dort. Was wird denn dann aus dem Sohn dieses Mannes? Wenn ich für mich sprechen soll, ich würde mit meiner Familie in die Berge gehen.

Das Militär passt zu meinem Charakter; ich liebe Arbeit und Disziplin. Weil ich Diplomingenieur bin, hatte ich nicht vermutet, dass ich in den Osten gehen würde. Bei der Vorbesprechung sagten die Kameraden: »Nein, mein Fuß tut weh« oder »Nein, ich habe Kopfschmerzen«, um nicht in den Osten zu müssen.

»Bruder, trag mich ein«, antwortete ich.

Der Anfang ist schwer, und ich strengte mich auch sehr an, man kann sogar Nervenkrisen oder so was durchmachen. Wir wurden zum Kämpfen ausgebildet. Kaum waren wir dort angekommen, schickte man uns auf den Berg. Der lag mehr als 3000 m über dem Meeresspiegel. Wir dachten, das größte Problem sei der Terrorismus, weit gefehlt, das war nur in den Sommermonaten schwierig, das eigentliche Problem ist der Soldat. Weil wir Reserveoffiziere vom Zivilleben ausgehen, versuchen wir alles, was passiert, ohne Gewalt zu lösen, aber die einfachen Soldaten wollen das nicht begreifen. Wenn es allmählich Tag wird, legen sich die Soldaten hin und schlafen. Nach dem Frühsport kommt das Frühstück. Wenn sie keinen Sport treiben, werden die Soldaten schlafmützig. Man könnte einen Ofen über ihnen auskippen, und trotzdem würden sie weiterschlafen. Mit Frühsport, Nachtübungen, Schulungen bei Tage und anderen Übungen haben wir die Soldaten auf Trab gehalten. An manchen Tagen ließ ich sie Fußball spielen, damit sie sich nicht langweilen. Wenn es dunkel wird, fängt der Nachtdienst an: Nahsicherung, Fernsicherung, Hinterhalt und Lauschposten.

Zuerst war ich allein, und ein Unteroffizier – ein Kamerad – kam als meine rechte Hand zu mir, dann noch ein Kamerad, ein Oberfähnrich, und so hatte ich zwei Leute. Ich lernte alles dadurch, dass ich es einfach ausprobierte, und die Leute, die später kamen, hatten Glück. Oder ich gab den Soldaten abends Unterricht in Moral, etwa so: »Wir sollten anständig sein und dürfen nicht lügen.« Die Soldaten müssen auf dem Bobachtungsposten stehen, sie dürfen sich nicht zeigen und keinen Lärm machen, aber sie langweilen sich und schießen. Prügel sind nicht das richtige Mittel, aber wenn man die Soldaten verprügelt, muss man ihnen auch den Grund erklären. Man sollte sie auch nicht zu Unrecht schlagen. Die Schulung in der Rekruteneinheit ist nicht ausreichend. Der Soldat kommt ganz friedlich an, aber nach ein paar Monaten wird er zu einer Art Bestie.

Ich mochte meine Soldaten sehr gern, und ich mag sie immer noch; nachts übernehmen wir zusammen die Wache und zählen die Sterne. Der Oberleutnant geht nicht auf den Soldaten zu, für diese Aufgabe sind die Reserveoffiziere wie geschaffen. Die Reserveoffiziere und die einfachen Soldaten machen die Arbeit. Der Reserveoffizier wird jedoch ausgegrenzt. Meiner Meinung nach wäre es besser, wenn die Reserveoffiziere sich an den Operationen beteiligen würden, aber es sind nicht genug Leute da. Ich war Kommandant des Zuges; eigentlich hat ein Oberleutnant eine solche Funktion.

Einmal in der Woche las ich in aller Ruhe Zeitung oder ein Buch. Ich war Grenzbeauftragter und für die Verteidigung des Geländes zuständig. 463 m vom Iran entfernt. Ich ging in den Iran hinüber und kam wieder zurück. Die Kurden im Iran sind mit den Kurden auf unserer Seite verwandt. Vor langer Zeit wurde die Grenze gezogen, und seitdem leben die einen dort und die anderen hier. Es ist verboten, die Grenze zu überschreiten. Ich erlaubte ihnen den Grenzübertritt zu Besuchen an Feiertagen. Auf der iranischen Seite fand das Begräbnis eines Freundes statt; das ganze Dorf ging hin, und ich ging mit. Man kann einen Passierschein für einen Tag ausstellen. Ich könnte Ihnen sogar aufzählen, wie viele Steine es auf diesem Gebiet von 7000 qm gibt, ja, ich könnte es Ihnen sogar aufzeichnen. Sie könnten dort auf eine Mine treten und sterben, von rechts oder links könnte eine verirrte Kugel Sie treffen, oder Sie stoßen auf andere Weise auf einen Terroristen. Ich sehnte mich nach Freunden und Gesprächen, da war niemand, mit dem man reden konnte, in den Bergen heulen die Wölfe, da sind Schneestürme, Unwetter und eisige Kälte, und auch wenn wir uns mit den Soldaten unterhielten, sehnte ich mich doch am meisten nach Freunden, weil die Gespräche mit den Soldaten einfach anders sind.

Nachts, bei Kälte und Schnee, kann man die Hand nicht vor Augen sehen. Es ist Vaterlandspflicht, dass jemand diesen Staat bewacht, nun ist die Reihe an uns, und wir bewachen ihn. Es ist unmöglich, nicht an den Krieg zu denken, und ich denke immer noch daran. Ich ging mit meinen Soldaten auf den Berg, und drei Kilometer weiter vorn standen die Terroristen. Wenn wir näher kommen, gehen die Terroristen auf die andere Seite der Grenze. Man kann die Terroristen, die sich der Untergrundbewegung angeschlossen haben, nicht davon abbringen, aber politische Strategien sind möglich; man kann sich mit *Apo* an einen Tisch setzen und sich mit ihm einigen. Manchmal heißt es: »Apo ist Terrorist, der ist für uns kein Verhandlungspartner.« Das ist gelogen. Jeder weiß, dass unsere Leute sich inoffiziell mit Apo getroffen haben. Warum auch nicht? Das und das sind die Ziele der PKK, die Zivilisten leben unter den und den Bedingungen, man könnte doch eine Meinungsumfrage machen, um zu erfahren, wie sich eine Lösung finden ließe, und man könnte das Problem lösen.

Der Befehl kommt von oben. Da wird geschmuggelt, und es heißt: »Schieß den Schmuggler ab!« Es ist zwar dein legitimes Recht, aber das ist doch keine Lösung. Wie kann ich sie denn töten? Das ist unmöglich. Wenn es um Waffen und Heroin geht, schlägst du zu. Der Zivilist geht jedoch wegen Brennstoff oder Zucker über die Grenze, und ich sehe es. Der Soldat geht vielleicht rüber, weil er es nötig hat, aber sie machen auch die Entbehrungen des Vaterlandes durch. Ich erinnere mich nicht daran, dass Leute in den Osten gekommen wären, die aus guten Verhältnissen stammen. Nur sechs von 40 Soldaten haben einen Gymnasialabschluss; die Jungs aus besseren Familien finden einen anderen Weg.

Beim Militär läuft auch viel mit Schmiergeldern, wie überall. Der Ministerpräsident sagt: »Ein paar Banditen und Gauner«. Wie kann ein Mann von 50 Jahren so was sagen? Aber sie haben gemerkt, dass sie unter dieser Last ersticken könnten, und man hat jetzt angefangen, Druck zu machen. Die Leute, die vom Handel im Osten profitieren, stammen manchmal aus dem Osten, das sind reiche Herren, Waffenhändler oder Konservenfabrikanten. Man kann z. B. nicht nachrechnen, wie viele Konserven im Osten verkauft werden. Da wird etwa ein Paar Stiefel, das normalerweise einmal im Jahr geliefert wird, einmal in drei Monaten geliefert. Jeder, der etwas damit zu tun hat, verdient daran, bis hin zu demjenigen, der das Gummi besorgt. Die Offiziere verdienen auch gut. Wenn kein Krieg wäre und sie wären trotzdem hierher gekommen, würden sie nicht so gut verdienen. Die Presse profitiert auch davon. Den größten Schaden aber haben die Leute von der PKK und die Söhne des Volkes, die beim Militär sind.

Die Soldaten machen manchmal Fehler. Ein paar Kommandanten arbeiten direkt oder indirekt mit den Terroristen zusammen und drücken beim Heroinschmuggel ein Auge zu. Einschließlich der *JİTEM* weiß das jeder. Wenn ich Staatsanwalt wäre, würde ich das beweisen. Das ist auch nicht schwer zu verstehen; man schaut sich die Landkarte an, und d. h., wo nichts passiert, dort läuft irgendwas schief. In diesem Sinne gibt es unter den Kommandanten Leute, die ihre Pflichten vorsätzlich oder in bester Absicht vernachlässigen. Was in der Gesellschaft vor sich geht, spiegelt sich auch im Osten wider. Der Soldat hält sich in den ersten paar Monaten zurück, und danach ist ihm alles egal. Die Terroristen sind anderthalb Kilometer weit entfernt, und hier liegt der Soldat und schläft. Es könnte sein, dass die Terroristen kommen, ihnen die Waffen wegnehmen und sie umbringen – das weiß der Soldat, aber es ist ihm egal.

Die Soldaten sind auch schwach, was den Glauben betrifft, jedoch nicht der religiöse. Das Problem liegt in der Trägheit des Soldaten, und das kommt daher, dass sein Bildungsstand so niedrig und sein Glauben zu schwach ist. Was der Soldat weiß: »Im Südosten ist die PKK, sie töten die Soldaten, wir sind beim Militär und werden kämpfen.« Vom Generalstab kommen die Dokumente, und die sind so verfasst, dass die Basis sie versteht. In manchen Sätzen der Reden von Politikern, die in diesen Dokumenten abgedruckt sind, kann man an dem, was zwischen den Zeilen steht, die Ideologie des Generalstabs erkennen. Leider begreift man erst elf Jahre später, worum es wirklich geht. Wenn man das am Anfang kapiert hätte, wären die Söhne des Vaterlands nicht gefallen, und die anderen hätten nicht in den Untergrund gehen müssen. Wenn ihr die Terroristen seht, habt ihr Mitleid mit ihnen; ich nähere mich ihnen ohne jede Gefühlsduselei, denn vielleicht würden sie mich auch töten, wenn sie mich gefangen nähmen. Das ist die militärische Seite der Angelegenheit, aber ich denke an die menschliche Dimension, und das ist ein Jammer. Jemand hat eine Waffe in die Hand gekriegt, dem du Almosen geben würdest.

An manchen Stellen werden die Menschenrechte verletzt; das

sind Fehler von Offiziers- und Unteroffizierskameraden, ich nenne es nicht die Fehler der Oberfähnriche, denn die handeln auf Befehl, sie können nicht frei entscheiden. Alles, was der Kommandant tut, macht der Soldat eine Weile später.

Nehmen wir mal an, einer kommt ins Dorf, dann knallt's, und es wird gemordet. Wenn ein Zivilist ins Dorf kommt, während das Dorf umzingelt und durchsucht wird, dann knallt's unterwegs, und er wird getötet. Das kann ein Zivilist oder ein Terrorist sein. Das ist das Problem dort. Was wird denn dann aus dem Sohn dieses Mannes? Wenn ich für mich sprechen soll, ich würde mit meiner Familie in die Berge gehen.

Der Soldat weiß nichts davon; weiß es denn der Zivilist? Der Terrorist ist da: »Mit dem größten Vergnügen, herzlich willkommen!«, sagt der Dorfbewohner. Dann kommt der Kommandant: »Herzlich willkommen, Herr Kommandant!« Er hat Recht, du kannst nicht wütend werden. Ich würde es genauso machen. Jeder hängt am Leben.

Mit der PKK kam es über Funk zu Gesprächen. Der Kompaniechef und der PKK-Mann, der in unserem Bezirk operierte, waren wohl Kameraden von der Kriegsschule her. Sie unterhalten sich: »Ihr habt doch da und da gewohnt?«

»Sind deine Kinder jetzt erwachsen?« oder: »Du hast doch auch eine Tochter, was ist denn aus ihr geworden?« Wirklich, ein nettes Gespräch, und das mitten im Kampf, manchmal wird auch geflucht.

Wir haben einen unserer Soldaten verloren und einen Terroristen gefangen genommen. Weil wir den Soldaten verloren haben, haben wir auf die Operation verzichtet. Selbst wenn wir zehn von ihnen gefangen nehmen würden, was soll's, wenn wir Gefallene zu beklagen haben? Die Soldaten winken einfach: »Wir sind bei der Operation.« Der Typ geht zur Tür hinaus und schreibt einen Brief: »Heute habe ich so und so vielen den Garaus gemacht.«

»Zehn Soldaten sind tot«, sagt man. So ist das eigentlich nicht. Die Soldaten sind in eine Falle gegangen, in diesem Moment sterben zehn Leute, außerdem werden 20 verwundet, und man meldet der Presse, sagen wir mal, zehn Personen. Später sterben von den 20 Verletzten vielleicht noch zehn. Als wir dort waren, waren im ersten Moment 21 tot, dann stieg die Zahl auf 30, und 21 wurden der Presse gemeldet. Weil die später Gestorbenen nicht in die Presse kommen, werden weniger Tote angegeben.

Man erfüllt seine Pflicht in zwei Meter hohem Schnee, bis zum Abend sind die Stiefel durchnässt, man geht dauernd rein und raus, man wird krank, und es wäre nicht normal, wenn man bei dieser Kälte nicht krank würde. Ich gebe ihnen Pillen. Der Soldat kommt und sagt, es täte ihm hier und da weh, ich lese die Beipackzettel der Medikamente und gebe ihm was. Der Hubschrauber kommt nicht jederzeit, d. h., zwei oder drei Terroristen kämpfen mit drei bis fünf Soldaten, dafür kommt der Hubschrauber doch nicht extra, bekanntlich ist das sehr teuer. In einer solchen Situation wird man die Einheit in der nächstbesten Siedlung unterbringen und den nächsten Bezirk oder Distrikt ansteuern. Wenn es sich um einen heftigen Kampf handelt, kommt der Hubschrauber sofort und nimmt die Verwundeten mit. Wird der Soldat in der so genannten Todeszone verwundet, kannst du ihn nicht dort rausholen, denn wenn du sie betrittst, töten sie dich auch, und er schreit dauernd vor Schmerzen.

Mich hat das Militär reifer gemacht. Ich kenne mich jetzt etwas besser. Ich habe mich verändert, habe manches gesehen und akzeptiert; in unserem Land gibt es wohl überall Betrügereien, und beim Militär sollen auch Gaunereien umgehen, die einem nicht gefallen. Als Staatsbürger sehen wir das Militär an, als ob es heilig wäre, und in diesem Sinn waren wir etwas enttäuscht. Bevor ich zum Militär ging, habe ich auch als Lehrer gearbeitet. Da war man schon beunruhigt, wenn man die Kinder mal am Ohr gezogen hat, aber beim Militär kommt so was eher mal vor. Du bist dazu berechtigt, und nach und nach gewöhnt man sich etwas mehr an Gewaltanwendung. Aber Gewalt beginnt dort, wo der Verstand aufhört. So und so oft erklärst du was, aber der einfache Soldat kapiert es nicht, und zum Schluss bist du so genervt, dass du ihm ein paar knallst, und alle Schwierigkeiten sind aus dem Weg geräumt. Ich könnte nicht mehr wie früher unterrichten, denn ich würde den Schülern bestimmt ein paar runterhauen. Vielleicht habe ich mich ein wenig an die Brutalität gewöhnt.

Heute z. B. ist die Armee im Irak eingedrungen. »Unsere Truppen der Klasse A wurden von Terroristen hinterrücks überfallen, die Minen wurden unschädlich gemacht, und der Kampf geht weiter«, heißt es. Die Öffentlichkeit wartet darauf, dass man eine Woche später eine Erklärung abgibt: »2000 Terroristen sind in unserer Gewalt«, wird es heißen. Davon ist kein Wort wahr. Der Spuk ist in dieser Nacht vorbei. Das Gelände ist so merkwürdig, dass die Terroristen verschwinden. So verstehe ich das nach allem, was ich in der Presse lese, aber die Tendenz der Nachrichten ist falsch. Warum hat man die Operationen gemacht? Meiner Meinung nach wird es nach der Operation außer Landes im Landesinneren weitergehen, danach müssen die demokratischen Rechte, all das, was wir Menschenrechte nennen, von Seiten der Regierung unter dem Druck Europas ratifiziert werden. Wie eine Art letzte Show.

Die Räumungen der Dörfer waren z. B. nützlich. Die Soldaten haben ganze Arbeit geleistet, am Anfang hielt man an der Tür Wache, da kommt jemand in Volkstracht – verkleidet, versteht sich – sagt: »Guten Tag, ich würde gern mit dem Kommandanten sprechen« oder so was, nimmt dem Soldaten die Waffe weg, tötet alle miteinander und geht.

Jetzt ist das nicht mehr möglich. Im Umkreis von 600 bis 700 m darf sich niemand einer Gendarmeriewache nähern. Die Aktionen werden weitergehen, aber in kleinerem Kaliber, und sie werden den Alltag des Landes nicht mehr tangieren. Das bedeutet natürlich unglaublich hohe Kosten. Sonst müsste die Türkei doppelt so groß sein.

Wir hatten Kurden unter uns, aber das war die Ausnahme. Meiner Meinung nach schicken sie die Leute vom Schwarzen Meer rücksichtslos komplett dorthin, wahrscheinlich wegen unserer Reizbarkeit. Ich habe es nicht akzeptiert, dass ein Terrorist mich dort töten könnte. Ich liebe alle Menschen, selbst die Terroristen, die wir gefangen nahmen. Denn ich habe Mitleid mit ihnen, das sind doch auch unsere Brüder. Als ich mich von der Truppe verabschiedete, weinte ich. Ich trennte mich von den Leuten dort, die mir ans Herz gewachsen waren, und war endlich wieder bei denen hier, die ich liebe. Als ich die Soldaten dort verließ, kam mir das so vor, als ob ich sie verraten hätte, und ich fragte mich auch, ob sie ihre Aufgabe erfolgreich durchführen könnten.

Seit ich zurück bin, versuche ich mich ruhig zu verhalten und denke über alles, was geschehen ist, noch einmal unter dem Aspekt der Logik nach. Manche Leute sehen mich als Helden an – das ist die Minderheit. Aber die Gesellschaft interessiert sich nicht für das Geschehen, das seit elf Jahren andauert. Im Fernsehen hört man, dass drei Mann tot sein sollen. »Allah möge ihn verdammen«, heißt es dann, zwei Flüche, und damit hat sich's. Die Leute hier haben überhaupt kein Interesse an den Ereignissen im

Osten. Es ist ihnen völlig egal, ob ich dorthin gehe oder nicht. Seit ich zurück bin, habe ich mich mit vielen Freunden nicht mehr treffen können, die Arbeitssuche hält uns auf Trab. Mir kommt es so vor, als hätten meine Freunde sich ein wenig von mir zurückgezogen, weil sie mich für kaputt halten. Das tut mir natürlich weh, denn sie könnten ja auch kommen und mich fragen. Bei Bewerbungsgesprächen lege ich eine Auszeichnung vor, die ich als Kommandant eines Zuges bekommen habe, und sage: »Das war die wichtigste Arbeit, die ich je gemacht habe, und dafür habe ich eine Auszeichnung bekommen.« Manche Leute nehmen das nicht ernst, andere schon. Mir wäre es am liebsten, wenn man das Anerkennungsschreiben ganz neutral analysieren würde. Stattdessen sagt man: »Bravo, erzähl doch mal von deinen Abenteuern!«

Ich bin wieder hier, und das Leben geht weiter. In der ersten Zeit nach meiner Rückkehr schwieg ich einfach, manche Leute nervten mich ständig mit ihren Fragen, und einige meinten: »Na bitte – ein Held!«

Wenn die Leute, die ihren Entlassungsschein in der Hand halten, den notwendigen Druck ausüben könnten, und wenn man protestieren könnte, müsste der Staat sensibel reagieren und eine Lösung finden. Aber was auch immer passiert, ich habe meinen Entlassungsschein in der Tasche, jenen aber, die zurückbleiben, möge Allah helfen.

(März 1995, Istanbul)

1966 am Schwarzen Meer geboren, sieben Geschwister; sechs von ihnen sind Mädchen, die jetzt alle verheiratet sind. Seine Eltern leben nicht mehr. Er hat sein Studium an der Fakultät für Ingenieurwissenschaften der Anatolischen Universität abgeschlossen und das Examen der İTÜ abgelegt. Er stammt aus einer armen Familie. Nach der Rekrutenausbildung in Tuzla bei Foça hat er seinen Militärdienst 17 Monate lang an der Grenze zum Iran als Kommandant eines Zuges geleistet. Er sucht Arbeit.

18. Wir nahmen das Pulver aus den Kugeln und schrieben damit: *Şafak*

Der Boden ist total weg, und ich springe. Die Leute klopfen mir auf die Schulter. Da sind Stimmen, die sagen, deine Zeit ist noch nicht um. Ich liege auf den Stufen der hinteren Bustür und schreie. Ich versuche aufzustehen und fühle nichts – von der Hüfte abwärts. Ich habe meine Beine verloren.

So viele Männer mit ganz kurz geschnittenen Haaren hatte ich noch nie auf einmal gesehen. Das war ganz komisch. Nachdem man diesen ersten Schock gekriegt hat, kann man sich nicht wieder aufrappeln, bis man den Militärdienst hinter sich hat. Weder die Militärmütze passt noch die Stiefel. Du versuchst die Sachen mit jemandem zu tauschen. Ich schämte mich, in Shorts auf die Straße zu gehen; du gehst ins *Hamam*, und drinnen sind vielleicht 100 Leute. Du wirst deiner Einheit zugeteilt und fragst: »Wie ist's denn in der sechsten Kompanie?«

Mein Junge, du bist aufgeschmissen. Dauernd wirst du gerüffelt. »Ob du was lernst oder nicht, das ist egal, aber du musst hingehen«, sagt man. Als ich zum Militär ging, gab es unter meinen Freunden welche, die sagten, die Guerillas seien gar nicht so schlecht, das seien die Einzigen, die dem Staat die Stirn bieten. Ich glaubte nicht, dass sie so toll wären. Ich verfolgte alles, was passierte, und wollte hin, um zu sehen, was wirklich los war. Die Übungen werden von Tag zu Tag schwieriger. Beim Militärdienst ist nichts ruhig und bequem; wenn das der Fall wäre, würde jeder hingehen. Wir waren eine Infanterieeinheit, kriegten aber eine gute Kommandoschulung, und die Offiziere waren nett. In der Sommerhitze wurden unsere Klamotten dreckig, so hart nahmen sie uns ran. Auf der Rennbahn ließen sie uns in ungefähr 40 Minuten 1000 m und mehr über den Boden robben. Wir stellten einander Fallen, ließen jemanden entkommen, fingen ihn ein und fesselten ihn. Ich fesselte seine Hände auf dem Rücken und quetschte ihm einen Fuß mit dem Patronengurt ein. Man zog mir die Stiefel aus, entriss mir die Waffe, und ich erinnere mich, dass ich barfuß lief. Wenn man dir den Patronengurt wegnimmt, siehst du in deiner Uniform ziemlich komisch aus. Die Uniform ist dir zu weit, du bist barfuß und hast keine Mütze auf dem Kopf. Wir waren zum Kämpfen bereit. Ich fand das nicht so schlimm, du musst es erleben. Wenn ich nicht gegangen wäre, wäre ein anderer dran. In diesem Krieg gebe ich auch nicht der Armee die Schuld; sie machen einfach das, wofür sie sich einsetzen. Schließlich waren es nicht die Soldaten, die mit dem Krieg angefangen haben. Überall sind es die Zivilisten, die damit beginnen, und die Soldaten sterben. Und dennoch gewinnen die Zivilisten den Krieg. Von 600 Leuten aus Manisa musterte man fast die Hälfte aus, und 352 Leute gingen dorthin. Wenn du eine Arbeit machst, dann richtig. So war das auch im Zivilleben; ich liebte meine Arbeit, ich hing daran, und schließlich war der Wehrdienst auch eine Arbeit. Die schönsten Tage meines Lebens habe ich in der Rekruteneinheit verbracht. Das ist nicht gelogen. Unser Kommandant – möge es ihm in den Ohren klingen – war ein echter Führer, und wir waren bereit zu sterben. Bei der Ausbildung versuchte man den Krieg, der in uns selbst tobte, herauszukitzeln. Eigentlich sind wir alle potenzielle Mörder. Man ist einfach ein Verbrecher. Es ist immer leichter, zu kämpfen als zu reden.

Wenn ich gewusst hätte, wohin man die Mine auf der Straße gelegt hatte, hätte ich mich nicht auf diesen Platz im Bus gesetzt. Können Sie das verstehen? Ich sitze da und habe die Waffe bei mir. Mensch, hier sind garantiert Minen. Es ist heiß, und ich bin schläfrig. Als ich gerade eingenickt war, ging der Krach los. Als ich nach vorn ging und dann in die Luft sprang, sah ich, dass der Boden offen war – können Sie mir folgen? Der Boden ist total weg, und ich springe. Einen Moment lang wird mir schwarz vor Augen, und ich werde ohnmächtig. Die Leute klopfen mir auf die Schulter. Das sind Stimmen, die sagen, deine Zeit ist noch nicht um. Ich komme zu mir, und da ist kein Mensch mehr. Ich bin ganz allein im Bus, liege auf den Stufen der hinteren Bustür und schreie. Ich versuche aufzustehen und fühle nichts – von der Hüfte abwärts. Ich habe meine Beine verloren.

Ich bin doch wirklich so kaltblütig. Ob ich bedeppert bin? Bin ich tapfer? Du versuchst aus dem Bus rauszukommen und fragst dich, ob es andere Verwundete gibt. Jemand nimmt dich in die Arme und meint: »Schon gut, nichts passiert.« Du merkst, dass irgendwas los ist. Wir sind noch mal davongekommen. Im Bus war eine Menge Kriegsgerät, wertvolles Zeug, Gasflaschen und so was alles. Ganz kurz mal habe ich was geahnt, und du sagst dir: »Mensch, du wirst sterben.«

An einem solchen Tag willst du nicht hingehen. Wenn man gefragt wird, heißt es: »Gibt es Leute, die nicht hinwollen?« Wenn ich nicht hinginge, würden es meine Kameraden tun. Wenn es mich nicht trifft, dann sie. Man muss sich in sein Schicksal fügen. Ein paar Tage blieb ich in Şırnak. Wir stiegen in den Hubschrauber. Als ich drinsaß, fing ich an zu lachen. »Dazu ist es also gekommen«, sagte ich mir. In Diyarbakır konnte man mich nicht operieren, und im GATA waren es dann vier Operationen. Ich guckte hin, und da war eines meiner Beine weg. Ich sagte zum Arzt: »Amputier's nicht, sonst kann ich meiner Mutter nicht mehr unter die Augen treten.« Ich dachte an meine Mutter, alles andere war unwichtig. Im Krankenhaus überlegte ich mir, ob ich mir das Leben nehmen sollte. Das war einfach. Der Arzt meinte: »Wir müssen das Bein amputieren, denn wir können es nicht retten.« Na, dann amputier's doch!

Von der Rekruteneinheit aus war ich nach *Adapazarı* gegangen. Dort sollte die Brigade sein, aber ein Bataillon lag in Bitlis, eines in Diyarbakır und eines in Şırnak. Die Brigade kommt einem so vor wie eine riesige Geisterstadt. Nachdem ich zwei Wochen dort geblieben war, fuhren wir, eine Gruppe von 100 Leuten, mit dem Zug in Zivil und ohne Waffen nach Şırnak. In Şırnak hat die Armee endlich die Kontrolle übernommen. Glücklicherweise kamen wir zum Stützpunkt der Gendarmerie. Das Bataillon lag in Andaç, fünfeinhalb Kilometer von Ortaköy entfernt, wo Cemil Berk Chef der Dorfmilizen war. Ortaköy war früher ein Terroristennest und ist jetzt in der Hand der Dorfmilizen; die leisten den Terroristen ganz schön Widerstand. Weiter vorn liegt Araporuç Köyü, und von dort aus ist es nicht weit zur »Freien Gendarmeriewache von Hakkâri«. Einmal im Vierteljahr wird die Gegend dort überfallen. In Ortaköy bin ich vier Monate geblieben. Auf der Gendarmeriewache direkt über dem Dorf. Die Lage der Gendarmerie ist miserabel, die Gendarmen kriegen weder eine vernünftige Ausbildung noch anständige Waffen. Die Gendarmeriewache von Ortaköy hatte nie Ruhe. Die Hunde spielen dort eine wichtige Rolle. Sie greifen die Soldaten nicht an und treten nicht auf Minen. Weil sie es wittern, bewahren sie die Truppen oft vor Fallen. Es gibt auch viele Maultiere, die nicht auf Minen treten. In der Gendarmeriestation von Yekmal hat ein Hund namens »Katil« (Mörder) ein Kind in Stücke gerissen, gewürgt und umgebracht.

Der Glaube an Allah ist dort sehr stark. Wenn wir im zwei Meter hohen Schnee im Dienst waren, machte uns das schwer zu schaffen, und wir sind nicht gestorben. Weder Hände noch Füße sind uns erfroren. Es gibt einen Schöpfer, denkst du – können Sie mir folgen? D. h., Gott ist bei den Kämpfen parteiisch. Es ist Nacht, fünf Minuten nach elf, wir sitzen im Kasino-Zelt, trinken Tee, und dort sind auch diejenigen, die auf dem Weg zur Wache sind, 40 Leute. Der erste Mörser schlug ein, wir wurden angegriffen, ein Moment, der noch nicht mal zehn Sekunden dauert. Jeder rannte los und holte bei diesem Durcheinander seine Waffe vom Gewehrständer. Das ist der einzige Kampf, bei dem ich dabei war. In der Gegend dort ist es wirklich sehr kritisch. Da waren mehr Minen als Steine, und die ragten aus der Erde raus oder lagen offen da. Marschieren war der Tod. In diesem Kampf haben wir vier Leichen erbeutet, es waren noch mehr, aber die PKK hat ihre Toten auf der Flucht mitgenommen. Wir hatten keine Verluste, zwei Dorfmilizen wurden verwundet, und außerdem traf der Mörser einen unserer Hunde am Kopf.

Dort, wo wir waren, stieß man nur selten auf heruntergekommene Dörfer. Man drückt gegenüber dem Schmuggel, der da abläuft, einfach ein Auge zu. Haben Sie von dem Schmuggel mit Obst und Gemüse gehört? Auf Mauleseln schmuggeln die Leute Auberginen und Tomaten. Zu einem Tageslohn von 80 000 Lira wurde ein Arbeiter mit Mauleseln aus dem Nordirak angeheuert. Der Mann verstand kein Türkisch. Jedes Mal, wenn er über die Grenze ging, winkte er mir zu, und ich winkte zurück. Schließlich hängt doch alles vom Geld ab. Wenn es einem gut geht, hat man mit der Waffe nichts am Hut. Die Leute kriegen ihren Lohn dafür, dass sie als Dorfmilizen arbeiten, und alle fahren einen *Toros*. Der Chef der Dorfmilizen von Ortaköy, der ehemalige PKK-Mann Cemil Berk, hat einen Mercedes, einen Toyota und einen Toros. Es ist eine raue, gebirgige Gegend, aber wie eine Oase in der Wüste kommt dir das vor, da wachsen Apfelbäume und andere Früchte, kleine, verkümmerte Bäume – und kalte Bäche sind da.

Man verlaust. Es gibt dort eine Erdlaus, die einen im Winter quält. Sie setzt sich an den Nähten deines Pullovers fest, stellt sich bei Kälte tot und rührt sich nicht. Wenn es warm wird, wird sie allmählich aktiv. Sie saugt dir das Blut aus und läuft dir über den Rücken. Ich habe einen gesehen, der sich den Rücken mit dem Gewehr kratzte. Im Zivilleben duschte ich jeden zweiten Tag.

Dort konnte ich vier Monate lang nur ganz selten duschen. Jeden Augenblick kannst du angegriffen werden, sogar tagsüber. Wir sind im Zelt. Du hast 24 Stunden im Hinterhalt gelegen, am Morgen bist du rausgekommen und hast sechs Stunden geschlafen, du bist zum Wachdienst gegangen, um zwölf zurückgekommen und hast dich schlafen gelegt. Um zu duschen, muss man auf den Schlaf verzichten. Ich hatte es satt, täglich zweimal Linsensuppe und Zwieback zu essen. Ich esse keine Linsensuppe mehr. Einmal in zwei Wochen kriegte ich einen Brief. Das Telefon funktionierte nur einmal. Das Straßenbauamt ist in Betrieb, mal bringen sie die Telefonleitungen in Ordnung, und dann sind sie wieder abgeschnitten. Man setzt einfach alles dran, um dem Staat zu schaden.

Weil wir eine Reservetruppe waren, kehrten wir vier Monate später in den Westen zurück, d. h., wir hatten jetzt Garagen-Wachdienst. In diesen Jahren war jeder lieber im Osten. Mit dem Wachdienst im Westen konnte man nicht viel Ehre einlegen. Deine Essenszeiten sind genau festgelegt, nachts stehst du zwei Stunden auf, um Wache zu halten, aber es lohnt sich nicht, aufzustehen. Du machst dich darüber lustig und plauderst mit den Kameraden. Dann war die Wache zu Ende. Unsere Brigade sollte im Zusammenhang mit der Operation einer Flugstaffel gegen Griechenland von *Karaburun* aus einen Auftrag übernehmen. Falls es zu einer Landung käme, sollten wir auf den Inseln stationiert werden. Als die *Operasyon Çelik* am anderen Ende des Landes losging, mussten wir daran teilnehmen. Noch bevor die Operation am 2. März 1995 begann, stießen wir vor der Gendarmeriewache von Ballı auf eine Mine, als wir auf dem Weg zu unserem früheren Regiment waren.

Wenn du keine Beine mehr hast, fällt den Leuten dein körperlicher Zustand auf, und du kriegst Minderwertigkeitskomplexe. Ich dachte wirklich manchmal daran, zu sterben. Denn wenn du tot bist, hast du keine Probleme mehr. Ich habe die Menschen so genommen, wie sie sind, aber sie haben mich nicht akzeptiert. Sie konnten mir nicht mehr normal gegenübertreten, so wie ich mich ihnen gegenüber verhielt. Manchmal unterhalte ich mich mit anderen Kriegsversehrten. Ein Freund in unserem Stadtviertel hatte sein Bein im Südosten verloren. Ich war nicht besonders eng mit ihm befreundet, aber er war schon morgens um acht im Park. Ich hatte nicht den Mut, jemanden, der sein Bein verloren hatte, zu fragen, wie es ihm geht. Nachdem ich dann auch verletzt worden war, kam er, und wir waren beide in der gleichen Situation.

Ich fahre meistens mit dem Taxi, und weil ich jung bin, sind die Fahrer neugierig und fragen mich, wie es passiert ist. »War's ein Verkehrsunfall?«, fragen sie so nebenbei, und eigentlich vermuten sie schon das Richtige. Ich stieg in Ankara ins Taxi, und wir legten den Rollstuhl in den Kofferraum. Alles Gute! Wohin? Nach Etlik, ins GATA. Ich erzähle. Ach je, ojemine! Mein Bester, wenn ich an deiner Stelle wäre...

Der Mann fuhr fort und meinte, dass er nicht betteln gehen könnte. Aus den Medien erfährt man doch nur leeres Geschwätz. Als man bei der Operasyon Çelik Geld sammelte, bin ich im TRT aufgetreten und sagte: »Bitte, helft!« Fünfmal sind wir im Fernsehen aufgetreten. Wenn die Fernsehleute ins GATA kommen, dann lieben wir euch, und lauter solches Zeug. Das ist doch Gelaber. Wo das Feuer hinfällt, da brennt's.

Ich bin ganz bestimmt kein Faschist, aber manchmal muss ich denen doch Recht geben. Gewalt tut aber auch Not – können Sie mir folgen? In diesem Land läuft einiges schief. Eigentlich habe ich dieses Land sehr geliebt, aber man kann nicht hier leben. Wenn es mir finanziell besser ginge, würde ich nicht hier leben. Das Atmen fällt mir hier sogar manchmal schwer. Wenn ich sehe, dass täglich Menschen sterben. Die einen rauben die anderen aus. Und, verzeihen Sie, aber die Leute sind solche Ochsen, wenn das wahre Gesicht des Krieges offen daliegt. Nicht nur die Kurden und die Türken, jeder wird ausgebeutet. 80 Mrd. Dollar hat man ausgegeben, wie viele Universitäten könnte man mit diesem Geld bauen? Man sagt, dass der Staat nichts tut. Mensch, du Trottel, ihr Kurden habt doch viele Abgeordnete und Minister gestellt. Der Staatspräsident stammt sogar von den Kurden ab. Das sind doch gleichzeitig die Leute, die Investitionen verhindern, nicht wahr? Bei der Spezialtruppe sind Leute von der MHP. Aber, schauen Sie nur, viele Offiziere sind ganz gebildete Menschen. Die Leute, die sich einbilden, Intellektuelle zu sein, behaupten: »Die xy-Partei ist faschistisch.« *HADEP* ist meiner Meinung nach ganz faschistisch. Ob türkischer oder kurdischer Nationalismus, Nationalismus ist nun mal Nationalismus! Während wir uns miteinander vertragen sollten, kämpfen wir gegeneinander. Seit Tausenden von Jahren leben wir dicht beieinander – und miteinander, sodass es eigentlich keine Unterschiede gibt. Ich bin schon von mütterlicher Seite her Bulgare und von Vaters Seite Albaner. Seit knapp 90 Jahren lebt meine Familie in Bornova bei İzmir.

Dieser Krieg wird zu Ende gehen, aber mit noch viel mehr Blutvergießen, das wird noch zehn bis 15 Jahre dauern. Ich denke, dass es in der Zukunft eine Folgeorganisation der PKK geben wird. Da wird es zu ein paar unterschiedlichen Gruppierungen kommen. Mit der Verhaftung von *Şemdin Sakık* bricht doch der größte Teil der PKK zusammen.

Meiner Meinung nach hat dieses Land das viel besser gelernt als viele andere Länder. Unsere Offiziere haben eine gute Ausbildung gekriegt. Im Krieg gewinnen sie an Erfahrung, du tust deine Pflicht jahrelang in demselben Gebiet, und man wird schließlich hart wie Stein, weil man so viel durchmachen muss. Das Ende des Krieges – das heißt doch, dass ein Extravermögen garantiert sein muss. Im Südosten gibt es Bodenschätze, ich glaube sogar, dass man auf Erdöl stoßen könnte. Wenn man die Region von den Minen befreien würde, könnte man es zu einem Zentrum des Alpinismus machen, Trekking und Rafting wären dort denkbar. Ich könnte sogar sagen, dass ich von der Gegend dort begeistert bin. Ich sehe keinen Unterschied zwischen mir und einem Mann aus Şırnak. Ein Stück von uns ist dort geblieben, wir haben uns etwas von dort genommen und haben etwas dort gelassen. Die Bedingung ist natürlich, dass man ihre Kultur schützt, die Kurden werden sie eh verteidigen. Wir schützen ja auch unsere Kultur. Ich habe nichts gegen die Kurden; ich habe Respekt vor ihrer Kultur wie vor ihrer Sprache. Aber für den Schriftverkehr muss es doch eine offizielle Sprache geben. Ich habe sogar versucht, Kurdisch zu lernen, aber ohne Erfolg. Ihre Sprache ist schwer, und sie wird auch ein wenig aus dem Kehlkopf heraus gesprochen. Ich kann mich nicht für den Gedanken erwärmen, dass die Gegend dort allein die Heimat der Kurden sein soll. In dem Gebiet dort könnten Sie mir keinen einzigen typischen Kurden zeigen. Da soll es nur einer wagen, zu behaupten, er sei ein reinrassiger Kurde! Jemand aus Mardin ist anders als jemand aus Diyarbakır. *Alpaslan* soll im Jahr 1071 gekommen sein. Es ist ungefähr 1000 Jahre her, seit die Türken hierher gekommen sind, und auch das kann man nicht bestreiten.

Der Türkei geht es doch in jeder Hinsicht ganz beschissen. Es ist schwierig, hier zu bleiben, aber es fällt mir auch schwer, wegzugehen. Unser Land ist nun wirklich wunderschön, und ich liebe es sehr. Wenn wir mit ein paar Problemen zurande kämen, könnte es so schön sein. Wir haben doch so viele verschiedene ethnische Kulturen. Die lasische, die kurdische und die Kultur der *Zaza*. Meine Mutter spricht z. B. Bulgarisch.

Ich denke, dass der Krieg falsch ist. »Auf jeder Kugel steht eine Adresse«, sagt man. Ich wollte nicht ihr Ziel sein. Wenn ich sterben sollte, dann sollte es einen vernünftigen Grund geben. Statt durch eine verirrte Kugel zu fallen, stirb doch wie ein Mann, indem du kämpfst. Wie Leute von den Gegnern sterben, so musst auch du sterben. Oder niemand soll fallen. Weder sollen sie auf uns noch wir auf sie schießen. Die Leute werden es satt kriegen, und der Krieg wird von alleine aufhören. Es ist schwierig, in den Bergen zu leben. Niemand will diesen Krieg, weder die Türken noch die Kurden. Wer hat denn was gewonnen? Es gibt doch Gewinner, man kauft ja dauernd Waffen. Man kauft ein Kampfflugzeug für 30 Mio. Dollar. Weiß Gott, man gibt fast zwei Trillionen aus. Es ist auch nicht so einfach, 200 000 Soldaten zu versorgen. Der Preis für eine einzige Kugel der G3 betrug 1994 30 000 Lira. Amerikanische Handgranaten und deutsche Gewehrgranaten. Krieg zu führen, das bedeutet Geld. In diesen Jahren kostete der Start eines einzigen Hubschraubers 30 Mio. Lira. Wozu dieser Krieg? Das hat keinen Sinn, und Menschen werden ins Unglück gestürzt. Und für die vielen gefallenen Soldaten hat man nur ein Schulterzucken übrig. In den Bergen gibt es gläubige Menschen. Man geht aus der Drechslerwerkstatt oder von der Baustelle zum Militär. Man stirbt, und zum Schluss sind da Hass und Ekel. Das häuft sich immer weiter auf und führt irgendwann zu einer Explosion. Zum Schluss sind da Schmerz und Tod. Im Westen kann niemand etwas von dem Blödsinn merken, ohne zu leiden.

Sie sehen und hören Leute wie uns nicht. Irgendwann mal hat es angefangen, dass die Medien noch mehr darüber herfielen. Das Südost-Syndrom oder so. Eigentlich ist das gar nicht so schrecklich. Es gibt Sitten, die aus der Vergangenheit stammen. Wir lieben und respektieren einander zwar nicht mehr so wie vor zehn Jahren, aber... Der Gedanke ans Heldentum lockt doch eigentlich keinen Hund mehr hinterm Ofen hervor. Nichts an diesem Krieg ist gerecht. Wenn man das mit dem Koreakrieg vergleicht. Viele Soldaten sind nicht ganz normal aus Korea zurückgekehrt. Unter meinen Bekannten gibt es welche, die in einem sinnlosen Krieg gestorben sind oder zu Krüppeln wurden, viele sind auch durchgeknallt. Wir haben geglaubt, dass uns irgendwas schützt. Wir haben uns gefreut, wenn Briefe kamen, und wir waren traurig, wenn sie ausblieben. Wir nahmen das Pulver aus den Kugeln, schrieben damit Şafak und unsere Namen.

Als ich zurückkam, wollte man mir noch nicht mal ein Mädchen zum Heiraten geben. Ich hatte nichts Schlimmes getan. Ich habe den Staat nicht ausgeraubt, habe mir nichts widerrechtlich angeeignet und niemandes Ehre angegriffen, weder die Jungfräulichkeit einer Frau verletzt noch einen Mann beleidigt. Das war doch nicht das, was ich mir freiwillig ausgesucht habe.

Wenn einem das Bein amputiert wird, verlässt einen die Verlobte. Es gibt Stellen, da werden wir wie Bürger zweiter Klasse behandelt. Ich möchte noch was anderes erleben und noch ein paar Liebeleien haben, auch wenn sie nur flüchtig sind. Ich will einfach leben und mein Glück auf die Probe stellen. Und du bist verwundet worden. Ich war sehr aktiv, hatte viele Freundinnen, manchmal auch ein paar gleichzeitig. Ich war neugierig, wie das funktionieren würde. Für einen Mann ist das sehr wichtig. Wenn eine Frau ihre Fähigkeit, Kinder zu gebären, verliert, schafft das keine Probleme. Für einen Mann ist das wirklich der Tod. Du bist zu nichts mehr nütze. Ein Mann, verzeihen Sie, verliert seinen Penis, und irgendwas wird gemacht, aber mit der früheren Vertrautheit ist es vorbei.

Und man hat dann immer im Kopf: »Ob ich meine Partnerin wohl befriedigen kann?« Das ist die Angst. Diese Angst hatte ich auch oft, und wir fühlen uns manchmal so, als würde uns was fehlen. Bei meiner Rückkehr hatte ich viele Freundinnen. Das Schlimme daran ist, wenn man sich nicht mehr richtig bewegen kann, will man ein ganz aktives Sexualleben haben. Manche sorgen sich darum, dass es zu früh losgehen könnte, aber viele von uns fürchten, dass sie gar nicht kommen. Das kann hart werden, und du belastest deine Partnerin ganz furchtbar.

Vor der Militärzeit hielt ich nicht viel vom Streiten, ich war ein eher ruhiger Typ. Jetzt bin ich sehr nervös. Das, was man das Vietnam-Syndrom nennt. Ich muss mich kontrollieren, ich glaube, sonst würde ich jeden durchprügeln. Spaß beiseite... Es gibt auch Phasen, da glaube ich, dass ich jemanden töten könnte. Ich erlebe alles viel intensiver und werde schneller aggressiv. Gestern ist was Schlimmes passiert, und ich habe das sehr bereut. Meine Mutter ist im Krankenhaus, meine große Schwester, ihre

Kinder und mein Bruder sind zu Hause. Zurzeit leben meine Eltern auch in Scheidung. Ich war moralisch einfach kaputt. Im Park steht ein Kiosk, und der gehört meinem Bruder. Der Laden läuft nicht sonderlich gut, und ich kriege das auch nicht hin. Ich war ziemlich wütend auf meinen Bruder, und wir haben uns deswegen gefetzt. Dabei habe ich ihm die Finger ausgerenkt. Ich hatte in der Nacht davor nicht geschlafen. Wie habe ich das nur tun können? Und warum? Das kann ich mir nicht verzeihen. Heute wird man ihn ins Krankenhaus bringen. Ich wollte doch nichts Schlimmes. Dass mein Vater solche Dummheiten gemacht hat, das hat auch einen starken Einfluss auf meinen Bruder. Ich will, dass er studiert. Mein Bruder könnte vom Militär befreit werden.

Ich kann die Frage nicht beantworten, ob das gut oder schlecht ist. Ich meine, dass ein Soldat in der Familie reicht. Da ist auch ein Unterschied zwischen Leuten, die den Militärdienst machen, und denen, die nicht hingehen. Die Entscheidung bleibt ihm überlassen, aber ich möchte, dass er seine Militärzeit hier in der Nähe macht, wenn er das will. Wir haben das Recht, das selbst zu bestimmen, und das ist eh das Beste daran. Aber ich will nicht, dass er seinen Militärdienst im Krieg leistet. Ein Krüppel im Haus ist genug. D. h., ein Held reicht. Darüber reden wir ständig.

Das erste Mal habe ich dreieinhalb Monate gelegen, danach war ich dann drei Monate zur Kur. Wenn ich das nächste Mal ins Krankenhaus komme, wird man mir die Prothese anpassen. Ich habe Angst vor geschlossenen Räumen. Das Krankenhaus erscheint mir wie ein Gefängnis. Man gibt sich dort viel Mühe mit uns. Es ist schön, wenn du aus dem Krankenhaus rauskommst. Das war sehr hart, wissen Sie? Fünfmal bin ich operiert worden, und dabei hat man sieben oder acht Eingriffe gemacht. Mein rechtes Bein hat man genäht und das linke amputiert. Die Ärzte haben die Haut von dem einen abgezogen und das andere damit geflickt. Ich kriegte Angst vor den Operationen, und mir war dauernd so zu Mute, als ob ich sterben würde. Bei der letzten Operation wachte ich aus der Narkose auf und schrie: »Es tut weh!« Man gab mir ein paar Ohrfeigen, und dann bin ich wieder in Ohnmacht gefallen. Man hat mir eine Spritze in die Hüfte gegeben. Du musst mit tausendundein Ängsten fertig werden. »Ich werde zum Krüppel«, sage ich. Aber ich bin doch schon einer. Jetzt habe ich einen großen Teil der Angst besiegt. Die größte Angst habe ich davor, dass ich erfolglos sein könnte. Deshalb mache ich gar nichts. Im

Vergleich zur Vergangenheit besteht einer der Unterschiede darin, dass ich auch jetzt die Waffe liebe. Aber wenn einer erregt ist, ist die Waffe eher schädlich, er macht bestimmt Fehler.

Die Ordnung verteidige ich nicht mehr. Ich würde sagen, dass ich Anarchist bin, aber ich bin fromm. Wenn ich sagen würde: »Ich bin dem Islam ganz und gar verbunden«, wäre das eine Sünde. Ich schwanke. Ich finde keinen Grund zum Kämpfen – alles klar? Warum töten wir einander denn? Warum schießt man auf mich? Das Klima, in dem die Männer dort leben, ist aber auch echt scheußlich. Fünf Männer teilen sich dort eine Frau, das ist dann so eine Art Revoluzzer-Ehe. Wenn du im Gebirge schwanger wirst, kommt das einer Hinrichtung gleich.

Ich bin älter als die Leute dort. Manche sind sehr jung. Unter diesen Bedingungen kann man dort nicht leben, geschweige denn kämpfen.

Ich kann nicht richtig schlafen. Meist komme ich mir nachts so vor, als wäre ich dabei, einen Hinterhalt zu legen oder Wache zu stehen. Dann sehe ich fern oder mache Computerspiele. Ich bin oft in einem kleinen Café. Bekannte kommen, und wir unterhalten uns. Es gab zwei Dinge beim Militär, auf die ich stolz war: Wenn die Militärkapelle montags und freitags kam, fühlte ich mich als Soldat. Außerdem hat es mir Spaß gemacht, den Kindern Bonbons zu geben. Wenn wir von einer Straßenkontrolle zurückkehrten, liefen die Kinder zusammen und riefen: »Soldat, Soldat!« Ich habe ihnen die Köpfe gestreichelt.

Die Zeit vor dem Militär liegt für mich jetzt ziemlich weit weg; damals hatte ich andere Freunde, andere Gespräche mit meiner Familie – und eine andere Arbeit. Das Leben kommt mir wie ein Messer vor, verstehen Sie? Es hat zwei Seiten, aber du kannst nur seine scharfe Seite sehen. Mit der scharfen Seite kommt es auf dich zu. Du musst das Leben, das du dir vor dem Militärdienst aufgebaut hast, ändern, und auch deine Fantasien ändern sich. Den heftigsten Krieg führst du mit der Natur und mit dir selbst. Mit Regen, Schnee, Hitze und Kälte. Du hast deinen Kampf mit dem Oberleutnant und mit dem Truppenkommandanten. Wir waren drei Leute. Wir stellten alle drei was Schlimmes an. Deshalb verkloppte er uns, sooft er nur konnte. Rechne mit dir selbst ab – das ist an sich schon ein Labyrinth. Ist das hier vielleicht ein anderer Planet? Man kann keine vernünftigen Gründe für den Krieg finden. Alles ist einander sehr nah und sehr fern. Es kommt einem so vor, als würde man alles so betrachten, wie es aussieht, aber alles ist anders, als es erscheint. Das ist ganz absurd.

Ob ich jemanden getötet habe? Ich weiß es nicht. Ich glaube nicht. Vielleicht habe ich doch jemanden getötet. Daran denke ich nicht. Aber jetzt glaube ich nicht, dass ich jemanden töten könnte. Das kommt mir ganz verbrecherisch vor. Jeder hat ein Lebensrecht. Einer von uns muss doch am Leben bleiben; wenn es keine Chance mehr gibt, zu wählen, dann ist das was anderes. Meiner Meinung nach war *Hazret Ömer* ein Held, das war ein durch und durch korrekter Mensch. Das Frontkämpfertum kommt mir absurd vor, und wir haben nicht bewusst gekämpft. Der Sieg ist das Leben. Der Tagesanbruch – das ist der Sieg. Man muss die Nacht überstehen. Im Moment bedeutet Leben für mich Gefahr, und als ich Soldat war, ging es darum, am Leben zu bleiben.

Die Waffe, die ich am meisten liebe, ist die MG3, und die Waffe, die ich verabscheue, ist auch die MG3, wenn sie in der Hand des Feindes ist. Kämpfen und Töten – das ist nicht richtig. Ich bedaure die Soldaten. Unsere Leute sterben, und auch die Gegner. Schließlich ist doch jeder Sterbende ein Angehöriger dieses Staates. Ich habe Angst davor, dass es zu einer Gegenreaktion der Zivilbevölkerung kommt.

(April 1998, İzmir)

1974 in İzmir geboren, Abschluss der Grundschule. Sein Vater ist Schneider, seine Mutter Hausfrau. Unter seinen Geschwistern ist er der Fünfte von vier Mädchen und zwei Jungen. Er hat seinen Militärdienst von Mai 1994 bis März 1995 geleistet, zuerst in Manisa – bei der Rekruteneinheit in Batıkışla – danach in einer Kommandotruppe der Infanterie in Diyarbakır. Er läuft mit Krücken. Er schwärmt für Charles Bukowski. Wie viele Frontkämpfer liebt er Charles Dickens, Jack London und Dostojewski, die Leid und Schmerz beschrieben haben, und wenn er nicht Pavel Korçagin, den Autor von Ve Çeliğe Su Verildi, kennen gelernt hätte, wäre er nicht sicher, ob er noch einen Funken Hoffnung für sein Leben hätte. Die Lieder »Das ist meine Entschuldigung – Ich bin nervös« von Mazhar-Fuat-Özkan und »One« von der Gruppe Metallica sind seine Favoriten. Früher hat er als Buchhändler gearbeitet. Es ist drei Jahre her, seit er zurückgekehrt ist, und er sucht immer noch Arbeit.

19. Auch ich habe diesen Festtag erlebt

Unser Panzer war bis zum Morgen in Betrieb. Am Morgen kam auch unser Kommandant mit der Spezialeinheit aus Silopi. Der Kommandant sagte: »Hoffentlich sind Leichen da, sonst machen wir uns ja lächerlich vor der Gendarmerie.« Was man auch trifft, Mensch oder Tier, Schwein oder Maulesel, Hauptsache, es ist ein Lebewesen.

Das Tor der Kaserne von *Etimesğut* kann man nicht vergessen. Als ich reinging, sagte ich: »Nun hört alles auf.« Als es auf dem Los[1] »*Cizre* – Şırnak« hieß, standen uns natürlich die Haare zu Berge. Ich fahre zum ersten Mal in den Osten. In meinem Urlaub nach der Rekrutenausbildung sagte ich als Erstes zu meiner Familie: »Das liegt am Meer.« Alle freuten sich. Als mein großer Bruder den Zettel las, kriegten alle einen Schock. Aus Angst vor Überfällen durch die Terroristen kaufte ich meine Fahrkarte bei *Tatlıses Turizm*. An Tatlıses wagen sie sich nicht ran, man hatte jedenfalls noch nie davon gehört. Wir kamen zum Aufmarschzentrum von Urfa. Am übernächsten Tag brachte man uns nach Mardin. Da es schon spät am Abend war, blieben wir eine Nacht dort. Wir reisten stets tagsüber. Gegen Mittag erreichten wir Cizre. Cizre liegt in einem Tal; in den Mauern der Häuser sind Einschussstellen, alles ist ausgeplündert und ruiniert; es gibt keine einzige Tankstelle, die offen ist. Ich hatte gedacht, dass ich es besser treffen würde. Ein Hauptmann begrüßte uns mit den Worten: »Das hier ist das Paris des Ostens, ihr braucht keine Angst zu haben«, und machte uns damit Mut. Dem Bataillon erschien Cizre winzig. Uns gegenüber war die Funkstation, und unten lagen die Unterkünfte der Polizisten. Zwischen den Unterkünften der Polizisten und dem Ort, wo die Funkstation war, kam es dauernd zu Auseinandersetzungen. Jedes Mal, wenn wir die Leuchtmunition sahen, regten wir uns auf. Wir fragten uns, ob es hier etwa auch Überfälle gab. Die Angst ging um.

Nach zwei bis drei Wochen beim Panzerbataillon von Cizre schickte der Kommandant mich zum Infanteriebataillon von *İdil*. Als wir auf dem Lastwagen unterwegs waren und den umgekipp-

1 Beim türkischen Militär ist Rekrutierung per Losentscheid üblich. [Anm d. Übers.]

ten Lastwagen sahen, der die Straße versperrte, hatten wir zwar unsere Waffen in der Hand, aber, ehrlich gesagt, ich hatte Angst. Ob man uns in eine Falle gelockt hatte? Wir zogen uns hinter einen Felsen zurück. Der Kommandant verlangte von dem Fahrer, er solle den Lastwagen aus dem Weg räumen, aber der Mann meinte: »Wie denn? Ich habe keinen Traktor – und keinen Rettungsdienst.« Wir zogen den Lastwagen alle zusammen von der Straße weg. So fing das Abenteuer von İdil an. Als Panzerdivision waren wir für die Sicherheit des Infanteriebataillons verantwortlich. Von fünf Uhr nachmittags bis fünf Uhr morgens hatten wir auf dem einzigen Panzer dort Dienst. Zwischendurch gab man uns eine Stunde frei. Tagsüber schliefen wir. Es gab auch keinen Appell. Wie viele Löcher auch die Mauern der Häuser von Cizre hatten, in İdil war es dasselbe.

Man zahlte mit DM und Dollar. Da ich ein Fan von Waffen bin, wollte ich eine Pistole zu einem günstigen Preis kaufen. Als ich in einem Laden mit einem Kameraden redete, der ein Geschenk für seine Freundin kaufen wollte, sagte ich: »Wir können nichts Passendes finden. Bring ihr doch eine Waffe mit.«

»Brauchen Sie Waffen?«, fragte der Verkäufer und schlug eine Decke zur Seite. Zwei Kalaschnikow. Nagelneu. Noch nicht mal aus dem Futteral genommen. »Viereinhalb Millionen Lira, das ist mein letztes Angebot«, sagte er.

Ich kriegte einen monatlichen Sold von 3750000 Lira. Ich wollte in Urlaub gehen und hatte noch etwas Geld. Aber wie sollte ich das anstellen? Eine riesige Kalaschnikow! Viereinhalb Millionen. Was machst du, wenn es eine Straßenkontrolle gibt? Wenn es irgendeine Waffe wäre, ginge das in Ordnung. Waffen werden dort wie Brot und Käse verkauft. Ich will die Leute dort nicht schlecht machen; es gibt Gute wie Schlechte. Wenn man in die Stadt geht, sagen Sie: »Herzlich willkommen, Herr Soldat!«, klopfen einem freundschaftlich auf den Rücken, aber was sie wirklich denken, weißt du nicht. Da herrscht Misstrauen. Wenn du in die Stadt gehst, hast du eh die Kugel im Lauf. Du hast Angst. Ehrlich gesagt, ich konnte mich für die Leute dort nicht erwärmen.

Unsere Rekrutenausbildung war zu Ende, und wir erfuhren, was für ein Dienst uns erwartete. Fünfeinhalb Monate später kam ich wieder zum Panzerbataillon von Cizre, und ein paar Tage später schickte der Kommandant mich in Urlaub. Daher verbrachte ich Kurban Bayram in meiner Heimat. Ich hatte überhaupt keine Lust, wieder hinzufahren. Das hieß, das Zivilleben hinter mir zu lassen und wieder zum Militär zu gehen. Wenn jemand gesagt hätte: »Bleib«, wäre ich zu Hause geblieben. Aber ich musste hin. Als ich aus dem Urlaub zum Bataillon zurückkehrte, wurden wir dieses Mal von İdil aus quer rüber nach *Silopi* geschickt. Ich komme in die Nähe von *Habur Kapısı*, ganz nah an der Grenze zum Irak. In die Gendarmeriewache von Botaş bei Silopi. In der Zeit, als gerade der Frühling anfing. Von den fünf Panzern vor der Gendarmeriewache gehörten zwei unserer Kompanie. Dort hatten wir auch nachts Dienst. Ich bin dafür zuständig, dass immer genug Kugeln im Lauf sind. Zur Sicherheit blieb ein Panzer an der Gendarmeriewache. Zwei Panzer fuhren zu den Polizeiunterkünften im Zentrum von Silopi, und wir machten uns mit zwei Panzern auf den Weg nach Nevcüş Tepesi. Nevcüş Tepesi liegt direkt am Tigris. Wenn wir den Fluss 50 bis 60 m weiter vorn überquert hätten, wären wir in Syrien gewesen. Wir sahen die Dörfer und die Lichter Syriens, und Leute, die dort arbeiteten. Das war ja der Grund, dass man uns dort aufstellte – falls jemand den Fluss überqueren sollte. Etwa ein Vierteljahr lang tat ich dort Dienst. Zwei Tage in der Woche waren wir in Nevcüş Tepesi und fünf Tage an der zerstörten *Yılık*-Tankstelle am Straßenrand. Auf der Straße waren Lastwagen unterwegs, die in den Irak fuhren, um dort Brennstoff zu holen.

Wir konnten die Funkgespräche der Terroristen hören. Weil sie Kurdisch sprachen, verstand ich kein Wort. Eines Tages meinte unser Oberfähnrich: »Ich spreche einfach mal Deutsch. Mal seh'n, ob die das verstehen.« Die Antwort kam auf Deutsch.

Unser Oberfähnrich sagte: »Die Jungs verstehen sogar Deutsch.« Wenn wir sie mit dem Nachtfernrohr beobachteten, beobachteten sie uns auch. Wir können sie nicht sehen, aber sie sehen uns. Sie sollen sogar über Funk gesagt haben: »Wir lynchen die Panzergrenadiere vor den Augen der Lastwagenfahrer.«

Wenn wir solche Sprüche hören, bekommen wir es mit der Angst zu tun. Aber jeden Abend gaben wir Warnschüsse ab. Wie ein Störfeuer ging das in Richtung des Berges *Cudi* und der syrischen Berge.

Im letzten Monat rief man uns zum Wasserdepot von Silopi. Zwei Truppen, die im Hinterhalt gelegen hatten, umzingelten den Panzer. Eine Luftwaffentruppe aus Kayseri war auf dem Berg

Cudi gegenüber gelandet, ein paar Meilen weiter vorn. Ohne Fernrohr sahen wir die Leuchtmunition dort mit bloßem Auge, und wir hörten das Einschlagen der Raketen. Eines Nachts gegen zwei oder halb drei nahmen wir was Verdächtiges wahr. Sie marschierten hintereinander her wie Soldaten. Etwa zehn bis 15 Mann. Wir riefen unserem Oberfähnrich zu: »Das könnten Terroristen, Schweine oder Maultiere sein.« Über Funk meldeten wir das unserem Hauptkommandanten nach Silopi. Der Kommandant nahm Verbindung mit Cizre auf. Von dort lautete der Befehl: »Geht mit den schweren Waffen ran!« Das hieß, mit dem Panzergeschütz. Ich füllte es mit Kugeln und öffnete die Sicherungsklappe. Meine Kameraden, die Schützen, waren bereit, und die Kanone war abschussbereit.

Dann drückte unser Panzerkommandant auf den Knopf, und die Kanone wurde abgeschossen. Wir sehen den Lauf der Kugel durch das Fernrohr. Die Kugel hat eine Länge von 45 bis 50 Zentimetern und ein Gewicht von 23 kg. Sie traf direkt das Ziel, und irgendwas Großes, weiß Schimmerndes sprang in die Luft. Das Fernrohr zeigt die Natur schwarz, und alles, was lebendig ist, weiß – oder umgekehrt. Wir feuerten genau zwölf Panzerkugeln ab. Der Oberfähnrich hatte weniger Erfahrung als wir.

Unser Panzer war bis zum Morgen in Betrieb. Am Morgen kam auch unser Kommandant mit der Spezialeinheit aus Silopi. Der Kommandant sagte: »Hoffentlich sind Leichen da, sonst machen wir uns ja lächerlich vor der Gendarmerie.« Was man auch trifft, Mensch oder Tier, Schwein oder Maulesel, Hauptsache, es ist ein Lebewesen.

Die Spezialeinheit ging nach unten. Ganz aufgeregt warten wir mit dem Oberfähnrich ab, was passiert. Wenn wir nichts getroffen haben sollten, könnten wir bestraft werden. Die Produktionskosten einer Kugel betrugen damals 30 Mio. Lira. In dieser Nacht haben wir unserem Staat und unserer Armee einen Schaden von 350 bis 400 Mio. zugefügt. Es waren Maultiere, die wir getroffen haben. Acht oder neun Maultiere sind dabei draufgegangen. Es sind wenigstens keine Menschen, aber immerhin Lebewesen. Wir wollten doch eigentlich, dass es Terroristen wären!

Ich hatte noch etwa vier Monate Zeit bis zum Ende meines Wehrdienstes. Als der Kommandant sagte, er werde mich wieder in Urlaub schicken, wollte ich das nicht, aber es musste sein. So ist das nun mal, wenn man im Osten ist. Ich ging wieder in Urlaub.

Bei meiner Rückkehr kam ich wieder nach İdil. Ich wurde zur Gendarmeriewache bei Sulak Köy an den Ausläufern der Berge von Gabar geschickt. An dem Tag, als ich bei der Gendarmerie von İdil war, kamen Soldaten, die ihren Entlassungsschein vom Fındık-Bataillon bekommen hatten. Die Jungs fühlten sich wie neugeboren, so guter Laune waren sie. Sie zogen Zivilkleidung an und waren außer sich vor Freude. Ich fragte mich, ob ich diesen Tag auch erleben würde. In dieser Zeit wünschte ich mir, dass ich dieses Glück erleben würde. Ich weiß nicht, ob es bei der Gendarmeriewache von Sulak gefährlich war. Ein Kamerad zeigte mir meine Koje. Der Soldat muss sauber sein, aber im Dienst ist es schwierig, alles immer rein zu halten. Die Kameraden legten sich hin und sagten mir: »Leg dich jetzt auch schlafen!« Kaum hatte ich die Wolldecke aufgeschlagen, war das weiße Leintuch voller Läuse. Die Läuse dort sind nicht so wie die Läuse hier. Das ist eine Erdlaus, genauso wie die Ameise. Das ist auch kein Bettlaken, sondern es sieht nur so aus. Wir schoben die Läuse zur Seite und streckten uns aus. Was die Gendarmeriewache betraf, so sagte man: »Es besteht keine besondere Gefahr, aber es kann sein, dass wir was Verdächtiges sehen.«

Am frühen Abend um fünf gehen wir in den Panzer, und die Zeit bis früh um fünf vergeht damit, dass wir uns was erzählen und Kassetten hören. Worüber redet man beim Militär? Natürlich über Mädchen. Und über den Osten sagten wir: »Wenn wir uns davon loseisen könnten, würden wir weggehen.« D. h., den Begriff Osten wollten wir noch nicht mal in den Mund nehmen. Außerdem bereust du, dass du manches nicht machen kannst, was du im Zivilleben tust. Ich hatte eine Freundin, und ihr hatte ich es zu verdanken, dass ich die 15 Monate einigermaßen überstanden habe. Nach dem Wehrdienst mussten wir uns trennen. Man braucht jemanden, der einen liebt. Wenn ein Anruf kommt, bessert sich die Laune.

Ich kriegte meinen Entlassungsschein vom Panzerbataillon. Mir fiel sofort die Nacht in İdil ein, als die Soldaten des Fındık-Bataillons so begeistert ihren Abschied gefeiert hatten. Das hieß, dass ich dieses Glück erleben würde. Auch ich habe diesen Festtag erlebt. Ich zog Zivilkleidung an, und wir verabschiedeten uns voneinander. Und ich verließ auch das Bataillon. Mir traten Tränen in die Augen. Beim Militär hatte ich nie geweint. Als ich vom Bataillon wegging, heulte ich.

In den ersten Tagen konnte ich nicht schlafen. Beim Militär war mir die Nacht zum Tag geworden und der Tag zur Nacht. Bei meiner Rückkehr sagte ich, dass ich ein paar Tage ununterbrochen schlafen wollte.

In den ersten zehn bis 15 Tagen kann man nicht zu sich kommen. Hier bist du in einem gewissen Sinn frei. Ich kann plötzlich aus dem Schlaf aufwachen. Früher, verzeihen Sie, aber da legte ich mich wie ein Esel schlafen und stand wie ein Esel auf. Jetzt wache ich bei dem kleinsten Geräusch, bei einem leisen Klappern auf, z. B. wenn eine Tür geöffnet wird. Ich bin sehr lärmempfindlich, das war früher nicht so. Meine Knie tun mir immer noch weh. Das kommt vom Rheuma. Im Panzer saßen wir zwölf Stunden lang in derselben Haltung in der Kälte. Dort ist es verdammt kalt. Zurzeit mag ich die Nächte nicht. Ich liebe das Tageslicht, und ich mag es überhaupt nicht, wenn Abend wird. Das Militär verändert einen. Vor der Militärzeit sprach ich Mädchen auf der Straße an und sagte z. B.: »Na, mein Mäuschen, wie geht's?« Das kann ich jetzt nicht mehr. Eigentlich will ich es, aber ich kriege keinen Ton raus. Das Militär lässt einen besonnener werden.

Irgendwann einmal kam ein Kamerad aus Istanbul, der Auftritte von Musikern organisiert. Im Infanteriebataillon von İdil sollte *Mustafa Keser* ein Konzert geben; man hatte meinem Kameraden den Auftrag gegeben, das zu organisieren, aber er machte es nicht. »Das ist doch eine tolle Chance für dich!« meinte ich zu dem Kameraden. »Nein, ich habe keine Lust«, antwortete er.

Ich mag die Orte nicht, wo ich meine Militärzeit verbracht habe, aber ich habe mich danach gesehnt. Das ist so eine Art Hassliebe. Ich habe mich sogar nach den Orten gesehnt, wo ich Wache gehalten habe, nach den Tischen, an denen ich mit meinen Kameraden Tee getrunken habe, nach dem Speisesaal und sogar nach dem Panzer. Wenn ein Panzer im Fernsehen gezeigt wird, kann ich nicht still sitzen. »Das war mein Panzer!«, rufe ich. Ich könnte die Geräte auf dem Panzer aufzählen, das habe ich immer noch nicht vergessen. Das regt mich auf. Ich bin nervös und überempfindlich. In der Fernsehsendung *Mehmetçik* treffen sich Mutter und Sohn nach langer Trennung wieder. Als ich mir das anguckte, habe ich Rotz und Wasser geheult.

Das politische System muss sich ändern. Ich hielte es für gut, wenn die Parteien sich auflösen würden und man sie neu gründete. *Demirel* tritt immer noch im Fernsehen auf, und das seit mindestens 24 Jahren. Soll er doch abtreten, wir brauchen neue Gesichter. Wenn jemand damit Schluss machen kann, dann das Militär. Sind denn die Leute dort völlig durchgeknallt? Was haben sie vor? Wenn Sie zu Hause sind und im Winter ihre Suppe am Ofen löffeln, wenn Sie Ihren Tee aufsetzen... Wenn es so gemütlich sein kann, was soll man da bei Schnee und Kälte in den Bergen, von Flöhen und Läusen zerfressen? Das Revoltieren ist meiner Meinung nach sinnlos. Die Reichen dort im Osten sind sehr reich. Der Großgrundbesitzer dort fährt einen Wagen vom neuesten Typ und hat fünf bis sechs Bewaffnete hinter sich. Du kannst keine Rechenschaft verlangen. Der Großgrundbesitzer kommt zum Kommandanten der Gendarmeriewache. Wir wissen nicht, worüber sie reden. Sie tauschen Informationen aus. Ich möchte, dass mit diesem Stamm Schluss gemacht wird. Eine Person beherrscht fünf bis zehn Dörfer. Das ist doch ein Staat im Staate, oder etwa nicht? Ich mag die Leute dort nicht, die Kurden gehen mir unheimlich auf die Nerven. Für die Leute hier kann ich nur »Allah« sagen; und wenn mir einer was entgegnen würde, würde ich ihn auf der Stelle durchprügeln. Neunzehnhundertsoundsoviel hatten wir hier die Schlacht von Serik. »Der Hund darf nach Serik, aber bloß kein Kurde!«, lautete mal eine Redensart. Damals waren wir klein. Die Leute von Serik sind anders. Wenn man Serik hört, muss man erst mal kurz nachdenken.

Ich bin *Jürüke*. Ich akzeptiere die Leute hier, die 77 verschiedenen ethnischen Gruppen angehören, aber die Kurden akzeptiere ich in meinem ganzen Leben nicht. Letzten Endes spielen diese Kurden sich noch zu den Herren der Türkei auf. Es gibt Familienplanung, im Westen hat man zwei oder drei Kinder. Geh mal in den Osten: Eine Frau bringt elf bis zwölf Kinder zur Welt. Da tun einem doch die Frauen Leid – und die Türkei genauso.

Wir bestellen die Felder mit Tomaten, Gurken, Baumwolle, Getreide und Weizen. Wir arbeiten das ganze Jahr über. Das Ergebnis ist, dass unsere Hemdkragen schmuddlig werden. Aber ich bin glücklich und stolz. Warum ich stolz bin? Ich arbeite, aber ich habe kein Geld. Warum? Wir können unsere Stimmen nicht laut werden lassen. Du blätterst ein paar Zeitungen durch. Abends schauen wir uns Filme an, die Nachrichten und diesen ganzen Quatsch. D. h., wir halten uns auf dem Laufenden. Ich wollte den Wehrdienst wirklich im Osten machen, und das habe ich ja auch getan. Keiner soll sterben, niemand, der gewaltsame Tod muss nicht sein. Die ganze Türkei gehört uns, der Westen wie der Osten. Aber man muss die Angst vor den Terroristen besiegen, man muss diesen Schmeißfliegen die Nasen abschneiden.

Regen und Sturm überall –
jedermann ist daheim,
nur wir sind in den Bergen geblieben,
durchnässt kleben mir die Sachen am Leib.
Verflucht sei die Winternacht!

Feuer! Kaum kommt mir das Wort über die Zunge,
da sprechen schon die Waffen.
Stundenlang kämpfen wir miteinander,
trotz Kälte und Schnee.
Verflucht sei die Winternacht!

Ach, Freunde, verdammt seien die Feinde,
drei Freunde hat es getroffen,
noch vor ihrer Hochzeit.
Verflucht sei die Winternacht!

Dieses Gedicht hat einer meiner Freunde im Südosten geschrieben. Ich kann und will das nicht vergessen.

(*November 1998, Serik bei Antalya*)

1974 in Serik bei Antalya geboren. Er hat das Gymnasium nach der zweiten Klasse verlassen. Bauer. Im August 1994 wurde er der Panzerdivision von Etimesğut bei Ankara zugeordnet. Im November war er in Urfa. Unter seinen Geschwistern, drei Jungen und zwei Mädchen, ist er der Jüngste. Er ist Junggeselle und sucht eine Frau.

20. Dem Militär kann man nicht entgehen, aber man kann einfach seine Zeit absitzen

Bei der Ausbildung sagt man: »Komm, mach dies und das, sei tapfer wie ein Löwe, kehr nicht im Frachtraum des Flugzeugs zurück, sondern im Passagierraum, und lass dich von den Stewardessen bewirten.« Im Allgemeinen wurden die Nachrichten über die Gefallenen archiviert. Wie viele es waren und wie viele gestorben sind. In Kurtalan haben wir diese Informationen auch bekommen; viele Soldaten fielen nicht im Kampf, sondern während sie im Schützengraben schliefen.

Als ich ankam, schliefen wir zu dritt in einem Bett. Wenn ich zurückblicke, erinnere ich mich an die Frage: »Wie können denn je 548 Tage rum sein?« Denn es waren erst zwei Tage vergangen. Wenn wir marschierten, rannten oder zum Essen gingen, hatten wir all die Heldenlieder unserer Militärmärsche auf den Lippen. Ein paar Tage verbringst du ohne Schlaf, und du frierst in der Kälte. »Warum kriege ich keinen Schlaf, warum muss ich über den Boden robben«, denkst du. Verzeihen Sie, aber du sagst: »Für die Ehrlosen.« So gewöhnt man einen daran. Wer sagt, dass er sich nicht um Protektion kümmern konnte, lügt. Ich habe sie gefunden, denn ich hatte die Zusage, dass ich zu 90% nach Ankara oder zu 60% nach Samsun gehen würde. Ich lachte, wenn Marschlieder gesungen wurden. Wenn es hieß: »Das gibt ein Hauen und Stechen! Wir kommen! Keinen Stein lassen wir auf dem anderen und keinen Kopf auf der Schulter!«, sagte ich: »Geht nur hin, tut, was ihr nicht lassen könnt, ich jedenfalls bin dann in Ankara oder Samsun.« Wenn 9000 Mann zur Aufteilung nach der Rekrutenausbildung antraten, dann gingen mindestens 8500 von ihnen in den Osten.

Bei der Ausbildung sagt man: »Komm, mach dies und das, sei tapfer wie ein Löwe, kehr nicht im Frachtraum des Flugzeugs zurück, sondern im Passagierraum, und lass dich von den Stewardessen bewirten. Die Nachrichten über die Gefallenen wurden archiviert.

Wir wurden kaum an den Waffen ausgebildet. Ich habe ungefähr 25 bis 30 Kugeln abgeschossen.

»Siirt«, sagte man. Wo liegt Siirt? Meine Eltern waren ganz betroffen. Ich fuhr nach Siirt, und man schickte mich von dort aus nach Kurtalan, dort sollte ich für das Lazarett verantwortlich sein. Ich bin ein normaler Gendarmensoldat und habe nicht den Rang eines Sanitäters. Weil ich etwas von Spritzen, dem Messen von Blutdruck und dem Verabreichen von Impfstoffen verstand, wirkte sich das positiv aus. Eigentlich hatte die Gendarmerie keine Krankenstation. Vor dem Mittagsappell übergab ich dem wachhabenden Offizier die Liste der kranken Soldaten. Zur Untersuchung gingen wir zur Kommandotruppe gegenüber, die Medikamente holten wir in der Apotheke und kehrten zurück. Im Raum des Stellvertreters des Chefs der Gendarmeriewache stand mein Spind, außerdem so was wie ein Bett. Wenn ich den Soldaten ein Serum gab, dann ging ich zu ihnen in die Schlafsäle. Der Soldat kriegt nicht genug Schlaf. Wenn er auch noch schlank ist, ist er für alle möglichen Krankheiten anfällig.

Beim Schutz des Schnellzugs von Kurtalan bekam ich auch eine Aufgabe. Wenn die Frühjahrsoperationen anfangen, kriegt der Soldat von Februar/März bis Ende August keinen Schlaf. Mit vier Stunden Schlaf pro Tag muss er auskommen. Meine erste Angst war Nevruz. Man registrierte mich für die Stellung von Kurtalan. Die Feuer wurden angezündet, und die Dienstälteren sagten: »Wenn ihr den heutigen Tag lebend übersteht, dann passiert nichts mehr.« In der Nevruz-Nacht hielt ich zum ersten Mal Wache. Zum ersten Mal gehe ich mit der schussbereiten Waffe auf Wache. Man schickte uns um sechs Uhr am frühen Abend auf Wache und würde uns um neun ablösen. Statt uns von der Wache abzuziehen, schickte man in dieser Nacht alle drei Stunden noch einen Soldaten. Danach kamen die Truppen, die nachts für den Hinterhalt zuständig waren. Erst gegen fünf Uhr morgens konnten wir uns ausruhen. Wir hatten einen Uzman çavuş, den wir den »Panzergerät-Mann« nannten. 1988 oder 1989 soll er seine komplette Truppe verloren haben. Er mochte die Soldaten sehr. Jemanden, der im Wachdienst schlief, trug er nicht ins Protokoll ein, sondern gab ihm Kürbiskerne zu knabbern und sagte: »Na, mein Löwe, wach auf!« Der Çavuş beruhigte uns, sorgte dafür, dass wir uns entspannten, und wenn man sich zu sehr lockerte, sagte er: »Jetzt reicht's aber!« Beim Militär ist das ganz komisch, man denkt gar nicht ans Sterben. Ihr denkt nur an den Morgen. Meine jetzige Frau, damals meine Verlobte, hat mich beim Militär am Leben erhalten. Nach dem Nevruz-Fest fingen die Operationen an. »Da ist die Meldung«, hieß es, wir gingen in die Stellung und sahen die Leuchtmunition. Bei einem ernsthaften Gefecht war ich gar nicht dabei.

Als einfacher Soldat bin ich hingegangen, und innerhalb von ein paar Monaten habe ich mich beliebt gemacht. Deshalb kam auch mein Diplom als Gefreiter. Im letzten Vierteljahr stieg ich zum Patrouillenfeldwebel auf, der die Soldaten für die Wache einteilte und die Wachposten kontrollierte. Wenn der Soldat aufgewacht ist, schläft er 15 Minuten lang nicht, aber für die sechzehnte Minute kann man das nicht mehr garantieren. An den kritischen Tagen war es verboten, einen Pelz anzuziehen, weil das schläfrig machte. Du sollst leichte Kleidung tragen und frieren, das hält dich auf Trab. Wir hatten drei oder vier Soldaten, die früher Dorfmilizen waren; die leisten den Wehrdienst in ihren Heimatorten. Wenn ich als Soldat in den Hinterhalt gehen würde, dann auf keinen Fall mit denen. »Ich traue euch nicht«, sagte ich. »Wir sind auch Söhne des Vaterlandes«, antworteten sie.

Von unserer Einheit ist keiner gefallen, das war Glück. Eines Tages wurde das Dorf überfallen. Als der Gemeindevorsteher uns das meldete, gingen ein paar Mann von der Truppe dorthin. An diesem Tag passierte nichts. Am nächsten Tag kam es wieder zu einem PKK-Überfall, und Dorfbewohner wurden getötet. Als Frau und Sohn des Gemeindevorstehers ermordet wurden, tötete er den PKK-Mann und rammte danach seinen Kopf auf einen Pfahl. Mit unseren Sanitätssoldaten zogen wir den Pfahl raus, umhüllten den Kopf mit Baumwolle und begruben ihn.

Nach 150 Tagen fing ich an, die Tage im Kalender durchzustreichen. Der Kalender klebte an der Tür meines Spinds, und jeden Tag machte ich mein Kreuz. Der Soldat schießt, weil der Kommandant ihm das befiehlt. Wir sind Anfang 20 geworden, haben alles getan, was wir unserem Vaterland schulden, und sind zurückgekehrt.

Es dauerte nicht mehr lange bis zum Ende meiner Militärzeit. Weil ich bisher bei keiner Durchsuchung eines Dorfes dabei war, ließ ich mich speziell dafür eintragen. In Kurtalan findet direkt an der Kreuzung eine Straßenkontrolle statt. Die Listen werden verteilt, und man kontrolliert. Verdächtige lässt man fünf bis zehn Minuten warten. Wenn jemand wirklich verdächtig wirkt, lässt man ihn aussteigen, und der Wagen wird abgeschleppt. Bei der Truppe, von der die Straßenkontrolle durchgeführt wurde, habe ich die Überwachung übernommen. Dazu gehörte die Formalität, sich den Personalausweis anzusehen. Es waren drei oder vier Leute, die man suchte. Der Soldat lernt die Namen auswendig.

Als ich eines Tages am Haupttor Wache hielt, kam ein Mann. »Kontrollier das doch mal!« Weil die Gendarmerie gegenüber war, kamen die Dorfbewohner wegen der amtlichen Formulare zu uns, Personalausweis, grüne Versicherungskarte und lauter solche Dinge. Die Dokumente des Mannes wurden von der Gendarmeriewache bestätigt. Wir haben uns darum gekümmert. Ein paar Tage später kam derselbe Mann wegen »Hehlerei«.

Wenn jemand eine Kalaschnikow besaß, wurde er automatisch als PKK-Mann abgestempelt. Sofort wird er mit verbundenen Augen nach Siirt gebracht. Ich glaubte, dass sie uns danach verfolgten.

Ältere Männer kommen. »Natürlich, mein bester *Amca*,« sagen wir, eben das, was so üblich ist. Ein paar Tage später kommt einer von ihnen als Beschuldigter. Man weiß eigentlich nicht, ob er schuldig ist. Vom Dorf liegt eine Beschwerde vor.

Viele Soldaten fallen nicht im Kampf, sondern während sie im Schützengraben schlafen. Viele Leute können durch die Minen der PKK zu Krüppeln werden. Von zehn Personen, die zu Krüppeln werden, sind vielleicht ein oder zwei durch die Minen zu Schaden gekommen, die von den Soldaten selbst gelegt wurden. Wenn man die Minen legt, muss man das genau planen. Die Kommandanten der Gendarmeriewache wechseln alle zwei Jahre. Wenn in dieser Zeit keine neuen Minen gelegt wurden und der scheidende Kommandant seinen Nachfolger nicht darüber informiert, bleiben die Minen dort. Wie es gerade passt.

Wenn man mich jetzt zum Militär holen würde, würde ich wieder in den Osten gehen. Wenn du im Osten mitmachst, ist das was ganz anderes.

Der Soldat muss von der Stellung aus beobachten, was draußen passiert, aber er beobachtet auch, was drinnen vor sich geht. Warum? Wer von draußen kommt, tötet mich – oder ich ihn. Ich kann nicht den Offizier töten, der von innen kommt, er kann auch mich nicht töten – wenn es allerdings dazu käme, wäre seine Militärzeit bis dahin umsonst, denn er hätte sich schuldig gemacht.

Der Offizier kommt einem wie ein Feind vor, weil er eine Strafe verhängen kann. Wenn er einen bestraft, dann bedeutet das Prügel, und wenn es nicht dazu kommt, dann ist es eine Beleidigung. Wer sagt, er hätte beim Militär keine Prügel bezogen, der lügt. Bei der Rekruteneinheit, bei der Haupteinheit, in der Gruppe, überall, wo ich war, musste ich Prügel einstecken. Zuerst habe ich mir die Prügelei und das Fluchen sehr zu Herzen genommen. Im Zivilleben habe ich das nicht geduldet. Ich nehme es hin, dass die 18 Monate dort eigentlich kein Leben waren.

Wenn die Schnürsenkel der Stiefel nicht zugebunden sind, wirst du verprügelt. Wenn das Bett nicht gemacht ist, kannst du damit rechnen, dass man zuhaut. Mit dem Gewehrschaft wird auf die Hände geschlagen. Da ist der Kampf mit dem Vorgesetzten, d. h., du musst tun, was der Vorgesetzte dir sagt. Und der Kampf mit der Natur.

Den besten Kampf führten wir gegen die Skorpione. »Im Sommer kommt die PKK, wenn du schläfst, und der Skorpion beißt dich, wenn du schläfst«, sagt man. Wir hatten eine Skorpiontruppe. Drei oder vier Mann gingen auf die Suche nach den Skorpionen. Die Skorpione dieser Gegend lassen einen nicht leiden, sondern töten sofort. Ihr müsst innerhalb von acht bis zehn Sekunden was unternehmen. Wenn wir zehn Minuten lang durch die Nachtfernrohre beobachteten, was draußen vorging, suchten wir zwei oder drei Minuten lang die Umgebung unserer Stellung nach Skorpionen und anderen Insekten ab.

Wenn ihr etwas besonders Qualvolles erlebt, in einem solchen Augenblick fragt ihr euch, was ihr dort überhaupt zu suchen habt. Aber ihr müsst euch den Bedingungen dort anpassen. Dem Militär kann man nicht entgehen, aber man kann einfach seine Zeit absitzen. So was redet ihr euch dann ein.

Wenn ich jetzt an die Militärzeit denke, fällt mir als Erstes mein Eintritt in die Rekruteneinheit ein. Als ich mich umwandte, konnte ich meinen Vater nicht mehr sehen. Als Zweites der Moment, als ich beim Nevruz-Fest zum ersten Mal in der Abwehrstellung war. Am schönsten war der Entlassungstag. Ihr holt eure Zivilkleider raus und bügelt sie. Punkt Mitternacht ist der Wehrdienst zu Ende, nachts darf man aber nicht raus. Nach zwölf Uhr nachts nehmt ihr ein Bad, rasiert euch und sitzt bis zum Morgen da. An Schlaf ist nicht zu denken. Da sind 25 bis 30 Tagebücher, und ihr tragt in jedes Einzelne einen Spruch für die Kameraden ein. Die letzten paar Tage vergehen mit solchen Aufträgen und Bitten. Wenn man rausgeht, durchs Haupttor der Kaserne geht, ist der Wehrdienst zu Ende.

Von Batman flog ich nach Ankara. Dort stieg ich in den Bus.

Von Samsun aus würde meine Familie mir entgegenkommen. Sie waren wahrscheinlich in Tonya. Ich zündete mir eine Zigarette an. Damals war das Rauchen im Bus noch erlaubt. Draußen sprang jemand vor Freude in die Luft und lachte. Das war mein kleiner Bruder. Meine Familie war wirklich nach Tonya gekommen. Ich durfte die Zigarette nicht weiter rauchen.[2] Innerhalb von ein paar Monaten konnte ich mich nicht daran gewöhnen.

Jetzt fingen sowieso die Hochzeitsvorbereitungen an. Ich konnte nicht schlafen, weil ich ganz aufgewühlt war. Seit der Militärzeit war ich leicht erregbar. Ich fing an, mehr zu lesen als früher. Ich gehe allem nach, was sich ereignet hat. Da bleibt natürlich was zurück, d. h., da ist noch nicht alles vernarbt. Jemand erzählt von irgendeinem Vorfall, und schwupps, kommt es euch wieder ins Gedächtnis.

Zum einen übertreibt die Presse, zum anderen lässt sie auch Informationen weg. Wir haben die Nachricht bekommen, dass es neun oder zehn Gefallene gibt. Auf den Fernsehkanälen ist von drei Toten die Rede. Wenn es auf der Gegenseite vier Tote gegeben hat, spricht man von 14 oder 24. Die Zahl der gefallenen Soldaten wird gesenkt und die Zahl der Toten auf der Gegenseite erhöht.

Damals war ich nervös. Wenn ich etwas wollte, musste ich es unbedingt haben. Da duldete ich keinen Widerspruch. Jetzt ist es genau umgekehrt, wenn jemand mich oder meine Familie beleidigt, greife ich sofort ein. Abgesehen davon, fange ich nicht gleich an zu schreien, wenn irgendeine Kleinigkeit passiert, ich bin ruhiger geworden. Ich weiß nicht, ob die Militärzeit mich reifer gemacht hat. Das Leben war für mich immer wertvoll, für jeden ist es kostbar. Das Vaterland ist ein Ort, wo wir an einigem, was man durchsteht, als Einheit oder als Einzelner Anteil nehmen – und weiterleben. Den Militärdienst schuldet jeder dem Vaterland, aber ... Warum geht man hin? Wenn man seinen Wehrdienst nicht geleistet hat, kann man weder heiraten noch sich eine Existenz aufbauen. Man kann gar nichts machen. Wenn es aus Vaterlandsliebe wäre, wäre ich mit 20 hingegangen, aber nicht mehr mit 23.

Zuallererst müsste die OHAL-Zone, wo der Ausnahmezustand herrscht, ganz allmählich abgeschafft werden. Beim Militär waren wir auch geschockt, als wir die Söldnertruppe sahen. Alle

2 Söhne (und Töchter) dürfen nicht in Gegenwart ihrer Eltern rauchen (und Alkohol trinken). [Anm. d. Übers.]

mit vermummten Köpfen, die sind doch keine staatliche Instanz mehr, die sind doch total zu Kriegern geworden, das sind Typen in Rambo-Klamotten. Die Einheimischen haben Angst vor ihnen. Eigentlich ist das alles die Aufgabe des Volkes, aber seine Kraft reicht nicht aus. Die Menschen dort leiden Not und Entbehrung.

Der Krieg, in dem die Waffen sprechen, hört vielleicht auf. Der Krieg unter den Menschen dort, ihre Notlage und die Arbeitslosigkeit, das sind die einzelnen Stufen des Krieges. Deshalb muss man das den Einheimischen ins Bewusstsein bringen, man muss sie darüber informieren, d. h., das muss aufgezeigt werden, damit die Leute nicht zur PKK überlaufen. Auf jeden Fall hört der Krieg nicht mit der Schießerei, dem Morden und Töten durch die Soldaten – oder von der Gegenseite – auf. Wenn man mit der dortigen Kultur leben kann, warum sollte man sich dann meiner Kultur beugen? Es ist doch nur natürlich, dass man dort mit der eigenen Kultur leben kann.

(Juli 1998, Samsun)

1972 in Samsun geboren, Gymnasialabschluss, Konfektionsschneider. Er hat zwei Schwestern. Sein Vater ist Zahntechniker, seine Mutter Rentnerin. Von November 1994 bis Januar 1996 hat er seine Militärzeit in der Rekrutentruppe der Gendarmerie von Birecik und danach bei der regulären Einheit in Kurtalan bei Siirt verbracht.

21. Die Waage der Türkei ist nicht im Gleichgewicht

Als es blitzte, sprang ich vom Rad und warf mich zu Boden. Der Blitzschlag kam wie der Schuss aus einer Waffe. Die Leute lachten mich aus. Ich stand auf und fing auch an über mich zu lachen.

Ich war entlassen und kam zurück. Ich hatte das Gefühl einer großen Leere. Ich konnte nicht schlafen. Eine halbe oder eine Stunde Schlaf zwischen lauter Steinen erschien mir sogar angenehmer als ein Schlaf von 24 Stunden. Nach einem solchen Schlaf und einem solchen Leben sehnte ich mich. In einem normalen Bett konnte ich keine Ruhe finden, und ich legte mich auf den Boden. Ein halbes Jahr lang führte ich dieses Leben.

Ich stieg aus dem Bus und hielt alle Leute für Terroristen. Die Zivilbevölkerung, die ich im Osten gesehen hatte, das waren entweder Terroristen oder Leute, die Hehlerei für die Terroristen betrieben. Darunter waren aber auch viele, die gut waren. Die Zivilbevölkerung siehst du nicht, und du siehst nicht, wie sie wirklich leben. Du bist in den Bergen, und in einem Vierteljahr kommst du vielleicht einmal ins Tal. Dort bleibst du solange, wie man braucht, um eine heiße Suppe zu löffeln, und dann steigst du wieder auf die Berge. Jeden Tag Kämpfe, was weiß ich, das ist ein miserables Leben. Jeden Tag, jede Stunde siehst du dem Tod ins Auge. Wenn du dich davon befreit hast und hier unter lebendige, normale Leute kommst, siehst du in jedem Menschen einen PKK-Mann. Das stimmt zwar nicht, aber psychologisch siehst du das so. Ich verhalte mich wie ein Idiot. Jeden Moment schaue ich nach rechts und links, ob jemand auf mich schießen könnte. Wenn ich einen Berg sehe, sage ich: »Hinter dem Berg steht der Terrorist, und der schießt auf uns.« Ich gehe im Dorf und im Garten spazieren. Unter dem Felsen dort könnte ein Terrorist hervorspringen, und auch von dort drüben könnte einer kommen. Manchmal werfe ich mich zu Boden, um in Deckung zu gehen.

Drei Monate nach dem Abschied vom Militär fing ich an zu arbeiten.

Eines Tages radle ich über die Straße. Als es blitzte, sprang ich vom Rad und warf mich zu Boden. Der Blitzschlag kam wie der Schuss aus einer Waffe. Die Leute lachten mich aus. Ich stand auf und fing auch an, über mich zu lachen. Nicht nur tagsüber denke ich daran, nachts ist es noch etwas anderes. Wenn ich mich nur ein bisschen mau fühle, geht mir nur eins durch den Kopf: »Jeder ist Terrorist, ich nehme mal das Gewehr und töte einfach alle«, sage ich dann.

Da im Osten, das ist eine Gegend, wo die Menschlichkeit aufhört. Du hast überhaupt keine Beziehung zur Menschlichkeit, Verzeihung, du wirst zum wilden Tier. Der Grund liegt darin, dass es jeden Tag Kampf und jeden Tag Tote gibt. Da wird gestorben, gebrandschatzt und gefoltert. Du hast Hunger und Durst. Du weichst dein Brot ein, du haust es mit einem Stein durch und isst es. Du findest kaum Wasser, und das ist dann pechschwarz. Du breitest ein Taschentuch darüber und trinkst, du musst trinken.

Wir haben drei oder vier Monate lang nicht geduscht. Verzeihung, aber wir waren verdreckt, wir konnten nicht duschen, weil es kein Wasser gab. Man wurde ganz strubblig, weil Haare und Bart einfach wild drauflos wuchsen. Egal, wer dir über den Weg läuft, du blinzelst noch nicht mal mit den Augen. Ich hatte in meinem Leben noch keinen Toten gesehen. Dort sah ich Tote, die ganze Folter, das Brandschatzen, das Foltern, einfach alles.

Wenn man im Zivilleben mit der Rasierklinge aus jemandem Hackfleisch machen würde, würde ich keine Miene verziehen. Dort sind wir hart wie Stein geworden. Manche träumen das immer wieder durch, aber mir sträuben sich nicht mehr die Haare. Was dort war, das taucht nicht mehr in meinen Träumen auf. Letzte Nacht habe ich im Traum gekämpft, und ich war mitten im Kampf. Direkt neben mir sind meine Kameraden gefallen.

Wenn man im Gebirge auf Rebhuhnjagd geht, gibt es irgendwann keine Rebhühner mehr, nicht wahr? Wenn man die Hennen tötet, gibt's keine Jungen mehr. Mit dem Terror ist es dasselbe. Wenn du die Anführer des Terrors erwischt hast, geht die Menschenjagd in den Bergen schnell. Unser Staat hat viele Landkarten in der Hand. Stell doch – wie es auf der Landkarte steht – einen Soldaten an jedes Wasser. Man stirbt nicht vor Hunger, aber vor Durst. Der Gegner wird kommen, um Wasser zu trinken. Geh hin und töte ihn, vergifte das Wasser, mach irgendwas. Wichtig ist, dass man die Anführer zu fassen kriegt. Bei der Regierung gibt es Leute, die gar nicht wollen, dass es mit der Terrororganisation zu Ende geht.

Bei meiner Rückkehr war meine Mutter ganz gerührt. Ich

konnte meine Tante und meinen Onkel nicht wieder erkennen, auch nicht meinen Bruder.

»Ich erkenne euch nicht wieder«, sagte ich.

»Wie kommt das?«, fragten sie.

Das ist ein ganz erbärmliches Leben, d. h., es gibt kein Menschenrecht. Heute geht der Terrorist ins Dorf, foltert den Säugling in Windeln und bringt ihn um. Wenn man den Terroristen bei lebendigem Leibe erwischt, wird er im Knast durchgefüttert. Das soll Menschenrecht sein. Wo ist das Menschenrecht der Familie, die zu Tode kommt? Wie soll ihr Recht eingelöst werden? Man löst es nicht ein. Mit einer Milliarde wird dieses Menschenrecht nicht eingelöst. Ich habe kein Menschenrecht. Mein Recht ist meine Waffe dort, und ich verteidige mich selbst. Man sagt dir: »Vorwärts! In die Berge!« Wenn du da oben stirbst, bist du ein Gefallener. Dein eigenes Recht verteidigst du selbst.

Ich erinnere mich sehr gut daran. Gegen Abend kam ich in Kulp in der Nähe von Diyarbakır an. Man gab die Waffen aus, und wir legten uns schlafen. Um vier Uhr morgens ging der Alarm los, und gegen fünf fingen wir an zu kämpfen. Du kommst gerade von den Rekruten, kennst das Terrain nicht und wirfst dich sofort in den Kampf. Bei diesem Kampf sind ein paar meiner Kameraden durchgeknallt. Ich habe das Bewusstsein verloren. Ich kann nicht zählen, bei wie vielen Kämpfen ich dabei war. Wenn ich bei einem Mal nicht dabei war, dann wieder das nächste oder übernächste Mal. Ich habe nie Wache geschoben, im Gebirge bist du ständig im Hinterhalt oder auf Wache. Das war ein ganz mieses Leben, aber ich bin immer noch stolz darauf.

Die Arbeit, die ich jetzt mache, ist prima, und ich verdiene auch gut. Wenn man mich heute rufen würde, würde ich alles stehen und liegen lassen und hingehen. Ich habe mich für die Spezialtruppe beworben. Wenn du Abitur hast, nehmen sie dich auf. Verdammt noch mal, mein Bruder, was erwartest du denn von mir? Soll ich vielleicht Maschine schreiben oder am Computer sitzen? Du brauchst mich doch im Gelände. Wenn ich intelligent bin und meinen Wehrdienst dort geleistet habe, was fragst du da nach dem Abitur? Es gibt Abgeordnete, die nicht über die Grundschule hinausgekommen sind. *İbrahim Tatlıses* sagt: »Ich kandidiere für einen Sitz im Parlament.« Der Mann hat auch nur die Grundschule besucht. Schließlich gibt es Abgeordnete, die nur Grundschulabschluss haben, aber die Spezialtruppe lässt einen nicht für den Staat kämpfen, wenn man ein armer Dorfjunge ist, der nur die Grundschule besucht hat. Heutzutage ist kein Sohn reicher Eltern im Südosten, das sind alles arme Schlucker. In meine Einheit kamen viele Söhne reicher Eltern, und am zweiten Tag gingen sie wieder zurück.

Ja, es ist ein erbärmliches Leben, aber ich will immer noch in den Südosten, ich sehne mich nach dem Klima dort. Wenn ich mir das im Fernsehen angucke, sage ich: »Wenn ich doch auch dort wäre!« Dort könntest du für Volk und Vaterland kämpfen. Du würdest kämpfen, um die PKK mit Stumpf und Stiel auszurotten. Für mich ist das der größte Stolz. Es ist doch besser, dort für Volk und Vaterland zu fallen, als hier um einen Scheißdreck zu verrecken. Kein einziger Künstler oder Musiker oder irgendeiner, der aus einem reichen Elternhaus stammt, ist im Südosten. Das heißt doch, dass die ganz Armen ihr Vaterland mehr lieben. Mit dem Vaterland ist das schon etwas Merkwürdiges. Auf den Fernsehkanälen heißt es »Mein Volk und Vaterland«. Warum flieht man denn dann vor dem Wehrdienst?

Z. B. erfindet *Tarkan* alles Mögliche, um nicht zum Militär zu gehen. Marsch, marsch, zur Operation! Kämpf mit, und dabei kann ich ja sehen, ob du Volk und Vaterland liebst. Die Politiker entscheiden, aber das ist keine Kunst. Was man daraus macht, das liegt in der Hand des Militärs. Der Held, das ist Mehmetçik, der gegen den Terror kämpft. Das Einfachste wäre doch, wenn ein Abgeordneter sich während des Kampfes in einen Hubschrauber setzen und hinfliegen würde, um das dort mal zu kontrollieren. Warum macht das denn niemand? Wenn ein Abgeordneter in die Moschee geht, dann mit einem Begleitschutz von acht bis zehn Mann. Du gehst in Allahs Haus, in die Moschee. Wer dich schützt, das ist doch eh Allah, wozu brauchst du einen Begleitschutz? Die Leute, die den Osten nicht gesehen haben, wollen es nicht glauben. Was man ihnen über den Osten berichtet, halten sie für ein Märchen.

Für Volk und Vaterland, geh in den Osten, kämpf, so viel du willst, in der Gesellschaft gibt es keinen, der dich dafür achtet. »Du hast es ja nicht für mich getan, sondern fürs Vaterland«, heißt es dann und geht darüber hinweg. Die Regierung kümmert sich natürlich auch nicht darum. Da ist noch viel mehr Ungleichheit; die Waage der Türkei ist nicht im Gleichgewicht. Die reiche Seite wiegt schwerer.

Innerlich kämpfe ich mit mir. An diesem Gefühl lasse ich auch meine Kameraden, die aus dem Südosten zurückgekommen sind, teilhaben. Seit ich zwölf oder 13 war – bis zu meiner Einberufung –, wollte ich immer in einer Kommandotruppe sein. Was auch immer ich auf dem Herzen hatte, das kam raus, ich ging hin, kämpfte und kam zurück. Die Ausbildung in Kırkağaç bei Manisa war prima. Mit dieser Ausbildung bin ich nach Diyarbakır, Muş, Batman, Siirt, Bingöl und in den Norden des Irak gegangen. Drei Monate nach meiner Rückkehr bin ich wieder in den Südosten gefahren. Meine Freunde, die Dorfmilizen, haben sich um mich gekümmert. Meine Freunde, die Dorfmilizen, sehen die ganze Schuld bei der Regierung. Da ist Land genug, aber man kann es nicht bestellen. Die Einheimischen geben abends den Terroristen – und tagsüber den Soldaten Brot. Sie leben im Kriegszustand und mit dem Tod. Eine Woche oder zehn Tage lang habe ich dort eine Wanderung gemacht. Nirgendwo gibt es so eine Gastfreundschaft wie im Südosten. Geh nur dorthin, sag »*Selâmünaleyküm*«, man setzt dich in eine Ecke und niemand lässt dich wieder gehen, ohne dir Tee anzubieten. In den Gasthäusern lässt man dich übernachten, und wenn du kein Geld hast, kaufen sie dir auch noch die Fahrkarte. Tee und Kaffee im Westen, am Mittelmeer, das kannst du vergessen; wenn du dort »Selâmünaleyküm« sagst, kommt es selten genug vor, dass überhaupt einer deinen Gruß erwidert.

Für einen Muslim aber sind alle Menschen Brüder. Fünf Mann brechen auf, spielen in den Bergen PKK, reden von »Kurdistan«, und das müssen nun alle Kurden büßen. Weil sie Kurden sind, gibt man ihnen keine Arbeit und grenzt sie aus. Warum wird dort nicht investiert, warum werden keine Schulen gebaut? Die Kinder bleiben dumm. Bevor ich in den Südosten ging, hatte ich mir nicht vorgestellt, dass es dort so wäre wie in Alanya, ich wusste, dass es eine raue Gegend ist, aber dort scheint wirklich so ziemlich alles zu fehlen. Du bist da total in der Natur, und du teilst dein Leid mit der Natur. Du bist ja eh durchgeknallt und fängst an, Selbstgespräche zu führen. Du kämpfst mit der Natur. Dort habe ich zum ersten Mal Schnee gesehen.

Bevor ich dorthin ging, war ich ein ganz normaler Mensch. »Bist du etwa ein Mädchen?«, fragte man mich. So reif, so ruhig war ich. Ich hatte nichts mit Alkohol, Zigaretten oder Glücksspielen am Hut. Ich ging hin, kam zurück, und mit meiner Beziehung zu andern Menschen war's aus und vorbei. Mein Türkisch ist verkümmert, und ich bin fromm geworden. Das Klima dort stumpft dich ab, auch das Leben. Früher hatte ich eine Freundin. Jetzt will ich keine Freundin mehr. Ich will allein bleiben und allein leben. Und es kommt noch hinzu – wenn ich eine Freundin hätte und auch noch Zeit für sie haben müsste, würde ich die Krise kriegen.

In einem der Kämpfe fühlte ich mich dem Tod am nächsten – nur zehn Meter von mir entfernt. Mit nur zehn Metern Abstand vom Feind kämpfst du mit der Handgranate. Der Kommandant wurde getötet. Es gab Verletzte. Ohne zu geben, kannst du nicht nehmen. Die »Ehrlosen« haben die technische Ausstattung zur Nachrichtenübermittlung in der Hand – so was hat die Türkei nicht. Es darf nicht diesen Unterschied zwischen Kurden und Türken geben; da muss Gleichheit herrschen. Die Leute dort brauchen eine vernünftige Ausbildung, und man sollte Arbeitsplätze schaffen. Irgendwie müsste man die Verhältnisse, die im Westen herrschen, doch auch im Osten hinkriegen. Dort sind aber auch eine Menge Naturschönheiten. Man sollte den Touristenstrom auch mal dorthin lenken. Die Kinder müssten zur Schule gehen, und wer arbeiten will, soll arbeiten. Jeder türkische Staatsbürger unter der türkischen Flagge soll leben – und Türkisch sprechen! Gleichheit muss sein, man darf keinen Unterschied zwischen Kurden und Türken machen. Jeder sollte in einer Welt leben, in der alle Menschen gleich sind.

(Alanya, November 1998)

1974 in Alanya geboren, Abschluss der Grundschule. Der Zweite unter sechs Geschwistern; er hat drei Schwestern und zwei Brüder. Sein Vater ist Bauer. Seine Rekruteneinheit lag in Kırkağaç bei Manisa. In einer Kommandotruppe. Er erinnert sich nicht genau an die Daten seiner Militärzeit und schätzt, dass es 1994/95 war. Er arbeitet im Tourismusbereich.

22. Wenn es eine Alternative gäbe, um nicht zum Militär zu gehen, würde ich sie den jungen Leuten empfehlen

Z. B. Tunfisch der Marke »Dardanel«, den schickt die Regierung den Soldaten. Den Soldaten ist der verboten, den essen die Offiziere und die Unteroffiziere. Die Soldaten kriegen billige Bohnen in Konserven.

Ich wollte in den Südosten gehen. Da wurde so viel über den Krieg geredet, dass ich ihn erleben wollte. Ich war darauf gespannt. Am ersten Tag heulte ich. Dass mir die Haare abgeschnitten wurden – und wie ein dienstälterer Soldat sich dir gegenüber verhielt, oder der Unteroffizier oder überhaupt irgendein Offizier, das macht einen fertig. In diesem Sinne erlebten wir auch eine Niederlage. Wir lernten, mit der G3 umzugehen, und wurden im Umgang mit der MG3 und mit Feuerwaffen geschult. Das war die dreimonatige Ausbildung; d. h., dabei konnte man nicht viel lernen. Nachts gab es die Schulung für den Kampf gegen den Terror. Je mehr ich darüber hörte, desto mehr war ich darauf gespannt.

Nach drei Monaten ging ich in Urlaub, und bei der Rückkehr hieß es: Ümraniye/Istanbul. Als wir sahen, dass es dort wieder mit der Schulung anfing, sagten wir »Alles klar«, wir würden in den Südosten gehen. Die Hälfte des Bataillons war auch dort. Wir sitzen im Zug und fahren mit den wichtigen Kriegsmaterialien nach Siirt. Das Reisen bei Nacht ist verboten, wir halten an und fahren am Tag weiter. Sechs oder sieben Tage dauerte die Reise. Wir wurden nervös. Der Zug war sehr lang, und ein Überfall wäre ganz einfach. Von Kurtalan an geht es nicht mehr mit dem Zug weiter, und wir steigen auf Lastwagen um. In Siirt liegt das Infanteriebataillon. Unser Ziel ist Güçlükonak. Dort soll eine Gendarmeriewache aufgebaut werden. Kaum sind wir in Güçlükonak, suchen wir die Gegend zuerst mit dem Minensuchgerät nach Minen ab. Als die ersten Minen auftauchten, Minen, die Lastwagen, und solche, die Personen galten, da kriegten wir es mit der Angst zu tun. Es könnte ja alles vermint sein, sodass wir nirgendwo mehr hingehen können. Wir blieben dort, wo wir waren.

Wir fingen an in die Dörfer zu fahren. Gemeinsam mit unserem Hauptmann unterhielten wir uns mit den Dorfbewohnern; zwischen der Infanterie und den Leuten in den Dörfern klappt das gut. Der Mann aus dem Dorf sagt: »Die Gendarmerie kommt und schlägt zu, die Söldnertruppe macht dasselbe, und dann kommt die PKK und fragt: ›Warum begeht ihr Verrat und spioniert?‹ – und schlägt zu.« Und dann fragt der Dorfbewohner: »Herr Kommandant, wem sollen wir vertrauen, und was sollen wir tun?«

Ob es die Fehler waren, die von der Guerilla gemacht wurden, oder ob es der Irrtum der Regierung war, indem sie auf dem Krieg beharrte – beides habe ich allmählich kapiert. Dort gab es eine Kantine, die Einnahmen gingen an den Major; eine Cola kostete 200 000 Lira. Der Sold reichte nicht für die Cola.

Z. B. Tunfisch der Marke »Dardanel«, den schickt die Regierung den Soldaten. Den Soldaten ist der verboten, den essen die Offiziere und die Unteroffiziere. Die Soldaten kriegen billige Bohnen in Konserven.

Auf allen Vieren kroch ich ins Zelt mit den Vorräten, sodass der Wachposten mich nicht sah, holte den Tunfisch und verteilte die Konserven unter den Kameraden. Weil der Tunfisch mehr Nährstoffe hat, war er nötig, damit der Soldat mehr Energien kriegte.

Meine erste Wache. Wenn man aus Güçlükonak rauskam, da waren ein paar vorspringende Berge. Du standest Wache, und ich legte mich schlafen. Ich stand Wache, und du legtest dich schlafen, und wir gingen überhaupt nicht ins Tal. Manchmal griff die Angst um sich. Gegenüber fanden Kämpfe statt, und wir sahen die Leuchtmunition. Ob das auch bis zu uns dringen würde? Oder ich schlief, wachte plötzlich auf, und was passierte? Hatte sich vielleicht einer angeschlichen? Was war los? Weil du mal kurz eingenickt bist, kannst du nicht sehen, was gegenüber passiert ist, und du kriegst es mit der Angst zu tun. Ich war bei keinem Gefecht direkt dabei. Die Truppe, die vor uns gekommen war, hat es erlebt. Ein Kamerad von der Flugabwehr starb, eigentlich ein Infanterist.

Wir hatten nur die Aufgabe, das Gelände zu umzingeln. Die Gendarmerie zog in den Kampf. Z.B.: Die Guerilla wird in der Region gesichtet, die Meldung geht ein, wir machen uns in das Gebiet auf, von wo aus man das Geschehen beurteilen kann, und wenn sie auf uns zukommen, eröffnen wir das Feuer. Dann landet die Gendarmerie mit dem Hubschrauber und legt mit dem Kampf los.

Wir sind in Güçlükonak bei der Minensuche. Als ein Lastwagen kommt, fährt er auf eine Mine. Der Wagen fliegt in die Luft, aber es gibt keine Toten. Zur gleichen Zeit ist eine Frau aus Güçlükonak zu Fuß mit einem älteren Mann auf dem Weg ins Krankenhaus. Ein Soldat steigt vom Lastwagen oder von dem, was von dem Wagen noch übrig ist, zielt direkt auf den älteren Mann, und der ist natürlich tot. Wir waren bei der Minensuche, machten gerade eine Pause, hörten den Knall der Explosion und den Schuss und gingen hin. Die Frau fing an zu weinen und die Totenklage anzustimmen. An der Stelle, wo es zur Explosion kam, hatten wir vorher nach Minen gesucht. Wer weiß, wo die Mine war, der Detektor gab nämlich keinen Ton von sich, als wir bei der Suche waren. Auf Plastikminen reagiert der Detektor nicht. Es gibt Minensuchgeräte, die überall piepsen. Egal, was du machst, sie piepsen, auch wenn keine Minen da sind. Das sind nun mal die kaputten. Es kam zu Gerüchten über die Soldaten, die geschossen hatten. Weil er so aufgeregt war, stieg der Soldat vom Wagen und schießt blind drauflos.

Ich war z. B. Feldjäger. Wir kamen zu einer Höhle, gingen aber nicht ganz nah ran, und der Uzman çavuş sagte: »Wirf die Mine dorthin!« Das tat ich auch. Wir wussten nicht, was in der Höhle war. Manchmal stellt sich heraus, dass die Höhlen leer sind, manchmal tauchen aber auch Waffen auf, die sind jedoch unbrauchbar.

Zu Dorfdurchsuchungen kam es nicht. Es waren keine Menschen da. Wenn Leute da waren, wurde das Dorf geräumt und dann in Brand gesteckt. Wir haben sogar eine Moschee angezündet. Das war in einem Dorf hinter Eruh, den Namen habe ich vergessen. Dort standen 30 bis 35 Häuser. Wir forderten die Bewohner auf, ihre Häuser zu verlassen. Im Allgemeinen übernehmen wir den Schutz des Geländes und umzingeln es. Der Soldat mit dem höchsten Rang befiehlt den Bewohnern, das Dorf zu räumen. Man geht mit ein paar Trupps ins Dorf, fordert die Leute auf, ihre Häuser zu verlassen, und dann geht es mit der Durchsuchung los. Man trennt Männer, Frauen und Kinder voneinander. Zu den Männern sagt man: »Ihr könnt nicht hier bleiben. Ihr unterstützt die PKK, denn ihr gebt den Partisanen Lebensmittel!« Sie zwingen die Leute dazu, in die Stadt zu ziehen, und die Dorfbewohner gehen nach Siirt. Was werden die Einheimischen dazu sagen?

In diesen Augenblicken kommen ihre Habseligkeiten zum Vorschein. Dann gehen zwei Trupps rein, durchsuchen alles, räumen das Dorf, dann wird es in Brand gesteckt und dem Erdboden gleichgemacht. Es wird mit Benzin angezündet und brennt von allen vier Ecken her. Wenn das Dorf brennt, schauen wir zu. Wir sehen uns das an, denn wir sind eh zum Schutz da, auf einem Gelände in der Nähe.

Dort im Osten habe ich alle Antworten auf das gefunden, worauf ich gespannt war. Ich sehe, dass der Staat das fortsetzen will. Denn wenn der Staat sich für die Menschen dort einsetzen würde, wenn er sich in kultureller und sprachlicher Hinsicht – und im Hinblick auf Fragen der Abstammung – für sie einsetzen würde, wenn er sich darum kümmern würde, die Lebensbedingungen der Leute zu verbessern, dann gäbe es keinen Krieg. Ich habe mich nur an einem Kampf beteiligt, an dem, wovon ich berichtet habe. Wir sind ständig durch Siirt, Eruh, Pervari, Güçlükonak und Taşkonak gezogen. Es kam zu der Operation von Kırmızıtepe, einer großen Operation im Jahr 1994. Ein großer Teil unserer Soldaten nahm daran teil. Wir blieben in den Dörfern und den Häusern. Zwei Häuser haben wir geräumt.

»Wir bleiben hier«, sagten wir, und der Gemeindevorsteher wies uns die Dörfer zu. Wir brachten unser Gepäck und unsere Gerätschaften dorthin. Der Uzman çavuş oder ein Unteroffizier übernachteten dort. Wir Truppenangehörigen schliefen in den Bergen. Unser Lager war der Erdboden, das machte uns nichts aus, mit den Soldatenstiefeln und so.

Die PKK habe ich nie getroffen, nur über Funk. Der Major vom Generalstab forderte sie zur Kapitulation auf. Und sie antworteten: »Eigentlich solltet ihr euch ergeben!« Natürlich fluchte der Major. Daraufhin sagten sie: »Du bist Soldat, da solltest du nicht fluchen!«

Früher sprach ich von der »PKK«, aber jetzt ist mir einiges klarer geworden – nach allem, was wir gesehen und erlebt haben. Ich spreche von der »Guerilla«, weil der Staat dort einen ungerechten Krieg führt. Auf die Kurden war ich nicht neugierig. Wie auch immer die Lasen, die Tscherkessen oder die Armenier waren, so waren auch die Kurden.

Bevor ich zum Militär ging, gab es noch *Gündem*, eine Zeitung, die regelmäßig schrieb, was im Südosten los war. Die schilderte natürlich auch nur eine Seite. D. h., sie war parteiisch. Obwohl ich das wusste, las ich sie. Ich las auch andere Zeitungen, aber über alles, was im Südosten los war, schrieben sie nur: »Es kam zu Kämpfen, und so und so viele Leute sind gefallen.«

Eines Tages brachten sie einen alten Mann an, den sie mit Mauleseln hinter sich herzogen, weil er wichtige Geräte und Lebensmittel für die PKK transportierte. Der Mann protestierte. Es ist doch nicht eindeutig; nur weil man ihn mit zwei Sack Mehl auf dem Rücken von Maultieren erwischt, werfen sie ihm vor, er würde es der PKK bringen. Sie hatten dem Mann die Arme gefesselt und zogen ihn hinter sich her. Er war knapp 60. Du kannst das Alter der Leute dort nicht schätzen, weil es ihnen so miserabel geht. Der Mann schrie und weinte.

Wenn die Guerilla dort landet, wo man einen Hinterhalt gelegt hat – das ist einfach Selbstmord. Ich glaube nicht, dass die Guerilla für den Vorfall von Güçlükonak verantwortlich ist.[1] Wenn die Guerilla es gewesen wäre, wäre es zu Verlusten gekommen, und es hätte einen Kampf gegeben. Angenommen, dort wäre keine Gendarmeriewache – so legt man in den Bergen doch immer einen Hinterhalt. Du gehst in die Berge, um die Gendarmeriewache zu verteidigen. Du verteidigst aber nicht das Dorf, sondern das Gebiet, wo du bist. Zwei bis drei Trupps klettern auf jeden der beiden Hügel. Es ist ausgeschlossen, dass sie die Guerillas nicht sehen. Die Einheimischen kamen mit der Infanterie ganz gut zurecht, aber z. B. nicht mit den Gendarmen, der Polizei und der Söldnertruppe. Dort wurde regelmäßig geprügelt.

Bevor ich dorthin ging, wollte ich wissen, wer mein Feind ist. Jetzt habe ich das Verhör abgeschlossen. Wer ist mein Feind? Die herrschenden Klassen, wer denn sonst? Es gibt viel Krieg. Psychologisch gesehen, ist das ein Kampf, den du mit dir selbst führst, und dein Kampf mit dem Gegner. Ob du für eine Seite Partei ergreifst oder nicht, du stehst ja doch irgendwo, und in diesem Sinne musst du dich schützen, außerdem bist du ein wenig parteiisch, dann willst du dem Gegner nicht schaden. Da ist z. B. das Embargo der Tunfischkonserven, das sich gegen die Soldaten richtet; das ist ein Kampf um Lebensmittel. Das ist das Härteste des Krieges, dass man dort ist und eine Seite unterstützen soll. D. h., der Kampf, den du mit dir selbst führst, wird immer da sein. Mit diesem Widerspruch musst du dich immer auseinander setzen.

Ein Kamerad aus dem Bataillon ist gefallen. Er verhielt sich wie

1 Im Januar 1996 wurde ein Minibus in Brand gesteckt, und elf Personen wurden ermordet.

ein Held und sprang immer nach vorne. Deshalb war es keine besondere Überraschung, als er getötet wurde. Zu töten, die PKK abzuwehren, Köpfe abzuschlagen, das waren lauter Dinge, auf die er stolz war. Viele Soldaten haben ihn betrauert; ich war traurig, weil ein Mensch gestorben war.

1994 schickte man uns dreieinhalb oder vier Monate später nach Lice, weil wir dort die Aufgabe des Umzingelns übernehmen sollten; und wir schlossen uns dem Infanteriebataillon an. Zwei bis drei Wochen blieben wir dort. Ich war nicht dort, wo es zu besonderen Vorfällen kam. Ich habe mich mit den Kameraden unterhalten, die bei den Kämpfen dabei waren. Ein Erfolg der PKK dort ist ausgeschlossen. Das dort ist eine Region, die unter dem Schutz der Sondereinheiten und der Gendarmerie steht. Der General wird getötet, und dann wird Lice in Brand gesteckt. Die Gendarmerie will uns bei der Operation dabei haben. Man sagt uns: »Ihr zieht los, übernehmt die Umzingelung in dem und dem Gebiet, oder ihr sorgt fürs Quartier!« Das ist eh die Aufgabe der Infanterie, und wir marschieren ständig. Zu unserer Zeit waren nur ganz wenige Leute in Lice, wirklich nur ganz, ganz wenige. Wir sind nicht ins Dorf und nicht nach Lice runtergegangen. Wir blieben auf den Bergen.

Wenn ich an den Südosten denke, fallen mir als Erstes meine Freunde ein. Das Brot, das ich mir mit ihnen teilte, dann natürlich der Tunfisch, den ich geklaut und verteilt habe. Man gab uns keine Socken; ich habe Socken geklaut und verteilt. Als ich heimkehrte, wollten die Leute hier in Tonya wissen, wie es war. Ich erzählte ihnen, was die PKK machte, was wir getan hatten, wie es bei der Räumung der Dörfer zugegangen war, und wie der Krieg weiterging. Als ich zurück war, konnte ich nicht schlafen. Beim Militär schliefen wir tagsüber und waren nachts auf den Beinen. Bei meiner Rückkehr ging ich nachts ständig ruhelos umher. Wenn ich einen Freund fand, der mir Gesellschaft leistete, ging ich bis nachts um eins mit ihm spazieren, oder ich wollte mich mit ihm irgendwohin setzen und schwätzen. Wenn es eine Alternative gäbe, um nicht zum Militär zu gehen, würde ich sie den jungen Leuten empfehlen, die hin müssen.

Körperlich und geistig habe ich mich verändert. Mir ist klarer geworden, welche Seite ein Interesse daran hat, den Krieg fortzusetzen, und wer es ist, der das schürt. Die Offiziere wollten die Fortsetzung des Krieges und gut daran verdienen. Die Gefahr besteht v. a. darin, dass diejenigen, die sich bis zum Äußersten einsetzen, sterben. Der Unteroffizier kam nicht mit uns in den Hinterhalt; er delegierte diese Aufgabe an den Uzman çavuş. Die Oberfähnriche arbeiten immer Hand in Hand mit den Untergebenen. Sie verhalten sich den Soldaten gegenüber kameradschaftlich.

Ich habe überhaupt nicht daran gedacht, dass ich sterben könnte. Einmal hatte ich Angst. Wir hatten Wachdienst. Ich schlief, und mein Kamerad war auf dem Posten. Danach würde ich den Spähdienst übernehmen. Ich war wohl eingeschlafen. Auf einmal wachte ich auf. In diesem Moment hatte ich Angst.

Wir hörten keine Musik. Wenn wir Musik gehört hätten, hätte ich »Die Berge von Dersim« von der Gruppe Yorum hören wollen.

(Juli 1998, Tonya – Trabzon)

1973 in Tonya geboren. Besuch der Mittelschule – ohne Abschluss. Er arbeitet in einem Restaurant. Im August 1994 ging er zum Militär. Nach der Rekrutenausbildung in Manisa war er als Infanterist und Feldjäger in der Region von Siirt und kehrte im November 1995 heim.

23. Wenn ich einen Sohn hätte, würde ich ihn bestimmt nicht zum Militär schicken

Die Familie war stolz darauf. Der İmam sagte: »Seid nicht traurig, denn Allah schickt die Gefallenen ins Paradies.« Die Reise war nicht sehr schlimm, und ich merkte kaum, dass die Leiche im Wagen war. Es war halt etwas eigenartig. Es war Winter, ich fror, und damit der Leichnam in den Wagen passte, hatten wir die hintere Klappe des Wagens offen gelassen.

Nach der Rekrutenausbildung fuhr ich von Samsun nach Edirne, und es machte mir ziemlich Angst, dass ich zwei Tage später nach Van gehen sollte. Außerdem habe ich ein Herzleiden. Weil es so hoch über dem Meeresspiegel lag, litt ich an Atemnot und fühlte mich schwach. In Samsun ließ man uns – zack, zack! – den ganzen Tag marschieren. Rechts kehrt! Links kehrt! Man brachte uns ein paar theoretische Dinge bei, so was wie den geregelten Krieg gegen die Kampfhandlungen des Gegners und den Angriff in Kreuzform. Die Soldaten, die das Los für den Osten zogen, erhielten eine zweite Schulung, und sie waren im Gebrauch der Waffen erprobter. Weil ich eigentlich das Los für den Westen gezogen hatte, sagte man: »Sie haben es geschafft.«

In der ersten Nacht ging ein enormer Lärm los. Jeder schoss auf irgendein Ziel, wo er irgendwas gesehen hatte. Eigentlich war gar nichts da. In der zweiten Nacht schossen die Soldaten vom gegenüberliegenden Berg aus auf uns und trafen einen Soldaten. Die einen sagten, dass etwas Verdächtiges zu sehen gewesen wäre, die anderen aber meinten, dass nichts da war. Am nächsten Tag las eine Gruppe von Frauen an der Stelle, an der man etwas Verdächtiges vermutet hatte, Kräuter auf. Wir begriffen erst viel später, dass das keine Frauen waren, aber sie schossen gar nicht; sicher ist nur, dass unsere Leute von gegenüber schossen. In dieser Nacht wurde ein Oberleutnant verwundet. Ich war sehr weit weg vom Kampfgeschehen. In der Ferne schwirrten die Kugeln durch die Luft. Ihr seht die Lichter, aber es kommt einem so vor, als könntet ihr nicht verstehen, was eigentlich passiert, bevor nicht jemand getötet wird.

Eine Weile später war der Schnee geschmolzen, und das Bataillon musste weiter hinauf. Als wir höher hinauf in die Berge gingen, fühlte ich mich recht schwach. Wir waren drei Ärzte im Zeltlazarett. Als es hinaufging, wurde die Erde mit Bulldozern ausgehoben, und die Zelte wurden in Erdhöhlen aufgebaut, damit sie nicht das Ziel von Raketen wurden.

In der Nacht, als wir als zweite Kompanie hinaufstiegen, sagte jeder: »Wir haben etwas Verdächtiges gesehen.« So sehr gerieten die Soldaten in Panik. Jeder sagte: »Zwei Leute gingen gebückt daher.« Am nächsten Morgen stellte sich heraus, dass es sich bei den beiden Leute eigentlich um einen Esel handelte und dass man ständig auf den Esel schoss, der in der Umgebung des Bataillons herumlief. Der Esel aber wurde nicht getötet, denn sie konnten ihn nicht treffen. Etwas später war ich ziemlich erschöpft, und der Kommandant des Bataillons sagte, er werde mich nach Edirne schicken. Ich freute mich natürlich. Danach änderte er seine Meinung, und ich ging nach Van. Die Oberfähnriche konnten nicht im Offizierskasino übernachten, und ich suchte mir eine Unterkunft im Hotel. Das Hotel war ganz in Ordnung, und ich zahlte auch dafür. Das war etwa im sechsten Monat meiner Militärzeit. Jedes Mal, wenn die Ärzte Urlaub bekamen, ging ich in die Berge.

Bei einem Kampf brachte ich einen der toten Soldaten in sein Dorf. Kurz zuvor hatte sich auch ein Soldat umgebracht; das passierte bei einem Unfall, als er die Waffe des Oberfähnrichs reinigte. Es war zwar verboten, dass der Oberfähnrich jemandem die Waffe gab, aber ... Als der Soldat das Gewehr reinigte, leerte er die Kugeln aus, und als er sehen wollte, wie sie in den Abzug der Waffe eindringen, schoss er sich ins Auge und sein ganzer Körper wurde in Stücke gerissen. Ich habe ihn nach *Maraş* gebracht. Mit solchen Aufgaben hatte ich zu tun, außerdem besorgte ich alles Mögliche, was das Bataillon so brauchte, und das Bataillon war sowieso fremd in der Gegend, und die Einheit in Van konnte sich nicht um den ganzen Bedarf kümmern.

Vom Bataillon aus wurde ich angerufen, und dann hieß es: »Wir brauchen dies und das.« Man schickte Soldaten in Urlaub, und ich verschaffte ihnen das Flugticket. Ich ging in Uniform. Manchmal hatte ich Angst. Wenn ich bei Nacht unterwegs war, fährt jemand auf dem Rad vorbei, flucht, und du kannst nichts erwidern. Ich trug auch keine Waffe; ich kann nicht damit umgehen. Während der Rekrutenausbildung habe ich vielleicht mal mit einer Pistole geschossen, d. h., damit kann ich eigentlich auch nicht umgehen.

Der Winter kam, das Bataillon ging wieder ins Tal und ließ sich in Başkale nieder; ein paar Mal bin ich mit dem zivilen Minibus hin- und hergefahren. Weil ich hellblond bin, erkennen die Leute, dass ich Soldat bin. Manchmal spielen die Soldaten mit Handgranaten; die Granaten explodieren, und ihre Hände werden natürlich zerfetzt. Drei Leuten wurden auf diese Weise die Hände in Stücke gerissen; außerdem kümmerte ich mich um Soldaten, die auf Minen getreten waren. Fünf Angehörige des Bataillons waren auf Minen getreten, einer von ihnen war Leutnant. Diese Minen wurden von der PKK gelegt; das sind Plastikminen, von denen man sagt, dass sie einem die Fußknöchel abreißen, und das Minensuchgerät kann sie nicht entdecken.

Den Soldaten, der von der Waffe des Oberfähnrichs getroffen worden war, brachte ich zuerst nach Ankara, und von dort aus über Adana nach Maraş. Es war ein kurdisches Dorf in der Gegend von Maraş. Der Oberfähnrich war ein guter Kerl, ein Mensch, der gegen den Militärdienst war, und nach dem Vorfall war er zusammengebrochen. Die Familie des Soldaten glaubte nicht, dass ihr Sohn sich bei dem Unfall mit der Waffe des Oberfähnrichs selbst erschossen hatte. Weil er Kurde war, sagten sie: »Ihr habt ihn umgebracht!« Gottseidank fuhr ich mit dem Wagen der Kreisgendarmerie dieser Gegend dorthin. Die Familie wollte den Sarg öffnen. Außerdem könnten sie über mich herfallen, und sie haben es sogar versucht. Der Soldat war nicht sofort gestorben; in Van hatte er noch ein paar Tage gelebt. Er lag im Krankenhaus *»100 Yıl Üniversite«*, und ich war als Einziger bei ihm. An der Tür der Intensivstation wachte ich bei ihm – genauso wie die nächsten Angehörigen der Patienten. Ihr fühlt euch verantwortlich, und ihr denkt, dass ihr ihn zu seiner Familie bringen müsst. Ich konnte auch keinen Einspruch erheben. Mindestens 20 Personen, die zur Familie des toten Soldaten gehörten, erzählte ich den Vorfall in allen Einzelheiten. Da er durch einen Unfall ums Leben gekommen war und deshalb nicht als Gefallener galt, wurde seiner Familie auch keine Entschädigung bewilligt. Von den Einnahmen der Bataillonskantine wurden der Familie ungefähr 200 000 Mio. Lira geschickt.

Den zweiten Soldaten, der bei einem Gefecht gefallen war, brachte ich auch in seine Heimat, in ein Dorf bei Erzurum. Wir konnten keinen Wagen finden, um ihn von Van aus zu transportieren, und daher beförderte ich die Leiche auf dem Rücksitz eines Taxis, eines Kombiwagens. Eigentlich sollte eine Eskorte uns begleiten, aber nach 30 km ließ sie uns im Stich, und wir fuhren allein weiter. Wir kamen nach Erzurum, und das Dorf war 200 km von der Stadt entfernt. Wir fuhren fast die ganze Nacht lang. Wie auch immer, schließlich fanden wir den Distrikt und blieben bis zum Morgen in der Gendarmenstation des Landkreises. Am nächsten Tag fuhren wir mit Jeeps ins Dorf. Das Dorf war eine Katastrophe, so, als hätte man es aus Felsen gebaut; es hatte keine Schule – und ob es wohl Strom und Wasser gab? Ich bin mir nicht sicher. Ein türkisches Dorf. Sie freuten sich fast, als es hieß: »Er ist ein Märtyrer!« Mit den Soldaten kam auch der Kommandant der Kreisgendarmerie. Sie schossen in die Luft und dergleichen. Die Zeremonie für einen Märtyrer.

Die Familie war stolz darauf. Der İmam sagte: »Seid nicht traurig, denn Allah schickt die Gefallenen ins Paradies.« Die Reise war nicht sehr schlimm, und ich merkte kaum, dass die Leiche im Wagen war. Es war halt etwas eigenartig. Es war Winter, ich fror, und damit der Leichnam in den Wagen passte, hatten wir die hintere Klappe des Wagens offen gelassen.

Die Offiziere lassen sich nicht darauf ein, Leichen zu tragen; aus nicht ganz verständlichen Gründen fürchten sie sich davor. Das ist nicht angenehm, aber einer muss es ja tun. Ich bin nicht besonders fromm, ja, ich bin sogar Atheist. Ich hatte große Schwierigkeiten damit, denn man musste das Totengebet sprechen, und das hatte ich in meinem ganzen Leben noch nie getan. Ich blieb am Rand stehen, und das war alles sehr peinlich. Der Kommandant des Bataillons weiß nicht, dass ich das Totengebet gar nicht sprechen kann. Wenn er es wüsste, würde er mich nicht noch einmal irgendwohin schicken. Eigentlich haben die Soldaten auch nicht das Totengebet gesprochen, aber sie hatten Waffen in der Hand, und ich nicht. Ich war in Zivil, und wie ein Soldat stand ich neben ihnen.

»Der Soldat wird nicht verprügelt«, sagt man, aber eigentlich wird er ganz schlimm verprügelt. Der Bataillonskommandeur trägt es ins Protokoll ein, wenn ein Unteroffizier, auf den er wütend ist, einen Soldaten verprügelt, aber er prügelt auch selbst oder fährt einem Unteroffizier, den er mag, nicht dazwischen. Die Unteroffiziere sind unselbstständig, und sie können auch gar nicht anders. Ihre Kasinos sind andere, sie werden beim Militär wie Menschen zweiter Klasse behandelt.

Z. B. gab es jemanden, der dem Bataillon Lebensmittel brachte; er verdiente am Bataillon, aber die PKK tat ihm nichts, möglicherweise hatte er die PKK zu versorgen. Das ist eine Katze, die sich in den Schwanz beißt. Du gibst dem Mann was, und der gibt es der PKK. Na klar, da kamen Meldungen, dass der Mann auch die Soldaten zu versorgen hat, aber da war ich kein direkter Zeuge.

Der dortige Kommandant der Gendarmen war dafür zuständig, die Dorfbeschützer zu ernennen. Dieser Mann soll die Dorfbeschützer dort manchmal ausgewechselt haben, und man erzählte sich Geschichten darüber, wie er ihnen den ersten Sold weggenommen hatte. Gab es dort z. B. 1000 Dorfbeschützer, warf der Mann am Monatsende zehn von ihnen raus, stellte zehn neue ein und sagte zu ihnen: »Euren ersten Sold gebt ihr mir!«

Du hebst einen Schützengraben aus, wachst dort die ganze Nacht, es fängt an zu regnen, und der Schützengraben füllt sich mit Wasser. Bis der Befehl zur Ablösung kommt, kommst du nicht raus und wartest im Wasser. Das ist sehr schlimm, kurz danach wird alles an dir klamm, und du fängst an, nichts mehr zu spüren. Die Dorfbeschützer sind nicht in der Abwehrstellung, denn sie schlafen im Freien. Als ob sie wüssten, wann es zum Kampf kommt. Da ist z. B. noch nichts Verdächtiges. Die Dorfbeschützer fangen sofort an zu schießen, und so schießt jeder auf jeden. Dann nahmen wir die Dorfbeschützer nicht mehr mit, und wir wurden viel ruhiger. Denn sie brachten alles durcheinander. Dort, wo ich stationiert war, gab es zwei Dörfer, dazwischen floss ein Bach – mit einer Brücke –, und weil die beiden Dörfer verfeindet waren, hatte man in einem Abstand von einem Kilometer zwei Schulen aufgebaut; die Dorfbewohner waren sehr arm. Sie wohnen in schlecht und recht zusammengezimmerten Hütten aus Stein und sind faul. D. h., sie arbeiten auch nicht, aber sie könnten wenigstens einen Teil des Bodens bestellen. Sie ziehen lieber nach Van und lassen sich dort nieder. Aber in Van sind die Mieten so hoch wie in Istanbul, und es gibt keine Wohnungen.

Wenn ich an einem Gefecht teilgenommen hätte, wäre ich bestimmt am liebsten dort geblieben, wo am wenigsten passierte. Vielleicht wäre ich auch geflohen. Wenn man in den Hinterhalt ging, stand ich dort, an der sichersten Stelle, und das war neben dem Leutnant oder dem Oberleutnant. Wer einen höheren Rang hatte, der ging nie hinauf in die Berge. Die Sanitäterabteilung unterstand dem Zugkommandanten. Manche Kommandanten waren sehr anständig, und eine Weile später machten sie sich auch davon und gaben ihren Posten auf. Manche aber waren sehr nationalistisch und gehörten zu dem Menschenschlag, der davon sprach, dass man dem Gegner den Kopf abschlagen und ihm die Ohren abschneiden wollte. Dazwischen war eine tiefe Kluft. Das Verhältnis zwischen den Soldaten und den Oberfähnrichen war gut, zwischen Soldaten und Ärzten sogar noch besser. In unserem Bataillon hatte z. B. einer einen Bruder bei der PKK, und er selbst soll eine Zeit lang auch bei der PKK gewesen sein.

Das ist natürlich ein großer Widerspruch. Vielleicht kommt es am Ende dazu, dass du die Brüder einander umbringen lässt. Z. B. waren rund um das Bataillon Minen gelegt, und die PKK kommt, dreht unsere Mine um oder reißt sie nachts aus dem Boden und verwendet sie gegen uns. Man hat uns z. B. drei Monate lang verfolgt. In den Funksprüchen haben sie sich über den Bataillonskommandanten lustig gemacht, etwa so: »Weißt du denn, wie oft du schon vor der Mündung des Maschinengewehrs gestanden hast?«

Beim Militär habe ich viele Bücher gelesen. Mein Buch *Doktorlar* (*Die Ärzte*) nahm der Arzt in seiner Tasche mit in den Kampf, und die PKK hat ihm die Tasche gestohlen. Dann fand eine Truppe, die auf dem Gelände ihre Runde machte, das Buch, und sie sollen es weggeworfen haben.

Man wird dort sehr nationalistisch. Trotzdem habe ich nicht daran gedacht, dass man den Gegner köpfen und ihm die Ohren abschneiden soll. Du siehst alles negativ und sagst: »Der miese Kurde« und so was alles. Jetzt ist das anders, und trotzdem kann ich nicht sagen, dass ich die Kurden besonders gern habe. Ich mag auch die Lasen nicht sonderlich. Vielleicht auch wegen der Militärzeit, denn früher kam mir das nicht so vor. Vielleicht auch, weil ich ihretwegen zum Militär gegangen bin und das alles ihretwegen erlebt habe. Die Gesellschaft sieht die Männer, die kämpfen, als Helden an, aber ich sehe mich nicht so. Zu einem, der seinen Wehrdienst in *Sarıyer* leistet, sagt man: »Warst du denn überhaupt beim Militär?« Dieser Punkt zählt, aber das ist von Schicht zu Schicht anders. In der bürgerlichen Mittelschicht würde man sagen: »Was für ein dummer Kerl, er musste doch tatsächlich zum

Militär.« Aber beim Volk heißt es: »Das ist ein großes Verdienst – er leistet seine Wehrpflicht.«

Das ist auch ein Widerspruch. Weil die Spezialeinheit der Gendarmen ständig im Kampf ist, werden die Männer auch noch nervöser und aggressiver. Wenn Arbeitslose ihren Wehrdienst beendet haben, bleiben sie als Uzman çavuş beim Militär. Die quälen ihre Untergebenen am meisten und wenden Gewalt an. Die sind noch charakterloser als die Unteroffiziere.

Weil es nicht immer einfach war, mich in Van zu erreichen, habe ich mir ein Handy gekauft. Der Generator des Bataillons geht z. B. kaputt, man lässt den großen Generator bei der Brigade, wie soll ich den denn abholen und reparieren lassen?

Flehentlich bat ich die Brigade um einen Wagen und einen Soldaten zum Tragen der Lasten, aber niemand hörte mich an; das sind nicht meine Soldaten. Daher war mein Dienst in Van so, als wäre es eine Privatangelegenheit.

Im Winter waren die Bedingungen miserabel. Meine Kameraden hätten in Urlaub gehen sollen, und ich war in die Berge gegangen, das war bestimmt die schlimmste Zeit, die ich erlebt habe. Ein Soldat wurde vom Blitz getroffen. D. h., der Blitz schlug in den Draht ein und setzte seinen Weg dann fort, der Soldat wurde getroffen. Er ist nicht gestorben, aber seitdem ist er desorientiert, und seine Haare sind verbrannt. In dieser Nacht gab es einen Schneesturm, danach Hagel und noch mehr Schneefall, und dann stürzten auch die Zelte ein, und obwohl man das Lazarett im größten Zelt untergebracht hatte, war auch hier das Chaos ausgebrochen. Alles stand unter Wasser. Ich hatte vorher Maßnahmen getroffen und meine Sachen an höher gelegene Stellen geschafft. Ich hatte auch sehr viele T-Shirts, Unterwäsche und Ähnliches; die Soldaten kehrten klatschnass aus dem Hinterhalt zurück, und ich gab ihnen alles, was ich hatte. Mir blieb nichts anderes übrig, aber wir schliefen ganz dicht beieinander, eng umschlungen. Das war etwas anderes, und kein Offizier hat je so geschlafen. D. h., gegenüber dem Bataillonskommandanten versuchte ich so viel Kompetenz, wie mir nur irgend möglich war, durchzusetzen. Er missbilligte das, denn er meinte, zwischen Offizieren und Soldaten müsste die Distanz gewahrt bleiben.

Für meine zwölf Soldaten – die Sanitätseinheit – hatte ich genug Sachen. Ich brachte ihnen bei, wie man Verwundete trägt, Injektionen verabreicht und Adern öffnet. Ein Teil von ihnen wurde ausgebildet. Einer von ihnen war Sanitätsbeamter, und es war auch gut, als er ankam.

Das Schlimmste, woran ich mich im Zusammenhang mit meiner Militärzeit erinnere, war diese Nacht in den Bergen. Da war also das Zelt eingestürzt, und wir lagen darunter. Eigentlich standen überall Betten, aber wir schliefen unter den Betten, damit der Schnee nicht direkt auf uns fiel. Wir brachten auch unseren Kameraden, den der Blitz getroffen hatte, in einem unserer Betten unter.

Das Gute, woran ich mich erinnere, ist Folgendes: Es muss am ersten Tag gewesen sein, als wir auf den Berg stiegen. Ich hatte eine sehr gute Beziehung zu einem Hauptmann; vielleicht war auch er Atheist. Wir frühstückten zusammen. Die Sonne ging gerade auf, und die Natur war wunderschön. Eigentlich ist die Natur dort sehr rau.

Du meine Güte, dass der Blitz einen Soldaten getroffen hatte, so was hätte ich mir noch nicht mal in der Fantasie ausgemalt. Ich sah dort, wie der Blitz ihn traf. Wir brachten ihn ins Krankenhaus, aber ich weiß nicht, wie es ausgegangen ist. Weil ich in Van war, besuchte ich die Soldaten, die ihre Füße verloren hatten; niemand kümmerte sich um sie, und von dort aus wurden sie eine Weile später ins GATA überwiesen. Das war ein schlimmer Anblick. Stellen Sie sich vor, Sie kommen in ein Krankenzimmer, und alle haben ihre Füße verloren. Das waren die Minen. Im Allgemeinen werden die Zehen durch die Minen abgerissen, und die Fersen bleiben dran. Die Soldaten weinen dauernd, in dieser Phase kannst du nichts sagen, da ist es noch ganz akut. Du versuchst sie zu trösten und sagst: »Das wird schon wieder gut«, aber das stimmt doch gar nicht.

Auf der Gegenseite richten die Minen auch Schaden an. Wir wussten, dass es ein Krankenhaus der PKK gibt. Dort konnte niemand eindringen. Einmal versuchte die Kommandoeinheit von *Bolu*, dort einzudringen, dabei erlitt sie sehr große Verluste. Die PKK soll dort Versammlungen abhalten und ihre Schulungen durchführen. Die PKK zieht es vor, Minen zu legen und will sich nicht dem Kampf stellen. Das ist doch ganz natürlich, nicht wahr? Statt euch auf eine Begegnung mit jemandem einzulassen, der stärker ist als ihr, versucht ihr, ihn ständig kaputt zu machen. Klar, die stärkste Waffe ist die Mine. Einer von denen ist beispielsweise *Parmaksız Zeki* (Şemdin Sakık). Dauernd legt der Mann überall

Minen. Ich glaube, man hat ihn inzwischen verhaftet; das habe ich in der Zeitung gelesen.

Als ich nach Istanbul zurückkehrte, fühlte ich mich innerlich leer und ausgehöhlt. Eine Zeit lang wusste ich nicht, wie mein Leben weitergehen sollte, und ich fing an zu bummeln. Wenn ich einen Sohn hätte, würde ich ihn bestimmt nicht zum Militär schicken. Ich würde ihn irgendwie ins Ausland schicken, egal wohin. Vor der Militärzeit interessierte der Südosten mich nicht sonderlich. Ich sah, dass nur über ungefähr 40 % der Geschehnisse dort in den Zeitungen berichtet wird.

Eine Gruppe, die ihre Rentenpapiere sichern will, will nicht, dass der Krieg aufhört. Ich glaube ebenfalls nicht an ein Ende des Krieges. Es kann auch nicht zu einer Einigung zwischen den beiden Seiten kommen. Niemand lässt sich darauf ein, dass man sich gemeinsam an einen Tisch setzt. Das hat Ähnlichkeit mit dem Zypern-Problem, d. h., sie sollen doch zu allererst mal Zypern kennen lernen, und dann sollen sie sich herumstreiten.

Als ich heimkehrte, behielt ich ein paar Sachen, die mit dem Militär zu tun hatten, und warf auch ein paar Sachen weg. Anderthalb Jahre lang in denselben Klamotten – ob du schläfst, aufstehst oder dich wieder hinlegst. Meine Mutter hatte vielleicht noch mehr durchzumachen als ich, weil sie sich dauernd die Kriegsgeschichten anhörte. Trotzdem habe ich dort nichts Richtiges erleben können.

Wenn ich im Hotel war, war es ruhig, aber keineswegs, wenn ich in die Berge ging. Von meiner Freundin hatte ich mich getrennt, als ich zum Militär ging. Die Leute fragen mich ständig nach meinen Erlebnissen beim Militär, aber ich habe niemandem etwas erzählt. Ich betrachte den Militärdienst als verlorene Zeit. Deshalb erzähle ich auch nichts. Das ist ein Abschnitt meines Lebens, in dem ich eigentlich nicht richtig gelebt habe. Die Gesellschaft will nicht hören, was wirklich vor sich geht, sie hat eigentlich kein Interesse daran, sondern nimmt das alles eher auf die leichte Schulter. Jeden Tag steht der Krieg auf der Tagesordnung, aber jeden Tag steht da so viel auf der Tagesordnung, und trotzdem bleibt jedermann dem gegenüber unempfindlich. Die Türken sind vielem gegenüber unempfindlich. Und der Krieg im Südosten ist nur ein Beispiel dafür.

Einmal habe ich mir *Anadolu'dan Görünüm* (*Das Bild Anatoliens*) im Fernsehen angeschaut, und gestern Abend habe ich auch

Mehmetçik gesehen. Was die da zeigen, ist dummes Zeug. Es kommt nicht vor, dass man zeigt, wie Handgranaten in Höhlen geworfen werden. Tagsüber kommt es nie zu Gefechten; das passiert immer nachts. Das ist doch alles inszeniert. Wenn man hierher kommt, vergisst man alles dort – und die Menschen im Südosten. Ob Kurden oder Türken, wenn Ankara sich am Westen orientiert, überlässt man den Südosten sich selbst. Niemand gibt sich Mühe, die Probleme dort zu lösen.

(Istanbul, Juni 1998)

1967 in Istanbul geboren. 1992 hat er sein Examen an der Medizinischen Fakultät abgelegt. Er hat eine Schwester; seine Mutter ist Lehrerin und sein Vater Buchhalter. Von Februar 1995 bis Mai 1996 hat er seinen Militärdienst geleistet, und seine erste Ausbildungskompanie lag in Samsun. Obwohl er danach das Los für Edirne gezogen hatte, wurde er sofort nach Van geschickt. »Ich ging sofort zum Militär, weil es hieß, dass ein Gesetz in Kraft treten sollte, das allen, die nicht ihren Wehrdienst leisten, den Beamtenstatus verweigert«, sagt er und fährt fort: »Aber so ein Gesetz trat dann doch nicht in Kraft.«

24. Ich befahl dem Soldaten, den Hund zu erschlagen – einen anderen Weg gab es nicht

Die Bereiche, an die man eigentlich nicht denkt, profitieren am meisten vom Krieg. Zu den Sektoren, die sich am stärksten entwickelt haben, gehört die Konservenindustrie. Wie die Soldaten in den Bergen aus Konservendosen essen, so auch die Menschen dort, die Guerilla oder Terroristen genannt werden. Sie werden aufeinander schießen, aber vielleicht essen sie denselben Fisch, jeder von ihnen eine Hälfte.

Wir wurden in Patnos eingesetzt, dort, wo *Uğur Mumcu* seinen Militärdienst geleistet hatte. Es ist natürlich erforderlich, dass wir in die Gebiete gehen können, die wir sonst nicht betreten dürften, und das alles selbst erleben. Endlich würden die Waffen sprechen. In der Ausbildungsstätte für Offiziersanwärter waren Mitglieder der MHP und der *BBP*; sie waren Freiwillige und machten ziemlich viel davon her, aber sie schienen sich zu freuen, als sie nach Trakya zogen. Zu uns sagten sie: »Mindestens die Hälfte von euch wird in den Osten gehen, und mindestens fünf oder sechs von euch werden sterben.« Damit versuchten sie, sich diese Psychologie zu Eigen zu machen.

Vom ersten Tag an fand ich Freunde. Du kannst die Leute an der Zeitschrift oder der Zeitung erkennen, die sie lesen. Als ich dorthin ging, hatte man gerade die Ereignisse von Gazi erlebt. Die Nachricht vom Tod von Hasan Ocak[1] traf ein, und ein Kamerad, der mit der Schwester von Hasan Ocak verwandt war, fing an zu weinen. Als ein anderer Kamerad sagte: »Dort ist halt Krieg, na ja, das läuft so oder so«, wies ein Kommandant ihn zurecht: »Was fällt dir eigentlich ein, das Krieg zu nennen!« Der Junge bat um Verzeihung und korrigierte sich. Ich aber erwiderte: »Nein, das stimmt!«

Meine Eltern waren beunruhigt und schauten sich nach Protektion für mich um, aber das klappte nicht. Zuerst fuhr ich nach Erzurum. Drei Tage lang wartete ich auf den Bus. Wir Neuen rei-

1 Am 20. März 1995 ist Hasan Ocak im Polizeigewahrsam verschwunden. Am 17. Mai 1995 wurde sein zu Tode gefolterter Körper auf dem Friedhof der Namenlosen gefunden.

sten in vier Bussen nach Ağrı, und die Leute, die ihren Entlassungsschein in der Tasche hatten, kamen uns entgegen. Auf den offiziellen Flaggen auf den Bussen steckten die MHP-Flaggen, und ihre Art zu grüßen, mit der erhobenen rechten Hand, Zeigefinger und kleiner Finger in die Höhe gereckt,[2] beunruhigte mich sehr. Als ich in Patnos ausstieg, war Abend, und am nächsten Morgen fingen wir mit unserem Dienst an.

Das Gasthaus, in dem wir übernachteten, war eine Art Baracke, die Lebensbedingungen waren wirklich schlimm, das Bettlaken und all so was kauften wir von unserem Geld. Ich fragte einen Offizierskollegen: »Haben wir denn keine Chance, uns gegen solche Bedingungen zu wehren?«

»Jemand hat schon mal was dagegen gesagt, und der landete auf der Polizeiwache«, antwortete er.

Zwei Wochen später wurde ich vorübergehend zu einer Gendarmeriewache geschickt, fünf Kilometer hinter Patnos, an einen Ort zwischen lauter Felsen, von beiden Seiten aus sind es fünf Kilometer, weiter vorn erkennt man den Wagen, aber der Wagen, der dort reinfährt, den erkennt man nicht. Im Namen der PKK werden dort sehr viele Aktionen gemacht; das weiß jeder; wenn dort jemand Bomben wirft, schießt oder sich bestechen lässt, dann machen sie das anscheinend im Namen der PKK; sie sollen die Straßen gesperrt und die Leute beraubt haben. Die PKK soll das auch nicht zurückgewiesen und sich dazu bekannt haben.

In Doğu Beyazıt stieg ich aus, fuhr in Zivil mit dem Minibus nach *İğdir* und dann zur Gendarmenwache, dem Zentrum der Kompanie. Der Kompaniechef war ein Oberleutnant, der jünger war als ich. Er sagte: »Wir denken genauso demokratisch wie Sie, aber beim Militär gilt das nicht.« Das war einfach hart. »Ihr werdet an der armenischen Grenze Dienst tun, und dort stehst du vom Abend bis zum Morgen«, meinte er.

Am ersten Abend übernahm der Unteroffizier die Führung. Nachdem ich das Gelände kennen gelernt hatte, zog ich zwei Abende später auf eigene Faust mit den Soldaten ins Terrain. Alle Soldaten schlafen, und keiner ist sicher.

»Bisher ist an keinem Abend was passiert«, sagen sie und schlafen. Auch wenn du von morgens bis abends schläfst, der Schlaf

2. Gemeint ist das so genannte »Kurt selâmları«, mit dem Anhänger der MHP einander begrüßen und auf diese Weise ihre Gegner provozieren. [Anm. d. Übers.]

übermannt dich, oder du fängst an zu fantasieren, du bist hellwach, aber bist doch im Schlaf. Als wir eines Tages durch das Gelände marschierten, merkte ich, dass wir an einer öden Stelle einen Hinterhalt gelegt hatten. Der Soldat ist hier wirklich ein Bauernopfer, wie im Schach. Die Soldaten sollen schießen, und die Schüsse sollen so zu hören sein, dass wir mitkriegen, wenn jemand vorbeigeht. Eines Nachts bemerkte ich das Funkeln einer Zigarette und sagte: »Wenn von der und der Seite geschossen wird, geht ihr dorthin – und ihr anderen dahin!«

Einer der Soldaten fragte: »Soll ich mal schießen?«

»Wenn ihr in den Hinterhalt geht, legt keine Kugeln ins Magazin!«, sagte ich. Die Soldaten hören nicht hin, kapieren es nicht und lassen die Waffe losknallen. Es ist eine G3, der einfache Soldat kann nicht damit umgehen, und seine Ausbildung ist nichts wert. 14 Stunden lang steht er da und beobachtet, ob jemand über die Grenze geht. Er kann nichts dafür, schläft und wird weiterschlafen. Wenn der Kommandant ihn schlafend erwischt, hält er die Bestrafung für das einzig wirksame Mittel. Ich habe ihn geweckt, ihm erst einmal einen Schrecken eingejagt und gesagt: »Mit dir ist es aus«, damit es eine psychologische Wirkung hat. Dann ließ ich ihm Tee bringen und fragte: »Plauderst du nie mit den Vögeln?« Er sagte sich natürlich: »Was für ein verrückter Kommandant!«

Dann gewöhnten sie sich daran und fingen an, sich für die Natur zu interessieren. Ich las ihnen auch Gedichte vor und brachte ihnen Sauberkeit bei. Alle waren verlaust. Ich setzte keine Badezeiten fest, denn der Badeofen sollte immer brennen. Mit dem Geld, das mir im Gelände zur Verfügung stand, kaufte ich alle möglichen Utensilien, die für die Sauberkeit erforderlich waren. Wie viele Bettlaken auch da waren, ich sorgte dafür, dass man sie alle auskochte. Ich gab ihnen selbst das Geld und ließ sie das Brennholz mit der Motorsäge bearbeiten. Ich befreite die Soldaten von den Läusen. Den Köchen brachte ich ein bisschen bei, wie sie das Essen zubereiten und servieren.

Eines Morgens fahre ich mit dem BRT-Panzer an der Grenze entlang. Ich schaute genauer hin, das war in einem Gebiet mit lauter Dornensträuchern, und mit Reisig auf dem Rücken stoben die Leute nach allen Seiten davon, fast so, als wären sie in Todesgefahr.

»Halt! Bleibt doch stehen und lauft nicht weg«, rief ich, aber die Frauen verstehen nicht Türkisch.

»Alles Gute bei der Arbeit«, sage ich, und sie sehen mir nicht ins Gesicht. Als ich dann in einem harten Tonfall rief: »Kommt her!«, da mussten sie herbeigerannt kommen.

»Ich bin eine Zeit lang für die Gegend hier verantwortlich«, sagte ich zu ihnen, »und ihr könnt euch Holz holen, wann ihr wollt.«

Da antworteten sie: »Damals hat man uns das Holz weggenommen und uns auch noch geschlagen.« Das Grenzgebiet ist verbotenes Gelände, und man hat keine Möglichkeit, anderswo Holz zu finden.

Eines Tages lud man mich in einem Dorf zum Tee ein. Die Dorfbewohner wünschten das sogar. Ohne zu fragen, bringt der Leutnant das Wasserdepot für die Gendarmeriewache auf dem Dach des Hauses eines Zivilisten an, das direkt neben einem Strohschuppen steht. Das Wasser im Depot läuft über, und das Stroh wird nass. Als der Hausbesitzer sagte: »Warum machen Sie so was, das Futter für mein Vieh wird doch nass«, verprügelte der Leutnant von Anfang 20 den Mann, der zwischen 40 und 50 war. Wenn der Mann aus dem Dorf sich beschwert hätte, hätte man von höherer Stelle gesagt. »Das habt ihr richtig gemacht.«

In diesem Dorf standen 50 oder 55 Höfe, etwas weiter entfernt war ein kurdisches Dorf mit 400 Häusern, und das Dorf dahinter mit 70 bis 80 Höfen, in dem Türken und Kurden leben, befindet sich an der Straße zwischen Nahcivan und İğdir. Die übrigen Dörfer, die auf der Höhe liegen, und die Bergweiden wurden geräumt.

Der Leutnant verprügelte die Dorfbewohner – psychologisch gesehen war er ziemlich kaputt. Derselbe Leutnant schlug auch die Soldaten sehr hart. Als ich ihm in die Parade fuhr, ließ er das Prügeln sein.

Eines Tages kam der Leutnant mit Fisch in der Hand zu mir und sagte: »Komm, wir leisten uns ein köstliches Mahl!«

»Woher haben Sie den Fisch?«, fragte ich. Es war Karpfen, den die Leute dort im Fluss *Aras* angeln.

»Das ist verboten, aber die Dorfleute angeln und riskieren dabei den Tod. Ein Fisch, der sieben bis acht Leute satt macht, der würde mir doch im Halse stecken bleiben. Kommt nicht in Frage!«

»Was geht das mich an?«, erwiderte er.

Zur Gendarmeriewache gehörten Hunde, und die Dorfbewohner hatten Gänse und Enten. Für die Dorfleute waren Gänsefleisch und Gänseeier nützlich, aber einer der Hunde fraß die Gänse. Die Gendarmen und Soldaten dort lachten die Dorfbewohner aus. »Töte den Hund!«, befahl ich einem Soldaten und ließ den Hund erschlagen; es gab keinen anderen Weg. Ich war drauf und dran, es selbst zu tun, aber das konnte ich nicht.

Ich versuchte mich mit den Soldaten hinzusetzen und mich mit ihnen über unser Land zu unterhalten. Ich erklärte ihnen immer wieder, dass es keinen Sinn hat, sich so schnell wie möglich töten zu lassen. Sie können nicht mit der Waffe umgehen, können weder lesen noch schreiben und zählen die Tage.

Einen Monat später kehrte ich nach Patnos zurück. Es war kurz vor dem 24. Dezember, dem Tag, an dem die Wahlen stattfinden sollten. Wenn wir auf dem Panzer durch die Kleinstadt fuhren, demonstrierten wir den Einheimischen, dass wir da waren. Als die Wahlen stattfanden, fing der Dienst am Freitag an, das war eine Arbeit, die 60 Stunden lang dauerte. Und das bei minus 20 Grad. Ab und zu brachte ich die Soldaten in das Gebäude des Straßenbauamts, damit sie sich aufwärmen konnten. Ich schaute hin und sah, wie ein Uzman çavuş Brennstoff auf die Erde schüttete und anzündete. Das Zeug brannte lichterloh. Wir standen alle dort, und es hätte passieren können, dass jemand von weitem auf uns geschossen hätte. Ich befahl ihm, das Feuer zu löschen.

In der Nacht wurden auf dem Panzer der Polizei MHP-Märsche gespielt. Der Kommandeur vom Dienst, ein Hauptmann, empfindet das natürlich auch als Störung. »Ich lasse es nicht zu, dass sie Märsche spielen«, sagte ich.

Die Leute von der HADEP hatten nur Wahlbüros. Sie hatten keine Chance, Propaganda zu machen; sie hatten Angst und konnten auch keine Versammlungen abhalten. Die Leute gaben der HADEP ihre Stimmen, aber nach der Wahl sahen wir die Situation der Dörfer, die sich ganz und gar für die HADEP entschieden hatten. Ob sie der HADEP freiwillig ihre Stimme gaben, das ist eine andere Frage.

Am Wahlabend sollen die Soldaten die Kabelanlagen zerschlagen und mit dem Holz ein Feuer angezündet haben. Zwischendurch sehen wir uns die Nachrichten im Fernsehen an, und man gibt Kommentare zur Wahl ab. »Jeder – und jede Partei – soll an der Wahl teilnehmen«, sagte ich, »auch die HADEP.«

Auf einmal merke ich, dass eine Gruppe von Çavuşlar Propaganda für die MHP macht. Ich ging raus und sagte zu einem der Offiziere: »Rufen Sie mal Ihre Çavuşlar her.« In diesem Augenblick soll jemand hinter mir geflucht haben: »Den werde ich mir mal vorknöpfen und verprügeln!«

Die Çavuşlar kamen und fragten: »Wer hat das befohlen?«

Als ich antwortete: »Ich«, sagten sie wörtlich: »Scheiß drauf!« und machten eine Handbewegung; ich bin keiner, der je einen geohrfeigt hätte, aber als sie diese Handbewegung machten, schlug ich zu, und er fiel zu Boden. Sie gingen mit geballten Fäusten auf mich los, und ich warf mich zu Boden. Zwei von ihnen beteiligten sich an der Schlägerei, und ich bedeckte mein Gesicht.

»Ihr habt mich verprügelt«, sagte ich, und sie begriffen, dass sie einen Fehler gemacht hatten. Die Polizisten trennten sie auch nicht, und sie flohen. Ich teilte der Brigade mit, dass meine Nase blutete. Um mich zur Brigade zu bringen, kommt der Panzerwagen der Polizei, der am Tag zuvor den MHP-Marsch gespielt hatte.

»Wer hat euch geschickt?«, fragte ich, und sie antworteten: »Der Chef des Generalstabs.« Der Chef des Generalstabs muss eine Mitteilung machen, sonst darf ich mich nicht vom Dienst entfernen. Mit dem Krankenwagen fuhr ich ins Lazarett; laut gerichtsmedizinischem Befund sollte ich zehn Tage Bettruhe kriegen. Als ich im Lazarett lag, wollten sie eine Verteidigung von mir. Als ich meine Verteidigungsschrift abgab, sah ich den Strafzettel: »An dem und dem Tag habe ich Ihre Verteidigung erhalten; daher sind Sie zu einer Geldstrafe verurteilt worden.« Noch bevor ich auch nur eine Chance zur Verteidigung hatte, liegt schon ein Urteil gegen mich vor.

Der Kommandant der Brigade soll gesagt haben: »Werft den Oberfähnrich zehn Tage lang ins Gefängnis, und sperrt die Jungs auch zehn Tage ein; damit ist die Sache erledigt.« Ich las im Militärstrafrecht nach und schrieb ein Gesuch. In meinem Gesuch argumentierte ich: »Der Vorfall muss vor einem Militärgericht behandelt werden; hier geht es um eine öffentliche Klage.«

Das Ganze entwickelte sich zu einem Kampf, aber allmählich empfand ich Mitleid mit den Çavuşlar. Bei der ersten Gerichtsverhandlung sollen sie verhaftet worden sein, und ihre Verwandten baten für sie um Verzeihung. Wie sie zu Protokoll gegeben hatten, soll ich gerufen haben: »Es lebe die HADEP.« Sie haben mir damit gedroht, dass sie mich umbringen würden.

An meinem Geburtstag wurde mir eine Aufgabe bei der Gendarmeriestation Sultantop auf dem Berg *Küçük Ağrı* übertragen. 1992 soll die PKK aus dem Tal gekommen sein und in dieser Gendarmenwache 21 Personen die Kehlen durchgeschnitten haben. Die Soldaten sollen ihre Gewehre nicht eingesetzt und der Uzman çavuş im Hinterhalt soll nicht geschossen haben, mit anderen Worten: Die Gendarmenwache war von innen her vom Feind bestochen. Die PKK soll dem Oberfähnrich auch den Penis abgeschnitten und in den Mund gesteckt haben. Das war wirklich grausam.

Acht Soldaten sollen in den Iran hinübergegangen sein. Es heißt, die PKK sei mit 300 Leuten dort gewesen. Danach wurden die Gendarmenwachen vergrößert und die Straßen erweitert, man ergriff Sicherheitsmaßnahmen, und die Kämpfe wurden auf ein Mindestmaß reduziert. In dem kurdischen Dorf, das ich erwähnte, waren alle Dorfmilizen, und sie trugen alle etwa den gleichen Familiennamen. Die Bezeichnung war Dorfmiliz, aber sie machten alles Mögliche, so was wie Warenschmuggel und Schmuggel von PKK-Leuten. Wenn ein Zivilist dabei ist, einen Sack Mehl mehr mitzunehmen, als er für den persönlichen Bedarf braucht, dann wird der Sack beschlagnahmt. Wenn er zu derselben ethnischen Gruppe gehört, sagt niemand was. Die Leute verkaufen der PKK einen Sack Mehl für 100 Dollar.

In Patnos sind 10 000 Soldaten. Das ist so viel wie die frühere Einwohnerzahl von Patnos. Ich glaube, jetzt sind es mehr als 75 000 Einwohner; man erlebte dort wirklich einen enormen Zuzug. Bevor ich dorthin kam, hatte die Hälfte des Bergs Küçük Ağrı gebrannt; der Grund war der Abwurf von Leuchtmunition. Es ist verboten, über die Straße von Nahcivan zu fahren, und es ist verboten, den Deich am Ufer des Aras zu betreten. Ihr habt die Dorfbewohner auf ein Gelände von zwei Quadratkilometern in das Grenzgebiet eingezwängt. Einmal haben die PKK-Leute den Kommandanten der Gendarmenwache im Süden von Doğu Beyazıt, dort, wo die Tendürek-Berge liegen, ein paar Milliarden für zwei Stunden geboten, damit sie ihnen in einem Gebiet von 500 qm an der Grenze den illegalen Grenzübertritt ermöglichen. Es gibt Leute, die das machen, aber auch solche, die das nicht tun. Für den Weg in den Iran von einer Stunde und den Rückweg von einer Stunde, also für insgesamt zwei Stunden, wird niemand von den Wachposten jemanden dort hinschicken. Als ich zum zweiten

Mal in die Verbannung ging, sagte einer der Bataillonskommandeure zu mir: »Du bist doch ein Idiot! Der Staat schickt dich hierher, damit du Geld verdienst. Warum machst du dir ein Gewissen draus?« Was lässt dieser Mann über die Grenze kommen? Heroin!

Der Kamerad, der für die Buchhaltung der Brigade zuständig war, hatte mir die Abrechnungen gezeigt, die aus Ovacık im Bezirk Tunceli kamen. Mit der Unterschrift des Kommandanten der Brigade wurden 300 bis 400 Mio. Lira gezahlt. Man stellte fest, dass der frühere Oberfähnrich seiner Familie 20 000 DM aus Ovacık überwiesen hatte. Und man hatte nichts dagegen unternommen. Er bekam elf Millionen Lira, wenn es hoch kam, waren es 16 bis 17 Mio., wenn man die Zuschläge dazurechnete. Wie hätte er so viel Geld sparen können? Die Unteroffiziere geben fast kein Geld für den täglichen Bedarf aus; sie decken ihren Bedarf im nächstbesten Lebensmittelladen.

Dort war ein Oberleutnant des Generalstabs, ein wirklicher Patriot, aber er versuchte das alles nicht zu begünstigen. Es gab einen Hauptmann, dem man in den Bergen die Rangabzeichen abgerissen hatte; er prüfte die Abrechnungen ganz genau, aber er hatte keine Chance, alles, was als Geschenk deklariert wurde, zu kontrollieren. Was die Kriegswirtschaft betraf, so herrschte da eh ein blühender Waffenhandel.

Die Bereiche, an die man eigentlich nicht denkt, profitieren am meisten vom Krieg. Zu den Sektoren, die sich am stärksten entwickelt haben, gehört die Konservenindustrie. Wie die Soldaten in den Bergen aus Konservendosen essen, so auch die Menschen dort, die Guerilla oder Terroristen genannt werden. Die Soldaten, die aus Muş oder Malazgirt stammen, und die Terroristen, sie werden aufeinander schießen, aber vielleicht essen sie denselben Fisch aus der Dose, jeder von ihnen eine Hälfte.

Da der Ararat ein Vulkan ist, hält sich das Wasser, das mit dem Lastwagen gebracht wird, eine Woche lang, bis zum Verfallsdatum. Natürlich haben sich die Wirtschaftsbereiche, die etwas mit Unterwäsche und Socken zu tun haben, ständig weiterentwickelt. Der Soldat geht ins Gebirge, rechnet damit, dass er seinen Sold bekommt, aber das sind nur 3 800 000 Lira, und in der Kantine ist das im Nu verbraucht. Und in der Kantine gibt es allen möglichen Luxus. Es war ein echtes Problem, *Kemalpaşa tatlısı*, das im Jahr 1990 hergestellt worden war, zu essen. Der Offizier, der in diesem

Jahr für den Etat verantwortlich war, hatte so viel Geld ausgegeben, dass für seinen Nachfolger nichts übrig blieb, denn je mehr er einkaufte, desto höher wurde seine Provision. Es spielt keine Rolle, ob die Frist abgelaufen ist oder nicht.

Das Geld fließt in Strömen in den Osten, aber die Mannschaften haben nichts davon. Es gibt Bataillonskommandeure, die sich nur mit Geschäften befassen; sie sollen zwei Unteroffiziere dareingezogen haben, und sie haben das dann gemeinsam organisiert. Der Drogenkonsum ist intensiv, und nicht nur das, da sind auch noch die Soldaten, die in die Verbannung geschickt worden sind. Der Hauptmann kannte meine psychologische Herangehensweise. Wenn er im Dienst war, schickte er sie meistens zu mir, und ich sorgte dafür, dass die sich für die Natur interessierten. Ich gab ihnen Zigarren, damit sie sich einbildeten, sie würden Haschisch rauchen. Der Gärtner des Brigadekommandanten pflanzte das Zeug im Garten an, und der Feldwebel soll ihn erwischt haben. D. h., er versucht, selbst etwas anzubauen. Sie kannten einander und steckten alle unter einer Decke.

Ich kehrte nach Istanbul zurück, und als ich am nächsten Tag über die *İstiklal Caddesi* ging, merkte ich, dass Istanbul gefährlicher geworden war. Ein Polizist kam zu Fuß herbei. Ich gelte immer noch als Offizier.

»Gib mir deinen Stift«, sagte er.

»Nein«, erwiderte ich. Ich gehe weiter. Er hatte seine Freundin bei sich und brüllte von hinten: »Komm her!«

»Komm du doch!«, rief ich. Er kam im Laufschritt an und griff nach meiner Hand.

»Pass bloß auf«, sagte ich, »keine Bewegung! Ich bin Offizier und verprügle dich, wenn du nicht abhaust!«

Wenn ich in Zivil gewesen wäre, hätte ich keine Chance gehabt. Ich merke, dass die Leute hier keine Ahnung haben. Dasselbe erlebt man in einer Kleinstadt im Osten.

Die wirtschaftliche Lage von Iğdir ist von der Prostitution abhängig. In den Hotels werden die Zimmer stundenweise vermietet, und ich hatte Schwierigkeiten, ein Hotel in Iğdir zu finden. Als die PKK auf dem Ararat besonders aktiv war, geht jemand im Namen einer Gruppe von 100 Leuten nach Iğdir hinunter, geht zur Söldnertruppe, sagt, dass sie sich ergeben wollten, und sie töten ihn. Ein Mädchen wird in den Bergen getötet, im Staatskrankenhaus von Iğdir wird alles erledigt, was den Leichnam betrifft, und während man anfängt, die Leiche die Treppen hinunterzutragen, indem man sie an den Füßen festhält, taucht die Mutter des Mädchens auf und ruft: »Mein Kind!« Jetzt könnt ihr den Bruder des Mädchens nicht mehr daran hindern, in die Berge zu gehen und zu revoltieren. Wenn ich an seiner Stelle wäre, würde ich das auch tun.

Ich stamme vom Schwarzen Meer, und wenn ein Leutnant meinen Vater schlagen würde, würde ich zu den Guerillas gehen. In unserer Heimat darf ein Soldat einen Mann von 50 Jahren nicht ohrfeigen. Wenn der Leutnant ihn schlagen würde, würden sie ihn umbringen.

Vor 20 Jahren soll ein Soldat einem Mann zu Pferde befohlen haben, stehen zu bleiben. Der Mann brachte das Pferd nicht zum Stehen, und er hat ihn erschossen. Es heißt, man habe einen Soldaten, der in Adapazarı stationiert war, erschossen, als er in Urlaub gehen wollte.

Die Soldaten der Söldnertruppen hängen die Leichen der Guerillas oder Terroristen – wie auch immer man sie nennen will – in Iğdir hinten an ihren Wagen und fahren damit herum. Wie ihr einmal mit den Toten umgegangen seid, das ist gegen die Gesetze.

Wenn du der Familie den Leichnam auf eine menschliche Weise übergibst, wenn du ihr kondolierst und sagst: »Er war auf dem falschen Weg«, verhinderst du das. Das alles tut mir sehr Leid. Wenn du dich so verhältst, verhinderst du, dass einer mehr zu den Guerillas überläuft. Aber so was hat man nicht vor; ich kann es jedenfalls nicht erkennen. Man will nicht, dass dieser Krieg aufhört. Alparslan Türkeş sagte: »Innerhalb von sechs Monaten räumen wir mit den Kurden radikal auf.« Nachts die PKK und tagsüber der Staat. Sie unterscheiden sich nicht voneinander. Nachts kommt z. B. die PKK, feuert in *Bulanık* im Bezirk Muş zwei Schüsse ab und verschwindet. Und das Militär macht die Häuser, aus denen sie kommen, dem Erdboden gleich.

Als ich zurückkehrte, fragten mich meine Freunde, was dort passierte. Das wollten sie erfahren. Heute hat z. B. der *TÜSİAD* seinen Bericht veröffentlicht. Darin wird jetzt auch gezeigt, dass die wirtschaftliche Situation des *TÜSİAD* in dieser Region kurz vor dem Kollaps steht. Eines Tages wird man sehen, dass es auch dem Soldaten so geht. Wenn es dazu kommt, dass sie ihre Funktion nicht mehr erfüllen können, wird man endlich sagen: »Jetzt ist es genug.« Was beim Militär vor sich geht, ist undurchsichtig.

Denn du darfst nichts sagen. Wenn du etwas über die Vorgesetzten sagst, landest du im Knast. Man muss die Armee säubern, und natürlich gab es auch eine breite Front der Anhänger des Scheriatsrechts.

(Januar 1997, Istanbul)

1967 in Trabzon geboren; Ingenieur. Er hat seinen Militärdienst von Mai 1995 bis Juli 1996 als Oberfähnrich der Infanterie geleistet. Nach der Schulung in der Ausbildungsstätte für Reserveoffiziere in Ankara hat er seinen Wehrdienst in Patnos, Iğdir und Ağrı abgeschlossen. Er hat vier Brüder und eine Schwester.

25. Woher solltest du die Stimme der Frau hören, das wird von der Einsamkeit kommen

Wie ein Löwe, den man zur Raison gebracht hat, kommst du zurück. Du verteidigst deine Mutter, deinen Vater, deine Ehre, deine Frau und dein Vaterland. Aber der Kommandant verflucht alles, was dir lieb und teuer ist. Bin ich denn nicht für meine Eltern zum Militär gegangen?

Bevor ich zum Militär ging, sah die Welt noch rosarot aus. Ich interessierte mich ein bisschen für den Krieg im Südosten, aber den Wehrdienst wollte ich auf keinen Fall dort leisten. Acht Jahre lang habe ich Sport betrieben und mich professionell mit Taekwondo und Karate befasst. Und bevor du zum Militär gehst, sagst du das, wenn du auf deine Tauglichkeit hin untersucht wirst, oder es wird amtlich weitergegeben, und man berücksichtigt das, indem man sagt: »Dieser Wehrpflichtige kann mit seinen Urkunden belegen, dass er die Meisterschaft von Istanbul gewonnen hat – und noch alle möglichen Meisterschaften.« Und wir kamen zur Kommandotruppe, d. h., ich kam dahin, zum Gebirgskommando. Ich hatte allerdings auch Lust dazu. Es stellte sich heraus, dass es die Brigade des Gebirgskommandos von Hakkâri war. Das 4. Bataillon, der Stützpunkt war Van, Einsatzgebiet Hakkâri und der Norden des Irak.

Mitte November fuhr ich nach Van, und dort nahm ich zweieinhalb Monate lang an der Kampfschulung teil. Du lässt Elazığ hinter dir, und da ist ganz und gar Krieg, da sind Soldaten und Dorfbeschützer. Du hältst jemanden für einen PKK-Mann, und es stellt sich heraus, dass er zur Miliz gehört, es ist nicht klar, wer was ist. Wenn du in die Stadt gehst, musst du durch 20 Kontrollen, da stehen Männer mit Waffen in der Hand auf den Bergen, und du kapierst, dass du mitten im Krieg bist. In Van gab es enorm viel Munition; eines der Magazine des Gewehrs ist proppenvoll, und das andere heftest du ans Gewehr, sodass es zwei Magazine sind. Nach der Schulung fuhren wir nach Hakkâri; unser Einsatzgebiet war die Gendarmenwache im Dorf Kamışlı im Distrikt von Yüksekova. Wir übernachten in Zelten, denn wir sind eine Feldeinheit.

Im April hatte die Frühjahrsoperation begonnen; man ließ uns nicht daran teilnehmen, weil wir gerade erst angekommen waren. Wir schieben Wache, da sind Schutztruppen, tagsüber üben wir uns im Schießen und werden weiter ausgebildet, etwa in dem Sinne: »Wie reagiert man, wenn man etwas Verdächtiges sieht«, außerdem Orientierung im Gelände. In der Gegend von Kamışlı stehen Dorf und Gendarmenwache dicht beieinander. Du siehst einen Mann aus dem Dorf, und am nächsten Tag ist er zur Guerilla übergelaufen und schießt auf dich. 80% der Leute aus dem Dorf sind Milizen, sie liefern sich auch untereinander Kämpfe; plötzlich werden sie wütend und fangen an zu schießen.

Das vergesse ich nie, da ist ein Hügel, der sich Davus nennt; den Zivilisten ist es verboten, dorthin zu gehen, und einer der Dorfbeschützer geht dort auf und ab. Du kannst ihm nicht zurufen: »Komm runter«, denn das ist zu weit weg, und er kann dich nicht hören. Wir können nicht wissen, dass er zur Miliz gehört, denn sie tragen alle dieselbe Kleidung. Man setzte die Kanone ein und schoss auf ihn; das Geschütz traf den Kopf des Mannes, und er wurde in Stücke gerissen. Du gehörst zu den Dorfbeschützern und weißt, dass es verbotenes Terrain ist. Ich ging mit dem Oberleutnant zur Familie des Toten. »Dieser Angehörige der Miliz ist gestorben, aber was wird aus seiner Familie?« – diese Frage haben die Befehlshaber wohl nicht gestellt; sie sollen nur gesagt haben: »Holt seine Waffe!« Er hatte eine Waffe der Marke Bixi, das ist wirklich eine sehr gute Waffe, ein schweres Maschinengewehr, das zielgenau schießt.

Man besorgte die Unterkunft für die Dorfbeschützer, und wir gingen in das Haus. Ihr Mann war nicht mehr da, und die Frau war mit ihren zehn Kindern allein. Der Oberleutnant gab ihr etwas Geld. Ich weiß nicht, ob es sein eigenes war oder ob er es vom Major bekam, und wir brachten einen Sack Zucker, Mehl und so was mit.

Beim ersten Mal wurden die Truppen, die im Hinterhalt bei der Gendarmenwache von Perhanlı lagen, überfallen, und ich glaube, ein Unteroffizier, ein Oberfähnrich und 21 bis 22 Soldaten sind gefallen. Nach diesem Vorfall gingen wir zum Schutz dorthin. Dann kam es zu einem Störmanöver. Wenn die Gendarmenwache z. B. inmitten von vier Bergen steht, stellt man je 20 oder 40 Söldner zum Schutz auf die vorspringenden Stellen der Hügel. Die Truppenkommandanten und ihre Feldwebel. Das Feuer, das weiter oben und in der Ferne, hinter den kleinen vorspringenden Hügeln eröffnet wird, das ist Störfeuer. Wir erwidern es nicht jedes Mal. Dieses Mal hatten wir es auch nicht erwidert; das war ein kleines Experiment. Beim ersten Mal hatte ich große Angst. In dieser Zeit kannten wir einander alle, wir gehörten alle dem gleichen Jahrgang an, wir gingen zusammen zum Militär, und wir würden gemeinsam den Abschied erleben. Etwa zwei Monate blieben wir dort. Dann erhielten wir die Meldung, dass es zu einem Überfall kommen würde. Die Funkgeräte hatten eine untere und eine obere Spur; die untere Spur galt für eine Umgebung von 150 oder 300 m, und bei der oberen Spur lag die Grenze zwischen 500 m und 50 km Entfernung. Die Männer sprachen auf unserer unteren Spur, d. h. dass sie so nah waren. Als wäre alles zu Ende. D. h., sie sind wohl in den militärischen Sperrbezirk eingedrungen, und wir können nichts tun. Wenn du vom Dach der Gendarmenwache hinüberschaust, kannst du sehen, wie der *Peschmerge* vor der nordirakischen Polizeistation Wache hält. Weil es ständig zu Störmanövern kam, gingen wir als Sicherheitstruppe nach Gelişen. Die Gendarmenwache lag in der Nähe der Berge, und wir hatten erfahren, dass die PKK auf einem der Berggipfel einen Stützpunkt aufgebaut hatte. Auf dem »Direniş tepe« – dem Widerstandsgipfel. Ich war Çavuş bei der Bombentruppe geworden, hatte ein schweres Maschinengewehr und einen Granatwerfer. Zuerst müssen wir dorthin gebracht werden, um eine Landebasis für die Hubschrauber zu schaffen, die militärische Überlegenheit zu sichern – und damit die Soldaten kommen können.

Das Ziel ist, die Gegner zu vernichten oder gefangen zu nehmen. Wir stiegen wieder in die *Skorski.* Jetzt erkennst du den Ernst der Lage, wir gingen nicht zum Gefecht, aber von den Einheiten, die zu unserem Bataillon gehörten, kamen die Nachrichten: »Heute sind zwölf Mann von denen gefallen, die im vierten Quartal von 1995 eingezogen worden sind.« 20 Mann sollen verwundet sein, Soldaten, die Arme und Beine verloren haben.

Du bist jetzt auch mitten im Geschehen. Ich bin empfindsam und denke an die Ankunft im Haus des Toten, wenn es auch noch der einzige Sohn der Familie ist, aber nicht in dem Sinne, dass ja einer sterben kann, wenn die Familie zwei Söhne hat – oder wenn er nun verheiratet war und Kinder hatte...

Da waren auch sehr viele Soldaten, die sich von dem Gefühl hinreißen ließen, als würde der Kampf sofort ausbrechen. Soll der Kampf doch beginnen, wenn es sein muss, dann sterbe ich eben, aber ich hatte nicht das Gefühl, als müsste ich auch drei Mann töten, nein, dazu kam es nie.

Der Kampf hatte angefangen. Als die Skorski zum ersten Mal landete, waren wir die Ersten, die abspringen sollten. Aus einer Höhe von ungefähr acht bis neun Metern würde man uns abspringen lassen; wir wandten ein, das sei unmöglich. Ich hatte ein schweres Maschinengewehr, 35 kg. Wenn ich mit dem Gewehr abspringen würde, würde das Verletzungen bedeuten – oder das Maschinengewehr würde kaputt gehen. D. h., es ging um Milliarden Lira. An so was alles denkst du auch. Jetzt bist du Soldat; als Zivilist willst du dein Leben retten, aber wenn du Soldat bist, musst du an die Waffe denken. Schließlich ließ uns die Skorski über den hinteren Berggipfeln aus einer Höhe von vier bis fünf Metern abspringen. Und das alles ohne Seil. Alles, was du brauchst, hängt dir am Leib, und du springst. Wir landeten ohne Verletzungen auf dem Berg, aber es war ein sehr anstrengendes Gefecht.

Die PKK war auf einem wunderschönen Berggipfel stationiert, d. h., auf einem strategisch günstigen Gipfel, das war der höchste, mit anderen Worten, der »Direniş tepesi« – der Widerstandsgipfel. Unsere größte Unterstützung waren die Kobra-Hubschrauber, ein erstklassiges Vehikel, das sich, ganz und gar mit schweren Maschinengewehren ausgestattet, auf der Stelle drehen und schießen kann, ganz, wie man es gerade will und braucht. Dem Hubschrauber hatten wir es zu verdanken, dass wir den Berggipfel eroberten, und wir blieben über Nacht dort. Der übernächste Morgen sollte der schlimmste Morgen meines Lebens werden. Als es hell wurde, zogen wir los. Diesmal waren wir auf dem anderen Gipfel. Stunde um Stunde wird Wache gehalten, rund um die Uhr. Wenn die anderen erschöpft waren, weckten sie mich. Ich gehe zur Wache, du kannst eh nicht schlafen, über deinem Kopf sind nur die Sterne, und du fängst an zu träumen. Du hast deine Geliebte lange nicht gesehen, und du träumst von ihr; deine Eltern hast du lange nicht mehr gesprochen, und du sehnst dich nach ihnen. Dreieinhalb Monate weder Telefon noch Briefe noch sonst was. Um mich zu beruhigen, sagte ich mir, dass ich ja immer noch am Leben – und hier, auf der Erde – sei, und gaukelte mir Glück vor. Der Junge, der mir Hilfsdienste leistete, war Lase, ein goldiger Kerl, er war nie mürrisch und ärgerte sich nie. Es gab natürlich auch Zeiten, wo wir sehr glücklich waren.

Das war also gegen Morgen, als es allmählich hell wurde und kein Laut zu hören war. Plötzlich brach ein Donnern und Krachen los, wie bei einem Erdbeben. Die Panzerfäuste werden abgeschossen, aber wir erwidern das Feuer nicht. Die Panzerfäuste haben eine Reichweite von etwa 400 m, und sie explodieren über uns. Wenn sie einen Meter weiter unten landen würden, könnten sie uns töten; d. h., es kommt dir so vor, als könntest du sie anfassen, wenn du die Hand ausstrecken würdest. Der Kampf dauerte so lange, bis es ganz hell war.

Wir hatten auch angefangen zu schießen. Es war bedenklich, meinen Granatwerfer nachts abzufeuern. Wenn man ihn abfeuerte, stieß er eine große Flamme aus, und dadurch wird deutlich, an welcher Stelle du stehst. Die Gegner hatten eine *Doçka*, eine erstklassige Waffe mit 3000 m Reichweite, und die ist sehr wirksam. Die hatten wir natürlich auch. Wie konnten sie nur eine so schwere Waffe transportieren? Wahrscheinlich hatten sie Maulesel. Wir versuchten die Doçka der Feinde auszuschalten, aber das klappte nicht.

Würde nicht derjenige gewinnen, der überlegen war? Es war schon richtig hell geworden, und ich kann endlich in Ruhe Granaten werfen. Zum ersten Mal schoss ich dort auf einen Menschen. Diesen Moment habe ich noch ganz genau vor Augen, und ich wollte auf keinen Fall schießen. Ich hatte mir nie überlegt, dass ich auf Menschen schießen müsste; ich wollte das nicht, und als ich Feuer gab, musste ich mich dazu zwingen. Aber ich musste schießen, und ich schoss; ich war ganz unglücklich darüber. Später habe ich so was nicht mehr erlebt, man gewöhnt sich daran. Ich war ganz aufgeregt, das ging auch um die Ehre, denn du hast die riesige, schwere Waffe des Bataillons. Ich hatte zwei Leute, die für das Laden zuständig waren. Der Granatwerfer funktioniert automatisch; er ist rund, und seine hinteren Teile sind grün. Du steckst ihm die Granaten in die Öffnung, zählst 40 Stück ab und steckst dann noch mal 40 rein. 40 Stück hintereinander, bum, bum, bum!

Vorher hatte ich die Waffe noch nicht in die Hand genommen, ich kannte nicht mal das Geräusch, das sie machte. Eigentlich bildet dich die Armee nicht aus, du lernst aus Erfahrung. Während der Ausbildung gibt es ein Geschoss pro Granatwerfer, man sagt dir: »Schieß!« Und: »Sehr gut, in Ordnung. Abtreten!« Und wenn es ernst wird, siehst du, dass es so nicht geht, und fängst an, dir das selbst beizubringen. In diesem Kampf gab es bei uns keine Verluste und auch keine Verwundeten, aber auf der Gegenseite.

Noch vor Einbruch der Dunkelheit haben wir die anderen Berge, auf denen die PKK stand, erobert.

Die Stellung unseres Kameraden von der Flugabwehr war fast am Boden der Schlucht. Direkt vor seiner Flugabwehrkanone lag ein Kadaver. Der Kommandant des Bataillons hatte gesagt: »Lasst ihn liegen und schmeißt ihn morgen früh weg!« Der Abstand zwischen der Stellung der Flak und dem Aas betrug drei Meter, und wir legten uns schlafen. Als wir am nächsten Morgen aufstanden, war der Kadaver nicht mehr da. Das bedeutete, dass sie gekommen waren und ihn abgeholt hatten. Der Kamerad von der Flugabwehr war wohl nicht recht bei Trost; er tat eigentlich kein Auge zu, und trotzdem schleppten sie das Aas vor seinen Augen davon. Wir suchten die Schlucht ab, aber es war einfach verschwunden. Schon ein winziges Geräusch kann dazu führen, dass man alle Waffen abfeuert.

Er hatte wahrscheinlich Angst; die Kämpfer von der PKK waren ja sowieso alle drogensüchtig, von Haschisch oder Heroin abhängig. Auf jeden Fall war das Gefecht zu Ende, und die Gegner zogen sich zurück. Alles erlebst du gleichzeitig, Angst, Aufregung und Freude. Es hieß, dass wir danach noch etwa 45 Tage dort bleiben sollten. Der Proviant für drei Tage wird von den Hubschraubern gebracht, abgeworfen und verteilt. Ein Zelt oder so was gab es nicht, nur das, was man Hundezelt nennt; du hast z. B. ein Notzelt in deinem Tornister, das ist gegen Regen imprägniert und mit Stangen versehen, und damit baust du dir ein Zelt, d. h., eine Hälfte liegt in der Erde, und die andere draußen. Das ist ein Ein-Mann-Zelt, oder ihr tut euch zusammen und schlaft zu zweit, das ist egal.

In der Gegend von *Çukurca* lag eine Gendarmenwache; das war wahrscheinlich Pirinçtekin, das dort war ein Gebiet, in dem es die meisten Verluste gab. Ein ekelhaftes Gelände, sogar im Winter war es dort sehr heiß, das war so ein Klima, dass du im kurzärmeligen T-Shirt spazieren gehen könntest. Außerdem lag dort der Berg Sabır, der sehr hoch war; dort wurde es nie richtig kalt, im Sommer wie im Winter herrschte da Frühlingsklima. Wenn es Winter wurde – und das wussten wir –, versammelten sie sich dort alle. Abgesehen vom Berg Sabır und seiner unmittelbaren Umgebung lag der Schnee dort sonst überall zwei bis drei Meter hoch; d. h., es war unmöglich, dort zu leben. Die Meldung war eingegangen, dass Menschen dort wären. Wir kamen nach Pirinçtekin. Die Gendarmenwache lag in einer engen Schlucht, rechts und links Berge, so was wie ein Cañon. Von dem hohen Berggipfel auf der rechten Seite war das Licht gekommen. Wir rückten über den Berg auf der linken Seite vor und näherten uns von links, um das Gelände zu umzingeln. Wir waren bis zur halben Höhe des Berges gekommen.

Es schien so, als habe der Çavuş, der aus *Balıkesir* stammte, Frauen sprechen hören, und eine soll so ungefähr gesagt haben: »Aysel, komm, wir gehen von dort aus weiter.«

»Nein, mein Junge, das ist ausgeschlossen, woher willst du denn die Frauenstimme gehört haben?«, sage ich. Kaum hatte ich gesagt: »Das wird von der Einsamkeit kommen«, da hörte ich es auch schon. Während wir hinaufkletterten, gingen die Gegner runter, und zwischen uns lag ein Cañon. Die Gegner würden die militärische Sperrzone angreifen, und wir sie.

»Nachrichtenübermittlung« nennen wir das, jeder sagt es seinem Hintermann, bis die Meldung beim letzten Mann angekommen ist. Der Befehl des Bataillonskommandeurs »Stellung beziehen – das gilt für alle« hat auf diese Weise jeden erreicht, und man ging in Stellung. Jetzt hörten auch beide Seiten einander. Plötzlich war es ganz still. Es ist stockfinster, jeder hält sich am Tornister seines Vordermannes fest und marschiert; es ist so dunkel, dass man nichts sieht. Die Gegner haben auch ihre Stellungen bezogen, und es kam der Moment, wo wir merkten, dass wir uns direkt gegenüberstanden. Gekreisch und so was alles. Etwa 40 Frauen waren dabei. Nur so viele waren bis zu uns vorgedrungen, aber in den Meldungen war von 600 Leuten die Rede. Lautes Jammern und Wehgeschrei. Mit dem Kameraden, der den Granatwerfer bedient, bin ich oben auf dem Berg; was uns betrifft, so spielt sich der Kampf unten ab. Unten im Tal ringen sie mit den Frauen, das ist kein Gefecht, und da werden keine Waffen gezückt. Das ist eine Art Nahkampf; sie schlagen sich und gehen mit Bajonetten aufeinander los. Wir können es nicht sehen, aber wir hören ihr Kampfgeschrei. Dann fing das Schießen an. Während sie von oben ihre Waffen abfeuerten, kamen die Schüsse auch von unten – das war ihre größte Eigentümlichkeit. D.h., sie kommen unter ihren eigenen Schüssen hervor. Der Soldat tut das nicht; das Geschoss schlägt auf, prallt zurück, und das Leben ist ihm wichtig.

Die Gegner machen das, sie scheinen eine gute Ausbildung zu

haben. Wir hatten uns ihren Videofilm angesehen, sie machen die Schulung mit echten Geschützen, tausendfach intensiver als unsere Ausbildung. Ich bediente den Granatwerfer. Der Kamerad neben mir hatte Granaten, die unter der Waffe angebracht und abgeschossen werden. Meine Munition war alle, jetzt werde ich mit dem G3-Gewehr schießen, und ich habe auch noch Handgranaten. Ich zog den Granatwerfer zur Seite, mein Kamerad hatte noch ein Geschoss, und er stand auf. Aber normalerweise hätte er auch schießen können, ohne aufzustehen, aber das war ein guter Junge, der so was wie eine Kämpferseele hatte. Er wollte auf jeden Fall schießen, selbst wenn es sein letztes Geschoss wäre.

Ich sah, wie eine Granate aus dem Granatwerfer hervorschoss, und wie Hamzas Brust in Brand geriet. Ich spürte ein Explodieren, rings um mich Blut und Fleischbrocken. Ich merkte, wie sein linker Arm in unsere Abwehrstellung, auf unser Zelt fiel. Es waren noch zwölf Tage bis zu Hamzas Entlassung. Angst und Trauer, alles stürmte auf einmal auf mich ein, und ich brach zusammen.

Ich merkte, dass die PKK-Leute von oben gekommen waren. Wir hatten einen Soldaten, der gerade erst zu uns gestoßen war; vor lauter Angst soll er sich hinter einen Felsen geduckt und nicht gerührt haben, aber man sah das Funkeln seiner Waffe. Ich bettete den Jungen auf die Decken dort und deckte ihn auch zu. Die Frau kam – das vergesse ich nie – und betastete ihn mit der Spitze des Gewehrs, um zu sehen, ob jemand unter der Decke lag.

Ich kann das von oben sehen. Wir sind drei Mann, und sie sieht uns nicht. Natürlich kannst du in einem solchen Augenblick nicht schießen, damit könntest du Schaden anrichten. Es kommt auch vor, dass man die Gegner einzeln tötet, nicht, indem man schießt, sondern mit dem Bajonett. Das haben wir natürlich nicht gemacht. In diesem Moment siehst du sie nicht als Frau; mit ihrem Körperbau sehen sie auch nicht wie Frauen aus, und sie hatten breitere Schultern als ich. Sie waren stark.

Der Kampf ging zwei bis drei Stunden lang weiter. Dann hörten sie, dass die Hubschrauber am Werk waren, und es gab welche, die flohen. Der nächste Morgen war der bitterste, und man sagte zu mir: »Du schwimmst in Blut.« Ich stehe noch unter Schockwirkung vom Abend zuvor und habe vergessen, dass Hamza tot ist. So kam mir das vor Augen, und es steht eh dauernd vor mir.

Etwa 34 Gefallene hatten wir zu beklagen, an die 40 Mann waren verwundet, viele der Verwundeten sind auch gestorben, und die Zahl der Toten lag ungefähr bei 45. Wir ziehen in den Kampf, die Söldnertruppe und die Spezialeinheit sammeln die Leichen ein und zählen sie. Der Soldat ist nicht in der Lage, das zu tun; dein Kamerad ist gefallen, und dann steh auf und sammle die Leichen ein und zähle, wie viele es sind. Wir können nicht an so was denken. Jeder kümmert sich um seine eigenen Verluste, etwa so: »Fehlt mir ein Finger, fehlt mir ein Ohr?« Bei den Gegnern gab es auch etwa 35 bis 38 Tote. Mehr als die Hälfte unserer Truppe war umgekommen; das war die 1. Truppe der 11. Kompanie, aber das war jetzt keine Truppe mehr, d. h., von 28 Truppenangehörigen waren nur noch vier Mann übrig, und der Truppenkommandant war auch gefallen.

Damit wir wieder zu Kräften kommen konnten, setzten sie uns als Kellner im Kasino ein. Hamza war tot, und weil er ein sehr enger Freund von mir war, wollte man, dass ich seinen Tornister ausräumte. Er hatte mir auch den Brief gezeigt, den er zuletzt geschrieben hatte; ich kannte eh immer alles, was er schrieb, und ich las den Brief. An seine Mutter, seinen Vater und außerdem an seine Verlobte. Da hatte er also geschrieben, dass es nur noch zwölf Tage bis zur Entlassung waren, und er schrieb, dass er sich nach seinen Eltern sehnte. Ich brachte seine Habseligkeiten in drei Beuteln unter. Außerdem hatte er einen Kassettenrekorder gekauft, weil er billig war; den legte ich in den Tornister, und auch seine Kleidung. Der Sarg kam, zwei Arme und ein Bein...

»Vielleicht gehörten die ihm«, sagst du, und ich war mir sicher, dass dies sein Arm war; er war doch bei mir. Alles wurde an einer Stelle gesammelt und dann getrennt verteilt: Dies ging nach Erzurum und jenes nach Erzincan. Du weißt nicht, welche Körperteile wem gehören. Als man das alles wegschickte, ging es mir miserabel. Viele waren tot, aber ich trauerte am meisten um Hamza. Er stammte aus Balıkesir. Zweimal reiste ich zu seiner Familie. Wir waren 16 Leute von demselben Jahrgang, und wir verabredeten uns, um zu Hamzas Familie zu fahren. Wir besuchten seine Eltern und küssten ihnen die Hände. Wir gingen auf den Friedhof und rezitierten die *Fatiha-Sure* für sein Seelenheil. Die Trauer der Familie ist noch so intensiv wie am ersten Tag. Ich glaube nicht, dass ich noch einmal zu ihr fahren werde. Wenn ich dorthin fahre, erlebe ich dasselbe noch einmal, mein Herz schlägt wie wild, und ich trauere. Vielleicht willst du dich von all dem ganz und gar fern halten und das alles vergessen.

Bei diesem Gefecht kam der Hubschrauber, aber er konnte nicht schießen, weil wir einander so nahe waren, wie ich beschrieben habe. Es passierte in der Gegend der Gendarmenwache von Gelişen. Die *F16* schoss, und ich wurde verwundet. Das war die F16 oder die *F6*, schweres Kriegsgerät, das werweißwie viel wog, z. B. 300 kg, die hat eine Reichweite von 500 m, schlägt auf einem Felsen auf, prallt ab, kommt zurück und verwundet zehn Soldaten, deshalb kannst du bei den Nahkämpfen keine Unterstützung bekommen.

Dann schickte man uns zur Gendarmenwache von Kamışlı. Ich schenkte dort den Tee aus und machte Toast und so was alles. Das ist nicht so was wie ein niederer Dienst; der Mann, der den Tee kocht und ausschenkt oder derjenige, der für das Röstbrot zuständig ist, oder der Lagerhalter, der Mann, der sich um die Waffen kümmert, solche Leute sind doch auch wichtig. Aber als wir von der Operation zurückkehrten, wurde uns viel Ehre erwiesen, man schlachtete Opfertiere, und während jeder aus Konserven aß, ließ man für uns Tunfisch kommen. Wir waren übermütig, was weiß ich, also wir machten uns über die Leute, die nicht an der Operation teilgenommen hatten, lustig: »Halt die Schnauze, wir tummeln uns im Gefecht, und du sitzt einfach rum!«

Unseren Schreiber brachten wir zur Weißglut: »Mensch, du bist doch Schreiber, du trägst uns für die Wache ein, und wir kämpfen dort!« Zum Schluss kam der Junge schwer krank zur Operation und fiel bei seinem ersten Einsatz. Und durch solche Erfahrungen begriffen wir, dass wir mit unserer Angeberei nichts erreichen konnten.

Einmal waren wir wieder in der Gegend vom Direniş tepe. Auf jeden Fall war das eine Operation bei Regen, denn es regnete in Strömen. Die Gegner schossen mit der Doçka, und um sie zum Schweigen zu bringen, war es, glaube ich, die F16, die mit ihrem ständigen Bombardement dagegen anging. Millionen von Granaten wurden abgeworfen, aber fünf Minuten später kann man seinen Kopf rausstrecken und eine Granate werfen.

»So geht das nicht«, sagte unser Bataillonskommandeur, »wir müssen die Gegner von beiden Seiten umzingeln und zum Schweigen bringen.« Von beiden Bergen aus ziehen wir los, und aus weiter Entfernung steigen wir hinauf. Wenn wir auf dem direkten Weg hingehen würden, wie man das normalerweise macht, würde das vielleicht zehn Minuten dauern, aber auf dem Weg, den wir einschlugen, dauerte es zwei bis drei Stunden. Das Bombardement geht weiter, und der Kampf fängt an. Ich hatte auch keinen Granatwerfer bei mir. Drei Mann rannten hinter einem her, und der Bataillonskommandeur war auch bei uns. Das war eine Stelle wie eine Talsohle, von lauter Felsen umgeben. Wir sehen, dass die Gegner schießen, d. h., dass sie ganz nah waren. Und ausgerechnet in diesem Augenblick drangen ganz kleine Kugeln in mein rechtes Bein ein, in den Oberschenkel. Man nannte das wohl Schrapnellsplitter, meiner Meinung nach waren es Granatsplitter. Ich hatte überhaupt keine Schmerzen, und das ging 45 Minuten lang so. Wir kehrten zurück, na ja, dann legst du dich hin oder erholst dich; so war das.

Ich spüre so was wie Wasser an meinem Fuß. Ich fahre mit der Hand in den Stiefel, und es ist Blut. Ich zog den Stiefel aus, und er ist voller Blut. Ich schaute mir das genauer an, und es war ein winziger Schlitz, so als wäre etwas eingedrungen und hätte sich zusammengerollt. Überhaupt kein Schmerz. Wenn Menschen sterben, ist so was doch ein Klacks. Der Hubschrauber kam und brachte mich nach Van, ins Krankenhaus 100. Yıl Üniversitesi. Man schrieb mich zwei Wochen krank, sie holten die Splitter raus, aber ein paar blieben stecken, und die haben sich im Körper aufgelöst. Früher merkte ich die Splitter, jetzt merke ich sie nur noch, wenn ich heftig auftrete, d. h., es lässt nach. Als es mir wieder besser ging, nahm ich noch einmal an einer Operation teil. Die Leute an den Granatwerfern waren gefallen, und weil es niemanden mehr gab, der sie bedienen konnte, musste ich wieder hin. Ich freute mich nicht darüber.

Genau zu dieser Zeit sollte die Hochzeit meiner großen Schwester stattfinden, aber meine Familie erwartete mich nicht. Und ich meinte, dann ziehe ich in den Kampf, und es war mir egal, was dort mit mir passieren würde. Nachdem ich getroffen worden war, brachte man mich in der Kantine unter; mein Wehrdienst dauerte eh nicht mehr lange. Jetzt brachte ich den Neuankömmlingen bei, was sie wissen mussten.

In Van war es für jeden angenehm. Du arbeitest zwei Stunden lang, dann ruhst du dich aus oder siehst fern – und ein Hamam gab es auch. Nur noch zwei Wochen Wehrdienst lagen vor mir, von 710 Mann hatten wir uns getrennt, wir waren 500, die zurückgekehrt waren, 50 Gefallene und 40 Verletzte. Nervosität und Wut als Reaktion auf die Erlebnisse. Du bist ganz schön nervös geworden. Wir waren fünf Mann, und wir schlenderten im Bataillon umher, natürlich hatten wir uns Bärte wachsen lassen, wir waren ziemlich kaputt, badeten noch nicht und hielten es wohl auch nicht mehr für nötig, vor dem Uzman çavuş zu salutieren. Der Uzman çavuş fing an zu brüllen: »Stehen bleiben!« Wir blieben natürlich stehen und fragten: »Chef – was gibt's denn?« Man sagt »Herr Kommandant« und so was alles. Die Sache zog sich in die Länge, und man hörte das Kommando: »Hinlegen!« Keiner richtet sich danach, ich stehe ganz vorn, und da setzte es Ohrfeigen. Noch nicht mal mein Vater hat mich je geohrfeigt. Auf der Stelle versetzte ich dem, der mich schlagen wollte, ein paar Hiebe. Er lag am Boden und hat bestimmt blaue Flecken abgekriegt, und mir wurde eine Strafe von 14 Tagen aufgebrummt. Außerdem eine Woche wegen Alkoholkonsum. Zwölf Monate kriegst du keinen Alkohol. Beim Militär kannst du dich auf deine Kameraden verlassen, du schläfst mit ihnen in einem Raum, und ihr steht zusammen auf. Du achtest nicht darauf, ob sie Kurden, Sunniten oder Aleviten sind. In unserer Kompanie waren wir sechs oder sieben Aleviten. Es gab Leute, die Stimmung gegen uns machten, aber auch welche, die sich für uns einsetzten, und ich versuchte sie aufzuklären.

Früher hatte ich viel mehr Abenteuer mit Frauen. Jetzt ist das ganz anders. Manchmal fahre ich nachts erschrocken aus dem Schlaf auf. Bis jetzt habe ich niemandem etwas von meinen Erlebnissen beim Militär erzählt. Ich habe höchstens mal ein paar Worte fallen lassen. Je mehr ich erzähle, desto intensiver erlebe ich das alles wieder, und ich muss dann an meine gefallenen Kameraden und ihre Familien denken, und das macht mich unglücklich.

Jetzt kann ich das in aller Ruhe erzählen, weil ich weiß, dass ich damit nützlich sein kann. Die Gesellschaft kennt das Problem des Südostens nicht, und die Leute glauben alles, was in den Medien gesagt wird – wenn man doch nur die Leute fragen würde, die dort ihre Wehrpflicht geleistet haben! Eine Zeit lang habe ich Bücher über Psychologie gelesen. Vielleicht, um mich zu beruhigen. Wer war das noch, der *Simyacı* (*Der Alchemist*) geschrieben hat? Seine Bücher habe ich gelesen, außerdem Nâzım Hikmet und *Erdal Öz*. Ich lese nicht viel Zeitung, manchmal aber Zeitschriften wie z. B. *Leman*. Die Zwangsverpflichtung zum Militärdienst ist mir von jeher gegen den Strich gegangen. Wozu macht man denn den Wehrdienst? Fürs Vaterland, und deshalb sollte das kein Zwang sein. Sollen doch die Patrioten hingehen! Im besten Lebensalter, mit 18, holen sie einen zum Militär. Die Wehrpflicht fällt genau in die Phase, in der ich alles lerne, alles begreife, egal, wohin ich komme und was ich erlebe.

Wie ein Löwe, den man zur Raison gebracht hat, kommst du zurück. Du verteidigst deine Mutter, deinen Vater, deine Ehre, deine Frau und dein Vaterland. Aber der Kommandant verflucht alles, was dir lieb und teuer ist. Bin ich denn nicht für meine Eltern zum Militär gegangen?

Das ist ein Tumor, der sich nach und nach durch die Türkei frisst, nicht nur im Südosten, das hat auch schon im Westen angefangen. Das sollte jeder wissen, und man muss darauf reagieren. Dort herrscht Krieg, d. h., das ist nicht nur eine militärische Auseinandersetzung, sondern einfach Krieg, ein totales Massaker. Das hört nicht auf und wird auch nicht aufhören. Jeden Tag treten die Familien der Gefallenen und Verschollenen im Fernsehen auf, und sie sollten einander unterstützen, eine andere Chance gibt es nicht.

(April 1998, İzmir)

1973 in Erzincan geboren. Er ist in İzmir aufgewachsen und lebt dort. Im August 1995 ging er zur Ausbildungsstätte für Kommandotruppen in Eğridir. Danach war er mit der Gebirgskommandobrigade von Hakkâri in Van, bei der Gendarmenwache von Kamışlı. Im Februar 1997 ist er nach İzmir zurückgekehrt. Er hat fünf Geschwister, zwei Schwestern und drei Brüder; er und einer seiner Brüder waren gleichzeitig beim Militär. Er hat die Mittelschule in der zweiten Klasse abgebrochen und arbeitet als Bauarbeiter. Sein Vater übt denselben Beruf aus. Er ist Alevit und glaubt, er sei Kurde, aber seine Eltern bestehen darauf, dass die Familie türkisch ist.

26. Ich wurde Terrorist, wirklich Terrorist, wie man so sagt

»Nach jedem Unwetter geht die Sonne wieder auf« – ich fing an, mir diesen Gedanken zu Eigen zu machen. Auch wenn ich in diesem Moment traurig sein sollte, ist es so, als wäre in ein paar Tagen alles wieder gut. Indem ich mir das einredete, löste ich mich allmählich von den Ereignissen.

Jeder musste zum Militär, weil es Pflicht ist; ich auch. Man hat uns einer Spezialausbildung unterworfen. Man berichtete uns von den Ereignissen im Osten und versuchte uns geistig darauf vorzubereiten. Alles, was beim Militär berichtet wurde, war genau das Gegenteil von dem, was ich im Zivilleben gelernt hatte, und da waren so viele Widersprüche, dass ich kaum mehr wusste, was richtig war. Als es in den Osten ging, hörten die Widersprüche auf. Ich fand selbst heraus, was stimmte. Bei der Rekruteneinheit kriegten wir eine ziemlich harte Schulung. Man brachte uns – 65 Mann – nach Çatalkaya, damit uns klar wird, wie ein Überfall auf ein Dorf gemacht würde. Mein Spezialfach waren die Minen. Man berichtete uns, was die Leute, die man im Osten Terroristen nennt, machen.

Es hieß z. B.: »Sie stecken Handgranaten in Gläser oder Ähnliches«, »Tretet nicht mit den Füßen nach einem Blechkanister, da könnte eine Bombe rauskommen« oder »Fasst keinen Toten an!«

Wenn ein PKK-Mann schwer verletzt und dem Sterben nahe ist, nimmt er – im Normalfall – den Zünder der Handgranate und steckt ihn sich unter den Bauch, und wenn du ihn umdrehst, geht die Bombe hoch. In einem solchen Augenblick könntest du auch sterben. Du sollst ihm – wenn er tot ist – einen Strick an die Füße binden, daran ziehen und ihn umdrehen. Ihr sollt aufpassen, wohin ihr tretet.

Es könnte auch einen Einfluss gehabt haben, dass meine Familie ursprünglich aus dem Osten stammt, aber bevor ich dorthin ging, dachte ich, dass die Leute im Osten im Recht sind und ihnen Unrecht getan wird. Beim Militär wurde das genau umgekehrt erklärt. Mit ihren terroristischen Organisationen versuchen die Leute dort unser Land zu spalten und töten Wehrlose. Meine ganze Liebe gehört den Kindern, und ich fing an, mich auf ganz widersprüchliche Gedanken einzulassen. Habe ich etwas Falsches gelernt, etwas Falsches untersucht – und Falsches gesehen? So geriet ich selbst in einen Zwiespalt. Als ich in den Osten ging und sah, wie die Menschen dort lebten, erkannte ich auch, was das Militär alles anrichtete; aber ganz im Gegenteil, man sagte, das hätten die Terroristen getan. Ich wurde Zeuge von beiden Seiten. Auf diese Weise fand ich meine eigene Wahrheit heraus.

Wir kümmerten uns um Protektion und erwarteten, dass ich nach Samsun geschickt würde. Dazu kam es nicht. Es stellte sich heraus, dass ich nach Diyarbakır sollte, und deshalb unterwarf man uns einer Spezialausbildung. Wir wurden im Gebrauch der Waffen und in der Flugabwehr geschult. Ich verstand was von Musik und wurde zum Offizierskasino beordert. In Diyarbakır war ich am Tor des Offizierskasinos für die Kontrolle zuständig. Wir überprüften die Ausweise der Passanten und der Leute, die reingingen. Laut Befehl musste jeder den Ausweis vorzeigen, und schon beim geringsten Verdacht hattet ihr Schießbefehl. Wir hatten einen Major über uns, der sagte: »Verhaltet euch wie Terroristen, dann hat das Volk vor euch Angst!«

Als wir in Lice 35 Gefallene zu beklagen hatten, hat man uns das ganz kräftig eingehämmert. Der Fotograf des Offizierskasinos machte Aufnahmen von den gefallenen Soldaten, und die zeigte man uns. Es sieht so aus, als wären sie vergewaltigt worden und als hätte man sie an den Beinen aufgespießt. Auf den Fotos ist zu erkennen, dass man die Jungs skalpiert hat und ihnen die Penisse abgeschnitten hat. Als ich das alles sah, kriegte ich eine Krise.

Zu den Leuten, die am Eingang des Offizierskasinos vorbeigingen, sagten wir: »Was guckste so, komm her«, zogen sie rein und verprügelten sie. Der Major sagte dann: »Prügelt sie nicht zu Tode!«

Als der Typ, den wir vermöbelt hatten, weggegangen war, sagte der Major: »Genau richtig!«

Überlegen Sie mal, ich bin jemand, der in den Osten gegangen ist, um die Gegend dort zu verteidigen – und was ist aus mir geworden? Der Erste, den ich schlug, war ein kleiner Junge; sie hatten Steine geworfen. Zu fünft oder zu sechst griffen wir Soldaten ihn uns und hauten auf ihn ein, auf einen 13- oder 14-Jährigen. Er war in einem Alter, in dem er noch nicht mal die Hand erheben könnte. Es gab dort eine Mauer, und hinter der Mauer verdroschen wir die Leute.

Da pflückt z. B. ein Junge, der dort vorbeikommt, Blumen. Der Major brüllt: »Mensch, siehst du das denn nicht? Warum lässt du den Blumen pflücken?«

»Ich sehe es, Herr Kommandant«, antworte ich. »Na, dann holt den Jungen rein«, rief er.

»Komm mal kurz her, Kleiner!« Da wurde uns was eingeredet. Wir holen ihn rein, und – egal wie viele Leute wir waren – wir nahmen keine Rücksicht und schlugen dem Jungen mit den Gewehrkolben auf Mund und Nase. Dann wuschen wir ihm das Gesicht und schickten ihn weg.

Nach und nach war ich mit mir völlig uneins. »Das ist doch nicht nötig«, sagte ich mir, »so bin ich doch nicht.« Um mich wieder ein bisschen aufzurappeln, fing ich an, zu den Kindern besonders nett zu sein. Da ich am Tor stand, erkannten mich die Kinder auf der Straße, wenn ich rausging.

»Du bist doch der Soldat am Tor, Abi!«, riefen sie. Ich stehe am Eingang, jeder kennt mich vom Sehen, und wenn ich in Zivil rausgehe, erkennen sie mich auch, und eines Tages werde ich noch ums Leben kommen. Wer hat schon eine Garantie dafür? Jetzt habe ich angefangen, mich etwas gemäßigter zu verhalten.

Diesmal ging es um Folgendes: »Warum passiert denn nichts am Tor, der Terror kommt nicht plötzlich, warum kommen keine Beschwerden?« Ich musste eine Woche in den Knast, weil ich meinen Dienst vernachlässigt hatte. Wenn am Tor etwas passiert, na klar, dann läuft alles glatt. Ich ging nach meiner eigenen Logik vor. Wollen Sie denn, dass was passiert? Ich fing an, den Offizieren Ärger zu machen. Sie zeigten ihren Ausweis nicht vor, aber ich bestand darauf und sagte z. B.: »Ihr müsst doch eure Ausweise vorzeigen!« Sie erhoben ihre Waffen gegen mich. Ich kam ganz durcheinander. »Geh doch mal zum Nervenarzt«, riet man mir. Der Major war zufrieden und nahm auf niemanden Rücksicht.

Wenn ich dasselbe mit hochrangigen Offizieren machte, gab es Probleme. Ich habe das Recht, selbst hochrangige Offiziere in Uniform nach dem Ausweis zu fragen. Eines Tages ging die Nachricht ein, dass ein Brigadegeneral kommen sollte, vielleicht aus Malatya, aber man sagte, dass er in einem Zivilwagen käme. Ich stehe als Wachposten am Tor, und man hatte mir nicht mitgeteilt, dass der Brigadegeneral kommen würde. Ein Wagen fuhr vor, wirklich ein Superschlitten. Der Wagenschlag wurde geöffnet und ein älterer Mann stieg aus. »Soll ich ihn nun nach dem Ausweis fragen?«, überlegte ich. Es war eindeutig, dass es sich um den hochrangigen Offizier handelte. »Ich habe das Recht dazu und frage ihn einfach«, beschloss ich.

»Dürfte ich bitte Ihren Ausweis sehen?«, fragte ich. »Mein Junge, ich bin General«, antwortete er.

»Das glaube ich Ihnen gern«, erwiderte ich, »aber das ist nun mal meine Pflicht.«

»Mein Junge, ich sage dir doch, dass ich General bin«, entgegnete er. Die Kameraden gaben mir ein Zeichen. »Das spielt keine Rolle«, sagte ich, »ich muss Ihren Ausweis sehen. Soll ich etwa jeden reinlassen, der behauptet, er wäre General? Und wenn Sie General sind, so ist das nur zu Ihrer Sicherheit.«

»Sehr gut, du Starrkopf«, sagte der General, zeigte mir seinen Ausweis, und als ich auch nur einen Blick darauf warf und sah, dass er General war, ging ich schon in Habachtstellung.

»Vielen Dank, Herr Kommandant«, sagte ich. Der Major kam und meinte: »Gut gemacht, mein Junge!« Der General lobte die Sicherheitsvorkehrungen. Wenn er sich beschwert hätte, wäre ich auf jeden Fall zusammengestaucht worden.

Es kam auch vor, dass wir Frauen verprügelten. Eine von ihnen war auch noch geistig behindert, auch wenn wir das nicht wussten. Da ich einen Posten als Schreiber übernehmen sollte, wies ich gerade den Kameraden, der meine Stelle einnehmen sollte, in die Arbeit ein. Die Frau soll den Jungen belästigt haben, ein Beweis dafür, dass sie durchgeknallt war.

»Hau ab«, sagten wir, aber sie ging nicht weg. Zwischen den Leuten dort und uns muss ein Abstand von mindestens fünf Metern eingehalten werden, so lautet der Befehl. Es könnte sein, dass jemand mit dem Messer auf dich losgeht oder eine Bombe hat. Als die Frau nicht fortging, stießen wir sie beide weg. Sie fing an zu schreien und Steine zu werfen. Wir schlugen ein paar Mal auf sie ein und schickten sie weg. Sie kam zurück, und wir schlugen sie wieder. Wir waren wohl außer uns vor Wut und wussten nicht, was wir taten. Wir haben sie wohl auch mit Füßen getreten und sogar mit dem Gewehrkolben geschlagen. Ein paar der Kameraden meinten auch, dass wir nicht ganz dicht wären. Man hat uns nun mal so ausgebildet, dass wir uns an den Befehl halten mussten; wenn du das nicht tust, musst du mit einer Strafe rechnen. Man kriegte dann eine Disziplinarstrafe und wurde vor das Militärgericht zitiert. Und die Regeln mussten strikt eingehalten werden. Wenn ich mich schlafen legte, fragte ich mich, warum ich so was getan hatte. Wenn ich die Frau gefunden hätte, hätte ich sie um Verzeihung gebeten. Ich war mit mir selbst im Zwiespalt.

Ich wurde Schreiber und kümmerte mich um die Formulare S 1, S 2 und S 3. Wir saßen in dem gelben Gebäude gegenüber dem Offizierskasino, das wir Stabsquartier nannten. Ich bekam nach und nach auch die Akten in die Hand, die von der Nachrichtenabteilung übermittelt wurden. Als Schreiber hatte ich das Recht, sie zu lesen. Man ließ uns schwören, dass wir die Informationen nicht weitergäben. Ich las die Akten, die ich einsehen musste. Geheime Dossiers kamen an. Darin wurde von den Ereignissen berichtet, die man erlebt hatte. Um besonnen damit umzugehen, legten wir Auszüge als Muster an. In dieser Zeit traf ein Kontrolleur ein, um den Oberst zu überprüfen. Man rief uns und sagte: »Das soll alles in den Computer eingegeben und ausgedruckt werden.«

»Ich werde niemandem etwas darüber berichten« – darauf wurden wir vereidigt. Der Oberst zog jeden Tag raus, er ging zu Operationen in der Umgebung und in den Landkreisen. Am Abend setzten wir uns hin, und es dauerte bis weit nach Mitternacht, bis der Bericht fertig war. Er diktierte, und ich schrieb. Das waren Berichte, die an *İsmail Hakkı Karadayı* gingen, Kontrollberichte über die Situation im Osten. Der Oberst zeigte mir die Dokumente, die er beschlagnahmt hatte. Die Terroristen führten Kalender; da hatten sie Fotos im Schnee aufgenommen, und sie schrieben Gedichte. Der Oberst machte einen Witz: »Guck mal, der Hurensohn, der hat ein Gedicht geschrieben.« Eigentlich war das Gedicht gut, und es gefiel mir, aber ich vertuschte das: »Sie haben Recht, Herr Kommandant, diese Ehrlosen!«

Ich musste so tun, als würde ich ihm Recht geben. Andererseits sah man uns als Terroristen an. Wir waren fünf Leute, die als Linke verdächtigt wurden. Wir verhielten uns korrekt, und die Leute mochten uns.

Ich nahm nicht an Gefechten teil, aber als ich im Tal war – noch bevor ich zum Offizierskasino kam –, schlugen die Kommandotruppen von Bolu neben unserer Einheit ihre Zelte auf. Man zeigte uns Videofilme, die sie während der Operationen gedreht hatten. In einem dieser Filme fragen sie sogar einen jungen Terroristen: »Wo sind die anderen?« und so was alles. Wegen des Hubschrauberlärms versteht man den Ton nicht richtig. »Wenn du die

Wahrheit sagst, lassen wir dich frei«, sagen sie – ich fasse das so zusammen, wie es mir im Gedächtnis geblieben ist. Der Junge berichtete irgendwas. An dieser Stelle wird er unterbrochen, und in der nächsten Szene werfen sie den Jungen aus dem Hubschrauber und töten ihn dort – wir waren ihre Zeugen.

Sie hatten irgendwas Durchsichtiges in der Hand, und ich fragte: »Was ist das?« Sie haben Schlüsselanhänger daraus gemacht. »Mein Junge«, antwortete er, »das ist ein Ohr, mein Sohn.«

»Was für ein Ohr?«, fragte ich. Sie lösten die Ohren der Terroristen, die sie getötet haben, mit Säure in Coca Cola auf, und aus den Knorpeln, die dabei übrig bleiben, haben sie Schlüsselanhänger gemacht. D. h., die sind auch durchgeknallt. Die Kommandotruppen von Bolu standen in direkter Berührung mit dem Feind, und was sie erlebten, war was ganz anderes. Sie erklärten uns, dass ihre Kameraden vor ihren Augen vergewaltigt worden waren und dies sie schwer geschockt hätte. Dasselbe sagte man auch von den Ereignissen in Lice, bei denen 35 Menschen umkamen. Das muss 1995 oder 1996 gewesen sein. Ich erwähnte ja bereits, dass es im Offizierskasino Fotos von den Toten gab. Die Fotos zeigten das, was wir über den Piloten der Kobra-Hubschrauber gesagt haben.

Man weiß, dass im Teufelsdreieck Terroristen sind, und der Hubschrauber hat die Jungs genau in der Mitte des Dreiecks rausgelassen und an der falschen Stelle abgesetzt. Alle wurden lebend gefangen genommen, und sie hatten gar nicht die Möglichkeit zu kämpfen. An den Fotos erkennt man, dass sie lebend gefangen genommen und gefoltert wurden. Das alles wurde berichtet und hatte wohl oder übel seine Wirkung auf uns. Aus den Gesprächen ging hervor, dass sie die Frauen im Dorf vergewaltigt haben; ein Hauptmann an der Spitze der Kommandotruppe von Bolu hatte das zu verantworten.

Wenn sie in das Dorf eindrangen, riefen sie: »Mädels, wo sind eure Männer?« Die Frauen sollen geantwortet haben: »In Istanbul – auf der Arbeit.« Verdammt noch mal, Mensch… Ich will den Fluch nicht wiedergeben. Die Soldaten der Kommandotruppe von Bolu kämpften in den Bergen und konnten tun und lassen, was sie wollten, sie schliefen nach Lust und Laune mit den Frauen, die sich auf die Soldaten einließen.

Die Jungs der Kommandotruppe von Bolu sind nicht mehr ganz dicht, ihre Bindungen sind gerissen, und sie führen ein Leben, bei dem sie mit allem Schluss gemacht haben. Obwohl ich so etwas, was jedes Maß überschreitet, nicht mitgemacht habe, gab es Zeiten, in denen ich Gewalt gegen Menschen anwenden musste. Die Bedingungen, unter denen sie leben, sind total anders. Eigentlich sind die Beziehungen der Einheimischen zum Militär sehr gut. Manchmal ging ich ins Restaurant. Dort hatte ich einen Freund, der aus Diyarbakır stammte. Uns verband eine ganz enge Freundschaft, und wir tranken zusammen Bier. Eigentlich geht doch alles von den Offizieren aus, und die Soldaten haben keine Schuld. Wenn Sie den Leuten dort zuhören, können Sie ihnen nur Recht geben.

Als ich vom Militär zurückkam, habe ich geheiratet, und bald werde ich Vater. Mein Leben hat sich etwas verändert, und ich habe mehr Verantwortung. Jetzt geht es mir gut, ich bin gar nicht mal so nervös, nur meine Mutter macht mich immer wütend, wenn sie sagt: »Warum bist du so passiv? Tu doch was!« Ich habe mich selbst therapiert. Eigentlich habe ich sehr viel erlebt. Als ich noch beim Militär war, bin ich eine Zeit lang auf jeden mit der Waffe losgegangen. Ich war völlig durcheinander. Einmal wollte ich sogar schießen, aber die Waffe ging nicht los. »Du bist wohl durchgeknallt«, sagten die anderen. Die Offiziere und die anderen kriegten es mit der Angst zu tun. Die Leute kramten schon aus ein paar Metern Entfernung ihren Ausweis hervor und kamen so auf mich zu.

Ich bin Terrorist geworden, wirklich Terrorist, wie man so sagt. Aber ich bin ganz anders damit umgegangen. Ich habe mich von den Leuten in Zivil fern gehalten. Nachdem ich eine Zeit lang den Lebensstil der Offiziere gesehen hatte, wurde mir klar, dass es falsch war, was ich den Einheimischen antat. Wir sind umsonst kaputt gegangen. Es ist nicht klar, warum und für wen wir dort unsere Pflicht tun und gegen wen wir kämpfen. Unsere Gegner sind auch Menschen dieses Landes. Gegen wen richten wir die Waffen? Sie haben einen Grund dafür, dass sie rebellieren. Warum bin ich beim Militär? Ich versuchte, aus meiner Sicht eine logische Erklärung dafür zu finden. Am liebsten würde ich auch rebellieren. Das war der Grund dafür, dass man uns Terroristen nannte. Ich meine das ernst. Man hat das für einen Witz gehalten. Ich habe die Zigarette in meiner Hand ausgedrückt, damit man mich für einen Psychopathen hält und mich in Ruhe lässt. Diese Narbe auf meiner Hand stammt von der Zigarette, das ist ein Rest vom Militär. Ich wollte mir die Schulter ausrenken, damit ich zur Kur konnte. Ich habe die Jungs mich mit Füßen treten lassen, damit mir die Knochen gebrochen werden und ich zur Kur gehen kann. Mein Schulterknochen war ausgerenkt, und daraufhin kriegte ich ein Attest für drei Wochen. »Du wirst das hier durchstehen«, sagte man. Als man mich nicht wegschickte, habe ich angefangen zu trinken.

Als ich vom Militär heimkehrte, sagte ich mir, dass es mir einfach gut gehen müsste.

»Nach jedem Unwetter geht die Sonne wieder auf« – ich fing an, mir diesen Gedanken zu Eigen zu machen. Auch wenn ich in diesem Moment traurig sein sollte, ist es so, als wäre in ein paar Tagen alles wieder gut. Indem ich mir das einredete und hartnäckig dabei blieb, löste ich mich allmählich von den Ereignissen. Jetzt geht es mir gut, und ich habe keine Probleme mehr.

(August 1998, Samsun)

1970 in Ordu geboren. Er lebt in Samsun. Von fünf Geschwistern – einem Mädchen und vier Jungen – ist er der Vierte. Er hat an der Universität studiert. Den Militärdienst hat er von November 1995 bis April 1997 geleistet. Seine Rekruteneinheit lag in Narlıdere bei İzmir, und seine Pionierkommandotruppe wie die Haupteinheit waren in Diyarbakır.

27. Die Terroristen nannten uns das »Bataillon der Hurenbastarde«

Atem zu holen, das ist ein sehr schönes Gefühl. Nach dieser Philosophie lebe ich. Vor dem Militär war da nur der Weg von der Arbeit nach Hause und der Weg von zu Hause zur Arbeit, was anderes gab es nicht. Ich trug einen Stoppelbart und war schlampig und schmuddlig. Jetzt achte ich auf meine Kleidung wie auf das, was ich rede, und rasiere mich ordentlich, achte einfach auf alles. Warum? Das Leben ist schön.

»Auf dem Berg Piriktepe ist der Sonnenaufgang ganz anders«, sagt man. Als es auf den Berg ging, wo das Gefecht war, sah man dort, wo die Sonne aufging, zwei Gipfel: die Akdağlar. Wie die Sonne zwischen den Bergen aufgeht – wie gemalt. Ich fotografierte auch. Den Fotoapparat hatte ich immer bei mir. Ich habe den Terroristen fotografiert, den ich mit meinen Kameraden als Letzten tötete, als Erinnerung. Ob das richtig oder falsch ist, weiß ich nicht. Meiner Meinung nach ist es richtig. Ich habe gesehen, wie es meinen Kameraden erging, wenn die Gegner sie in eine Falle gelockt und getötet hatten. Haben Sie mal einen Soldaten gesehen, der einem Terroristen in die Hand fiel? Wer so was macht, der ist kein Mensch.

Einmal sind, 600 bis 700 m von einer Gendarmenwache entfernt, die zum Landkreis von Elazığ gehört – den Namen nenne ich lieber nicht –, Rekruten mit Walkmen auf den Ohren in einen Hinterhalt gegangen; ihre größte Dummheit war, dass sie dachten, es würde ja eh nichts passieren. Das kam natürlich nicht in die Presse. Manche haben Zeitschriften in der Hand, manche hocken sich mit Stift und Papier auf einen freien Platz in der Stellung und schreiben und zeichnen, und du machst es dir so gemütlich, als ob du zu Hause wärst. Ein Vorgesetzter, der sie zurechtweisen könnte, ist nicht dabei; kein Offizier betritt die nahe gelegenen Stellungen. Als Chef der Rekruten setzt du einen Çavuş oder einen Gefreiten ein. Sogar ohne Waffe murksen sie alle ab. Wenn sie es dabei beließen, dem Gegner die Kehlen durchzuschneiden, wäre es ja noch in Ordnung, aber sie schneiden ihnen die Ohren ab, stechen ihnen die Augen aus, schneiden ihnen die Geschlechtsorgane ab und stecken sie ihnen in den Mund.

Aber wir haben noch etwas Schlimmeres getan. Fragen Sie mal

vier oder fünf Familien, die Gefallene zu beklagen haben, ob sie das Leichentuch ihres Sohnes aufgedeckt und ihm ins Gesicht geschaut haben. Fragen Sie mal, ob man ihnen das gezeigt hat. Man hat es gelassen, denn es gab nichts, was man zeigen konnte. Ich bitte um Verzeihung, dass ich weine – wenn ich gewusst hätte, dass mich dies so betreffen könnte.

Das Erzählen ist in einer Hinsicht auch ganz gut. So was wie eine Ausbildung gab es im Bataillon nicht. Wenn wir vom Dienst zurückkehrten, hatten wir, je nach Schwierigkeitsgrad, etwa drei oder vier Tage Rast. Essen, Trinken, Schlafen, Aufstehen. Bei jedem Dienst machten wir natürlich Fehler. Wir hinterließen dort Spuren, wo wir durchgezogen waren. Wenn du aus Konserven isst, sollst du die Dose verbuddeln. Wenn der Kommandant es nicht sah, schmissen wir die Dosen einfach weg. Viele Soldaten ließen die Konserven stehen, weil sie eine Last waren, und fingen an, trockenes Brot und Cracker zu essen. Ich ließ Ketschup und Plastikgeschirr holen, außerdem Mayonnaise, Brot, Salami, *Sucuk* und Frankfurter Würstchen, von jedem zwei bis drei Stück, je nachdem, wie lange der Dienst dauerte. Unsere Kameraden fielen, und wir weinten viel. Unser Bataillon rächte sich für die Kameraden, die in der Gegend von Elazığgefallen waren. Wenn ein Soldat gefallen war, holten wir uns auf jeden Fall Köpfe. Nach dem Tod eines Kameraden gehen wir sofort an die Operation. Da geht es um Rache und sonst nichts. Das ist zwar unsere Aufgabe, aber das Einzige, was jeder will, ist, dass uns jemand in die Hände fällt. In den Funksprüchen hören wir, dass die Terroristen uns untereinander das »Bataillon der Hurenbastarde« nennen. In dem Moment, wenn sie nicht damit rechnen, schlagen wir von einer Stelle aus zu, wo sie es nicht erwarten. Wie soll man bei den Terroristen, die wir zu fassen kriegen, wissen, ob es Türken, ob es überhaupt Muslime sind, wenn ihr Ausweis nicht da ist? Wir guckten nach, ob sie beschnitten waren, und 60 bis 70 % waren es nicht. Ihre Namen waren Manukyan oder Katilyan, irgendwelche Heldennamen. Da kamen syrische Namen vor, Namen, die zeigten, dass es libanesische Staatsangehörige waren – und viele armenische.

Einen kriegten wir zu fassen. Er hieß Ali, war 17 Jahre alt und stammte aus Diyarbakır. Wie er erzählte, soll er sich in Antalya für zwei Millionen Lira der PKK angeschlossen haben. Er sei durch die Berge gewandert, sagte er, und weiß auch nicht, wohin es geht. Wir haben ihn getötet, unser Kompaniechef und der

Truppenkommandant haben ihn getötet. Vor fünf Minuten hatte er noch auf uns geschossen. »Ich schieße nicht, nein, das tue ich nicht«, sagte er. Wir fanden seine Waffe; der Schießmechanismus war eingeklemmt. Wäre er nicht eingeklemmt, hätte er weiter geschossen. »*Abiler*, verzeiht, ich werde alles sagen«, meinte er.

Mit der Stabskompanie waren es fünf Kompanien, eine davon war die Bezirkskommandokompanie. Es waren vier Kompanien, die ständig zum Dienst zogen. Einschließlich der Offiziere waren es also 440 Mann, wenn man für jede der vier Kompanien 110 Mann ansetzt. Die Stabskompanie hatte auch 160 bis 170 Mann; insgesamt waren es nicht mehr als 600 bis 650 Soldaten. Die meisten Leute in unserer Kompanie gehörten der Mittelschicht an und waren z. B. Bauern, Beamte, Händler, Geschäftsleute und Handwerker, d. h. kleinere Geschäftsleute und Lehrer. Acht bis zehn Mann in unserer Kompanie stammten aus betuchten Familien. Die Protektion, die ein Kamerad genoss, hatte sich ins Gegenteil verkehrt, und mit meiner Protektion war es aus Dummheit nichts geworden. Alle Kameraden, die Chauffeure waren, waren freiwillig gekommen, und ich weiß nicht, was mit dem Rest war. 80 oder 90 % der Kompanie wollten, dass dauernd Kampf war. Einer meiner Kameraden, der aus Ankara stammte, sagte: »Wenn ich das Los für den Westen gezogen hätte, hätte ich das bedauert, denn hier stimmt wenigstens der Sold.« Ich nicht, aber viele Kameraden regelten dort ihre Heiratsangelegenheiten und haben von ihrem Sold z. B. Kühlschränke und Ähnliches gekauft. Wenn jemand krank wurde, half ihm jeder, auch wenn wir ihn nicht besonders mochten. Diese Kameradschaft hört auf, wenn der Militärdienst vorbei ist. Das waren unsere 17 Monate, in denen wir eigentlich nicht richtig gelebt haben. Außerdem kriegten wir dort viel mehr Urlaub und Prämien. Wenn man es z. B. zusammenrechnet, dann kommt mein Wehrdienst auf 15 Monate. Insgesamt hatte ich 123 Urlaubstage, das sind vier Monate. Dann bleiben 13 Monate übrig.

Dort sind die Freunde einem näher als die Familie. Zu den Leuten, die gleichzeitig mit mir angefangen hatten, sagte ich: »Zu Silvester und dann zu den Festtagen nach dem Fastenmonat schicke ich euch eine Karte, aber zu Kurban Bayram schicke ich nur den Leuten eine, die mit einem Kartengruß an mich gedacht haben.« Wir waren 35 Leute, und ich schickte jedem eine; ich kriegte aber nur drei Karten, und alle drei kamen von den Gehilfen. Die Tätigkeit der Gehilfen war was ganz Besonderes. Jeder hatte einen Spitznamen, und mich nannte man »Keskin« (Scharfschütze). Gar nicht mal, um mich zu loben, sagten sie: »Wenn wir dir eine Fliege in fünf Kilometern Entfernung hingesetzt haben, hast du sie getroffen.«

Einer von ihnen heiratete und lud mich nicht zu seiner Hochzeit ein. Ich sagte zu allen: »Wenn ihr heiratet und mich nicht zu eurer Hochzeit einladet, spucke ich euch in die Fresse.« Zu Bayram schrieb ich ihm eine Karte: »Du bist das mieseste Stück der Welt und ich schäme mich, dass ich jemanden wie dich als Gehilfen hatte.« Ich habe noch meine blaue Baskenmütze und den Patronengurt, außerdem auch noch meinen Schutzanzug gegen die Kälte, so was wie eine Montur. Ich habe kein überflüssiges Drum und Dran, das auf die Kommandotruppe hinweisen könnte.

Wenn man sich die Fotos anschaut, krampft sich einem wieder das Herz zusammen. Wenn es ums Militär geht und wenn ich Soldaten sehe, denke ich an meine Kameraden. Ich vergesse niemanden, und ich kann sie auch nicht vergessen. Wenn wir z. B. sagten: »Herr Kommandant, wenn Sie in die Stadt gehen, dann bringen Sie uns doch ein Kilo Baklava mit, und das essen wir dann«, ließ er gleich zehn Kilo Baklava kommen. Mit den Unteroffizieren verstanden wir uns auch gut. Wenn wir ins Gebirge gingen, war da der Ausspruch des Bataillonskommandanten: »Wenn es Nacht wird, sind wir alle gleich.« In der Dunkelheit ist nie klar, woher die Kugeln kommen.

Das erste und größte Gefecht erlebten wir, als wir 68 Köpfe erbeuteten. Ich hatte Angst. Unsere eigenen Hubschrauber warfen aus Versehen Bomben auf uns, und das war nicht ihre Schuld. Vielleicht, weil man zu früh losgedrückt hatte. Die Bomben, die sie abwarfen, flogen dicht über den Gipfel hinweg und fielen direkt vor uns zu Boden. Gott sei vielmals Lob und Dank, dass es keine Toten gab. Sie fielen auf die linke Seite des Felsenriffs; wer weiß, was passiert wäre, wenn sie rechts eingeschlagen wären. Wir fühlten uns wie vom Tode wieder auferstanden, und wenn ich mich nicht irre, war das vom 16. bis 19. April, wir waren in Arıcak und gingen zu unserem Einsatz im Hinterhalt. An dem Tag, als wir zurückkehrten, sahen die Terroristen die Einheiten im Hinterhalt und verständigten sich über Funk, und wir saßen gerade beim Frühstück. Da wir 68 Köpfe erbeutet hatten, verteilte der Kompaniechef sie, und auf unsere Kompanie fielen 13 Köpfe.

Die Leute, die als Erste in den Kampf gezogen waren, waren wir, und wir waren auch diejenigen, die das Meiste geleistet hatten. Die Kommandotruppe der Spezialeinheit, mit anderen Worten, die militärische Spezialeinheit kam an. Wir hatten mindestens die Hälfte der Prämie erwartet. Das war eigentlich auch keine Frage der Belohnung, denn das war doch der Erfolg unseres Bataillons. Der Kompaniechef von Tunceli soll z. B. gesagt haben: »Erweist dem Kommandobataillon der Gendarmen von Elazığ den Respekt, der ihm gebührt!«

Das Ausgehverbot wurde aufgehoben, und wir fingen an, ganz locker in die Stadt zu gehen. Unser Essen wurde auch besser, und unsere Rationen wurden größer. Zu unserem Proviant gehörten jetzt auch Tunfisch der Marke »Dardanel«, Salami und Sucuk. Proviant und Konserven kamen vom Regiment, die Rationen wurden von Şırnak aus festgelegt, und es gab Bargeld. Wenn z. B. zwei Tage hintereinander Süßspeisen serviert werden, dann wissen Sie, dass eine schwere Aufgabe bevorsteht, und man will uns dopen. Aber in der Rekruteneinheit habe ich Fleisch gesehen, das den Stempel von 1981 trug. In der Rekruteneinheit konnte ich sowieso nichts von dem essen, was uns vorgesetzt wurde.

Als wir die Soldaten der Spezialeinheit trafen, haben wir uns miteinander unterhalten. Das sind vielleicht Draufgänger! Ich behaupte zwar von mir, ich wäre ein Draufgänger, aber ich wurde Zeuge, wie die im Kugelhagel hinter den Terroristen herrannten. Alles, was man dort erlebt, ist ganz anders.

Warum ich das Rauchen aufgegeben habe? Einer meiner Kameraden fiel direkt neben mir – und das wegen einer Zigarette. Vier Tage später hätte er seinen Entlassungsschein bekommen, und ich sollte am Feiertag in Urlaub gehen. Das war am 4. Februar 1997 in Tunceli. Wir machten alles, was verboten war. Nachts funkelt eine brennende Zigarette im Gelände fünf bis sechs Kilometer weit, eine einzige Kugel, sagen wir, von fünf oder zehn Gramm – und mit eurem Leben ist es aus und vorbei. Nach dem Tod meines Kameraden zündete ich mir eine Zigarette an, drückte sie aus und habe mir seitdem keine mehr angesteckt. Im Bataillon verteilte ich meine beiden Zigarettenstangen an die Kameraden. »Wenn mir je wieder einer 'ne Zigarette anbieten sollte, dann bumse ich seine Mutter«, sagte ich.

Wenn mir einer der Gegner in die Hände gefallen wäre, als mein Kamerad starb, hätte ich ihn ohne jedes Mitleid bei lebendigem Leibe zu Tode gequält. Danach habe ich auch höchstpersönlich einen Terroristen umgebracht. Ich glaube nicht, dass auch nur einer unserer Kameraden ungerächt blieb. Durch all das, was man unseren Soldaten angetan hat, habe ich mich zu Rachegefühlen hinreißen lassen; normalerweise bin ich weder hasserfüllt noch rachsüchtig. Der Militärdienst macht einen rachsüchtig, und man nimmt Rache. Als wollte man es den Gegnern, die das verbrochen haben, heimzahlen und die Waagschalen ins Gleichgewicht bringen.

Die Kommandanten lesen die eingehenden Briefe gründlich durch. Wenn ein Brief, der von der Familie kam, beanstandet wurde, dann wurde einem das nicht gleich mitgeteilt; sie besprachen das miteinander und teilten es einem dann erst mit. Ich hatte eine Freundin, und die war nicht ganz dicht. Sie schrieb mir Briefe, in denen es von A bis Z um Sex ging. Als der erste Brief ankam, sagte ich mir: »Die Briefe werden ja doch nicht gelesen, ich bleibe mal ganz ruhig.« Ich dachte natürlich nicht daran, wie die Briefe sich psychologisch auf mich auswirken. Den zweiten Brief soll der Truppenkommandant gelesen haben, und man rief mich: »Entweder hören deine Leute auf zu schreiben, oder wir leiten ihre Briefe nicht mehr an dich weiter.« Denn wenn du irgendwo im Gelände bist und nichts zu tun hast, fängst du an zu träumen und denkst an die Briefe. Das ist sehr riskant. Wenn mir im Gelände etwas zustoßen würde, möchte ich nicht verunreinigt sterben.[1]

Dort hört der Sex auf. Sex gibt es, wenn ihr im Bataillon ankommt – oder beim Baden. 37 Tage lang bin ich nicht von den Bergen ins Tal runtergekommen, und solange habe ich die Stiefel nicht von den Füßen gekriegt. Ich hätte die Gelegenheit gehabt, aber ich habe ich sie nicht ausgezogen und wäre vor Hitze fast erstickt.

Du isst Brot, das eine Woche alt ist und kratzt den Schimmel ab. Wir haben z. B. eines Tages den Proviant, der gerade geliefert wurde, ratzeputz weggefuttert. Als der Hubschrauber, der den Proviant bringen sollte, unterwegs mal in ein Gefecht verwickelt wurde, kam er drei Tage später. In einer solchen Situation schiebt jeder – selbst der höchste Kommandant – Kohldampf. Man weiß,

1 Dieser Satz ist so zu verstehen, dass durch die Briefe sexuelle Fantasien ausgelöst werden und der Soldat daraufhin im Dienst masturbiert. Nach dem Geschlechtsakt muss man – nach religiöser Vorschrift – die rituelle Reinigung vornehmen. [Anm. d. Übers.]

dass viele, die ihren Militärdienst im Osten leisten, Kräuter essen, z. B. Malven und Sauerampfer. Einer meiner Kameraden, der aus *Gümüşhane* stammt, hat sich von irgendeinem Dornenkraut die besten Happen rausgesucht, hat es gesalzen – und das ganze hatte dann einen Geschmack, den Sie sich nicht vorstellen können. Das edelste Radieschen, die gelbe Ähre. Du kannst auch das Wasser in der Konservendose erhitzen und als Tee trinken.

Ich war LKW-Fahrer bei der Rekruteneinheit; zuerst in *Bilecik*, und an meinem zehnten Tag beim Militär weckte man mich nachts: »Du fährst jetzt los.« Als ich nach *Söğüt* fuhr, teilte man die Leute als Busfahrer ein, und man sagte mir: »Du wirst in Ankara, Istanbul oder İzmir landen, schlimmstenfalls in *Eskişehir.* Von 1600 Mann hatten vier den *Führerschein der Klasse E*, und man sagte noch: »Am schlimmsten ist das Zentrum von Diyarbakır.«

Um Protektion für mich zu finden, soll mein Vater sich an den Regimentskommandeur und den Oberleutnant gewandt haben. Während des Appells sagte der Kommandant: »Ihr vier LKW-Fahrer habt wirklich Glück.«

Im Zivilleben war ich kein Draufgänger, und als ich zum Militär ging, schärfte man mir ein, ich sollte meine Nase nicht in alles stecken, sonst würde ich Prügel beziehen, denn beim Militär höre die Logik auf. Deshalb konnte ich auch nicht fragen, warum wir denn Glück hätten; diese Frage stellte jemand anderes. Was wollten wir denn mehr, solange wir nicht in den Osten mussten? Ich freute mich und sagte meiner Familie, dass keine Protektion nötig wäre. Unsere Bestimmungsorte wurden vorgelesen, und für mich hieß das: das Kommandobataillon der Feldgendarmen von Elazığ. Jetzt war ich Fahrer bei der Gendarmerie und ging als Angehöriger der Kommandotruppe dorthin. Bei den Rekruten trug ich das Schiffchen als Militärmütze, in der Haupteinheit die Baskenmütze, und dort wurde ich auch an der Waffe ausgebildet. Als Rekrut habe ich zweimal geschossen; insgesamt waren es sechs Geschosse, das ganze dauerte eh nur 45 Tage.

Ich ging natürlich als Busfahrer hin, und wir wurden auch darin ausgebildet, wie man mit Jeeps durchs Gelände fuhr. Ich fuhr nach Elazığ, ging durchs Kasernentor, und man sagte mir: »Lass dich registrieren.« Strammstehen oder so was gab es gar nicht. Es kam mir so vor, als wäre ich im Zirkus gelandet. Ich traf den Offizier und sagte zu ihm: »Guten Tag, Herr Kommandant.«

Ein Offizier begrüßte mich mit den Worten: »Herzlich willkommen«, fügte dann aber hinzu: »Was für eine Respektlosigkeit!« Trotz meiner Zivilkleidung stand ich sofort vor ihm stramm. »Patsch« – er knallte mir ein paar, und ich konnte nicht den Mund aufmachen. Dann sagte er: »Komm, setz dich mal.«

»Zu Befehl, Herr Kommandant«, antwortete ich.

Dann meinte er: »Ich habe dich geohrfeigt – und von jetzt an keine Befehle mehr.«

»Zu Befehl, Herr Kommandant«, sagte ich wieder, denn ihm ist alles zuzutrauen. Zum Wachposten sagte er: »Bring uns Tee!« Dann meinte er zu mir: »Versteh mich nicht falsch. Das ist die erste und letzte Ohrfeige, die du gekriegt hast, sonst wird hier nicht geprügelt.«

»Man weist dich mit großer Wahrscheinlichkeit einer der Kompanien zu«, fuhr er fort, »du kriegst einen Jeep und fährst damit zum Dienst in die Berge.«

Wir waren vier Fahrer, zwei für die Lastwagen, einer für den Renault, und ich war Busfahrer. Aber es gab keinen Bus, und die Offiziere wurden mit Dienstwagen in die Stadt gebracht. Ich sagte mir: »Das wird ein ruhiger Job. Einmal morgens, einmal abends Dienst, und eventuell auch mal mittags. Dann ist der Wehrdienst ja so was wie Erholung.«

Aber es kam anders als erwartet. In den ersten beiden Wochen war ich im Speisesaal; wir hatten Ramadan, jeder fastete, und das hieß, dass wir alle zu bedienen hatten. Bis zum Abend bereiten wir das Essen für 600 Mann vor. Bringt den Reis, wascht ihn, holt Wasser, schneidet den Salat und die Zwiebeln, und schält die Kartoffeln. Das war unheimlich anstrengend. Wenn es Abend wurde, sehnte ich mich nur noch danach, mich hinzulegen und zu schlafen. Einer der Ranghöheren sagte: »Wenn du ins Feld ziehst, hast du nur noch eine einzige Sorge – und das ist der Tod. Und wenn du im Stabsquartier bleibst, musst du den Wachdienst, den Abwasch und Bataillonsaufgaben übernehmen. Wenn du ins Feld ziehst, bist du bei deiner Rückkehr stolz wie ein Löwe und sagst: ›Ich habe meinen Wehrdienst in der Kommandotruppe verbracht.‹. Du verteidigst das Vaterland, fällst oder wirst verwundet, und es kann auch mal passieren, dass dir gar nichts geschieht. Manchmal geht dein Wehrdienst zu Ende, ohne dass du den Krieg erlebt hast. Das ist Gottes Wille.« Wir hören ihm zu.

D. h., er sagt: »Wenn du im Stabsquartier bleibst, dann bist du in der Klemme.«

»Wenn du – in der Kompanie – einen der Gegner getötet hast, kriegst du eine Prämie, man schickt dich in Urlaub, du hast deine Ruhe, es gibt Geld und alles Mögliche«, sagt man. Am nächsten Tag fuhr ich zum Dienst, ohne jede Ausbildung.

Mein erster Dienst im Feld war in *Karakoçan*, sechs Tage lang, und es war so eisig kalt, dass mir fast die Knochen erfroren wären. Einer der Fahrer stand kurz vor der Entlassung, und weil der Dienst nur noch sechs Tage dauerte und ich unter den Neuen derjenige war, der seinen Führerschein am längsten hatte, rief man mich, übergab mir den Lastwagen und drückte mir eine Waffe in die Hand. Mit einem Lastwagen, den ich noch nie gesteuert hatte, und mit einer Waffe, mit der ich noch nie geschossen hatte, zog ich zum Dienst. Ein Dorf sollte durchsucht werden. Am Abend fuhren wir in ein Dorf, das zu Karakoçan gehörte. Trotz der nächtlichen Dunkelheit waren die Scheinwerfer abgeblendet. In meinem ganzen Leben habe ich nie wieder so geschwitzt wie bei dieser Kälte. Man sagt ja: »Wer zum Militär geht, ist eifriger, energischer, kräftiger und macht alles besser«, und das stimmt. Im Zivilleben kann ich den Wagen nicht so steuern; ich kann bei Dunkelheit nicht mit einer Geschwindigkeit von 30 bis 40 km/h fahren, wenn ich die Straße nicht kenne.

Das ist nun mal Pflicht, und außerdem will man das ja auch mit Erfolg machen. Bei jeder Rückkehr aus dem Feld war es unsere größte Freude, wenn wir unversehrt zum Bataillon zurückkehrten. Der Tagesanbruch spielt beim Militär eine große Rolle. Man zählt jeden neuen Morgen, den man erlebt. Es waren nur noch 34 Tage – 34, wie das Nummernschild von Istanbul –, wir waren außer Rand und Band, kletterten auf den Rücken des Typen, der aus Istanbul kam, liefen eine Weile herum und landeten in der Kantine. Jetzt gab es Cola und Schokolade. Man gratuliert, Abi, man glaubt ja gar nicht, dass es fast zu Ende ist, nach 400, nach 300 Tagen. Ich sagte: »Noch 45 Tage«, ging in Urlaub und kriegte eine Prämie. Womit hatte ich das erreicht? Mit abgeschlagenen Köpfen. Gemeinsam mit einem meiner Kameraden habe ich einen Kopf erbeutet, d. h. einen der Gegner getötet. Da das registriert wurde, gab man uns eine Belohnung. So ist es uns drei- oder viermal ergangen. Wir lagen in der Abwehrstellung, waren mit der Nachtkontrolle beschäftigt, und da sahen wir sie. Es waren drei Personen, und als wir sie sahen, war das Einzige, was wir tun konnten, Feuer zu geben. Wenn du nicht schießt, bringen sie dich vielleicht beim nächsten Mal um. Auch wenn es keine Terroristen sind, sondern ganz normale Dorfbewohner, müssen wir nachts – bei Dunkelheit – schießen. Wir wissen nicht, wer vorübergeht. Gott sei vielmals Lob und Dank, dass wir keinen Dorfbewohner erschossen haben. Unsere Kompanie, ja sogar unser Bataillon, hat viele Köpfe erbeutet.

In Ali Boğazı bei Tunceli, in Mazgirt, *Hozat* und *Çemişkezek* habe ich an vielen Durchsuchungen von Höhlen teilgenommen. Viele Soldaten sind gefallen, aber das lag an uns, an den Soldaten. Wir waren so todesmutig, dass wir sozusagen blind in die Höhlen eindrangen. Wir warfen Handgranaten rein und schossen, und wenn sich z. B. jemand befreit, dann töten sie uns, wenn wir dort eindringen. Gott sei vielmals Lob und Dank, denn das ist nicht passiert.

An Stellen, die so hoch gelegen waren, dass die Ziegen gar nicht dorthin gelangen können, fanden wir Proviant. Du überlegst, ob die Terroristen wohl auch Hubschrauber haben. Der Proviant nützte uns, wenn wir Hunger hatten. Wir fanden viele Walnüsse; die Walnüsse, die ich in meiner Militärzeit aß, hätte ich im Zivilleben bestimmt nicht gegessen. Walnüsse und Mandeln, natürlich frisch. Wir fanden Schokolade, Damenstrümpfe und Damenunterwäsche, Antibabypillen und Präservative. Wir fanden alles, was eine Gemeinschaft zum Leben braucht. Die Mehl- und Ölvorräte verbrannten wir, nicht wegen des Risikos, sondern weil du es nicht wegtragen kannst. Als wir in die Berge, d. h. in die Akdağlar, stiegen, dauerte es drei Tage lang. Man erzählte sich, dass sie Napalm- und Brandbomben werfen. Das brennt im Nu, aber die Bäume fangen wegen der hohen Luftfeuchtigkeit kein Feuer.

Weil es zwischendurch immer mal Urlaub gibt, ist die Zahl der Aufgaben, zu denen die einzelnen Soldaten hinausziehen, für jeden anders; ich bin zu 110 bis 120 solcher Aufgaben hinausgezogen. Es gab auch Aufgaben, die nur einen Tag lang dauerten. Meistens stieg ich gar nicht vom Lastwagen. Wir fahren in die Dörfer, die man kennt, die Offiziere reden mit den Erwachsenen und die Soldaten mit den Kindern. Wenn du Informationen brauchst, dann frag einfach mal die Kinder. Es war eine eiskalte Nacht, und ich wurde wütend, weil es ewig nicht Tag werden wollte. Ich konnte nicht begreifen, warum der Morgen nicht anbrach. Es waren noch keine vier Stunden vergangen. Diese vier Stunden kamen mir länger vor als meine 18 Monate Militärzeit.

Wenn ich beim Militär die Zeit dazu fand, betete ich. Das machte ich im Zivilleben genauso, aber nicht fünfmal am Tag, wie es eigentlich vorgeschrieben ist. Natürlich halte ich mich im Ramadan an das Fastengebot. Mein Glaube hat sich überhaupt nicht verändert. Wie ich es erlebt habe, wuchs der Glaube in der Zeit des Militärdienstes. Einer meiner Kameraden, der in seinem ganzen Leben noch nicht gefastet hatte, fastete beim Militär.

Höchstens zehn Tage lang telefonierte ich mal nicht mit meiner Familie. Der Gemeindevorsteher meinte: »Kommt nicht in Frage«, aber er machte es uns doch nicht ganz unmöglich. Vor Waffen haben sie Angst. »Wir nehmen dich ins Kreuzverhör«, sagten wir, oder: »Wir bringen dich zur Bezirksgendarmerie!«

Davor haben sie Angst, und wenn du ihn dorthin bringen würdest, würde man ihn drei Tage lang verhören. Es wird zu Ende sein, es würde nur noch kurze Zeit dauern, und das ist etwas, das nur das Militär beenden kann.

Wie die Sakık-Operation wird mit großer Wahrscheinlichkeit auch die Apo-Operation durchgeführt. Die Männer mit den weinroten Baskenmützen, die sich an der Operation beteiligen, die lieben weder Mutter noch Vater, aber das Vaterland, das lieben sie. Bei einer Operation in Bingöl hatte ich sie gesehen; das sind Männer, deren einzige Sorge ihr Vaterland ist. Für mich ist das Vaterland auch wichtig, aber bei denen hat das vielleicht auch Formen einer fixen Idee angenommen.

Wenn jemand zu mir gesagt hätte: »Stirb für das Vaterland!«, als ich beim Militär war, dann wäre ich dafür gestorben. Wenn man jetzt sagen würde: »Wenn du stirbst, geht es mit der PKK zu Ende«, würde ich dafür sterben. Zurzeit habe ich noch keine Kinder, meine Familie bedauert das, aber ich habe einen Neffen, den Sohn meines Bruders, und wenigstens seine Zukunft wäre dann gesichert.

Meine Freunde sagen: »Du hast dich überhaupt nicht verändert«, aber einer meiner Freunde, der mich wirklich kennt, meinte: »Du hast dich sehr verändert.« Vor der Militärzeit habe ich nicht viel geredet und war danach recht still, und im Kreis meiner Freunde sagte ich nicht viel. Seit ich zurück bin, bin ich zu keiner Hochzeit gegangen, weil mir da zu viele Leute sind. Einmal war ich in der Disko, um den Schulabschluss meines Bruders zu feiern, und ein paar Mal war ich im Kino. Ich fahre auch nicht ins Sommerhaus. Das Sommerhaus müsste von Mauern umgeben sein, damit mich niemand stört. Ein bis zwei Tage in der Woche sondere ich mich ab, das ist mir schon zur Gewohnheit geworden. Samstagabends bin ich mit meiner Freundin zusammen. Als ich während meiner Militärzeit im Urlaub nach Hause kam, las ich regelmäßig alle Zeitungen, um zu erfahren, ob Kämpfe stattgefunden hätten und ob man Terroristen gefasst hätte. Jetzt lese ich rechtsgerichtete Zeitungen wie *Sabah* und *Yeni Asır*. Und was die Leute angeht, mit denen ich zu tun habe – sie mögen den Terror nicht und noch nicht mal die Kurden.

Die Gesellschaft interessiert sich nicht weiter dafür; die Leute zeigen nur Interesse, wenn in ihrer unmittelbaren Umgebung jemand fällt. Meiner Meinung nach ist das Interesse der Gesellschaft erst da, wenn ein Gefallener begraben wird. Das Vaterland und seine Blätter bilden zusammen einen Baum. Jeder Gefallene ist eines unserer Blätter; ein abbrechendes Blatt verwelkt und fällt ab.

Im Allgemeinen schlafe ich wenig. Nachdem ich vom Militär zurück war, wachte ich manchmal plötzlich auf, aber ich weiß nicht, warum. Ich höre ein Geräusch und wache auf. In letzter Zeit passiert das nur noch ganz selten. Als ich gerade zurück war, bin ich nachts ein paar Mal aufgewacht. Ich träume nicht von der Militärzeit, und das will ich auch nicht. Ich kontrolliere mich ein wenig. Alles, was ich erlebt habe, ist mir bewusst; einige meiner Kameraden stehen immer noch unter der Wirkung ihrer Erlebnisse. Ein Soldat der Kommandotruppe sollte mindestens 22 Jahre alt sein. Am meisten hat es mich mit Stolz erfüllt, wenn der Kommandant unseres Bataillons uns lobte und uns »Meine Löwen« nannte. Also, man kritisierte mich nicht, indem man z. B. sagte, ich hätte keinen Terroristen getötet und die eine oder andere Aufgabe nicht ausführen können. Wenn ich gefragt werde, ob ich jemanden getötet habe, antworte ich: »Vielleicht habe ich jemanden getötet, vielleicht auch nicht, wie soll ich das wissen.«

Da mein Name geheim bleibt, habe ich so offen gesprochen, und statt dafür gelobt zu werden, dass man jemanden getötet hat, wäre es besser, wenn das alles ohne Blutvergießen gelöst würde. Da die Gegner Blut vergießen, habe ich nicht bedauert, dass wir Blut vergossen haben.

Den Begriff »Kurde« habe ich vermutlich in meiner Grundschulzeit zum ersten Mal gehört. Ich wusste nicht, was »Kurde« bedeutet. Dann dachte ich, dass die Leute im Osten – also die

Leute aus Kars oder Erzurum – »Kurden« genannt werden. Als ich in das Alter kam, in dem ich selber nachdenken konnte, lernte ich, was »Kurde« genau bedeutet. Jetzt sollten die Kurden meiner Meinung nach... Sind wir auf dem Boden der Türkischen Republik nicht alle Türken? Wir sind Türken. Das kurdische Volk, das ich im Osten gesehen habe, hat keine Probleme mit uns. Hinter Apo steht doch gar nicht das kurdische Volk, weil er selbst noch nicht mal Kurdisch kann. Ein Mann, der nicht Kurdisch sprechen kann, verteidigt das kurdische Recht. Könnte z. B. ein Mann, der nicht Türkisch kann, das Recht des türkischen Volkes verteidigen?

Unter wirtschaftlichen Gesichtspunkten herrscht ein enormer Unterschied zwischen der Gegend dort und uns hier im Westen. An erster Stelle wissen sie nicht genau, was Zivilisation bedeutet. Wenn es in einem Dorf Fernsehen gibt, stellen sie es nicht an. Nur die Männer im Dorf sehen im Café fern. Mit Hilfe eines Dolmetschers fragten wir eine Kurdin, seit wie vielen Jahren sie verheiratet wäre. Sie kann weder rechnen noch zählen. »Das erste Kind ist das da«, sagte sie, und sie ist z. B. 17 oder 18 Jahre verheiratet. Diese Frau weiß nicht, was ein Präservativ ist, und sie kennen keine Büstenhalter. Sie weiß überhaupt nichts. Woher sollen sie es auch wissen? Beim Militär habe ich jemanden getroffen, der mit 24 Jahren noch nicht beschnitten war. Er war schließlich kein Armenier. Wie er mir sagte, hatte sein Vater damals Schwierigkeiten, ihn vom Dorf in die Kleinstadt zu bringen. Der Arzt soll nie ins Dorf gekommen sein, er war nie krank und war auch noch nie zum Arzt gegangen. Als er dann wegen Prostata ins Krankenhaus kam, hat der Arzt ihn beschnitten. Wenn ich zu der Frau, die kein Türkisch kann, sagen würde: »Sei still, ich bringe dich um«, würde sie verstehen, dass ich vorhabe, sie umzubringen, aber... Keiner der Feinde ist auch nur fünf *Para* wert. Der Feind, das sind diejenigen, die meinem Staat und meinem Vaterland schaden wollen. Nicht nur die PKK, sondern alle, wer auch immer die PKK unterstützt, das sind im Grunde genommen meine Feinde. Einen persönlichen Feind habe ich nicht. Der Sieg ist der Erfolg, d. h. die Aufgaben, die einem beim Wehrdienst übertragen werden, tadellos auszuführen. Das habe ich beim Wehrdienst gelernt. Beim Militär wirst du weder zu viel tun noch irgendwas fehlerhaft machen. Die jetzigen Gefahren sind Sorge und Unruhe; die Gefahr beim Militär ist der Tod. Der Militärdienst ist das, was man dem

Vaterland schuldet. Wenn der Wehrdienst in der Türkei nicht Pflicht wäre, wäre ich auch freiwillig zum Militär gegangen, aber früher wollte ich auf keinen Fall hin. Wenn z. B. jemand gesagt hätte: »Wenn du mir 50 Mrd. Lira gibst, musst du den Wehrdienst nicht machen«, hätte ich sie ihm gegeben. Jetzt haben sich meine Ansichten geändert. Vor der Militärzeit habe ich das Leben viel wichtiger genommen und aus allem ein Problem gemacht. Ich arbeite als Chauffeur, und wenn es mit dem Unternehmen nicht recht voranging, habe ich mich früher verrückt gemacht. Jetzt habe ich gelernt, was Leben bedeutet, und angesichts des Todes wird einfach alles relativ.

Atem zu holen, das ist ein sehr schönes Gefühl. Nach dieser Philosophie lebe ich. Vor dem Militär war da nur der Weg von der Arbeit nach Hause und der Weg von zu Hause zur Arbeit, was anderes gab es nicht. Ich trug einen Stoppelbart und war schlampig und schmuddlig. Jetzt achte ich auf meine Kleidung wie auf das, was ich rede, und rasiere mich ordentlich, achte einfach auf alles. Warum? Das Leben ist schön.

Beim Militär habe ich oft an den *Kordon* von İzmir gedacht und mir gesagt: »Ich bin Soldat, ich bin hierher gekommen, und mit dem Zivilleben ist es vorbei.« Unter den Kameraden gab es Leute, die nicht rauchten, und als sie zurückkehrten, waren sie nikotinsüchtig, und es gab Leute, die keinen Tropfen Alkohol tranken und als Alkoholiker ihren Abschied nahmen. In unserer Einheit galten keine Rangunterschiede, wir waren Freunde. Mein Kommandant gab mir keine Befehle, sondern sagte: »Dies und das machen wir jetzt zusammen.«

Im Gebirge bat mich mein Kommandant um Wasser, und ich setzte alles auf eine Karte. »Ich gebe es Ihnen nicht«, sagte ich. Daraufhin drohte er mir, mich vors Kriegsgericht zu bringen. Dann sagte ich: »Schießen Sie doch, wenn Sie wollen. Mit diesem Wasser muss ich noch drei Tage auskommen. Und Sie tragen ihr Wasser selbst.« Dort erleben Sie einfach alles; wenn ich den Wehrdienst im Westen gemacht hätte, wäre es noch nicht zu Ende. Ich kann mich keinem Befehl mehr beugen. Ich bin daran gewöhnt, Befehle zu geben, und Befehle von oben machen mich kaputt. Ich habe eine Freundin, und sie würde gern heiraten, aber vorläufig denke ich noch nicht daran. Ich überlasse diese Entscheidung meiner Familie, denn sie weiß, was das Beste für mich ist. In diesen Zeiten geht es bei der Ehe um Materielles. Das Sprichwort sagt ja, dass die Liebe allein nicht satt macht. Am 29. April bin ich heimgekehrt, um 17^{30} Uhr.

(April 1998, İzmir)

1971 in Kemalpaşa geboren; er lebt in İzmir. Er hatte sich um einen Studienplatz an der Juristischen Fakultät »9 Eylül« beworben und die Aufnahmeprüfung bestanden, und als er aus familiären Gründen nicht dorthin gehen konnte, studierte er Betriebswirtschaft an der Fernuniversität, dadurch wurde der Wehrdienst aufgeschoben. Im November 1995 ging er zur Gendarmerie Kırkağaç im Bezirk Manisa; seine Haupteinheit war das Kommandobataillon der Feldgendarmen von Elazığ. Im April 1997 kehrte er zurück; er arbeitet als Chauffeur.

28. Ich wurde der Uniform, die ich trug, nicht gerecht

Je mehr ich darüber hörte, dass wir die Grenze im Osten verteidigen sollten, desto mehr fing ich an, den Wehrdienst zu lieben, und desto energischer ging ich ans Werk. Alles, wovon ich träumte, würde ich endlich in die Tat umsetzen. Ich wollte mich dem Nahkampf stellen.

Ich wollte im Osten Dienst tun. 1993/94 herrschte noch mehr Terror. Deshalb wollte ich hin. Die Leute vom Schwarzen Meer hatten Vorrang, weil sie mit der Waffe in der Hand geboren waren. Meine Rekrutenausbildung machte ich im Bataillon von Etimesğut bei Ankara. Ich profitierte von meinem Abiturszeugnis und machte drei Monate Dienst in Etimesğut als Anwärter auf den Dienstgrad eines Çavuş. Drei Monate waren eh schneller rum als der Schall. Es war zwar nicht so, wie ich es mir erträumt hatte, aber man versuchte doch, mir was beizubringen. Als ich erst eine Woche dort war, sagte man, dass wir im Osten Dienst tun sollten. Man fing an, uns über Panzer und die Computerinstallation in Panzern zu unterrichten. Amerika soll uns M 60-Panzer amerikanischer Bauart geschenkt haben. Die Türken setzen die Panzer im Westen für die Schulung ein und im Osten im Krieg, wenn es um den Nahkampf geht. Es gibt unterschiedliche Klassen von Panzern, und ich landete auf einem M 60-Panzer. Sie sind stärker, rundum aus Stahl und viel besser ausgestattet; und die Todesgefahr ist geringer, weil du besser geschützt bist.

Je mehr ich darüber hörte, dass wir die Grenze im Osten verteidigen sollten, desto mehr fing ich an, den Wehrdienst zu lieben, und desto energischer ging ich ans Werk. Alles, wovon ich träumte, würde ich endlich in die Tat umsetzen. Ich wollte mich dem Nahkampf stellen.

Alles, was mit dem Terror zusammenhing, sah ich mir im Fernsehen an und las es in den Zeitungen. Sie überfielen Dörfer und töteten Halbwüchsige. Es gärte in mir, und ich sagte mir: »Ich muss auf jeden Fall einem den Kopf abschlagen oder ein paar von denen töten.« Als ich meinen Urlaub nach der Rekrutenausbildung in Rize verbrachte, hatte ich dauernd die Armee im Kopf. Zwei Wochen lang Urlaub – und ich langweilte mich. Eine Reise von 15 Monaten erwartete mich, und ich wollte so schnell wie möglich zur Haupteinheit und die Konfrontation mit dem Feind erleben. Sie schadeten unseren Kameraden und unserem Volk, und ich wollte ihnen was darauf erwidern, selbst wenn es nur ein kleiner Beitrag wäre.

Nach Doğu Beyazıt im Bezirk Ağrı, zum Panzerbataillon. Ich fuhr zum ersten Mal dorthin. Es war eh Abend, und ich konnte Ağrı nicht richtig sehen; ich fuhr mit dem Bus direkt nach Doğu Beyazıt und war baff. Denn die Häuser und das Gebäude der Präfektur hatten Einschussstellen. Die Fensterscheiben waren zerbrochen, und manche sahen aus wie Ruinen. »Was hat denn das zu bedeuten?«, fragte ich die erfahrenen Soldaten. »Der Ort wurde 1993 von den Terroristen überfallen«, antworteten sie. Doğu Beyazıt ist ein winziger Ort mit einer Hauptstraße und zwei Seitenstraßen. Die Gebäude waren zum Teil eingestürzt. Es sah so aus, als sei der Ort von beiden Seiten, von der PKK wie von der türkischen Armee, beschossen worden. Anscheinend haben die Terroristen Doğu Beyazıt von dem Berg aus überfallen, der unserem Bataillon gegenüber liegt. In der Kaserne des Panzerbataillons waren noch Mörser- und Geschossspuren zu sehen. Die PKK soll in erster Linie auf die Kaserne des Panzerbataillons gezielt haben, weil dort Soldaten waren. Das sollen sie bei Nacht getan haben. Als unser Bataillon das Feuer erwiderte, soll die ernsthafte Konfrontation mit dem Feind angefangen haben. Danach sollen sie ihre Angriffe auf die Stadt ausgedehnt haben. Die Leute dort sind arm und gelten als Fanatiker. Nur eine bestimmte Gruppe der Leute von Doğu Beyazıt mag das Militär. Eigentlich lehnen sie das Militär ab und helfen ihm auch nicht. Weil ich wusste, dass die PKK-Leute aus der kurdischen Schicht stammen, habe ich mich von den Kurden eher fern gehalten. Deshalb bin ich einerseits gern, andererseits aber auch ungern nach Doğu Beyazıt gegangen. Was für rückständige Leute das doch sind! Tagsüber sitzen wir zusammen im Café und trinken Tee, und abends schießen sie auf uns. Was für eine Frömmigkeit, was für eine Menschlichkeit, dachte ich. Ich untersuchte das einmal genauer. Die Einzahlungen, die man im Westen leistet, werden wohl im Osten nicht getätigt, und es sieht so aus, als hätten die Leute im Osten nichts, womit sie ihren Lebensunterhalt bestreiten können. Weil sie kein Geld haben, greifen sie zur Waffe und gehen in die Berge, um zu revoltieren. Bevor ich in den Osten ging, hielt ich die Kurden für eine andere Rasse. Das haben sie bewiesen. Sie wollten ihren eigenen Staat gründen und ihre eigene Rasse aufbauen.

Ich blieb nicht lange in Doğu Beyazıt, und bis mein Nachfolger eintraf, hatte ich den Rang eines Gefreiten. Weil ich Anwärter auf den Rang eines Çavuş war, fing man an, uns noch genauer über die Aufgaben eines Panzerkommandanten zu unterrichten. Man sagte: »In drei Monaten schicken wir euch an die Grenze!« In Doğu Beyazıt war es für uns unmöglich, in die Stadt zu gehen, aber unser Bataillon lag im Ort selbst. Natürlich langweilte ich mich drei Monate lang. Am liebsten hätte ich auf der Stelle zur Waffe gegriffen und wäre in die Berge gegangen. Unser Offizier setzte mich als Lagerverwalter ein und sagte: »Du wirst 15 Monate lang in der Kompanie bleiben.« Auf der einen Seite der Ararat, auf der anderen ein Kloster.

»Herr Kommandant, 15 Monate lang halte ich es hier nicht aus, schicken Sie mich doch in die Berge!«, bat ich. Als ich dann doch Lagerverwalter blieb, ging ich wieder zum Kommandanten und sagte zu ihm: »Sie müssen mich ins Feld schicken!«

Ich machte ihm klar, dass ich nur deswegen freiwillig in den Osten gegangen war, weil ich die direkte Konfrontation mit dem Feind suchte und gegen die Terroristen kämpfen wollte. Schließlich war der Kommandant davon überzeugt und sagte: »Ich schicke dich für zwei Wochen hin.« Der Offizier erklärte mir, dass ich meine Zivilkleidung und meine Tasche nicht mitnehmen sollte. Mir war gar nicht bewusst, dass der Tod so nahe war. Ich sprang vor Freude in die Luft und konnte den nächsten Morgen kaum erwarten. Zuerst fuhren wir zur Gendarmenwache von Tazeköy. Die war 30 bis 40 km von Doğu Beyazıt entfernt, in der Nähe der iranischen, armenischen und irakischen Grenze. Die Gendarmenwache gehörte zu İğdir. Wir wurden als Einheit zu ihrer Unterstützung dorthin verlegt. Die Panzer waren die Panzer von Doğu Beyazıt. Wir hatten zehn Panzer, die an verschiedenen Gendarmeriestationen Stellung bezogen. Bei der Gendarmenwache von Tazeköy wurde ich Scharfschütze. »Du hast nachts auf Beobachtungsposten zu stehen!«, befahl man mir. Darüber freute ich mich noch mehr. Ich wartete ab, was auf mich zukommen würde, weil man mir gesagt hatte, dass man mich in zwei Wochen zurückziehen werde. Wenn man kommen sollte, um mich abzuholen, würde ich sagen: »Hier gefällt es mir, mir geht es gut, und ich will nicht mehr woanders hin.« Die erfahrenen Soldaten sagten mir, dass ich meinen Wehrdienst bis zum Schluss in der Gegend dort leisten würde. Ich freute mich natürlich darüber. Und es kam so, wie sie es gesagt hatten; für zwei Wochen war ich gekommen und blieb drei Monate. Als es nach drei Monaten kalt wurde, verlegte man uns zur Gendarmenwache von Sultantop an den Ausläufern des Ararat. Wir fuhren auf dem Panzer hin, und ich blieb sechs Monate dort. Dort sollte der Brennpunkt des Terrors sein. Im Dorf gab es eh keine Männer mehr, sie waren alle mit Kind und Kegel in den Bergen. Wenn man den Gerüchten Glauben schenken sollte, sicherten die Dorfbewohner den Kontakt mit den Terroristen durch einen Tunnel, den man unter dem Dorf gelegt hatte. Der Panzer war mit einem Computer für die Beobachtung bei Nacht und mit einem Fernrohr ausgerüstet; alles, was du tagsüber mit bloßem Auge siehst, siehst du nachts genauso – mit Hilfe der Kamera. Mit diesem Fernrohr waren wir nachts bis zum Morgen im Dienst. Ich schaute ganz genau durch das Fernrohr. Vielleicht flieht jemand vor meinen Augen. Ich schlief nicht. Wir schliefen tagsüber. Eine Stunde lang beobachtete ich stets ganz konzentriert alles, was ich sehen konnte. Der Panzerturm drehte sich um 360 Grad.

Zu der Gendarmenwache gehörten 20 bis 30 kurdische Soldaten, denen ich nicht trauen konnte. D. h., sie waren halb und halb Kurden. Wie auch immer, die Leute aus dem Osten sollen den Osten ja besser kennen. Das stimmt aber nicht. Untereinander sprachen sie Kurdisch. Ich hielt mich von ihnen fern und hatte Angst. Was die Angst anging – das bedeutete ja, dass wir in einen Hinterhalt geraten könnten. Nicht beim Kampf, sondern im Zelt und in der Gendarmenwache hatte ich ständig Angst. Ich konnte diesen Leuten nicht trauen, d. h., du kennst den Feind in der Gendarmenwache nicht. Wenn man nicht versteht, was sie reden, überlegt man sich natürlich, worüber sie sprechen und was sie planen. Ob sie uns in eine Falle locken würden? Selbst wenn ich nicht mit denen ginge, gehen andere Soldaten der Gendarmenwache mit ihnen zum Hinterhalt. Sie sprechen natürlich heimlich Kurdisch. Aber in der Gendarmenwache war es verboten, Kurdisch zu sprechen. Den Leuten, die nicht Türkisch konnten, und denen, die nicht alphabetisiert waren, gab man Sprachunterricht. Wenn du unter der türkischen Flagge dienst und Türke bist, musst du Türkisch sprechen. Du bist auf der Gendarmenwache und darfst nicht gegen dieses Verbot verstoßen. Wozu redest du denn?

Genau, das ist ihre Muttersprache – und selbst wenn es die Muttersprache wäre. Wenn 50 oder 60% der Leute in der Gendarmenwache Türkisch sprechen, musst du dich ihnen anpassen. Was auch immer die Mehrheit macht, die Minderheit muss sich ihr anpassen. Meiner Meinung nach standen die Einheimischen dem Militär feindselig gegenüber. Sie mögen das Militär nicht. Ich weiß, dass ich etwas, das 500000 Lira wert war, dort für anderthalb Millionen gekauft habe.

Ich kaufe bei seinem Onkel oder seinen Bruder ein und grüße ihn auf der Straße; der Sohn des Geschäftsinhabers soll bei der PKK sein. Genauso wie ich die Terroristen hasse, hasse ich die Leute im Osten, und sie hassen uns auch. Wenn wir dort waren, wirkte das wie ein Druck auf das Dorf, der Druck des Militärs, und die Dorfbewohner können nichts dagegen tun.

Ich hatte keine besonders enge Beziehung zu den Offizieren und mischte mich nicht in ihre Angelegenheiten ein, und die Offiziere mischten sich auch nicht in das ein, was mich betraf. Wenn ich ein normaler Infanterist gewesen wäre, wären die Offiziere an die Stelle eines zweiten Feindes gerückt. Weil ich zur Mannschaft auf dem Panzer gehörte, stand es uns frei, wie wir Haare und Bart wachsen ließen; die Infanteristen der Gendarmenwache mussten sich jeden Tag die Haare scheren und den Bart rasieren lassen.

Als ich ein Störfeuer zur Gendarmenwache auf der iranischen Seite der Grenze hin eröffnete, passierte mir ein Fehler. Ich ließ die oberste Klappe des Panzers offen. Wir beschossen das Testschießen. Aus den Stellungen rund um die Gendarmenwache kamen ständig Störfeuer. Weil ich ganz oben stand, schoss ein Soldat auch in diese Richtung, und d. h., die Leuchtspurmunition raste direkt über meinen Kopf. In einem solchen Moment zieht mein Leben – mein Leben bis zu diesem Tag – wie ein Filmstreifen in einer Sekunde an mir vorbei. So einen Augenblick habe ich erlebt. Ich glaubte es nicht. In einem solchen Moment kannst du nicht an den Tod denken, denn du willst irgendwas tun. Aber du siehst den Tod. Als ich ein paar Mal in den direkten Kampf ging, fühlte ich mich auf einmal als Held.

Vielleicht konnte ich einiges vom Militär nicht mitnehmen. Ich wurde der Uniform, die ich trug, nicht gerecht. Aber wenn der Panzer nicht gewesen wäre oder wenn ich nicht da gewesen wäre, hätten die Feinde die Gendarmenwache überfallen, unserem Offizier den Kopf abgeschnitten und den Halay getanzt. Weil ich in diesem Augenblick dort war, fühlte ich mich als Held; wenn ein anderer an meiner Stelle gewesen wäre, hätte er sich zu denselben Gefühlen hinreißen lassen. Drei bis vier Mal fühlte ich mich als Held. Selbst wenn man mich im Zivilleben nicht fühlen ließ, dass ich ein Held war, waren es doch bestimmte Kreise, die mich auf Händen trugen, weil ich den Wehrdienst im Osten geleistet hatte.

»Wenn du nicht im Osten wärst und nicht dort Dienst tun würdest, könnten wir in Rize nicht ruhig schlafen«, sagten sie, und außerdem: »Als du dort bis zum Morgen auf dem Beobachtungsposten standest, als es so kalt war, dass dir die Spucke gefror, und als du in heftige Gefechte verwickelt warst, schliefen wir hier im warmen Bett.«

Selbst wenn man versucht hätte, mir das Gefühl von Heldentum einzuimpfen, habe ich doch nur meinen Dienst getan. Im Zivilleben fühlte ich mich nicht als Held. Mir waren vier Soldaten untergeordnet. Als Panzerschütze hatte ich meine eigenen Soldaten. Einer von ihnen hatte einen Gewürzladen in Ulus, einem Stadtteil von Ankara. Wie er sagte, war seine Familie wohlhabend, aber weil er nicht studieren wollte, wurde er Kleinhändler. Der andere arbeitete, wie er erzählte, in einer Tuchfabrik in Istanbul. Der Dritte stammte aus Urfa; er war Araber und der Enkel des Oberhauptes seines Stammes. Über die Stämme wusste ich nichts. D. h., auch wenn er nicht erklären konnte, was ein Stamm war, so hat er mir doch manches davon klar gemacht. Mit den Soldaten der normalen Polizeiwache hatte ich nichts zu tun.

Einerseits freute ich mich, als ich entlassen wurde, aber etwas nagte an mir, als ich wegging, d. h., das Ohr ... Ich sah es als Mangel an, dass ich mir nicht das Ohr eines PKK-Mannes um den Hals hängen konnte. Sollte man mich in diesem Moment zum Militär rufen, würde ich wieder dasselbe machen. Meine Familie, meine Freunde und Bekannten haben immer an mich gedacht. Die Gesellschaft weiß jetzt, was dort passiert. Auch wenn ich jetzt wieder im Zivilleben bin, so sind im Osten doch immer noch Soldaten, Terroristen und die PKK. Vielleicht habe ich nicht allzu viel erlebt, aber ich habe gesehen, was dort los ist. Es ist dazu gekommen, dass ich den Tod im Nacken gespürt habe. Ans Zivilleben habe ich mich noch nicht wieder gewöhnt. Nachts bin ich oft zusammengefahren. Ich lag im Bett und schlief und konnte nicht durch die Straßen schlendern. Ich fühlte mich fremd, und die Menschen scheinen sich in diesen beiden Jahren, in denen ich beim Militär war, ganz schön verändert zu haben. Nachts bin ich ein paar Mal aufgestanden. Eines Nachts soll ich aufgestanden sein, ich wachte auf und suchte sofort nach meinen Stiefeln. »Ein Überfall!«, soll ich gesagt haben.

Es ist wohl so, dass ich Albträume gehabt, gebrüllt und geschrien habe, und meine Familie hat sich gewundert. Alle bei mir zu Hause standen auf und riefen, was denn los wäre. Ich wache auf und liege schweißgebadet im Bett. Das dauerte einen Monat oder länger. Dann gewöhnst du dich daran und passt dich dem Alltag wieder an. Manchmal sehe ich mir *Mehmetçik* und *Anadolu'dan Görünüm* (*Das Bild Anatoliens*) im Fernsehen an. Ich schaue mir das an und frage, was sie machen und ob sie denn noch treffen.

Ob es Tote gibt? In *Andadolu'dan Görünüm* zeigen sie die Realität der Wehrdienstleistenden im Osten. Das ist der Krieg der PKK, der geht zu Ende; mit der Zeit geht der natürlich zu Ende. Aber dadurch, dass so viele Menschen sterben, gelangt man doch nicht ans Ziel. Denn auf der einen wie auf der anderen Seite kämpfen Türken. Der PKK gefällt es wahrscheinlich, den Menschen zu schaden. Es muss doch PKK-Leute geben, denen es Spaß macht, jemanden zu töten, wenn sie das alles immer noch machen.

Die Armee will das Ende des Krieges. Wir kämpfen sowieso, um mit dem Terror Schluss zu machen. Natürlich geht auch nicht jeder freiwillig hin. Und was die Wurzeln der PKK betrifft, die sind doch gar nicht eindeutig. Die sitzen mal im Volk, mal im Verteidigungsministerium und mal im Parlament. Genauso wie ein Baum 40 oder 50 Zweige hat, so ist das auch mit der PKK. Die Gruppe, die will, dass der Krieg in der Türkei aufhört, ist doch viel größer. Die Leute, die eindeutig daraus Profit schlagen, und diejenigen, die sie wegen eines eindeutigen Gewinns unterstützen, wollen es wahrscheinlich nicht. Die Offiziere profitieren davon, und sie hatten ihre Ziele. Welche waren das? Sie haben dafür gesorgt, dass die Soldaten ihre Uniformen auszogen und Schmuggelware aus dem Ausland in die Türkei schafften. Auf diese Weise arbeiten sie mit den Terroristen, mit der PKK, Hand in Hand, aber wer auf die Jagd geht, der wird gejagt.

Beim Militär habe ich meistens das Lied »Yol Ver Dağlar Yol Ver« (»Gebt den Weg frei, Berge, gebt den Weg frei!«) gehört. Im Hinterhalt habe ich Lieder gesungen. Ich habe Bücher gelesen.

Ich lese sehr gern. Erzählungen und Romane. Ich habe ein Buch von *Sait Faik Abasıyanık* gelesen, aber nur zur Hälfte; ich erinnere mich nicht an den Titel, aber das war ein gutes Buch. Ich lese Zeitung. *Türkiye* lasse ich mir nicht entgehen, außerdem *Sabah* und *Hürriyet*.

(August 1998, Rize)

1974 in Rize geboren; von sieben Geschwistern ist er der Jüngste; er hat fünf Schwestern und einen Bruder. Er arbeitet im Teehandel. Er hat eine Berufsfachschule besucht und seinen Abschluss in der Fachrichtung »Elektrizität« gemacht. Seine Eltern leben nicht mehr. Im Dezember 1995 ist er zum Militär gegangen. Seine Rekruteneinheit lag in Etimesğut bei Ankara und seine Haupteinheit in Doğu Beyazıt. Er war Panzerschütze.

29. Man spricht von dem »unsichtbaren Feind«; meine einzige Furcht war die Mine. Ich trat darauf

»Der größte Soldat ist unser Soldat«, heißt es. Wir alle gehen mit demselben Ziel hin, wir alle sind große Soldaten. Man tanzt den Halay, und wir sind voller Enthusiasmus. Als wir loszogen, sangen wir: »Elveda Istanbul« (»Lebewohl, Istanbul!«). Yılmaz Morgüls Schlager »Elveda Istanbul« war gerade in Mode, und meinen Militärdienst bringe ich immer mit diesem Lied in Verbindung.

Sehen Sie, das ist das Lager von Şive, eines der verlassenen Dörfer, und wir sind dorthin gezogen, um es abzusichern. Hier bin ich mit Freunden aus der GATA-Klinik bei einem Fußballspiel mit *Fenerbahçe*; wir haben 1:0 verloren. Das da ist der Minister – was für ein Ressort hatte er damals nur? Ich glaube, es war Gesundheitswesen. Wir verwechseln das oft, weil jede Regierung die Minister immer mal wieder auswechselt. Hier bin ich im GATA mit dem Psychologen; er war nur zwei Jahre älter als ich. Dieses Bild wurde nach der Operation aufgenommen. Auf dem da sind beide Füßen an den Fersen zusammengebunden, damit sie sich nicht bewegen. Das hier ist die Rekruteneinheit von Eğridir; von diesem Foto habe ich zehn abziehen lassen und es jedem geschickt. Das da war bei den *Atmaca*-Operationen. Die Soldaten sind ganz scharf auf Fotos. In Siirt haben wir die Fotos unter der Bedingung abgegeben, dass wir die Negative kriegen, wegen der Sicherheit, und die haben wir jetzt erst abziehen lassen. Das da stammt von den Stellungen; ich habe das nicht fotografiert, aber... Auf diesem Bild sind wir in der Rekruteneinheit; obwohl es verboten war, habe ich fotografiert. Das da ist zu Silvester. Wir haben die Krankenschwestern eingeladen. 1996 war zu Ende, und das Jahr 1997 fing an. Mein größtes Hobby sind die Fotos; ich habe 300 bis 400 Stück. Auf diesem Bild ist einer meiner Kameraden, der im Fernsehen sagte: »Er hat seine beiden Beine zwar nicht mehr, aber dem Vaterland sei Dank.« Wenn seine Beine in Ordnung gewesen wären, dann hätte er den Militärdienst bis zum Ende gemacht. Die Krankenschwester auf diesem Bild hier, mit der habe ich mich gut verstanden; sie ist nach Diyarbakır gegangen. Als sie loszog, war sie außer sich vor Freude, und jetzt schreit sie: »Befreit mich von alldem hier!« Das hier ist mein bester Freund beim Militär; bei ihm ist es der rechte Fuß, und bei mir der linke.

Dieses Bild ist vor der Militärzeit aufgenommen worden, als ich 15 war – am Strand von *Silivri*. Als Soldat war ich für den Mörser zuständig. Der Mörser hat die Form eines Rohres. Man hat Gewebeteile aus meinem Bauch rausgenommen und am Fuß angesetzt, außerdem aus der Achselhöhle. Auf diesem Bild bin ich mit meinem Bruder zu sehen; jeder Augenblick hat was Schönes. Fünfeinhalb Monate habe ich im Bett gelegen, und dreieinhalb Monate blieben mir die Füße zusammengebunden. Ja, auf allen Bildern lache ich. Der Verband hier nimmt den Schweiß auf.

Ich kenne die Namen der Berge nicht; sie haben andere Namen. Die Namen, die man den Bergen in dieser Region gibt, sind auf den militärischen Landkarten anders. Das ist das Tal des Flusses Botan. Das da ist auch eine Operation, da gehörte Fruchtsaft zum Proviant. Ich habe den Proviant nicht gegessen. Essbar ist nur der Tunfisch der Marke »Dardanel«, alles andere, d.h. die anderen Konserven, lässt man lieber stehen.

Hier klettern wir den Berg rauf. Start und Landung der Hubschrauber waren toll; ich war ganz wild darauf, das zu knipsen. Hier ziehen wir zur Operation, manchmal flogen wir im Hubschrauber hin. Das da ist ein Dorf, und wir brachten den Lehrer dorthin. Und das ist meine Waffe; du wäschst sie mit warmer Seifenlauge, ölst sie und reibst sie trocken. So sorgfältig haben wir uns noch nicht mal um uns selbst gekümmert, aber die Waffe muss man pflegen. Auf dem Bild da sitzen wir beim Essen. Wenn es Tomaten gab, haben wir Eier in die Pfanne geschlagen und uns *Menemen* gemacht. Nirgendwo schmeckt das Essen so gut wie in den Bergen. Da gegenüber, das sind also die Berge, dort wurde ich verwundet, und da ist wieder ein verlassenes Dorf. Das zerstörte Dorf, der Fluss Botan – und die Wagen fuhren zur Operation. Eigentlich hatte man immer wieder eine wunderbare Aussicht. Wenn man dorthin in Urlaub fahren könnte, das wäre auch sehr schön – leben wir etwa nicht im Zeitalter der Weltraumfahrt? Eines Tages ist es so weit... Ja, vielleicht dann, wenn wir Raketen in den Weltraum schießen... Das da bin ich mit meiner geliebten Baskenmütze; angeblich haben wir für die Baskenmütze alles gemacht, aber jetzt nicht mehr, und ich hebe sie nicht auf. Ich wollte nur den Musselin da. Derjenige, der den Militärdienst normal beendet, schenkt sie einem der Jünglinge dort, aber als ich verwundet wurde, war ich nicht in der Lage, an die Baskenmütze zu denken. Ich war nur dankbar dafür, dass ich rechtzeitig ins Krankenhaus kam. Aber die Baskenmütze ist wertvoll – ich habe sie gegen nichts eingetauscht; sie ist schön, und man kann damit angeben.

Mit dem Wunsch nach der Baskenmütze, mit der Hoffnung auf Abenteuer und voller Tatendrang wollte ich in den Südosten. Dort könnte ich den Schutz für die Generäle und so was alles übernehmen, und ich wollte meine körperliche Kondition und meine sportliche Technik einsetzen. Ich fiel auf, weil ich Sportler war; man ließ mich sogar eine Karateshow veranstalten. Wenn meine Kameraden vier oder fünf Liegestütze machten, schaffte ich 20 bis 25. Im Fernsehen wird alles, was die Leute, die ihren Wehrdienst gemacht haben, berichten, als Vorbild hingestellt. Selbst wenn von einer Wache berichtet wird, die nichts taugte, soll man den Eindruck gewinnen, dass die was wert war. So habe ich gedacht, und jetzt frage ich mich, ob die Leute, die ihren Wehrdienst hier leisten, nützlicher sind als die anderen, die das irgendwo absolvieren. Natürlich ist das sehr angenehm. Das ist halt Schicksal!

»Für jeden Soldaten gibt es eine Mine«, sagt man, und die einen treten drauf, und die anderen nicht. Diese Frau, die Prinzessin Diana, ist gestorben, aber sie hat viel Gutes getan. Schließlich stehen Amerika, China, Russland und Frankreich an der Spitze der Länder, die Minen produzieren und verkaufen. Das sind auch die Länder, die das Abkommen über die Minen unterzeichnet haben. Die Mine, auf die ich getreten bin, war aus Plastik; wenn es eine normale Mine gewesen wäre, hätte das Minensuchgerät sie gefunden, denn viele piepsen dann, aber Plastikminen reagieren nicht auf den Detektor.

Als wir zum Militär gingen, kamen alle unsere Freunde zusammen, und aus unserem Viertel waren wir zwei, die nach Eğridir gingen. Wir waren so viele, dass wir zwei Minibusse brauchten. Alle riefen einander zu, dass unsere Soldaten die größten wären.

Wir alle gehen mit demselben Ziel hin, wir alle sind große Soldaten. Man tanzt den Halay, und wir sind voller Enthusiasmus. Als wir loszogen, sangen wir: »Elveda Istanbul« (»Lebewohl, Istanbul!«). Yılmaz Morgüls Schlager »Elveda Istanbul« war gerade in Mode, und meinen Militärdienst bringe ich immer mit diesem Lied in Verbindung.

Es gibt ein Sprichwort, das sagt: »Wer bei der Ausbildung keinen Schweiß vergießt, der vergießt Blut auf dem Schlachtfeld.« Eğridir ist ein Ort, wo man die beste Ausbildung kriegt, und trotzdem können wir nicht sagen, dass es ausreichend war. Die PKK hat Jahre darauf verwendet und sich an die Lebensbedingungen, die im Gebirge herrschen, angepasst. D. h., die Leute dort haben eine Guerillabewegung ins Leben gerufen; sie kennen Berge, Höhlen und Pfade, und selbst wenn sie noch so viele Lasten auf dem Rücken tragen, sind sie besser als wir. Wir haben ganz gut gelernt, mit der Waffe umzugehen. Im Allgemeinen gibt man ein paar Schüsse ab; bei den Rekruten habe ich anderthalb Magazine verschossen, also 25 bis 30 Kugeln.

Ich stieg ins Flugzeug, und wir kamen mit der Panzerbrigade zuerst in Gaziantep und Urfa und dann mit dem Konvoi in Mardin an. Man will am ersten Tag spazieren gehen, aber aus Sicherheitsgründen ist das nicht erlaubt. Die berühmtesten Kommandotruppen der Türkei sind die von *Midyat*; als sie auf der Höhe ihres Ruhms standen, bin ich zu ihnen gestoßen. Als wir nach Siirt gezogen sind, haben wir aus dem Nichts eine Brigade aufgebaut. Knapp einen Monat sind wir dort geblieben – und dann direkt in die Berge in der Umgebung von Eruh. Zu dieser Zeit fanden die Operationen im Norden des Irak statt. Wir stiegen ins Gebirge. Am ersten Tag hatten wir keine Bleibe, und wir schlugen Zelte auf. Der Regen prasselte auf uns nieder. Du gehst daran, die militärischen Anlagen zu schützen – und dann der Dreck. In solchen Zeiten kann es passieren, dass die Einheit in eine herrliche Falle gelockt wird. Wir sicherten uns ab, und die Truppen gingen ins Gebirge. Sie zeigen uns, wo was zu finden ist und wo man einen Hinterhalt legt. In dieser Nacht hielt ich Wache, und ich hatte Angst. Ich war ganz allein; es stürmte und regnete, und wir deckten die Mörser mit Plastikhüllen zu. Ganz in der Nähe lag das Dorf. Wenn jemand eine Kugel abschießen würde, könnte die einen aus einer Entfernung von zwei Kilometern treffen. Ich weiß nicht, wie ich die zwei Stunden Wachdienst rumgekriegt habe. Der Kamerad, der mich ablösen sollte, kam, aber ich blieb und leistete ihm bei seinem Wachdienst Gesellschaft. Es war auch seine erste Wache. »Ich lebe in Istanbul«, sage ich und: »Was geht mich denn der Terror an?« Bis er zu mir kommt, ist da die Armee, die Polizei und das Militär. Einige werden hingehen, aber es ist vernünftiger, wenn die Leute dorthin gehen, die besonders tüchtig sind.

Einerseits bereust du es, andererseits... Wenn das jemandem passiert wäre, der z. B. schwächer ist als ich, wäre er noch schwerer verletzt worden. Meine gute körperliche Kondition hat mich gerettet, das sagten sogar die Professoren. Sieben Operationen hintereinander, eine Narkose nach der anderen... Ich erinnere mich daran, dass ich aus dem Operationssaal kam, zehn Minuten auf der Intensivstation blieb und dann wieder in den Operationssaal gefahren wurde.

Ich machte immer sauber und wusch das schmutzige Geschirr ab. Beim Militär gibt es doch die Clique der Leute, die früher gekommen sind, und was der Lehrling vom Opa lernt, das macht er genauso; wenn der ein Glas zerdeppert, macht er es auch. Diese Clique der Leute, die früher gekommen sind – das ist nichts Gutes. Diejenigen, die nach ihnen eintreffen, übernehmen all ihre Arbeiten. Man sitzt bis nachts um zwei oder drei im Militärkasino, du hockst dabei, und man will Wasser oder Tee...

Steh früh um fünf auf, such Holz im Schlamm bei Wind und Wetter, putz die Tische ab und deck sie... 90 Tage lang wartest du darauf, dass Neue kommen und dir den Abwasch des Geschirrs abnehmen. Wenn du dich lange schlaflos im Bett gewälzt hast, wachst du zum Frühstück nicht auf, und das beste Frühstück willst du nicht für den Schlaf hergeben. Ich hatte 24 Stunden Wache. D. h., du hältst einen Tag lang Wache, einen Tag nicht, und du bist eh 24 Stunden im Dienst. In dieser Situation übermannt dich bei der Wache natürlich der Schlaf, und weil es eh eine Gruppe von zehn Leuten ist, schlafen je zwei. Ein Gespräch nach dem anderen, Lärmen und dauerndes Geschnatter.

»Wenn doch der Militärdienst nur so schnell wie möglich rum wäre« – Gespräche über die Arbeit, die Verlobten und die Geliebten. Wenn du verheiratet oder verlobt bist, ist der Wehrdienst eine Katastrophe. Gott sei Dank habe ich keine Geliebte, auch wenn man sich manchmal danach sehnt. Wenn du eine Geliebte hast, musst du sie anrufen und ihre Stimme hören. Mein Neffe wurde geboren, und am Telefon sagte ich: »Bringt ihn doch mal zum Weinen, damit ich seine Stimme höre.« Nach dem Frühstück räumst du auf, dann kommt der Morgenappell, dann die täglichen Aufgaben der Kompanie, das Ordnen der Umgebung und so was alles. Ich habe eine sehr gute Stellung ausgebaut, aber ich konnte nicht dort bleiben. Mit der Abwehrstellung war es zu Ende, und wir zogen zur Operation.

In Gülhane war einer, der später gekommen war als ich; er erzählte, dass er im Nordirak auf eine Mine getreten war, und von der Hüfte abwärts hatte er keine Beine mehr. »Man erzählt ja alles Mögliche von dir«, sagte er. Ich war etwas zäher als er. Ich mochte es nicht, wenn jemand zu Unrecht ausgebeutet wurde; niemand soll einem anderen als Sklaven dienen. Wie bereits gesagt, soll die Stellung, die ich ausgebaut hatte, sehr gut gewesen sein; dort hat man gegessen und getrunken; und gegen die Umgebung hatte ich sie mit Säcken abgesichert, aber ich konnte ja noch nicht mal einen Tag lang dort bleiben. Das Essen wird mit Propangas warm gemacht, manchmal brennt es an, und manchmal bleibt es roh.

Zum Frühstück lässt man das Wasser kochen, wirft zwei Bündel Petersilie hinein, und das nennt sich dann Suppe. Manchmal kommt nichts Vernünftiges, dann gibt es ein paar Monate lang dauernd Kohl, danach Bohnen. Oder Fleisch, das ein paar Jahre alt ist, jedenfalls sind die Stempel darauf sehr alt. Ich habe Fleisch gesehen, von dem ich nicht glauben konnte, dass es von Rindern stammen sollte, das sah aus wie Fleisch von Kamelen. Im Krankenhaus habe ich das Fleisch auch nicht gegessen, das war eine Angewohnheit, die ich noch vom Militär beibehalten hatte, fettes Fleisch mag ich eh nicht. Pilav aber esse ich furchtbar gern.

Eine Zeit lang war ich Wachposten beim Major; bis er wegging, war ich nicht sonderlich stark in Anspruch genommen. Danach machte ich bei ein paar Operationen mit schwerer Waffenausrüstung mit. Da wir für die Mörser zuständig waren, begleiteten wir die Truppen und schützten sie; wir warfen die Bomben. Eigentlich bin ich nie direkt mit der PKK zusammengestoßen. Von Siirt aus ging es nach Diyarbakır, Lice und Kulp. In der ersten Nacht, in der wir loszogen, kam es zum Kampf, und da wurden ziemlich viele Terroristen getötet. In der nächsten Nacht gab es Störfeuer, und das haben wir erwidert. Bei der Atmaca-Operation gab es 33 Gefallene, und eine Kompanie hatte erhebliche Verluste. Wir waren auch im Gebirge. Ramadan war zu Ende, und es war Bayram; als man zwei oder drei Tage vorher von den Gefallenen hörte, kam sich jeder wie wahnsinnig vor. Wir waren in Eruh, in der Nähe des Flusses Botan. Rechts und links von uns war Durchgangsgebiet der PKK; die Einheiten, die früher hier waren, hatten das wohl nicht für wichtig gehalten, nach dem Motto: »Die Schlange, die uns unberührt ließ, möge 1000 Jahre leben!«

Das war eine gefährliche Gegend, mitten am Tage erlebte ich

ein Gefecht in den Bergen. Du verfolgst es durch das Fernrohr. Wir kehrten vom Dienst zurück, der Major erfuhr es durch die Funksprüche, das war ein hünenhafter Mann, zwischen 40 und 45, und wir rannten zusammen los. Der Mann dirigierte den Kampf von der Landkarte aus, und mit den Mörsern tötete man vier bis fünf Terroristen. Am nächsten Morgen standen wir auf, und die Hubschrauber bombardierten die ganze Umgebung. Die Gendarmerie und die Infanterie übernahmen die Durchsuchungen, d. h., wir waren der Gefahr ausgesetzt. Wir setzten die schweren Waffen ein, und sie hatten auch schwere Maschinengewehre, selbst wenn sie nicht so stark waren wie unsere Waffen. Es kommt zu einem Schusswechsel, man tötet, flieht und lässt sich nicht auf den Kampf ein. Und du schießt zwei Meter weit, nach vorn und nach hinten, bis zu der Stelle, von der das Feuer kommt.

Wenn man die Kugeln hört, wirft man sich zu Boden. Man entsichert die Waffe, schießt eine Kugel ab, wenn das Ziel erreichbar ist – oder die schweren Waffen werden eingesetzt. Und da ist auch die Todesangst. Als ich verwundet wurde, habe ich noch nicht mal an mich selbst gedacht, sondern an meine Mutter. Das geht ihr zu Herzen. Ich hatte z. B. einen Großvater, und ich wollte nicht, dass ihm meinetwegen irgendwas zustieß. Es beruhigt dich auch, wenn du Leute hast, denen du vertrauen kannst. Der Soldat marschiert manchmal im Bataillon, manchmal mit den Truppen, manchmal auch in den Brigaden, d. h., das sind Hunderte und Tausende.

Um die Angst zu überwinden, denkst du zuerst an deine Familie, und ich dachte v. a. an meine Mutter. Du denkst daran, was du im Leben alles machen wolltest, und fängst an zu fantasieren. Fünf bis sechs Jahre lang habe ich Sport getrieben, und ich hatte große Ideale, so was wie einen eigenen Sportsalon zu eröffnen; jetzt ist so ein Sportsalon zu teuer, und ich überlege mir, ob ich eine Imbissstube eröffne.

Aktiv habe ich bei einer Operation zwei Kämpfe miterlebt, aber weil ich Wachposten war, stand ich im Allgemeinen neben dem Offizier. Das ist auch nicht leicht. Bis der Mann sich schlafen legt, bist du für das Putzen seiner Schuhe, für das Bügeln, das Badewasser, sein Essen und seinen Tee, einfach für alles verantwortlich. Du legst dich nicht hin, bevor er nicht zu Bett geht. Du bleibst nachts bis zwei oder drei wach und stehst morgens eh um fünf Uhr wieder auf. Mit den Oberfähnrichen der Infanterie verstanden wir uns sehr gut; sie waren Soldaten wie wir. Sie hatten die Befehlsgewalt, aber je nachdem, wieweit wir dazu fähig waren, besprachen sie sich mit uns, ließen z. B. die Kantine aufmachen und fragten uns, was wir haben wollten. Wir ließen uns sogar Speiseeis bringen. Und ein paar Extras wie Alkohol. Normalerweise kommt der Alkohol zu den Offizieren, und wenn du einen Freund hast, der Chauffeur ist, bringen sie ihn uns auch. Da gibt es Leute, die von Tabak, Pillen und Alkohol abhängig sind, und Leute, die kölnisch Wasser trinken. Neulich habe ich gehört, dass ein Soldat acht Flaschen kölnisch Wasser getrunken haben und daran gestorben sein soll. So viel kann man doch gar nicht trinken, um seinen Bedarf an Alkohol zu decken; manchmal kriegt man eine Krise, und manche werden zu Psychopathen.

Die Verwundung, die ich aus allernächster Nähe erlebt habe – das ist meine eigene. Wir waren in einem verlassenen Dorf, in einem ehemaligen Terroristendorf. Mit anderen Worten, wegen der Terroristen ist das Dorf vor kurzem geräumt worden. Da erstrecken sich Berge, Hügel und das Tal. Wir waren einem anderen Bataillon zu Hilfe geeilt, das die Terroristen in der Gegend von Eruh jagte. Wir stellten die schweren Waffen auf, da waren wohl Minen gelegt worden, so viele Leute waren schon dort vorbeigegangen, dann war es also Schicksal. Ich hörte Lärm und sagte: »Entweder ziehen hier irgendwo Truppen der PKK durch, oder die PKK hat Raketen abgeworfen.« Ich fühle nichts, und es dröhnt mir in den Ohren. Bis ich zu Boden fiel, begriff ich nicht, was mit mir los war. Ich stolperte über eine Mine und fiel in ein Loch, da waren Steine und so was, und die verbrannten mir den Fuß. Minenstücke ... Die Minenteile verbrennen mir den Körper, als ob es ein Schweißgerät wäre.

Zuerst rief ich »Allah, Allah«, und dann: »Sagt meiner Mutter nichts davon.« Der Hubschrauber wurde herbeigerufen. Alle brüllten durcheinander, aber man hält sich doch v. a. an die eigenen Leute. Weil du mit ihnen zusammen isst und trinkst und auch mit ihnen die Ausbildung gemacht hast. Im Allgemeinen sind das auch diejenigen, die weinen. 15 bis 20 Minuten später kam der Hubschrauber. Die Brigade besteht aus vier Bataillonen und hat auch vier Hubschrauber. Das war eine felsige Gegend, und das Landen war schwierig. Ich flog zum sechsten Mal mit dem Hubschrauber. Die Besatzung war dieselbe; der Offizier hielt mir die Hand und sagte: »O. k., mein Löwe, mein Widder, der Hubschrauber soll jetzt noch schneller fliegen.« Er war wirklich schnell, denn man will ja so rasch wie möglich los. Schmerzen – da ist der Schmerz der Brandwunde und Nervenschmerzen. Der Arzt des Bataillons – er war Oberfähnrich – ließ mich an zwei Stellen zur Ader. Dann noch je ein operativer Eingriff in Siirt und Diyarbakır. Ich fiel in Ohnmacht, und erst am nächsten Tag kam ich wieder zu mir. Am vierten Tag war ich in Ankara. Sieben oder acht Tage lang wollte ich nicht, dass man meiner Familie Bescheid sagte. Als sie die Nachricht erhielten, kamen meine Eltern und der Bruder meiner Mutter mit seiner Familie nach Ankara.

Wenn ich an den Militärdienst denke, fällt mir zuerst der Augenblick ein, wo ich auf die Mine getreten bin. Am Morgen hatte ich eine Vorahnung. »Ich trete noch drauf; das wird mir bestimmt passieren«, sagte ich, und dann trat ich drauf. »Ich habe keine Angst vor der PKK«, sagte ich; man spricht vom »unsichtbaren Feind«, und die Mine war meine einzige Furcht. An dem Tag, als ich auf die Mine trat, hatte ich es geahnt. Ich passte ganz genau auf und schaute nach links und rechts. Es muss so gewesen sein, wie ich es voraussah. An einer Stelle, die eigentlich gar nicht in Frage kam, trat ich auf die Mine.

Mein Freund fuhr in einem Konvoi von 30 Wagen, und er saß im Letzten. 20 Minuten bevor er daran vorbeifuhr, ließ er ein Foto zur Erinnerung aufnehmen. »Vielleicht fahren wir auf eine Mine, und dann haben wir ein Souvenir.« Der Wagen ist in tausend Teile zerschellt, er hat beide Füße verloren und wird jetzt behandelt.

Einmal kamen wir vor der Operation zur Brigade. Wir gingen in die Stadt und ins Hamam. Man sehnt sich nach Essen, und wir aßen *Lahmacun*. Wir kauften Erinnerungsalben und machten Fotos. Innerhalb von zehn Monaten sind wir zweimal hinausgezogen. Wir schalteten nur *Cine 5* ein, außerdem hörten wir die lokalen Radiosender, die viele kurdische Programme bringen, außerdem den Showradiosender und meistens Kassetten. Ich hörte v. a. Sinan Özen, Coşkun Sabah, Sesen Aksu, Tarkan und Çelik. Bei manchen Schlagern wurde die Musik auf die höchste Lautstärke gestellt, z. B. wenn »Yaban Eller – Fremde Länder« erklang, das war dann unheimlich laut. Das alles natürlich nicht nachts, sondern immer tagsüber. Beziehungen zu den Dorfbewohnern waren verboten. Wir hatten eine kleine Moschee, bauten das Zelt auf und hielten dort das Freitagsgebet ab. Ich überlegte mir, ob ich den Entlassungsschein liegen lassen und weiter zum

Militär gehen sollte, sah mir das Milieu an und fand es unerträglich. Ich dachte an die Söldnertruppe und sagte mir dann wieder: »Es lohnt sich nicht.« Die Söldnertruppe zieht in die schweren, harten Kämpfe, und sie kriegen für jeden, den sie töten, Kopfgeld. Wenn die Soldaten bei der Söldnertruppe kämpfen und jemanden töten, wird das so dargestellt, als ob das die Leichen der Söldnertruppe wären, und die Soldaten kriegen nichts.

Ich teile mein Leben in zwei Phasen ein, in die Zeit vor dem Militärdienst und danach. Ich bin reifer geworden; man gewinnt über alle Maßen an Erfahrung. Meine Haare waren früher dichter. Der Stress und die Medikamente haben dafür gesorgt, dass ich jetzt weniger Haare habe. Ich erzähle nicht gern davon. Wer es erlebt hat, scheut sich vor dem Erzählen, und wer was erfindet, der saugt es sich aus den Fingern. Wenn man zum Militär geht, ist man Patriot. Das hat sich jetzt geändert. Warum ist es dazu gekommen? Wenn die Regierung will, macht sie mit dem Krieg Schluss. Die Waffenhändler, die Konservenfabrikanten und die Leute, die die PKK vom Ausland her unterstützen, wollen nicht, dass der Krieg aufhört. Man hetzt Türken und Kurden gegeneinander. Was wichtig ist, das ist Freundschaft. Unter meinen Freunden sind Kurden und Aleviten. Es gibt Unterschiede in der Tradition, in Sitten und Gebräuchen, es gibt nun mal kulturelle Unterschiede.

Im Krankenhaus hatten sie mich gern, und jetzt warten sie dort auf mich. Sie kommen ins Krankenhaus und sagen: »Freunde, wir werden dies und das für euch tun.« Sie haben gar nichts getan, das war doch nur Show. Ich habe eine Entschädigung von 270 Mio. Lira bekommen und 100 Mio. von der Mehmetçik-Stiftung; das gibt die Stiftung den ersten drei Soldaten, die zu Krüppeln geworden sind; das sind diejenigen, die keine Augen oder keine Arme mehr haben – und diejenigen, die beide Beine verloren haben; bei mir handelt es sich um eine hochgradige Behinderung. Es wäre mir lieber, wenn die Behinderung nicht schlimmer würde, dann verzichte ich auch gern auf die Entschädigung.

Meine Mutter: So ein Schmerz, möge Allah es jedem ersparen, aber es ist etwas anderes, das selbst zu erleben, als damit konfrontiert zu sein. Das zu erleben, das ist ein anderes Gefühl, das ist nicht so, als ob man davon so einfach berichten könnte. Die Leute zeigen auf einen: »Dem fehlen beide Arme«, und regen sich auf. Zieh doch mal jemanden bis zu seinem zwanzigsten Lebensjahr auf, und dann fällt er im Krieg. Wenn ich allein bin, dann kommt es mir hoch, und ich weine. Jemand hat keine Beine mehr, und wenn ich ihn sehe, lenkt mich das von meinem eigenen Schmerz ab, und dann sage ich: »Mein Gott, verzeih, was habe ich nur getan.« So kompliziert ist das. Wenn ich einen Soldaten sehe, weine ich zuerst und werde traurig. Und dann sage ich: »Was ich erlebt habe, das sollt ihr auch erleben!« So einen Wunsch verspüre ich dann. »Wenn er gestorben wäre, wäre er verwest«, sage ich. Und dennoch sei Gott Lob und Dank. »Warum denn nur«, meine ich, »in der Türkei herrscht doch kein Krieg.« Warum ist denn nur das, was einen am meisten quält, die Politik? Die Antwort darauf kann ich nicht finden.

(Istanbul, Februar 1998)

1975 in Istanbul geboren. Seine Familie stammt aus Şebinkarahisar. Er hat das Gymnasium abgeschlossen. Sein 56-jähriger Vater arbeitet als Bauarbeiter, seine Mutter ist Rentnerin. Sein Bruder ist seinetwegen von der Wehrpflicht befreit. Im Dezember 1995 ging er zur Kommandoschule von Eğridir, dann nach Mardin, Midyat und Eruh. Er blieb sehr lange im GATA, und die Behandlung dauert noch an; er fährt regelmäßig nach Ankara. Jetzt liest er sehr viele Bücher: John Steinbeck, Jack London und Honoré de Balzac, und die beiden Bücher, die er früher nicht lesen konnte, jetzt aber nicht aus der Hand legen kann, sind Vater Goriot *und* Sarı Zeybek.

30. Ich hatte Angst. Sofort kam mir der Tod in den Sinn, sterben …

Dort habe ich jemanden gesehen, der sich mit der Rasierklinge verletzt hat, und jemanden, der sich die Zigarette auf der Hand ausdrückte. Ich bin kein Psychopath, aber ich habe mir die Zigarette auch auf der Hand ausgedrückt. Hier sind die Brandspuren.

Es ist Mitternacht, der Mond geht gerade unter, wir stehen auf dem Berg Türk İsmail, mein Gehilfe raucht eine Zigarette, der Mann am Teleskop vor uns raucht auch, aber das Funkeln seiner Zigarette sieht man nicht. Die erste Rakete ist fünf Meter vor uns explodiert. Ein Kamerad bediente den Mörser mit der 60er-Kapazität, und als er die Leuchtrakete abschoss, war die Stelle, wo der Mörser stand, genau zu erkennen. Ich rief den Kameraden zu: »Volle Deckung! Hinlegen!« Jetzt sieht dich auch derjenige, der dir gegenübersteht. Ein Kamerad wurde an der Schulter verletzt. Der Sanitäter der Gendarmeriewache gab uns über Funk Anweisungen: »Wenn es blutet, stillt die Wunde mit einem Tampon!« Wir hatten keinen Offizier bei uns, ich war als Çavuş dort, und außerdem war ein zweiter Çavuş dabei. Dein Kamerad blutet, er hat auch Angst und denkt daran, dass er sterben könnte. Wir wissen nicht, wo er getroffen wurde, an welchem Körperteil. Wir sind ganz nahe dran, aber wir können nicht hingehen, wir haben alle Angst, und da ist der Gedanke, dass ich auch getroffen werden könnte, wenn ich aufstehen würde. Natürlich lässt auch der verletzte Kamerad seine Waffe nicht im Stich. Manche werfen Handgranaten und manche aus Versehen Leuchtraketen. Durch die Explosion hat mein Ohr angefangen zu bluten, und ich höre nichts mehr. Unsere Stellung ist der Stützpunkt und damit die Zentrale für Proviant und Waffen. Die Stelle, an der wir uns auf den Kampf einlassen, ist ungefähr zwei bis drei Kilometer von der iranischen Gendarmeriewache entfernt. Wegen der kleinen verkrüppelten Bäume kannst du mit der Kamera des Fernrohrs nichts sehen. Es ist nicht klar, ob da ein Mensch, ein Stein oder ein Baum ist. Man schießt mit dem Panzer in diese Richtung; ich weiß nicht, wie viel ein Panzergeschoss kostet, aber das ist ein Preisniveau, auf dem die wirtschaftliche Lage eines Landes durcheinander gerät. Bei diesem ersten Gefecht, das ich erlebte, hatte ich Angst und dachte sofort an den Tod. Ich überlegte mir, ob ich fliehen sollte, aber das konnte ich nicht. Ich wollte nicht zurückschießen, und ich tat es auch nicht. In einem solchen Augenblick kann natürlich eine Kugel oder der Splitter eines Schrapnells kommen und dich treffen. Viele Kameraden warfen die Handgranaten nicht weit, nur fünf oder zehn Meter, und viele Steinbrocken und Erdklumpen prasselten auf uns nieder. Wir hatten alle Angst. Es kam keine Hilfe. Der Leutnant sagte, dass er in dieser Nacht nicht in den Hinterhalt gehen wollte, und schickte uns weg, damit keiner im Hinterhalt schlief. Es wurde Morgen, der Kampf war zu Ende, und unser Kamerad war verletzt.

Es war drei Uhr nachmittags, wir hatten noch nichts gegessen, und das Gesicht unseres verwundeten Kameraden wurde bleich. Der Hubschrauber kann nicht in unserer Stellung landen, und wir wissen, dass er auch nicht landen wird. Dann wurden wir zur nächsten Gendarmeriewache gebracht, und wir waren total verdreckt. Bei der Rückkehr sagte der Kommandant zu mir: »Du wirst sagen, dass ich dabei war!« Was wirst du machen, wenn ich es nicht sage? Prügel oder Flüche. Du wirst es aushalten, und wenn du es nicht schaffst, wirst du dich streiten oder zuschlagen. Wenn man noch einmal zum Gefecht gehen sollte, kriegt man Angst davor, dass man fliehen könnte. Ich weiß nicht, ob wir bei diesem Gefecht gegen die Terroristen oder gegen die iranischen Soldaten kämpften. Bei Nacht kannst du nicht wissen, wer geschossen hat. Über den Toten lagen grüne Uniformen, Kalaschnikows und Panzerfäuste. Natürlich sagt der Offizier: »Man hat gegen die PKK gekämpft.« Man sagt zu dem Kommandanten des Zuges: »Füll mal das Formular aus«, man nimmt die Namen der Soldaten auf, die in den Hinterhalt gegangen sind, und jeder unterschreibt, weil jeder am Kampf beteiligt war. Das war in der Regierungszeit von *Erbakan. Fetullah Erbaş* war nach Van gekommen, und wir übernahmen den Begleitschutz. Ich war außerdem bei einem Kampf dabei, bei dem es darum ging, dass ein Soldat namens Alaattin aus dem Iran freigelassen wurde. Natürlich blieb Alaattin fünf Monate lang in der Hand der PKK, und ich weiß nicht, ob er ein PKK-Mann oder ein iranischer Soldat war.

Eines Nachts sind wir – 17 Mann – mit dem Offizier wieder im Hinterhalt, und wir unterhalten uns. »Was würden Sie tun«, fragten wir ihn, »wenn unser Kamerad, der getroffen wurde, sterben würde, oder wenn wir alle bei einem Kampf sterben würden, bei dem Sie nicht dabei sind?« Er drückte sich mit einem Witz vor der Antwort und ging nicht darauf ein. Tagsüber pflegte er zu sagen: »Ein Soldat geht, und tausend kommen.« Im Hinterhalt sagte er, dass er all unsere Familien besuchen und uns nie vergessen würde. Damit waren wir zufrieden. Als dieselbe Diskussion tagsüber wieder aufs Tapet kam, stauchte er uns jedoch zusammen.

Wir gehen über Felder und durch Gärten, und dort sind Heuhaufen, und wenn man bei Nacht nichts zu tun hat, macht man sich einen Spaß damit, und auch der Offizier sagt nichts dagegen. Du wirfst die Zigarette rein, ohne sie vorher auszudrücken. Überall geht das Reisig in einer kleinen Flamme auf. Ich habe auch eine brennende Zigarette reingeworfen, und ich weiß nicht, warum ich das getan habe. Das kam mir in den Sinn, und ich dachte: Warum habe ich das gemacht? Ich zünde das Heu und das Reisig an, das die Bauern aufgeschichtet haben, um ihr Vieh zu füttern. Wenn du im Verband dort entlang gehst und du siehst einen Dorfbewohner in Zivil auf dem Feldweg, dann befiehlt dir der Offizier, ihn zu durchsuchen. Du siehst jemanden von weitem kommen, erkennst, in welche Stellung er gehen könnte und stellst ihm eine Falle. D. h., wir schneiden ihm den Weg ab. Du hältst ihn sofort an, befiehlst ihm, sich auf den Boden zu legen, legst ihm die Fußgelenke flach, bindest ihm die Hände auf den Rücken und drohst ihm mit dem Gewehrkolben; die Waffe ist eh geladen, und wenn er sich wehrt, wirst du vielleicht auch Feuer geben und den Mann mit einem Knall erschießen. Ich habe das nicht getan, vor diesen Leuten und ihrer Handlungsweise bin ich geflohen, und nachdem ich das Heu angezündet hatte, habe ich das bereut. Warum habe ich es angezündet, warum habe ich nur so eine Dummheit begangen? Wenn ich alles zusammenzähle, habe ich insgesamt fünf oder sechs Kugeln abgeschossen. Wenn du mit dem Kampf fertig bist, kannst du das Magazin herausnehmen und alles ausleeren. Du setzt ein volles Magazin ein, und wenn du drei oder vier leere Magazine hast, ist die Sache erledigt. Beim ersten Kampf habe ich das so gemacht. Niemand achtet auf den anderen, und manche wollen sogar das Magazin von einem Kameraden haben, wenn sie viel geschossen haben.

Mein zweiter Kampf war im Nordirak, und das war wirklich weit weg. Man zog mit Panzer, Flugabwehr und Waffen mit großer Reichweite in den Kampf. Die Meldungen lauteten, dass die Dorfbewohner die Terroristen mit Proviant versorgen, die sich in einem Lager namens Kotur niedergelassen hatten. Morgens weckte man uns, wir wussten nicht, wohin wir gehen würden, und nach einer einstündigen Fahrt im Jeep marschierten wir zu strategisch günstigen Stellen. Das war 100 km von *Zaho* entfernt, am Fluss Semseti, der in Richtung Iran fließt, an dem Fluss, der Kotur am nächsten liegt. Man zieht sowieso mit einem Überläufer oder jemandem, der die Gegend gut kennt, in den Kampf. Das dauerte zwei Stunden lang, aber von dort aus wurde nicht auf uns geschossen. Damals blieben wir zehn Tage im Irak. Bei der Nordirak-Operation war ich als Hilfssoldat eingesetzt, ich blieb auf türkischem Boden. Es waren nur noch 60 Tage bis zu meiner Entlassung vom Militär, und man bezog mich nicht in den direkten Kampf ein. Der Befehl kam: »Übergebt die Zivilpersonen, die ihr bei der Geländedurchsuchung entdeckt, der nächsten Gendarmeriewache!« Außerdem hieß es: »Ihr werdet sie nicht verhören!«

Solche Zivilpersonen fanden wir natürlich, und die meisten waren Kinder. Jungen von acht bis zehn Jahren mit schwieligen Händen; sie trugen einen Sack auf dem Rücken, und darin waren Brot, Käse, Zucker, der in ein Stück Papier eingewickelt war, und sonst nichts. Die Kinder arbeiten als Schäfer, und wir brachten sie zur Gendarmeriewache.

Auf der Gendarmeriewache habe ich das mit eigenen Augen gesehen: Der Chef – seinen Namen kann ich angeben – ohrfeigte den Jungen. »Sie dürfen ihn nicht ohrfeigen«, sagte ich. Als ich protestierte, kriegte ich auch Prügel. Zwei Tage verbrachte ich in der Zelle in Polizeigewahrsam, und am dritten Tag ließ man mich raus.

»Das werde ich alles berichten«, sagte ich zu dem Offizier.

»Ich mache dir den Abschied vom Militär nicht leicht«, antwortete er, »und bestrafe dich.«

Um den Schmuggel zu verhindern, zog man uns eine Zeit lang von der Truppe im Hinterhalt ab und ließ uns Straßen- und Geländekontrollen machen. Der Offizier, dem wir untergeordnet waren, stellte alle Autos – außer den Wagen, die eine *34* oder *64* auf dem Nummernschild hatten –, auf den Kopf, und wenn er Geld kriegen konnte, kriegte er es. Ein Lastwagen hatte Schafe geladen, und weil keine Papiere vorlagen, aus denen hervorging, wohin man die Schafe brachte, bekam er Geld. Ich konnte nicht sehen, wie viel es war, aber das Geld habe ich gesehen.

Einem toten PKK-Mann bin ich begegnet. Ein paar Kameraden traten die Leiche mit Füßen; das konnte ich nicht aushalten und weinte. »Warum weinst du denn?«, fragten sie. Darf man denn einen Toten so behandeln und ihn mit Fußtritten bearbeiten? Man zog die Leiche splitternackt aus, und einer der Kameraden nahm seine Schuhe an sich. Darüber hinaus tauchten Zigaretten, ein Feuerzeug, eine Handgranate, Kugeln und Notizen in einer unleserlichen Handschrift auf; Geld hatte er keins. In diesem Zustand bringt man den Toten mit dem Lastwagen in den nächsten Ort. Der oberste Offizier der Gendarmeriewache sagt: »Die Soldaten sollen mal herkommen und sich den angucken.« Er gibt dem Toten einen Fußtritt und meint: »Den Rest überlasse ich euch.« Einige zerreißen seine Kleidung, und andere nehmen sich seine Schuhe.

Wenn ich im Hinterhalt war, habe ich mich mit meinem Gehilfen unterhalten. »Wenn wir doch jetzt mit unseren Freunden am Strand von Antalya wären.« Wir müssen etwas gegen unsere Depressionen tun. Denn das Gebirge und die Kälte jagen einem Angst ein. Wenn du in den Hinterhalt gehst, wirst du durchsucht, ob du ein Radio bei dir hast. Natürlich gab es jemanden, der ein Radio mitbrachte; manchmal, wenn man uns nicht beobachtete, haben wir den Sender TRT FM angemacht und Musik gehört. Im Hinterhalt war das Rauchen auch strikt verboten, aber wenn wir das Magazin leerten, die Kugeln herausnahmen und den Knopf von unten herauszogen, hielten wir die Sprungfeder, die darin war, fest, steckten die Zigarette ins Magazin und deckten sie mit der Hand zu. Dann sah man das Funkeln der Zigarette nicht. Einmal kam ich von der Operation im Gelände zurück, rutschte aus, fiel hin und verletzte mich am Rücken. 40 Tage lang lag ich im Bett, und in dieser Zeit habe ich ein Buch gelesen. Unser Kompaniechef stammte aus Sivas, er war sehr demokratisch, d. h., sein Verhalten gegenüber den Soldaten war gut. Als der Kommandant das Buch *PKK ve Apo* (*Die PKK und Apo*) zu Ende gelesen hatte, soll er es seinem Wachposten gegeben haben, und der gab es mir mit den Worten: »Du bist doch ein Linker.« Ich habe damit angefangen, aber ich konnte es nicht zu Ende lesen. Wir fanden nur eine einzelne Nummer von *Aktüel*, und um mich von dem Klima, das dort herrschte, zu distanzieren, las ich diese Zeitschrift. Alles, was ich darin las, erläuterte ich den Kameraden: »Auf dieser Seite hat jemand seine Frau und seinen Sohn mitgenommen, und sie erholen sich in Antalya.« Der Sohn hat seinen Wehrdienst noch nicht gemacht und fährt mit dem Auto durch die Gegend. Wir sind im Gebirge und bewachen angeblich das Vaterland, und diese Leute erholen sich. Dort war jeder auf die Reichen sauer. Nach Lust und Laune isst und trinkt der Sohn aus reichem Hause dort und fährt durch die Gegend, und manche Musiker wie Ozan Orhon oder Tarkan machen den Wehrdienst nicht, oder ihr Militärdienst geht in einem Offizierskasino zu Ende. Und wir warten hier in den Bergen darauf, dass die 18 Monate zu Ende gehen.

Dort habe ich jemanden gesehen, der sich mit der Rasierklinge verletzt hat, und jemanden, der sich die Zigarette auf der Hand ausdrückte. Ich bin kein Psychopath, aber ich habe mir die Zigarette auch auf der Hand ausgedrückt. Hier sind die Brandspuren.

Im Allgemeinen verändern wir uns zum Negativen hin. Du entwickelst dich zu einer hypernervösen Persönlichkeit. Ich war verlobt, machte Pläne für die Zukunft und wollte heiraten, wenn ich wohlbehalten zurückkehrte. Du hast vor, ein anderes Leben anzufangen, du wirst deine eigene Familie gründen und arbeiten. Aber dort hast du überhaupt keine Versicherung.

Ich verließ das Militär 20 Tage später als geplant, aber dafür gab es einen anderen Grund. Der Koch auf der Gendarmeriewache, der aus Ankara stammte, soll zu einem Kameraden gesagt haben: »Ich kann dir nichts zu essen geben, weil du Alevit bist.« Wir waren zur Unterstützung zu dieser Gendarmeriewache gegangen. Als wir anderer Meinung waren, wurden wir ausgeschlossen. Das war die Gendarmeriewache von Kapıköy, die zu *Özalp* gehörte. Und unser Vorgesetzter, der Offizier, sagte: »Wenn ihr zur Zentrale der Kompanie geht, werde ich mit euch abrechnen.«

Wenn ich noch mal zum Militär müsste, würde ich das tun, was ich machen will und bisher nicht getan hatte: Ich würde desertieren. Diese grüne Uniform und von der Befehlsgewalt abhängig zu sein – das werde ich strikt ablehnen. Wenn man mich jetzt einberufen würde, würde ich auf jeden Fall desertieren. Mein Land kann für mich kämpfen, aber das sollte auf dem Papier geschehen; die Regierung sollte das Problem mit einer Unterschrift lösen; wie sie das löst, das ist ihre Sache, aber auf keinen Fall durch Krieg. Auf beiden Seiten wird Blut vergossen. Vielleicht hätte ich dieses Gespräch auch nicht führen können, und vielleicht hätten meine Freunde dann über mich gesagt: »Wir hatten einen Freund, und er ist gefallen, als er seinen Militärdienst in Van leistete.« Das Leben eines Menschen kann doch nicht so billig sein.

Mein Verwandten sagten: »Herzlich willkommen! Allah hat dich gerettet, und ohne Wunden, ohne Narben bist du zurückgekehrt.« Bravo, du hast es geschafft! Ich habe ihnen was vorgespielt. Denn ich schaue mir alles, was passiert ist, von einem allgemeinen Standpunkt aus an. Zu den Leuten in meiner Umgebung sage ich: »Schaut nicht immer in die Tiefe des Brunnens! Schaut euch auch mal den Himmel an und denkt mal an den Zwang und die Grausamkeit dort!« Im Zivilleben gehöre ich eh zu den Leuten, die Schlafstörungen haben, und ich kann immer noch nicht ruhig schlafen. In den ersten fünf oder sechs Monaten habe ich dauernd vom Militärdienst geträumt. Mein Mutter sagte mir, dass ich ein paar Mal laut geschrien hätte: »Du redest im Schlaf.«

Es ist jetzt ein Jahr her, seit ich zurück bin, und ich bin nervöser als früher. Wenn ich nervös werde, habe ich nur eine Lösung im Kopf, und das heißt, auf der Stelle zuzuschlagen. Ich versuche, das einzudämmen, aber das klappt nicht. Einmal meinte meine Mutter: »Du bist zum Militär gegangen und hast dich verändert.« Ich habe sie nicht gefragt, in welcher Hinsicht ich mich verändert hätte. Wenn du von den Abenteuern beim Militär erzählst, gehen die Leute auf Distanz und wollen, dass wir über was anderes reden. Die Gesellschaft will es nicht erfahren. In der Presse wird das alles immer aufgebläht. In Trabzon wird Personal für die militärischen Abteilungen eingestellt. Ich habe Abitur – und ich habe den Wehrdienst im Südosten gemacht. Ich weiß, dass in der Prüfung bei 80 % der Leute Protektion eine Rolle spielt, aber das wäre eine Möglichkeit, mir meinen Lebensunterhalt zu sichern, und ich habe mir gesagt, dass ich die Prüfung vielleicht bestehen könnte. Die Tatsache, dass ich meinen Wehrdienst im Südosten geleistet habe, ist angeblich Protektion, und deine Freunde sagen dir: »Probier doch mal dein Glück!« Ich habe die Prüfung gemacht und bin durchgefallen.

Wenn ich mit meiner Frau rede, sagt sie auch: »Nimm's nicht tragisch, erzähl doch nichts mehr vom Krieg!« Ich war dort und habe es erlebt. Ich habe gesehen, was in diesem Krieg für wen gemacht wird, wer davon profitiert und wer den Schaden hat. Dort werden die Menschen zu Bestien.

(Juli 1998, Tonya – Trabzon)

1972 in Trabzon geboren; er hat Abitur. Sein Vater war als Arbeiter in Deutschland; er hat ihn verloren, als er sechs Jahre alt war. Er hat drei Schwestern und einen Bruder; er ist der jüngste von fünf Geschwistern. Er ist verheiratet. Von Februar 1996 bis Juli 1997 hat er seinen Militärdienst nach der Rekrutenausbildung in Seferhisar/İzmir in einer Flugabwehrkommandotruppe in der Gegend von Van geleistet.

31. »Warum ausgerechnet wir«, klagten wir oft. Wir sahen, dass sich nichts dagegen tun ließ

Er legte mir die Hand auf die Schulter und fragte: »Weißt du, was heute für ein Tag ist?« »Heute ist Muttertag, jetzt machen viele Feierabend und bringen ihren Müttern Blumen oder ein Geschenk.« Er blieb stehen und fragte: »Wohin gehen wir denn mit den Waffen?« Führte er etwa Selbstgespräche? Wusste er denn, dass er in den Tod gehen würde? »Das ist unser Schicksal«, antwortete ich, »hoffentlich im nächsten Jahr!«

Ich habe den Führerschein, und außerdem spreche ich zwei Sprachen, Englisch und Französisch. Und als ich mir überlegte, dass ich zu der Gendarmerie gehen könnte, die im Tourismus eingesetzt wird, schickte man mich nach der Kommandoschulung von zweieinhalb Monaten zur Ausbildung als Fahrer nach Söğüt im Bezirk Bilecik. Dort kriegte ich eine Ausbildung, die darin bestand, dass man lernte, wie man einen General chauffierte, wie man einen Personenwagen auseinander nahm und wieder zusammensetzte, wie man mit dem General redete und Tee servierte.

Man las uns vor, wohin wir kommen sollten, ich konnte das nicht richtig hören, irgendwas mit »Ş«; mir fiel Eskişehir ein, dort herrscht eine trockene Kälte, und ich bedauerte das. Der Offizier sagte so was wie »Sei nicht traurig.« Ich wurde irgendwie nervös. Und dann sagte er »Şırnak«. Mir sackte das Herz in die Hose. Meine Freunde hielten mich fest, damit ich nicht umfiel.

Ich hatte eine Freundin, und wir liebten einander so, wie Sie sich das gar nicht vorstellen können – wie sollte ich ihr das beibringen? Zwei Tage vorher hatte ich noch einen Witz am Telefon gemacht und von »Tunceli« gesprochen. Ich rief zu Hause an und sagte es meiner Familie, und jetzt fingen alle an zu weinen, und dann fängst du natürlich auch an. Ich rief meine Freundin an, sie glaubte immer noch, dass ich einen Witz machte, und dann fing sie auch an zu weinen. Wenn man von 300 Personen in der Kompanie drei Leute in den Südosten schickt, nehmen alle Anteil, als ob ich ein Opferlamm wäre. Ich machte erst mal Urlaub in Alanya. Ich hatte doch solche Angst. Zum einen gefiel mir die Anteilnahme der Leute, die sonst gar nicht mit mir redeten, zum anderen jagte mir das auch einen Schrecken ein.

Einen Tag lang blieben wir in Urfa. Am nächsten Tag brachte man uns in einem Konvoi gepanzerter Fahrzeuge nach Mardin. In Urfa war ich ganz verstört. Das war ein Milieu, an das ich überhaupt nicht gewöhnt war. Und dann Mardin, wo es so kalt war. Eine endlose Reise durch die Dunkelheit. Das jagt einem einen Schrecken ein. Ich traf einen Freund, der aus Kasımpaşa in Istanbul stammte und den ich aus *Devrek* kannte. Im Zivilleben reparierte er Polstermöbel, und er war auch in Beytüşşebap stationiert. Şırnak kannte ich, aber von Beytüşşebap hatte ich noch nie gehört. Wir blieben ein paar Tage in Şırnak. Es kam zu einem Geschützfeuer. Dann ging es nach Ballıca, *Uludere* und zum Schluss nach Beytüşşebap.

Als wir unter übermäßigen Schutzmaßnahmen dort ankamen, war ich glücklich, weil die Soldaten uns so herzlich begrüßten. Ich war unheimlich beeindruckt und weinte. Der Offizier rief uns zu sich; ich erinnere mich daran, dass er einer von drei Offizieren im Bataillon war, der zu den guten Menschen gehörte. Er fragte uns, was wir von Beruf wären. Ich erzählte, dass ich als Chauffeur gekommen wäre und zwei Fremdsprachen spreche. »Deine Fremdsprachen werden hier nicht gebraucht«, antwortete er.

Es gab fünf Kompanien. Wir waren 50 Mann im Zug – zum Schutz des Kommandeurs des 22. Regiments; die Übrigen waren fürs Büro, für die Nachrichtenabteilung, die Küche und den Schlafsaal verantwortlich. Ich kriegte die Aufgabe, den Toros des Regimentskommandeurs, eines Obersten der Infanterie, zu fahren. Der Schnee lag zwei Meter hoch, und der Wagen funktionierte nicht. »Dann wirst du eben Bote des Regimentskommandeurs oder Wachposten«, sagte man. Das war hart und sehr unangenehm. Du ziehst zur Operation, hast 30 bis 40 kg Waffen und anderes wichtiges Kriegsmaterial auf dem Rücken, und außerdem schleppst du auch noch die Last des Obersten. Wenn du aber nicht mit zur Operation gehst, stehst du vor seiner Tür Wache und kriegst auch noch irgendwelche Aufträge von ihm. Das passte mir nicht, und ich antwortete: »Das kann ich nicht machen, lasst mich lieber zur Truppe.« Der Ort, wo unser Bataillon lag, war etwas abschüssig, und unten lag der Landkreis. Beytüşşebap war ein ganz kleiner Ort. Es war meine erste Wache, und ich stand etwas unterhalb des zweistöckigen Gebäudes aus Stein, wo die Offiziere untergebracht waren. Wir waren drei Mann, und unsere Waffen waren geladen. Wache von acht bis zehn Uhr abends. Der

Typ, der vor mir gekommen war, beschützte mich, und er hatte mich nicht für die Wache eingetragen, bis ich mich an das alles gewöhnt hatte. Der Platz, auf dem man Wache schiebt, liegt in einer Höhe von 50 bis 60 m, und von unten her führt ein Weg daran vorbei. Da standen sogar ein paar Häuser, ein Ast bewegt sich im Wind, und zwischen den Ästen flackert ein Licht. Du hast deine Augen ständig da unten. Direkt an der Stelle dort ist ein Weg, so was wie ein schmaler Fußpfad, und darunter eine Schlucht. Jemand packte mich von hinten, und ich drehte mich sofort um. Es war der Unteroffizier. »Wenn ich Terrorist wäre«, sagte er, »wärst du jetzt tot. Du bist wohl neu hier?«

Er fragte mich nach meinem Heimatort und nach meinem Namen. Als ich antwortete, dass ich aus Antalya wäre, hörte es der andere Offizier. Er stammte auch aus Antalya, wir hatten sogar denselben Namen, das war ein wertvoller Typ. Sie grillen und trinken Alkohol. Er brachte mir was von dem, was sie grillten – und spendierte mir außerdem ein Bier. »Sag's aber keinem«, meinte er. Beim Wachdienst kam ein Bier wie gerufen. Später wurden wir Freunde, und dieser Offizier spielte sich auch nicht zum Diktator auf.

Drei oder vier Monate lang bin ich zu keiner Operation gegangen. Wir blieben in der Umgebung des Bataillons. Man erzählte sich, dass Apo gesagt hatte: »Ich will Beytüşşebap und sonst gar nichts.« Die Truppen gehen in den Hinterhalt. Wir ziehen nicht hinaus. Als Schutztruppe des Regimentskommandeurs sind wir ganz vornehm, wie die Bourgeoisie. Die meisten haben Abitur. Auf Wunsch des Regimentskommandeurs hat man uns ausgewählt und hierher geschickt. Wir gehen auch nicht zum Morgenappell und schlafen ungefähr bis zehn.

Der Truppenkommandant, ein Unteroffizier, hat uns von November bis März geschult. Im April zogen wir auf den Berg *Kato* gegenüber von Beytüşşebap. Wir blieben eine Nacht dort, und dann kehrten wir zurück. Am nächsten Tag fragte ich mich, ob das etwa eine Operation war. Der Kommandant weiß, wie er die PKK-Leute findet und wie er sie tötet, aber er weiß auch, dass es Gefallene geben wird. »Bis ich mich aus dem Dienst verabschiede, lasse ich es nicht dazu kommen, dass meine Leute fallen«, sagte er. Er würde bald seinen Abschied nehmen. Er träumte davon, General zu werden, aber das war schwierig, denn er war nicht im Generalstab. Zum Schluss wurde er nicht General.

Der Kommandant hatte eine Privattoilette, die recht und schlecht zusammengezimmert war, und die ließ er sich überall hinterhertragen. Das war ein Schuppen wie ein Rechteck, die Tür war ausgespart, da drin war unten ein Klosett – und dann ein Becken, um sich Hände und Gesicht zu waschen. Wir sind im Nordirak. Der Oberst sitzt auf dem Klo, und der Hubschrauber bringt uns wichtigen Kriegsbedarf. Der Propeller des Hubschraubers kippte das Klo um. Darunter ist eine Schlucht, und der Mann rollte in seinem WC dort runter. Wir haben uns vor Lachen auf dem Boden gewälzt. Eines Tages hat einer der Offiziere das Klo des Kommandanten ohne Erlaubnis benutzt, und dafür kassierte er Fußtritte und Ohrfeigen.

Am 9. Mai machten wir uns auf den Weg zur Operation im Nordirak. Die Einheiten versammeln sich beim Bataillon von Ballı in der Nähe von Uludere. Gegenüber sieht man den Berg Altıntepe, der ein wenig links von Zaho liegt. Hubschrauber und Flugzeuge bombardieren die Region. Es war die Absicht des Regimentskommandeurs, dort einzudringen, d. h., dann hätte er einen ganz großen Trumpf in der Hand und könnte General werden. Wir sind ein Gendarmenbataillon, aber nicht professionell. Es gibt Leute, die das für Geld machen. Bei der Operation, die im Monat davor durchgeführt worden war, waren acht Mann von der Spezialeinheit gefallen, und sie konnten den Berg nicht einnehmen. Das Fluggeschwader von Kayseri konnte ihn auch nicht einnehmen, und ich erinnere mich nicht daran, wie viele von ihnen fielen. Der Oberst versammelte uns, als würde er uns die Freitagspredigt halten, und sagte: »Es ist eine sehr ehrenvolle Aufgabe, den Berg Altıntepe einzunehmen, und diese Aufgabe wurde uns, dem Gendarmenkommandoregiment, anvertraut.«

Wir nehmen an, dass der Regimentskommandeur mit dem Hubschrauber kommen wird, aber er kommt nicht. Da wir ja für seinen Schutz da sind, bleiben wir wahrscheinlich auch. Aber nein, als zweite Truppe marschieren wir an der Spitze. Die Soldaten sind neu, haben keine Erfahrungen mit Operationen, aber wir sind doch eigentlich extra ausgewählt worden. Ungefähr 300 Mann. Ich marschiere in der 8. Reihe der 2. Truppe. Ein Kamerad aus Istanbul fragte, wer wohl bei der Rückkehr nicht mehr unter uns sein würde – und fiel.

Er legte mir die Hand auf die Schulter und fragte: »Weißt du, was heute für ein Tag ist?« »Heute ist Muttertag, jetzt machen viele Feierabend und bringen ihren Müttern Blumen oder ein Geschenk.« Er blieb stehen und fragte: »Wohin gehen wir denn mit den Waffen?« Führte er etwa Selbstgespräche? Wusste er denn, dass er in den Tod gehen würde? »Das ist unser Schicksal«, antwortete ich, »hoffentlich im nächsten Jahr!«

In der Zwischenzeit bekam ich rheumatische Schmerzen am Fuß und konnte nicht marschieren. Ich sagte es dem Kommandanten. »Nein, du wirst mitmarschieren«, antwortete er. Jemand kam, und später hörte ich, dass es ein Generalmajor sein sollte. Er fragte, wer von der Truppe rauchte und wie viele Zigaretten jeder hätte. »Mein Oberst, wir sollten den Jungs mal Zigaretten spendieren«, sagte er. Dem Oberst sagte ich nichts von meinem Fuß.

Wir machten uns auf den Weg. Die Truppen marschieren in einer einzigen Reihe, und wir halten einen Abstand von je fünf bis zehn Metern. Wir werden in ein Tal hinuntergehen, dann hinaufsteigen, dann werden wir wieder durch ein Tal marschieren und dann anfangen, nach oben zu steigen. Ich habe mindestens 40 kg auf dem Rücken und kann nicht marschieren. Der Kamerad hinter mir hängt sich bei mir ein. Der Bach sprudelt ganz rasend – ein Wildwasser. Da ist eine einzige Planke, und darauf werden wir den Bach überqueren. In diesem Augenblick hörte ich eine Stimme. Mein Kamerad hält sich wohl an einem Ast fest, stolpert, und da unten ist das Wildwasser. Ich zog ihn wieder hoch. Ich schaute mich um, niemand war da, und wenn wir ein Licht angezündet hätten, hätten wir ein verdächtiges Ziel abgegeben. Weiter vorn duckten sich die Kameraden, und wir stießen zu ihnen. Während sie die Brücke überquerten, gab man den Befehl: »Duckt euch!« Du duckst dich, und du hörst die Stimme. Auf einem der beiden Wege vor uns war hundertprozentig ein Hinterhalt. Ein Terrorist, der sich uns ergeben hatte, zeigte uns den Weg; er stammte aus Beytüşşebap. Er sagte, dass man hier einen Hinterhalt gelegt hätte. Die Planke über dem Wildwasser knarrt.

»Mein Gott«, sage ich, »da sind nun Hunderte von Soldaten, und warum trifft es gerade mich – mitten auf der Notbrücke?« Wenn sie nun einstürzen würde. Ich sagte zu meinem Kameraden: »Wir dürfen nicht beide gleichzeitig auf der Planke stehen.« Ich habe Angst davor, runterzufallen. Die Planke, die als Notbrücke dient, ist sehr schmal, und der Tornister sehr schwer, und du schaffst es nicht, das Gleichgewicht zu halten. Nur auf einer ganz kurzen Strecke zünden wir ein Feuerzeug an und gehen so über den Bach. Ungefähr fünf Meter über uns ist ein Berggipfel, und genau in diesem Augenblick sah ich die Umrisse einer Gestalt. Ich machte meinen Kameraden darauf aufmerksam. Wir konnten niemandem Bescheid geben. Wenn du ein Feuer angezündet hättest, wäre dadurch vielleicht die Hälfte des Bataillons draufgegangen. Danach haben wir den Anschluss an die Truppe wieder verloren. Ich weiß nicht, welchem der drei Pfade ich folgen soll. Ich werde für das Schicksal der Männer, die hinter mir kommen, verantwortlich sein. Zwei der drei Pfade könnten uns den Terroristen ausliefern.

Wir hatten einen Kameraden aus Antep, einen Scharfschützen. Er überholte mich und sagte: »Warum hast du denn Angst, wir haben doch auch Waffen, komm einfach hinter mir her!« Wir marschierten weiter, und ich hatte keine Probleme mehr mit meinem Fuß. Wir gingen etwa eine Stunde lang weiter und achteten sorgsam darauf, dass wir keine Funkgespräche führten, weil die Terroristen das abhörten. Ich konnte keinen Meter weit sehen. So finster war es. Ich fiel hin und hatte Angst. Um acht Uhr abends hatten wir uns auf den Weg gemacht, und als wir durch das Dorf gingen, waren wir vier Stunden lang marschiert. Ich fror und schwitzte gleichzeitig. Rauchen war verboten. Wir gingen durch das Dorf und kamen dann über den Berggipfel. Als ich mich dem Kommandanten nähern konnte, sagte ich ihm, dass ich einen Terroristen gesehen hätte.

»Warum hast du mir das denn nicht gleich gesagt?«, fragte er.

»Wir haben den Anschluss an die Truppe verloren«, antwortete ich.

Er küsste mich auf die Stirn und meinte: »Wenn du es mir gesagt hättest, wäre es noch schlimmer geworden.« Wir kamen knapp unter dem Gipfel an, und alle waren ganz kaputt. Der Hauptmann befahl, dass alle auf eine Seite gehen sollten. Wir waren so müde, dass wir einen Schritt vorwärts und drei Schritt rückwärts machten, während wir auf den Gipfel stiegen. So hoch war der. »Ich gehe nicht weiter«, sagte ich und warf den Tornister ab. Wir drei Mann haben dann wohl eine Stunde lang geschlafen. Es schneite nicht, aber wir marschierten auf dem Schnee. Wir erreichten dann die Leute vor uns und kamen auf dem Gipfel an. Jetzt sind wir auf dem Altıntepe. Ein paar Kobra-Hubschrauber flogen über uns hinweg und warfen Sterne und Symbole ab. Wir klatschten Beifall. An den Ausläufern des Berges ist noch ein kleiner Hügel, ein Felsen, der mit dem steilen Berg zusammenhängt. Man befahl, dass zwei Truppen dorthin gehen sollten, um das Gelände abzusichern. Der Kommandant rief, dass die Schutztruppe die Führung übernehmen sollte. Wir fingen an, einzeln hintereinander weiterzugehen. Wir sind acht Leute, und sechs Mann gehen voran. Wie bei einem Picknick. Ich stehe gerade hinter einem Felsen, da rast was mit einem Knall an mir vorbei – und in diesem Augenblick explodierte die Rakete. Tack – tack – tack. Ali und Muharrem fielen hin. Ich warf mich hinter den Felsen. Ali fing an zu schreien: »Mit mir ist es aus, ich sterbe!«

Ich kann den Kopf nicht heben. Es kamen noch ein paar Raketen. Unsere Leute können nicht schießen, weil sie uns damit gefährden würden. Wir stehen ja mittendrin. Der Kamerad zu meiner Linken lag auch an einer freien Stelle, er war an der Hüfte getroffen und fiel mir auf den Schoß. Ich zog ihn zur Seite, zerriss sein Halstuch, presste Watte auf die Wunde und verband sein Bein. Die beiden Kameraden weiter vorn lebten noch, aber sie lagen an einer freien Stelle, und du konntest sie nicht in Sicherheit bringen. Mein Kamerad aus Bursa und ich, wir ducken uns unter demselben Felsen. Er hat eine Bixi, und ich habe noch eine Rakete, aber wenn man die Rakete abschießen will, muss mindestens ein Freiraum von 26 m dahinter sein, denn da schießt eine gewaltige Flamme raus. Von dort aus, wo ich stehe, ist es nicht günstig, sie abzuschießen, und wenn ich versuchen würde, an eine günstige Stelle zu gelangen, könnte ich getroffen werden. Als Einziger fing der Mann aus Bursa an, mit der Bixi zu schießen. Später erfuhren wir, dass es vier Frauen gewesen sein sollen, die das Feuer auf uns eröffnet haben. Und wir können unseren Kopf nicht heben. Das war vielleicht ein Schock. Mir ist zum Weinen zu Mute.

Es wurde Mittag, und wir blieben noch fünf Stunden dort. Dann kamen zwei Kobra-Hubschrauber, und wir freuten uns. Die Kobras waren über unseren Köpfen, und sie schossen auf die Gegner. Als die Kobras das Feuer einstellten, fingen die Gegner wieder an zu schießen. Drei todesmutige Dorfmilizen kamen, außerdem ein Unteroffizier. Wir zogen uns zurück. Den verwundeten Kameraden lud ich mir auf den Rücken. Jetzt trug ich den Tornister und den Verletzten. Dann kamen zwei Hubschrauber, um die Verletzten mitzunehmen. Wir schauten nach, was mit Ali los war. Er war tot. Die anderen beiden waren nur verletzt, und darüber waren wir froh. Wir wissen, dass die drei tödlich verwundeten Kameraden dort blieben, bis sie sterben würden. Sie könnten vielleicht am Leben bleiben, wenn sie innerhalb von einer Stunde abgeholt und ins Krankenhaus gebracht würden; dann könnte es noch Chancen geben. In dieser Nacht schliefen wir in der Abwehrstellung. Unsere Stimmung war auf dem Nullpunkt, und als zwei Tage später das Teleskop ankam, begriffen wir, dass wir eine Weile hier bleiben würden.

Unser Regimentskommandeur kam auch an. Das Infanteriebataillon, das zum Schutz des Generals da ist, schießt nachts bei dem geringsten Geräusch. Zwei Nächte lang wurde von uns aus nicht ein einziges Mal geschossen. Der General sagte: »Ihr taugt nicht dazu, den Kommandoschutz für mich zu übernehmen.« Darüber waren wir froh. Der Wachposten des Regimentskommandeurs sagte mir, dass ich zum Kommandanten kommen sollte. Ich war vom Pech verfolgt. Man übergab mir das Teleskop mit der Kamera. »Das kann ich nicht«, war meine erste Reaktion. Ich weiß nicht, wie man das handhaben soll, aber schließlich musste ich doch das Fernrohr bedienen. Das Fernrohr ist sehr schwer. Wir waren zwei Truppen, und ein paar Leute holten das Kabel, und die anderen trugen die Kamera. Der Oberfähnrich sagte, dass wir die Umgebung ganz genau beobachten sollten, und dann brüllte er mich an: »Das habe ich dir doch gesagt, Mann!«

»Ich habe doch gehört, worum es geht«, antwortete ich.

»Wir sprechen uns noch«, sagte er dann und stieß einen Fluch aus. »Hier im Gebirge brauchst du mich, und ich brauche dich. Dein Rang schindet bei mir keinen Eindruck«, sagte ich. Wir kamen auf dem Berg Gregimar an. Diese Nacht verbrachten wir in der Stellung auf dem Gipfel des Gregimar. Neben uns und unter uns war jeweils eine Abwehrstellung. Ich sollte bis nachts um zwei schlafen und dann das Fernrohr übernehmen. Kaum hatte ich es übernommen, sah ich, dass sich was bewegte, und das Schießen fing an. Sie schienen bis zu 50 m weit bei uns eingedrungen zu sein. Der Uzman çavuş befahl: »Nicht schießen!« Die Flugabwehr in der unteren Stellung stockte. Man hörte Geschrei.

Sie fingen auch an, auf uns zu schießen. Wir schießen und werfen Handgranaten. Eine Stunde verging, und aus den Stellungen zu unserer Rechten kommt kein Schuss. Die Kameraden sind wohl tot. Sie schickten einen Jungen aus der Stellung hinter uns vor, denn sie wollen nicht über Funk sprechen. »Rührt euch nicht, macht gar nichts«, diese Nachricht brachte uns der Junge. »Sie haben euch nicht entdeckt«, sagte er. Genau in diesem Moment trafen uns fünf oder sechs Kalaschnikows, und wir warfen uns sofort zu Boden. Der Junge war neu, und vor lauter Aufregung fing er an zu schießen. Da wurde auf einmal so gefeuert, dass man noch nicht mal schießen konnte; man konnte ja gar nichts sehen. Der Bote, ein Junge aus Çorum, sieht, wie die Terroristen über den Boden robben und auf uns zukommen. Ein Geräusch kam zwischen den Felsen hervor. Der Junge aus Çorum sprang direkt auf mich drauf, und ich kann nicht aufstehen. Er war sofort tot, und mir verschlug es die Sprache.

Der Junge aus Çorum hatte wohl die Granate gesehen, und ich weiß nicht, ob das eine Reflexbewegung war oder ob er sie zurückwerfen wollte. Er rettete uns und kam selbst dabei um. Wir werfen Handgranaten. Am nächsten Morgen erfuhren wir, dass zwei der Gegner durch die Handgranaten gestorben waren. Einen der Toten haben sie weggeschleppt, und den anderen haben sie liegen gelassen. Den Jungen aus Çorum hatte die Granate in tausend Stücke gerissen, und sein Gesicht war purpurrot. Es hieß, dass er Vater eines Säuglings von sechs Monaten war. Wir hüllten ihn in eine Wolldecke. In der ersten Morgendämmerung zogen wir uns zurück. In der Stellung zu unserer Rechten waren auch drei Soldaten und ein Uzman çavuş gefallen. In dieser Nacht hättest du sterben können. »Warum ich?«, frage ich mich; Weinen und Jammern nützt auch nichts. Meine Kameraden von der Truppe sind ganz ruhig, denn sie waren weit weg vom Kampf. Ich will nicht sterben. Es kann auch meinem Stolz nicht schmeicheln, dass ich sage: »Lös mich ab!« Wenn du von vornherein sagst: »Ich habe Angst«, schicken sie dich nicht hin. Einer hatte so was gesagt. Wenn du so was sagst, hinterlässt du einen Eindruck, als hättest du etwas getan, das einen vor Scham erröten lässt. Außerdem will doch jeder am Leben bleiben. Mit einem Verlust von sechs Gefallenen haben wir den Berg Altıntepe eingenommen. Vor der Operation soll man an die 100 Särge für uns nach Ballı geschickt haben. Das heißt doch, dass man bereit war, so viele Menschen zu opfern. Wir blieben noch zwei Nächte dort. Diese beiden Nächte verbrachten wir mit Essen aus Konserven und Tee in der Dose. Einem Kameraden erzählte ich von meiner Freundin. Er fragte, ob ich ihm ein Mädchen verschaffen könnte, wenn er in unsere Gegend käme. Und ich sagte: »Vergiss die Mädels, es reicht, wenn wir das alles gesund überstehen.«

Ich war ganz unglücklich. Du fängst mit ihm zusammen an, und du kehrst zurück, er aber nicht. Ich grübelte, er war gestorben. Im Moment weiß das niemand. Am dritten Tag kamen wir wieder zum Stützpunkt. Und diesmal hieß es, dass wir zum Berg Kantur gehen sollten, der in der Nähe von Zaho lag. Wir waren zum Schutz da und blieben zurück. Am Nachmittag flogen wir mit dem Hubschrauber hin. Das war ein ganz alter Hubschrauber, und wir hatten Angst, dass er abstürzt. In der folgenden Nacht sahen wir das Teleskop, es stand an einem freien Platz, als wolle es sagen: »Greift doch hier an!« Wir brachten das Teleskop auf die linke Seite. Der Uzman çavuş sagte: »In dieser Nacht gibt's keinen Schlaf, holt so viele Handgranaten, wie ihr könnt!« Es war nachts um zwei. Das war ein kleiner Hügel, ich guckte durchs Fernrohr und sah drei oder vier Köpfe, ich drehte das Fernrohr nach rechts, und sie schienen uns von allen Seiten zu umzingeln. Der Çavuş rannte zum Major, meldete ihm das, und man fing an zu schießen. Von einer Seite schoss die Flugabwehr, von der anderen Seite gab eine Kalaschnikow unheimlich viele Schüsse ab, und es wimmelte von Menschen. Es waren schwere Waffen, die sie gegen unsere Stellung richteten. Drei oder vier Raketen kamen angeflogen. Der Uzman çavuş ließ das Schießen abbrechen. Wir werfen jede halbe Minute Handgranaten, damit die Gegner nicht bei uns eindringen. Der Çavuş rief: »Zieht den Bolzen der Handgranate raus und legt euch hin!« Es war ein Abstand von 15 bis 20 m. Diese Stellung war gefallen. Wir blieben am äußersten Rand. Als mein Kamerad sagte: »Die Handgranate ist hier reingefallen«, sprang der Uzman çavuş auf und floh. Wir beide, mein Kamerad und ich, blieben und warteten darauf, dass die Handgranate explodierte. Wir schleuderten Handgranaten, deren Bolzen wir rausgezogen hatten. Eine davon explodierte nicht, und das haben wir am Morgen gesehen. Eine Person starb, das war eine Terroristin; wir gruben die Erde auf und beerdigten sie. In ihrer Hosentasche fanden wir Fotos, die in Antalya aufgenommen waren. Bei uns gab es einen Gefallenen und einen Verwundeten. Ein paar Tage vergingen, und es war nichts mehr zu hören. In dieser Zeit fingen wir an, uns mit dem Uzman çavuş herumzustreiten, der aus der Abwehrstellung geflohen war. Arbeiten, die er eigentlich machen musste, delegierte er an uns und schlief. Ich konnte es ihm nicht direkt sagen, aber ich gab es weiter. Wenn ich durch das Fernrohr schaue, kann ich in der Dunkelheit nichts sehen; da kommen hinterrücks ein paar Faustschläge, das war er. Ich fiel in Ohnmacht, ich werde ihn töten, aber ich kann ihn nicht sehen. Wutschnaubend ging ich in die Stellung, ich beschwerte mich beim Oberleutnant und sagte: »Diesen Mann bringe ich um.« Man sagte ihm, was nötig war, und danach ließ er mich in Ruhe.

45 Tage sind vergangen. Man schickte sie zurück. Wir kamen als Letzte mit dem Hubschrauber nach Ballı. Gleich nachdem die Operation zu Ende war, sagte man: »Los, zum Berg Cudi, dort gibt's eine Operation.« Denken Sie sich nur, wir waren alle total am Ende. Die Stimmung war auf dem Nullpunkt angelangt.

Ich gehe aufs Klo. Da sitzen drei Offiziere, und ich merkte das nicht. Einer von ihnen sagte: »Junger Mann, du bist ja ein großer Schauspieler!« Ich muss so in Gedanken versunken gewesen sein, dass ich »Danke« sagte. »Du meine Güte – was für ein Schauspieler du doch bist«, sagte er dann. Ich antworte ihm, aber ich weiß nicht, mit wem ich spreche. In Gedanken bin ich im Irak. Er gab mir ein paar Ohrfeigen.

»Mensch, was soll das?«, fragte ich.

»Ich reiße mir die Rangabzeichen ab und prügle mich mit dir«, sagte er. »Herr Kommandant, sie müssen sich nicht beweisen!«, antwortete ich.

Er beschwert sich beim Oberleutnant unseres Bataillons über mich. In der Zwischenzeit habe ich mit dem Major gesprochen und bin nicht zur Operation gegangen. Wir kamen nach Beytüşşebap, und überall war es grasgrün geworden. Da floss das Wasser, wie im Paradies. Alles strahlte frühlingshaft, und das Essen wurde allmählich besser. Der neue Regimentskommandeur war gekommen. Alle verstanden sich gut, es gab besonderes Essen, und alle interessierten sich für mich. Das Bett war sehr gut. Seit vielen Tagen hatte ich nicht mehr gebadet, und ich war total verdreckt. Ich ließ den Ofen heizen, und so ein schönes Bad hatte ich noch nie genommen. Du kommst dir wie ein Vogel vor und ziehst saubere Klamotten an. Im Irak waren wir völlig verlaust, die Erdlaus ist was Ekelhaftes. Ein paar Tage lang trug man mich auch nicht für die Wache ein. Außerdem rief meine Freundin mich dauernd an. Wenn sie anrief, fing sie am Telefon an zu weinen.

Der neue Regimentskommandeur sagt dauernd: »Es macht überhaupt nichts, wenn ihr sterbt, denn das ist fürs Vaterland.«

D. h., er sagte uns ganz offiziell, dass wir sterben sollten. Der war so todesmutig, dass es in Beytüşşebap nach seiner Ankunft ganz unruhig wurde. Er war auch selbst zum Sterben bereit. Ich wollte Urlaub. Der Regimentskommandeur verbot mir den Urlaub. Mit Hilfe eines Obersten, der in Diyarbakır stationiert war, bekam ich zwei Wochen Urlaub. »Wenn du auch nur einen Tag dranhängst« – Verzeihung – »dann weiß ich wirklich nicht, was ich tue«, drohte er mir.

Zu den Kameraden, die nicht in Urlaub gehen konnten, sagte ich, dass meine Mutter krank wäre. Im Sommer ist es in unserer Gegend ganz anders, und ich sehnte mich sehr nach meiner Freundin. Als ich gegen Mittag in meiner Heimat landete, schaute ich aufs Meer, und alles kam mir immer noch wie im Traum vor. Ein paar Tage vorher war ich noch im Irak gewesen. Als würden alle Leute dich erwarten und den roten Teppich vor dir ausbreiten, da du ja ein Held bist, so kommst du dir vor. Eigentlich kümmerte sich keiner um mich. Meine Freundin hörte überhaupt nicht auf, mich zu umarmen, und heulte wie ein Schlosshund. Wir weinten beide.

Der Urlaub war zu Ende. Ich wollte nicht zurück und hängte zwölf Tage dran. Ich flog nicht hin und sagte: »Ich bin kein Soldat.« Aber ich musste hin – und heulte. Ich meldete mich in Urfa. In Mardin blieb ich zehn Tage. Man faxte überallhin, da man annahm, dass ich Fahnenflucht begangen hätte. Als man gerade dabei war, das Desertationsdokument zu unterschreiben, kam ich in Beytüşşebap an. Ich hatte auch ein schlimmes Furunkel am Fuß und konnte nicht marschieren. Als ich nach Beytüşşebap fuhr, gab es Operationen in der Umgebung. Der Regimentskommandeur rief mich. »Mein Junge, ich hatte dir doch gesagt, dass du keinen einzigen Tag dranhängen darfst.«

»Es war sehr schön«, antwortete ich, »in meiner Heimat ist Sommer, und außerdem habe ich eine Braut.« Der Oberst freute sich, dass ich die Wahrheit sagte und meinte: »Wenn du was anderes gesagt hättest, hätte ich angeordnet, dass du so behandelt wirst, als hättest du gerade erst mit deinem Wehrdienst angefangen.«

Ich hielt Wache vor dem Gelände des Bataillons. Einen Monat später stand ich kurz vor der Entlassung. Beim Wachdienst tranken wir Wodka. Beim Appell sagte der Regimentskommandeur zu mir: »Vortreten!« Und dann: »Leute wie der da verkaufen das

Vaterland, ich weiß nicht, was sie alles machen, aber sie schlafen beim Wachdienst« und knallte mir ein paar.

Zwei Tage später war ich krank geschrieben, wegen meiner wunden Füße (»Pantoffelurlaub«). Wir ließen uns fotografieren, während wir am Tisch saßen und Alkohol tranken. Wir wurden wieder erwischt – und bestraft. Das war ein Zwischenfall, der mit 40 Tagen bestraft wurde, d. h., wir würden 40 Tage später entlassen; Prügel gab's außerdem. Später, als ein Offizier ihm von unseren Erlebnissen im Nordirak berichtete, soll der Kommandant das Papier zerrissen haben.

Im letzten Monat kehrten wir aus dem Feld zurück und suchten etwas, womit wir unseren Spaß haben könnten. Wir erwischten einen Schwulen. »Mit wem hast du es getrieben?«, fragten wir. Nachts weckten wir jeden: »War es der oder der?« Da war ein Polizist, der was von seinem Handwerk verstand, und der brachte ihn zum Reden. Er jagte ihm eine solche Furcht ein, dass es wie eine Art Folter war. Dann gaben wir das an den Unteroffizier weiter. Man gab dem Jungen einen rosafarbenen Entlassungsschein.

Wir zogen unsere Zivilkleidung an. Es schneite wie verrückt, und alles war gefroren. Es gab keinen Konvoi, und wir konnten nicht schlafen. Ich zerriss die Uniform, ohne die Knöpfe aufzumachen. Nachts kam die Nachricht, dass der Konvoi starten sollte. Wir umarmten uns und verabschiedeten uns voneinander. Auf den Flughäfen sahen wir die Mädchen. Wir landeten in Istanbul, und meine Kameraden wurden von ihren Familien mit herzlichen Umarmungen begrüßt. Knapp zwei Wochen blieb ich in Istanbul.

In Antalya kam mein großer Bruder an den Flughafen. Das war im Januar. Bis Mai konnte ich mit niemandem reden. Wenn ich ein bisschen Alkohol kriegte, ging es mir besser. »Was hast du nur getan, was hast du alles erlebt?«, solche Fragen quälten mich. Und ich habe das ja auch keinem erzählt. Als ich nach Hause kam, konnte ich nicht einschlafen, ohne mir die Fotos anzugucken. Wie mit einer geheimnisvollen Kraft zieht mich die Gegend dort an, und ich möchte dort leben. Wenn man in dieser Stunde zu mir sagen würde, ich solle nach Beytüşşebap gehen, würde ich hingehen.

Ich hatte keine Angst vor dem Sterben. Ich hatte Angst davor, nicht zu sterben. Da sind immer noch Schrapnellspuren. Psychologisch gesehen war ich desorientiert. Das kam vielleicht ein Stück weit von dem früheren Regimentskommandeur. Der neue Regimentskommandeur hat uns sehr motiviert. Danach sind sehr viele Soldaten gefallen. Wir vergaßen alles außer dem organisierten Kampf. Wir glaubten, dass wir Leute waren, die man ihrem Schicksal überlassen hatte.

»Warum ausgerechnet wir?«, klagten wir oft. Wenn ich egoistisch wäre, hätte ich mich gerettet. Aber es gibt immer noch Leute, die so kämpfen wie ich. Schließlich sind die Gegner auch Menschen, sie schießen auf uns und wir auf sie. Aber wir haben eine andere Motivation. Heldentum, Mehmetçik. Man wird mit patriotischen Gefühlen, die 90% unserer Landsleute im Blut haben, dorthin geschickt. Und was die Leute hier angeht, hier will jeder die Latte höher hängen und ruhig, noch ruhiger und bequemer leben.

Vor der Militärzeit war ich aktiver und konnte besser reden. Ich war ein besserer Prediger. Ich bin etwas passiver geworden. Ich mag keinen übermäßigen Lärm. Vor dem Wehrdienst habe ich eigentlich nicht viele Bücher gelesen. Nach der Militärzeit habe ich ziemlich viel von Doğan Cücenoğlu gelesen. Ein Buch über Psychologie. Alles, was er schreibt, gefällt mir. Bei der Entlassung vom Militär sollte man daran denken, dass mindestens ein Kurs oder ein Seminar angeboten wird, damit die Entlassenen die Probleme, die beim Übergang ins Zivilleben entstehen, überwinden. Man darf nicht einfach nur sagen: »Dein Militärdienst ist vorbei, hol dir deinen Entlassungsschein und lauf los.«

Früher habe ich keine Entscheidung getroffen, ohne meine Familie um Rat zu fragen. Jetzt gehe ich entschiedener vor. Und ich äußere meine Gedanken offener. Früher war ich nervöser. Jetzt bin ich etwas ruhiger. Dort sterben die Leute für nichts und wieder nichts. Völlig umsonst. Ich glaube an das Märtyrertum, denn ich bin ein tief religiöser Mensch. Ich habe geglaubt, ich käme ins Paradies, wenn ich fallen würde. Die Gesellschaft interessiert sich nicht für diese Ereignisse, sie denkt an den Wohlstand. Ja, die Gesellschaft denkt an die Rendite.

(November 1998, Alanya)

1976 in Alanya geboren, Abitur. Er hat die Aufnahmeprüfung für die Universität bestanden, ist aber nicht hingegangen. Von sieben Geschwistern ist er der Jüngste; er hat vier Brüder und zwei Schwestern. Im Juni 1996 ging er zur Rekrutenausbildung nach Devrek im Bezirk Zonguldak. Im Dezember 1997 kehrte er aus Beytüşşebap zurück. Er war beim Gendarmenkommando. Er ist Händler – wie sein Vater.

32. Der eigentliche Militärdienst fängt hier an

Die Leichen kamen in einem schlimmen Zustand an; sie sahen aus, als ob man sie aus dem Schlamm gezogen hätte. Ihre Augen standen offen, und man hatte sie mit einer Wolldecke zugedeckt. Ich musste sie aufdecken, das kann ich wahrscheinlich mein Leben lang nicht vergessen. Zum ersten Mal sehe ich eine Leiche aus einer solchen Nähe. Das Blut rann.

Eines Tages wurde von dem Stützpunkt ein Krankenwagen angefordert, der zur Hubschrauberpiste fahren sollte. Ich fuhr mit dem Oberfähnrich hin. Ein Uzman çavuş und zwei Soldaten waren gefallen, und man brachte ihre Leichen mit dem Hubschrauber. Ich musste sie ins Leichenschauhaus bringen und identifizieren. Ich hatte erwartet, dass ich eines Tages mit so was konfrontiert werden würde. Wir holten die Jungs mit der Tragbahre aus dem Hubschrauber. Unter den Soldaten herrschte große Bestürzung, und alle drängten sich auf das Feld, um zu erfahren, wer gefallen war. Auf einmal habe ich mich in einer ganz verantwortungsvollen Position befunden. Wir holten die Jungs, legten sie auf die Tragbahre, und als wir sie zum Krankenwagen trugen, fingen die Soldaten an zu weinen und kamen herbeigerannt, um die Leichen zu sehen.

Die Leichen kamen in einem schlimmen Zustand an; sie sahen aus, als ob man sie aus dem Schlamm gezogen hätte. Ihre Augen standen offen, und man hatte sie mit einer Wolldecke zugedeckt. Ich musste sie aufdecken, das kann ich wahrscheinlich mein Leben lang nicht vergessen. Zum ersten Mal sehe ich eine Leiche aus einer solchen Nähe. Mund und Nasen waren voller Erde, wahrscheinlich hatten sie lange im Todeskampf auf dem Boden gelegen. Das Blut rann.

Ich bin ein Mensch, der in Ausnahmesituationen gefasst bleibt und in diesem Moment an Sachen denkt, die ich machen muss. Als wir versuchten, die Soldaten zu beruhigen, umarmten sie ihre Kameraden und weinten. Jeder leidet mit; man spricht von Gefallenen, und drei Gefallene kommen an. Man muss auf Vergeltung für die Gefallenen sinnen. Wenn man zu dem Soldaten, der diese Szene erlebt, ohne sie zu hinterfragen, sagt: »Wir ziehen in die Berge, um denjenigen zu töten, der deinen Kameraden umgebracht hat«, kann ihn nichts mehr halten.

Der Krankenwagen ist mit Bahren ausgestattet; er wird geöffnet, die Sitzgelegenheiten werden in zweistöckige Bahren verwandelt, wir brachten die drei Leichen dort unter, der Arm des Çavuş fällt dauernd runter, und als wäre es selbstverständlich, nehme ich seinen Arm und lege ihn ihm auf die Brust. In diesem Augenblick lege ich den Arm automatisch auf seinen Platz, und das passierte drei, vier Mal. Auch diese Szene kann ich nicht vergessen. Ich denke aber auf der anderen Seite auch daran, dass das Wetter sehr schön ist; es ist Herbst, die Blätter fallen, und ich sehe die Leute auf der Straße, die sich den Krankenwagen angucken. Es ist verboten, die Sirene einzuschalten, damit die Leute von der PKK sich nicht freuen, wenn sie das hören. Weil ich auch Fotograf bin, male ich mir aus, was für Fotos das bei diesem Sonnenlicht abgeben würde. Die unheimlich schönen Fotos in der Farbe des Sonnenuntergangs fallen mir auf, in einer Farbe, die dem Rötlich-Gelben nahe kommt – das nennen wir Lackmus-Licht –, Fotos, in denen die Sonne sich in den hässlichsten Gebäuden wunderschön spiegelt. Während ich an so was alles denke, schaue ich dem toten Jungen in die Augen – und gucke wieder auf die Straße. Drei Gesichter sah ich auf der Straße, und die habe ich immer noch im Gedächtnis. Eines davon war ein alter Mann, ein anderes war sehr schön, und unter diesen Bedingungen wirkt es vielleicht dem entgegen, was in mir vorgeht – zwei Mädchen gingen da entlang. Die Hüften eines der jungen Mädchen waren sehr schön. Dann sage ich mir: »Wie kann ich nur auf solche Einzelheiten achten«, und das Leben geht weiter. Du stehst zwischen Tod und Leben. Zum einen könnte ich eine Weile später zu dem Mädchen laufen, zum anderen in zwei Tagen an der Stelle des Toten sein. Du erlebst wirklich die totale Sinnlosigkeit und Absurdität. Mir kam es so vor, als würde ich das, was ich bei Camus gelesen hatte, erleben – die intellektuelle Lust, die ich an seinem Roman *Der Fremde* hatte. Dieser Junge ist gefallen, das Mädchen geht die Straße entlang, ich könnte mit dem Mädchen reden und mich mit ihm verabreden, und eines geht ins andere über. In einem solchen Augenblick sagst du nicht: »Dieser verdammte Krieg!« oder sowas, jedenfalls sage ich das nicht.

Als die Formalitäten erledigt waren, bin ich ins Lazarett zurückgekehrt und habe zwei Tage lang über das alles nachgedacht. Aber vor dem Einschlafen schaltet sich das Gewissen ein. »Die blutjungen Kameraden sind gefallen, und du liegst hier im warmen Bett«, sagst du dir. Du kannst nicht ruhig schlafen, denn dein Gewissen bringt dich in Bedrängnis. Du denkst nicht an Istanbul, und du setzt dir in den Kopf, dass das hier ein völlig absurder Ort ist.

Wem könnte ich erzählen, was ich alles erlebt habe? Wie könnte ich begreifen, dass der Krieg so ist, wenn ich das nicht alles erlebt hätte? Hier ist nur von Zahlen die Rede; bei irgendeinem Kampf sind drei Soldaten gefallen, zwei sind verwundet worden, und man hat soundso viele Terroristen gefasst. Man kennt noch nicht mal die Namen. Man hat sich daran gewöhnt. Du erlebst, wie sich das alles in Zahlen verwandelt. Was in den Nachrichten zu hören oder zu sehen ist, das erlebst du direkt.

Ich konnte nie in einer anderen Stadt leben, und ich hatte das Gefühl, dass die Lebensbedingungen außerhalb von Istanbul sehr hart waren. Jetzt ist das nicht mehr so. Überall, wo Menschen sind, besteht selbst unter ganz beschränkten Bedingungen eine Gemeinschaft, die auf Kommunikation beruht – und das Militär ist eine davon. Jeder findet Leute, die auf seiner Wellenlänge sind, und man erlebt angenehme Momente. Ich hätte nie vermutet, dass ich in Bingöl schöne Augenblicke erleben würde. Abgesehen von all dem, was ich sonst durchgemacht habe.

Die Verluste an Oberfähnrichen sind übermäßig hoch, denn sie haben keine Kriegsausbildung wie die anderen Offiziere. Das Gerücht geht um, dass auch die Zahl der Oberfähnriche hoch ist, die nicht mehr ganz klar im Kopf sind. Du bist Arzt oder Maler, du lebst in einer anderen Welt, und plötzlich bist du mitten im Krieg. Du hast die Verantwortung für soundso viele Soldaten und bist umgeben von Waffen. Man hält das nicht aus, denn man stellt Fragen wie: »Warum und wofür kämpfe ich eigentlich?« oder »Warum sterben die Menschen?« Und dann sagt man: »Die Verluste an Oberfähnrichen sind übermäßig hoch.«

Ich habe lange gezögert, bis ich zum Militär gegangen bin. Wenn man dann aber hingeht, hat es wenig Sinn, zu sagen: »Warum bin ich eigentlich hier?« Zum einen weiß ich, wozu ich dort bin, zum anderen aber auch, dass ich nicht dort wäre, wenn es möglich wäre. »Hier bin ich nun mal«, dachte ich, »und dann sollte das hier ein Beobachtungsposten und ein Ort sein, von dem aus ich jeden Punkt wahrnehmen kann.« Ich versuchte das alles zu spüren, zu erleben und genau zu beobachten. Ein andermal.

Wir holten die Erste-Hilfe-Tasche und gingen los, der Arzt im

Rang eines Oberfähnrichs und ich. Dort war die Ehefrau eines gefallenen Stabsfeldwebels und ihr Kind, das noch kein Jahr alt war, und seine Mutter; die junge Witwe hatte einen Nervenzusammenbruch. Wir gaben ihr eine Beruhigungsspritze. Das half nichts, und ein Familienmitglied versuchte ebenfalls die junge Frau zu beruhigen: »Er ist fürs Vaterland gefallen, wein doch nicht!« In diesem Moment kam ein höherer Offizier dazu und sagte: »Bringt sie weg, das Weib soll hier nicht so rumschreien!« Beim Hinausgehen zitierte er dann noch den klassischen Heldenspruch: »Sie sind gefallen und haben damit den höchsten Rang erreicht; ihr Blut wird nicht ungerächt bleiben.« Was ist denn hier Realität?

Wenn der Militärdienst nicht in Bingöl gewesen wäre, hätte ich vielleicht nie daran gedacht, dass ich je dorthin fahren würde, ich hatte nichts über die Geschichte und Kultur dieser Gegend gelesen, auch wenn ich Trekking mache und mir schon 70 % des Landes erwandert habe. 33 Soldaten – wenn man von Bingöl spricht, fällt einem das als Erstes ein. Meine Mutter grämte sich, als sie Bingöl hörte. Dort sehe ich die Spezialeinheit zum ersten Mal. Ich kam mir auf einmal so vor, als wäre ich mitten in einer Filmszene gelandet. Soldaten mit und ohne Rang, Tausende von Soldaten kamen, um sich zum Militärdienst anzumelden.

Zuerst geht es nach Elazığ. Wie ein Konzentrationslager. Du weißt nicht, wann du dran bist. Manche spielen Fußball, die Dienstälteren schinden die Soldaten, und die Letzten spülen das schmutzige Geschirr. Noch vor dem Morgengrauen stiegen wir in die Busse, in Richtung Bingöl. Es ist unheimlich heiß, und du schaust dir die Strecke genau an. Hier sollen also 33 Menschen umgebracht worden sein. Eskorten, Haltestellen und Kontrollstationen. Für diese Strecke brauchte man fünf bis sechs Stunden, normalerweise hat man das in ein bis anderthalb Stunden geschafft. In Bingöl meldeten wir uns beim Militär. Alte und schmutzige Häuser, Kleidung und Kopfbedeckung der Soldaten waren abgenutzt und von der Sonne gebleicht. Gegen Abend fingen die Schüsse an, und in dem Moment, wo man die Schüsse hörte, rannten die Unteroffiziere und die Feldwebel los. Ich denke, ich muss mich daran gewöhnen, aber andererseits komme ich mir vor, als wäre ich mitten in einem Vietnam-Film. Das hier ist alles wie auf einem Bahnhof. Zwei Mann schlafen in einem Bett, es gibt weder Bettlaken noch Kissenbezüge, die Sprungfedern der Betten sind kaputt, und etwa zehn Tage lang konnte ich meine Reisetasche nicht auspacken. Ich nahm mir nur das Nötigste raus, eine Zahnbürste und Seife. Zehn Tage lang konnte ich nicht baden, ich kam mir total verdreckt vor und fing schon an zu stinken. Eine Woche lang hatte ich keinen Dienst. Dann schickte man mich zur Hubschrauberpiste. Ich schrieb die Nummern der startenden und landenden Hubschrauber und ihre Einsatzgebiete auf. Als ich dort ankam, fing gerade die Operation »Herbstlaub« an. Zwei bis drei Wochen gingen so rum, und ich war nachts ununterbrochen auf den Beinen. Eines Tages landete ein Hubschrauber, und ein Mädchen von zwölf oder 13 Jahren stieg mit verbundenen Augen aus. Die Soldaten kämpfen gegen den Terrorismus, und das junge Mädchen gehörte wirklich zu den Leuten, die gegen die Soldaten gekämpft hatten; es war eine Terroristin. Vielleicht hatte sie sich ergeben...

Als sich die Soldaten ihr näherten, hatten sie nur sexuelle Absichten. Du holst sie und wirst ja irgendwas mit ihr machen, sie duftet, wie ein Schätzchen. Sie ist doch noch ein Kind. Die Soldaten, die so was tun, sind auch noch Kinder.

Die Leichen, die man bei den Operationen erbeutet hat, werden auf der Piste auf den Boden gelegt. Sie werden identifiziert, man trägt sie in eine Liste ein und schreibt einen Bericht darüber, wie der Kampf gelaufen ist. Früher konnte ich lockerer damit umgehen, wenn man von der PKK sprach, ich hatte bestimmte Einwände und Bedenken. Jetzt will ich ihnen nun nicht gerade jedes Recht absprechen, aber ich empfinde zumindest keine Sympathie mehr für sie. Je schändlicher das Militär, der Staat oder andere Kräfte wie die Polizei handeln, desto schändlicher verhält sich die PKK gegenüber ihrem Volk, auf dessen Schultern sie sich erhoben hat. Der Ausnahmezustand scheint zur Gewohnheit geworden zu sein, und dabei spielt die PKK eine sehr große Rolle. Was bringt es z. B., wenn dieses zwölf- bis 13-jährige Mädchen rundum davon überzeugt ist? Ich denke wirklich nicht, dass es auch nur bis zu einem gewissen Grad richtig ist, wenn man Kinder so benutzt.

Dort siehst du den Tod. Du siehst, was für ein Unterschied zwischen unserer eigenen Realität und der Realität dort besteht, und kannst nichts tun. Und außerdem erkennt man die Demagogie. Im ökonomischen Sinn wie im Sinne der Menschenrechte und der Demokratie. Zwischen dem Westen und dem Osten der Türkei klafft ein Abgrund von 50 bis 60 Jahren Entwicklungsgeschichte. Schließlich trägt die PKK enorm dazu bei, dass diese

Bedingungen andauern – indem sie zu den Waffen greift. Die PKK schickt diese Menschen in den Krieg, und die Menschen sterben. Im Gegenzug vollbringt Öcalan ganz andere Balanceakte. Du hörst Gerüchte, dass die Schutztruppe von Parmaksız Zeki nur aus Frauen besteht, und man hat so seine Vermutungen, was mit ihnen angestellt wird. Selbst wenn du denkst, dass das übertrieben ist. In den Bergen ist es zweifellos so, dass die Guerillas am häufigsten die Frauen als Sexualobjekt sehen. Unter den Soldaten herrscht hauptsächlich das Prinzip des Zuschlagens: »Nieder mit der PKK, es lebe die Türkische Republik!«

Du entwickelst auch gegen beide Seiten Antipathie, und du siehst, wie Gewalt Gewalt hervorbringt. Wenn du mit den Soldaten sprichst, ob mit oder ohne Rang, mit den Soldaten, die Dörfer anzünden, Menschen verprügeln und Menschen töten, denkst du, dass sie es tun müssen, auch wenn sie es nicht wollen, und du überlegst dir, dass die Lösung auf politischem Weg herbeigeführt werden muss. Die Politiker wollen auch keine Lösung. Der Krieg hat für ihre Rendite gesorgt, dieser Krieg mit seiner geringen Intensität, der seit 13 bis 14 Jahren anhält, und das alles hat dafür gesorgt, dass man denkt, es könnte noch weitere 14 Jahre dauern. Das ist die eine Sache, und so ist es auch für die PKK. Je länger diese illegalen Dinge, die sie in die Hand bekommt, dauern, desto mehr wird die PKK an dieser geringen Intensität festhalten. Die türkische Armee hat die Kräfte der PKK im Guerillakampf tatsächlich geschwächt, und der Ausdruck »Krieg mit geringer Intensität« passt jetzt besser. Die Spezialeinheit, JİTEM, die militärische Söldnertruppe, die Politiker und die Clanchefs haben ihren Platz im System gefunden. Das Volk geht leer aus, wenn das Militär sich zurückzieht und man dort nicht investiert. Beamte, Offiziere und Lehrer sind die Einkommensquelle des Volkes. Das Militär belebt die Ökonomie. Die einfachen Soldaten sind daher also die harmloseste und unschuldigste Gruppe; sie lassen sich aber sehr schnell provozieren, und man spürt Hass, ohne eine Möglichkeit zu finden, sich genauer zu informieren. Der Soldat geht durch das Kasernentor, als ob er sich der Armee ausgeliefert hätte. Wenn ein Mensch, der in seinem ganzen Leben noch nie einer geballten Macht gegenüber gestanden hat, sich in einem Regelsystem befindet, akzeptiert er das, was man ihm sagt, ohne die Möglichkeit zu finden, es zu hinterfragen, und wenn er es nicht akzeptiert, dann durch Gewalt. Was man dir sagt, wirst du machen, und falls du es nicht machst, dann musst du mit Verurteilung oder Gefängnis rechnen.

Wir machten Witze: »Aus lauter Dorftrotteln hat man eine Kommandotruppe zusammengestellt.« Sie haben Angst vor der Spritze. »In den Bergen riskiert ihr doch euer Leben«, sagte ich zu ihnen. Ein gewandter Typ war dabei, der sagte: »Red nicht von der Spritze, drei Kugeln wären besser!« Na, was für eine Ironie! Er hat Angst vor der Spritze und zieht am nächsten Tag in einen großen Kampf, bei dem er umkommen könnte.

Hinter der Hubschrauberpiste war das Lazarett mit 30 Betten, die Apotheke, ein Raum für die Zahnbehandlung und ein Labor. Ich war als Çavuş für das Lazarett verantwortlich, und ich lernte Sanitäterdienste, eine Wunde zu nähen, Blut abzunehmen, Serum zu verabreichen, und ich lernte die Namen der Medikamente und Rezepte lesen. In einer solchen Atmosphäre machte ich den längsten Urlaub meines Lebens. Ein Zahnarzt, zwei praktische Ärzte, außerdem der Arzt der Kommandotruppe, der Oberfähnrich und unser Truppenkommandant waren in demselben Gebäude untergebracht. Sauber bezogene Betten, die für eine Person gedacht waren; du läufst im Sporttrikot rum und kommst dir vor wie in einer Pension. Abends haben wir uns unterhalten, diskutiert und Schach- und *Tavla*-Partien gespielt. Ich habe unheimlich viele Bücher gelesen, sehr viel Englisch gelernt, und v. a. war es für mich sehr interessant, wenn ich jemandem eine Kopfwunde nähte. Ich hatte viel mehr Möglichkeiten als die anderen Soldaten, mit den Einheimischen zusammenzutreffen. Einheimische, nun ja, das kann man eigentlich nicht sagen, also den Apotheker habe ich getroffen, bei ihm war ich jeden Tag ein paar Mal. Die Stadt wurde von der *Refah-Partei* regiert, Moscheen und Cafés waren voll, und viele Männer trugen Bärte. Eine Kneipe gab es nicht, und wer Alkohol trinken wollte, fuhr in ein Restaurant in der Nähe von Genç. Es gab einen Juwelier in der Stadt, man sah die neuesten Modelle von Mercedes und BMW. Die Einheimischen wirken sehr arm, aber viele sind nach Deutschland gezogen. Viel läuft da auch mit Heroin, wahrscheinlich sorgt das Heroin für die Lust auf Gold. Die Spezialeinheit ist sehr stark ins Alltagsleben integriert. *MİT* und *JİTEM*. D. h., alles, was auf dem Papier geleugnet wird, ist dort. Auch wenn du sie dazu zwingen würdest, sprechen die Händler dort nicht über den Krieg; du trägst eine Uniform. Alles, was sie durchblicken lassen, ist: »Wir sind auch

Kurden. Nicht nur die PKK, sondern wir haben auch etwas zu sagen, und wir wollen unsere Muttersprache, unsere Kultur und demokratische Rechte.« Das ist eine offen ausgesprochene Forderung. Das sagen sie nicht zu den Soldaten, schließlich bin ich jemand, der das Unrecht, das ihnen geschieht, verursacht. Jeder, mit dem ich sprechen konnte, deutet an, dass er nicht dafür ist, dass der Krieg andauert. Sie haben weder Sympathien für die PKK noch für das Militär. Das Embargo beunruhigt sie. Ich habe verfolgt, was in *Susurluk* passiert ist.[1]

Ohne dass es jemand merkte, habe ich das Licht an manchen Abenden schon um neun Uhr ausgeschaltet. Die Offiziere unterstützten das auch. Es war möglich, vom Bürotelefon aus anzurufen. Meine Eltern waren erleichtert, als sie erfuhren, dass ich nicht in Lebensgefahr war. Meine Mutter näherte sich sowohl der Mutter, die man »Mutter eines Gefallenen« nennt, als auch der Mutter, die man »Mutter eines Terroristen« nennt, mit Herzkrämpfen, und gegen die Politiker wandte sie sich mit den Worten: »Verdammt sollen sie sein!«

Irgendwann einmal waren die Bombenattentäter da, die etwas mit den Anschlägen in Sivas zu tun hatten. Man sagte, dass sie nach Bingöl kämen. Ich hatte Angst. Es wurde verboten, ohne Waffen auszugehen. Ich nahm die Waffe zur Hand, entsichert und mit geladenem Magazin, und weil man wusste, dass sie diejenigen, die in den *Çarşaf* gehüllt waren, als Deckung benutzten, wurde ich jedes Mal nervös, wenn jemand im Çarşaf an mir vorbeiging. Das dauerte ein paar Tage lang. Da es das Stadtzentrum war, konnten sie nichts tun, was zu einem Aufruhr geführt hätte. Deswegen kam es nicht zu Unruhen. Wir nahmen an den Operationen teil, und ich war nicht Zeuge des Kampfes. Aus genau festgelegter Distanz warteten wir ab, was geschehen würde. Man teilte uns mit, wenn sie uns brauchten.

Die Militärzeit hat sehr viel verändert. Das größte Problem der Türkei ist, aus der Sackgasse herauszukommen. Einige werden

1 Landesweite Aktion, um an den Prozess um die Ereignisse von Susurluk zu erinnern. Bei einem Autounfall in der Nähe von Susurluk waren ein Polizeichef und ein steckbrieflich gesuchter Rechtsextremist samt seiner Freundin tödlich verletzt worden; zwei weitere haben ihre Verletzungen überlebt. Dieser Unfall hat eine Staatskrise ausgelöst, da sich herausstellte, dass es eine Verbindung zwischen dem Parlament und illegalen Aktionen gab. [Anm. d. Übers.]

das jahrelang fortsetzen, solange das Thema nicht immer wieder aufs Tapet gebracht wird. Wie oft die Leute hier auch sagen, dass sie Mitgefühl empfinden – das bringt nichts, solange man es nicht selbst erlebt.

In den Medien erlebt man das auch total anders. Der Krieg hört auf, wenn es politisch gewollt ist, aber eine solche Absicht ist nicht da. Die türkische Armee ist im wahrsten Sinne des Wortes eine kriegerische Armee geworden, und sie macht ihre Sache gut. Unter den Offizieren habe ich keine Tendenz zum Frieden festgestellt. Es gibt auch Offiziere, die fragen: »Kann man denn in einem Land, das einen *MGK* hat, überhaupt von Demokratie sprechen?«

In Istanbul habe ich mich nach nichts Bestimmtem gesehnt, aber da ist eine innere Unruhe, die daher kommt, dass außer deinem Willen auch deine Freiheit eingeschränkt wird. Nach meiner Rückkehr habe ich eine schwierige Phase durchgemacht. Da fühlt man sich schon ziemlich depressiv, und in den ersten Tagen hast du Probleme, dich anzupassen. Hier habe ich gemerkt, dass das Leben unabhängig von mir dahinfließt, dass ich sozusagen eine Pause eingelegt und damit auch nicht viel verpasst hatte.

Istanbul kam mir unangenehm vor, es wimmelte nur so von Menschen, das waren viel mehr als früher. An meinen Beziehungen zu meinen Freunden konnte ich auch keinen Geschmack mehr finden. Mein Alltag war ganz anders.

»Na, wie war's denn, warst du beim Militär, seit wann bist du denn wieder da?«

Was sollst du da antworten? Ich habe erlebt, dass mein Leben dort zerbrochen ist. Das kann ich nicht mit zwei Worten erzählen, und wenn ich es erzählen würde, würdest du es nicht verstehen. Die Beziehungen zu den Freunden aus der Zeit vor dem Wehrdienst sind abgekühlt. Da hat sich so viel verändert, und es ist schwer, wenn man aus einer der beiden Welten wieder in die andere kommt. Da ist nun mal das Kurdenproblem und der Krieg. Du siehst den Unterschied zwischen all dem, was von verschiedenen Seiten gesagt wird. Früher habe ich das auch gemacht, da hatte ich mir ganz fix ein Urteil gebildet und es ausgesprochen. Es ist nicht leicht, sich von den Eindrücken zu befreien, in Gedanken bist du immer noch dort; es waren 13 Monate. Der eigentliche Militärdienst fängt hier an, im Zivilleben.

(März 1998, Istanbul)

1969 in Istanbul geboren. Er ist Chemie-Ingenieur und arbeitet als Fotograf. Er hat einen Bruder, der seinen Militärdienst bis jetzt noch nicht gemacht hat. Im Juli 1996 ging er als Mannschaftsreserve zur Rekrutenausbildung nach Amasya, und er hat seinen achtmonatigen Militärdienst als Sanitätsoffizier in Bingöl abgeschlossen. Er liebt Camus.

33. Wir müssen Menschen werden, die das Leben heiligen

Es gab Leute, die etwa so dachten: »Wie Löwen sind die türkischen Jungs, und wenn sie Atatürks Kinder sind, warum hat man diesen Ungläubigen dann hierher gelassen?«

Ich bin Musiker in der Militärkapelle, in Tunceli. Am 30. Juni fand der erste Kamikazeangriff statt. Sie werden sich daran erinnern; vier Unteroffiziere und vier Soldaten sind dabei gefallen. Wir sind statt der Toten dort. Jeden Freitag wird die Fahne gehisst, und am Sonntag wird sie eingeholt. Ich hatte natürlich etwas Angst, und als unser Kompaniechef uns in Empfang nahm, sagte er: »Das wird noch einmal passieren!«

Diese Geschichte wurde sogar noch mehr dramatisiert, und beim ersten Appell nach diesem Ereignis soll der Brigadegeneral von sich gegeben haben: »Selbst wenn die Feinde alle *Saz*-Instrumente, die ihr in der Hand habt, in Stücke reißen würden, würdet ihr den Freiheitsmarsch auf den Trillerpfeifen der Gendarmen spielen.« Die Stimmung war auf dem Nullpunkt. In unserer Kompanie war ein Junge vom Jahrgang 1976 – im ersten Quartal einberufen – ein halbes Jahr vor mir Soldat geworden; er spielt Trompete und hat schon seine Tasche gepackt, um in Urlaub zu gehen. Ein anderer, ein Zigeuner, war ein Junge aus Bursa, der bei İbrahim Tatlıses' Auftritten die Begleitmusik spielte. Der Junge aus Bursa sagt zu dem Kameraden aus Hatay: »Ahmet, schreib doch bitte meinen Brief ins Reine, du hast so eine schöne Handschrift.«

»Na klar«, antwortet Ahmet, schreibt den Brief ins Reine und schreibt auch noch ein Gedicht dazu, das er selbst verfasst hat: »Wenn ich stürbe, würde ich zum Märtyrer.«

»Wenn du das doch nur nicht geschrieben hättest«, sagt der Junge aus Bursa daraufhin, »das macht meine Mutter ganz traurig.« Der andere sagt dann: »Mein Junge, das ist ein gutes Gedicht, so was schreibt nur der Soldat.« Und dann ließ die Frau die Bombe explodieren und sprengte zuerst Ahmet und dann sich selbst in die Luft. Ahmet wurde in drei Stücke gerissen. Der Junge, der den Brief für Ahmet ins Reine geschrieben hat, wurde auch verwundet, und er bekam den Brief, als er in Urlaub ging.

»Mensch, warum haben sie bloß den Ahmet getötet, Mann, was ist denn nur passiert, du hast dich ja selbst in die Luft gesprengt«, sagst du.

Ich drücke meine Reaktion so aus, das ist Jargon. Ich habe Ahmet natürlich nicht mehr getroffen, aber es gab Fotos. Die gefallenen Unteroffiziere waren Anfang oder Mitte 20, einer von ihnen hatte nach Ankara gehen sollen, und seine Verlobte war gerade dabei, ihm das Flugticket zu schicken. İbrahim Sever hatte noch 24 Tage bis zu seiner Entlassung, und auf die Rückenlehne seines Stuhls schrieb er: »İbrahim Sever – noch 24 Tage«.

Ich bin kein Muslim und lebe in der Türkei, und wie sind wir in einen solchen Krieg geraten? Was muss man tun, was muss man denken, und mit wem muss man sprechen? Beim Militär werden Flaggenzeremonien veranstaltet, sodass wir zur ersten offiziellen Zeremonie nach dem Kamikazeangriff antraten. Ich hatte Glück; drei Monate später wurde ich als Melder des Kompaniechefs berufen, d. h. als sein Posten; das war so eine Art Sekretär, Putzmann, und noch alles Mögliche.

In Tunceli hat ein Offizier kein Privatleben. Nachts kann er nicht rausgehen, und zu den Einheimischen hat man überhaupt keine richtige Beziehung. Warum ich erleichtert war? Ich musste nicht Wache schieben, sodass mein Leben damit gerettet war. Der Kompaniechef wechselte; über ihn muss ich was sagen, damit man ihm nicht Unrecht tut. Er war ein erzfrommer Muslim, er las die Zeitung *Akit*, und sein Melder ist kein Muslim, d. h. ich. Eines Tages kamen drei Arbeiter von der Post, um das Telefon in seinem Zimmer anzuschließen, und wir haben uns unterhalten. In der Woche darauf brachte einer von den dreien dem Kompaniechef einen *APS-Brief*, ich war der Kompanie-Çavuş und sagte: »Entschuldige, aber wir dürfen dich nicht reinlassen.«

Bei der Schulung wird erklärt: »Wenn gefährliche Subjekte eindringen, dann durchs Haupttor.« Die Stabsfeldwebel wurden wütend und fragten mich, ob ich es nicht übertreiben würde. Ein paar Tage später wurde der Postbote, den ich nicht reingelassen hatte, dabei erwischt, wie er den Busbahnhof von Elazığ in die Luft sprengen wollte. Wenn er uns an diesem Tag in die Luft gesprengt hätte, wäre das die größte Aktion der PKK geworden, und 50 bis 60 Menschen wären dabei gestorben. D. h., du ergreifst auf jeden Fall Partei. D. h., dabei kannst du dir die wirtschaftlichen, kulturellen und politischen Widersprüche nicht vor Augen halten.

Ein BTR-Panzer fuhr auf eine Mine, zwei Soldaten und ein Uzman çavuş starben dabei. Ein junges Mädchen und ein Mann durchlöcherten die verletzten Soldaten im Panzer. Am Telefon sagte ich zu meinem Freund in Istanbul: »Die Spezialeinheit der Polizei ist hinter ihnen her.« Verzeihen Sie, aber ich sagte: »Sollen sie die doch f...!« Mein Freund hat sich gewundert, warum ich dieses Wort benutzt habe.

Wenn du Türke und Sunnit bist und im Stadtviertel groß geworden bist, kannst du MHP-Anhänger werden, wenn deine Familie fromm ist, kannst du Islamist oder sonst was werden, d.h., du brauchst nicht mehr dazu.

In der Rekruteneinheit werden die Soldaten psychologisch motiviert, aber mich hat das nicht beeindruckt, vielleicht auch, weil ich nicht – wie ein Türke – denke: »Wir kämpfen für den gerechten Krieg.«

Unabhängig von der Ausbildung in der Rekruteneinheit zieht der Krieg einen ganz gewiss an. Die Gegner töten uns, aber sie sterben auch. Ihr ergreift für eine Seite Partei, so war ich nicht, aber eine Weile später sieht man das anders.

Ich war nie am unmittelbaren Kampfgeschehen beteiligt. Angst hatte ich immer. Viele Meldungen kamen, und wir sind zu den offiziellen Zeremonien angetreten. Uns haben sie nicht in die Luft gesprengt, aber in Adana haben sie Sprengsätze hochgehen lassen.

Was soll ich denn nun sein – Armenier, Türke oder einfach jemand, der aus der Türkei stammt? Diese Fragen bringen einen mit der Zeit in eine bestimmte politische Richtung. Ich habe mich für die Linke entschieden. Als ich anfing zu studieren, haben die religiösen Widersprüche angefangen. Da waren Leute, die ich sehr gern hatte, gute, gläubige Menschen. In der praktischen Anwendung der Religionen liegt ein Fehler, und das liegt daran, dass es das reinste Labyrinth ist. Vor der Militärzeit war ich politisch links, ließ mich nicht weiter auf Streitigkeiten ein und las viel. Ich interessierte mich auch für das Kurdenproblem. Es ist keine Frage, dass den Kurden Unrecht getan wird. Sogar die armenische Gemeinschaft hat viel mehr Möglichkeiten als die Kurden; wir haben unsere Kirchen, unsere Schulen, sprechen unsere Muttersprache und lesen unsere Zeitungen. Ich gehörte nicht zu den Leuten, die fragten, ob die Armenier oder die Türken den Völkermord begangen hatten.

Ich akzeptiere, dass die PKK zu dem Zeitpunkt, als sie auftauchte, berechtigte Gründe hatte – wie sie selbst sagt; ich habe aber keinerlei Sympathien für die Anschauung, dass die PKK der einzige Verteidiger des kurdischen Volkes sei und man sie daher unterstützen müsse. Vielleicht entstand meine Meinung auch im Zusammenhang mit den Kommentaren, die ich durch meinen Familien- und Freundeskreis wie durch Presse und Fernsehen mitkriegte. Sie hatten Recht, na klar, das Kurdenproblem stand weltweit auf der Tagesordnung, und jeder weiß, dass die Kurden in einer schwierigen Lage sind. Das wissen die Türken wie die Kurden, und ich weiß das natürlich auch. Aber es kommt einem so vor, als ob der Preis, der dafür bezahlt wird, zu hoch ist. Wenn man es genau nimmt, sehe ich auch bei der Organisation – bei der PKK – keine hundertprozentige Schuld.

Ich weiß, wie hoch der Profit für die türkische Armee, die türkische Politik und die türkischen Nutznießer ist. Ich wurde ausgeschlossen, weil ich immer von einem linken Standpunkt aus argumentierte. Eigentlich sagte ich mir: »Die Armenier werden nicht zum Nahkampf geschickt.«

Als ein Junge aus Ankara, ein dogmatischer Nationalist, kapierte, dass ich kein Muslim war, war er ganz verdattert, hat sich aber auch sehr nett verhalten. Interessanterweise war der Zweite, der mir während der Militärzeit am nächsten war, auch ein dogmatischer MHP-Anhänger. Wie auch immer man in der Gesellschaft lebt, beim Militär läuft's genauso. Man fragt mich: »Mensch, was hast du denn für einen Namen? Bist du etwa ein Ungläubiger?« Mir war das nicht fremd, und manche waren auch der Auffassung, dass man mich deshalb nicht diskriminieren sollte. D. h., ich habe Negatives wie Positives erlebt. Das ist überall so. Wenn ich sage, dass ich kein Muslim bin, guckt man mich komisch an und stellt mir seltsame Fragen. Und es gibt Leute, die nicht mehr mit mir reden, wenn sie das erfahren, und das sind dann die Leute, die mir gerade deshalb Arbeit geben. Außerdem ist die Tatsache, dass die Armenier keine Muslime sind, angesichts der Kurdenfrage zweitrangig.

Wir sind in Tunceli, aber man erlebt Schreckliches. Am 30. August soll die Flagge dort, wo Atatürks Büste steht, gehisst werden, im Stadion soll es einen Aufmarsch geben, und wir werden musizieren. Zuerst kommen die Fotos, auf denen man sieht, wer einen Selbstmordangriff machen könnte. Das ist keine Lappalie, am 30. August hat der da auf dem Foto sich in Sivas oder

Adana selbst in die Luft gesprengt. Ich bin Musiker in der Militärkapelle, aber im Osten hat es sich was mit der Musik, da bist du in erster Linie im Krieg. Da sind mehr Angriffe als Gefechte.

Drei Mann kommen und eröffnen das Störfeuer. Das Militär erwidert das Feuer, oder die Gendarmenwache wird überfallen, und sie dringen dort ein. Abgeschlagene Köpfe, Tod der Terroristen – und Gefallene bei den Soldaten. Anderthalb Jahre lang haben wir das erlebt. Wer diese Aufgabe als Einziger völlig korrekt ausführt, das ist der Verband der Spezialeinheit der Polizei, und ich weiß nicht, ob aus finanziellen Gründen oder wegen kameradschaftlicher Bindungen. Nehmen wir mal an, sie hätte nachts zwei Mann im Hinterhalt getötet, die Soldaten können nachts kein Ziel verfolgen, denn sie kennen das Gelände nicht, und wenn sie trotzdem hinauszögen, würden noch viel mehr fallen. Wenn aber jemand von der Spezialeinheit der Polizei fällt, dann setzen die anderen auch alles dran, um den Gegner zu fassen, und dann fangen alle Folterungen an, die im Osten gemacht werden. Die Mehrheit der Einwohner von Tunceli besteht aus Sympathisanten, jede Familie hat einen oder eine junge Angehörige in den Bergen. TİKKO soll zeitweise viel aktiver als die PKK gewesen sein, später kam die PKK stärker raus. Das Militär, die Polizei und die Beamten wissen das. Die Soldaten mögen die Einheimischen ganz und gar nicht, und die Einheimischen mögen die Soldaten nicht. Dort müsst ihr gezwungenermaßen Partei ergreifen.

Nehmen wir mal an, die Gegner haben uns angegriffen, und das hat etwas mit dem Anzünden der Dörfer zu tun, und wenn dann das Feuer eröffnet wird, und wenn die Gegner den Kameraden – B., der mir am nächsten ist – töten würden, was kannst du da nur machen? Die Kriegspsychologie ist sehr wichtig; sowohl die Kurden als auch B. haben Recht. Du kannst nicht sagen: »B. hat Pech gehabt, und jetzt ist er tot«, sondern du sagst: »Sie haben B. getötet.« Wer hat ihn umgebracht? Ein ganzes Dorf. Zieht in das Dorf, riskiert euer Leben, und ihr werdet euch dabei nicht sonderlich feinfühlig verhalten.

Das ist natürlich nicht der einzige Krieg, den man erlebt. Überall ist Krieg, jeden Augenblick. Wir hatten einen Unteroffizier, und der Mann weckte den Soldaten, der für den Küchendienst zuständig war, mitten in der Nacht und befahl ihm, ihm eine Scheibe Toast zuzubereiten. Eine halbe Stunde später weckte er ihn wieder: »Mach mir noch eine Scheibe, ich bin noch nicht satt.« Wiederum eine halbe Stunde später noch eine Scheibe – und noch eine. Der Junge schläft nachts nur drei oder vier Stunden.

Weil ich unter dem Befehl des Obergefreiten und des Kompaniechefs stehe, kann man mir nichts antun. Als der Junge in dieser Nacht geweckt wurde, wachte ich auch auf und mischte mich ein. Schließlich wurde den Unteroffizieren der nächtliche Toast verboten. Der Unteroffizier konnte das nicht verkraften. Als ich in Urlaub war, wurde der Kompaniechef versetzt. Man schickte mir die Nachricht, dass ich mir eine Gendarmenwache aussuchen sollte. Es gab einen Unteroffizier – einen MHP-Anhänger –, der mich nicht in Ruhe ließ, weil ich kein Muslim war. Ich bin kein Muslim, habe eine gute Position, und außerdem lasse ich sie nicht in Ruhe. Sie haben allen Grund dazu, mir feindselig gegenüberzustehen. Ich hinderte die Dienstälteren daran, dass sie die neu gekommenen Soldaten quälten, dass sie sie zu Strafwachdiensten verdonnerten oder verprügelten. Der Tod ist sehr einfach und dort ein Teil des Lebens. Aber genauso wie du die Todesangst im Zivilleben nicht dauernd mit dir herumschleppst, so ist es auch dort. Kummer und Sorgen wie Probleme hinter der Front, dass es schlechtes Essen gibt oder die Geliebte dich nicht anruft – das kommt dort auch vor. D. h., die Todesangst war in einen Winkel verbannt.

Die Bedingung dafür, dass du 18 Monate lang in Todesangst leben kannst, ist, dass dein psychologisches Gleichgewicht kaputt ist. Das schüttelt ihr auf jeden Fall ab. Außer dem Dienst an vorderster Front gibt es auch den Dienst hinter den Linien. Und das haben wir ganz massiv erlebt. Das war hart, aber 70 Leute hatten es mir zu verdanken, dass sie in Ruhe weiterleben konnten. Der Unteroffizier ist tatsächlich der größte Kummer des Soldaten. Die Offiziere kommen nicht in den Osten, euer Kompaniechef muss ein Hauptmann sein, und vertretungsweise kann ein Stabsfeldwebel diese Aufgabe übernehmen. Bei den Unteroffizieren gab es Leute, die mich nicht mochten, weil sie MHP-Anhänger waren – und auch wegen meiner Position.

Es gab Leute, die etwa so dachten: »Wie Löwen sind die türkischen Jungs, und wenn sie Atatürks Kinder sind, warum hat man diesen Ungläubigen dann hierher gelassen?«

Vielleicht hätte ich auch mehr Ruhe gehabt, wenn ich in Reih und Glied geblieben wäre und mich nicht eingemischt hätte. Zum Glück musste ich die Waffe nicht gegen Menschen richten. Wenn ich Wache schob – auch wenn das selten vorkam –, dachte ich z. B.: »Was wäre, wenn mir ein Mädchen von 17 oder 18 Jahren entgegenkäme?« Mensch, was sollte ich dann tun? Wenn ich das Mädchen töten würde, wäre es eine schreckliche Sünde, ihr das Leben zu nehmen; würde ich sie aber nicht töten, dann würde sie mich umbringen, und sie könnte auch noch die 20 Menschen umbringen, die in dem Haus sind, vor dem ich stehe, und die ich beschütze. Ich grübelte darüber nach und sagte mir: »Komm nur, mein Mädchen – oder geh weg, egal, was passiert, ich tue so, als würde ich dich nicht sehen.«

Meistens waren die Toten, die ich gesehen habe, in den Bergen umgebracht und dann zu unserer Einheit gebracht worden. Ich habe ja schon berichtet, als man B. tötete, war es nicht möglich, eine menschliche Reaktion abzuwarten, als wir ins Dorf zogen. Der Krieg macht einen zum Tier, d. h., beim Militär und bei den Offizieren suchen Sie vergeblich nach zivilisiertem Verhalten. Ich sage das nicht, um die Soldaten reinzuwaschen. Ich bemühe mich darum, zu erklären, dass die schmutzige Dimension des Krieges auf beiden Seiten greift. Denn der Gegner macht das auch.

Als ich zurückkehrte, erlebte ich, dass man mich fragte: »Na, bist du nach rechts gerutscht?« Und ich zeigte meine Ablehnung darauf. Der Tod ist das Einzige, was einen unglücklich macht. Es gibt tatsächlich nichts Dramatischeres. Für einen Menschen muss das die erste Sorge sein. Das ist das erste Problem vor allen anderen, vor dem Kurdenproblem, vor dem Türkenproblem und vor der Frage nach Kurdistan oder Turkestan. Wo das Feuer hinfällt, da brennt's wirklich. D. h., als ich mich im Alter von 18 oder 19 Jahren in eine Ecke in der Bibliothek verdrückte und mich mit der Kurdenfrage beschäftigte – das war doch ein Spiel gegenüber dem, was ich wirklich erlebt habe.

Nur die Eltern, die einen Sohn beim Militär haben, machen sich Sorgen. Wer einen Angehörigen in den Bergen hat, macht sich Sorgen, und wer das mitmacht, leidet darunter; andere erleben es nicht.

Man soll den Tod nicht für heilig erklären! Mensch, dann stirb doch! D. h., wenn dich die Kugel trifft, dann bleibt weder vom Sozialismus noch von Kurdistan, noch vom Nationalismus was übrig. Das Erste, woran du denkst, ist, wie sich das Blut stillen lässt – kann ich mich Ihnen verständlich machen? Die Menschen, die den Tod heiligen, nehmen die größte Schuld der Geschichte auf sich. Niemand von der türkischen Armee – oder aus der Politik – wird mir Ahmets Tod erklären können. Sogar die beiden Kriegsparteien werden nicht erklären können, warum der Junge in drei Teile zerstückelt zu seiner Mutter gebracht wurde.

Ich bin wütend auf die Linken. Vielleicht nimmt ein MHP-Anhänger den Tod ohne weiteres in Kauf, und ein Erzfrommer nimmt ihn im Sinne des Heiligen Krieges auf sich. Die Linken sollten etwas behutsamer damit umgehen, wenn sie Leute in den Tod schicken. Wir müssen Menschen werden, die das Leben heiligen. Wir sollten dem praktischen Leben mehr Wert beimessen als den Ideologien in den Büchern. Wir sollten nicht sagen: »Stirb, damit die nachfolgenden Generationen es besser haben.« Vielleicht hat niemand das gesagt, aber das erlebt man in der Praxis; das ist billiges Heldentum. Du stirbst, man schickt deiner Familie etwas Geld, und damit ist die Sache erledigt; Märtyrertum – das ist doch albern.

Ein Schreiben kam an, das den folgenden Text enthielt: »Achten Sie sorgsam darauf, dass Sie weder verwundet werden noch sterben, denn der Familie jedes gefallenen Soldaten wird soundsoviel Geld gezahlt; belasten Sie nicht den Staatshaushalt.« Ist so was denkbar? Ist das die Gegenleistung dafür, dass jemand sein Leben lang nicht mehr laufen kann?

Meinen Freunden habe ich sehr viel über meine Zeit beim Militär erzählt, und ich habe viel mit ihnen diskutiert. Vielleicht habe ich ihnen auch erzählt, dass ich am Sauftisch saß – einem Zufluchtsort beim Militär – und Alkohol getrunken habe, dass ich Dummheiten gemacht habe und ein Kommandant mich verprügelt hat und dass ich zu Unrecht Prügel bezogen habe. Vor dem Militärdienst hatte ich den Krieg und den organisierten Kampf etwas höher eingeschätzt. Über alle Kriegsparteien aber sagte ich: »Das sind tapfere Jungs!«

Jetzt bin ich furchtbar wütend; der Krieg geht weiter, und die Menschen sterben, auf der einen Seite die türkischen Soldaten, zu denen Aleviten und Armenier gehören, auf der anderen Seite die Mitglieder der kurdischen Organisationen – und die MHP-Anhänger.

Wenn man das von Tunceli aus betrachtet, die Soldaten, die dorthin gehen, kriegen den doppelten Sold. Warum sollte man denn dann OHAL – den Ausnahmezustand in der Region dort – aufheben? Was für ein schönes Stück Geld! Wenn man für zwei

Jahre dort eingesetzt wird, hängt man freiwillig noch ein Jahr dran. D. h., wenn ich sterbe, dann bin ich eben tot, aber ich verdiene gut. Meiner Meinung nach darf man diesen Menschen die Frage nach dem Ende des Krieges nicht überlassen. Die Staatsgewalt sollte endlich vom türkischen Volk ausgehen. Wenn es nötig ist, kann das auch das Kapital sein, das macht überhaupt keinen Unterschied. Die Staatsgewalt, die veranlasst, dass der Krieg sich in die Länge zieht, muss gebrochen werden. Wir haben uns dem Ende des Krieges genähert, und wenn noch mehr Menschen sterben, hat niemand einen Nutzen davon.

TÜSİAD hat in einer Studie gezeigt, wie viele Menschen gefallen sind und aus welchen Städten sie kommen. Die Zeitschrift *Leman* hat das karikiert: Ein Arbeiter im Overall fragt jemanden, der eine verantwortungsvolle Position bei TÜSİAD einnimmt: »... und wie viele von Ihren Kindern sind gefallen?«

Das entspricht den Tatsachen. Von den Soldaten im Osten sind z. B. 80% Söhne armer Eltern, Arbeiter-, Angestellten- oder Beamtenkinder – und vielleicht Söhne aus reichem Elternhaus, die keine Protektion finden konnten, oder noch ein paar, die sagen, dass sie aus Idealismus in den Osten gegangen sind. Eigentlich ist das Militär in der Türkei einer der Verbände, die am wenigsten degeneriert sind, aber Geld öffnet hier auch die Türen. Nachdem ich beim Militär war, konnte ich den Tod eher akzeptieren. Jetzt kommt es mir so vor, als sei der Tod nicht sehr weit entfernt. Beim Thema Gewalt ist es bestimmt nicht nur einen Schritt weiter, sondern sogar ... Ich bin jetzt etwas empfindlicher. Ich kann mich nicht kontrollieren. Eine Zeit lang war ich noch viel nervöser und noch sensibler, aber das wird auf die Dauer vergehen, denke ich.

(Mai 1998, Istanbul)

1976 in Istanbul geboren. Im August 1996 ging er zum 116. Gendarmen-Ausbildungsregiment nach Çanakkale, und im Februar 1998 kam er aus Tunceli zurück. Er hat das Abitur an einer armenischen Privatschule gemacht, dem Özel Pangaltı Ermeni Lisesi, und an der Literaturwissenschaftlichen Fakultät – Fachbereich Geschichte – studiert. Hakan Taşıyan's Lied »Hazin Geliyor« (»Die Trauer kommt«) liebt er seit seiner Militärzeit. Ahmet Altans Roman Tehlikeli Masallar (Gefährliche Märchen) hat ihm sehr gefallen. Sein Vater lebt nicht mehr, und er arbeitet mit seiner Mutter zusammen.

34. Wer das alles durchmachen muss, das sind nur die einfachen Soldaten

Dort war eine rote Blume; ich gab sie meinem Kommandanten; jetzt kriege ich das nicht mehr so genau raus, aber andeutungsweise wurde damit vom Krieg gesprochen. Ich gab dem Kommandanten die Rose und sagte: »Das wünsche ich mir.« Er schaute mich an, lächelte und verstand, was ich damit sagen wollte.

Als ich durch das Kasernentor ging, war ich allein. Du wirst für den Krieg geschult. In der Haupteinheit schossen wir mit der G3, in der Rekruteneinheit hatten wir eine *Kırıkkale*. Die Waffen waren uns anvertraut; wenn sie zu Schaden kämen, würden wir damit nicht fertig, denn es waren alte Waffen. Wenn die türkische Armee so viel Macht hatte, warum dann immer noch diese Waffen? Die Sportübungen am Morgen gefielen mir gut, dabei fühlst du dich frisch und munter. In der Hitze war die Ausbildung ein Problem. Wenn wir nicht direkt an der Küste gewesen wären, wäre es ganz schlimm geworden. Um unsere Chancen zu testen, fragte man uns vor der Rekrutierung: »Haben Sie einen Bruder, der seinen Militärdienst im Osten leistet, oder haben Sie einen Bekannten, der Abgeordneter, Kommandant oder Offizier ist?« Neun von zehn Leuten aus unserem Zug landeten im Osten, und einer auf Zypern. Als es nach Gaziantep ging, freute ich mich, denn das gehörte nicht zur OHAL-Region, zu der Zone, wo der Ausnahmezustand herrschte. Es gab Leute, die ganz andere politische Auffassungen hatten, und dadurch kam es zu Problemen. Die MHP-Anhänger verteidigen zwar den Nationalismus, aber sie setzen auch alle Hebel in Bewegung, um nicht in den Osten zu müssen.

Kaum war ich in Antep gelandet, musste ich meine Haare schon wieder schneiden lassen. Ich war fremd in der Stadt. Die Leute dort waren ganz anders gekleidet, redeten anders und sahen anders aus. Es gab auch keine Möglichkeiten, spazieren zu gehen, es war ein kleiner Ort. Als mir um die Mittagszeit langweilig wurde, ging ich zur Kaserne, um meinen Dienst anzutreten, aber man ließ mich nicht rein, und ich wartete ein paar Stunden vor dem Tor. Ich ging als Çavuş der Artillerie dorthin. Etwa eine Woche lang lässt man dich in der Kompanie, bis alle Neuen da waren.

In dieser Zeit wurde einigen Kameraden alles Mögliche geklaut, und man hatte Probleme, eine richtige Unterkunft für uns zu finden. Vom Rasierklingenverkäufer bis zum Bürstenhändler war dort alles vertreten.

Wir waren 100 Mann in fünf Feldbatterien. Als wir eingeteilt wurden, waren wir erleichtert. Wir gingen endlich in die Kaserne und konnten auf unsere persönlichen Sachen aufpassen. Die Mehrheit stammte aus dem Osten. In diesem Moment dachte ich nur an mich. Als einer aus Malatya mich fragte, ob ich Alevit sei, machten wir uns miteinander bekannt. Die Aleviten waren in der Mehrheit. Man machte Unterschiede zwischen den Soldaten; es gab Lokalpatrioten, d. h. Leute, die immer nur von ihrem Heimatort sprachen. Unter den Soldaten sind reaktionäre Typen; jeder von denen versucht sich als Anhänger Atatürks aufzuspielen. Das galt auch für die Offiziere. Die Leute, die aus dem Osten stammten, waren ziemlich eng miteinander verbunden; wenn es zu Pöbeleien oder Problemen kam, waren sich alle einig. Es kam auch zu Auseinandersetzungen. Ich versuchte mich davon fern zu halten. Wenn jemand Tunceli hört, drückt er einem sowieso sofort den Stempel »Kommunist« auf; so was habe ich auch im Zivilleben erlebt. Du kannst nicht alle Menschen über einen Kamm scheren; gibt es etwa ein Land, wo alle dasselbe denken müssen? Jedem wurde eine G3 anvertraut; endlich hatten wir richtige Waffen. »Weib« nannte man die Waffe und sagte: »Hol dir das Weib!« Du wirst die Waffe gut pflegen. Weil die Artillerieeinheit streng und diszipliniert war, war das dort anders. Warum gab man uns eine intensivere Infanterieausbildung – wo ich doch Artillerist bin? Das haben wir nicht verstanden, und es kam uns unsinnig vor.

Es war unmöglich, nach den Übungen zu duschen, nur zweimal in der Woche konnten wir ein Bad nehmen. Sonst waren Essen, Bademöglichkeiten und die Sauberkeit ganz in Ordnung.

Fünf Monate nach der ersten Operation gab es eine Operation jenseits der Grenze. Wir freuten uns, denn die Schulung war sehr langweilig, und wir dachten: »Endlich geht's uns besser!« Wir waren aber auch traurig, denn wir zogen in einen echten Krieg. Als ich hörte, dass es in den Nordirak ging, freute ich mich eigentlich nicht besonders. Dort leben Kurden; bei uns, innerhalb der Grenzen der Türkei, leben natürlich auch Kurden, und sie haben dieselbe Sprache und dieselbe Kultur. Man brachte uns mit dem Argument dorthin, dort gebe es Terroristen, die sich PKK nannten.

Wir kapierten nicht, warum wir diese Leute dort suchen sollten. Wir bestehen darauf, dass sie Terroristen sind, dringen in ein anderes Land ein und zertrümmern dort vieles. Wir machten Witze: »Wir gehen ohne Pass über die Grenze.« Als wir nach Zaho gingen, waren die vielen Kinder das Erste, was uns auffiel, da waren viel mehr. Ich wusste nicht, dass das Militär so viele Wagen hat. Als wir von Habur nach Zaho zogen, wurden wir freudig begrüßt. Die Leute standen an den Straßen und winkten uns zu. Diese Menschen sind auch ein Teil des Krieges geworden. Wir wollten Zaho so schnell wie möglich verlassen, weil wir in einen Hinterhalt geraten könnten. Wir zogen schleunigst weiter, und ich glaube, der Name der ersten Gegend, in die wir kamen, war Levo. Wir kampierten in Zelten, und die Kanonen stellten wir in der Richtung auf, aus der gefährliche Angriffe kommen konnten.

Es war April, wir hatten Probleme mit der Wasserversorgung, und es war auch schon ziemlich heiß. Ich glaube, am ersten Tag des Bayram waren wir aufgebrochen, und d. h., dass wir etwa von April bis Mai dort waren. Wir blieben ungefähr eine Woche in Levo und zogen ständig von einem Platz zum anderen. Von dort aus gingen wir in eine andere Stadt und ließen uns in Camusak nieder. An den Orten, wo wir unsere Zelte aufbauten, hoben wir Schützengräben aus, brachten alles in Sicherheit und stellten unsere Waffen auf.

Von der ersten Nacht an hielt ich zusammen mit zwei oder drei anderen Wache. Mit Nachtfernrohren beobachteten wir die Umgebung. Während der Wachen drehte unser Kommandant die Runde, und bei der Wache unterhielten wir uns über alles Mögliche, z. B. über das Zivilleben und darüber, was wir tun würden, wenn es zum Kampf käme. Ihr vergesst alles. Entweder du wirst dich retten – oder deinen Kameraden. Wir sind eher wie eine Familie, jeder ist auf den anderen angewiesen, und es herrscht eine wunderbare Freundschaft. Beim Einschlafen, wenn ich ganz allein war, fiel mir der Tod ein, aber ich hatte überhaupt keine Angst.

Die Möglichkeiten zu telefonieren waren eingeschränkt, du wartest stundenlang, und dann bist du immer noch nicht an der Reihe. Einmal im Monat oder in einem Zeitraum von drei Wochen kannst du ein paar Minuten lang telefonieren. Auf die Briefe war auch kein Verlass. Dass ich jenseits der Grenze eingesetzt wurde, das hatte eine starke Wirkung auf meine Familie. Als ich zurückkehrte, erfuhr ich, dass meine Mutter den ganzen Tag lang geweint hatte, und mein Vater hatte erhöhten Blutdruck. In dieser Zeit war mein Bruder als Soldat in Balıkesir. Manchmal guckten wir uns das Fernsehprogramm an. *Kahraman Mehmetçikler* (*Unsere Helden*) – diese Sendungen hoben unsere Stimmung; natürlich, wir taten etwas für unser Land und gegen den Terror. Dauernd gab es Kämpfe, aber weil wir Artilleristen waren, blieben wir hinter der Front und zogen nicht selbst in den Kampf.

Das härteste Gefecht haben wir in Suru erlebt. Als wir zum ersten Mal dorthin kamen. Als wir in den Hinterhalt gerieten, ging der Kampf los, die Terroristen wurden gefasst, und ein paar Peschmergen sind gefallen. Wir begraben sie, und man spricht die Totengebete und so was alles. In diesem Moment kam eine alte Frau vorbei, sie sprach Kurdisch, ich verstand sie natürlich und erklärte auch meinen Kameraden, was sie sagte. Die Frau sagte wörtlich: »Euretwegen, wegen des türkischen Militärs ist das so gekommen!« Sie weinte, und man versuchte sie zu trösten; die Einheimischen trauerten. Es gab einige, die sich sehr für uns interessierten. Das ging meistens von den Jugendlichen und den Kindern aus. Wir ließen uns in der Gegend nieder und mussten in dem Dorf bleiben. Sie brachten dauernd was zum Verkaufen an, Obst, Gemüse und Brot, und sie kriegten Geld dafür. Durch den Handel ging es den Dorfbewohnern besser, und damit wurde auch unser Bedarf gedeckt. Die Leute waren in einer miserablen Lage. Man fragte sie: »Habt ihr die PKK gesehen, haben sie Beziehungen zu euch, kommen sie in euer Dorf, zwingen sie euch zu irgendwas?« Die Antworten waren wirklich nicht ausführlich; die Leute sagten nur, dass die Leute von der PKK ab und zu durch das Dorf kämen und dann wieder weiterzögen. Nach dem, was sie sagten, setzte die PKK sie auch unter Druck. Es soll vorgekommen sein, dass die PKK Dorfbewohner entführt hat. Ihr dürft euch aber nicht zu sehr auf die Leute einlassen, denn das ist verboten. Egal, wer es war, ob Dorfbeschützer oder Peschmerge, es war verboten, mit ihnen zu reden. Natürlich setzten wir uns ab und zu darüber hinweg und unterhielten uns mit ihnen. Viele verstanden auch Türkisch.

Ich schob die Geschosse in das Geschützrohr der Kanone, und ein anderer Kamerad feuerte die Kanone ab. Eigentlich war das ziemlich schwer. Wenn ein Geschoss mit einem Gewicht von 100 kg trifft, dann zerreißt es einen in 1000 Stücke. Die Kanone hatte eine solche Reichweite und eine solche Wirkung, dass die

Leichen auf einem Gebiet von 100 qm durch die Luft flogen. Unsere Kanone hatte eine enorme Wirkung. Das konnte wirklich sehr bitter werden. Ich war nicht nur gegen Waffen, sondern auch gegen den Krieg, aber ich hätte bestimmt auch jemanden getötet, wenn ich ihm direkt gegenüber gestanden hätte, und natürlich setzt du erst mal alles dran, um am Leben zu bleiben.

Einen Menschen zu töten und Blut zu sehen, das ist gar nicht so einfach. Hinter der Front zu stehen, das macht es etwas leichter. Ich war froh, dass ich nicht in den direkten Kampf verwickelt war. Eine Gefahr bedeuteten die Minen für uns. Ich bin nicht ein einziges Mal unter direkten Beschuss geraten. Wenn die Gegner wirksame Waffen gehabt hätten, so was wie Feuerwaffen, dann wären wir bestimmt nicht lebend davongekommen. Der Abstand war ganz gering, sie konnten nichts tun, ich glaube fast, sie hatten keine Waffen. Es ist sehr schwer, einen Unterschied zwischen der PKK und den Einheimischen herauszufinden, d. h. zwischen der PKK und den Kurden dort, denn sie sprechen dieselbe Sprache. Vielleicht waren sie auch bei uns eingedrungen, aber... Es ist nichts Besonderes passiert, auch wenn alles irgendwie unverständlich war.

Als wir in Suru eindrangen, kam es zum Kampf; acht oder mehr Terroristen starben, und bei den Peschmergen gab es auch Tote. Wir waren dem Feuer nicht ausgesetzt, wir hatten keine Verluste und kamen genauso wohlbehalten zurück, wie wir losgezogen waren. Im Nordirak blieben wir zwei Monate, und einen Monat in Füzi. Das waren insgesamt drei Monate. Wir warteten; und wenn man auf irgendeine Terroristenbande stieß, gab man uns sofort die Koordinaten des Gebiets an, wo sie sich befanden, und dementsprechend feuerten wir die Kanone ab.

Wir lebten in Zelten, und das war nicht ganz gesund; nur wenn man eine Plastikplane drüberzog, regnete es nicht rein. Es war heiß, aber wir kriegten auch Regen ab. Im Zelt zu übernachten, das hatte eigentlich auch seinen Reiz. Duschen konnte man nur einmal in zehn Tagen. Man geht dann in ein Gebiet, wo es Wasser gibt, baut ein großes Zelt auf, duscht dort, und d. h., dass keiner länger als drei Minuten unter der Dusche steht.

Du kannst überhaupt nicht mehr denken, es kommt dir so vor, als ob dir deine Gedanken weggenommen würden, du bist wie ein Roboter und kannst noch nicht mal Luftschlösser bauen, und du kannst noch nicht mal an deine Familie denken. Du tust einfach, was du tun musst. Du spielst Volleyball oder Fußball. Mit diesen Leuten und bei diesem kameradschaftlichen Zusammenhalt war das alles sogar sehr schön. Ich hatte eine Freundin, und wir haben uns getrennt; darüber war sie auch traurig.

Die hohen Kommandanten statten uns einen Besuch ab und fragen uns, wie es uns geht. Weil es aber andere Probleme gab, kamen sie an und versuchten uns mit irgendwelchem ungereimten Zeug zu überzeugen. Unserem Kommandanten, einem Hauptmann, sei Dank, der war wirklich super; aus Eigensinn ließ er uns keinen Sport treiben. Als der Brigadegeneral kam, mussten wir zwei Tage Sport machen.

Als Sold kriegten wir ungefähr zehn Millionen Lira. Für alles, was wir brauchten, wurde gesorgt. Unser einziger Luxus war die Musik; wir hörten Lieder von Haluk Levent oder Fatih Kısaparmak. Als diese beiden Monate um waren, kamen wir zum Bataillon, und dort blieben wir ein paar Tage.

Wir wissen nicht, wie erfolgreich wir im Irak waren. Wir kriegten keine Informationen und erfuhren alles nur aus dem Fernsehen. Natürlich sagte man, dass unsere Artillerieeinheit ziemlich erfolgreich war, und wir kriegten Lob und so was alles. Das war angenehm, und so was motiviert einen denn ja auch.

Als wir aus dem Nordirak zurückkehrten, ging ich sofort in Urlaub; ich wollte so schnell wie möglich zu meiner Familie. Als ich auf dem Busbahnhof aus dem Bus stieg, habe ich mich riesig gefreut, und es ist ziemlich schwierig, so was überhaupt mit Worten zu beschreiben. Meine Mutter erwartete mich an der Tür, und ich erfuhr, dass mein Großvater gestorben war. Ich stellte fest, dass meine Mutter und mein Vater graue Haare bekommen hatten, sie hatten sich große Sorgen um mich gemacht, denn sie hätten ihren Sohn ja verlieren können.

In meinem Freundes- und Bekanntenkreis wussten nicht alle, dass ich den Militärdienst im Osten gemacht hatte. Unsere Kommandanten hatten uns gesagt, dass wir ganz vorsichtig sein sollten. Da bestand z. B. auch die Möglichkeit, dass die Dorfbeschützer auf Seiten der PKK stehen konnten. Deshalb verbreitete meine Familie das auch nicht weiter, und mein Vater sagte, ich sollte es auch nicht meinen Freunden erzählen. Meine engsten Freunde wussten es natürlich. Ihnen erzählte ich, was ich erlebt hatte, aber ich prahlte nicht so viel damit.

Als ich in Antep war, zogen wir zu Operationen, v. a. in das Gebiet von Maraş. Ich war sehr gespannt auf die Berge von Nurhak. Die kannte ich aus den Büchern über Deniz Gezmiş. So kam ich dazu, dass ich die Nurhak-Berge sah. Am unmittelbaren Kampf waren wir nicht beteiligt. Es hat mir Spaß gemacht, wenn wir marschierten, die Gemeinschaft mit den Kameraden war gerade dabei sehr schön, und man verhielt sich auch gar nicht so, als wäre man auf dem Weg zur Operation; wir wollten uns nicht unter Stress setzen. Es kam zu Straßenkontrollen und Hausdurchsuchungen. Die Spezialeinheiten kamen auch mit uns ins Dorf, d. h. sowohl die Infanterie als auch die Kommandotruppe. Die Kontrollen fangen gegen Morgen an ein paar Stellen in der Umgebung an, und in der Dunkelheit marschieren wir hintereinander her. Du kennst noch nicht einmal das Gelände; wenn du ins Dorf gehst, wird das Gelände umzingelt. Dann dringt man ins Dorf ein. Weil wir die Umgebung absichern, können wir nicht wissen, was im Dorf abgeht. Die Dörfer sind eh geräumt, da ist bis auf ein paar Leute fast niemand mehr.

Man spricht von einem Verdacht, und dann stellte sich heraus, dass das Dorf ganz sauber war. Es war strikt untersagt, mit den Dorfbewohnern zu reden. Durch unsere Fernrohre beobachteten wir, was im Dorf vor sich ging. Wenn wir in die Dörfer eindrangen, gingen wir natürlich auch in die Gärten und holten uns Obst und alles Mögliche. In Antep gab es Abende, an denen uns Unterhaltsames geboten wurde, Musiker kamen, aber Striptease gab es nicht. So was gefiel mir nicht.

Abends hatten wir auch oft Unterricht, und das war furchtbar langweilig, wenn man, müde und gestresst von den körperlichen Übungen – den ganzen Tag lang –, auch noch abends im Unterricht sitzen musste. Es kam sogar vor, dass wir dabei einschliefen. Im Allgemeinen ging es um die Prinzipien Atatürks, es gab eine Diaschau und so was alles; das dauerte zwei, drei Stunden lang – und außerdem musst du danach auch noch Wache schieben. Je mehr man das Ende der Militärzeit absehen konnte, desto stärker stand man unter Stress. Jeder zählte die Tage. Die Feiertage kamen auch noch dazwischen, nach den Feiertagen waren wir zu Hause, aber es wäre eine große Freude gewesen, wenn wir schon zu Bayram zu Hause gewesen wären. Zu Bayram kriegt man frei – wie im Zivilleben. Man versammelt sich in der Kaserne und wünscht einander alles Gute zu den Festtagen. An diesen Tagen fand keine Schulung statt.

In einer Hinsicht kommst du zu der Überzeugung, dass der Militärdienst nützlich ist. Du lernst Menschen kennen, und ich kam sogar in die Lage, dass ich ihre Gedanken lesen konnte. Wir haben viel gesehen und erlebt. Du siehst, dass die Politik, das Parlament, einfach alles leeres Geschwafel ist. Du siehst wirklich mit eigenen Augen, was da alles passiert, und du erlebst die Diskriminierung zwischen Kurden und Türken, zwischen Aleviten und Sunniten. Ich bin der festen Überzeugung, dass all das nicht mit Krieg, sondern durch den Dialog zwischen den einzelnen Parteien gelöst werden sollte. Warum fallen unsere Soldaten? Sie treten auf Minen, und der Fuß wird ihnen abgerissen. Merkt denn der Staat, in was für einer Lage die Soldaten und ihre Familien sind? Wer das alles durchmachen muss, das sind doch nur die einfachen Soldaten. Vor dem Wehrdienst hat mir das alles, was mit Bewegungen zu tun hat, nicht gefallen, und es hat mich gelangweilt. Das ist jetzt anders, und ich habe mich daran gewöhnt. Wenn ich jetzt auf einen Lastwagen steige, wird mir schwindlig. D. h., es fällt mir sehr schwer, in den Zug oder ins Auto zu steigen.

Ich interessiere mich für alles und will mehr darüber lesen. Regelmäßig die Tageszeitungen mit den Angaben über den Staatshaushalt zu lesen, das ist interessant, aber ... Z. B. der Norden des Irak, wir sind dorthin gefahren, haben das gesehen, aber was wird nur daraus geworden sein? Ich möchte mich intensiver damit beschäftigen. Die Familien der Verschollenen sind jeden Samstag in *Galatasaray*; einmal habe ich die Anzeige in der Zeitung gesehen. Zu den Verschollenen gehört auch einer unserer Verwandten – er ist immer noch verschollen. In Ordnung, du fasst die Terroristen, aber weiß man denn, wie viele Soldaten gefallen sind – steht die Zahl fest? Manche Fakten muss man einfach wissen.

Als ich zurückkehrte, kam es mir so vor, als ob ich meine Freunde vergessen hätte; du kannst dich nicht richtig mit ihnen unterhalten, und alle kommen dir wie Fremde vor. Nach und nach fing ich an offener zu werden. Wenn ich mit meinen Freunden am Telefon redete, war ich ganz ruhig, aber ich fühlte mich nicht wohl, wenn ich sie traf. Wahrscheinlich war irgendwas mit mir los. Ich kann etwas im Nu vergessen. D. h., ich war bei den Operationen jenseits der Grenze dabei, aber das ist ganz und gar aus meinem Gedächtnis verschwunden. Ich will mich nicht daran erinnern. Meine Freunde sagen: »Na los, erzähl doch mal was von deinen Erlebnissen!« Ich habe überhaupt keine Lust dazu. Wenn ich mit meinen engsten Freunden zusammen bin, komme ich mir wie ein Fremder vor, und die Gespräche sind ganz abgehackt. Ich will allein sein. Wenn du allein bist, fängst du auch an, dich zu erinnern. Ich will das eigentlich nicht, aber du denkst unweigerlich: »Das und das haben wir erlebt.«

»Bin ich denn wirklich in den Nordirak gegangen?«, fragst du dich. Manchmal glaube ich noch nicht einmal, dass ich den Militärdienst schon hinter mir habe. Die Kurden wie die Soldaten leiden darunter, und beide Seiten müssen viel Schweres durchmachen, aber ich habe nicht verstanden, wozu das alles gemacht wird, und es ist auch alles sehr komplex. Auch wenn man dazu »der Kampf gegen den Terror« sagt – so ist es nicht. Ich habe auch nicht ganz verstanden, was die Regierung macht. Unter uns Soldaten haben wir nicht viel darüber geredet.

Es war Frühling. Dort war eine rote Blume; ich gab sie meinem Kommandanten; jetzt kriege ich das nicht mehr so genau raus, aber andeutungsweise wurde damit vom Krieg gesprochen. Ich gab dem Kommandanten die Rose und sagte: »Das wünsche ich mir.« Er schaute mich an, lächelte und verstand, was ich damit sagen wollte.

Ich wünschte, dass der Militärdienst freiwillig wäre. Wenn einer den Krieg will, dann soll er doch hingehen und seinen Krieg erleben. Ich bin eh nicht freiwillig zum Militär gegangen.

(März 1998, Istanbul)

1971 in Tunceli geboren; er hat einen Universitätsabschluss. Er hat zwei Brüder und lebt in Istanbul. Er und einer seiner Brüder waren zur gleichen Zeit beim Militär. Er war als Artillerie-Çavuş dort. Seine Rekruteneinheit lag in Bornova bei İzmir, und die Haupteinheit in Gaziantep. Von September 1996 bis Februar 1998 war er im Nordirak und ist dort durchs Gebirge marschiert, u. a. über die Nurhak-Berge und durch das Gebiet in der Umgebung des Berges Cudi. Er ist auf Arbeitssuche.

35. Auch heute sind wir nicht gestorben, Mutter

Hier wird die Telefonkarte von oben ins Telefon gesteckt, und dort von der Seite. Wenn wir alle innerhalb der Grenzen des Nationalpakts von 1920 leben, warum gehen die Telefonkarten in Şırnak dann von der Seite – und hier senkrecht ins Telefon? Der Osten und der Westen der Türkei, das sind doch zwei verschiedene Welten.

Ausruhen! Still gestanden! Hinlegen! Aufstehen! Robben! Zu Befehl! Man las uns vor, wie wir verteilt wurden: »6. Infanteriebrigade, Stabskompanie, 1. Zug – Şırnak!« Autokennzeichen *73*. Unsere ist Şırnak, eine Art Kleinstadt. Dein Vater hat dir Geld überwiesen, das ist einen Monat her, du gehst zur Bank, und das Geld ist immer noch nicht da. Bevor ich dorthin ging, hielt ich Şırnak für eine Stadt wie Ankara oder İzmir. Migros und Fastfood, du gehst hin und isst was.

Das Erste, was mir auffiel, waren die Telefonkarten. Hier wird die Telefonkarte von oben ins Telefon gesteckt, und dort von der Seite. Wenn wir alle innerhalb der Grenzen des *Nationalpakts von 1920* leben, warum gehen die Telefonkarten in Şırnak dann von der Seite – und hier senkrecht ins Telefon? Der Osten und der Westen der Türkei, das sind doch zwei verschiedene Welten.

Im Café verkauft man Baklava und im *Tekel*-Laden Fleisch. Devisen werden gekauft und verkauft, und man betreibt auch Obst-, Gemüsehandel und Metzgereien.

Den ersten Wachdienst werde ich wohl nie vergessen. Als wir zum ersten Mal dorthin kamen, bemerkten wir etwas Verdächtiges; wir schossen, und die Gegner schossen auch. Wir hockten hinter einem kleinen Felsen, und die Kugeln der Kalaschnikow sausten über uns hinweg. Ein Nahkampf – die direkte Konfrontation mit dem Feind. Wir hatten natürlich Angst. Unsere erste Nacht hatte etwas von einem Albtraum. Das ist keine Wache von zwei Stunden; abends um sechs fängst du an, und das geht dann bis zum nächsten Morgen um sechs. Du machst kein Auge zu. Kälte, Schnee, Regen, Schneematsch. Um Mitternacht kommt der Proviant. Kein Döner Kebab, sondern Bohnen in Konservendosen, solche Dinger von 200g. Ein Proviantbeutel für zwei Mann. Weder Feuer noch Zigaretten, weder Unterhaltung noch Geräusche oder Licht; du isst deinen Proviant, ohne mit dem Löffel zu klappern. Es gibt eine einzige Ideologie: Geräusch und Präzision. Du sagst zu deinem Kameraden: »Schlaf nicht ein, ich schlafe erst mal, und dann bist du dran.« Wenn dein Gehilfe zuverlässig ist, hältst du ein Nickerchen von einer halben Stunde, wenn nicht, dann schlaft ihr beide gleichzeitig. Das ist ein ganz leichter Schlaf. Eure Füße berühren einander.

Gegen sieben oder halb acht Uhr morgens gibt's Frühstück, du rasierst dich, legst dich hin und stehst um zwölf Uhr mittags auf. Ein Schlaf von vier Stunden, dann Essen und der Appell. Man fasst die Ereignisse des Tages zusammen. Was war los? War etwas Verdächtiges zu beobachten? Wenn ja, was habt ihr gemacht? Und was war am zweiten Tag los? Der Hinterhalt. Bis sechs Uhr marschierst du so durch das Gebiet von Gabar: Gevredere, Gevrekızı, Sessizli, Akdizgin. Zwischen der 23. Gendarmendivision von Şırnak und uns liegen 120 km. Eigentlich gehören wir zur Brigade von Hasdal/Istanbul; dort sind wir offiziell registriert. Wir üben die Parade, zehn bis 15 Kameraden kommen von dieser Seite, der Rest von der anderen Seite, in Form eines Halbmondes; es wird Mitternacht, und du wartest darauf, dass dir das erlassen wird. D. h. »In Ordnung, abtreten!«, aber bis zum Morgen wird man nicht abgezogen. Der Kommandant hat Recht, wir aber auch. Das normale Pensum beträgt sechs oder acht Stunden, du marschierst aber zwölf Stunden, und dann legst du dich hin. In Manisa haben wir die spezielle Schulung für den Osten gemacht.

Zuerst freute ich mich, als ich das Los für den Osten zog. Wir waren alle wegen dieses Teils unseres Landes hier, und das war unser Staat – das war mein Ideal. Wir sahen unsere Gefallenen und ihre Mütter, und sie weinten. Du lernst die Menschen dort kennen. Sie sprechen eine andere Sprache, die Logik null, und ihre Sichtweise ist anders. Einem Kurden auf dem Berg Allahs – einem verlassenen Berg – kannst du nicht klar machen, dass er etwas so oder so machen soll. Die Dorfbeschützer kommen bei den Operationen hinter dir her, du hast Angst und rechnest damit, dass sie dich hinterrücks erschießen, denn du kannst ihnen nicht trauen. Wir kamen zur Gendarmenwache von Ballı, an einen Ort, der sehr viel Störfeuer abgekriegt hat; die Wache ist nur sechs Kilometer von der irakischen Grenze entfernt. Man schießt die Geschosse der Luiz-Mörser von 20 kg Gewicht ab. Morgens um acht fingen wir an, auf den Berg Altıntepe zu klettern, und am nächsten Tag um halb zehn sicherten wir den Gipfel ab. Wir hatten über 70 kg Gepäck: Wasser, Proviant, das Zelt und die Wolldecke. Mit dem Wasser befeuchtet man sich nur die Lippen, damit man keine Verdauungsstörungen kriegt. Wir kamen genau bis zur Grenze, da ist der Berg, und wir werden jetzt hinaufklettern; die F16-Bomber haben Bomben abgeworfen. Das war die Operation vom letzten Jahr, am 13. April. Sie griffen ununterbrochen von oben an. Im Bewusstsein, dass die PKK dort ist, ziehen wir dorthin. Dort liegt Beytüşşebap, und dort ist das Gendarmenkommando. Dort trafen die Gegner einen Kameraden an der Stirn, und er ist daran gestorben. Die Leiche blieb einen Tag lang dort liegen. Wir stiegen hinauf. Du steigst über einen Berg, ziehst durch ein Tal, kommst zu einem Berg, und dahinter liegt noch ein Tal. Die Männer sind wohl in die Klemme geraten und haben uns ununterbrochen angegriffen. Wir wollen die Flugabwehr am Grenzstein aufstellen, und das lassen sie nicht zu. Ein Kamerad schaut durch das Fernrohr; verschiebt es etwas nach rechts, und dann rückt er es etwas nach links. Du schießt, schießt aber nicht, als du den PKK-Mann genau gesehen hast. Einer deiner Kameraden schießt von rechts, der andere von links, und zum Schluss kriegt der Mann das Geschoss ab. An diesem Abend töteten sie noch einen Kameraden. Seine Hauptschlagader pochte noch. Wir schreien und brüllen rum, aber wir können nichts tun. Wir deckten den Leichnam zu, und er blieb dort liegen. Dein Kamerad ist gefallen, du bist innerlich aufgewühlt, aber das Leben geht weiter. Dann gingen wir in unsere Stellungen.

Wir konnten den Berg Altıntepe halten. 13½ Stunden dauerte der Kampf. Die Skorski-Hubschrauber und die F16-Bomber haben den Engpass im *Peygamber Deresi* ununterbrochen bombardiert. Kein einziger Dorfbeschützer feuerte ein Geschoss ab. Ich nehme an, dass ich mehr als 5000 Kugeln verbraucht habe. Ich trug die MG3, das schwere Maschinengewehr – das wiegt 13½ kg, und außerdem 500 Stück Munition. Meine beiden Jungs, die für die Munition zuständig waren, trugen auch noch 500 Stück. Insgesamt hatten wir 1500 Stück Munition, mit der Skorski kam auch noch welche. 80 Tage lang blieb ich dort. Eines Abends müssen zwei Kameraden eingeschlafen sein. Das war auf dem Tarıktepe, in der Mitte liegt der Altıntepe, und dahinter der Bayraktepe. Wir hatten auch Kameraden vom Gendarmenregiment in Şırnak, Silopi und Cizre dabei. Einer der Kameraden auf dem Bayraktepe scheint eingeschlafen zu sein, die Gegner drangen bei Nacht in unser Gebiet ein und erbeuteten zwei Köpfe – sie schnitten ihnen die Kehlen durch. Am nächsten Tag begannen wir mit den Durchsuchungen; ein 17- oder 18-jähriger Junge und zwei junge Mädchen von den Terroristen gingen dabei drauf.

Alle Mann in unserem Zug waren gebildet, hatten das Gymnasium besucht oder studiert. Dann ergaben sich uns drei junge Frauen. Wir teilten unseren Proviant mit ihnen und gaben ihnen unsere Wolldecken. Sie zeigten uns, wo die Gegner steckten. Alle drei hatten einen Universitätsabschluss, in Politologie oder Soziologie. Wir fragen sie: »Warum seid ihr hinter so einem Abenteuer her?« Manche Mädchen machen aus Abenteuerlust bei der PKK mit, andere, weil ihr Freund dabei ist. Eine soll z. B. Ärztin gewesen sein; sie soll ihr Medizinstudium in Çapa/Istanbul abgeschlossen haben. Unsere Offiziere fragten sie: »Warum habt ihr denn bei so was Gefährlichem mitgemacht?«

»Weil man uns unsere Freiheit und unsere Rechte nimmt.« Auch sie haben Reue empfunden. Aus ihrer Perspektive waren sie völlig im Recht, aber kaum wird es Abend, schießt du auf mich und ich auf dich. Zuerst das Leben und dann die Geliebte.

Wir brachten sie nach Diyarbakır, zum 7. Armeekorps. D. h., was tat man nicht alles für die »Menschenrechte«. Als Truppe nahmen wir ungefähr 80 Menschen gefangen. Das war in der Gegend von Gabar, und wir nahmen die Mädchen nach Gevredira, Gevrakuzi, Halistepe und Şehmemet mit; bei jeder Operation, zu der wir auszogen, hatten wir sie dabei.

Da gab es die Höhlen. Manche lebten dort wie Tiere, manche nahmen Deodorant, Parfüm und Adidas-Zeug mit in die Höhlen. Die Mädchen nahmen Sonnenbrillen mit. Einige gingen ganz bewusst voran, weil sie die geografische Beschaffenheit der Gegend genau kannten und wussten, zu welchem Zeitpunkt die Soldaten aus welcher Richtung kommen würden. Da gab es eine Schützin namens Leyla, die sollte einen Universitätsabschluss haben. Wir konnten sie nicht erwischen, und sie setzte ein Maschinengewehr ein, das aus einer Entfernung von 4300 m punktgenau schoss. Wir schauten uns das Mädchen durch die Nikon an. Wir sahen sie, aber ungefähr in einer Entfernung von 15 km. Sie frühstückte nicht mit Marmelade oder so, sondern mit dem Besten, was es überhaupt gab, z. B. mit Butter und Honig. Das Mädchen trieb jeden Tag Sport und machte Klimmzüge am Reck. Wir wollten nicht in erster Linie die Schützin Leyla töten; wenn wir es gewollt hätten, hätten wir sie getötet, aber wir wollten sie gefangen nehmen und etwas von ihr erfahren. Dieses Mädchen, das man Leyla nannte, war wie Sibel Can oder *Hülya Avşar* eine Person, die im Osten berühmt war. Später sah man sie in Çukurca in der Gegend von Hakkâri und in Hozat im Bezirk Tunceli, dort wanderte sie rum, aber wir konnten sie nicht fassen. Wenn wir die oberste Spur des *Aselsan*-Funkgeräts einschalteten, konnten wir ihre Gespräche hören. So was wie: Dies und jenes wird von da oder dort kommen, und die Soldaten sind aus dieser Richtung zu erwarten. Wir führten auch Gespräche, die den Gegner täuschen sollten.

Ich war ungefähr 20 oder 25 Tage lang in der Brigade, und in dieser Zeit waren wir ständig in den Bergen. Eigentlich war es angenehm, durch die Berge zu wandern, und du kommst nicht dorthin, um ein Lager aufzuschlagen. Am Himmel war kein einziger Vogel zu sehen. Durch das Fernrohr beobachteten wir die Hirsche. Ich hatte die Krise, die mich überfallen hatte, immer noch nicht überwunden. Der Proviant kommt nicht. Du hast nichts zum Anziehen, was dich gegen die Kälte schützt, du wirst nass, und bis zum Morgen musst du die nassen Klamotten anbehalten. Du darfst kein Feuer anzünden; Wasser, Kälte und Hitze, alles wird zum Problem. Alles läuft auf Befehl, als wäre man zum Roboter geworden. Du ziehst zur Operation, dort haben sie Minen gelegt, 126 Mann gehen über diese Stelle, du bist der hundertundsiebenundzwanzigste, und der Mann, der hinter dir marschiert, tritt auf die Mine und stirbt daran. Ich war der hundertundsiebenundzwanzigste, und der hundertundachtundzwanzigste Kamerad trat auf die Mine und starb daran. Das ist dein Krieg mit den Leuten; es bleibt nichts zum Essen übrig, man gibt dir den Proviant – und es ist eiskalt. Bei minus 45 Grad sind deine Stiefelsohlen durchlöchert, Wasser dringt ein, deine Füße sind wie Eis und laufen blau an. Du hast keine Socken zum Wechseln. Du bist ständig verlaust, und sogar der Kommandant der Brigade hat Läuse. Man wurde einfach nicht damit fertig. Als würden die Läuse sich jeden Tag an einem satt essen; sie saugen dir das Blut aus. Im Sommer gab es die Skorpione; du kannst dich nicht auf einen Stein setzen, denn sonst kommen die afrikanischen Skorpione mit den sieben Ringen und stechen dich. Im Sommer der Kampf mit den Skorpionen, und im Winter mit den Läusen. Du badest, ziehst blitzsaubere Klamotten an, und wenn du fünf Minuten später dein Unterhemd ausziehst, sind schon wieder ein paar Läuse da. Du denkst, du tust bei der Armee Dienst und stellst dich so manchen Problemen, aber alles ist unlogisch. Man lässt die Bereitschaftstruppe im Regen Wache halten. Diejenigen, die das anordnen, ziehen sich in ihre Räume zurück, stellen die Heizung auf die höchste Stufe, und du sitzt im Kasino in der Kälte.

Das Kasino ist geschlossen; ein Raum wie ein Hochzeitssaal, aber nie knistert Brennholz oder Kohle im Ofen. Wie soll denn so ein winziger Ofen den großen Raum erwärmen? Wir hörten die Lieder von Cihan Seven, »Bir Memet Bir Memiş« (»Ein Mehmet, ein geliebter Mehmet«) und von Sibel Can »Askerimiz Gariptendir« (»Unser Soldat kommt aus der Fremde«), mit einem Walkman.

Ich ging als Çavuş zum Militär. Wenn einer, der dir übergeordnet ist, dir sagt, du sollst warten, dann musst du eben warten. Im Allgemeinen ist die Kameradschaft beim Militär die beste Kameradschaft schlechthin. Jeder sagt »Fürs Vaterland«, aber eigentlich gilt das alles nur 550 Tage lang. Wenn man mir sagen würde, ich müsste wieder hin, dann würde ich das als etwas ansehen, was ich dem Vaterland schulde – und wieder hingehen. Aber die Leute müssten sich ändern, und die Bedingungen müssten anders werden. Es interessiert niemanden, ob ich Gemeinheiten, Kälte oder Hitze ausgesetzt bin. Du bist von der Operation zurück, und die Männer sind erschöpft. Du kommst als Letzter zur Brigade, der Kompaniechef prügelt einen dort durch, und damit ist die Moral der Truppe insgesamt verdorben. Und wenn die Moral verdorben ist, dann macht einen das verrückt. Manchmal ist ein Soldat nicht so viel wert wie eine Kugel. Wenn man müde ist, hat man keine Zeit, sich zu rasieren, und man kommt um den Schlaf. Der Kommandant prügelt einen so durch, dass einem Hören und Sehen vergeht, und das, weil du dich nicht rasiert oder deine Stiefel nicht geputzt hast. Wenn man zur Operation zieht, sagt der Kommandant: »Meine Löwen, auf in den Kampf! Ich stehe hinter euch!« Unter den Bedingungen im Gebirge ist die Lage der Brigade ganz anders. Es gibt ein paar Kommandanten, die verhalten sich in der Brigade genauso wie in den Bergen, und jeder begegnet ihnen mit Sympathie. Es gibt aber auch ein paar Leutnants und Oberleutnants, die beschweren sich sogar über ihre Vorgesetzten. Da geht ein Çavuş daher und beschwert sich über den Oberfähnrich, der Oberfähnrich beschwert sich über den Kompaniechef, und der Kompaniechef beschwert sich über den Chef der Brigade. Das hat etwas mit der Rangordnung zu tun. Du erlebst, dass die Männer sich abends Rasierklingen holen und damit versuchen, ihre Wut auszulassen. Während der Operation verprügelt der Kompaniechef einen Jungen; der stammt aus Istanbul und soll im Waisenhaus aufgewachsen sein. Der kümmert sich um seine Familie, soll desertiert und zurückgekehrt sein. Der Junge hat sich den ganzen Körper mit Glasscherben und Rasierklingen aufgeschnitten. Die Oberfähnriche dort sind auch durchgeknallt. Man sagt doch eigentlich: »Komm, setz dich, Mann, was ist denn nur mit dir los?« Aber dort läuft das nicht so wie im Zivilleben, dass man sagt: »Komm, mein Bruder, setz dich zu mir, was hast du denn für ein Problem? Wir gucken mal, ob wir eine Lösung finden.« So was kommt beim Militär nicht vor.

Dort schrieben wir: »Auch heute sind wir nicht gestorben, Mutter.« Die Briefe kamen mit der Skorski ins Gebirge. D. h., der regelmäßige Austausch von Nachrichten tendierte gegen Null. Ungefähr drei Monate lang konnte ich nicht mit meiner Familie telefonieren. Ich liebe mein Vaterland und meine Nation, aber mein Leben liebe ich viel mehr. Versuchen Sie mal in Erfahrung zu bringen, ob der Sohn eines Hauptmanns, eines Majors oder die Söhne von Geschäftsleuten in Şırnak eingesetzt werden. Man hatte den Sohn des befehlshabenden Majors des Vier-Sterne-Generals İsmail Hakkı Karadayı aus Versehen in unsere Gegend geschickt. Der Junge sagte: »In zwei Tagen bin ich hier weg«, und zwei Tage später stieg er in die Skorski und flog nach Diyarbakır. Gott weiß, wohin er von dort aus ging. Wer seine Sache beim Militär einigermaßen auf die Reihe kriegt, ist wie ein Kapitän, der sein Schiff lenkt. Wie sagt doch der Dichter? »Die Flaggen sind erst dann Flaggen, wenn Blut daran klebt. Wer dafür stirbt, stirbt für das Vaterland.«

Warum geht dein Sohn nicht hin? Warum gehen die Söhne von Tansu Çiller und Mesut Yılmaz nicht in die OHAL-Region, in die Zone, wo der Ausnahmezustand herrscht? Sie entscheiden über den Krieg, dann sollten sie wenigstens einen Löffel in der Suppe haben. Du fragst mich, woher ich komme. Ich stamme aus Bingöl. Aus psychologischer Sicht schätzt man das alles falsch ein.

Das ist der Standpunkt, den wir im Zivilleben haben, aber in Şırnak, Tunceli oder Hakkâri gibt es auch Kameraden, die viel besser sind als die normalen türkischen Freunde. Da ist z. B. ein

Dorfbeschützer im Dorf, und auf einmal ist das der Dorfbeschützer, der an diesem Tag bei der Operation getötet wurde, d. h., der war PKK-Mann. Die Türkei sollte den Dorfbeschützern nicht trauen.

Die 70 km lange Strecke von *Afyon* nach Denizli scheint endlos zu sein. Das liegt an der Sehnsucht. Meine Mutter hatte am Anfang geweint. Wir umarmten und küssten uns. Früher gab es mal einen *Dolmuş* nach İstiklal, und ich wartete darauf. Das wurde eine halbe Stunde, und der Wagen kam nicht. Ich fragte jemanden. Der Mann antwortete: »Leben Sie denn nicht hier? Kennen Sie die Verhältnisse etwa nicht?« Der Dolmuş war wohl inzwischen abgeschafft worden. Du hast auch Probleme, die Straße zu überqueren. Gehe ich nun rüber oder nicht? Sogar dein Gang hat sich verändert. Deine Freunde unterhalten sich miteinander, und du hörst nur zu. Meine große Schwester fragt mich, warum ich nicht lache. Ich konnte den Stress, unter dem ich stand, nicht loswerden. Wenn ich unterwegs bin und jemanden hupen höre, kommt es mir so vor, als hätte jemand eine Handgranate geworfen. Ich suche die Stille. Wenn der Fernseher an ist, kommt es mir so vor, als risse mir was im Kopf. Bis nachts um drei oder um vier kann ich nicht einschlafen. Ich sitze mit meinen Freunden zusammen, und sie werden müde. Vormittags stehe ich dann so gegen halb elf auf. Ich gehe jeden Tag auf Arbeitssuche. Bei der Arbeitssuche spielt es überhaupt keine Rolle, ob man seinen Militärdienst im Südosten gemacht hat. Früher war ich ruhig und besonnen. Wenn ich heute auch nur eine Hupe höre, schrecke ich zusammen. Ich habe mir überlegt, dass ich mich mit meinen Kameraden aus der Militärzeit treffen will, und sie rufen jeden Tag an. Ihnen geht es seelisch genauso mies wie mir. Ich sehe mir das *Mehmetçik*-Programm an, um zu erfahren, was die Schicksalsgenossen machen. Früher war ich nicht so daran interessiert, aber jetzt sehe ich mir regelmäßig die Nachrichten an. Ich überlege mir, ob ich zu einem Psychologen gehen soll. Wenn man beim Militär ist, träumt man vom Zivilleben; in einer anderen Umgebung spürst du deine eigene Seele, und das beruhigt dich. Zwei Tage nach der Rückkehr träumte ich, unsere Leute hätten das Tor geöffnet, so als würde es eine Operation geben. Meinen Vater hielt ich für einen Offizier. Da ist so ein Moment zwischen Traum und Wirklichkeit – beinahe wäre ich sogar aufgestanden und hätte mich angezogen. Ich weiß genau, dass ich beim Kampf einen Menschen getötet habe. Jetzt quält mich das Gewissen. Du gibst Feuer und schießt jemanden ab. Wenn ich ihn nicht töten würde, würde er mich umbringen. Dann sagst du dir: »In Ordnung, hier bin ich im Recht.« Ob du willst oder nicht, das verschafft dir Erleichterung.

Man sehnt sich am meisten nach seinen Eltern, außerdem nach den Geschwistern und der Familie. Die Geliebte und der Freundeskreis stehen an letzter Stelle. Der Wehrdienst ist notwendig. Nach dem Wehrdienst erlebst du am eigenen Leibe, dass du alles, was passiert, mit anderen Augen siehst. Nach der Militärzeit will man beruflich auf festem Boden stehen und heiraten. Du lernst den Wert des Lebens und der Menschen kennen. Und du begreifst den eigentlichen Sinn und Zweck der Menschen. Und du kapierst, wie gut, wie schlecht oder wie pessimistisch die Menschen sind. Wenn man den Ausnahmezustand in der OHAL-Region aufheben würde, wäre es mit dem Terror und der PKK zu Ende. Manche Leute wollen das nicht.

Vom Landrat bis zu den Offizieren haben die Leute ihren Vorteil; wie viel Sold kriegt man denn, wenn man hier im Westen eingesetzt wird? Wenn der Einsatz der Offiziere in der OHAL-Region zu Ende wäre, würden sie eine zweite OHAL-Region schaffen und sich Wohnungen und Autos kaufen. Ich kriegte 26 Mio. Lira Sold, im Westen kriegt man vier Millionen Lira. Ich habe 50 oder 60 Mio. Lira, davon lebe ich jetzt, bis ich Arbeit finde.

(Mai 1998, Denizli)

1974 in Denizli geboren, Abschluss der Berufsoberschule. Am 21. November 1996 ist er zur Rekrutenausbildung nach Doğukışla bei Manisa gegangen und im April 1998 aus Şırnak zurückgekehrt. Von vier Geschwistern ist er der einzige Junge; sein Vater ist Rentner und seine Mutter Hausfrau. Er ist auf Arbeitssuche.

36. Es gab Momente, in denen wir uns nach dem Tod sehnten

... würde ich mich scheuen, in die Höhlen einzudringen. Damals drang ich unheimlich gern dort ein, ich wollte getroffen werden, wollte sterben oder verwundet werden. Wir hatten keine Hoffnung mehr. Man sagt ja, dass der Militärdienst nie aufhört; zwei Monate ist es nun her, dass meine Militärzeit zu Ende ist, aber ich kann es immer noch nicht glauben.

Der Stabsfeldwebel und ein paar dienstältere Soldaten empfingen uns mit den Worten: »Herzlich willkommen in der Hölle!« Das war ein guter Witz. Das Heer hat eine bestimmte Ordnung, und wenn du eintrittst, existierst du nicht. Ich war gar nicht da. Wenn man uns angefasst hätte, hätten wir geheult. Es gab keine Möglichkeit, sich vor dem Militär zu drücken. Außerdem wusste ich nicht so viel vom Militär, wie ich vom Krieg weiß. Entweder müsste ich Geld für eine Bestechungssumme ausgeben oder zusehen, dass ich ein Attest kriegte, das mir bescheinigte, dass ich untauglich war; damit würde ich aber in Verruf kommen. Es war schwer, so ein Attest zu kriegen, und außerdem schließt die Gesellschaft die Leute aus, die ihren Wehrdienst nicht gemacht haben. Wenn die soziale Ächtung und die Frage des Stolzes nicht wären, würden 90 % der jungen Männer den Wehrdienst verweigern. Selbst wenn du nicht daran glaubst, dass es richtig ist, zum Militär zu gehen, hast du es verinnerlicht. Bevor ich dorthin ging, sagte ich mir, dass ich unter anderen Bedingungen leben würde, d. h., ich müsste – zack, zack! – marschieren. Wenigstens hatte ich ein bisschen Interesse, aber ich wusste nicht, dass es so war. Als der Truppenoffizier uns antreten ließ und fragte, woran wir dachten, stellte sich heraus, dass jeder ans Zivilleben dachte. Er sagte: »Vergesst das Zivilleben, vergesst alle, die ihr liebt, und vergesst eure Eltern – einfach alles.« Das stimmte. Die Vergesslichkeit fing an, als ich die ersten neun Monate Militärdienst hinter mir hatte. Ich vergaß die Namen meiner Geschwister. Ich versuchte eine Liste der Mädchen zu machen, mit denen ich was gehabt hatte. Um mich an sie zu erinnern, schrieb ich neben ihre Namen das Schönste und Gefühlvollste, was mir einfiel. Tagelang habe ich mich damit beschäftigt, und ich gab mir unheimlich viel Mühe damit.

Sechs oder sieben Soldaten rasieren Hunderten von jungen Männern wie mir die Köpfe. Die Maschinen schneiden nicht ganz richtig, und sie scheren uns die Haare ganz kurz. Du wirst nach der Registrierliste aufgerufen und ziehst dich bis auf die Unterhose aus, einer gibt dir von links, der andere von rechts eine Spritze, und man sagt dir nicht, wozu das gut sein soll. Einige sagen »Die ist gegen die Maulseuche«, andere: »Gegen Tetanus.« Man checkt deinen Körper durch, um zu sehen, ob du drogensüchtig bist oder Narben von Schüssen oder Operationen hast. Dann werden deine Muskeln und dein Knochenbau untersucht. Man schrieb mir die Kompanie- und Registriernummer auf den Vorderarm. Zwischendurch kam das Mittagessen, und ich habe in meinem ganzen Leben noch nie ein solches Getöse erlebt. Die Leute kamen nacheinander dran; wer essen konnte, aß, und wer das nicht konnte, blieb einfach da. Ich konnte nichts essen. Man gab uns die Rekrutenuniform und eine saubere Ausgehuniform, die man Einheitsanzug nannte, außerdem Stiefel, Socken, Unterhosen, Unterhemden und einen grünen Tornister. Flüche und Gebrüll. Ich kannte niemanden; man zeigte uns die Betten, und man verstaute die Taschen unter den Betten. Wer die Uniform zum ersten Mal anzog, dem fiel das schwer. Die Leute, die nicht wussten, wie man sie anziehen sollte, wurden ein bisschen verkloppt.

Am ersten Tag fingen wir mit der Ausbildung an. Am Abend machten wir Sport und veranstalteten sogar ein Wettrennen. Nach dem Essen ließ man uns stundenlang vor den Schlafsälen warten: Auf die Knie! Aufstehen! Auf die Knie! Aufstehen! Und das x-mal. Danach eine halbe Stunde: Auf die Knie! Nicht aufstehen! Dir gehen die Knie kaputt. In den ersten zehn bis 15 Tagen brachte man uns das bei, was man beim Militär die geschlossene Ordnung nennt, so was wie Strammstehen und Salutieren, und dann war die Ausbildung an der Waffe dran. Unsere Körper gewöhnten sich daran, und der Sport verschaffte uns sogar Erleichterung. Wir erlebten einen so intensiven Nervenkrieg, so viele Flüche prasselten auf uns nieder, und wir steckten so viele Prügel ein, dass wir den Eindruck hatten, der Wehrdienst besteht eh zu 80% aus Nervenkrieg. Sonst war der Wehrdienst gar nicht so hart. Wenn wir rannten, sangen wir Marschlieder, wir legten uns auf den Boden und robbten. Wir reagierten uns so ab. »Ihr Berge da drüben, ihr Trümmerberge, ihr einsamen Berge – die Truppen kommen, schlag zu, Bergkommando, schlag zu!«

Ich erinnere mich nicht ganz genau, aber so ungefähr ging der Gendarmenmarsch. Weil der Staat der NATO gegenüber angeben muss, wie viele Soldaten er bei den Kommandotruppen, wie viele Infanteristen und wie viele Matrosen er hat, geben wir alles das, was man uns sagt, gutgläubig in der Form weiter, wie man es uns gesagt hat; wir bekommen die Kommandoausbildung und werden als Gendarmen registriert. Man brachte uns nicht bei, was die Gendarmerie macht und wie man sich in bestimmten Situationen verhält.

»99 % von euch sind für den Südosten bestimmt«, sagte man, aber wir glaubten es nicht, d. h., uns blieb immer noch ein Funken Hoffnung. Das zwang man uns so sehr auf, dass es schließlich in den Südosten ging, als führen wir nach Ankara, İzmir oder Istanbul. Wir gewöhnten uns daran und hörten dauernd das Gerede vom Tod, mindestens hundert Mal. In den Marschliedern und den Gesprächen war immer nur vom Tod die Rede. Auch das wurde allmählich selbstverständlich. Unsere Kommandanten berichteten von den Kämpfen und wie es zu den Verlusten gekommen war.

Meine Mutter kam zur Vereidigungszeremonie. Sie wollte nicht, dass ich in den Südosten ging; sie blieb drei Tage lang, und ich versuchte, sie auch daran zu gewöhnen. Die Männer wollten dorthin gehen. Die Militärzeit ist dort einen Monat kürzer und aktiver. Nachdem ich Schütze bei der Flugabwehr geworden war, blieb mir keine andere Chance. Als Kind hatte ich noch nicht mal eine Spielzeugpistole, weil mein Vater mir keine gekauft hatte. An den Freitagen stiegen wir in die Berge und verbrachten die Nächte dort; das war unsere praktische Ausbildung.

Tatsächlich gingen 99 % von uns in den Südosten. Ich landete in Urfa, die Männer hatten einen Umhang um die Schultern gelegt und trugen den *Şalvar*; das war mir nicht fremd, aber es kam mir anders vor. Wir landeten bei der Provinzgendarmerie, und von dort aus schickte man uns zu den Gendarmenwachen, die ihr untergeordnet waren. Vier Nächte lang schliefen wir auf den Tischen, denn es gab keine Betten. Das war eine Gendarmenwache mit 20 Mann Besatzung und drei Offizieren, d. h. mit einem Kommandanten der Wache, einem Unteroffizier und einem Çavuş. Der oberste Çavuş, der eigentlich Kommandant sein müsste, war einer, der anderthalb Jahre im Militärgefängnis gesessen hatte, d. h., das war ein ganz harter, übler Typ. Er kam etwa einmal im Monat zu der Gendarmenwache. Wenn er kam, war das schrecklich, und jeder floh vor ihm. Er verprügelte einen ohne triftigen Grund. Im Allgemeinen sieht es in unserer Armee so aus, dass ein Vorgesetzter mit seinem Untergebenen alles machen kann, wie mit einem Sklaven. Die beiden Uzman çavuşlar interessierten sich auch nicht weiter für die Gendarmenwache, und man suchte einen Soldaten aus, auf den man sich verlassen konnte, und dem vertraute man alles an. Das wurde ich.

Weder der Kommandant noch die Uzman çavuşlar kommen vorbei, und ich übernehme alle Arbeiten. Ich kümmere mich um die Soldaten, um alles, was mit Papieren und Akten zu tun hat, und um die Sicherheit, d. h. darum, dass ein Hinterhalt gelegt wird, um die Sicherheit der Straßen und Wege, um die Dorfpatrouille wie um Diebe und Verbrecher. Man berichtete, dass man zum Hinterhalt gezogen sei, aber das war nicht der Fall. Ich trug in die Akten ein, dass man sechs Monate lang in den Hinterhalt gegangen war; so lautete der Befehl.

Danach wechselte der Kommandant der Gendarmenwache, und es kam einer, der vernünftiger war. Man erwartete von mir, dass ich rund um die Uhr im Dienst war, und ich konnte nur drei bis vier Stunden schlafen. Wir hatten kein Funktelefon, und alle Gespräche waren verschlüsselt, und der Einzige, der den Code kannte, war ich. Schließlich wusste ich sechs Monate lang vor lauter Arbeit nicht mehr, wo mir der Kopf stand. Im Hinblick auf Gefechte blieb es ruhig, von dem hohen Gipfel gegenüber kamen Störfeuer, aber keine Geschosse, weil das weit von der Gendarmenwache entfernt war. Störfeuer gehören zu den Kriegstechniken der PKK; wenn man das erwidert, erkennen sie, dass an diesem Punkt Wache gehalten wird. Ein erfahrener Soldat erwidert das Störfeuer nicht. Ich ließ es nicht erwidern, aber es gab Leute, die das taten. Die Soldaten gerieten in helle Aufregung und hatten schreckliche Angst. Wenn das Störfeuer lange anhielt, reagierten wir mit den schweren Waffen, weil die Gefahr bestand, dass sie durchs Unterholz angerobbt kommen.

Zu den Dorfbewohnern hatte ich sehr gute Beziehungen. Der Offizier, der im Südosten für die Gendarmenwache eines Dorfes zuständig ist, denkt, dass »der Staat alles machen kann«. Unser Unteroffizier war verärgert und sperrte den Dorfbewohnern drei

Monate lang die Wasserzufuhr. Die Dorfbewohner transportierten das Wasser mit Tankwagen von einer Stelle aus ins Dorf, die 40 bis 50 km entfernt war. Man fing an, mit Wasser zu handeln. Sie füllten den Tankwagen mit Wasser und verkauften es.

Die Dorfbewohner legen großen Wert auf ihre Hunde, und bei ihren Hunden geht es ihnen sogar um die Ehre. Der Offizier hatte einen Hund getötet, der in den Garten der Gendarmenwache eingedrungen war. Daraufhin beschwerten sich die Dorfbewohner am nächsten Tag bei dem Regimentskommandeur der Bezirksgendarmerie von Urfa. Als Reaktion darauf sperrte der Kommandant ihnen das Wasser. Die Offiziere mögen die Leute dort nicht und behandeln sie von oben herab. Als den Dorfbewohnern das Wasser gesperrt wurde, beschwerten sie sich auch. Weil der Kommandant versetzt wurde, hielt er das nicht für sonderlich wichtig. Nachts gab ich den Dorfbewohnern heimlich Wasser. Als der neue Kommandant kam, sagte ich ihm: »Wir sollten ihnen Wasser geben, Herr Kommandant!«

»Dann geben Sie es ihnen«, antwortete er. In der Zwischenzeit hatten die Dorfbewohner eine Grube ausgehoben, und das Wasser, das daraus sprudelte, das benutzten sie für alles und jedes. Der Landrat ordnete an, dass jedes Haus einen Wasseranschluss kriegte.

Elf Monate lang hatten wir kein Telefon. Wenn ich Dienst im Bezirkszentrum von Urfa hatte, telefonierte ich von dort aus, oder wenn es dringend war, bat ich um Erlaubnis und fuhr zur Tankstelle. Ein Brief brauchte zwei Monate, bis er ankam. Wenn deine Familie sich Sorgen machte und bei der Bezirkszentrale anrief, wurde gebrüllt und geflucht: »Warum hast du nur deiner Familie von all dem, was hier vorgeht, was erzählt? Es sollen doch keine Informationen nach draußen dringen!«

Einmal fiel nachts, etwa gegen drei Uhr, eine Bombe in den Hinterhof. Wenn sie vorne eingeschlagen wäre, wäre der Schlafsaal in die Luft geflogen.

Die PKK benutzte unsere Gegend als Durchgangsgebiet, und in der Umgebung von Urfa bemühte sie sich um Informationen. Es passte der PKK nicht in den Kram, dort aktiv zu werden. Wie die Offiziere sagten, hatte es einen Einfluss darauf, dass Öcalan aus Urfa stammte, und er wollte nicht, dass sein eigenes Volk in Mitleidenschaft gezogen wurde.

Die neun Monate, die ich bei der Gendarmenwache des Dorfes

verbrachte, vergingen im Dunklen. Ich schicke die Wachposten hinaus, verteile sie auf die Stellungen und kontrolliere sie mit dem Nachtfernrohr. Wir hatten überhaupt kein elektrisches Licht. Es gab Momente, in denen wir uns nach dem Tod sehnten, und ich wollte wirklich sterben.

Ich denke an die Höhlen, und selbst wenn ich gewusst hätte, dass nichts drin ist, würde ich mich scheuen, dort einzudringen. Damals drang ich unheimlich gern dort ein, ich wollte getroffen werden, wollte sterben oder verwundet werden. Wir hatten keine Hoffnung mehr. Man sagt ja, dass der Militärdienst nie aufhört; zwei Monate ist es nun her, dass meine Militärzeit zu Ende ist, aber ich kann es immer noch nicht glauben.

Im ersten Monat nach meiner Rückkehr drehte ich mich ständig um, wenn ich unterwegs war. Es kam mir so vor, als würde irgendjemand mich festhalten, am Arm ziehen und rufen: »Auf, los – zum Militär!« Ich habe nicht so unter der PKK gelitten, wie ich unter der militärischen Disziplin gelitten habe. Die Einheimischen verursachen auch dauernd Zwischenfälle; sie bauten Cannabis an, und es wurde unheimlich viel geschmuggelt. Bestechung kam auch vor. Ein paar Mal wurde ich Zeuge, wie Leute Bestechungsgelder von meinen eigenen Offizieren kassierten. Drogen-, Waffenhandel und Schmuggel liegen in der Hand der Offiziere. Dort wurden Kalaschnikows, G3-Maschinengewehre und Pumpengewehre beschlagnahmt. Auf der kleinen Gendarmenwache war eine Truppe von 20 Personen stationiert. Der Rest der Leute wurde sowieso mit allen möglichen Aufgaben beschäftigt, also mit der Nachrichtenübermittlung, mit der Wartung der Waffen, und dann gab es auch noch den Schreiber, der sich um die Post der Offiziere kümmerte, na ja, so was alles. Die Truppe teilte sich den Dienst in Tag- und Nachtschichten ein. Der Çavuş der Truppe, also ich, war jedoch immer im Dienst. Wenn du dich auf eine Diskussion mit dem Kommandanten einlässt, fängt er an, dich zu verdächtigen, ob du ein PKK-Mitglied bist. Nach der Logik des Militärs bist du schon für die PKK, wenn du nur auf dein Recht pochst. Als ein Dorfbewohner fragte, warum sein Dorf keine Verbindung zur Hauptstraße hätte, reichte das aus, um ihn als Aktivisten der PKK zu bezeichnen.

Sie stimmen das ewig gleiche Lied vom Kemalismus an, aber 80 bis 90% wissen überhaupt nichts von Atatürk. Im Allgemeinen kennen die Absolventen der Kriegsschule Atatürk, außerdem die

Leute, die eine Zeit lang studiert haben. Bei den Unteroffizieren kommt das selten vor, und es sind ganz wenige unter den Uzman çavuşlar, die ihn überhaupt kennen.

Auf der Gendarmenwache waren neun kurdische Soldaten, und es wurde Kurdisch gesprochen. Andererseits ist es verboten, Kurdisch zu sprechen. Die stärkste Reaktion auf die PKK zeigten diese Kurden. Ein paar von ihnen, kluge Leute, unterstützten zwar nicht die PKK, aber sie wollten in Ruhe ihre Sprache sprechen und ihre Lieder singen. Es war nie mein Ziel, in den Kampf zu ziehen und so viele Aktivisten zu töten, aber die Armee hat ein Ziel, und wohl oder übel dienst du ihr. 80% der Soldaten denken genauso; die Offiziere sind verschlossen wie eine Walnussschale und sagen nicht, was sie denken. Dort hast du keine Schwester, keine Geliebte und keinen Freund, d.h., dort ist alles erbarmungslos. Wenn du nicht isst und dein Kamerad dir auf die Schulter klopft und dich fragt, warum du nicht isst, dann hat das für mich etwas Mütterliches, etwas Väterliches. Man sagt, es gäbe viele Soldaten, die Offiziere erschießen, aber das glaube ich nicht. Mit dieser Psychologie kannst du alles machen. D.h., du wirst zum blutbefleckten Mörder. Bei uns gab es keine Toten, aber Schwerverletzte. Einer der Soldaten hatte Prügel von einem Offizier bezogen, er fluchte, und als er Wache stand, wollte er sich umbringen, konnte aber schwer verletzt gerettet werden. Aber er muss bestimmt zwei Jahre in den Knast. Der Offizier kriegt auch eine Strafe ab, weil er den Soldaten während der Wache geschlagen hat. Das ist die Logik des Spruchs: »Du schützt das Vaterland in seiner Gesamtheit.«

Eine Zeit lang ging ich in Zivil in die Stadt. Um mit den Leuten ins Gespräch zu kommen und sie auszuhorchen, ließ ich mir einen Bart wachsen. Da ich die Universität mehr oder weniger kannte, versuchte man mich in die Uni zu schicken. Ich ging drei- oder viermal hin. Zum einen lernte ich die Universität kennen, zum anderen schaute ich mir die Stellen in der Stadt von weitem an, wo sich die Dorfbewohner aus unserem Gebiet aufhielten. Ich sprach mit den Leuten von der Uni, aber sie antworteten auf keine meiner Fragen.

Dabei ging es mir eigentlich nicht darum, Informationen zu sammeln, sondern ich wollte mal die Möglichkeit haben, von morgens bis abends spazieren zu gehen. In der Cafeteria unterhielt ich mich mit einem PKK-Mann und hörte mir an, was für eine Auffassung er und seine Leute hatten. »Aus Patriotismus ist man in der PKK und tut alles, um für sein eigenes Land zu kämpfen«, erzählte er. Sie denken wie unsere türkischen Soldaten. Einen Patriotismus, der Menschen tötet, kann ich nicht akzeptieren. Das gilt auch für uns.

In dem Bericht, den ich verfasste, erwähnte ich diesen Studenten nicht, aber die Widersprüche, die ich anführte, liegen auf der Hand. Was würde passieren, wenn er morgen jemanden töten würde? Auf der anderen Seite muss man seine Gedanken auch respektieren.

Du befindest dich im Widerspruch zu deinem früheren Leben. Du versuchst dich daran zu gewöhnen, und je mehr du dich an den Militärdienst gewöhnst, desto mehr lebst du deinen Gedanken und deiner Philosophie zuwider. Du machst viel mehr Kompromisse. Zuerst werden deine Nerven zermürbt, und dann nimmt dein Selbstvertrauen ab. Und dann kommt der Tod. Die Gefühle sterben ab, und eines Tages sagt man: »Deine Militärzeit ist zu Ende, da hast du deinen Entlassungsschein, mein Junge, geh nur!« Als wären das nicht die Leute, die einen angeschrien, verflucht, verprügelt und eingesperrt hätten. Man schickt dich wieder ins reguläre Leben.

Was für Fantasien ich gehabt habe? Ich wollte in aller Ruhe durch die Straßen gehen und mit den Leuten reden. Aber jetzt habe ich Angst vor den Menschen und der Gesellschaft. Ich wollte, dass meine Familie mich am Hafen abholte. Danach sehnte ich mich: An diesem Tag wanderte ich – ohne zu schlafen – durch Samsun und ging am Strand spazieren. Das war die Freiheit. Aber ich konnte mich nicht frei fühlen. Ich habe vergessen, wie Menschen miteinander umgehen, und ich habe Schwierigkeiten damit. Wenn ich mit jemandem spreche, habe ich einen Kloß im Hals. Eigentlich will ich reden, aber da gibt es einen Widerspruch zwischen all dem, was erzählt wird, und der Wirklichkeit. Die türkische Armee ist kein Held, wie man sich das so denkt, und der türkische Soldat ist auch keiner. Unter dem Deckmantel des Heldentums quälen sie einen doch sehr. Z. B. hat ein Soldat fünf bis sechs Tage lang überhaupt nicht geschlafen; er marschiert, hat nichts gegessen und leidet Durst. Es ist erstaunlich, aber man hält das aus. Jetzt halte ich es keine drei Stunden aus, ohne was zu essen. Ich weiß nicht, ob das von der Idee her kommt, dass wir als Soldaten unser Durchhaltevermögen beweisen müssen. In der eisigen Kälte haben wir bis zum Morgen Wache gestanden, ohne uns zu rühren, und nichts ist passiert. Wenn es Heldentum ist, dann sind wir Helden des Krieges, der gegen die Medizin geführt wird – das schaffen wir alles, und hier ist der Beweis.

Wer hat denn eigentlich mal einen Krieg auf der Welt gewonnen? Ich weiß es nicht, aber es wird immer noch Krieg geführt. Im Zweiten Weltkrieg sind Tausende von Menschen umgekommen, und die Revolten in der Türkei, das war doch auch so eine Art Bürgerkrieg. Und was war der Nutzen? Vor dem Militärdienst gehörte ich zu den Leuten, die gegen den Krieg und gegen Bewaffnung waren. Beim Militär gab man mir die schwerste Waffe; ich habe mich geärgert, aber ich habe mich nicht gewehrt, sondern bin geflohen und habe meinen Ärger mit Worten ausgedrückt. So habe ich mich auch noch eine Zeit lang beim Militär verhalten. Meine Nerven waren gespannt, aber ich habe mich mit keinem Kameraden beim Militär geprügelt. Ich habe auch niemanden verhauen. Jetzt versetzt mich der geringste Anlass schon in Wut, und manchmal beeindrucken Ereignisse mich nicht, die was mit Gewalt zu tun haben und mich eigentlich wütend machen müssten. Ja, wirklich, wenn ich z. B. unterwegs bin, werde ich nervös, wenn mich jemand anrempelt. Am liebsten würde ich so einem den Kopf abreißen. Ich tue das nicht, und das ist eine Sache für sich. Manchmal reagiere ich in Situationen, wo ich eigentlich ärgerlich werden müsste, überhaupt nicht. Jemand beleidigt mich, es handelt sich wirklich um eine Ungerechtigkeit, und ich müsste mich für mein Recht einsetzen. Vor dem Militärdienst hätte ich das getan. Von dort kommt Gewalt, aber ich vergelte Gewalt nicht mit Gewalt. Aber eines stimmt, jetzt bin ich der Gewalt näher. Gewalt löst keine Probleme, aber sie verschafft einem Erleichterung. In meinem Freundeskreis gibt es viele, die den Militärdienst gerade hinter sich haben; sie haben Schweres durchgemacht, und jeder versucht auf eigene Faust damit fertig zu werden. Die Hälfte von ihnen weiß gar nicht, dass dieses Problem existiert, und sie bringen ihre Probleme auf den Nenner, dass sie behaupten, dass sie reifer geworden seien. Sie wissen gar nicht, dass es Psychologen gibt, die erkennen, was ihnen fehlt. Es gibt Leute, die nicht zum Psychologen gehen, weil sie es sich nicht leisten können oder eine Therapie für Humbug halten. Manche verstehen unter Psychotherapie aber auch Irresein oder haben zu niemandem Vertrauen.

Alles ist jetzt grau in grau, und ich langweile mich. Wenn ich mit meinen Freunden rede, dann bleiben unsere Gespräche an der Oberfläche, und wir gehen nicht in die Tiefe. Ich versuche Romane zu lesen; z. B. habe ich den Roman *Simyacı* (*Der Alchimist*) angefangen und ein paar Seiten gelesen. Das Buch hat mir gefallen, und hoffentlich gelingt es mir, weiterzulesen. Ich kaufe Bücher, lese sie bis zur Hälfte, und dann langweile ich mich. Früher habe ich alles Mögliche gelesen, Romane und Bücher über Psychologie. Beim Militär ist das Lesen verboten; dort habe ich bei Kerzenlicht Liebesromane gelesen – oder beim Licht der Scheinwerfer, wenn wir die Batterien aufladen konnten. Hören Sie – man spielt jetzt »Dağlara Gel, Dağlara – Komm in die Berge, in die Berge«. In den Bergen läuft gar nichts; wir können die Städte nicht befreien, indem wir ins Gebirge steigen.

Ich behaupte nicht, dass die Gesellschaft nichts taugt, aber du verlierst den Glauben an die Menschen. Du sagst: »Diese Leute können mich nicht verstehen«, aber man bemüht sich auch nicht darum. Wenn du Wache hältst, dann dafür, dass die Leute ihre Sicherheit haben und ruhig schlafen können. Die Soldaten dort halten doch auch für mich und für die Leute Wache, die ich liebe. Mit dieser Logik bin ich vorgegangen, und ich habe mich darum bemüht, dass meine Kameraden sich auch danach richten. Wir dachten nicht an uns und nicht an den Tod. Ich respektiere das, was ich getan habe. Du kannst nicht an das alles – und du kannst nicht an den Krieg glauben, aber du musst respektieren, was du getan hast. Es kommt mir so vor, als hörte die Menschlichkeit im Krieg auf. Wenn Männlichkeit bedeutet, hart zu werden, dann wirst du wirklich hart, das ist richtig, und wenn Männlichkeit bedeutet, gefühllos zu werden, wirst du gefühllos, das ist auch richtig. Daher lässt das Militär einen zum Mann werden. Du spürst die Erde, du siehst das Blut, du wirst zum Gefangenen, und das alles führt dazu, dass sich dein Herz verhärtet. Viele Werte, die du im Zivilleben für wichtig hältst, verlieren ihre Bedeutung. Es gab viele Soldaten, die sich von ihren Freundinnen getrennt haben, weil ihre Beziehung zu ihnen erkaltet ist.

(Juli 1998, Samsun)

1973 in Samsun geboren. Er hat eine ältere Schwester und einen jüngeren Bruder; sein Vater ist pensionierter Lehrer. Im November 1996 ging er zur Rekrutenausbildung nach Bilecik. Danach war er in Şanlıurfa. Er verbrachte seinen Militärdienst als einfacher Çavuş bei der Gendarmerie. Seit Mai 1998 versucht er sich wieder ans Zivilleben zu gewöhnen. Er sucht Arbeit.

37. Bin ich etwa Kanonenfutter? Sind die Leute, die dorthin gehen, Kanonenfutter?

Du bist durchs Gebirge marschiert, du bist marschiert, um Terroristen zu töten. Es wäre eine große Dummheit, eine solche Gelegenheit zu verpassen, und diese Dummheit habe ich begangen. Ich wollte niemanden töten, aber die Terroristen haben meinen Kameraden getötet. Man kann wirklich nicht logisch denken.

Nachdem man sich der Logik des Militärs angepasst hat, gefällt einem der Wehrdienst sogar; du gewöhnst dich an die Disziplin, du wirst autoritär, es gibt keine Diskussionen und keine Meinungsäußerungen, aber es herrscht ein übermäßiger Druck. Die Ausbildung ist sehr hart, aber wenn du dorthin gehst, siehst du den Nutzen mehr und mehr ein, und du hast sogar das Gefühl, dass dir bei der Ausbildung was gefehlt hat. V. a. darf deinen Soldaten nichts passieren, und wenn es dir trotzdem gelingt, Terroristen zu töten, dann ist das ein großer Erfolg. Man zieht ins Gelände, lernt den Hinterhalt kennen, die Verlegung und die Art des Vorgehens bei der Verlegung, man lernt Landkarten lesen, man hat Waffenkunde und Führungstraining, man erfährt etwas über die Struktur der Organisationen, die versuchen, sich in terroristischer Weise vom Staat abzuspalten, und man lernt ihre Ziele kennen, man lernt, welche Länder sie unterstützen und wie sie das machen, man erfährt, wie man sich den Einheimischen gegenüber verhält und wie man die Dorfbewohner, die auf Seiten der Terroristen stehen, von denjenigen unterscheidet, die zur Regierung halten. Es ist aber wirklich sehr schwer, das alles in die Praxis umzusetzen. Du bist voreingenommen, wenn du in so ein Dorf fährst. Nach einer solchen Schulung siehst du in jedem einen Terroristen. Bei der Ausbildung impfen sie einem so ein Bewusstsein ein, aber sie übertreiben es natürlich auch etwas. Ich würde freiwillig wieder nach Eğridir gehen, denn wenn man was macht, ist es am besten, es hundertprozentig zu machen.

Man kann nicht sagen, dass ich im wörtlichen Sinne Nationalist geworden wäre, aber ich dachte, dass diese Leute sich nicht ruhig verhalten. Es könnte sein, dass vieles fehlt, aber das haben sie sogar politisch aufs Tapet gebracht und keine Lösung gefunden. Ich glaube ganz bestimmt, dass sie aus dem Ausland unterstützt werden – mit der Absicht, eine Spaltung herbeizuführen.

Ich dachte, ich würde den Militärdienst im Osten in einer Kommandotruppe verbringen, aber das ist wirklich sehr schwer. Wenn ich jetzt dorthin ginge, wäre es noch schlimmer; was da passiert, das ist nicht normal.

»Bin ich etwa Kanonenfutter?«, habe ich oft gedacht. »Sind die Leute, die dorthin gehen, etwa Kanonenfutter?« Aber einige müssen das auch machen. Bei der Rückkehr aus dem Urlaub in Eğridir gehe ich zu Fuß durch Alsancak, Jungs mit Ohrringen, langen Haaren und so was allem. »Hat es denn einen Wert, für diese Leute zu kämpfen?«, frage ich mich. Dann erinnere ich mich daran: Als ich noch in der Schule war und mit den jungen Mädchen spazieren ging, waren ein paar von diesen Leuten da. Das hat ein bisschen was Schicksalhaftes.

Zuerst hatte ich Angst. Das war in *Karlıova*, in einem Distrikt, der in unmittelbarer Nähe von Yedisu lag, wo wir stationiert waren. Es ging dort um einen Nahkampf, und wir wurden zur Unterstützung gerufen. Als wir dorthin fuhren, war es schon fast zu Ende. Wir riegelten das Gelände ab, das war eine Aufgabe, die mir gefiel. Ein Kamerad von uns wurde an der Ferse verletzt. Die Gegner waren 19 Mann; sechs von ihnen erwischten wir lebend, und 13 von ihnen waren tot. Es ist was ganz anderes, auf eine Zielscheibe, als auf einen Menschen zu schießen. Eigentlich bin ich dagegen, dass man die Gegner lebend gefangen nimmt. Der Staat muss sie ernähren, und wir zahlen Steuern. Die PKK-Leute sind nicht mehr menschlich.

»Herr Oberfähnrich, Sie sind gerade erst gekommen, Sie haben den ersten Schuss!« Was würde ich tun, wenn man das zu mir sagen würde? Ich habe darüber nachgedacht, und damals hätte ich ganz bestimmt niemanden getötet. Dann hätte man mir vielleicht den Stempel aufgedrückt, dass ich ein Vaterlandsverräter wäre. Mit der Zeit hat sich das geändert. Alles, was man erlebt, verändert einen. Wenn ich jetzt hinginge, würde ich die Gegner töten, ohne mit der Wimper zu zucken.

Da war der Hinterhalt in einem waldreichen Gelände, und wir waren 20 Mann, anderthalb Truppen. Ich konnte keinen Meter weit sehen; es war Nacht. Beim ersten Gefecht war ich müde. Du hast ein wenig Angst, weil man ständig Schüsse hört. Dann ist es mit der Angst vorbei. Das war ein unheimlich guter Platz; sie blieben in ihrem Graben, und du kannst sehen, wohin du schießt. Sogar während du kämpfst, kannst du sehen, wenn jemand mit der Schaufel den Schützengraben aushebt. Ich konnte niemanden töten, und am Anfang konnte ich noch nicht mal schießen. Seit der Ausbildung in Eğridir waren 40 Tage vergangen, und man kommt aus der Übung. Ich war kaputt. Ich kriegte Krämpfe in den Beinen und rieb mir die Waden. Eine Kugel flog über mich hinweg, und ich hörte ihr Zischen. Dann ging ich zu einer sicheren Stelle und fing an zu schießen, konnte aber nicht schießen, wenn ich jemanden sah. Sogar die Kapuze auf dem Tornister eines Offiziers wurde durchlöchert. Wenn man das alles sieht, hat man von Anfang an Angst. Wenn du Angst hast, suchst du dir eine bessere Stelle; es kommt nicht dazu, dass du Kampfgeist entwickelst, du kannst nicht in Ruhe schießen, und du traust dich mit deinem Kopf nicht hinter dem Stein hervor. Das Gelände war auch ganz grün geworden, und wenn es grün wird, ist es nicht gut, ins Gelände zu ziehen. Es gibt einen Spruch der Terroristen, der lautet: »Der Terrorist, der im Juli oder August getötet wird, ist nicht ganz bei Trost.«

Apo soll auch befohlen haben: »Tötet den Terroristen, der sich aus drei Metern Entfernung zeigt.« Die Umgebung ist so grün, dass du nichts sehen kannst.

Die Lebensbedingungen dort sind sehr hart; das ist ein politischer Fehler. Die Leute haben Häuser gebaut, wo sie wollten, und der elektrische Strom reicht bis zu den Berggipfeln. Yedisu gilt als Mittelpunkt des Distrikts, dort gibt es zwei Lebensmittelläden und zwei Obst- und Gemüsehändler, und der Ort hat noch nicht mal eine Bank. Du bekommst deinen Sold, gehst dorthin und kommst zurück, ohne auch nur einen Lira ausgegeben zu haben, denn es gibt nichts zu kaufen. Und trotzdem hat es dort mal so was wie einen Öffentlichen Dienst gegeben, Gesundheitsstationen und Schulen. Nach alldem, was passiert ist, wurden nach und nach alle Gesundheitsstationen und Schulen geräumt. Dort, wo die Landkreise Yedisu, Erzurum, Erzincan, Tunceli und Bingöl sich überschneiden, kreuzen sich die Straßen der Terroristen. Als ich dort war, wurden 70 Terroristen getötet, zwölf wurden lebend gefangen genommen, und eine Terroristin ergab sich. Du darfst nicht mit den Dorfbewohnern sprechen, und du fragst sie nur das Nötigste. Wohin du auch gehst, dir wird ein Essen vorgesetzt, aber das machen sie auch für die Terroristen. Es gibt viele Leute, die den Terroristen was zu essen geben, aber es gibt auch welche, die euch was geben.

Du bist total erschöpft und gehst daran, ein Dorf zu durchsuchen. Sie bereiten dir sofort was zum Essen vor. Du denkst aber gar nicht daran, wie rührend die Leute sich um euch kümmern. Am Anfang siehst du in jedem einen Terroristen, dann gewöhnst du dich an dieses Milieu und kehrst zur Normalität zurück. Ich habe mich an zwei Gefechten beteiligt, und in einem davon gab es Leichen. Bei den anderen hatten wir zwei Gefallene zu beklagen, konnten aber keine Terroristen fassen. Ich war gerade aus dem Urlaub zurückgekehrt; ein Kamerad – ein Arzt im Rang eines Oberfähnrichs – und sein Lazarettgehilfe waren gefallen. Das Gelände war wieder eine waldreiche Gegend, wir griffen die Gegner an, aber wir wurden Opfer ihres Vergeltungsschlages, weil sie sich im Wald besser auskannten. Unter Schockwirkung kannst du nicht schießen. Mit meinem Kameraden, dem Oberfähnrich, hatte ich drei Monate lang in demselben Raum übernachtet; er war seit einem knappen Dreivierteljahr verheiratet.

Ich nahm an zwei oder drei Operationen teil. Es kam oft zu Durchsuchungen der Dörfer. Unter den Einheimischen gab es sowohl Leute, die die Terroristen bewusst unterstützten, als auch solche, die auf Seiten der Regierung standen. Natürlich gab es auch welche, die aus Angst nicht wussten, was sie tun sollten. Der Kommandant der Einheit, der Kompaniechef oder der ranghöchste Offizier ordneten an: »Beobachtet das mal genau«, und du machst es. Die Verhaftung erfolgt auf Initiative des Kommandanten, und die Gendarmerie macht das auch. Am Anfang hast du nicht allzu viel Sympathie für die Dorfbewohner, aber die Menschen sind nun mal nicht alle gleich. Wir waren im Allgemeinen sehr freundlich zu den Dorfbewohnern; bevor unser Arzt fiel, brachten sie ihre Kranken zu ihm. Einem Dorf, wo die Terroristen ständig ein- und ausgingen, war man natürlich nicht wohlgesinnt. Als ich dorthin kam, waren die Dörfer leer. Das Räumen der Dörfer halte ich für richtig. Da geschieht zum einen den Menschen Unrecht, zum anderen aber ist es auch für die Soldaten schade. Es kann sein, dass einige auch willkürlich vorgingen. Wir hörten eine Menge Gerüchte; daran kann ich nicht glauben; es ist aber sehr schwierig, etwas zu verallgemeinern.

In der Zwischenzeit hatte ich Urlaub; ich wurde auch noch

operiert. Bei der Rückkehr hatte ich mir versprochen, dass ich keinen Kampfgeist entwickeln wollte. Wenn es aber zu einem Gefecht kommen sollte, wollte ich trotzdem hingehen. »Bist du ein Trottel? Wenn was passiert, soll Allah dich schützen! Wie willst du das erklären?«, sagte man. Ich wollte hin; monatelang wanderst du durchs Gebirge.

Du bist durchs Gebirge marschiert, du bist marschiert, um Terroristen zu töten. Es wäre eine große Dummheit, eine solche Gelegenheit zu verpassen, und diese Dummheit habe ich begangen. Ich wollte niemanden töten, aber die Terroristen haben meinen Kameraden getötet. Man kann wirklich nicht logisch denken.

Vor der Militärzeit wurde ich wütend auf diejenigen, die Kurdisch sprachen, und dort erlebte ich, dass die Leute gar kein Türkisch können. Wenn meine Mutter Kurdin wäre, könnte ich nicht mit ihr Türkisch sprechen, weil sie es nicht kann. Du hast Vorurteile, und außerdem siehst du, dass sie nicht Türkisch kann. Das ist doch ungefähr so, als würde man von dir erwarten, dass du am Telefon mit deiner Mutter Englisch sprichst, wenn du nach Amerika gehst. Es gibt auch Leute, die das machen, um jemanden zu ärgern, im Dolmuş oder so.

Das Buch von diesem Journalisten, Kadri Gürsel, *Dağdakiler* (*Menschen in den Bergen*) habe ich gelesen; es hat mir nicht gefallen. Es hat doch keinen Sinn, die Leute im Gebirge so zu idealisieren; das hat mich gestört. Zwei Kapitel von Yılmaz Erdoğans Buch *Hüzünbaz Sevişmeler* (*Liebe in Trauer*) habe ich gelesen, und dann habe ich es zerrissen. Eigentlich mochte ich Erdoğan sehr. Es hat nichts zu sagen, dass er Kurde ist, aber das Buch gefiel mir nicht, weil er Politik für die Kurden macht.

In meiner Kindheit war ich ein schüchterner Junge und habe mich mit niemandem geprügelt. Bis ich ins Gymnasium kam, war ich ein mittelmäßiger Schüler, und danach war ich ganz schlecht; ich habe noch nicht mal die Aufnahmeprüfung für die Uni geschafft. Meine seelische Verfassung ändert sich sehr schnell. Mein Sternzeichen ist der Wassermann, das ist das Sternzeichen der Anführer, aber ich möchte nicht im Vordergrund stehen, ich habe jedoch nichts dagegen, wenn die Initiative von mir ausgeht. Eigentlich bin ich meist gut gelaunt, und wenn ich mir irgendwas in den Kopf gesetzt habe – sei es auch nur eine Kleinigkeit –, dann kann ich ein paar Tage damit vergeuden. Tatsache ist, dass ich mich eigentlich nicht sonderlich verändert habe. Der Militärdienst macht einen reifer. Bei der Rückkehr fühlst du dich fremd. Ich bin eh menschenscheu und finde keinen besonderen Gefallen an Menschenmengen, und jetzt lehne ich das ganz ab. Ich habe keine Lust mehr, mit jemandem zu reden. Außerdem fragen dich die Leute doch nur der Form halber, und dann tun sie so, als würden sie dir zuhören, und glauben dir nicht. Die Gesellschaft hat im Allgemeinen kein Interesse daran, sodass man den Eindruck hat, als ob sie verdorben wäre.

In den Fernsehnachrichten heißt es z. B., dass drei Mann gefallen sind. Ich vermute, dass von den Zuschauern kaum mehr kommt als der Kommentar: »Gott sei ihrer Seele gnädig.«

Mit meiner Verlobten habe ich das in allen Einzelheiten besprochen, man kann ja gar nicht so genau erzählen, wie es einem geht. Außerdem erzähle ich meiner Mutter davon. Neulich habe ich meine Mutter gefragt, wo mein Diplom ist. »Was hast du denn vor?«, fragte sie und sagte: »Du kannst dir ja die Generalsuniform auf dem Markt kaufen!« D. h., sie versteht mich nicht; war das nicht deutlich genug? Nicht verstanden zu werden, das ist natürlich schlimm.

Ich wurde unruhig, wenn ich mit fünf oder sechs Leuten zusammensaß und wenn man dabei nur mit mir redete; das machte mich nervös. Neulich sagte ich was und vergaß, was ich gesagt hatte. War das nun das zweite der dritte Mal nach meiner Rückkehr? Das heißt aber nicht, dass ich ein Syndrom hätte, das von meinem Dienst im Südosten stammt. Das hat sich nicht auf mich ausgewirkt; mir kommt das noch nicht mal in den Sinn, dass ich dort Dienst geleistet habe, dazu lasse ich es nicht kommen.

Wenn ich davon träume oder mir Fotos ansehe, dann fällt es mir wieder ein. Im Traum ziehe ich ins Gefecht – oder träume so was Ähnliches. D. h., ich habe kein Syndrom. Das einzige Syndrom ist die Arbeit, andere Probleme habe ich nicht. Ich musste mir einfach mal angucken, was da im Südosten abgeht. Es hat mir nicht gefallen, aber ich habe es erlebt. Das war gut. Ich bin jetzt stolz auf mich, weil ich den Militärdienst in so einer Gegend geleistet habe. Ich hatte Angst davor, meinem Gegner einen Faustschlag zu versetzen, weil ihm dann was passieren könnte. Aber ich war groß und dick, und sie hatten Respekt vor mir.

Ich mag die Gewaltspiele am Computer. Aber wenn die Soldaten dort sich wirklich schlimm gegen die Gesetze vergehen, dann könntest du sie ohrfeigen, und wenn ich jemanden schlafend erwischte, dann habe ich ihn weder verprügelt noch angebrüllt.

Wenn es aber Terroristen sind, müsste ich sie lebend zu fassen kriegen. Wir kriegen sie eh nicht lebend. Die Feinde im Ausland wollen, dass ihr krank und geschwächt weitermacht. Der Südosten ist vernachlässigt worden, aber dort gibt es ja auch weit und breit nur Berge. Es gibt sogar einen Spruch, der lautet: »Ob Atatürk das hier wohl alles gesehen hat?« Ob er sie eingenommen hätte, wenn er sie gesehen hätte?

»Mein General, wenn du doch nur einen Blick darauf – auf das alles – geworfen hättest!«, würde man sagen. Einerseits herrscht da mangelndes Wissen, zum anderen lässt der Staat die Leute auch in Unkenntnis. Man gibt dem Staat aber auch nicht die Gelegenheit, das alles, was dort schief läuft, in Ordnung zu bringen. Wenn du die staatlichen Einrichtungen in Brand steckst, die Lehrer tötest und die Waffen gegen das Militär richtest, dann kann sich ja auch nichts ändern. Gib der Regierung eine Chance! Einer mit Charisma, der könnte das dort alles verbessern.

Du kämpfst mit dir, mit dem Gelände, mit den Offizieren und den Soldaten. Der Krieg, den man mit sich selbst führt, der ist vielleicht noch schwerer. Du darfst dich nicht gehen lassen. Bei deiner Rückkehr ins Zivilleben wirst du ein neues Leben beginnen. Du kämpfst, tötest und kannst getötet werden. Das kann nur Allah entscheiden, und du kannst nichts machen. Natürlich sind auch fromme Leute unter den Gegnern; und trotzdem habe ich meine Zweifel daran. Alle Soldaten glauben an Gott. Sie fasten sogar, wenn wir ins Feld ziehen. Ich meine, dass Gott die Soldaten schützt, und Gott ist bei ihnen. Den Kampf mit mir selbst habe ich vielleicht mit Erfolg überstanden.

Jetzt komme ich mir so vor, als wäre ich gar nicht dorthin gegangen. Aber es gab auch Schönes, was ich dort erlebt habe. Die Gegend dort ist mir immer noch im Gedächtnis. Natürlich, ich telefoniere, und tatsächlich bleibt ein Teil des Menschen dort. Dann sagst du: »Mensch, das ist ein Stafettenlauf, und jetzt bin ich dran. Einer nach dem anderen.«

Das ist kein schlechtes System. Für die Aktiven ist das auch so. Zwei oder drei Jahre tun sie Dienst, gehen in den Westen, tanken ihre moralischen Batterien auf, und dann können sie wieder hingehen. Ich bin nicht rachsüchtig; ich sage zwar, dass ich Rache nehme, aber eigentlich kann ich das nicht übers Herz bringen. Für die andere Seite ist das was anderes. Es gibt nichts, was so bitter wäre wie zu hören, dass deine Kameraden gefallen sind. Ich hatte einen Kameraden, mit dem ich zusammen angefangen habe, und der ist auch in Karlıova gefallen.

Und was die Rache angeht – im ersten Augenblick willst du alle töten, und du meinst, dass nichts ungerächt bleiben sollte. Du musst dort unbedingt töten, um selbst am Leben zu bleiben. Die Leichen der Terroristen sind Aas, und ihre Verletzten Stinktiere. Man spricht nicht über den Tod, niemand erwähnt ihn. Du denkst aber auf jeden Fall daran. Mein Vater ist pensionierter Offizier, aber er hat sogar seine Pistole nicht ein einziges Mal mit nach Hause gebracht. Ich hatte weder Interesse an Waffen, noch war ich neugierig darauf. Jetzt habe ich keine Waffe, und ich wünschte mir, man würde mir eine geben.

Nachdem du ihre Stimme gehört hast, ist die Waffe wirklich ein wunderschönes Objekt, d. h., du kannst damit ein Ziel treffen, das sehr weit weg ist. Meinen Dolch, mein Fahrtenmesser und meine Baskenmütze habe ich mitgebracht, und meine Auszeichnung habe ich auch hier. Das alles macht einen stolz. Ich überlege mir, ob ich mir zu Hause eine Ecke einrichte, wo ich das alles aufbaue. Und ich hatte natürlich meinen Kalender. Jeden Tag schrieb ich meiner Verlobten einen Brief, aber die Briefe brauchten sehr lange, bis sie ankamen. Ich führte so was wie ein Tagebuch, und ich strich die Tage im Kalender durch. Die Tatsache, dass ich verlobt war, hat den Dienst schwieriger gemacht, du kannst dich nicht so darauf konzentrieren, wie du willst, denn in Gedanken bist du hier im Westen. Ich bin sehr eifersüchtig, und sie auch – aber irgendwie hatten wir dadurch einen Ausgleich. Das war natürlich sehr schwierig.

(April 1998, İzmir)

1973 in İzmir geboren; er hat den Abschluss der Volkswirtschaftlichen Fakultät; sein Vater ist pensionierter Offizier. Im November 1996 ging er nach Eğridir zur Bergkommandoschule, und im März 1998 wurde er von Yedisu im Bezirk Bingöl verabschiedet; er war beim Gendarmenkommando. Er mag die Bücher von Emin Çölaşan und Rauf Tamer; er liest Zola und Tolstoi, und zurzeit Mavi Tuna, Kumral Ada (Blaue Donau, rötliche Insel). *Außerdem liest er regelmäßig Hürriyet wegen der Stellenanzeigen. Was die Musik betrifft, so hat er keine besonderen Vorlieben; beim Militär hat er notgedrungen arabeske Musik gehört, und er glaubt, dass sie einen in eine militante Stimmung versetzt. Wenn er zur Operation zog, hat er die Lieder von İbrahim Tatlıses gehört, und bei der Rückkehr die Schlager von Candan Erçetin. Er hat Basketball und Fußball gespielt, und nachdem er in Eğridir war, hat er aufgehört, Sport zu treiben, denn dort wird man »durch Sport betäubt«, wie er sagt.*

38. Die Leute sonnen sich, rösten Kebab, und wir brechen zur Operation auf!

Wieder der Krach der Mine; als man die Falle unter Kontrolle haben wollte, ließ man die Mine aus Versehen explodieren. Ein Oberleutnant wurde verwundet, und außerdem ein Soldat. Minen, bevor wir überhaupt mit dem Kampf anfangen. Du kannst Terroristenbanden sehen, aber weil du nicht unter die Erde gucken kannst, weißt du nicht, ob du beim nächsten Schritt auf eine Mine trittst.

Weil du nicht weißt, wo Batman liegt, kommst du zuerst durcheinander. Meine Mutter hatte den Kummer und die Tränen der Wehrpflichtigen gesehen, die das Los für Hakkâri und Şırnak gezogen hatten; und sie gab mir Mut, indem sie sagte: »Dort bist du gut aufgehoben.«

Die Leute fingen an, sich mit der Psychologie des Todes zu beschäftigen. Um für die Kommandotruppe genommen zu werden, muss man mindestens 1,74 m groß sein, und ich bringe es nur auf 1,70 m. Bei der Unterredung in Batman sage ich: »Auf dem rechten Ohr höre ich nichts, und mein rechter Arm ist auch nicht in Ordnung.« Außerdem hatte ich das Attest vom Infanterieregiment Tuzla bei mir, das mir bescheinigte, dass ich keinen Liegestütz machen kann. Der Kommandant des Bataillons sagt: »Du musst Augen und Ohren aufsperren!«

Mit einer Zeremonie brachen wir in den Norden des Irak auf. Das war die Operation vom Mai '97. Zum ersten Mal ziehe ich mit der Truppe ins Feld. Würde ich beim ersten Gefecht einen Schock erleiden, würde ich mich vor den Kugeln in Sicherheit bringen können? Ich habe Angst. Beyaz Dağlar – die Weißen Berge im Süden von Zaho. Es ist zu vermuten, dass die Terroristen entweder in den Iran fliehen oder von unserer Gegend aus in Richtung Süden gehen. Zu allererst bombardieren die Flugzeuge das Gebiet, in das die Terroristen flüchten könnten, und schaffen damit Platz für uns. Weil wir das Gelände nicht kennen, haben wir Soldaten von *Barzani* als Führer bei uns, aber die Offiziere trauen ihnen nicht sonderlich.

Ich bin nicht daran gewöhnt, eine so schwere Last auf dem Rücken zu tragen. Einen Teil des Gepäcks gibst du dem einfachen Soldaten, und trotzdem ist es eine Last von zehn bis 15 kg; die Soldaten haben natürlich noch schwerer zu tragen. Ich muss auf Berge klettern und über Wege marschieren, die nur mit Mühe zugänglich sind, und außerdem ist da die Minengefahr. Jeder deiner Schritte kann den Tod bedeuten. Die Kompanien wurden geteilt, und jede Kompanie ließ sich auf einem anderen Berg nieder. In der ersten Nacht kamen wir dorthin, wo wir übernachten sollten. Die Stellungen wurden eingerichtet, und man stellte Soldaten an den kritischen Punkten auf. Wenn ein Kamerad im Rang eines Oberfähnrichs etwas Verdächtiges wahrnahm, kamen die Handgranaten zum Einsatz. Ich gewöhnte mich allmählich an den Krach der Handgranaten. Als eine andere Kompanie am zweiten Tag Kontrollen und Durchsuchungen durchführte, trat ein Kamerad im Rang eines Oberfähnrichs auf die Mine, und das löst bei dir eine Unruhe aus, die mit Angst einhergeht. Er ist nicht direkt auf die Mine getreten, das Gewebe seines Fußes war noch in Ordnung, und er wurde sofort mit dem Hubschrauber nach Diyarbakır gebracht.

Wieder der Krach der Mine; als man die Falle unter Kontrolle haben wollte, ließ man die Mine aus Versehen explodieren. Ein Oberleutnant wurde verwundet, und außerdem ein Soldat. Minen, bevor wir überhaupt mit dem Kampf anfangen. Du kannst Terroristenbanden sehen, aber weil du nicht unter die Erde gucken kannst, weißt du nicht, ob du beim nächsten Schritt auf eine Mine trittst.

Wir kamen zu dem Steilhang, wo wir das Zentrum einrichten wollten. Geschlafen wurde im Turnus von jeweils zwei Stunden. Mir waren 15 Soldaten anvertraut, und ich war der Stellvertreter des Truppenkommandanten. »Wenn wir auf die PKK stoßen und wenn die dann schießen – kann ich denn dann überhaupt Feuer geben?«, überlegte ich mir. So eine Frage ging mir durch den Kopf, aber der Feind war nicht da. Dann war die Mine ein Zeichen der Anwesenheit des Feindes. Dann wurde befohlen, wir sollten die Maulesel und andere Tiere töten, weil sie auf dem Gelände genutzt werden konnten. Ich konnte sie nicht töten. Die Soldaten sind ganz scharf darauf, zu schießen. Wenigstens konnte ich die Tiere schützen und führte den Schießbefehl nicht aus. Im Lager der Beyaz Dağlar – der Weißen Berge – fand unsere Operation von sechs oder sieben Tagen statt. Dann brachte man uns nach Çukurca, diesmal hätten wir das Lager von Zap halten sollen. Als das Gelände abgesichert war, fuhren uns die geländegängigen

Jeeps, die in der Hand der Soldaten von Barzani waren, auf die türkische Seite des Grenzgebiets hinüber. Wir blieben im oberen Teil von Çukurca, näher an der Grenze. In dem zwei- bis dreistöckigen Gebäude der Grundschule waren Soldaten und Schüler zusammen untergebracht.

Als die zweite Nordirak-Operation am nächsten Tag anfing, wurden wir mit Flugzeugen und Hubschraubern im Nordirak abgesetzt, an einer Stelle, die etwas weiter entfernt vom eigentlichen Kampfabschnitt lag. Das war in den Malaka-Bergen bei Zap – die Gegend dort liegt im Einflussbereich der Gendarmeriewache von Üzümlü. Als es dunkel wurde, fing das Gefecht an, und es dauerte bis zum Morgen. Das war ein ohrenbetäubender intensiver Kampf bei Nacht, Leuchtspurmunition... Wir waren mit unserem Platz zufrieden. Dann kam die Nachricht, dass wir im Kampfgebiet gebraucht wurden; wir sollten den Kameraden zu Hilfe kommen. Es gab sehr große Verluste; die Hubschrauber brachten Sterbende und Tote fort. Die Soldaten waren in einer verzweifelten Lage, Tausende von Patronenhülsen, alles leer geschossen, erschöpfte Gesichter. Uns befahl man: »An der Seite bleiben!« Du fragst: »Wer ist denn dort, und wie sollen wir helfen?«

Vorher war die Spezialeinheit von Van dort gewesen, und weil die Männer den intensiven Kämpfen nicht standhalten konnten, hatte man sie mit Hubschraubern ausgeflogen; sie sollen große Verluste erlitten haben. Die andere Kompanie, die sich an dem Gefecht beteiligte, war bei uns, und ihre Soldaten waren müde. Sofort wurden die Stellungen eingerichtet. Du fühlst dich dadurch etwas eingeschränkt, dass du Oberfähnrich bist; jeden Augenblick könnten die Gegner in unser Gebiet eindringen, und wir zogen dorthin, wo der Kampf losgehen könnte; wir waren der Flugabwehr untergeordnet.

Als es am ersten Abend dunkel wurde, nahm man etwas Verdächtiges wahr, und ein intensiver Kanonenbeschuss fing an. Wenn das Kanonenfeuer beginnt, wissen wir, dass der Kampf losgeht. In den ersten beiden Nächten griffen sie immer wieder denselben Berggipfel an. Du hörst ihre Funkgespräche, da sind Sterbende und Tote, Hilferufe, und man rennt aufgeregt hin und her. Das macht einen starken Eindruck auf dich. Die Verluste steigen, und es gab Leute, die auf Minen traten, wenn sie die Grenze überschritten; von beiden Seiten wurden Minen gelegt. Die Nachricht kam, dass ein Oberfähnrich tot war, und man sagt nicht, wer das ist – aus Gründen der Kampfmoral. Was für ein Verhalten sollte ich denn an den Tag legen, wenn ich mich am Kampf beteiligte? Ich stellte dauernd ein Kreuzverhör mit mir selbst an.

Wir machten ungefähr zehn Tage lang bei der zweiten Operation im Nordirak mit. Jeden Tag bezogen wir auf einem anderen Berg Stellung, damit man uns nicht orten konnte. Man zog die Einheit, die übermäßig viele Verluste hatte, zurück; ich glaube, das war die Kommandobrigade von Şırnak. Man ließ uns an die Grenze vorrücken. Wir zogen los; die Gendarmeriewache von Üzümlü war in einem desolaten Zustand. Dort übernachteten wir zwei- oder dreimal. Nachts um zwei gingen wir über die Grenze in den Norden des Irak, und am Morgen würden wir den Grenzübertritt der Gruppe um den Kompaniechef absichern. Wir werden über das Minenfeld gehen. Man hat die Stellen, an denen Minen liegen, mit Kalk gefärbt, und wir marschieren hintereinander voran. Du zeigst deinem Hintermann die Mine, und dabei geht dir die Mine vor dir verloren. Die Tatsache, dass der Mond scheint, macht es etwas einfacher. Du musst die Mine ganz schnell finden. Das Störfeuer der Terroristenbanden fing an, der Grenzübertritt verspätete sich, die Hubschrauber wurden herbeibeordert, und man versuchte zu bestimmen, wo die Terroristen sich befanden. Wir hörten ihre Funkgespräche ab.

»Wir knallen euch genauso ab, wie wir die anderen Hubschrauber runtergeholt haben« – solche Gespräche führten die Terroristen mit den Piloten. Der Absturz des Hubschraubers wurde als Panne dargestellt, aber danach haben sie diese Behauptung zurückgenommen. Schließlich passierten wir wieder die Grenze, ohne Verluste, aber auch ohne eine einzige Kugel – und kehrten zur Gendarmeriewache von Üzümlü zurück. In den letzten zwei oder drei Tagen war Sicherheit gefordert, um die Gendarmeriewache von Üzümlü davor zu bewahren, dass die Gegner sie mit 81er-Mörsern angriffen.

Durch einen glücklichen Zufall waren wir es, die loszogen, und wir sollten noch zwei Wochen bleiben. Der Kommandant des Bataillons war zu keinem Zugeständnis bereit und sagte: »Meine Soldaten sind erschöpft. Seit einem Monat kämpfen sie in den Bergen und hatten noch nicht mal Kontakt mit ihren Familien.« Er brachte uns nach Batman. Die Familien hatten gehört, dass wir kämen, und als wir uns der Stadtmitte näherten, salutierten Soldaten, die am Straßenrand Spalier standen, und sie boten uns was zu essen und zu trinken an. Die Familien der Offiziere waren in der Stadtmitte. Weinende Familien mit Kindern an der Hand – und Tränen; ein beeindruckendes Bild.

Ich telefonierte mit meiner Familie; sie hatte erfahren, dass wir kämen, und sie hatte wohl ständig beim Bataillon angerufen. Auch meine Mutter weinte am Telefon: »Wie gut, dass du wohlbehalten zurück bist!« Die Soldaten waren etwas tapferer. Als Kommandant musst du nicht schießen, du musst nur die Soldaten im Griff haben. Du bist mit ihnen in derselben Stellung, du übernachtest dort und teilst dir alles mit ihnen; wir hatten eine gute Kameradschaft. Beim Dienst in Diyarbakır war ich mit einem Soldaten in derselben Stellung, und wir haben auch dort geschlafen.

Gerade war er einen Moment lang eingenickt, da habe ich ihn geweckt. »Ich habe geträumt, meine Mutter hätte mich gefragt, was ich hier mache«, erzählte er, »– und bei diesem Regen und bei diesem Dreck in den Bergen habe ich so schön mit meiner Mutter geplaudert.«

Wir brauchten eine vernünftige Moral; der Mann neben mir könnte im Kampf in meinen Armen sterben, das war jemand, mit dem du alles geteilt hast. Vielleicht wirst du ihn heute noch sehen und morgen schon nicht mehr. Du hast weder einen Universitätsabschluss noch Kriegs- und Kampferfahrung. Neben dir sterben Menschen oder werden zu Krüppeln. Die Soldaten waren sich gar nicht im Klaren über ihre Lage. Bei zwei Truppen war ich Kommandant, und in beiden war es so. Im Allgemeinen sind das Leute vom Dorf, also Leute, die aus einer Schicht kommen, der es finanziell schlecht geht.

Ende April übernahm ich das Kommando. Die Rückkehr nach Batman machte uns so glücklich, als wären wir neugeboren. Weil wir jetzt eine Zentraleinheit waren, zogen wir dorthin, wo Kämpfe stattfinden konnten. Wir brachten die Zufluchtsorte der PKK in unsere Gewalt, um sie zu säubern. In ihren Zufluchtsorten befanden sich im Allgemeinen medizinische Instrumente, Spritzen – Beruhigungsspritzen und schmerzstillende Spritzen –, Instrumente zur Zahnbehandlung und wichtiges Kriegsmaterial wie Waffen und Geschosse.

Als wir eines Nachts in der Gegend von Diyarbakır waren, fing es an zu regnen. In dieser Nacht hätten wir sterben können. Denn in der Gendarmeriewache, wo wir übernachtet hatten, wurden Leuchtgeschosse abgefeuert, und ihre Schrapnelle fielen auch auf unsere Stellungen. Tiefe Gräben von zwei bis drei Quadratmetern Durchmesser öffneten sich im Erdboden. Nachdem wir aus dem Nordirak zurückgekehrt waren, war es mit der Angst vorbei. Alles kommt dir ganz normal vor, ob du zur Operation ziehst oder nicht. Du bist daran gewöhnt, in den Bergen zu schlafen, und die Nächte sind dir vertraut geworden. Die Männer, die als Hilfspolizisten oder Hilfskommissare aus Eğridir kommen, gehören zu den MHP-Anhängern. Wenn du auch noch so nationalistisch eingestellt bist – das sage ich für diese Kameraden –, die letzten Tage sind die schwersten. Wenn man das Schlimmste überstanden hat, schafft man auch noch den Rest – nach diesem Motto lebten wir, und du tust einfach so, als wäre nichts passiert. Ich hatte einen Kameraden, der aus Van stammte, und er durfte am Telefon nicht in Ruhe Kurdisch sprechen; seine Eltern können nicht Türkisch.

Sie hörten nationalistische Musik und so was alles, Lieder von Ozan Arif, Militärmärsche usw. Das gefiel mir nicht. Ich mag Rock oder die friedlichen Melodien aus den Jahren 1965 bis 1975, und ich sang Friedenslieder, z. B. die Lieder von Yaşar Kurt. Der ist auch Pazifist, so was wie ein Anarchist. Sein Lied ging so:

»Man ruft mich zum Militär.
Mach Krieg! sagen sie.
Hinlegen! sagen sie.
Sie sagen: Aufstehen!
Mutter, sie zerfressen mir das Hirn.«

Ich bin sowohl anarchistisch als auch sozialistisch eingestellt, genauer gesagt, ich bin links. Beim Militär kannst du dich nicht auf politische Diskussionen einlassen, und wir blieben zurückhaltend. Da gab es zum einen die frommen Kameraden, zum anderen die nationalistischen Aktivisten. Weil man beim Militär beim Thema Religion nicht flexibel[1] ist, verrichteten die Frommen ihre Gebete in den Schlafsälen. Um mich geistig zu entspannen und um mit mir allein zu sein, bin ich zum Militär gegangen. Es stellte sich heraus, dass die Bedingungen für mich dadurch nur umso härter waren.

Dieses Foto stammt von der Diyarbakır-Operation; das war

1 Nach den Prinzipien des Kemalismus sind Staat und Religion streng getrennt; das Militär gilt als Garant für die Einhaltung der kemalistischen Prinzipien, in diesem Fall: Laizismus (vgl. Glossar). [Anm. d. Übers.]

eine unheimlich mühselige Reise nach Sağgöz – das liegt zwischen Lice und Kulp. Das da ist die Gegend von Zori im Distrikt Batman; in der letzten Woche war das Bataillon in einen Kampf verwickelt, und sie haben Zufluchtsorte der PKK und so was alles gefunden. Das Foto da stammt aus Tuzla; das waren unsere besten Tage. Die Aufnahme hier zeigt ein Yezidendorf im Distrikt Batman; die *Yeziden* beten den Teufel an.

Ich war sehr mager. Du kannst nichts essen, das Essen in den Konservendosen ist voller Fett, und davon wird dir schlecht, und außerdem betäubt einen die Hitze. Auf diesem Bild da versuchen wir in Diyarbakır zu frühstücken, du brauchst viel Fantasie dazu, wir machen uns z. B. provisorische Gläser. Zufällig habe ich die Kameraden – die Oberfähnriche –, mit denen ich in der Gendarmeriewache an der Grenze in demselben Schlafsaal lag, in Tuzla getroffen, und das ist das Foto dieses wunderschönen Treffens. Hier, das da sind die Satellitenantennen, die wir bei der Nordirak-Operation erbeutet haben, die Fernsehapparate, Handgranaten, die Kriegsmaterialien und Geschosse. Hier ziehen wir zur Bingöl-Operation, das ist am Ufer des Hazer-Sees. Dort stehen Sommerhäuser, die Leute sonnen sich, rösten Kebab, und wir ziehen zur Operation. Vielleicht wirst du sterben, und vielleicht bleibst du am Leben.

Ich interessierte mich für die Natur und für die Seiten des Militärdienstes, die etwas mit der Natur zu tun hatten. Ich fand winzige Bäume, so was wie Bonsai, ich riss sie raus und fällte Bäume. Manche Kameraden interessieren sich für die Börse; ich gab mich nicht damit ab und suchte etwas, womit ich mich ablenken konnte.

Meine Familie kam mir bei der Ankunft entgegen, und sie konnten mich nicht gleich erkennen, weil ich zugenommen hatte. Zwei oder drei Soldaten, mit denen ich zusammen zurückgekommen war, machten mich mit ihren Familien bekannt. Das war ein schöner Augenblick. Der Vater eines der Soldaten sagte zu mir: »Sie haben mir meinen Sohn wohlbehalten zurückgebracht – dafür danke ich Ihnen!«

Ich fing an, mich zu Hause einzuschließen, und wollte nicht rausgehen. Und wenn ich dann doch mal rausging, war ich ganz benommen und wollte so schnell wie möglich wieder nach Hause. Ich mag keine Menschenmengen, da fühle ich mich eingeengt. Früher hielt ich mich auch eher zurück, was Kontakte betraf, aber ... Beim Militär habe ich sehr viel mehr gelernt, etwas mit anderen zu teilen. Ich habe andere Menschen besser kennen gelernt. Der Wert des Lebens ist viel größer als in der Vergangenheit. Jetzt habe ich zu nichts mehr Lust.

Am Anfang träumst du noch von den Kämpfen. Das scheint noch im Unterbewusstsein verankert zu sein. Ich sehe mir *Anadolu'dan Görünüm* (*Das Bild Anatoliens*) im Fernsehen an, weil das auch irgendwie mit unserem Bataillon zusammenhängen könnte. Aber eigentlich versuche ich mich von allem, was mit dem Militär zu tun hat, fern zu halten, und trotzdem ist da ein Interesse; früher war das nicht so. Nachrichten wie: »Es kam zu einem Gefecht, und soundso viele Soldaten sind gefallen« haben mich im Zivilleben sonst nicht weiter interessiert, aber das hat sich jetzt geändert. Du suchst deine Kameraden aus der Militärzeit auf, und du hast das Bedürfnis, dich mit ihnen zusammen an diese Zeit zu erinnern. Du erzählst ihnen von deinem Kummer und deinen Leiden und nimmst an ihren Sorgen teil.

Meine Mutter wusste nicht, was ich erlebt hatte, bis sie die Fotos sah. Ich versuche meiner Familie nichts zu erzählen. Eigentlich möchte ich gegen die Leute, die hart vorgegangen sind, auch hart vorgehen, aber rein körperlich kannst du dich gar nicht durchsetzen. Da ist der Krieg mit dir selbst, mit deiner Umgebung und mit der Natur, da ist der bewaffnete Krieg – und der psychologische Krieg. Am schwersten ist der Kampf mit dir selbst, und ich meine, dass ich den erfolgreich bestanden und mein Verantwortungsbewusstsein an dessen Stelle gesetzt habe. Du gehst über ein hauchdünnes Seil, und in Gedanken bist du manchmal anderswo.

(April 1998, Istanbul)

1971 in Adana geboren; er lebt in Adana. Sein Vater stammt von Kurden in der Gegend von Elazığ ab und leitet einen Betrieb. Seine Mutter ist aus Saloniki eingewandert und Hausfrau. Er ist der jüngere von zwei Söhnen. Von Beruf ist er Landschaftsarchitekt. Von Dezember 1996 bis März 1998 hat er vier Monate seines Militärdienstes in Tuzla und 40 Tage bei der Schulung in Foça verbracht; danach ging er als Angehöriger eines Gendarmenkommandos nach Batman. Er mag Murathan Mungan und Ahmet Arif und liest Bücher zur Mythologie.

39. Man nannte mich den alten Soldaten

Keiner der Kämpfenden hat einen Vorteil, schlimmer noch, er hat einen Verlust, denn er verliert sein Leben. In dem Moment, wenn der Schmerz aufhört, ziehen sich die Leute zurück. Alle Menschen, die in diesem Land leben, und alle Familien der Soldaten sollten Frieden fordern. Und die Menschen auf beiden Seiten, die ihre Angehörigen verloren haben, sollten in dieser Frage an vorderster Front stehen.

Als die Polizei mich verhaftete, tauchten Beweise dafür auf, dass man nach mir gefahndet hatte, mich aber nicht finden konnte. Man hatte mich nicht finden können, aber ich war in Abwesenheit freigesprochen worden. Dabei kam heraus, dass ich nicht zum Militär gegangen war. Nachdem ich zum Polizeipräsidium, zur Polizeiwache von *Fatih* und zum Wehrbezirk gegangen war, verbrachte ich zweieinhalb Tage bei minus 15 Grad Kälte in der Bezirksgendarmerie von Maslak. In einem Raum, der zehn Schritt in der Länge und zehn Schritt in der Breite maß, wärmte ich mich mit 2000 Schritten auf. Fünf Minuten lang ist dir warm, und dann zitterst du wieder. Wir waren ungefähr 15 Mann, alle Deserteure. Als ich in Maslak auf ihre Folter – wie das splitternackte Ausziehen und Verprügeln – reagierte, fingen sie an, mich anzugreifen. Der Befehl lautete: Wärmt die Bajonette im Ofen an und schlagt zu ... Das waren natürlich auch einfache Soldaten. Als sie sagten, ich sollte meine Unterhose ausziehen, weil sie mein Hinterteil kontrollieren wollten, zog ich die Unterhose aus und wandte ihnen meine Vorderseite zu – und da ging ein ungeheures Getöse los. Der Çavuş sagte, dass ich anders sei, nämlich politisch – und sie hielten sich ein wenig zurück. Sie fesselten meine Füße unter dem Stuhl, auf dem ich saß, und banden meine Arme und meinen Rumpf an denjenigen fest, die mir gegenüber wie rechts und links von mir saßen. Meine Bewegungsfreiheit war eingeschränkt. »Ich habe nicht vor, abzuhauen«, sagte ich. Nachdem ich dem Militärdienst 20 Jahre lang entgangen war, hatte man mich gefasst. Mit Handschellen und Fußfesseln übergab man mich der Rekruteneinheit.

Meinen Verstand und meine Vernunft werde ich dir nicht überlassen, sagte ich und ging durchs Kasernentor. Als man hörte, dass ich Apothekergehilfe war, übergab man mich dem Arzt, der die

Visiten machte. Ich ging nicht in die Lehrgänge. Als ich durch Zufall ein paar Mal doch hinging, war die Rede davon, dass man in Athen einmarschieren und die Griechen in Bedrängnis bringen solle. Man spielte Märsche wie: »Apo ist ein Strichjunge – wir kommen und machen was!«

Nach einem zehntägigen Urlaub ging ich direkt zur 6. Panzerbrigade nach Tatvan, ohne mich länger an den Aufmarschzentren für die Haupteinheit aufzuhalten. Man empfing mich dort sehr freundlich. »Verstehst du was von der Arbeit am Computer, hast du einen Führerschein?«, fragte man mich. »Ich verstehe was von Medikamenten, ich bin Apothekergehilfe«, antwortete ich. Im Militärhospital von Tatvan mit 100 Betten gab man mir eine Arbeit, in der ich mich nicht auskannte, als Laborant. Man brachte mir bei, was im Labor zu tun war, und ich fing mit Analysen an. Die Verwundeten kamen an, und wir brachten die Toten zu dem Hoca im Leichenschauhaus. Ich machte Blutanalysen, und es gab Kranke, die rund um die Uhr beobachtet werden mussten. Alle zwei Stunden maßen wir den Blutdruck der Patienten, deren Blutdruck fiel. Alle, die ankamen, waren Soldaten; man hatte auch zwei Guerillakämpfer gebracht, um sie an den Pranger zu stellen. Als die beiden in ein Dorf in der Nähe gingen, um sich etwas zu essen zu kaufen, benachrichtigte der Hausbesitzer die Einheit, und als die beiden rausgingen, wurden sie erschossen. Noch bevor sie tot waren, schnitt man ihnen die Ohren ab – das wollte ich nicht sehen.

Schließlich kamen die Soldaten, ihre Familien und die Männer, die im Kampf verwundet worden waren. Der Erste, den ich sah, war der Unteroffizier. Man hatte von weitem mit der Attentatswaffe, der Kanas, auf ihn gefeuert. Sein Hirn war zerfetzt. Die vier Soldaten, die bei ihm waren, waren an Armen und Beinen verwundet worden. Man hatte wohl bewusst auf den Offizier geschossen, und die Soldaten waren an Armen und Beinen getroffen worden, damit sie ihn nicht wegtragen konnten.

Jedes Mal, wenn es um Blutspenden ging, benachrichtigten wir die Kompanien. Die Soldaten, die Blut spendeten, wurden vorher getestet – von AIDS bis zu Hepatitis wurden alle möglichen Tests durchgeführt. Hepatitis ist in der Türkei sehr weit verbreitet. Man arbeitete sehr sorgfältig. Die Kranken, die nicht dort behandelt werden konnten, wurden nach dem ersten operativen Eingriff mit dem Hubschrauber ins Krankenhaus nach Diyarbakır gebracht.

Die Verwundeten beeindrucken einen stark, und man könnte heulen, wenn man sie sieht. Junge Männer von Anfang 20 kommen mit zerschmetterten Gliedern an. Es waren vier Personen, ihre Körperteile waren zerfetzt worden, denn man hatte aus unmittelbarer Nähe auf sie geschossen. Die Soldaten legen einen Hinterhalt, um die Gegenseite in die Falle zu locken – und gehen selbst in die Falle. Ein junges Mädchen von 13 Jahren kam an. Sie war nicht verletzt, sondern hatte sich ergeben. Im Kampf war ihr die Munition ausgegangen. Das war ein ganz kleines, hageres Mädchen von dunkler Hautfarbe. Sie marschierte einem Beamten hinterher. Man machte sexuelle Anspielungen wie: »Ob die wohl schon was taugt?« Derjenige, der das sagte, hatte vielleicht Kinder in demselben Alter. Meistens waren es Verwundete aus den Gefechten, aber auch Verletzte kamen an, die auf Minen getreten waren. Einem Oberfähnrich war das Bein zerfetzt worden. Das passierte in der Nähe einer Gendarmeriewache; während er über's Gelände ging und darüber redete, dass ein Offizier im letzten Jahr an der und der Stelle auf eine Mine getreten war und dass es sein Bein getroffen hatte, trat er selbst auf eine Mine. Meistens sprachen wir ganz allgemein darüber, wie und wo die Leute verletzt worden waren und ob es auf der Gegenseite Tote gegeben hatte. In den ersten Tagen hat man noch starkes Mitgefühl, aber das Bein ist nun mal weg, und es kann nicht wiederkommen. Selbst wenn man ihm eine Prothese anpasst, was bringt das schon? Für die Augen gibt es keine Ersatzteile.

Die Menschen gehen seelisch wie geistig kaputt. Die Guerillakämpfer ziehen freiwillig in den Kampf, aber der Soldat ist dazu gezwungen. Wir legten den Jungen auf die Tragbahre, um ihm Blut abzunehmen. Seine Mutter konnte die jämmerlichen Schreie ihres Sohnes nicht aushalten und flüchtete sich in die andere Ecke des Flurs. Im gleichen Moment kam jemand an, der einen Tag vorher sein Bein verloren hatte. Auf einmal denkt man an beide Mütter. Während die eine das Weinen ihres Jungen nicht ertragen kann, wird die andere am nächsten Tag erfahren, dass ihr Sohn ein Bein verloren hat. Ich bin sicher, dass man selbst dafür Gott preisen wird.

Ich habe eine Allergie gegen Waffen; ich mag sie nicht. Bei der Rekruteneinheit gab man mir keine, und in Tatvan ließ man mich schießen. »Du kannst nicht treffen«, sagte man.

»Das lässt sich nicht erzwingen«, antwortete ich. Bei einem

Schuss fragte unser weiblicher Oberleutnant mal: »Was ist denn nur mit deiner Moral los?«

Als ich antwortete: »Ihr habt mir meinen Feind in die Hand gegeben«, war sie verblüfft:

»Wie kann denn die Waffe dein Feind sein?« Man kontrollierte, ob die Schüsse das Ziel treffen.

Die Frau Oberleutnant ermahnte mich: »Achtung, am Ziel steht ein Mensch!«

Als ich sagte: »Frau Kommandantin, das Ziel ist sowieso ein Mensch«, blieb sie stehen.

»Was willst du damit sagen?«, fragte sie.

»Ihr tragt eure Kinder neun Monate lang aus, bringt sie unter Schmerzen zur Welt, lasst sie 20 Jahre alt werden, und dann schickt ihr sie zum Militär. Ihr Leben wird ohne jeden Grund mit einer Kugel ausgelöscht – können Sie das akzeptieren?«, antwortete ich mit einer Gegenfrage.

Sie war wie versteinert. »Schon dieses Beispiel sorgt dafür, dass Sie, Frau Kommandantin, ganz blass werden«, fuhr ich fort und meinte noch: »Die Toten hier sind auch die Söhne von Müttern, jeder Einzelne. Aus diesem Grund bin ich gegen die Waffe.«

Ich blieb fünfeinhalb Monate in Tatvan. Meine Akte war in dieser Zeit vorbereitet worden, und ich wurde Hals über Kopf versetzt.

Erçiş! Im Großen und Ganzen wusste ich, warum man mich versetzt hatte. Als ich dorthin gefahren war, ging ich zum Kompaniechef und berichtete ihm, dass man mich in die Verbannung geschickt hatte, und ich nannte ihm auch die Gründe. Ich wollte, dass man mir eine Aufgabe zuteilte, bevor meine Akte ankam. Um es mit eigenen Worten zu sagen: Man ernannte mich zum Minister des Korridors. Ich stellte mich im Flur auf und beobachtete, was dort vorging. Das war bei der 10. Infanteriebrigade von Erçiş.

Dann betraute man mich mit der Versorgung der Brigade mit Medikamenten. Ich ging zur Leitung des Sanitätsdienstes. Dort berichtete ich auch, in welcher Lage ich war. Ich ging jeden Tag in die Stadt und kaufte Medikamente. Es gab fünf Apotheken, mit denen das Militär ein Abkommen getroffen hatte. Eine Woche lang arbeiteten wir mit der einen und eine Woche lang mit der anderen zusammen. Wenn ich gewollt hätte, hätte ich fliehen können.

Anderthalb Monate später beorderte die Nachrichtenabteilung mich zu sich. Da saß der Stabschef und hatte meine Akte vor sich. »Warum bist du so spät zum Militär gekommen?«, fragte er mich.

In der Nacht davor hatte ich Wachdienst, ich konnte mich kaum auf den Beinen halten; ich hatte Hunger und hatte nicht geschlafen. Eine halbe Stunde lang musste ich vor ihnen stehen, und man stellte mir die Fragen, die in der Akte standen. Gehst du zum Sport? Beim Militär schicken sie einen aus medizinischen Gründen nicht zum Sport, wenn man älter als 35 ist. Als ich vom Hauptmann verlangt hatte, dass er in den Bericht schreibt, ich könne nicht Sport treiben, hatte er gesagt: »Du bist aus dem Alter raus.«

Als der Stabschef sagte: »Von jetzt an wirst du rennen!«, war ich verblüfft. Er ließ den Chef des Sanitätsdienstes rufen und fragte ihn, wer dieses Dokument unterschrieben habe. Als der Hauptmann, der Chef der Sanitätsabteilung, antwortete: »Herr Kommandant, Sie haben das unterschrieben«, wurde der Stabschef puterrot.

»Du hast nicht gesagt, dass du Mitglied des Menschenrechtsvereins bist«, sagte der Kommandant.

»Ich habe alles gesagt, wonach man mich gefragt hat«, antwortete ich und fuhr fort: »Der Menschenrechtsverein ist völlig legal.«

Daraufhin erwiderte der Kommandant: »Wir haben keine Klagen über dich, aber so lautet der Befehl; wir werden nicht mit dir arbeiten können. Entschuldige.«

In dieser Zeit wollte ich meinen Urlaub nehmen und fuhr für zwei Wochen nach Istanbul. Bei meiner Rückkehr sollte ich den Telefondienst bei Nacht übernehmen. Das war ein Telefon, das die einzelnen Einheiten registrierte. Eine Einheit hatte neun Sekunden und kostete 9000 Lira. Du rechnest das aus und kriegst das Geld von den Leuten, die telefonieren. Bis zum Morgen saß ich da und legte mich dann bis zum Abend schlafen. Der Telefonverkehr wurde intensiver, wenn die Soldaten in die Berge zogen oder zurückkehrten. In den letzten Wochen erlebt man keine besonders intensiven Kämpfe, aber die Soldaten unserer Brigade waren im Allgemeinen mit allen technischen Mitteln ausgestattet, und sie zogen in den Kampf, den sie die letzte Euphrat-Operation nannten.

Meistens reden die Soldaten am Telefon mit ihren Müttern.

»Wir sind vom Kampf in den Bergen zurückgekehrt«, erzählen sie und können die seelische Verfassung ihrer Mütter nicht einschätzen. Es kommt z. B. vor, dass einer, der gar nicht am Kampf teilgenommen hat, am Telefon so tut, als wäre er gerade davon zurück, d. h. dass jemand seine Kraft demonstrieren will.

Man nannte mich den alten Soldaten. Natürlich fragte man mich, warum ich so spät zum Militärdienst gekommen war. Und ich antwortete: »Ich mag keine Waffen, und weil ich keine Menschen töten kann, ist das kein Job für mich.«

Das hat sie natürlich total irritiert. Ich arbeitete die ganze Nacht lang bis zu dem Morgen, an dem ich zurückkehrte.

Eine Zeit lang waren meine Bücher beschlagnahmt. Im Allgemeinen las ich Bücher, in denen es um die Vergangenheit ging, um Dinge, die seinerzeit in der Ägäis passiert waren, mythologische Reihen oder Romane. Ich hatte meine Bücher mitgebracht. Außer Illustrierten und Zeitungen kannst du dort nichts finden. Ich sah fern. Und als man meine Bücher beschlagnahmt hatte, blieb mir nichts als das Fernsehen, aber dann gab man sie mir zurück. Nachts kamen nur ein paar Leute, und du sitzt bis zum Morgen da. In dieser Zeit kannst du in aller Ruhe lesen. Als ich einmal die Kanäle durchzappte, landete ich bei *Med TV*. Die kurdischen Jungs gerieten in Panik und baten mich: »Abi, mach das aus.«

Die Verwundungen der Soldaten und ihre Rückkehr vom Kampf ... Du willst nicht, dass jemand so viel Schweres durchmachen muss. Es gab auch Leute, die ganz anders dachten. Ganz üble Vergleiche und Ausdrücke wurden benutzt, z. B. hieß es »Wir haben das Aas geholt«, wenn es um Leichen ging. Als wären es Tiere. Man diskutierte über Religion. Wenn man das im religiösen Sinn betrachtet, muss man dem Tod – was auch immer passiert ist – Respekt entgegenbringen. Sie haben Fantasien, als wären sie stolz darauf. Wenn du mitten in der Arbeit steckst, kannst du das tatsächlich besser erkennen. Wenn man bedenkt, was zum Schluss passiert, geht das Leben eines 20-Jährigen dahin. Jeder von ihnen hat Vater und Mutter, und man hat so viel Mühe auf seine Erziehung und Ausbildung verwendet. Es ist nicht klar, warum er sterben musste.

Man hat von weitem auf Erdoğan geschossen und ihm das Hirn in Fetzen gerissen. Ich schrieb eine Notiz: »Auf Wiedersehen, Erdoğan, von nun an wirst du weder Schmerz noch Tränen spüren. Eine Weile später wird man deinen Sarg hinaustragen, wie immer wird man ein paar salbungsvolle Worte sprechen und dir das Totengeleit geben. Auf Wiedersehen, Erdoğan.«

Er war 24 Jahre alt und Offizier, ein blutjunger Mensch, der gerade erst sein Examen an der Uni gemacht hatte. Unversehens ertönen die Gebete aus dem Lautsprecher. Man wird ein Opfertier schlachten. Die Armee lässt das zu und unternimmt nichts gegen reaktionäre Praktiken. Dort, wo man es für nötig hält, stellt man die Religion in den Vordergrund und wird ausgenützt.

»Die Kameradschaft der Soldaten ist stabil«, sagt man, aber ganz so ist es nicht. Die Haltung der Generation, die nach 1980 erwachsen geworden ist, ist deutlich erkennbar. Man hat da eine egoistische Generation heranwachsen lassen. Und diese Generation ist jetzt beim Militär. »Wo das Feuer hinfällt, da brennt's« – dieses Sprichwort trifft es. Unsere Gesellschaft ist auch etwas gleichgültig. Daher passiert auch nichts, solange du niemandem in die Parade fährst.

Der Soldat fühlt sich dort wie ein Held, und wenn alles erledigt ist, bleibt nichts vom Heldentum übrig. Eine Zeit lang hält man sich noch an Versprechen. Da wird ein Rollstuhl gespendet, und manchmal nicht mal das. Wenn doch nur viele Menschen sich gegen den Krieg wenden würden! Osman Murat Ülke wendet sich offen gegen den Militärdienst, aber damit steht er ganz allein da. Die Gesellschaft sollte nicht so unüberlegt daherreden. Die Kämpfenden müssen eine Strategie gegen diejenigen entwickeln, die sie in den Kampf schicken.

Keiner der Kämpfenden hat einen Vorteil, schlimmer noch, er hat einen Verlust, denn er verliert sein Leben. In dem Moment, wenn der Schmerz aufhört, ziehen sich die Leute zurück. Alle Menschen, die in diesem Land leben, und alle Familien der Soldaten müssen Frieden fordern. Und die Menschen auf beiden Seiten, die ihre Angehörigen verloren haben, sollten in dieser Frage an vorderster Front stehen.

Dabei haben nur die Kurden nach Frieden gerufen. Die Stimme der anderen Seite ist nicht zu hören. Außerdem werden die Kurden beschuldigt, dass sie die Spaltung des Staates betreiben, wenn sie Vorkämpfer für den Frieden sind. Meiner Meinung nach müssten die Leute, die sich für den Frieden einsetzen, jedes Mal, wenn ein Soldat stirbt, an seiner Beerdigung teilnehmen und der Familie kondolieren. Wir haben gesehen, dass viele Menschen ohne Arme und Beine unter uns leben, Menschen, die gesund wie ein Fisch im

Wasser dorthin gingen und mit fehlenden Körperteilen zurückkehrten. Das ist ein sinnloser, unangemessener Krieg. Seit 14 Jahren dauert er an; wie die Regierung sagt, soll da etwas mit Stumpf und Stiel ausgerottet werden; wenn es aber nicht dazu kommt, geht es wieder von vorn los, wie ein Baum, der mehrmals im Jahr Früchte trägt; das hört und hört nicht auf. Es ist ganz klar, dass man durch das Töten von Menschen nicht zum Frieden kommen kann. Voraussetzung ist, dass eine breite Mehrheit der Gesellschaft das Wort vom Frieden noch lauter ausspricht – und garantiert. Nicht nur der Frieden mit den Kurden wird von Bedeutung sein. Die Kurden leiden sehr darunter, aber nicht nur sie. Der Krieg kann doch nicht unendlich lange dauern, er muss aufhören, sonst geht es mit diesem Land zu Ende. Der Krieg, der sich gegen die Kurden richtet, ist tatsächlich eine Last für die Türkei geworden. D. h., er ist eine Last für Rentner und Arbeiter, für Beamte und Händler wie Handwerker geworden. Die Leute, für die er keine Last ist, sorgen dafür, dass er andauert, und sie vermehren ihr Vermögen damit.

(Juni 1998, Istanbul)

1956 in Adıyaman geboren; er hat das Gymnasium absolviert und ist Apothekergehilfe. Er lebt in Istanbul. 21 Jahre lang ist er vor der Wehrpflicht geflohen. Im Januar 1997 wurde er gefasst. Er war bei der Rekruteneinheit in Isparta, und den Dienst in der Haupteinheit hat er im Militärhospital von Tatvan und in der 10. Infanteriebrigade von Erçiş geleistet. Im Juni 1998 wurde er entlassen. Er ist aktives Mitglied der Organisation zum Schutz der Menschenrechte.

40. Nicht Auge um Auge, Zahn um Zahn!

Jeder will den Militärdienst im Westen leisten. Warum soll ich denn beim Krieg mitmachen? Wer will schon in den Krieg ziehen? Viele sagen: »Ich will hin und werde hingehen«, aber was du nicht weißt, ist, dass er eigentlich nicht hin will. D. h., da ist ein Unterschied zwischen der offiziellen und der inoffiziellen Meinung.

Am ersten Tag zogen wir ins Gebirge, nach Gabar; dort lag das Bataillon. Ein Kamerad von mir, ein Offizier aus *Çankırı*, war dort, er holte mich in seinen Zug und unterstützte mich. Man eröffnete das Feuer, um die Reaktionsfähigkeit der neu hinzugekommenen Soldaten zu testen, die Kanone und andere Geschütze wurden abgefeuert. Als wir irgendwo in geschlossener Formation standen, wurden die Kanonen auf einmal abgefeuert, und die Leute warfen sich zu Boden. Ich machte gar nichts und stand ganz normal aufrecht da. Ich war Kanonier, und weil die Kanone zehn Kilometer weit schießen konnte, musst du nicht ins Kampfgebiet hineingehen, sondern kannst von der Stelle aus schießen, wo du stehst. Normalerweise gibt es Rekruteneinheiten für die Kanoniers, aber meine Rekruteneinheit war nicht so eine. Mein Bekannter, der Unteroffizier, hatte gesagt: »Du musst nicht mehr zu Operationen und bleibst bei der Einheit«, und als er mich zu sich geholt hatte, war ich Kanonier geworden.

Die Ausbildung, die wir in Amasya hatten, war auf einem sehr niedrigen Niveau. Als wir mit der Ausbildung, die wir dort bekommen hatten, dorthin gingen, waren wir so leicht wie Vögelchen. Wir hatten überhaupt keine Ahnung. Insgesamt hatte ich drei Kugeln abgeschossen. Ich wusste, dass 70% von uns in den Südosten gehen würden. Eine Woche vor der Verteilung auf die verschiedenen Gebiete rief ich zu Hause an und sagte: »Şırnak«. Meine Familie hat es mir nicht geglaubt. Ich hatte das aber nur so dahingesagt, und zum Schluss stellte sich heraus: Şırnak! Meine Familie machte sich natürlich große Sorgen, genauer gesagt, sie waren am Boden zerstört. Schließlich blieb uns nichts anderes übrig, und wir mussten hin.

Vor der Militärzeit ging ich mit einer Waffe an der Hüfte spazieren und schoss auch ständig. Ich liebe die Waffe. Die größte Angst hatte ich dort davor, dass meine Kameraden fallen könnten.

Ich hatte wohl Glück. Ich habe keinen meiner Kameraden verloren, es ist alles sehr gut gelaufen. Als ich das erste Mal dorthin kam, sagten die Kameraden, die in der Stellung Wache hielten: »Ob die Leute von der PKK kommen oder nicht, das spielt keine Rolle, Hauptsache der Çavuş kommt nicht, denn ich lege mich jetzt schlafen.«

Je länger ich beim Wehrdienst war, desto stärker hielt ich mich natürlich an die Disziplin, auch, weil ich selbst Çavuş wurde. Die Leute, die zur Operation zogen, waren ruhiger als wir; wenn du ständig im Bataillon bist, fällst du unangenehm auf, und du machst den Eindruck, als hättest du nichts zu tun. Wenn die anderen zur Operation gingen, war es jedoch so, dass wir weder schliefen noch gar nichts taten, sondern wir schossen, wenn es nötig war, bis zum Morgen. Ich zog auch selbst zur Operation.

Ich ging in den Norden des Irak, zu den Operationen, die drei Monate dauerten. 80 Tage lang blieben wir dort, und ungefähr 70 Tage davon fanden Kämpfe statt. Wir wanderten durch den ganzen Irak. Wir gingen nach Zaho hinüber und drangen in das Innere des Landes vor. An der scheußlichsten Stelle des Südostens waren wir mitten im Gebirge, es kam nicht zum Nahkampf, aber wir waren ständig dort. Es gab kein Wasser, und du konntest nicht baden. Es kam zu einer Überschwemmung, und wenn du das Wasser irgendwo warm machen kannst, machst du das, und dann badest du. Manchmal habe ich 20 Tage lang nicht gebadet. Im Winter taust du den Schnee auf und badest darin. Du trinkst das Schneewasser. Das Schneewasser war auch ein bisschen ölig, und außerdem verursacht es Juckreiz, wenn du dich damit wäschst. Du legst dich sowieso in einer ekelhaften Umgebung schlafen. Einem Zug von 50 Mann gab man Trinkwasser aus sechs oder sieben Kanistern, und auch die Reserven reichten nur knapp. Es schneite, und der Schnee lag bis zu zwei Meter hoch. Im Sommer gab es Wasser. Mit unserer Satellitenantenne konnten wir uns alle Fernsehprogramme ansehen. Wir ließen uns fotografieren. Morgens trieben wir Sport. Wir legten einen Miniaturfußballplatz im Gebirge an, und am Wochenende spielten wir Fußball. Das war schön.

Früher war ich nie dorthin gefahren. Wir stammen ursprünglich aus dem Südosten, und damals waren wir als Stamm von Ort zu Ort gewandert. Ich verstehe nur ganz wenig Kurdisch, und ich kann es nicht sprechen. Unsere Gespräche mit den Einheimischen machten mir keine besonderen Schwierigkeiten, weil die Art und Weise, wie wir – und sie – miteinander umgehen, einander sehr ähnlich sind. Da wir dauernd im Gebirge waren, hatte ich nicht allzu viel Kontakt mit den Einheimischen, aber wir waren alle dauernd mit den Einheimischen im Norden des Irak zusammen. Weil die Leute im Nordirak etwas schneller sprachen, verstand ich sie nicht so recht, und trotzdem konnte ich immerhin so viel sprechen, dass ich ihnen erzählen konnte, was für Sorgen wir hatten. Ich hatte keine größeren Probleme damit, dass ich Kurde bin, weil mein Personalausweis in Çankırı ausgestellt war. Meine Kameraden wussten, dass ich Kurde bin. Aber weil ich mich nicht weiter auf den Unterschied zwischen Kurden und Türken einließ und meine Kameraden demokratisch eingestellt waren, passierte nichts. Meine Kameraden waren auch nicht gerade erfreut darüber, dass sie dort waren. Wenn die Leute dorthin gehen, gehen sie gern dorthin, das jedenfalls sagen sie, aber vielen vergeht die Lust, wenn sie dort sind. Denn dann erleben sie, dass es dort nichts gibt, was sie motivieren könnte.

Als ich zum Militär ging, hate ich mich von meiner Freundin getrennt. In den ganzen 80 Tagen sprach ich nur einmal mit meiner Familie. Ich fand ein Autotelefon, sagte: »Ich bin gesund, hier bin ich, und es geht mir gut« – und legte auf. Im Bataillon hatten wir immer ein Telefon, und man konnte telefonieren. Im Irak übernachteten wir in einem Dorf, die Leute dort waren sehr arm; sie hatten nur Weizen und Reis zu essen, Lebensmittel, die aus der Türkei kamen. Natürlich liefert der Irak als Gegenleistung Erdöl; die Türkei schickt ihnen die Lebensmittel nicht gratis.

Wir zogen als Zug mit 16 bis 17 Mann los. Die Jungs, die zum Zug gehörten, waren alle sehr gute Leute. Unsere Beziehungen zu den Einheimischen waren sehr gut, und sie mochten uns sehr gern, weil wir uns anders verhielten. Wir setzten uns mit den Kindern zusammen zum Essen hin, und wenn es nötig war, brachten sie uns Essen aus ihren Häusern, so gute Beziehungen konnten wir dort aufbauen. Dann zogen wir ins Feld, nachdem wir vier oder fünf Tage lang nicht geschlafen hatten, und wir hatten beim Wachdienst einen Tag lang geschlafen. Wie auch immer, es passierte nichts. Die Spezialeinheit war bei uns. Die Kämpfe dauerten an, und wir schossen Tag und Nacht ständig die Kanone ab.

In Gabar bauten wir ein Haus aus Steinen. D.h., jetzt gibt es dort ein großes Haus als Unterkunft für die Soldaten. Wir hatten eine Straße, früher war das eher ein Fußweg, aber jetzt können die Lastwagen da fahren. Die Kameraden, die ihren Wehrdienst bald beendet hatten, baten den Bataillonskommandanten um Wochenendurlaub, schlossen sich den Konvois an, die aus Şırnak kamen und fuhren auf diese Weise hin und her.

Soziale Aktivitäten gibt es dort nicht. Einmal in zwei Wochen veranstalteten wir einen Bunten Abend, nur für uns, und wir spielten Musikkassetten. Wenn man die Zutaten aus dem Tal mitbringt, kann man sich dort alle Arten von Essen zubereiten. Dort herrscht Krieg mit der PKK, aber im Winter führen wir in erster Linie Krieg mit der Natur. Es ist nur natürlich, dass ständig Blut fließt, und ich denke dauernd daran. Insgesamt waren wir zehn bis 15 Kameraden, und wir fragten uns manchmal so was wie: »Warum hört der Krieg denn nicht auf?«

Normalerweise diskutierten wir über die Themen, über die wir hier sprechen, dort in aller Ruhe. Das ist bei jedem Kommandanten anders, aber wir hatten z. B. einen Offizier, der war ein außergewöhnlich genialer Mensch, wir saßen mit ihm zusammen und unterhielten uns. Sie waren auch nicht froh darüber, dass der Krieg nicht aufhörte, und hielten es nicht mehr aus. Der Offizier zog mit zur Operation. Er bekam Sold, aber er fluchte auf den Sold, weil man solchen Schwierigkeiten ausgesetzt war. Er hatte es auch satt. D. h., jeder hatte es satt. Und es war katastrophal, dass beide Kriegsparteien hartnäckig auf ihrem Standpunkt beharrten. Die andere Partei brachte sowieso ihre eigenen Angelegenheiten zur Sprache, und unsere Seite machte das auch. Ich glaube nicht, dass der Krieg aufhört. Man wird uns einen noch härteren Schlag versetzen, und danach geht der Krieg vielleicht zu Ende. In diesem Krieg gibt es natürlich Leute, die sich ihren Vorteil sichern; z. B. die Einheimischen in der Gegend dort, weil dort Soldaten sind.

Gehen Sie z. B. heute mal nach Şırnak; dort gibt es alle möglichen Waren, egal von welcher Marke, was auch immer Sie wollen, Sie können dort alles finden. D. h., man sichert seinen Verdienst. Die Leute im Dorf hatten z. B. Tomaten und anderes Gemüse oder Obst dorthin gebracht, wo wir waren. Tomaten, die in Şırnak 30 000 Lira kosten, haben wir für 100 000 Lira gekauft; daran haben sie gut verdient. Was soll ich sagen; wenn jemand pro Tag 20 kg Tomaten verkauft, ist sein Lebensunterhalt gesichert. Ein Verdienst von 60 Mio. Lira im Monat, allein durch den Verkauf von Tomaten. Wir wollen Musikkassetten haben, wir bestellen sie, und für zwei Millionen Lira nahmen sie uns welche auf.

Ich bin jetzt seit drei Wochen zurück, und ich fühle mich miserabel. Denn ich habe nichts zu tun, keine richtige Arbeit, und dabei geht man natürlich drauf. Ich habe was für dieses Land getan, war in harte Gefechte verwickelt, komme zurück und habe nichts zu tun. Ich kannte die Gedanken dieser Leute, aber ich hatte wenigstens erwartet, dass es einfacher wäre, Arbeit zu finden. Ich will mich darum bemühen, mich selbstständig zu machen. Mein Vater ist in Rente, und wir wollen versuchen, etwas gemeinsam aufzubauen. Ich habe nicht so was wie das Südost-Syndrom erlebt.

»Was hast du gemacht? Warst du bei irgendwelchen Kämpfen dabei?«, fragt man mich. Und ich habe ihnen erzählt, wie es war. Die Leute hier stellen sehr viele Fragen, genauer gesagt, sie warten darauf, dass du sagst: »Ich habe soundso viele Feinde getötet, und dies und das habe ich getan.« Aber so was habe ich nicht gesagt, ich wollte sie nicht in Aufregung versetzen. Wenn ich sagen würde, ich hätte soundso viele getötet, käme es dazu, dass du sie damit zu Hass- und Rachegefühlen verleiten würdest, und daher habe ich mich für den Frieden entschieden.

Das Interesse der Leute kommt mir wie Profitgier vor, indem sie uns benutzen, um ein paar Gefühle hochkommen zu lassen. Ich spreche für Çankırı, aber an anderen Orten ist das genauso.

Ich habe mir beim Militär wirklich alles durch den Kopf gehen lassen und mir gesagt: »Es ist nun mal so oder so – wie auch immer.« Ich hatte keine Scheu mehr vor dem Tod. Was wäre denn schon passiert, wenn ich mir das nicht alles hätte durch den Kopf gehen lassen? Du stehst auf einem Berg; ich kann von dort aus nicht fliehen, ich kann nirgendwohin gehen – aber du musst. Wer würde schon dorthin gehen, wenn er selbst entscheiden könnte?

Jeder will den Militärdienst im Westen leisten. Warum soll ich denn beim Krieg mitmachen? Wer will schon in den Krieg ziehen? Viele sagen: »Ich will hin und werde hingehen«, aber was du nicht weißt, ist, dass er eigentlich nicht hin will. D. h., da ist ein Unterschied zwischen der offiziellen und der inoffiziellen Meinung.

Wenn ich an den Militärdienst denke, erinnere ich mich gern an meine Kameraden; etwas anderes fällt mir nicht ein. Das war das einzig Gute daran. Die Kommandanten habe ich in unangenehmer Erinnerung, die mochten wir nicht besonders. Mit den hochrangigen Offizieren hatten wir keinen persönlichen Kontakt. Z. B. mit den Leuten im Rang eines Uzman çavuş, mit denen hatten wir Kontakt, aber keine guten Beziehungen. Die hatten auch ihre Probleme. Ein Offizier bleibt anderthalb bis zwei Jahre dort, danach wird er versetzt und kann in den Westen gehen. Ein Uzman çavuş muss mindestens vier bis fünf Jahre dort Dienst tun. Das ist nicht leicht, und alle haben Familien mit Kindern. Ich schiebe ihnen nicht die Schuld zu.

Ich höre Musik sehr gern, und im Allgemeinen nahm ich sie auf Kassetten auf. Wir konnten die Musik hören, die wir hören wollten. Ich hörte sogar dort Kassetten, die ich hier nicht hören konnte, selbst wenn die Kommandanten da waren. Ich habe auch kurdische Musik gehört. Im Nordirak habe ich mir z. B. Kassetten von Şivan Perver gekauft und mir in aller Ruhe angehört; das war wirklich schön.

Wenn das Klima unter den Kameraden schlecht ist, läuft der ganze Militärdienst schlecht. Weil wir aber ein sehr gutes kameradschaftliches Klima hatten, lief es bei mir gut. Ich treffe mich mit meinen Kameraden aus der Militärzeit. Ein paar von ihnen habe ich angerufen, und sie haben mich auch angerufen. Sie haben dasselbe wie ich durchgemacht, unter ihnen ist weder einer, der weiter voran gekommen ist als ich, noch einer, der hinter mir zurückgeblieben ist.

Wir hatten nicht viele Söhne reicher Eltern bei uns. Es waren Söhne von Arbeitern und Leuten vom Land; wir kamen alle aus derselben Schicht. Den Sohn eines Arztes habe ich dort nicht getroffen. Ich lese Zeitung und achte auf die Nachrichten aus dem Südosten; es sind noch Kameraden von mir dort, die ihre Entlassung noch vor sich haben. Man ist gespannt, was passiert. Ich rufe sie an und unterhalte mich mit ihnen am Telefon. Ich sage es ja, zurzeit fühle ich mich richtig elend, und es ist schon drei Uhr am Nachmittag. Mittags um eins bin ich aus dem Bett gekommen. Nachts bin ich bis morgens um vier wach geblieben, habe ferngesehen, und weil ich so gar keine Beschäftigung habe, schlafe ich tagsüber und bin nachts zu Hause. Bevor ich zum Militär gegangen bin, habe ich Bücher gelesen, aber zurzeit lese ich nicht. Meiner Mutter geht es nicht gut, und ich fahre zwischen Ankara und Çankırı hin und her. Ich mache mir Sorgen um meine Familie, denn meine Mutter ist zuckerkrank. Seit zwei Tagen geht es mir etwas besser, und ich habe mich dazu gezwungen, alles etwas lockerer zu nehmen. Ich kann noch nicht zu einem geregelten Leben übergehen. Was soll ich denn ohne Arbeit machen? Angenommen, ich würde morgens um acht Uhr aufstehen, wie soll ich denn die Zeit rumkriegen? Vor der Militärzeit war ich auch ein ruhiger Typ. Ich bin ein normaler, gesunder Mensch und gegen Gewalt.

Ich werde wütend, wenn ich sehe, was passiert; früher habe ich mich auch sehr geärgert, und trotzdem bin ich jemand, der weiß, wie er sich wieder einkriegen kann. Ich gehöre zu den Leuten, die manches in sich hineinfressen. Ich weiß nicht, was passieren würde, wenn ich das nicht täte und der Außenwelt zeigen würde, wie es mir wirklich geht. Das kann ich eben nicht machen. Wenn du es doch tätest, wärst du natürlich etwas erleichtert, und zurzeit kann ich das nicht. Dem Volk müsste das bewusst werden. In meinen Augen sind die Einheimischen dort schwach, und alle sind profitgierig geworden. Zum Teil sind die Leute, die nicht so denken, von dort weggezogen. D. h., dort sind nur die Leute geblieben, die an ihren Profit denken. Hier denkt man: Wenn einer meiner Söhne stürbe, würden bestimmt zehn von den Gegnern getötet. Meiner Meinung nach ist das falsch. D. h.: Nicht Auge um Auge, Zahn um Zahn!

(August 1998, Çankırı)

1976 in Çankırı geboren; von drei Geschwistern – zwei Jungen und einem Mädchen – ist er der Jüngste. Im Februar 1997 ist er zur Ausbildung in der Rekruteneinheit nach Amasya gegangen. Im Juli 1998 ist er aus Şırnak zurückgekehrt. Er sucht Arbeit.

41. Ich habe noch nicht einmal ein Stück Land so groß wie ein Aschenbecher – Welches Land soll ich denn verteidigen?

Wir gingen als Söhne von Eltern dorthin, die der Mittelschicht angehörten. Wenn wir vor Ehrgeiz brannten, sagten wir: »Wenn du nicht brennst und wenn ich nicht brenne, wie wird denn dann das Dunkel zu Licht?« Mit diesem Ziel zogen wir los, wir brannten vor Ehrgeiz, aber wir konnten nichts erhellen. Sie brennen nicht, und sie können auch ganz und gar nichts erhellen.

Es dauerte fünf oder sechs Jahre, bis ich zum Militär ging, und ich spielte mich vor meiner Mutter auf: »Ich gehe nach Şırnak!« Diesen Eifer hatte ich schon in meiner Kindheit. Die Erwachsenen erzählten davon, und es kam mir so vor, als sei das etwas, worauf man stolz sein konnte. Mein Vater und mein Bruder hatten den Wehrdienst nicht geleistet. Ich ging hin und sagte: »An einer sicheren Stelle mache ich das mal – statt aller anderen Männer in meiner Familie«, und ich spürte, dass mir etwas fehlte. Mein Vater konnte nicht erzählen: »So und so war das in meiner Militärzeit«. Und wenn ich künftig meinen Sohn erziehe, sollte ich auch nicht damit prahlen.

Ich hatte Sympathien für das Volk im Südosten. Ich war neugierig auf diese Leute. Was für Probleme hatten diese Menschen, die wir Terroristen nannten? Ich ging auch ein wenig deshalb hin, weil ich die Bestätigung für all das finden wollte, was ich im Kopf hatte. Meine Frau und meine Eltern, die ganze Familie wollte es nicht; sie versuchten sogar, Protektion für mich zu finden, aber …

Mit dem Überlebenstraining in Hatay bereitete man uns auf den Osten vor, und man berichtete uns, wohin es ging und womit wir rechnen mussten. Wir waren eine Spezialtruppe. Von 370 Soldaten hatte man 15 Mann ausgewählt, und unter 5700 Soldaten war ich der Erste beim Schießen mit dem Gewehr. Seit meiner Kindheit liebte ich Waffen sehr. Die Männer, die gut schießen konnten, die sportlich waren und körperlich fit, die bildeten eine Truppe. Das war die Sondereinheit – 1. Kompanie, 2. Truppe –, die aus Hatay kam. Die zweite Truppe des Regiments, die untere

Stufe. Es gab noch vier Stufen über uns, aber wenn es zu den Operationen ging, marschierten wir an der Spitze.

Ich nahm genau elf Kilo ab; du musst da einfach abnehmen. Dort kannst du nicht dick werden. Alle Soldaten der Sondereinheit sind sehr schlank. Ein Sportler in der Türkei schafft 50 Liegestütze, aber ich bringe es auf 100. Ich kann in voller Montur 35 km weit rennen. Bei den Soldaten gibt es ein Sprichwort: »Ich trage meine Last wie ein Maulesel und lebe wie ein Löwe. Wenn du keine Munition trägst, verlierst du dein Leben, und wenn du nichts zu essen bei dir hast, verhungerst du.«

»Ich will der Beste sein«, sagte ich und dachte: »Ich mache eh 18 Monate Wehrdienst, aber das will ich am besten machen.« Ich machte es gern, und es wurde mir nicht zur Qual. Das Vaterland gehört uns allen.

Ich will, dass nicht nur der Sohn von Mehmet bei mir ist, der in der Reparaturwerkstatt arbeitet, sondern ich will auch den Sohn des Ministers in der Armee sehen. Gehen Sie nur hin, und Sie werden sehen, dass die Jungs am besten gestellt sind, deren Eltern eine Werkstatt oder einen Laden haben.

Ich habe noch nicht einmal ein Stück Land so groß wie ein Aschenbecher – Welches Land soll ich denn verteidigen? Die Söhne von *Sabancı* und der Sohn von Tansu Çiller sollen auch dorthin kommen. Das also sind die Aspekte, die einen ärgern. Wir zogen als Truppe von 16 Mann los. Du bist mit Männern zusammen, die du kennst. Wenn du dich zu deinem Hintermann umdrehst, musst du dort einen Menschen haben, dem du vertraust. In der Gegend von Şırnak gibt es einen Ort namens Gülyazı, und in unseren Augen war es dort so schön, dass es uns Mut machte. Der Deckname dieser Gegend lautet Karayazı. Überall Berge: Cudi und Gabar; bis zum Norden des Irak sind es vier Stunden; durchs Fernrohr kannst du Habur Kapısı sehen, den Grenzübergang zum Iran; von Şırnak aus sind das sechs Stunden. Uludere liegt an der Seidenstraße, ein kleines Dorf – wie ein Tal. Die 3. Operationskompanie war das Gendarmenbataillon, und man schickte unsere Akten dorthin, bevor wir ankamen. Es gab viel Schnee, und ein paar Monate lang hatten wir kaum richtigen Dienst, nur ein paar kleinere Aufgaben, um die Umgebung abzusichern. Die Terroristen ließen sich auch nicht weiter blicken. Ein Picknickplatz im Winter.

Es taute, und die Sonne kam hinter den Wolken hervor. Die

Operationen fingen an, und am 9. Mai brachte man uns auf den Berg Kato, dort blieben wir einen Monat oder etwas länger, und wir gingen ins Tal. Kontrollen und Durchsuchungen, die Verstecke der Terroristenorganisationen. Sie hatten unendlich viele Minen gelegt, du gehst auf die Suche und findest sie. Du fängst mit dem Nahkampf an und versuchst sie unschädlich zu machen. Der erste Kampf fand in Geymüşile statt, an einem Ort namens Kopki, den die Infanterie halten konnte, und sie hatten M60-Panzer. Drei Mann beschossen diesen Panzer mit Raketen; wir zogen dorthin, um unseren Leuten zu Hilfe zu kommen, und die Peschmergen von Barzani waren auch in unseren Reihen. Im Jahr davor war Geymüşile wieder angegriffen worden, und sechs Mann waren gefallen. Ein Junge erzählte, ungefähr 150 Mann hätten sie angegriffen, und sie töteten die Jungs hinterrücks. Fünf Mann von unserer Truppe zogen los, und auch die Infanteristen gingen auf Minensuche.

Wir fuhren zu einer Straßenbiegung. Es war Sommer, und ich hatte Kekse im Tornister. Ich setzte mich auf den Boden, und mein Gehilfe saß mir gegenüber auf der anderen Straßenseite auf einem Stein.

»Gib mir mal die Coladose und die Kekse!«, rief er mir zu. Ich setzte meinen Tornister ab, nahm die Cola und die Kekse raus.

»Wirf das Zeug doch rüber!«, rief er, und ich antwortete: »Du kannst es doch nicht fangen, komm her und hol's dir!«

Er trat auf den Stein. Wumm! Die Mine explodierte. Mit einem Krachen wurde er in die Luft geschleudert, und Fuß und Wade waren direkt unter dem Knie abgerissen. Ein Stück Haut hing in Fetzen runter, und drei Zehen.

Er war etwas bestürzt und weinte, blieb aber kaltblütig. Ich zog eine Binde aus seinem Stiefel und verband ihm das Bein. Ich leistete ihm erste Hilfe, wie man es uns beigebracht hatte. Der Hubschrauber kam, konnte aber nicht landen. Das hieß, dass wir dazu gezwungen waren, den Jungen auf die Rückseite des Felsenriffs zu bringen, aber überall lagen Minen. Vielleicht würde ich auch auf eine treten. In diesem Moment vergaß ich alles und lud mir den Gehilfen auf den Rücken. Der Hubschrauberpilot rief: »Mir ist der Sprit ausgegangen! Ich muss los!«

Sogar der Kompaniechef rief dem Hubschrauberpiloten zu: »Flieg nicht weg, lass den Jungen nicht im Stich!«

Einer unserer Kameraden nahm seine Waffe, richtete sie auf

den Hubschrauber und brüllte den Piloten an: »Wenn du abhaust, schieße ich!«

Der Hubschrauber verschwand hinter den Bergen, drehte dort eine Runde, kam knatternd wieder bei uns an und drosselte seine Höhe. Er blieb in der Luft, ich griff nach seinem Fahrgestell und kletterte nach oben. Und dann hielt ich den Jungen an den Armen fest und zog ihn rauf. Er wollte Wasser. Seine Lippen waren ausgetrocknet, ich gab ihm Wasser, und er wurde bewusstlos. Wir flogen nach Şırnak und landeten dort auf der Hubschrauberpiste. Ich war sowieso völlig zerlumpt, seit einem Monat hatte ich mich nicht mehr rasiert. Der Hubschrauberpilot rief über Funk einen Krankenwagen herbei. Der Feldwebel am Tor zum Krankenhaus fragte mich, ob ich Soldat oder Peschmerge sei. Als er dann meinte, ich sei ja völlig blutverschmiert, hatte ich ein Black-out und antwortete: »Ich bin Peschmerge.« Ich war nahe daran, über den Mann herzufallen, aber man hielt mich davon ab. Ich hätte ihm die Fingernägel rausbrechen können, so wütend war ich. Sie operierten meinen Gehilfen sofort, amputierten seinen Fuß, und als er aus dem Operationssaal kam, lag er noch halb in Ohnmacht. Im Militärhospital machen sie nur Lokalanästhesie. Ich konnte lange danach nichts essen. Als die Mine explodierte, flogen mir die Fleischfetzen, die vom Fuß des Gehilfen abgerissen worden waren, ins Gesicht und in den Mund. Ich spuckte dauernd aus. Das wurde zur Gewohnheit.

»Kamerad«, sagte man zu mir, »was spuckst du denn da wie ein Maschinengewehr!« Ich versuchte, etwas runterzuschlucken. Es kommt mir immer noch so vor, als ob mir die Fleischbrocken, die vom Fuß meines Kameraden abgerissen worden waren, im Mund steckten. Er kam aus dem Operationssaal, drückte mir die Hand und sagte: »Lass keinen am Leben, schlag sie alle tot!«

Dann brachte man ihn nach Diyarbakır und passte ihm eine Prothese an. Er hatte eine Freundin, und sie ließ ihn im Stich, weil er den Fuß verloren hatte. Er hatte immer gesagt: »Wenn ich zurück bin, heirate ich.« Jetzt säuft er.

Wenn die Operation zu Ende ist, werden die Stellungen zerstört, und im nächsten Jahr baut man dann neue Stellungen auf. In der Zwischenzeit kommen Leute, rücken die Steine weg, legen Minen darunter und decken das Ganze wieder mit Steinen ab. Wenn die Soldaten dann an derselben Stelle wieder eine Abwehrstellung bauen, treten sie darauf, und es kommt zur Explosion.

Zwei Jungs aus unserer Kompanie traten darauf; einem von beiden hat man ein Stück vom Fuß amputiert, und der andere verlor sein Bein, vom Knie abwärts.

Im Juni hatte ich eine Operation wegen meines Leistenbruchs. Als ich im Krankenhaus lag, war da ein Junge, der zugab, dass er mit den Terroristen zusammengearbeitet hatte. Er stammte aus Cizre und war seit sechs Jahren bei ihnen. Als eine Leuchtmine explodierte, verbrannte sie ihm Gesicht und Hände. Der Junge hatte große Angst vor uns. Er war ungefähr 23 Jahre alt und hatte drei Kinder. Wegen des Militärdienstes hatte er sich ergeben. Das Militär arbeitet mit Kollaborateuren zusammen, d. h. mit denjenigen, die vertrauenswürdig sind; das sind Leute, die einem bei der Orientierung oder so helfen können. Der Mann war seit zehn Jahren Terrorist, er sagte, dass er Abdullah Öcalan nie gesehen hätte; Öcalan lebt, und sie klettern durchs Gebirge. Das Leben im Gebirge macht einen zum Tier. Şemdin Sakık hat das ja auch gesagt. Du kriegst ein komisches Syndrom.

Ein Junge von 18 Jahren hat sich uns ergeben; er soll in 21 Tagen zu Fuß von Başkale nach Zaho gegangen sein. Als es um die Musterung ging, hatten die Terroristen ihn entführt. Um fünf Uhr morgens kamen sie zu uns und ergaben sich. Sein Vater ist der Chef der Dorfbeschützer in Başkale im Bezirk Van, und die sieben Brüder seines Vaters sind auch alle Dorfbeschützer. Der Sohn des mächtigen Chefs der Dorfbeschützer von Başkale – wie konnte der ausgerechnet Terrorist werden? Ich habe einen Freund unter den Einheimischen aus der Gegend dort, und die Schwester seines Vaters ist Terroristin.

Ich erzähle einfach mal das, was er mir gesagt hat. Es könnte falsch sein, aber er sagte, er sei mit einem anderen Jungen zusammen aufgewachsen, bis sie 17 oder 18 Jahre alt waren. Mein Bekannter soll seinen Wehrdienst bis zum Schluss geleistet haben, danach ist er Dorfbeschützer und der andere im Alter von 14 oder 15 Jahren Terrorist geworden. Der Dorfbeschützer und sein Freund sollen einander bewaffnet gegenüber gestanden, aber nicht aufeinander geschossen haben. Der eine ist auf die eine Seite gegangen, und sein Freund auf die andere. Die armen Kerle; sein Vater soll fünf Brüder haben; drei von ihnen sind Dorfbeschützer – und zwei Terroristen.

Du gehst zu einer Operation und bleibst 40 bis 45 Tage dort. Dann gehst du ins Tal, wäschst dich und steigst wieder rauf. Man hatte immer mal zwei oder drei Tage Urlaub. Du wartest ständig; sie sind gekommen, und sie werden wiederkommen. Du kriegst die Meldung, und dann gehst du in den Hinterhalt, denn wenn sie kommen, wird es ernst. Und was Nahkämpfe mit den Terroristen angeht, so habe ich mich an zehn Gefechten in der Umgebung beteiligt. Es gab viele, die kapituliert hatten. Einer kam, der hatte den Mörser bedient, und der brachte die Zündnadel und das Visier des Mörsers mit. Wir kümmerten uns um ihn, als ob er ein König wäre.

Sie hatten ihn mit Gewalt entführt. Wenn uns das Geschoss eines Mörsers trifft, sterben 25 bis 30 Menschen. Dieser Mann, der den Mörser bedient hatte, wurde später vor Gericht gestellt; bei unserem Militär herrscht aber nicht mehr die frühere Denkweise, man ist jetzt positiv eingestellt und setzt alles daran, damit die Terroristen aufgeben.

Du schießt, ohne die Männer zu sehen. Du siehst, dass die Waffe losgeht und woher das Geschoss kommt, und in diese Richtung schießt du. Du müsstest ihn getötet haben. Aber sie lassen die Toten nicht einfach liegen. Sie zerstückeln den Leichnam, stecken die einzelnen Körperteile in ihren Tornister und nehmen sie mit. Bei unserem Militär ist es genauso; wenn du den Kameraden, der neben dir fällt, nicht wegtragen kannst, dann stirbst du auch. Du musst den Leichnam tragen. Daher zerteilen sie ihn in ganz kleine Stücke, stecken die in ihren Tornister und bringen ihn auf diese Weise fort. Ich habe oft Leichen gesehen, die so zerstückelt worden sind. Einen Mann habe ich gesehen, der wollte die zerstückelten Körperteile seines Kameraden wieder zusammensetzen, d. h., er war durchgeknallt; er war nicht von der Gegenseite.

Eines Tages wollte ein 15-jähriges Mädchen über die hohen Drahtsperren klettern und bei uns eindringen. Um leichter über den Stacheldraht zu kommen, haben sie eine Wolldecke oder auch ein Brett drübergelegt. Das Mädchen schaffte es nicht, drüberzukommen, es soll an Ort und Stelle gestorben sein, und ihr Bein wurde von der Leistengegend an abgerissen. Ein paar Idioten sollen ihr die Finger abgeschnitten haben; wenn man keinen Respekt vor den Lebenden hat, dann doch wenigstens vor den Toten. D. h., man sollte überhaupt nichts abschneiden.

Die C-Truppe ist die Soldatentruppe. Die ziehen zu viel mehr Operationen als die anderen Soldaten. Bei uns ist das anders: Du wartest hier, jemand kommt und schießt, du schießt auch, du rennst ihm hinterher, erwischst ihn – und erschießt ihn. Und was die C-Truppe angeht, da kann man sich doch nur an den Kopf fassen! Die Terroristen hatten auch Angst vor ihnen.

Wenn du keinen Dienst hast, ist das Leben ruhiger; da ist ein Fernseher – es gibt auch Cine 5 –, du hast viele Möglichkeiten. Wie kannst du denn zehn bis 15 Stunden in Stiefeln marschieren? Die »Mekap«-Schuhe sind leicht zu tragen, und die Füße schwitzen nicht darin.

Die Polizisten in den Sondereinheiten – das sind ganz eigenartige Leute, mit denen haben wir weder geredet noch mit ihnen zusammengesessen. Die tun eher in den Metropolen Dienst und nicht auf dem Land.

Wir zogen zum Grenzstein, um die Gegend dort abzusichern. Dort sollen sich früher ein paar Terroristen niedergelassen haben. Man hatte den Grenzstein nicht von der Stelle gerührt. Aber von weitem sprengten sie den Stein mit einem Kabel in die Luft. Einer von ihnen gab auch einzelne Schüsse ab, um uns zu treffen. Er tötete einen der Kameraden, die Kugel des Maschinengewehrs traf ihn im Rücken und durchschoss ihm das Herz. Allahs Erde möge dir weit werden.

Der Hubschrauber kam etwa eine halbe Stunde später, der startete sowieso von Şırnak aus. Man trauert sehr und ist tief betroffen; das ist dein Kamerad, und du hast an derselben Stelle mit ihm zusammen Dienst getan. Du kannst nicht sehen, von wo aus die Gegner schießen. Gleichgültig, mit welcher Waffe du schießt, du kannst sie nicht treffen. Aber wir haben auch fünf Terroristen getötet, und die Gegner konnten sie nicht mitnehmen. Es ist mein sehnlichster Wunsch, dass niemand stirbt, weder Terroristen noch Soldaten. Es gibt keine Unterscheidung wie Kurden und Türken. Da waren Kameraden, die aus *Dersim*, Tunceli, Kars und *Ardahan* kamen. Ich war der Einzige aus Trakya, alle anderen in dieser Truppe stammten von Kurden ab.

Warum sind sie Terroristen geworden? Die Zeitungen schreiben, dass diese Leute ungebildet sind, und davon ist kein Wort wahr. Alle haben einen Universitätsabschluss. Abgesehen von denen, die ein Diplom haben, gibt es aber auch welche, die weder lesen noch schreiben können. Da ist nichts, was die Einheimischen im Südosten machen könnten; entweder wird man Terrorist oder Dorfbeschützer. Die Dorfbeschützer sagen auch: »Diese Arbeit machen wir nicht für 20 bis 25 Mio.« – warum nicht?

Ich komme aus *Lüleburgaz* und beschütze deine Eltern, ich könnte mein Leben dafür hergeben. Aber du wirst diese Arbeit nicht machen, wenn du nicht genug Geld dafür kriegst – warum nur? Manchmal unterhielten sie sich über Funk und erzählten sich was über die Dinge, die sie haben wollen; man sollte keinen Unterschied zwischen Kurden und Türken machen, und die Kurden sollten auch in dieses Land integriert sein. Die Kurden verhalten sich doch eh sozial.

Die reichsten Leute in Lüleburgaz stammen von Kurden ab; das sind Unternehmer und Teppichhändler; einer von ihnen hat 20 Geschäfte. Da hat man also Şırnak zur befreiten Zone erklärt. Welche Zone? Nimm's doch, mein Bruder, soll dir doch der Südosten gehören. Dort gibt es keine 100 Meter ebenes Land, mit dem du was anfangen könntest.

Was einmal passiert ist, das vergesse ich nie; wir hören zu, was über Funk gesprochen wird. Zwei Verliebte machten sich über Funk Liebeserklärungen; bestimmt hatten sie Zoff.

Einer unser Freunde, der Kurdisch kann, übersetzt uns das. »Du hast mich im Stich gelassen und bist weggegangen«, sagt er, »warum hast du das getan? Ich bringe dich um.« Und dann: »Ich liebe dich, wir sollten uns bald treffen.«

Ich hatte einen Kameraden, der aus Ağrı kam. Er überredete einen der Terroristen, und er ließ einen auch glauben, dass er selbst Terrorist sei. Sie unterhielten sich. Die Leute, die man dazu überredet hat; manchmal wirst du wütend auf sie. Zum Teil haben sie aber auch Recht. Das ist nicht nur der Fehler der Terroristen, sondern auch des Militärs. Das hat das kurdische Volk als terroristisch angesehen. Mitten in der Nacht schlagen sie in irgendeinem Haus die Eltern vor den Augen ihres Sohnes zusammen. So ein Junge hat bestimmt keine Sympathien für das Militär, sondern da werden Hass und Ekel wach. Die Terroristen haben nichts Menschliches an sich. Wofür kämpfst du denn? Wir ziehen los, bleiben 45 Tage in den Bergen, und der Staat kümmert sich um uns. Sonst gibt es niemanden, der sich so um dich kümmert. Du wirst allzeit bereit und ehrgeizig sein. Die Ultranationalisten kommen, als ob sie sagen würden: »Das bringe ich doch locker fertig!« Wenn sie zurückkehren, denken sie natürlich nicht mehr so.

Das Telefonieren war sehr schwierig. Ich habe meine Frau nur ganz selten gesprochen. Wir haben uns Briefe geschrieben, ein

Brief brauchte 25 Tage, und sie hat mir Fotos von meinem Sohn geschickt. Meine Mutter ist sowieso krank, meine Frau ist zwischen 17 und 18, ich habe dauernd an meine Familie gedacht, und für sie war das auch sehr schwer. Ich habe an der Operation im Nordirak teilgenommen. Der Kommandant des Korps überreichte jedem einzelnen Mitglied der Truppe eine Urkunde, mit der uns Erfolg bescheinigt wurde. In Hatay gab es auch Urkunden. Als wir zur Operation in den Irak zogen, kamen wir aus allen Teilen des Landes. Die Kommandotruppe von Van, die Kommandotruppe von Kayseri. Wir zogen nach Haftanin am Berg Kato, zum Berg Cudi und ins Gebirge von Gabar. Es kam zu vielen Operationen auf der anderen Seite der Grenze, und jedes Mal sagten sie: »Na endlich, das haben wir geschafft.« Die Terroristen sind doch nicht nur in Haftanin, Zaho, Kopki und im Osten. Jetzt sind sie in den Großstädten.

Die Dorfbewohner mochten die Soldaten. Gülyazı, das ist eines der solidesten Dörfer in der Gegend von Şırnak. Die Leute aus dem Dorf sagen: »Das muss doch endlich aufhören! Wir leiden ganz entsetzlich, und unsere Söhne sterben.«

»Unsere Leute werden zum Terrorismus überredet«, sagen die Dorfbewohner. Wenn ein Terrorist stirbt, leiden sie darunter, und sie leiden darunter, wenn ein Dorfbeschützer stirbt. Sie leiden in jedem Fall. Sie verzweifeln daran, und es gibt eh keinen Anschluss an die PKK.

Nachdem man geschossen hat, gewinnt man Selbstvertrauen. Du überwindest die Anfangsschwierigkeiten, und je mehr man an Vergeltung denkt, desto mehr Selbstvertrauen kriegt man. Keine Vergeltung zu üben, das ist sehr schwer, und dann sagst du: »Es muss sofort zu Ende sein.«

Da sind Soldaten, die keine Ausbildung haben. Vielleicht gehören sie zu einer Partei und sagen: »Der hat meinem Land so was Schlimmes angetan, und jetzt schlage ich mal rücksichtslos zu, egal, was Recht und Gesetz sagen.« Das sind doch alles Illusionen; ich möchte nicht, dass auch nur einer stirbt. Wozu müssen Menschen sterben? Ob die Männer dort Oberleutnant, Hauptmann, Major oder einfache Soldaten sind, das sind doch tatsächlich alle miteinander fest entschlossene Menschen. Die Leute hier haben doch keine Ahnung. Wie viel davon ich hier auch erzähle, die Leute haben anscheinend nichts gesehen und wissen nichts. Sie wollen es auch nicht wissen. Als ich dort war, hatte meine Familie sich große Sorgen um mich gemacht. Aber wie intensiv das auch gewesen sein mag, sie können gar nicht so traurig gewesen sein wie ich. Die Armee will das Ende des Krieges, und sie will nicht den Tod der Soldaten. Der Terror im Südosten hört nicht auf. Warum eigentlich nicht? Man sagt, dass sie mehr Sold kriegen. Würden Sie 50 Mio. Lira mehr verlangen – als Preis für ihr Leben?

In Gülyazı kriegt ein Unteroffizier 450 Mio. Lira. Sie bringen ihre Ehefrauen samt Kind und Kegel mit, und die ganze Familie kämpft mit ihnen zusammen. Sie haben Anspruch auf dieses Geld. So was wie das Kurdenproblem gibt es nicht. Die Leute dort haben weniger Ausbildungs- und Berufsmöglichkeiten als wir. Man sollte ihnen Bildungschancen geben und Arbeitsplätze schaffen, und dafür wird man neben dir stehen. Mit Krieg erreicht man doch gar nichts. Was bringt es denn, wenn die Terroristen die Soldaten töten? Und was bringt es, wenn die Soldaten die Terroristen töten? Wenn du Terror machst, wirst du alles, was du in zehn Jahren erreichen könntest, erst in 50 Jahren erreichen. An das alles denken sie nicht.

Man gibt mir den Entlassungsschein, und ich denke nicht daran, meine Uniform auszuziehen und mich in Zivil zu werfen. Wenn du zum ersten Mal wieder hierher kommst, kommst du dir wie ein Trottel vor. Mein Vater hat ein sehr schönes Haus in Lüleburgaz, und ich fuhr jedes Mal dorthin. Ich machte das Licht aus und öffnete das Fenster; gegenüber sieht man die Felsenwand des Gebirges, und das schaute ich mir an. Das erinnerte einen an den Osten; dort war es genauso.

Ich schloss das Geschäft, ging nach Hause und zog mir den Trainingsanzug an. Meine Frau fragte: »Wohin gehst du denn nur Nacht für Nacht?« Ich rannte bis fünf Uhr morgens durch die Gegend. In den ersten beiden Wochen rannte ich ständig rum. Dann ließ ich es bleiben. Ich kann auch nicht erwarten, dass meine Frau an allem, was ich erlebt habe, Anteil nimmt. Ich war sehr unglücklich und will niemanden damit belasten. Meine Familie merkt, dass ich unruhig bin. Meine Frau ist klug, sie denkt viel nach und kann verstehen, was in mir vorgeht, ohne dass ich ihr etwas erzähle, und sie weiß auch, wie sie sich verhalten soll; das schafft keine Probleme.

Manchmal habe ich Albträume. Eines Nachts soll ich meiner Frau die Kehle zugedrückt haben. Sie ist aufgewacht und hat mir die Arme festgehalten. Als ich wieder zu mir kam, hatte sie kein

Wort gesagt und mir ein Glas Wasser geholt. Ich habe mich wieder hingelegt und bin eingeschlafen. Manchmal bin ich in Gedanken versunken und erschrecke beim kleinsten Geräusch zu Tode. Dort hatte ich keine Angst; 500 Kugeln habe ich dort abgeschossen, das ratterte nur so. Ich hatte auch keine Angst vor dem Tod. Wenn du an den Tod denkst, dann ist es schon zu spät, und du stirbst. Ich müsste einen Schuss kassieren, um den Tod zu fürchten.

Bevor ich in den Osten ging, war ich sehr nervös, aber ich gehöre nicht zu den Leuten, die andere kränken wollen. Man sagt ja: »Tausendfach soll sie leben, die Schlange, die mir nichts antut«, und so ist es wirklich. Ich war kein Raufbold. Wenn niemand meinem Bruder, meinem Sohn, meiner Frau und meiner Mutter was antut, tue ich auch keinem was zu Leide. Jetzt sage ich: »Niemand soll mich quälen, keiner soll mir auf die Nerven gehen, und keiner soll mich zu Kampf und Streit herausfordern.« Von jetzt an bleibe ich nicht mehr ruhig, ich schneide meinem Gegner die Kehle durch, d. h., ich stürze mich ins Unglück.

Wenn ich mit anderen diskutiere, kann ich mich nicht kontrollieren. Alles, was ich früher gemacht habe, macht mir jetzt keinen Spaß mehr. Als ich 15 oder 16 Jahre alt war, hatte ich ein Motorrad – eine Kawasaki –, meine Haare reichten mir bis zur Hüfte, ich trug Hosen aus Leder, hatte eine richtige Ledermontur, ging in Istanbul in die Kemancı-Bar, tanzte bis zum Morgen und machte mich dann aus dem Staub. Das alles macht mir jetzt keinen Spaß mehr. Früher habe ich Gitarre gespielt.

Menschen sterben, Menschen leben in Not und Elend und schämen sich dafür. Ich habe alles vom Militär mitgebracht, meinen Anhänger, meine Baskenmütze und meinen Ausweis. Dieses Stück Stoff habe ich von dem Turban abgeschnitten, den ein Terrorist sich um den Kopf gewickelt hatte, das war ein Junge, den ich sehr mochte. Er hatte sich uns ergeben. Er war 18 Jahre alt und hatte Angst. Als ich das Messer ausstreckte, um ein Stück Stoff von seinem Turban abzuschneiden, dachte er, ich wollte was von seinem Ohr abschneiden. Er blieb eine Nacht lang bei uns; am nächsten Tag kam der Hubschrauber und holte ihn ab. Sein Vater war Dorfbeschützer. Dieser Junge soll drei Fluchtversuche unternommen haben. Einmal sollen sie ihn an einen Baumstamm gebunden haben. Vier oder fünf Tage lang blieb er gefesselt, und sie sollen ihn kräftig durchgeprügelt haben. »Wenn du noch mal wegläufst, bringen wir dich um«, sollen sie zu ihm gesagt haben. Als der Junge schließlich bei nebligem Wetter Wache hielt, ist er geflohen. Er soll bis zum Morgen gewartet haben. Nachts kann man so viel schreien, wie man will, man wird sofort getötet. Als wir seine Schreie am Morgen hörten, gingen wir hin und holten ihn runter. Das war ein sehr gut aussehender Junge; er war groß.

Beim Militär hörte ich »Memik Oğlan« (»Memik, der Junge«) von *Zülfü Livaneli* und »Korku« (»Angst«) von Yaşar Kurt. Yaşar Kurt kannte ich, noch bevor seine Kassette auf dem Markt war. Ich habe acht bis neun Lieder von ihm in meinem eigenen Repertoire. Wenn die Studentinnen in Lüleburgaz oder Edirne »Korku« (»Angst«) hörten, weinten sie. Das ist ein Lied, das sich gegen die Wehrpflicht richtet. Wenn Sie mein Repertoire hören würden, würden Sie mich fragen, wieso ich überhaupt den Wehrdienst gemacht habe – Lehrling in der Reparaturwerkstatt, Parka.

Ich bin ein Mann, der sich sehr verändert hat. Mein Sohn ist jetzt zwei Jahre alt, der Militärdienst ist zu Ende, ich bin wieder da, und er erkennt mich nicht.

»Wo ist dein Vater?«, frage ich ihn. Er zeigt auf mein Foto; da stehe ich in Soldatenuniform auf dem Fernsehapparat: »Mein Vater ist Soldat.«

Eines Tages habe ich die Uniform angezogen, und er hat mich darin gesehen. Jetzt sagt er: »Vater«. Mein Bruder sagt zu mir: »Du bist plemplem«, weil ich den Militärdienst gemacht habe. Jetzt habe ich einen Sohn, und ihm soll es mal nicht so gehen wie seinem Großvater. Wenn es nötig ist, gehe ich an seiner Stelle. Wenn die Türkei bedroht würde, würde ich wieder hingehen. Aber die Menschen, die ich liebe, sollen nicht hin. Ich kann immer noch nicht vor vier oder fünf Uhr morgens einschlafen. Ich sehe mit meiner Frau fern, wir spielen Atari und unterhalten uns. Da ich nicht so ein Leben führen konnte, wie ich es mir wünschte, konnte ich mich von manchen Dingen nicht fern halten. Niemand hilft mir, und ich fühle mich mutterseelenallein. Sie haben Mitleid mit mir, aber ich bin doch gar nicht so bedauernswert – warum haben sie denn nur Mitleid? Ich werde oft nervös, und ich kann unheimlich wütend werden. Ich habe 20 Urkunden, die mir meinen Erfolg bescheinigen. Vor der Militärzeit habe ich jahrelang Sport getrieben. Es gibt keine Arbeit, die ich tadellos machen könnte, und ich kann keine finden. Barbesitzer in Istanbul und anderswo fordern mich auf, bei ihnen als Türsteher zu arbeiten.

Ich sagte zu dem Kameraden: »Hast du 'ne Macke? Ich brauche eine vernünftige Arbeit und will Geld verdienen.«

Manche Leute machen ihren Militärdienst bei der Spezialeinheit, um später leichter Arbeit zu finden. Diejenigen, die ihren Wehrdienst bei der Kommandotruppe gemacht haben, kriegen eine Stelle bei Sicherheits- und Bewachungsdiensten. Die Helden liegen in Çanakkale. Du willst niemanden töten, aber dir bleibt nichts anderes übrig. Wir sind doch nicht hingegangen, um jemanden zu töten und jemandem das Leben zu nehmen.

Ich habe getan, was ich tun musste, und bin zurückgekommen. Niemand fragt mich, was ich eigentlich gemacht habe. Selbst wenn mich jemand danach fragen würde, würde ich keinem auch nur ein Wort sagen; ich würde gar nichts erzählen. Ich habe genau dasselbe gemacht wie alle anderen – warum fragen sie denn dann ausgerechnet mich? Ich habe es gemacht, habe es erlebt – und bin wieder da. Das war gut, und wenn es keinen Terror gäbe, wäre es noch besser. Meine Urkunden zeige ich niemandem; es interessiert sich ja eh keiner dafür. Manche denken auch, ich wäre beim Militär durchgeknallt.

18 Monate lang habe ich Entsetzliches erlebt. Wenn ich jemandem sagen würde: »Ich habe den Wehrdienst im Südosten gemacht, das da sind meine Urkunden, und ich bin talentiert«, würde er das nicht verstehen. Warum müssen wir das alles durchmachen? Warum findet man keine Lösung? Was soll ich denn nur machen?

Ich kann 100 Unterschriften von Kameraden, mit denen ich zusammen Dienst gemacht habe, sammeln, und die schicke ich an den Chef des Generalstabs. Ich sage: »Mein Bruder, wozu das Ganze?« Wenn er mir sagen würde: »Was hast du damit zu schaffen?«, dann hast du wirklich ein Problem.

Nicht wahr, Sie wissen doch, wie das System in der Türkei funktioniert. Ich habe keinen Unterschied zwischen Kurden, Türken und Tscherkessen oder zwischen Arm und Reich gemacht.

Wir gingen als Söhne von Eltern dorthin, die der Mittelschicht angehörten. Wenn wir vor Ehrgeiz brannten, sagten wir: »Wenn du nicht brennst und wenn ich nicht brenne, wie wird denn dann das Dunkel zu Licht?« Mit diesem Ziel zogen wir los, wir brannten vor Ehrgeiz, aber wir konnten nichts erhellen. Sie brennen nicht, und sie können auch ganz und gar nichts erhellen.

Ich habe noch nie bei einer Wahl meine Stimme abgegeben, und ich habe auch nicht vor zu wählen. Ich bin weder Anhänger der Rechten noch der Linken, bin weder Kommunist noch Nationalist und auch kein Verfechter des Türkentums. Ich bin für die Humanität. Ich will nicht Hunger leiden, eine Schrapnellkugel genügt mir, mehr will ich nicht.

Wenn doch der Krieg endlich aufhören würde. Niemand soll leiden, und der Krieg ist immer noch nicht zu Ende. Ahmet stirbt, und Mehmet stirbt. Glauben Sie mir, ich begreife einfach nicht, warum der Krieg nicht zu Ende geht.

(Juni 1998, Lüleburgaz)

1976 geboren; er ist seit vier Jahren verheiratet und hat ein Kind. Er hat seinen Militärdienst im November 1996 in der Rekruteneinheit von Serince im Bezirk Hatay angefangen und war danach – von Februar 1997 bis Mai 1998 – bei der Spezialtruppe der Gendarmen in Şırnak. Sein Vater ist Rentner; er hat einen Bruder. Er hat Gitarre gespielt und gesungen. Vier Jahre lang hat er geboxt, Fußball, Basketball und Tischtennis gespielt. Er schwimmt gern, außerdem liest er gern Nâzım Hikmet. Zuletzt hat er Gülünün Solduğu Akşamı *(Der Abend, an dem die Rose verwelkte) von Erdal Öz gelesen.*

42. Statt der Leute, die nicht reden können

»Die Gefallenen nennen wir ›Märtyrer‹ und die Verkrüppelten ›verdiente Frontkämpfer‹, aber wie sollen wir unsere seelisch und geistig verwirrten Söhne nennen?« – Diese Frage stellt der Vater des »Luftpiraten« Ihsan Akyüz.

Gibt es jemanden, der nicht weiß, dass die Antwort auf Vater Akyüz' Frage lautet: »Er ist ein Held!«? Selbst wenn die »Helden«, Subjekt der Sätze, die in den Medien mit »Mehmetçik, der Held« anfangen und mit Klischees weitergehen, die etwa so lauten: »Verdiente Frontkämpfer, die stolz darauf sind, dass sie ihr Bein fürs Vaterland hergegeben haben«, selbst wenn diese »Helden« also diese Eigenschaft in den 550 Tagen, die ihr Wehrdienst dauerte, akzeptiert hätten, fühlen sie sich nicht als Helden, wenn sie ihre Militärzeit glücklich überstanden haben. Andererseits vergessen die Medien auch, was sie geschrieben oder gesagt haben, und sind ständig dabei, neue Namen und Adjektive für die früheren »Helden« zu finden.

Der Chauffeur, der seinen Wagen durch den Verkehr von Istanbul steuert, sagt: »Es ist jetzt sechs Jahre her, seit ich vom Militär zurück bin, und ich bin immer noch reizbar. Wenn ich gereizt bin, versuche ich, nicht aus dem Wagen zu steigen. Wenn ich aussteigen würde, kann ich nicht mehr dafür garantieren, ob ich mich nicht zu irgendwas hinreißen lasse.«

Sowohl die einspaltigen Nachrichten in den Zeitungen als auch der Stil in den Berichten derjenigen, die es erlebt haben, zeigen, dass es keine Garantie dafür gibt, was noch alles passieren kann; insofern hat der Chauffeur Recht.

– »Ali Iğdır, 29, wollte die Möglichkeit haben, sich mit seiner Freundin Oktay Zortu, die im 19. Zellentrakt des Untersuchungsgefängnisses für Frauen mit Kindern in *Bakırköy* einsaß, zu treffen; als ihm dies jedoch verweigert wurde, wollte er sich anzünden. Iğdyr fügte Wasser zu einem Liter Benzin hinzu, das er in einen Kanister gefüllt hatte, ..., stieß Flüche und Verwünschungen nach allen Seiten aus und übergoss sich mit dem benzinhaltigen Wasser am Eingang zum Untersuchungsgefängnis. ... Nachdem man die Gendarmerie benachrichtigt hatte, kam eine

Polizeimannschaft, die versuchte, Ali İğdır sein Vorhaben auszureden. Er sagte, er habe seinen Militärdienst in Siirt verbracht und sein linkes Bein sei eine Prothese, und dann schrie er: ›Ich bin auch ein verdienter Frontkämpfer des Krieges, und beim Militär habe ich ein Bein verloren. Und ihr erlaubt mir nicht, meine Freundin zu sehen!‹« (*Hürriyet*, 30. 10. 1998)

– »In *Saray* im Bezirk Tekirdağ tötete der Soldat Serkan Arda, der auf Urlaub vom Militärdienst in Şırnak war, eine 56-jährige Frau, die es ablehnte, sich auf eine sexuelle Beziehung mit ihm einzulassen, indem er ihr den Kopf spaltete.« (*Demokrasi*, 2. 2. 1997)

– »Dursun Ali Keskin, der seinen Militärdienst beim Bergkommando in Hakkâri leistete und vor zwei Wochen entlassen wurde, hat einen Mann und dessen Eltern ermordet, der sich Dursun Ali Keskins Schwester vor 14 Jahren in unsittlicher Absicht genähert hatte.« (*Sabah*, 18. 12. 1996)

– »Der Soldat einer Kommandotruppe, Ali Rıza Eker, der bei einem Kampf in Kızıltepe bei Mardin acht Kameraden verloren hatte, nahm sich zwei Monate nach seiner Entlassung mit einem Jagdgewehr das Leben. Auch nach seinem Abschied vom Militär lebte er wie ein Soldat.« (*Sabah*, 2. 11. 1996)

– »Verkehrsunfall – anscheinend mit Selbstmordabsicht. Der Major Nihat İlçi, in jungen Jahren als Invalide pensioniert und durch seine Erlebnisse bei der Kampfeinheit gegen den Terror geistig verwirrt, hat sein Leben bei einem Verkehrsunfall verloren – anscheinend mit Selbstmordabsicht.« (*Sabah*, 11. 12. 1996)

– »Während Mitglieder einer Söldnertruppe ein Beschneidungsfest feierten, wurde *CHP*-Mitglied Demir ermordet. Etwa 150 Kugeln, die aus verschiedenen Waffen abgefeuert wurden, verwandelten das Beschneidungsfest in eine Hölle. An diesem Fest hatten auch Angehörige der Söldnertruppe teilgenommen, die man für zwei Jahre aus dem Südosten nach Antalya versetzt hatte, damit sich ihre Moral festigte.«› (*Evrensel*, 27. 6. 1995)

In den Zeitungsnachrichten, von denen ich hier nur einige zitiere, geht aus der zweizeiligen Zusatzinformation nichts über den Zeitraum hervor, der ihnen das »Heldentum« verschafft hat. Unsere jungen Männer, die als »Helden und verdiente Frontkämpfer« dargestellt werden, wenn Generäle, Ministerpräsidenten und Minister dem Krankenhaus der Medizinischen Militärakademie von Gülhane (GATA) an hohen Festtagen wie Bayram einen Besuch abstatten, diese jungen Männer können sich in den Nachrichten nicht das »Frontkämpfertum« vor ihren Namen schreiben lassen, denn es schreit zum Himmel, wenn jemand wie z. B. Ali Iğdır sich daran macht, sich vor lauter Wut selbst zu verbrennen. Nihat İlçi, Ali Rıza und Demir leben nicht mehr. Was aber machen Serkan, Dursun und die anderen, die im Gefängnis sind und deren Namen wir nicht kennen?

– *Luftpiraterie aus Gründen der Therapie.* Nach seiner Kapitulation sagte der »rechtsgerichtete« İhsan Akyüz, der eine Maschine der *THY* entführt hatte: »Ich hatte eine seelische Krise, und da habe ich es getan.«

– *Pistole aus Plastik.* Der Airbus 310 – »Seyhan« – der THY, eine Maschine, die auf dem Weg von Ankara nach Istanbul war, wurde von einem Luftpiraten namens İhsan Akyüz um 20^{47} Uhr mit einer Spielzeugpistole entführt. Nachdem die Maschine auf dem Flughafen von Trabzon zur Landung gezwungen worden war, wurden weit reichende Sicherheitsvorkehrungen getroffen.

– Sie konnten nicht verstehen, warum sie entführt wurden.

Um 22^{30} Uhr wurden 75 Passagiere freigelassen, und der Flugzeugentführer sowie die Piloten blieben in der Maschine. Es wurde erklärt, dass Akyüz nach Tschetschenien fliegen wollte. Die Passagiere erfuhren nach ihrer Freilassung, dass das Flugzeug der Entführung dadurch entging, dass die achtköpfige Besatzung sich besonnen und kaltblütig verhielt.

– *Motiv unklar.* Akyüz kapitulierte um 22^{45} Uhr. Man erklärte, dass Akyüz, der seinen Wohnsitz in Çorum hat, die Tat in erster Linie begangen habe, »um gegen das Verbot des Turbans zu protestieren«. Danach wurde erläutert, dass »er das Flugzeug entführt habe, da man ihn beim Militär schlecht behandelt habe.« (*Radikal-Online*, 15.9.1998)

İhsan Akyüz ist im Gefängnis von Trabzon in einem Zellentrakt untergebracht, in dem sehr viele Leute sind, und er hat keine besondere Beziehung zu den Menschen in seiner Umgebung. Als Mustafa, sein älterer Bruder, İhsan am 29. Oktober besuchen wollte, blieb er mit dem Kebab, das er ihm mitgebracht hatte, wie versteinert am Tor der Strafanstalt stehen. Da İhsan keine Nahrung mehr zu sich genommen hatte und daher sehr geschwächt war, hatte man ihn ins Krankenhaus gebracht, um ihn künstlich zu ernähren.

Die Hausfrau Satı und der *P. T. T.*-Beamte Turan heirateten 1968; nacheinander wurden Mustafa, Hülya und als Letzter – 1971 – İhsan geboren. Das Ehepaar Akyüz setzte alle Hebel in Bewegung, um seinen Kindern eine gute Ausbildung zu ermöglichen. Mustafa wurde Architekt und Hülya Buchhalterin. Nachdem ihr jüngster Sohn İhsan zwei Jahre lang das Fach »Elektrizität« an der Fachhochschule studiert hatte, gab er das Studium auf, ließ seine Zurückstellung vom Wehrdienst annullieren und beschloss zum Militär zu gehen. Vater Akyüz legte Wert auf Disziplin und war sogar ein wenig autoritär. İhsan verhielt sich rücksichtsvoll gegenüber seiner Umgebung und wurde ein ernster, korrekter Mensch. Als Kind war er in keiner Weise auffällig, und als er heranwuchs, verbrachte er seine Freizeit meist zu Hause; er lungerte nicht – wie seine Freunde – in Cafés herum; außerdem hatte er sowieso kaum einen richtigen Freund.

Zur Rekrutenausbildung ging er nach Doğu Kışla im Bezirk Manisa und war zuerst in einer Kommandotruppe. Offiziell war er bei der Haupteinheit in Kırklareli registriert, aber er wurde vorübergehend nach Şırnak geschickt.

Auch beim Militär war er schweigsam. In den Briefen, die er seiner Familie schrieb, standen nur oberflächliche Grüße. Im ersten halben Jahr erhielt die Familie überhaupt keine Nachrichten von ihrem Sohn. Seine Eltern und Geschwister machten sich große Sorgen um ihn, und alle offiziellen Gesuche, die sie einreichten, um Informationen über ihn zu erhalten, blieben unbeantwortet. Sie hatten schon fast die Hoffnung aufgegeben, als İhsan anrief und sagte, es ginge ihm gut.

Er erklärte nicht, warum er seine Familie nicht angerufen hatte, und sie fragte ihn auch nicht danach. Nachdem er den Militärdienst abschlossen hatte, ohne zwischendurch in Urlaub zu gehen, redete er nach seiner Rückkehr nach Çorum auch nicht sonderlich viel und erzählte nichts von seiner Militärzeit. Was man aber wusste, war, dass er an sehr vielen Operationen teilgenommen hatte, und sein Vater sagte: »Zu unserer Zeit war es üblich, von der Militärzeit zu erzählen; jetzt macht man das nicht mehr.« Damit wollte er sagen, dass sein Sohn keine Ausnahme sei. Trotz seines Schweigens war da doch ein Ereignis, von dem er immer wieder redete.

Satı, İhsans Mutter, gibt ihren Eindruck wieder: »Er muss einen Kameraden gehabt haben, der verlobt war, und der soll drei

Tage vor seiner Entlassung gestanden haben. Sie mussten zur Operation, und İhsans Kamerad flehte den Kommandanten an, ihn nicht dorthin zu schicken, aber der Kommandant beachtete seine Bitte nicht.« Und sie fügte hinzu: »Mein Sohn hat erzählt, dass sein Freund in diesen Kampf ziehen musste und dabei umgekommen ist.«

Obwohl İhsan nichts erzählte, merkte seine Familie, dass er sehr bedrückt war. In den ersten sechs Monaten nach seiner Rückkehr schlief er lieber auf dem Fußboden statt in dem Bett, das seine Mutter ihm jeden Tag machte. Er hatte einen so leichten Schlaf, dass man im Haus auf Socken ging, um ihn nicht zu wecken. Nach dem Motto: »Wer sich anstrengt, der kann auch schlafen«, verschaffte sein Vater, Turan Akyüz, ihm eine Arbeit. İhsan arbeitete in einem Lebensmittelgeschäft; er hatte dort mit dem Auf- und Abladen von Waren zu tun; das war schwere körperliche Arbeit.

Sechs Monate später hörte er damit auf. İhsan erwartete, dass jedermann sich korrekt verhielt, und das war ein Ding der Unmöglichkeit. An seinem späteren Arbeitsplatz bei der Toprak-Bank kündigte er mit der Begründung: »Wenn ich länger dort arbeiten muss, kriege ich Schwierigkeiten.« Als er es später bereute, dass er von der Toprak-Bank weggegangen war, war es schon zu spät. Er wollte am liebsten »beim Staat« arbeiten, und nach den Worten seines Vaters klappte es nicht, »weil er in diesem Milieu keinen einflussreichen Mann kannte, der ihn unterstützte«. Er nahm an Bewerbungstests bei verschiedenen Firmen teil, bestand die Prüfungen aber nicht.

Ihm blieb nichts anderes übrig, als für einen Lohn von zehn Millionen Lira im Monat in dem Kurzwarenladen seines Vaters zu arbeiten. Er hatte auch keine Versicherung. Am meisten ärgerte sich İhsan über die Medien, und er hielt die Medien wie die Gesellschaft für verlogen. Wie sein Vater sagte, hatte İhsan sich auch keiner Organisation angeschlossen. Eines Tages verließ er das Haus, und seine Eltern sahen ihn plötzlich im Fernsehen; er hatte das Flugzeug entführt. Jetzt läuft der Prozess, und er sitzt im Gefängnis von Trabzon. Man hat die Entscheidung getroffen, ihn an das Gerichtsmedizinische Institut zu überweisen, aber er wartet noch darauf, dass man ihn nach Istanbul schickt.

Seine Mutter, Satı Akyüz, sagt: »Einer, der im Südosten stirbt, ist befreit. Trabzon ist natürlich weit, und wir können nicht oft hinfahren. Jetzt liegt er im Krankenhaus, er ist ja sehr abgemagert. Er isst nichts und macht eine schwere Krise durch. Ich konnte ihn nicht zum Arzt bringen, denn er sagte immer, es ginge ihm gut. Wir konnten diesen erwachsenen Mann doch nicht an den Ohren ziehen und zum Arzt schleppen. Zwei Wochen bevor das passiert ist, hatte er gesagt, dass er auch nicht mehr im Laden meines Mannes arbeiten wollte. ›Wenn keine Kunden kommen, geht mir meine Zeit beim Militär ständig durch den Kopf‹, hatte er erklärt.«

Turan Akyüz, sein Vater, fragt: »Bevor die Leute zum Militärdienst gehen, müssen sie sich Kontrolluntersuchungen unterziehen, und man wählt die Soldaten aus. Wenn sie zurückkommen, untersucht man sie nicht. Nach dem Militärdienst sollte es auch Kontrolluntersuchungen geben. Ist es dasselbe, ob man den Militärdienst in Istanbul oder im Osten macht? Wir schauen uns das nur an, und sie kommen aus dem Krieg. Das sind alles Söhne von armen Leuten, wie können die sich denn eine Therapie leisten? Wenn uns das alles nicht zugestoßen wäre, hätte ich auch kein Wort gesagt. Als Vater wollte ich auf keinen Fall, dass mein Sohn – im Alter von 25 Jahren – als Terrorist abgestempelt wird. Nachdem uns das passiert ist, haben uns mindestens 50 Leute in Çorum zum einen alles Gute und viel Kraft gewünscht, um das alles durchzustehen, zum anderen haben aber auch viele gesagt: ›Unsere Söhne machen auch alle eine schwere Krise durch.‹ Jeder ist mit diesen Problemen auf sich selbst gestellt. Diese Jungs sind die Söhne unseres Vaterlands, die wir unter unsere Fittiche nehmen müssen. Solange sie dort sind, sind sie Helden, und wenn sie hierher kommen, ist es mit dem Heldentum vorbei. D. h., wenn man fragt, wer die denn sind, und wenn ich antworte ›Arme und Reiche‹, dann habe ich einen Unterschied gemacht, aber alle, die ich gesehen habe, kommen aus armen Familien. Wir geben für den Staat unser Leben und unser Blut her, aber der Staat sollte auch etwas für uns tun. Die Beziehung zwischen uns war sehr schwierig. Er konnte weder Unrecht ertragen, noch konnte er mich aushalten. Er akzeptierte nur das, was er selbst sagte. Ich bin nachsichtig mit ihm umgegangen. Ich wusste, dass dies alles daher kam, dass er den Militärdienst im Osten gemacht hatte.

Wo das Feuer hinfällt, da brennt's, und kein Vater will seinen Sohn in einer solchen Lage sehen. Am liebsten würde ich den Medien zurufen, dass sie die Wirklichkeit wiedergeben und keine

Show machen sollen. Das Land hat einen Vorteil davon, wenn die Journalisten korrekt berichten. Nachdem das alles passiert war, hatte man uns an den Pranger gestellt. Als ob wir Deserteure wären. Alles, was die Zeitungen geschrieben haben, das hat mich fast so unglücklich gemacht wie der Kummer um meinen Sohn. Bevor mir das alles zugestoßen ist, habe ich es bedauert, wenn Landsleute von mir die Filmkameras von Journalisten kaputt gemacht haben. Jetzt sage ich: ›Ihnen geschieht Recht.‹ Es sollen so viele sein, die mit denselben Problemen wie İhsan vom Militär zurückkehren. Sie sollten ihre Krankheiten nicht verstecken. Sie sollten das öffentlich zur Sprache bringen und ihre Probleme sagen. Wenn man das alles in sich verschließt, explodiert man eines Tages. Genau so was ist uns passiert. Ob links oder rechts, das sind doch unsere Brüder, und wenn wir den Militärdienst machen, sitzen wir doch alle im selben Boot. Nachdem man vom Militärdienst zurückgekehrt ist, fällt man in die Hände der Politiker. Natürlich müssen die jungen Männer zum Militär gehen, aber sie sollten wenigstens die Chance erhalten, eine Arbeit zu finden, wenn sie zurück sind. Dort braucht man auch Protektion. Jede Partei macht Unterschiede. Unsere Situation hat Ähnlichkeit mit dem Thema des Films *Umut* (*Hoffnung*) von Yılmaz Güney.«

Die Nachbarn der Familie Akyüz sagen: »Schreiben sie das alles, denn die Regierung soll das in allen Einzelheiten wissen. Man sollte diese Jungs nach der Entlassung vom Militär unter ärztlicher Aufsicht mindestens einen Monat lang irgendwo Urlaub machen lassen, und dann sollte man ihnen Arbeit verschaffen. Çorum hat viele Gefallene zu beklagen. Und wenn jemand leidet, dann sind es die Eltern.«

– *Ein junger Mann, der vom Militär zurückkehrte, hat Tod und Grauen verbreitet.* Im Dorf Ersizlerdere, das zum Distrikt *Küre* im Regierungsbezirk Kastamonu gehört, erlitt der 22-jährige Orhan Kara, der drei Monate zuvor vom Militärdienst zurückkehrte, einen schweren Nervenzusammenbruch und erschoss seine Mutter, seine älteste Schwester und seinen ältesten Bruder mit einem Jagdgewehr.

Nachdem sich Orhan Kara gestern Abend aus unbekannten Gründen mit seiner Familie zu Hause gestritten hatte, nahm er das Doppelgewehr – einen Selbstlader –, das seinem Vater gehörte, und schoss blind drauflos. Dabei verloren seine Mutter

Şaziye Kara (52), seine älteste Schwester Gülten Kara (28) und sein großer Bruder Erol Kara (25) ihr Leben. Der Täter ist geflohen, und man verfolgt seine Spur. Es hieß, dass Kara seinen Dienst fürs Vaterland in Diyarbakır geleistet hatte und sich bei seiner Rückkehr vom Militärdienst in einer seelischen und geistigen Krise befand. (*Radikal-Online*, 1. 10. 1998)

Orhan Kara ist 1976 in dem Dorf Ersizlerdere im Distrikt Küre des Regierungsbezirks Kastamonu geboren. Nach dem Abschluss der Grundschule wurde er in die Gastwirtschaft eines Bekannten in Istanbul geschickt, um sich den Wind um die Nase wehen zu lassen. Als sein Vater Nazmi Kara, der als Bergmann gearbeitet hatte, in Rente ging, kam er nach *Beykoz* in Istanbul und eröffnete einen Laden für Blätterteiggebäck. Von jetzt an war klar, was für eine Arbeit Orhan machen sollte: Blätterteiggebäck herstellen und verkaufen. Orhan war ein »sehr ernstes« Kind. Er redete kaum und hatte keine Freunde. Einmal in der Woche schlug er seinen Stand auf dem Markt von Beykoz auf und verkaufte viel mehr Blätterteig als jeder andere. Er war sehr korrekt. Wenn z. B. ein Kunde einen Beutel mit Bananen an Orhans Stand vergessen hatte, wog er die Bananen ab, ließ sich den Preis vom benachbarten Stand nennen, und dann nahm er die Früchte mit nach Hause und gab sie seinen Geschwistern. Wenn derselbe Kunde eine Woche später wiederkam, sagte er ihm, dass er die vergessenen Bananen gegessen habe, weil sie im Laufe einer Woche verfaulten, und gab ihm das Geld dafür.

Der 55-jährige Vater Nazmi Kara hatte vor 30 Jahren Orhans Mutter Şaziye und vor zehn Jahren auch seine jetzige Frau Fadime geheiratet. Von seinen beiden Ehefrauen – die Erste hatte er standesamtlich, die Zweite mit dem Segen des İmam geheiratet – hatte er 13 Kinder, drei Töchter und zehn Söhne. Zwei seiner Kinder wurden getötet. Jetzt waren es noch elf, und einer davon war im Gefängnis. Bis vor sechs Jahren hatte die Familie Kara im Dorf Ersizlerdere im Bezirk Küre des Regierungsbezirks Kastamonu gelebt. Als Vater Nazmi Kara Rentner wurde, ging er nach Beykoz in Istanbul. Jetzt hatte er zwei Familien, mit seiner ersten Frau lebte er in Ersizlerdere und mit der Zweiten in Beykoz.

Orhan, der 1977 geboren wurde, ging im Februar 1997 zum Militär und gehörte zu einem Gendarmenkommando. Seine Rekrutenausbildung erhielt er in Kırkağaç bei Manisa, und dann ging er nach Diyarbakır. Sobald der Befehl kam, dass seine Einheit zur Unterstützung gebraucht wurde, zog er zum Dienst in die Berge. Seine Familie wusste nicht, ob er an einem Gefecht teilgenommen hatte; sie fragten ihn nie danach, und Orhan erzählte auch nichts. Aber sie wussten, dass es ihrem Sohn beim Militär gut ging, oder nahmen es jedenfalls an.

Orhan wurde am 5. August 1998 entlassen und kehrte nach Istanbul zurück. Er blieb eine Woche in Istanbul, und in dieser Zeit wurde nicht viel über den Militärdienst gesprochen. Orhan erzählte dauernd von den Bergen und Felswänden im Osten. Er schlief in demselben Zimmer wie sein Vater; da aber Nazmi Kara morgens gegen drei oder vier Uhr aufstand und in seinen Laden ging und Orhan erst gegen Mittag aufwachte, wusste der Vater nichts über den Schlafrhythmus seines Sohnes.

Orhan sehnte sich nach seiner Mutter und seinen Geschwistern auf dem Land, und er fuhr hin. In den ersten Tagen im Dorf kümmerte er sich um alles, was seine Mutter brauchte, reparierte das Haus und kaufte säckeweise Lebensmittel ein. Gülten, seine ältere Schwester, die im Dorf lebte, hatte sich gerade von ihrem Mann getrennt, und einer ihrer nahen Verwandten brachte das Gerücht auf, die junge Frau habe sich mit der Waffe in der Hand vor seine Tür gestellt und gerufen: »Na los, komm doch raus, du Saukerl! Bin ich etwa eine Nutte, weil ich mich von meinem Mann getrennt habe?«

Die Familie denkt, dieses Ereignis habe zu den Morden geführt. Danach ging Orhan in das Haus des Verwandten, der das Gerücht aufgebracht hatte, und man trank zusammen Alkohol. Angeblich wollte Orhan die »Familienehre« wiederherstellen, als er nach Hause ging und seine ältere Schwester, seinen älteren Bruder und seine Mutter tötete. Nazmi Kara, sein Vater, fand keine Erklärung dafür, warum sein Sohn seinen älteren Bruder und seine Mutter umgebracht hatte. Zwei Wochen nach dem Mord ist Orhan geflohen. In dieser Zeit rief er seinen Vater an und sagte: »Ich bin unschuldig.« Auf die Vorhaltungen seines Vaters hin stellte er sich der Staatsanwaltschaft.

Orhan sagte zu seinem Rechtsanwalt: »Ich weiß, dass ich meine Schwester getötet habe, aber ich weiß nicht, dass ich meine Mutter und meinen großen Bruder getötet habe.« Orhan teilte dem Anwalt auch ein Geheimnis mit: »Beim Militär habe ich mich ein wenig krank gefühlt. Das fängt mit einem Reißen unter den Fußsohlen an und dringt mir bis ins Gehirn. Wenn mir der Schmerz ins

Gehirn dringt, weiß ich nicht mehr, was ich tue. Wenn dieser reißende Schmerz mich beim Militär überfiel, bin ich durchgedreht. Wenn ich nach Istanbul zurückgekehrt wäre, hätte ich das meinem Vater gesagt, um ins Krankenhaus zu kommen.«

Das »Kind« Orhan Kara mit einer Länge von 1,78 m und einem Gewicht von 90 kg, der jetzt im Gefängnis von *İnebolu* auf seine Gerichtsverhandlung wartet, ist nach den Worten seines Vaters »erledigt«.

Der Gemeindevorsteher von Ersizlerdere, Mehmet Yüksel, berichtet: »Ich machte die Tür zum ersten Zimmer auf, und da lag sein Bruder, im zweiten Zimmer seine Mutter, und im dritten Zimmer war seine Schwester erschossen worden. Drei Leichen. Ich kannte Orhan nicht, aber die Dorfbewohner sagten: ›Das war ein sehr guter Junge, einer von den ganz Stillen.‹ Als er sich gestellt hatte, lief ich zum Gericht, um ihn mir anzusehen. Ein paar Kameraden sagen: ›Es soll vorkommen, dass die Leute, die den Militärdienst im Osten leisten, ganz plötzlich eine Nervenkrise durchmachen.‹ D. h., sie meinen, es handle sich um die Auswirkungen des Militärdienstes. Das bedeutet doch, dass wir keine Erklärung dafür finden können, warum er das getan hat.

Tagsüber war es kein Problem, aber wenn es dunkel wurde, wollte keiner seinen Nachbarn besuchen. Zwei Wochen hatte jeder große Angst, und niemand traute sich, auch nur die unmittelbaren Nachbarn zu besuchen. Die Leute sagten, wer es fertig brächte, seine eigene Mutter zu töten, müsse geistig total verwirrt sein und sei zu allem fähig. Ich bin bald 60 Jahre alt, und so etwas habe ich in Ersizlerdere noch nie erlebt. Von unseren Vätern und Vorvätern habe ich so etwas auch noch nie gehört.«

Metin Gökgöz, Orhans Schulkamerad, berichtet: »Ich erinnere mich an ihn von den Grundschuljahren her. Er sprach mit keinem von uns, er war einer von den Stillen, die sich immer zurückhielten. Er machte auch nichts mit uns zusammen, d. h., er nahm nicht an unseren Spielen teil. Ich war natürlich nicht mit ihm befreundet, aber er hatte eigentlich gar keine engeren Freunde.«

Sein Vater Nazmi Kara sagt: »Wenn die jungen Männer zum Militär gehen, werden sie ärztlich untersucht, und die Armee kriegt sie völlig gesund, danach muss man sie uns aber auch wieder gesund an Körper und Geist zurückgeben. Wir haben den Jungen aufgezogen, er ist untersucht worden und zum Militär gegangen. Er ist 22 Jahre alt geworden, ich konnte ihn doch nicht am Ohr ziehen, ich musste ihn doch wie einen Erwachsenen behandeln. Er war beim Gendarmenkommando in Diyarbakır. Er ist 1,78 m groß, und beim Militär bedeutet das, dass er in die Kommandotruppe kommt. Der Kommandant unserer Gendarmeriewache in Küre hat früher mal im Osten Dienst gemacht. Seitdem ist so viel Zeit vergangen, und der Kommandant sagt, dass es ihm nachts so vorkomme, als ob er im Krieg sei, und er hat das noch nicht überwunden. Zuweilen kommt es ihm im Traum so vor, als wäre er im Gefecht, als hätte er seinen Kameraden neben ihm getötet, und natürlich fühlt er sich dann so, als müsste er aus dem Bett aufspringen. Der Kommandant sagt, es käme sehr oft vor, dass seine Familie ihn umarmt. Das erzählte der Kommandant wegen Orhan, und er sagte mir: ›Verstehen Sie mich nicht falsch, man nennt das ›verrücktes Blut‹, und wenn es dazu kommt, drehst du durch.‹

Ich habe eine Bitte an die Großen in unserem Land: Beim Militär kann einer sein Bein oder seinen Arm verlieren; davor haben wir Respekt. Wenn man sie vom Militär entlässt, sollte man ihnen allen zwei oder drei Wochen lang beibringen, wie man sich den Eltern, den Nachbarn und den Kindern gegenüber zu verhalten hat. Aber man sollte ihnen nicht so ohne weiteres das Gewehr von der Schulter nehmen und sie verabschieden.

Ich rede nicht nur wegen meines Sohnes so, wir sehen es doch im Fernsehen; der Junge sagt zu seiner Familie: ›Geht nur los, ich komme nach‹, und ehe man sich versieht, hat er sich aufgehängt.

D. h., man sollte die entlassenen Soldaten zwei Wochen lang sammeln und in einem Lager schulen – gleich nach dem Wehrdienst. Wir dürfen auf keinen Fall eine Respektlosigkeit gegenüber dem Vaterland und unserem Volk begehen. Das gilt auch für unsere Kinder. Wenn jemand bei uns nicht den Militärdienst gemacht hat, wird er nicht für voll genommen, und man grüßt ihn noch nicht einmal. Denn damit verrätst du dein Vaterland. Wenn du und ich, wenn wir uns alle davor drücken, wer wird denn dann den Militärdienst leisten? Dein Sohn soll nicht dabei sein. Wenn deinem Sohn etwas zustoßen würde. D. h. doch, dass du das Leben deines Sohns für sehr wichtig hältst. Niemandem soll etwas geschehen.«

Zahlen

63 286
Staatspräsident Süleyman Demirel sagte 1998 bei einer Pressekonferenz: »Das ist die Bilanz der Terroraktionen vom 15. August 1984 an bis Anfang Dezember 1998: Bei 32 853 Vorkommnissen sind 5555 Angehörige der Sicherheitskräfte gefallen, und 11 168 wurden verwundet. Bei Angriffen auf die Zivilbevölkerung wurden 5302 Zivilisten getötet und 5877 verletzt. Insgesamt betragen die Verluste bei den Terroristen 35 384. Von ihnen sind 23 938 tot, 749 verwundet, 8693 wurden lebend gefasst, und 2304 haben sich ergeben. (*Cumhuriyet*, 28. 12. 1998)

50 607
»Der Oberst im Generalstab, Bülent Dağsalı, erklärte zu dem Kampf, den die Türkischen Streitkräfte im Namen des Großen Generalstabs seit 1984 gegen die PKK führte: Im Kampf gegen den Terror, der 1984 anfing, wurden bis heute 40 407 Terroristen unschädlich gemacht. In diesem Kampf sind 3990 Angehörige der Türkischen Streitkräfte gefallen, wobei es sich um 243 Offiziere, 221 Unteroffiziere sowie um 3526 Uzman çavuş und Soldaten verschiedener Rangstufen handelt. Außerdem sind 1272 Sicherheitsbeauftragte gefallen, wobei es sich um 157 Polizisten und 1115 Dorfbeschützer handelt. Bei den Terrorvorfällen haben 5238 Zivilisten ihr Leben verloren.« (*Hürriyet*, 8. 5. 1998)

29 868
»Der Landrat der OHAL-Zone, Aydın Arslan, sagte, dass man in den vergangenen elf Jahren, von Beginn des Ausnahmezustandes an – bis heute – 26 415 Terroristen unschädlich gemacht habe und dass die Vorfälle im Vergleich zum vorigen Jahr um 40% abgenommen hätten. Aydın Arslan wertete bei einer Pressekonferenz den elfjährigen Kampf gegen den Terror aus, der seit der Ausrufung des Ausnahmezustands andauert. Arslan sagte, dass es bei den Operationen, die in elf Jahren ununterbrochen von den Sicherheitskräften durchgeführt wurden, zu 16 527 Vorfällen kam und dass bei diesen Vorfällen insgesamt 26 415 Terroristen unschädlich gemacht worden sind, wobei es sich um 21 041 Tote und 580 Verwundete handelte; 2612 wurden lebend gefangen genommen, und 2182 haben kapituliert.

Arslan erklärte, dass in demselben Zeitraum insgesamt 4606 Menschen, die mit Sicherheitsaufgaben betraut waren, gefallen sind, wobei es sich um 196 Offiziere, 363 Unteroffiziere, 2780 einfache Soldaten, 178 Polizisten und um 1089 Mann handelt, die vorübergehend als Dorfbeschützer arbeiteten. Er informierte darüber, dass in den elf Jahren insgesamt auch 4399 Zivilisten ihr Leben verloren haben, wobei es sich um 3398 Männer, 508 Frauen und 493 Kinder handelt.

Arslan, der erklärte, dass in diesen elf Jahren insgesamt 22 563 Langrohrgewehre und 6457 Pistolen erbeutet wurden, stellte ausdrücklich klar, dass über vier Millionen Geschosse sichergestellt wurden.

Der Landrat dieser Region, Arslan, sagte, dass es dort in den ersten sechs Monaten des Jahres 1997 zu 277 Vorfällen gekommen sei, im selben Zeitraum des Jahres 1998 jedoch nur zu 197 Vorfällen, d.h., 40% weniger. Arslan betonte, dass unter diesen Vorfällen nur bewaffnete Angriffe und Gefechte subsumiert seien, und sagte: »Die Vorfälle betreffen alle Organisationen in dieser Region. In den ersten sechs Monaten des Jahres 1997 betrug die Zahl aller Vorfälle 563, im Jahr 1998 jedoch nur 360. Während in der ersten Hälfte des Jahres 1997 290 Menschen fielen, ist die Zahl in diesem Jahr auf 147 gesunken. Auch die Zahl der Zivilisten, die 1997 55 betrug, lag 1998 bei 48. In diesem Jahr wurden 1314 Terroristen unschädlich gemacht, wobei es sich um 1122 Tote und 20 Verwundete handelt, 86 Terroristen konnten lebend gefangen genommen werden, und 86 haben kapituliert. (*Nachrichtenagentur Anadolu*, 3.7.1998)

300 000

»Die türkischen Sicherheitskräfte, die im Südosten kämpfen, setzen sich aus Einheiten zu Lande und in der Luft zusammen sowie aus Gendarmeneinheiten, aus der Polizei und den Dorfbeschützern. Annähernd 300 000 Personen leisten im Südosten Dienst: Etwa 140 000 bis 150 000 bei den Landstreitkräften, etwa 10 000 bei den Luftstreitkräften, etwa 40 000 bis 50 000 gehören zur Gendarmerie und etwa 40 000 zur Polizei, außerdem gibt es 67 000 Dorfbeschützer. Man ist in der Lage, ungefähr ein Fünftel der Einheiten der Landstreitkräfte bei den Operationen zur Niederschlagung der Revolte im Südosten einzusetzen.« (Waffen-Transfers in die Türkei und Verletzungen des Kriegsrechts, *Belge Yayınları*)

21 000

»Allein in Europa gibt es mehr als 5000 Leute, die aktiv für die Partei arbeiten. Im Mittleren Osten sind es weit über 1000, die aktiv für die Partei tätig sind. In den Bergen sind es an die 15 000, die als Armee der Partei arbeiten. Es sind nicht weniger als 5000, die professionell tätig sind, von denen wir sagen könnten, dass sie zum Kader der PKK gehören.« (März 1994, Ragıp Duran und Ertuğrul Kürkçü im Gespräch mit Öcalan, »Die Wiederbelebung ist gelungen – jetzt kommt die Befreiung«)

10 000

»Der Innenminister (Nahit Menteşe) sagt, dass die PKK außer 10 000 Aktivisten 50 000 Milizkräfte und 315 000 Sympathisanten hat.« (Stephen Button, *Military Review*, Dezember 1994)

95 000

»Heute gibt es 95 000 Dorfbeschützer, 62 000 von ihnen sind als solche eingestellt worden und 33 000 arbeiten informell als Dorfbeschützer. Zusammen mit ihren Familien und ihren Stämmen ist das eine sehr umfangreiche Gemeinde. In der Vergangenheit wurde jeder zwischen 18 und 65 Jahren – ob er tauglich war oder nicht – zu den Waffen gerufen. Und heute gibt es bei bis zu zwölf Prozent der Dorfbeschützer einen Straftatbestand, der vom Drogenhandel bis zum Waffenschmuggel, vom Sympathisantentum mit der PKK bis hin zu deren logistischer Unterstützung reicht.« (*Yeni Yüzyıl*, 27.4.1998, Montagsgespräche/Neşe Düzel sprach mit Staatsminister Prof. Dr. Salih Yıldırım)

3787

»Man konstatierte, dass sich 3787 von 70 000 zeitweiligen Dorfbeschützern, die im Kampf gegen die PKK in den Regionen Ost- und Südostanatoliens eingesetzt werden, verurteilt wurden, weil sie sich illegal betätigt haben, und dass man ihnen die Waffen aus der Hand genommen hat.

Man machte darauf aufmerksam, dass 1899 der Dorfbeschützer, die im Kampf gegen die PKK Waffen und Sold vom Staat erhielten, auf die Anklage hin verurteilt wurden, sie hätten ›die PKK unterstützt und Hehlerei für die PKK betrieben‹. In dieser Region wurden 1073 Dorfbeschützer auch verurteilt, weil sie ›Drogenhandel betrieben und Partisanengruppen bildeten‹.

Das Dorfbeschützersystem wurde im Jahr 1984 aufgebaut, um der PKK im Südosten mit bewaffneten Maßnahmen entgegenzutreten. Bei der Institutionalisierung der OHAL-Zone als Regierungsbezirk erreichte die Zahl der zeitweiligen Dorfbeschützer 70 000.

Nach 1987 nahmen die Beschwerden über die Dorfbeschützer zu. In diesem Zeitraum wurden Tausende von Untersuchungen eingeleitet, die sich mit den Dorfbeschützern befassten. Nach der Verurteilung wurden die Waffen von 3787 Dorfbeschützern, die ihnen vom Staat anvertraut worden waren, zurückbeordert. Damit war den Diensten dieser Dorfbeschützer ein Ende gesetzt. Viele Dorfbeschützer wurden vor Gericht verurteilt und erhielten Gefängnisstrafen. Ein großer Teil von ihnen befindet sich zurzeit in Gefängnissen.

Nach den Unterlagen des Innenministeriums sind im Folgenden die Straftaten aufgelistet, die von den Dorfbeschützern in den Ost- und Südost-Regionen begangen wurden; seit die Dorfbeschützer ihre Arbeit aufgenommen hatten, wurden sie von großen Organisationen, von Institutionen zum Schutz der Menschenrechte und von der Zivilbevölkerung ständig kritisiert; die Kritik an ihnen und die Diskussion um Sinn und Nutzen ihrer Tätigkeit halten bis heute an.

›108 – Annahme von Bestechungsgeldern,
1899 – Unterstützung der PKK und Hehlerei für die PKK,
196 – Tötungsdelikte,
161 – Verletzung von Menschen,
280 – Waffenschmuggel,
57 – Entführung von jungen Frauen,
13 – Hausfriedensbruch
und 1073 Drogenhandel, Bildung von Partisanengruppen und andere Straftaten.‹« (*Cumhuriyet*, 26. 1. 1999)

6200
»Die Zahl der Angehörigen der Spezialeinheit der Polizei, die zurzeit 6200 beträgt, soll stufenweise auf 5000 herabgesetzt werden. Die Spezialeinheit wird eine Besetzung von mindestens 60 und höchstens 300 Mann haben. 3000 Polizisten sollen im Osten und im Südosten Dienst leisten.« (*Yeni Yüzyıl*, 3. 11. 1998)

426 000
»Nach Informationen des Generalsekretariats des Präsidiums des Generalstabs betrug die Zahl der Wehrpflichtigen, die ihrer Pflicht zur Ableistung des Militärdienstes nicht nachkamen, ohne eine Entschuldigung vorzulegen, obwohl sie das wehrpflichtige Alter erreicht haben, oder die keinen Antrag bei den Behörden gestellt haben, um ihre Einberufung zurückstellen zu lassen, 200 000. Im Allgemeinen konzentriert sich dies auf die Großstädte, in denen die Personen, die nicht zur Musterung erscheinen, und die Dienstflüchtigen leben – oder in die sie ziehen.

Man erklärt, dass jedoch ein bedeutender Teil dieser Gruppe aus Studenten besteht, deren Studienbescheinigungen nicht bei den Behörden eingegangen sind, und dass es sich überdies um Personen handelt, die mehrfach registriert sind, um Häftlinge und um Personen, die ihre Entschuldigungsgründe nicht rechtzeitig vorgebracht haben.

Man betonte, dass die Wehrpflichtigen sich dadurch strafbar machten, dass sie ihre Entschuldigungsgründe nicht rechtzeitig einreichten; dazu zählen Arbeit im Ausland, Hochschulstudium, Gefängnisaufenthalt oder gesundheitliche Gründe. Der Generalstab informierte darüber, dass die Zahl derjenigen, die im Ausland leben und ihrer Wehrpflicht daher nicht nachkommen, im Dezember 1998 jedoch bei 226 000 lag.« (*Hürriyet*, 21. 12. 1998)

96 000 000 000
»Uluç Özülker, Botschafter und verantwortlicher stellvertretender Staatssekretär für wechselseitige politische Beziehungen beim Außenministerium, hat kürzlich in einer Erklärung konstatiert, dass die Summe, die in den letzten Jahren für den Kampf der Türkei gegen die PKK ausgegeben

wurde, auf 96 Mrd. Dollar gestiegen ist und dass dieser Betrag fast der Gesamtsumme der Auslandsschulden entspricht. Während die Türkischen Streitkräfte laut Erklärung der Verantwortlichen des Militärs pro Tag einen Betrag von 1,25 Mio. Dollar für den Kampf gegen den Terror ausgegeben hatten, waren die Ausgaben für die Einheiten der Gendarmerie und der anderen Sicherheitskräfte nicht in diesem Betrag enthalten.

Während der finanzielle Wert der Waffen, der wichtigen Kriegsgegenstände und der Rüstungsmaterialien, die bei den Operationen im Jahr 1996 erbeutet wurden, 3,1 Mio. Dollar betrug, ist diese Zahl 1997 um das 3,2-fache gestiegen, und zwar auf 10 Mio. Dollar.

Im Südosten wurden 6153 Siedlungseinheiten geräumt und 2322 Schulen sowie 160 Einrichtungen des Gesundheitsdienstes geschlossen. Viehzucht und Landwirtschaft sind fast nicht mehr möglich.« (*Hüriyet*, 14.11.1998)

500 000 000 000 000
»100% des Erdöls, das in der Türkei gewonnen wird, stammen aus dem Südosten. Der finanzielle Wert beträgt jedoch annähernd 200 Trillionen Türkische Lira (TL) pro Jahr. Allein 30% der Wasservorräte der Türkei kommen von Euphrat und Tigris. Die Energie, die aus diesen Flüssen gewonnen wird, bedeutet pro Jahr einen Betrag von rund 250 Trillionen TL. Wie man sieht, beträgt die Summe, die pro Jahr allein durch Erdöl und Energie gewonnen wird, etwa 500 Trillionen TL. Außerdem werden sogar unter den heutigen Bedingungen 100% des in der Türkei gewonnenen Phosphats im Südosten hergestellt, darüber hinaus 95% der Pistazien, zehn Prozent des Weizens, 14% der Baumwolle, 75% der Linsen und 15% der Gerste. Außerdem soll ein Gebiet, das fünfmal so groß ist wie die Çukurova (d.h. ein Terrain von 1,7 Mio. ha), durch das Südostanatolien-Projekt (*GAP*) bewässert werden, und die Produktivität wird sich dort allgemein um das Drei- bis Vierfache erhöhen.« (Dr. Ahmet Özer, stellvertretender Dozent, früherer Generalsekretär des Verbandes der städtischen GAP-Gemeinden, Generalsekretariat der Universität von Mersin sowie Vorsitzender des Fachbereichs Methodologie, Görüş, Februar/März 1998)

283
In den letzten sieben Jahren ist die Einwohnerzahl von Diyarbakır durch Zuzüge von 380 000 auf 1,5 Mio. gestiegen, d.h., dass die Einwohnerzahl sich in sieben Jahren vervierfacht hat.

Das gilt auch für die anderen großen Städte der Region. Während beispielsweise die Einwohnerzahl von Van 1990 151 000 betrug, war sie 1997 auf 500 000 gestiegen; hier die Vergleichszahlen für andere Orte:

Ort/Distrikt	1990	1997
Batman	149 000	400 000
Şanlıurfa	226 000	700 000
Gaziantep	627 000	1 500 000
Bismil (Distrikt)	38 000	150 000

Nach Angaben der Vereinten Nationen beträgt der Preis für die 254 Kalorien, die ein Mensch pro Tag braucht, um sein Leben aufrechtzuerhalten, 385 Dollar im Jahr. Diese Zahl ist gleichzeitig die Armutsgrenze. Nach den Untersuchungen, die man durchgeführt hat, haben 85% der Einwohner von Diyarbakır ein Einkommen, das unter diesem Mindestbetrag liegt, und dieser Prozentsatz ist bei den Bevölkerungsschichten, die zugewandert sind, dabei, noch mehr zu steigen. (*TMMOB-Bericht*, 1997)

Zurzeit sind 312 000 Personen in Diyarbakır arbeitslos – gegenüber 28 000, die arbeiten. Dementsprechend liegt die Arbeitslosigkeit bei etwa 70%, im Gegensatz zu den offiziellen Angaben zur Arbeitslosigkeit. (Diyarbakır TSO 1997)

Während man in der Türkei von einem Pro-Kopf-Einkommen von 2500 Dollar ausgeht, sind es in Diyarbakır 283 Dollar. Dasselbe gilt für die anderen Siedlungseinheiten im Osten und im Südosten. (Dr. Ahmet Özer, stellvertretender Dozent, früherer Generalsekretär des Verbandes der städtischen GAP-Gemeinden, Generalsekretariat der Universität von Mersin, sowie Vorsitzender des Fachbereichs Methodologie, Görüş, Februar/März 1998)

1 006 000

»Nach den Ergebnissen der Untersuchung des DIE – des Staatlichen Statistischen Amtes – zur Verteilung des Volkseinkommens erhalten 20% der Reichsten in Istanbul 64% des Gesamteinkommens und 20% der Ärmsten vier Prozent. Das jährliche Einkommen der Familie mit den höchsten Einkünften beträgt 1,006 Mio. Dollar (300 180 000 000 TL), und das jährliche Einkommen der Familie mit den geringsten Einkünften ist 700 Dollar (21 Mio. TL).

20% der Reichsten in Ankara erhalten 46% des Gesamteinkommens und 20% der Ärmsten sechs Prozent. Das jährliche Einkommen der Familie mit den höchsten Einkünften beträgt 633 333 Dollar (100 900 000 000 TL), und das jährliche Einkommen der Familie mit den niedrigsten Einkünften beträgt 143 Dollar (4 292 000 TL).

20% der Reichsten in Diyarbakır erhalten 51% des Gesamteinkommens, und 20% der Ärmsten sieben Prozent. Das Einkommen der Familie mit den höchsten Einkünften beträgt 65 600 Dollar (1 000 968 000 TL); man weiß jedoch nicht, mit welcher Summe die Familie mit den niedrigsten Einkünften ihren Lebensunterhalt bestreitet.

Der 20-prozentige Bevölkerungsanteil der Reichsten, die in Istanbul leben, konsumiert 64% des in Istanbul ausgegebenen Einkommens. Da Istanbul 27,5 % des gesamten Einkommens der Türkei in der Hand hat, bedeutet dies, dass die Reichen Istanbuls über 18% des Einkommens der Türkei verfügen. Und wie hoch ist der Prozentsatz dieser Familien in der Türkei? Drei Prozent.

Eine Minderheit mit einem Anteil von drei Prozent an der Gesamtbevölkerung der Türkei lebt in Istanbul und verfügt über etwa 20% des Einkommens des Landes. Zusammen mit den Reichsten der anderen Bezirke ist das eine Zahl von 2237 Familien, und alle zusammen verfügen über 55% des Einkommens der Türkei, obwohl sie insgesamt nur 20% der Familien in der Türkei ausmachen. 330 000 Familien – die Ärmsten von Istanbul – erhalten einen Anteil von 4,2% des Einkommens von Istanbul. Man könnte es auch so ausdrücken, dass ein Anteil von einem Prozent des gesamten Kuchens der Türkei den vielen Istanbuler Armen zufällt, die in den Außenbezirken leben.« (Mustafa Sönmez, *Regionale Ungleichheit*)

145 231

In den letzten vier Jahren sind 2333 Kinder unter 18 Jahren durch die Staatssicherheitsgerichte verurteilt worden. Die Antwort auf die parlamentarische Anfrage der DSP-Abgeordneten Sema Pişkinsüt aus Aydın nach den »Verurteilungen von Kindern und Jugendlichen« lautete: In großer Zahl wurden Verfahren gegen Kinder und Jugendliche zwischen elf und 17 Jahren vor den Staatssicherheitsgerichten durchgeführt.

Nach den Statistiken des Justizministeriums wurden Verfahren gegen Kinder zwischen elf und 14 Jahren durchgeführt:

1994	73
1995	28
1996	78
1997	32

In der Altersgruppe der 15- bis 17-Jährigen liegen folgende Zahlen vor:

1994	694
1995	440
1996	712
1997	276

Nach den Statistiken, die das Ministerium seit 1989 führt, wurden Verfahren gegen 145 231 Personen – einschließlich der Kinder – vor den Staatssicherheitsgerichten durchgeführt. Nach Jahren aufgeschlüsselt ergibt sich folgendes Bild:

1989	7 894
1990	12 564
1991	12 058
1992	17 402

1993	18 792
1994	22 158
1995	18 583
1996	15 583
1997	20 197

(*Presseagentur Anadolu*, 12.8.1998)

19 962

Bei der Generalstaatsanwaltschaft der Staatlichen Sicherheitsgerichte (DGM) in der Türkei wurde festgestellt, dass die Fälle, bei denen die Täter unbekannt sind, im Verhältnis zu den gesamten Fällen in den letzten drei Jahren um 9,1 % zugenommen haben. Nach den Informationen, die aus den Angaben des Strafregisters und des Statistischen Amts aus den letzten drei Jahren hervorgehen, lagen den Staatssicherheitsgerichten 1995 insgesamt 13 665 Fälle unbekannter Täter vor. Diese Zahl entsprach einem Anteil von 56,4 % der gesamten Akten.

Im Jahr 1996 jedoch stiegen die Fälle, in denen die Täter nicht aufzufinden waren, im Verhältnis zum Vorjahr um 4,5 % an, und es waren – in Zahlen ausgedrückt – 14 923. Die letzten Angaben stammen aus dem Jahr 1997, und man legte dar, dass die Zahl der Fälle mit unbekannten Tätern bei 19 962 lag. Im Rahmen der gesamten Fälle macht diese Zahl 65,5 % aus.

Nach den Angaben aus den letzten drei Jahren ist bei Fällen mit unbekannten Tätern, deren Akten sich bei der Generalstaatsanwaltschaft der Staatssicherheitsgerichte befinden, eine Zunahme um 9,1 % zu erkennen.

Mit 11 699 Akten zu Fällen, in denen die Täter unbekannt sind, stand Diyarbakır 1995 an erster Stelle der Staatssicherheitsgerichte (DGM). Die Vergleichszahlen anderer Städte und Regionen lauten wie folgt:

1995

Ort/Region/DGM	Zahl der Fälle mit unbekannten Tätern
Malatya	879
Erzincan	695
İzmir	177
Istanbul	83
Ankara	73
Kayseri	37
Konya	22

Im Jahr 1996 lagen der Generalstaatsanwaltschaft des DGM in Diyarbakır 12 523 Akten mit Fällen vor, bei denen die Täter unbekannt waren; die Gesamtzahl der Fälle betrug 15 321. Die Vergleichszahlen der anderen Orte und Regionen:

1996

Ort/Region/DGM	Zahl der Fälle mit unbekannten Tätern
Malatya	1026
Erzincan	687
Ankara	396
İzmir	112
Konya	109
Kayseri	56

Das DGM von Istanbul nahm mit 14 Akten den letzten Platz ein.

Im vergangenen Jahr – 1997 – stieg die Zahl der Fälle, in denen die Täter nicht zu ermitteln waren, auf 19 962. Wie in den letzten beiden Jahren waren die meisten Fälle wiederum beim Staatssicherheitsgericht von Diyarbakır zu finden. Die Gesamtzahl der Akten mit Fällen, bei denen die Täter unbekannt waren, die dem DGM von Diyarbakır vorlagen, wurde für das Jahr 1997 mit 13 344 angegeben. Zum Vergleich die Zahlen anderer Städte und Regionen:

1997

Ort/Region/DGM	Zahl der Fälle mit unbekannten Tätern
Van	2940
Malatya	1233
Erzurum	807
Erzincan	699
Ankara	441
Adana	158
İzmir	134
Konya	112
Kayseri	63
Istanbul	31

1995 wurden in 255 Fällen die Täter ermittelt, die bis dahin unbekannt waren; während es sich 1996 um 272 handelte, zeigte sich 1997 eine große Steigerung, und die Zahl der ermittelten Täter erhöhte sich auf 3096. Auch die durchschnittlichen Wartezeiten – von den ersten Ermittlungen bis zum Prozess – haben sich geändert:

1995 3294 Tage
1996 4348 Tage
1997 1385 Tage

(*Presseagentur Anadolu*, 27. 7. 1998)

7 012 000 000

Nach Angaben des Stockholmer Instituts für internationale Friedensforschung (*SIPRI*) stand die Türkei Ende 1997 weltweit an dritter Stelle beim Kauf von Waffen. In der Rangliste, die 72 Länder betraf, die pro Jahr Waffen zu einem Wert von mindestens 100 Mio. US-$ kauften, lag die Türkei zwischen 1993 und 1997 mit Waffenkäufen im Wert von 7 012 000 000 US-$ an dritter Stelle hinter Saudi-Arabien und Taiwan, und in den Jahren 1992 bis 1996 war sie der zweitgrößte Waffenkäufer der Welt.

Die Zahlen – laut Angaben von SIPRI – im Einzelnen:

Ausgaben der Türkei für Waffenkäufe (in US-$)

1997	1 276 000 000
1996	1 127 000 000
1995	1 253 000 000
1994	1 373 000 000
1993	1 983 000 000

(*SIPRI Year Book 1997*)

58 244 000 000

Laut Angaben der Agentur für Waffenkontrolle und Entwaffnung (*ACDA*) der USA hat die Türkei zwischen 1985 und 1995 – mit den Fixkosten von 1995 – Militärausgaben in einem Wert von insgesamt 58 244 000 000 US-$ getätigt.

Während das Bruttosozialprodukt der Türkei 1985 pro Kopf 2100 US-$ betrug und 1995 auf 2714 US-$ gestiegen war, änderte sich das Verhältnis der Militärausgaben zum Bruttosozialprodukt um 4,6 % bzw. vier Prozent.

Die Militärausgaben, deren Anteil am Staatshaushalt 1985 17,9 und 1995 17,6 % betrug, hatten 1986 mit einem Prozentsatz von 22,5 ein hohes Maß erreicht.

Der Rangfolge entsprechend, die man 1995 aufgestellt hat, steht die Türkei unter 175 Ländern mit ihren Militärausgaben an 19. Stelle. Die Militärausgaben, die 1985 97 US-$ pro Kopf betrugen, waren 1995 auf 108 US-$ gestiegen. Die Türkei hatte 1995 mit einer Stärke von 805 000 Truppenangehörigen das größte Heer Europas und die sechstgrößte Armee der Welt. Die türkische Armee stellt 25 % der gesamten Streitkräfte in Europa dar.

Während die Zahl der bewaffneten Soldaten innerhalb eines Zeitraums von zehn Jahren abgenommen hat, ist zwischen 1991 und 1995 ein Ansteigen zu beobachten. (ACDA, *Bericht über Militärausgaben*, 1996)

7 000 000 000

Laut Angaben des CIA »betrugen die Militärausgaben der Türkei 1996 4,3 Mrd. Dollar, und die Ausgaben von sieben Milliarden, die im gleichen Jahr zur Niederschlagung der Revolte getätigt wurden, ist in dieser Zahl nicht enthalten«. (*CIA Factbook*)

74
Laut Angaben der Staatlichen Planungsorganisation (*DPT*) wurden 1995 63 % der Ausgaben für das Gesundheitswesen, die – mit den heutigen Preisen – 117 US-$ pro Kopf betragen, aus dem Staatshaushalt gedeckt. Im selben Jahr wurden pro Kopf durchschnittlich 74 US-$ aus dem Staatshaushalt für Gesundheit reserviert. (DPT)

3,2 %
Laut Angaben der UNESCO hat die Türkei 1994 3,2 % des Bruttosozialprodukts und 3,4 % des gesamten Staatshaushalts für Bildung reserviert.

4300
In der Türkei konnten 1994/95 2,7 t Heroin sichergestellt werden, die ins Land geschleust wurden – sowie 1,6 t, die ausgeführt werden sollten. 1995 wurden fast vier Tonnen Heroin beschlagnahmt. Die Türkei hat beim Import von Chemikalien, die zur Drogenherstellung gebraucht wurden, bei einer einzigen Fuhre mit 21 t Weltrekorde gebrochen. Abgesehen von äußeren Faktoren wurde die Türkei auch aus verschiedenen inneren Gründen Westeuropas Hauptimporteur und -exporteur von Heroin. 1995 wurden in der Türkei 53,3 t Acid-Anhydrit beschlagnahmt.

In einer Erklärung, die unter dem Vorbehalt, dass ihre Namen geheim bleiben sollten, gegenüber der *OGD*-Zentrale in Paris abgegeben wurde, sagten »kemalistische« Offiziere und ehemalige MİT-Agenten aus, dass mehrere hundert Kilo Heroin, die während der Operationen gegen die PKK beschlagnahmt worden seien, mehr als ein paar Mal pro Jahr – ohne Registrierung – mit Hilfe der rechtsgerichteten Banden der *Grauen Wölfe* in spanische Häfen gebracht worden seien. Ein großer Teil des Drogenschmuggels stehe unter der Kontrolle von Dorfbeschützern, MİT-Agenten und Grauen Wölfen. Jeden Monat werden 800 bis 1000 kg Heroin sichergestellt, die nicht registriert werden. (OGD, *Bericht von 1997*)

557 %
Laut Erklärung des Allgemeinen Amts für Sicherheit vom Juli 1998 sind in der Türkei 609 470 genehmigte Waffen registriert. Aber 76 % der Straftaten werden mit nicht genehmigten Waffen begangen. In den Jahren 1991 bis 1996 stieg die Zahl der Verbrechen, die mit genehmigten Waffen verübt wurden, von 63 auf 204, und die Zahl der Verbrechen, die mit nicht genehmigten Waffen begangen wurden, stieg von 344 auf 597. In demselben Zeitraum stieg die Zahl der Verletzungen durch genehmigte Waffen um das Fünffache – von 143 auf 707, die Zahl der Verletzungen durch ungenehmigte Waffen jedoch von 846 auf 1911.

»Das Schießen mit genehmigten Waffen in Ortschaften« stieg von 249 auf 2300, das Schießen mit ungenehmigten Waffen jedoch von 809 auf 2537.

Während 1991 1691 Verstöße gegen das Waffengesetz, Artikel 6136, vorlagen, erhöhte sich diese Zahl im Jahr 1997 um 557% auf 9435.

520
»Seit 1990 steigt die Zahl der Personen an, die im Polizeigewahrsam verschollen sind, v. a. in der OHAL-Zone. Die offiziellen Gesuche, die an den Verein zum Schutz der Menschenrechte (IHD) gestellt werden, sind auf 543 gestiegen. Der Verein zum Schutz der Menschenrechte gibt zu bedenken, dass diese Zahlen nicht genau der tatsächlichen Anzahl der im Polizeigewahrsam Verschollenen im Land entspricht, da – v. a. in der OHAL-Zone – nicht alle Angehörigen der Verschollenen die Möglichkeit haben, offizielle Anträge zu stellen.

Den Anträgen entsprechend, die in den letzten acht Jahren von Angehörigen der Verschollenen gestellt wurden, ist im Rahmen der Bemühungen des IHD und verschiedener Institutionen zu konstatieren, dass 520 Personen im Polizeigewahrsam verschollen sind; aufgeschlüsselt nach Jahren ergibt sich folgende Übersicht:

Jahr	Zahl der Verschollenen
1991	4
1992	8
1993	36
1994	229
1995	121
1996	68
1997	45
1998	8

(»Die Samstagsmütter«, Bekanntmachung vom ...)

908
»Die Summe der Verbrechen mit unbekannten Tätern beträgt 908 ... Das Justiz- und das Innenministerium haben Informationen herausgegeben, nach denen in insgesamt 34 unserer Regierungsbezirke politisch motivierte Verbrechen stattgefunden haben, deren Täter unbekannt sind. An erster Stelle steht unser Regierungsbezirk Diyarbakır mit 259 Verbrechen, deren Täter unbekannt sind. Hier eine Übersicht über weitere Regierungsbezirke:

Regierungsbezirk	Anzahl der Verbrechen, deren Täter unbekannt sind
Mardin	155
Istanbul	145
Batman	125
Şırnak	34
Malatya	25
Adana	23
Tunceli	15

An erster Stelle stehen Tötungsdelikte, die mit Pistolen verübt wurden; dabei handelt es sich um 468 Taten. An zweiter Stelle stehen Tötungsdelikte mit Gewehren: 234 Taten. Hier eine Aufstellung der Anzahl der Taten, bei denen andere Waffen eingesetzt worden sind:

Waffe bzw. Mordinstrument	Anzahl der Delikte
Kalaschnikow	55
Bombe	22
Maschinengewehr	14
Messer	14
Langlaufgewehr	10
Erhängen des Opfers	9
Erwürgen des Opfers	8
Strick	6
Harte Gegenstände	4
Erschlagen des Opfers	4
Hieb- und Stichwaffen	4
Erschlagen des Opfers mit einem Stock	2

Abgesehen davon treten noch verschiedene andere Mordmethoden auf.«

(*TBMM – Bericht der Untersuchungskommission der Verbrechen mit unbekannten Tätern*, 14. 10. 1994)

107 965

»Den Listen entsprechend, die von unserer Botschaft in Bonn zusammengestellt wurden, reisen jährlich ungefähr 100 000 unserer Landsleute nach Deutschland, und ca. 20 000 bis 30 000 von ihnen stellen einen Antrag auf Asyl. Es ist anzunehmen, dass ein bedeutender Teil der Asylsuchenden aus dem Osten und Südosten Anatoliens kommt.

Bei den Asylgesuchen, die in England eingehen, steht die Türkei an erster Stelle. In den Jahren 1984 bis 1996 wurden von 17 784 Asylanträgen 1794 angenommen, 4841 zurückgewiesen, und 5600 Personen wurde eine besondere Aufenthaltserlaubnis erteilt, obwohl ihr Flüchtlingsstatus nicht anerkannt wurde. 6143 Anträge werden zurzeit noch geprüft.

Man schätzt, dass 20 000 bis 30 000 unserer Landsleute als Flüchtlinge in Frankreich leben.

In den Jahren 1988 bis 1996 wurden 7687 Asylanträge unserer Landsleute in Belgien registriert; davon wurden 1607 angenommen.

Ende April 1997 lebten 79 600 Türken in der Schweiz; 4806 von ihnen hatten einen Status als Asylbewerber... Zurzeit werden 17 688 Asylanträge unserer Landsleute überprüft. Es ist zu beobachten, dass ein bedeutender Teil der Personen, die Asylanträge stellen, aus dem Osten und dem Südosten Anatoliens stammen, wobei es sich in erster Linie um Menschen aus Bingöl, Adıyaman, Gaziantep und Kahramanmaraş handelt.« (Zitat aus einem Schriftstück, das am 1. 9. 1997 von Außenminister İsmail Cem für die Untersuchungskommission der Verbrechen mit unbekannten Tätern der TBMM unterschrieben wurde.)

2200

Die Zahl der Prozesse, die vor dem Europäischen Gerichtshof für Menschenrechte gegen die Türkei angestrengt wurde, ist auf 2200 gestiegen, und bei den Verfahren, die als abgeschlossen gelten, wurde die Türkei dazu verurteilt, annähernd fünf Trillionen TL zu zahlen. Außerdem ist ein Ansteigen der Anträge auf Verfahren gegen die Türkei bei der Europäischen Kommission für Menschenrechte zu beobachten; bevor ein Verfahrensantrag an den Europäischen Gerichtshof gestellt wird, ist dieser an die Kommission zu richten.

Es war zu erfahren, dass einer von drei individuellen Anträgen, die an die Kommission gestellt wurden, gegen die Türkei gerichtet ist. Nach Jahren aufgeschlüsselt, ergibt sich folgendes Bild:

Jahr	Anzahl der Anträge an die Europäische Kommission für Menschenrechte
1990	52
1992	180
1994	220
1996	270
1997	352

Vor dem Europäischen Gerichtshof wurde die Türkei hauptsächlich wegen Folter, wegen Verstößen gegen die Meinungs- und Pressefreiheit sowie wegen ihres Vorgehens auf Zypern und im Südosten Anatoliens angeklagt.

Viele Prozesse, die vor dem Europäischen Gerichtshof für Menschenrechte in Straßburg eröffnet wurden und in denen die Türkei für schuldig befunden wurde, stellen »Präzedenzfälle« dar, und bei den Verfahren, die in Zukunft gegen die Türkei angestrengt werden, wird dies ins Gewicht fallen. Das auffälligste Beispiel dieser Verfahren ist der »Prozess des Dorfes Elekçi«.

Da die Türkei in diesem Prozess schuldig gesprochen wurde, ergab sich daraus auch für alle anderen niedergebrannten und geräumten Dörfer das Recht, sich an den Europäischen Gerichtshof für Menschenrechte zu wenden. Demnach kann die Türkei bei jedem Verfahren zur Räumung eines Dorfes dazu verpflichtet werden, es wieder aufzubauen. (*Yeni Yüzyıl*, 12.7.1998)

Glossar

Abasıyanık, Sait Faik: 1906-1954, Schriftsteller; bekannt unter dem Namen Sait Faik. Auf Deutsch liegen von ihm vor: *Der Samowar*, *Ein Lastkahn namens Leben* und *Verschollene gesucht*.

Abi: Abk./Koseform für »Ağabey«, »Älterer Bruder«, auch respektvolle Anrede gegenüber Älteren – nicht nur Familienmitgliedern

Abiler: Plural von abi

ACDA: Arms Control and Disarmament Agency (Agentur für Waffenkontrolle und Entwaffnung)

Adana: Stadt und Regierungsbezirk in Südanatolien

Adapazarı: Stadt und Verwaltungszentrum des Regierungsbezirks Sakarya

Adıyaman: Ort im gleichnamigen Regierungsbezirk in Südanatolien

Afyon: Abk. von Afyonkarahisar; Stadt und gleichnamiger Regierungsbezirk in Westanatolien

Ağrı: Regierungsbezirk in Ostanatolien mit dem Verwaltungszentrum Karaköse – früherer Name: Bayazıt/Beyazıt

Ahıska: Ethnische Minderheit in der Türkei

Akit: Gilt als radikale islamische Zeitung; 1992 gegründet.

Aksu, Sezen: Sängerin

Aktüel: Illustrierte

Alanya: Kleinstadt und Distrikt im Regierungsbezirk Antalya an der anatolischen Südküste

Aleviten, alevitisch: Islamische Konfession; etwa ein Fünftel der türkischen Muslime sind Aleviten. Ihr Ursprung ist von Ali, Kalif von 656 bis 661, dem Schwiegersohn des Propheten Mohammed, abgeleitet.

Alpaslan/Alp Arslan: Mit der Eroberung von Malazgirt durch den Selçuken Alp Arslan im Jahr 1071 beginnt die Geschichte der Türken in Kleinasien

Altaylı, Fatih: Journalist und Talkmaster in Fernsehprogrammen

Amasya: Stadt im gleichnamigen Regierungsbezirk im nördlichen Mittelanatolien

Amca: »Onkel, Bruder des Vaters«. Auch halb ehrerbietige, halb vertrauliche Anrede für Angehörige der älteren Generation

Anadolu: Anatolien

Antalya: Hafenstadt und Regierungsbezirk in Südanatolien

Antep: Kurzform für »Gaziantep«

Apo: Abk. für Abdullah Öcalan

Apocu: Anhänger von Abdullah Öcalan bzw. der PKK

APS-Brief: Acele Posta Servisi (Postbeförderung per Express)

Arabeske Musik: Richtung der Unterhaltungsmusik mit orientalisierender Tendenz, die anspruchsvolle Hörer als verkitscht ablehnen

Ararat: Ağrıdağı im Bezirk Ağrı. Der Legende nach landete hier die Arche Noah.
Aras: Fluss in der Osttürkei
Ardahan: Ort und Distrikt im Regierungsbezirk Kars
Arif, Ahmet: Bekannter türkischer Dichter; 1927-1991
Artvin: Kleinstadt am Fluss Çoruh im gleichnamigen Regierungsbezirk in Nordostanatolien
Aselsan: Askeri Elektrik Sanayi ve Ticaret A.-Ş (Militärische Elektro-, Industrie- und Handelsgesellschaft-AG)
Atatürk, Mustafa Kemal Paşa: 1881 in Saloniki geboren; 1923 zum ersten Präsidenten der Türkischen Republik gewählt; 1927, 1931 und 1935 wieder gewählt. 1938 in Istanbul gestorben. Die sechs kemalistischen Prinzipien gelten heute noch als verbindlich: Reformismus, Modernismus, Nationalismus, Laizismus, Republikanismus, Populismus.
Atmaca: »Sperber«, »Habicht«
Avşar, Hülya: Schauspielerin, Sängerin und Fernsehstar; 1963 in Ankara geboren
Aydın: Stadt und Regierungsbezirk in Westanatolien
Bağgöze: Ort in Südostanatolien; ca. 40 km südlich von Siirt
Bakırköy: Stadtteil von Istanbul
Baklava: Blätterteiggebäck aus Honig und Mandeln oder Nüssen
Balıkesir: Westanatolische Stadt im gleichnamigen Regierungsbezirk
Barzani, Massoud: Vorsitzender der »Kurdischen Demokratischen Partei« im Irak
Başkale: Ort und Distrikt im Regierungsbezirk Van
Batman: Kleinstadt und Distrikt im Regierungsbezirk Siirt mit großen Erdöllagern
Bayram: Feiertag; Fest, u. a. zum Abschluss des Fastenmonats
BBP: Büyük Birlik Partisi, politische Partei mit nationalistischer Tendenz; 1991 von Muhsin Yazıcıoğlu gegründet
Bebek: Stadtteil von Istanbul
Belge Yayınları: Bedeutender Verlag
Beşiktaş: Stadtteil von Istanbul
Beykoz: Stadtteil von Istanbul
Beyoğlu: Stadtteil von Istanbul
Beytüşşebap: Ort und Distrikt im Regierungsbezirk Hakkâri
Bilecik: Ort im gleichnamigen Regierungsbezirk in Westanatolien
Bingöl: Stadt und Regierungsbezirk in Ostanatolien
Birecik: Kleinstadt und Distrikt im Regierungsbezirk Urfa
Bismil: Ort und Distrikt im Regierungsbezirk Diyarbakır
Bitlis: Kleinstadt im gleichnamigen Regierungsbezirk in Ostanatolien
Bixi: Markenname; wird als Synonym für automatische Maschinengewehre verwendet

Bolu: Kleinstadt im gleichnamigen Regierungsbezirk im westlichen Nordanatolien
Bozcaada: Insel bzw. Distrikt im Regierungsbezirk Çanakkale
Bulanık: Ort und Distrikt im Regierungsbezirk Muş
Ceylanpınar: Ort an der Grenze zu Syrien; ca. 80 km südlich von Mardin
CHP: Cumhuriyet Halk Partisi (»Republikanische Volkspartei«), 1923 als Cumhuriyet Halk Fırkası von Mustafa Kemal (Atatürk) gegründet
Cine 5: Privater Fernsehsender; entspricht »Premiere«
Cizre: Ort und Distrikt an der syrischen Grenze im Regierungsbezirk Mardin
Cudi dağı: Berg in der Nähe von Cizre am Tigris
Cumhuriyet: »Die Republik«, führende Istanbuler Tageszeitung, 1924 gegründet
Çanakkale: Stadt im gleichnamigen Regierungsbezirk an den Dardanellen; der Name der Stadt Çanakkale wird oft als Begriff für den Ersten Weltkrieg verwendet
Çankırı: Stadt und gleichnamiger Regierungsbezirk im nördlichen Zentralanatolien
Çarşaf: Dunkles, meist schwarzes überwurfartiges Straßenkleid der muslimischen Frauen, das die Person von Kopf bis Fuß verhüllt (frühere Transkription: Tscharschaf)
Çavuş: Militärischer Rang, der etwa dem Rang eines Feldwebels entspricht
Çavuşlar: Plural von: çavuş
Çemişkezek: Ort und Distrikt im Regierungsbezirk Tunceli
Çiller, Tansu: Ministerpräsidentin der Türkei von 1993 bis 1999; während ihrer Regierungszeit wurde die Wehrpflicht verlängert. Vorsitzende der »Doğru Yol Partisi« (»Partei des rechten Weges«)
Çorlu: Kleinstadt und Distrikt im Regierungsbezirk Tekirdağ
Çorum: Stadt und gleichnamiger Regierungsbezirk nordöstlich von Ankara
Çölaşan, Emin: Journalist und Schriftsteller
Çukurca: Ort und Distrikt im Regierungsbezirk Hakkâri
Çukurova: Tiefebene südlich von Adana
Demirel, Süleyman: 1924 in Islamköy bei Isparta geboren. Einflussreiches Mitglied der DYP; mehrfach Ministerpräsident der Türkei; 1993-2000 Staatspräsident
Denizli: Stadt und gleichnamiger Regierungsbezirk in Südwestanatolien
Dersim: Kurdische Bezeichnung für Tunceli und Umgebung
Devrek: Ort und Distrikt im Regierungsbezirk Zonguldak
DGH: Devlet Güvenlik Mahkemesi – Staatssicherheitsgericht
Didim: Das antike Didyma bei Milet an der türkischen Westküste; heute Urlaubsort in der Nähe des Strands von Altınkum
DIE: Devlet İstatistik Enstitüsü – Staatliches Statistisches Amt
Diyarbakır: Stadt und gleichnamiger Regierungsbezirk in Südostanatolien

Doçka: Firmenname; wird als Synonym für Waffen verwendet
Doğu Beyazıt: Ort im Regierungsbezirk Ağrı in Ostanatolien
Dolmuş: Sammeltaxi, das erst den Halteplatz verlässt, wenn es voll besetzt ist
DPT: Devlet Planlama Teşkilâtı – Staatliche Planungsorganisation
DSP: Demokratik Sol Partisi (»Partei der demokratischen Linken«), 1985 gegründet
Düzce: Kleinstadt im Regierungsbezirk Bolu
DYP: Doğru Yol Partisi (»Partei des rechten Weges«)
Eğridir: Ort und Distrikt am Eğridir-See im Regierungsbezirk Isparta
Elazığ: Stadt im gleichnamigen Regierungsbezirk im mittleren Ostanatolien
Erbakan, Necmettin: 1928 in Sinop geboren; Vorsitzender der Refah Partisi (»Wohlfahrtspartei«)
Erbaş, Fetullah: Mitglied der Refah Partisi (»Wohlfahrtspartei«)
Erciş: Kleinstadt und Distrikt im Regierungsbezirk Van
Eruh: Ort und Distrikt im Regierungsbezirk Siirt
Erzincan: Stadt im gleichnamigen Regierungsbezirk in Ostanatolien
Erzurum: Stadt im gleichnamigen Regierungsbezirk in Ostanatolien
Eskişehir: Stadt im gleichnamigen Regierungsbezirk in Westanatolien
Etimesğut: Vorort von Ankara mit Flugplatz und Sendestation
F6: Kampfflugzeug
F16: Jagdflugzeug
Fatih: Stadtteil von Istanbul
Fatiha-Sure: Erste Sure des Korans, die zum Seelenheil eines Verstorbenen rezitiert wird
Fenerbahçe: Stadtteil von Istanbul auf der anatolischen Seite; Name eines bekannten Fußballvereins
Foça: Ort und Distrikt im Regierungsbezirk İzmir
Führerschein der Klasse E: Entspricht etwa dem Führerschein der Klasse II
Galatasaray: Stadtteil von Istanbul auf der europäischen Seite; Name eines bekannten Fußballvereins
G1: Schnellfeuergewehr älteren Typs
G3: Schnellfeuergewehr
GAP: Güneydoğu Anadolu Projesi – Südostanatolien-Projekt
GATA: Gülhane Askeri Tıp Akademisi – »Medizinische Militärakademie Gülhane« in Ankara
Gazi/Gaziosmanpaşa : Stadtteil von Istanbul; Ereignisse von Gazi – Über 100 Menschen wurden bei den Unruhen im Frühjahr 1995 schwer verletzt; am 13. März wurden 25 Aleviten ermordet.
Gaziantep: Stadt im gleichnamigen Regierungsbezirk in Südanatolien
Genç: Ort und Distrikt im Regierungsbezirk Bingöl

Genç, Kamer: Parlamentsabgeordneter, der von der CHP zur DYP wechselte
Giresun: Hafenstadt am Schwarzen Meer im gleichnamigen Regierungsbezirk
Graue Wölfe: Nationalistische Bewegung; Anhänger der MHP
Gülhane: Vgl. »GATA«
Gümüşhane: Ort und gleichnamiger Regierungsbezirk südlich von Trabzon
Gündem: Zeitung, 1992 gegründet; setzt sich für die Interessen der Kurden ein
Güney, Yılmaz: 1937-1984; Regisseur und Schriftsteller
Habur/Habur Kapısı: Kleinstadt an der Grenze zum Irak
HADEP: Halkın Demokrasi Partisi (»Demokratiepartei des Volkes«); 1994 gegründet; setzt sich für die Interessen der Kurden ein
Hakkâri: Ort und Regierungsbezirk in Südostanatolien
Halay: Mittelanatolischer Rundtanz
Hamam : Öffentliches Badehaus
Hatay: Regierungsbezirk in Südanatolien
Hazret: Ehrentitel vor dem Namen von Personen, die im Islam als heilig gelten
Hazret Ömer: Omar, Kalif von 634-644
Hikmet, Nâzım: 1902-1963; bedeutendster türkischer Dichter des 20. Jahrhunderts
Hoca: An einer Medrese, d. h. einer islamischen Hochschule, ausgebildeter Geistlicher
Hozat: Ort und Distrikt im Regierungsbezirk Tunceli
Hürriyet: Gemäßigt konservative Tageszeitung
Isparta: Stadt im gleichnamigen Regierungsbezirk in Südwestanatolien
İdil: Ort und Distrikt im Regierungsbezirk von Mardin
Iğdir: Kleinstadt und Distrikt am Ararat im Regierungsbezirk Kars
İHD: İnsan Hakları Derneği – »Verein zum Schutz der Menschenrechte«
İmam: Islamischer Geistlicher, Vorbeter in der Moschee
İnebolu: Ort und Distrikt im Regierungsbezirk Kastamonu
IPS: Interpress Service
İstiklal Caddesi: Boulevard in Istanbul
İTÜ: Istanbul Teknik Üniversitesi – »Technische Universität Istanbul«
JİTEM: Jandarma İstihbarat Teşkilât Merkezi (»Nachrichtendienst der Gendarmerie«) – militärischer Geheimdienst
Jürüken/Yörük: Turkmenische Nomaden in Anatolien
Kahramanmaraş: Neuere Bezeichnung der Stadt Maraş (zur Differenzierung von Maraş auf Zypern)
Kanas: Sturmgewehr – auch als Selbstmordwaffe verwendet
Karaburun: Ort und Distrikt im Regierungsbezirk İzmir
Karadayı, İsmail Hakkı: Stabschef von 1994 bis 1998

Karakoçan: Ort und Distrikt im Regierungsbezirk Elazığ
Karlıova: Ort und Distrikt im Regierungsbezirk Bingöl
Kars: Stadt im gleichnamigen Regierungsbezirk in Nordostanatolien
Kastamonu: Stadt im gleichnamigen Regierungsbezirk im nördlichen Mittelanatolien
Katil: »Mörder«
Kato: Berg an der türkisch-irakischen Grenze
Kayseri: Stadt im gleichnamigen Regierungsbezirk in Mittelanatolien
Kemah: Ort und Distrikt im Regierungsbezirk von Erzincan
Kemal, Yaşar: 1923 in Südanatolien geboren; seine Romane, u. a. die *Mehmet*-Tetralogie, sind weltbekannt; Träger des Friedenspreises des deutschen Buchhandels (1997)
Kemalpaşa: Ort und Distrikt im Regierungsbezirk İzmir
Kemalpaşa tatlısı: Süßes Gebäck
Keser, Mustafa: Bekannter Musiker
Keskin: »Scharf«; als Spitzname: »der Scharfschütze«
Kırıkkale: Stadt und Distrikt im Regierungsbezirk Ankara, ehemals mit Waffenfabrik
Kırkağaç: Kleinstadt und Distrikt im Regierungsbezirk Manisa
Kırklareli: Stadt im gleichnamigen Regierungsbezirk in Trakya
Kızıltepe: Kleinstadt und Distrikt im Regierungsbezirk Mardin
Konya: Stadt im südlichen Mittelanatolien
Korçagin, Pavel: Russischer Schriftsteller
Kordon: Boulevard am Hafen von İzmir
Köy: Dorf
Kulp: Ort und Distrikt im Regierungsbezirk Diyarbakır
Kurban Bayram: Opferfest im zwölften Monat des islamischen Mondjahres
Kurtalan: Ortschaft und Distrikt im Regierungsbezirk Siirt
Küçük Ağrıdağı: Kleiner Ararat
Küre: Ort und Distrikt im Regierungsbezirk Kastamonu
Lahmacun: Gebackener Fladen mit Hackfleisch
Lasen/lasisch: Angehörige einer kaukasischen Volksgruppe im Nordosten der Türkei
Lice: Ort und Distrikt im Regierungsbezirk Diyarbakır
Lira: Türkische Währungseinheit
Livaneli, Zülfü: Sänger, Komponist und Schriftsteller
Lüleburgaz: Kleinstadt im Regierungsbezirk Kırklareli
Malatya: Stadt im gleichnamigen Regierungsbezirk in Mittelanatolien
Malazgirt: Kleinstadt und Distrikt im Regierungsbezirk Muş
Manisa: Stadt im gleichnamigen Regierungsbezirk in Westanatolien
Maraş: Stadt im gleichnamigen Regierungsbezirk im südlichen Mittelanatolien, auch Kahramanmaraş genannt
Mardin: Kleinstadt im gleichnamigen Regierungsbezirk in Südostanatolien

Mazgirt: Ort und Distrikt im Regierungsbezirk Tunceli
Med TV: Kurdisches Kabelfernsehprogramm, das von verschiedenen europäischen Ländern aus sendet und seinen Standort ständig wechselt
Mehmetçik: Begriff für den einfachen türkischen Soldaten, entspricht dem »Fußsoldaten« oder dem »Schützen«
Mehmetçik-Vakfı: Stiftung für Soldaten, die bei Kämpfen verletzt wurden (Mehmetçik-Stiftung), sowie zur Versorgung von Witwen und Waisen von Kriegsgefallenen
Menemen: Rasch zubereitetes Gericht aus Tomaten und Eiern; gilt als Arme-Leute-Essen
Mersin: Hafenstadt in Südanatolien
MG3: Schweres Maschinengewehr
MGK: Milli Güvenlik Kurulu (»Nationaler Sicherheitsrat«)
MHP: Milliyetçi Hareket Partisi (»Nationale Bewegungspartei«), 1969 gegründet
Midyat: Kleinstadt und Distrikt im Regierungsbezirk von Mardin
MİT: Milli İstibarat Teşkilâtı (»Nationales Informationsbüro«) – Nachrichten- bzw. Geheimdienst
Mumcu, Uğur: Journalist für *Cumhuriyet*, der am 24. Januar 1993 bei einem Attentat ums Leben kam. Im Mai 2000 wurden die mutmaßlichen Täter verhaftet.
Mungan, Murathan: Schriftsteller
Murat: Automarke
Muş: Kleinstadt im gleichnamigen Regierungsbezirk in Ostanatolien
Nationalpakt von 1920: Misak-ı Milli – 1920 wurde Unabhängigkeit für Gebiete mit türkischer Bevölkerungsmehrheit verlangt
Nazımiye: Ort und Distrikt im Regierungsbezirk Tunceli
Nevşehir: Kleinstadt im gleichnamigen Regierungsbezirk in Mittelanatolien
Nevruz: Kurdisches Neujahrs-/Frühlingsfest, etwa am 22. März
OGD: La Geopolitique Mondiale des Drogues, Paris (Abk. OGD nicht identisch)
OHAL: Abk. für Olağanüstü Hal: »Ausnahmezustand«
Operasyon Çelik: »Operation Stahl«
Ordu: Kleine Hafenstadt am Schwarzen Meer im gleichnamigen Regierungsbezirk
Ovacık: Ort und Distrikt in den Regierungsbezirken Çankırı und Tunceli
Öcalan, Abdullah: Seit Frühjahr 1999 auf der Insel İmralı inhaftierter Chef der PKK
ÖDP: Özgürlük ve Dayanışma Partisi (»Freiheits- und Solidaritätspartei«)
Ömerli: Ort und Distrikt im Regierungsbezirk Mardin
Öz, Erdal: Schriftsteller

Özalp: Ort und Distrikt im Regierungsbezirk Van
Para: Ursprünglich türkische Währungseinheit; 1 Lira, unterteilt in 100 Kuruş; 1 Kuruş = 40 Para. Bedingt durch die wachsende Inflation sind Kuruş und Para nur noch in Redewendungen vorhanden.
Parmaksız Zeki: Vgl. »Sakık, Şemdin«
Patnos: Kleinstadt und Distrikt im Regierungsbezirk Ağrı
Pervari: Ort und Distrikt im Regierungsbezirk Siirt
Peschmerge/n: Kurdische/r Freiheitskämpfer im Irak
Peygamber Deresi: »Tal des Propheten« – in der Nähe von Şırnak an der Grenze zum Irak
Pide: Fladenbrot
Pilav: Gedünsteter Reis
PKK: Partiya Karkeran Kürdistan – separatistisch-kommunistische kurdische Organisation; am 15. August 1984 gegründet
P. T. T.: Abk. für Posta, Telegraf, Telefon
Ramadan: Fastenmonat; neunter Monat des islamischen Mondjahres
Refah: Refah Partisi (»Wohlfahrtspartei«)
Rize: Hafenstadt am Schwarzen Meer im gleichnamigen Regierungsbezirk in Nordostanatolien
Sabah: »Der Morgen«, Boulevardblatt
Sabancı, Hacı Ömer: Bedeutender türkischer Großunternehmer
Sakık, Şemdin: Einer der wichtigsten Männer der PKK; Beiname: Parmaksız Zeki – Zeki, »der kluge Mann ohne Finger«
Samsun: Hafenstadt am Schwarzen Meer im gleichnamigen Regierungsbezirk
Saray: Ort und Distrikt im Regierungsbezirk Tekirdağ
Sarıyer: Stadtteil von Istanbul
Saz: Langhalslaute
Selâmünaleyküm: Begrüßungsformel, die längere Zeit als typisch islamisch bzw. als reaktionär und bäuerlich von der Stadtbevölkerung gemieden wurde.
Serik: Kleinstadt und Distrikt im Regierungsbezirk Antalya
Siirt: Stadt im gleichnamigen Regierungsbezirk in Südostanatolien
Silivri: Ort und Distrikt am Nordufer des Marmarameeres im Regierungsbezirk Istanbul/Stadtteil von Istanbul
Silopi: Ortschaft und Distrikt im Regierungsbezirk Mardin
Simyacı: *Der Alchimist*, Roman von Paolo Coelho
Sinop: Kleine Hafenstadt am Schwarzen Meer
SIPRI: Stockholm International Peace Research Institute (Stockholmer Institut für internationale Friedensforschung)
Sivas/Sıvas: Stadt im gleichnamigen Regierungsbezirk in Mittelanatolien
Skorski: Firmenname – wird als Synonym für Hubschrauber verwendet
Söğüt: Ort und Distrikt im Regierungsbezirk Bilecik
Söke: Stadt und Distrikt im Regierungsbezirk Aydın

Sucuk: Türkische Wurstsorte

Sunniten: Islamische Konfession; ca. vier Fünftel der türkischen Muslime sind Sunniten. Die Bezeichnung ist von dem Begriff »Sunna« (arab.: »Tradition«) abgeleitet.

Susurluk: Kleinstadt und Distrikt im Regierungsbezirk Balıkesir

Şafak: »Morgen, Morgendämmerung«; Begriff für das Zählen der Kalendertage beim Militär.

Şafak 550: heißt 550 Tage und entspricht ca. 18 Monaten Wehrdienst.

Şalvar: Weit gearbeitete Hose aus grobem Stoff

Şanlıurfa: Ort in der Nähe von Urfa

Şebinkarahisar: Kleinstadt und Distrikt im Regierungsbezirk Giresun

Şemdinli: Ort und Distrikt im Regierungsbezirk Hakkâri

Şırnak: Ort in Südostanatolien, knapp 50 km von der Grenze zum Irak entfernt

Tarkan: Popstar

Tatlıses, İbrahim: Star der Musikszene; sein Stil: Mischung aus arabesken Melodien und Volksmusik

Tatlıses Turizm: Reisebüro mit Busunternehmen

Tatvan: Kleinstadt und Distrikt am Westufer des Van-Sees im Regierungsbezirk Bitlis

Tavla: Brettspiel; entspricht Backgammon

TBMM: Türkiye Büyük Millet Meçlisi (»Große Türkische Nationalversammlung«) – Parlament in Ankara

TEK: Türkiye Elektrik Kurumu (»Staatliches türkisches Elektrizitätswerk«)

Tekel: Firmenname und Begriff für Geschäfte, in denen Alkohol und Tabakwaren verkauft werden

Tekirdağ: Stadt am Nordufer des Marmarameeres

Tendürek dağı: Vulkankegel (3542 m) in Ostanatolien nördlich des Van-Sees

TGRT: Türkiye Genel Radyo Televizyon – privater Fernseh- und Rundfunksender

THY: Türk Hava Yolları – staatliche Türkische Fluggesellschaft

TİKKO: Türkiye İşçi Köylü Kurtuluş Ordusu (»Türkische Arbeiter- und Befreiungsarmee«); illegale Organisation

Tokat: Stadt im gleichnamigen Regierungsbezirk im nördlichen Mittelanatolien

Tonya: Kleinstadt und Distrikt im Regierungsbezirk Trabzon

Toros: Automarke; benannt nach den Taurus-Bergen

Trabzon: Trapezunt; Stadt im gleichnamigen Regierungsbezirk an der östlichen Schwarzmeerküste

Trakya: Thrazien; europäische Türkei

TRT: Türkiye Radyo Televizyon – staatlicher Rundfunk- und Fernsehsender

Tscherkessen: Kaukasische Volksgruppe; in den Sechzigerjahren des

19. Jahrhunderts wanderten etwa 400 000 Tscherkessen nach einem misslungenen Aufstand gegen das Zarenreich nach Anatolien aus. Transkription von türk. Çerkez

Tunceli: Regierungsbezirk in Ostanatolien

Tuzla: Ort am Golf von Izmit

Türkeş, Alparslan: 1917 auf Zypern geboren; 1997 gestorben. Gründer der MHP

Türkiye: Tageszeitung; 1971 gegründet

TÜSİAD: Türkiye Sanayı ve İşadamları Derneği (»Verband der Industrie und des Handels der Türkei«)

Uludere: Ort und Distrikt im Regierungsbezirk Hakkâri

Urfa: Stadt im gleichnamigen Regierungsbezirk in Südostanatolien

Uzman çavuş: »Erfahrener Feldwebel« – Wehrpflichtiger, der sich nach Ableistung seines Wehrdienstes dazu entschließt, freiwillig in der Armee zu bleiben, oft auch aus dem Grund, dass sich ihm keine anderen Berufsperspektiven bieten.

Van: Stadt im gleichnamigen Regierungsbezirk in Ostanatolien

Veli, Orhan: (Orhan Veli Kanık); 1914-1950; Lyriker

Viranşehir: Kleinstadt und Distrikt im Regierungsbezirk Urfa

Yeni Asır: »Das neue Zeitalter« – rechtsgerichtete Zeitung

Yeni Yüzyıl: Zeitung/Zeitschrift »Neues Jahrhundert«

Yeziden: Minderheit, die eine Religion mit synkretistischen Elementen praktiziert. Dass die Yeziden angeblich den Teufel anbeten, scheint in der Türkei ein weit verbreitetes Vorurteil zu sein.

Yeşilyazı: Ort im Distrikt Ovacık im Regierungsbezirk Tunceli

Yılık-Petrol: Markenname – Benzin

Yılmaz, Mesut: Anavatan Partisinin Genelbaşkanı – Vorsitzender der »Mutterlandspartei«

Yozgat: Stadt im gleichnamigen Regierungsbezirk in Mittelanatolien

Yüksekova: Ort und Distrikt im Regierungsbezirk Hakkâri in Südostanatolien

Zaho/Zakho: Ort im Norden des Irak

Zaza: Ethnische Minderheit, die ursprünglich in der Umgebung von Tunceli und Erzincan lebte

Ziraat Bankası: Landwirtschaftsbank

Zonguldak: Hafenstadt am Schwarzen Meer im gleichnamigen Regierungsbezirk in Nordwestanatolien

»9 Eylül Hukuku«: Juristische Fakultät »9. September« – Universität von İzmir

34: Autokennzeichen von Istanbul

64: Autokennzeichen von Uşak, einer Stadt im gleichnamigen Regierungsbezirk in Westanatolien

73: Autokennzeichen von Şırnak

100. Yıl Üniversite Hastanesi: »Krankenhaus im 100. Jahr der Universität« in Van

Dank

Turgut sei vielmals für die Sorgfalt beim Korrekturlesen und mehr noch für die Entschlüsselung von Redewendungen und Begriffen gedankt, die weder im Wörterbuch noch im Internet zu finden sind.

Johannes Cassar

edition suhrkamp
»Kultur und Konflikt«

Unter dem Titel »Kultur und Konflikt« ist 1994 eine Publikationsreihe des Forschungsschwerpunktes in der *edition suhrkamp* eröffnet worden, die von Wilhelm Heitmeyer, Günter Albrecht, Otto Backes und Rainer Dollase herausgegeben wird.

Das Gewalt-Dilemma. Gesellschaftliche Reaktionen auf fremdenfeindliche Gewalt und Rechtsextremismus. Herausgegeben von Wilhelm Heitmeyer. es 1905. 464 Seiten

Die bedrängte Toleranz. Ethnisch-kulturelle Konflikte, religiöse Differenzen und die Gefahren politisierter Gewalt. Herausgegeben von Wilhelm Heitmeyer und Rainer Dollase in Zusammenarbeit mit Johannes Vossen. es 1979. 507 Seiten

Bundesrepublik Deutschland: Auf dem Weg von der Konsens- zur Konfliktgesellschaft. Herausgegeben von Wilhelm Heitmeyer. Zwei Bände in Kassette. es 2004 und es 2034. 1138 Seiten

Verlockender Fundamentalismus. Türkische Jugendliche in Deutschland. Von Wilhelm Heitmeyer, Jochen Müller und Helmut Schröder. es 1767. 277 Seiten

Die Krise der Städte. Analysen zu den Folgen desintegrativer Stadtentwicklung für das ethnisch-kulturelle Zusammenleben. Herausgegeben von Wilhelm Heitmeyer, Rainer Dollase und Otto Backes. es 2036. 470 Seiten

NF 316/1/11.00

Die Bindung der Unverbindlichkeit. Mediatisierte Kommunikation in modernen Gesellschaften. Von Uwe Sander. es 2042. 297 Seiten

Politisierte Religion. Ursachen und Erscheinungsformen des modernen Fundamentalismus. Herausgegeben von Heiner Bielefeldt und Wilhelm Heitmeyer. es 2073. 494 Seiten

Schattenseiten der Globalisierung. Rechtsradikalismus, Rechtspopulismus und separatistischer Regionalismus in westlichen Demokratien. Herausgegeben von Dieter Loch und Wilhelm Heitmeyer. es 2093. 544 Seiten

NF 316/2/11.00

Geschichte und Politik in der edition suhrkamp Eine Auswahl

Hannah Arendt revisited. »Eichmann in Jerusalem« und die Folgen. Herausgegeben von Gary Smith. es 2135. 320 Seiten

Stephen Bronner. Augenblicke der Entscheidung. Übersetzt von Petra Willim. es 1981. 247 Seiten

Marie-Janine Calic. Der Krieg in Bosnien-Hercegovina. Ursachen – Konfliktstrukturen – Internationale Lösungsversuche. es 1943. 256 Seiten

Lorraine Daston. Vom Nutzen und Nachteil der Historie für die Wissenschaften. es 2199. 80 Seiten

Kurt Eisner. Zwischen Kapitalismus und Kommunismus. Herausgegeben und mit einer biographischen Einführung versehen von Freya Eisner. Mit Abbildungen. es 1982. 311 Seiten

Europa im Krieg. Die Debatte über den Krieg im ehemaligen Jugoslawien. es 1809. 157 Seiten

Richard J. Evans. Im Schatten Hitlers? Historikerstreit und Vergangenheitsbewältigung in der Bundesrepublik. Übersetzt von Jürgen Blasius. es 1637. 283 Seiten

Fluchtpunkt Europa. Migration und Multikultur. Herausgegeben von Martina Fischer. es 2062. 248 Seiten

NF 315/1/11.00

Juan Goytisolo
- Ein algerisches Tagebuch. Übersetzt von Thomas Brovot. Mit Abbidungen. es 1941. 120 Seiten
- Landschaften eines Krieges: Tschetschenien. Übersetzt von Thomas Brovot. es 1768. 110 Seiten
- Notizen aus Sarajewo. Mit zahlreichen Abbildungen. Übersetzt von Maralde Meyer-Minnemann. es 1899. 140 Seiten
- Weder Krieg noch Frieden. Palästina und Israel heute. Übersetzt von Thomas Brovot. Mit Fotos. es 1966. 108 Seiten

Ludolf Herbst. Das nationalsozialistische Deutschland. Herausgegeben von Hans-Ulrich Wehler. 1933-1945. Die Entfesselung der Gewalt: Rassismus und Krieg. NHB. es 1285. 495 Seiten

Alfred Herzka. Kuba. Abschied vom Kommandanten? es 2061. 258 Seiten

Die Hexen der Neuzeit. Studien zur Sozialgeschichte eines kulturellen Deutungsmusters. Herausgegeben von Claudia Honegger. Mit 15 Abbildungen. es 743. 393 Seiten

Wolfgang Hoffmann-Riem
- Kriminalpolitik ist Gesellschaftspolitik, es 2154. 240 Seiten
- Modernisierung von Recht und Justiz. Eine Herausforderung des Gewährleistungsstaates. es 2188. 368 Seiten

Dick Howard. Die Grundlegung der amerikanischen Demokratie. Übersetzt von Ulrich Rödel. es 2148. 450 Seiten

Konrad H. Jarausch. Die unverhoffte Einheit. 1989-1990. es 1877. 416 Seiten

NF 315/2/11.00

Judentum im deutschen Sprachraum. Herausgegeben von Karl E. Grözinger. es 1613. 435 Seiten

Ketzer, Zauberer, Hexen. Die Anfänge der europäischen Hexenverfolgungen. Herausgegeben von Andreas Blauert. es 1577. 285 Seiten

Ekkehardt Krippendorf. Kritik der Außenpolitik. es 2139. 240 Seiten

Kritisches Wörterbuch der Französischen Revolution. Herausgegeben von François Furet und Mona Ozouf. Zwei Bände. es 1522. 1712 Seiten

André Leroi-Gourhan. Die Religionen der Vorgeschichte. Paläolithikum. Übersetzt von Michael Bischoff. Mit Abbildungen. es 1073. 171 Seiten

Christian Meier. Die Ohnmacht des allmächtigen Diktators Caesar. Drei biographische Skizzen. es 1038. 287 Seiten

Oskar Negt/Alexander Kluge. Geschichte und Eigensinn. Drei Bände. Mit zahlreichen Abbildungen. es 1700. 1249 Seiten

»Niemand zeugt für den Zeugen«. Erinnerungskultur und historische Verantwortung nach der Shoa. Herausgegeben von Ulrich Baer. es 2141. 278 Seiten

Frank Niess. Die europäische Idee – aus dem Geist des Widerstands. es 2160. 260 Seiten

Ostdeutsche Biographien. Lebenswelt im Umbruch. Herausgegeben von Rainer Zoll unter Mitarbeit von Thomas Rausch. es 2078. 416 Seiten

NF 315/3/11.00

Politik ohne Projekt? Nachdenken über Deutschland. Herausgegeben von Siegfried Unseld. es 1812. 494 Seiten

Schattenseiten der Globalisierung. Rechtsradikalismus, Rechtspopulismus und separatistischer Regionalismus in westlichen Demokratien. Herausgegeben von Dietmar Loch und Wilhelm Heitmeyer. es 2093. 544 Seiten

Bernhard Schlink. Heimat als Utopie. es-Sonderdruck. 48 Seiten

Alessandro Silij. Verbrechen, Politik, Demokratie in Italien. Übersetzt von Ulrich Hausmann. es 1911. 389 Seiten

Der Spanische Bürgerkrieg. Eine Bestandsaufnahme von Manuel Tuñón de Lara, Julio Aróstegui, Angel Viñas, Gabriel Cardona, Joseph M. Bricall. es 1401. 708 Seiten

Standort Europa. Europäische Sozialpolitik. Herausgegeben von Stephan Leibfried und Paul Pierson. es 2021. 400 Seiten

Dietrich Staritz. Geschichte der DDR. 1949-1989. Aktualisierte Neuausgabe. NHB. es 1260. 350 Seiten

Hans-Peter Ullmann. Das Deutsche Kaiserreich 1871-1918. NHB. es 1546. 308 Seiten

Paul Veyne. Foucault: Die Revolutionierung der Geschichte. Übersetzt von Gustav Roßler. es 1702. 84 Seiten

Vom Ewigen Frieden und vom Wohlstand der Nationen. Dieter Senghaas zum 60. Geburtstag. Herausgegeben von Ulrich Menzel. es 2173. 640 Seiten

NF 315/4/11.00

Von der Risikogesellschaft zur Chancengesellschaft. Herausgegeben von Erwin Teufel. es 2209. 300 Seiten

Was hält die moderne Gesellschaft zusammen? Herausgegeben von Erwin Teufel. es 1977. 340 Seiten

Der Zusammenbruch der DDR. Soziologische Analysen. Herausgegeben von Hans Joas und Martin Kohli. es 1777. 325 Seiten

Eine kleine Geschichte ...

Eine kleine Geschichte Brasiliens. Von Walther L. Bernecker, Horst Pietschmann und Rüdiger Zoller. es 2150. 368 Seiten

Kleine Geschichte Haitis. Von Walther L. Bernecker. Unter Mitarbeit von Sören Brinkmann und Patrick Ernst. Mit Abbildungen. es 1994. 220 Seiten

Eine kleine Geschichte Polens. Von Rudolf Jaworski, Christian Lübke. Michael G. Müller. es 2179. 384 Seiten

Eine kleine Geschichte der Schweiz. Der Bundesstaat und seine Traditionen. Von Manfred Hettling, Mario König, Martin Schaffner, Andreas Suter, Jakob Tanner. es 2079. 322 Seiten

Eine kleine Geschichte Ungarns. Von Holger Fischer und Konrad Gündisch. es 2114. 302 Seiten

NF 315/5/11.00

Neue Historische Bibliothek in der edition suhrkamp

»Hans-Ulrich Wehlers fast aus dem Nichts entstandene ›Neue Historische Bibliothek‹ ist nicht nur ein forschungsinternes, sondern auch ein kulturelles Ereignis.«
Frankfurter Allgemeine Zeitung

Werner Abelshauser. Wirtschaftsgeschichte der Bundesrepublik Deutschland 1945-1980. es 1241. 187 Seiten

Peter Alter. Nationalismus. es 1250. 179 Seiten

Helmut Berding. Moderner Antisemitismus in Deutschland. es 1257. 295 Seiten

Walther L. Bernecker. Sozialgeschichte Spaniens im 19. und 20. Jahrhundert. es 1540. 377 Seiten

Manfred Botzenhart. Reform, Restauration, Krise. Deutschland 1789-1847. es 1252. 172 Seiten

Johannes Burkhardt. Der Dreißigjährige Krieg 1618-1648. es 1542. 308 Seiten

Francis L. Carsten. Geschichte der preußischen Junker. es 1273. 224 Seiten

Horst Dippel. Die Amerikanische Revolution 1763-1787. es 1263. 133 Seiten

Christof Dipper. Deutschland 1648-1789. es 1253. 339 Seiten

NF 317/1/11.00

Ute Frevert. Frauen-Geschichte. Zwischen bürgerlicher Verbesserung und Neuer Weiblichkeit. es 1284. 357 Seiten

Immanuel Geiss. Geschichte des Rassismus. es 1530. 375 Seiten

Dieter Grimm. Deutsche Verfassungsgeschichte 1776-1866. es 1271. 270 Seiten

Ludolf Herbst. Das nationalsozialistische Deutschland. 1933-1945. Die Entfesselung der Gewalt: Rassismus und Krieg. es 1285. 495 Seiten

Karl Holl. Pazifismus in Deutschland. es 1533. 275 Seiten

Hans Jaeger. Geschichte der Wirtschaftsordnung in Deutschland. es 1529. 292 Seiten

Konrad H. Jarausch. Deutsche Studenten 1800-1970. es 1258. 255 Seiten

Gotthard Jasper. Die gescheiterte Zähmung. Wege zur Machtergreifung Hitlers 1930-1934. es 1270. 271 Seiten

Hubert Kiesewetter. Industrielle Revolution in Deutschland 1815-1914. es 1539. 351 Seiten

Ulrich Kluge. Die deutsche Revolution 1918/1919. Staat, Politik und Gesellschaft zwischen Weltkrieg und Kapp-Putsch. es 1262. 248 Seiten

Kurt Kluxen. Geschichte und Problematik des Parlamentarismus. es 1243. 302 Seiten

Magret Kraul. Das deutsche Gymnasium 1780-1980. es 1251. 248 Seiten

NF 317/2/11.00

Dieter Langewiesche. Deutscher Liberalismus. es 1286. 381 Seiten

Detlef Lehnert. Sozialdemokratie zwischen Protestbewegung und Regierungspartei 1848-1983. es 1248. 261 Seiten

Karl-Egon Lönne. Politischer Katholizismus im 19. und 20. Jahrhundert. es 1264. 339 Seiten

Peter Marschalck. Bevölkerungsgeschichte Deutschlands im 19. und 20. Jahrhundert. es 1244. 203 Seiten

Michael Mitterauer. Sozialgeschichte der Jugend. es 1278. 276 Seiten

Horst Möller. Vernunft und Kritik. Deutsche Aufklärung im 17. und 18. Jahrhundert. es 1269. 354 Seiten

Eckart Pankoke. Die Arbeitsfrage. Arbeitsmoral, Beschäftigungskrisen und Wohlfahrtspolitik im Industriezeitalter. es 1538. 346 Seiten

Detlev J. K. Peukert. Die Weimarer Republik. es 1282. 313 Seiten

Jürgen Reulecke. Geschichte der Urbanisierung in Deutschland. es 1249. 232 Seiten

Klaus Schönhoven. Die deutschen Gewerkschaften. es 1287. 290 Seiten

Hans-Christoph Schröder. Die Revolutionen Englands im 17. Jahrhundert. es 1279. 290 Seiten

NF 317/3/11.00

Winfried Schulze. Deutsche Geschichte im 16. Jahrhundert. es 1268. 312 Seiten

Reinhard Sieder. Sozialgeschichte der Familie. es 1276. 360 Seiten

Wolfram Siemann
- Die deutsche Revolution von 1848/49. es 1266. 256 Seiten
- Gesellschaft im Aufbruch. Deutschland 1849-1871. es 1537. 355 Seiten

Dietrich Staritz. Geschichte der DDR 1949-1989. es 1260. 350 Seiten

Dietrich Thränhardt. Geschichte der Bundesrepublik Deutschland. 1949-1989. es 1267. 387 Seiten

Hans-Peter Ullmann. Das Deutsche Kaiserreich 1871-1918. es 1546. 308 Seiten

Hans-Ulrich Wehler. Grundzüge der amerikanischen Außenpolitik 1750-1900. Von den englischen Küstenkolonien zur amerikanischen Weltmacht. es 1254. 222 Seiten

Albert Wirz. Sklaverei und kapitalistisches Weltsystem. es 1256. 256 Seiten

Gilbert Ziebura. Weltwirtschaft und Weltpolitik 1922/24-1931. Zwischen Rekonstruktion und Zusammenbruch. es 1261. 230 Seiten

Personen, Ereignisse, Soziale Bewegungen. Gesamtregister zur ›Modernen Deutschen Geschichte‹. Redaktion: Bernd Holtwick und Claus Kröger. es 1280. 160 Seiten

NF 317/4/11.00